教育部人文社会科学青年项目（项目编号：11YJC730012）

山西省互联网＋与旅游产业升级协同创新中心项目资助
（项目编号：03010027）

国家级一流专业（历史学）建设点项目资助

山西佛教史

赵改萍 侯慧明 著

中国社会科学出版社

图书在版编目（CIP）数据

山西佛教史/赵改萍，侯慧明著. —北京：中国社会科学出版社，2021.7

ISBN 978-7-5203-8087-4

Ⅰ.①山… Ⅱ.①赵…②侯… Ⅲ.①佛教史—山西 Ⅳ.①B949.2

中国版本图书馆 CIP 数据核字（2021）第 049021 号

出 版 人	赵剑英
责任编辑	孙　萍
责任校对	冯英爽
责任印制	王　超

出　　版	中国社会科学出版社
社　　址	北京鼓楼西大街甲 158 号
邮　　编	100720
网　　址	http://www.csspw.cn
发 行 部	010-84083685
门 市 部	010-84029450
经　　销	新华书店及其他书店

印刷装订	三河弘翰印务有限公司
版　　次	2021 年 7 月第 1 版
印　　次	2021 年 7 月第 1 次印刷

开　　本	710×1000　1/16
印　　张	42
字　　数	646 千字
定　　价	218.00 元

凡购买中国社会科学出版社图书，如有质量问题请与本社营销中心联系调换
电话：010-84083683
版权所有　侵权必究

目 录

绪 论 ……………………………………………………………（1）

第一章 两汉时期山西佛教 ……………………………………（6）
  第一节 两汉时期佛教传入中国 ………………………………（6）
    一 西汉末年佛教传入中国 ……………………………………（6）
    二 东汉末年佛教在中国的流行 ………………………………（11）
  第二节 两汉时期山西的佛教 …………………………………（14）

第二章 两晋时期山西佛教 ……………………………………（18）
  第一节 西晋时期山西佛教 ……………………………………（19）
    一 西晋时期的山西社会 ………………………………………（20）
    二 后赵立国与山西佛教 ………………………………………（24）
  第二节 东晋时期山西佛教 ……………………………………（38）
    一 东晋时期活动于山西地区的著名高僧 ……………………（38）
    二 其他僧人的活动 ……………………………………………（66）
  第三节 山西门阀士族与佛教 …………………………………（70）
    一 平遥孙氏与佛教 ……………………………………………（70）
    二 太原王氏与佛教 ……………………………………………（72）
    三 高平郗超与佛教 ……………………………………………（78）
    四 河东裴氏与佛教 ……………………………………………（79）

第三章　北朝时期山西佛教 ……………………………………(82)
第一节　北魏时期山西佛教 …………………………………(82)
一　北魏诸帝与佛教 ………………………………………(82)
二　北魏时期山西佛教僧人 ………………………………(85)
三　石窟的开凿 ……………………………………………(104)
四　北魏时期佛教造像碑与摩崖造像 ……………………(114)
五　北魏山西佛教寺院的兴建与存续状况 ………………(126)
六　北魏时期山西佛教的发展特点 ………………………(134)
第二节　北齐北周时期山西佛教 ……………………………(138)
一　北齐北周诸帝与佛教 …………………………………(139)
二　北齐北周时期活动在山西的佛教僧人 ………………(143)
三　北齐北周山西佛教寺院的兴建与存续 ………………(145)
四　北齐北周山西佛教石窟与造像 ………………………(150)

第四章　隋代山西佛教 …………………………………………(162)
第一节　隋代诸帝与山西佛教 ………………………………(162)
第二节　隋代山西佛教僧人的活动 …………………………(169)
一　隋代佛教僧人在山西的活动 …………………………(169)
二　佛教高僧 ………………………………………………(186)
第三节　隋代山西佛教寺院与民众造像 ……………………(198)
一　山西佛教寺院的分布 …………………………………(198)
二　影响佛寺格局形成的因素 ……………………………(203)
三　民间造像活动 …………………………………………(204)

第五章　唐代山西佛教 …………………………………………(209)
第一节　唐代诸帝与山西佛教 ………………………………(209)
第二节　山西佛教寺院的分布 ………………………………(218)
一　《僧传》与碑刻资料中之寺院 ………………………(218)
二　地方志中所见佛寺寺院 ………………………………(226)
第三节　佛教僧人在山西的活动 ……………………………(243)

一　道宣等非山西籍僧人在山西的弘法活动………………(243)
　　二　山西籍僧人的活动 ……………………………………(269)
　　三　山西籍僧人与唐代佛教宗派…………………………(290)
第四节　五台山文殊信仰的形成…………………………………(306)
　　一　文殊信仰的流行与五台山之初步联系………………(306)
　　二　华严信仰对五台山文殊道场观念形成之作用 ………(309)
　　三　华严学的再次兴盛是五台山文殊信仰发展的重要
　　　　契机和转折………………………………………………(311)
第五节　佛教与社会………………………………………………(313)
　　一　佛教与名士……………………………………………(313)
　　二　民众修窟造像…………………………………………(317)
　　三　佛教经幢的建造………………………………………(323)
　　四　民间刻经、诵经、造经活动……………………………(335)
　　五　佛寺的修建……………………………………………(338)

第六章　五代山西佛教……………………………………………(341)
　第一节　五代诸帝与山西佛教…………………………………(341)
　第二节　五代山西佛教僧人与寺院兴建………………………(344)
　　一　主要的佛教僧人………………………………………(344)
　　二　五代山西佛教寺院兴建………………………………(347)
　第三节　舍利崇拜与息尘、普静焚身……………………………(349)
　　一　舍利崇拜的渊源………………………………………(349)
　　二　舍利崇拜在中国的兴起………………………………(352)
　　三　息尘、普静崇拜舍利与焚身…………………………(354)

第七章　北宋山西佛教……………………………………………(360)
　第一节　北宋诸帝与山西佛教…………………………………(360)
　第二节　山西佛教寺院的分布…………………………………(364)
　　一　寺院的分布及其特点…………………………………(365)
　　二　寺院"敕牒"制度………………………………………(376)

三　寺院发展特点 …………………………………………… (380)
　第三节　佛教僧人在山西的活动 ………………………………… (389)
　　一　禅宗僧人在山西的活动 ………………………………… (389)
　　二　弘传《华严经》《法华经》的僧人 …………………… (391)
　　三　弘传唯识学、律学、净土、密教等学派的僧人 ……… (392)
　第四节　佛教与社会 ……………………………………………… (396)
　　一　名士与佛教 ……………………………………………… (396)
　　二　宋代山西佛教塑像和壁画 ……………………………… (409)
　　三　佛教经幢的建造 ………………………………………… (419)

第八章　辽代山西佛教 ………………………………………… (424)
　第一节　辽代诸帝与山西佛教 …………………………………… (424)
　第二节　辽代山西佛教寺院 ……………………………………… (427)
　第三节　辽代密教在山西的传播 ………………………………… (432)
　　一　道殿于五台山金河寺弘扬显密圆通思想 ……………… (432)
　　二　密教信仰在山西的流传 ………………………………… (434)
　第四节　佛教经典的刊印 ………………………………………… (445)
　　一　《契丹藏》的刊印 ……………………………………… (445)
　　二　《龙龛手鉴》的刊印 …………………………………… (447)

第九章　金代山西佛教 ………………………………………… (449)
　第一节　金代佛教寺院在山西的兴建与分布 …………………… (450)
　　一　金代山西佛教寺院兴建情况 …………………………… (450)
　　二　金代山西佛教寺院的敕牒 ……………………………… (466)
　第二节　金代山西佛教经幢及佛寺发展个案 …………………… (469)
　　一　关于陀罗尼经幢的建立 ………………………………… (470)
　　二　兴化寺历任寺主及其兴建活动 ………………………… (474)
　　三　兴化寺佛教传承 ………………………………………… (477)
　第三节　金代佛教与山西社会 …………………………………… (480)
　　一　僧人传法及结社 ………………………………………… (480)

二　《赵城金藏》的刊刻 …………………………………… (482)
　三　文人向佛 ……………………………………………… (486)
　四　金代山西重要壁画 …………………………………… (487)

第十章　元代山西佛教 ……………………………………… (502)
　第一节　元帝对佛教的尊崇 ………………………………… (502)
　第二节　活跃在山西的佛教僧人 …………………………… (506)
　　一　华严宗僧人在山西的活动 …………………………… (506)
　　二　唯识宗僧人在山西的活动 …………………………… (508)
　　三　禅宗僧人在山西的活动 ……………………………… (510)
　　四　其他僧人在山西的活动 ……………………………… (513)
　第三节　元代山西佛教寺院的分布与发展 ………………… (514)
　　一　元代山西佛教寺院的新建 …………………………… (514)
　　二　佛教寺院经济兴盛 …………………………………… (530)
　第四节　佛教与山西社会 …………………………………… (532)
　　一　名士与佛教 …………………………………………… (532)
　　二　民众与佛教 …………………………………………… (534)

第十一章　明代山西佛教 …………………………………… (546)
　第一节　明代统治者的崇佛 ………………………………… (547)
　第二节　活动在山西的佛教僧人 …………………………… (549)
　　一　禅宗僧人在山西的活动 ……………………………… (550)
　　二　其他僧人在山西的活动 ……………………………… (555)
　第三节　佛教寺院的分布 …………………………………… (558)
　第四节　佛教与山西社会 …………………………………… (571)
　　一　民众修建寺塔、金妆佛像 …………………………… (572)
　　二　举行法会 ……………………………………………… (584)
　　三　刻经印经，建造经幢 ………………………………… (587)
　　四　三教合一 ……………………………………………… (589)

第十二章 清代山西佛教 ……………………………………(591)
第一节 清代山西佛教发展的社会环境 ………………(591)
  一 清代佛教政策 ………………………………………(591)
  二 清代山西的社会环境 ………………………………(595)
第二节 清代山西佛教宗派及僧人 ……………………(599)
  一 禅宗僧人在山西的活动 ……………………………(599)
  二 其他僧人在山西的活动 ……………………………(601)
第三节 山西佛教寺院的分布及管理 …………………(603)
  一 山西佛教寺院的分布 ………………………………(603)
  二 山西佛教寺院发展中多方社会力量的参与 ………(605)
  三 寺田与寺产 …………………………………………(610)
第四节 佛教与山西社会 ………………………………(620)
  一 印经造塔 ……………………………………………(620)
  二 观音信仰的民间化 …………………………………(622)
  三 三教合一 ……………………………………………(649)

参考文献 ……………………………………………………(661)

绪　　论

山西古称"并州"，古属冀州之域，虞舜以冀州南北太远，分置并州。夏朝时仍为冀州地，周朝曰并州。《周礼·夏官职方氏》载："正北曰并州，其山镇曰恒山，其泽薮曰昭余祁，其川曰滹沱、呕夷；其浸曰涞、易。"① 《战国策·赵策》载："三晋合而秦弱，三晋离而秦强。"② 由此山西也被称为三晋。秦始皇统一中国，在山西设太原、上党、河东、雁门、代郡五郡。到隋时，太原成为隋统治区域内仅次于长安和洛阳的第三大城市。隋末，李渊父子起兵于太原，建都长安，太原被尊为"北都"，享有很高的政治地位。五代十国时期，后唐、后晋、后汉和北汉又从山西起家建立政权。金元时期，山西的经济、文化在中国北部居领先地位。明代时，设山西行中书省于太原，后改为承宣布政使司，统管山西五府三州。清代，山西行政区划基本承袭明代。

处于黄河流域的山西在中国的古代发展史上，一直占有非常重要的地位。它不仅是中华民族的主要发祥地之一，而且是中华民族古代文明与灿烂文化的主要发源地之一。悠久的山西历史积淀了博大精深的文化，不仅是法家文化的缘起地、古建文化的宝库地、戏曲文化的发源地，而且是各民族文化融汇地、佛教文化的承接广大地。总之，山西在中国文化发展的诸多方面都占有一席之位。

从汉哀帝时，博士弟子景卢受大月氏王使伊存口授《浮屠经》始，佛教传入中国。佛教在相当长的时期内传播得很缓慢，最初佛教仅被当作黄老之术的一种，在皇室及上层贵族中间流传。直至东汉明帝时，佛

---

① （汉）郑玄注：《周礼注疏》卷33，《十三经注疏》，艺文印书馆2001年版，第500页。
② （汉）刘向：《战国策》，上海古籍出版社1978年版，第628页。

教才开始在民间进一步传开。随着西域来华僧人的增多,译经事业逐渐兴起,大小乘佛教的发展遍及中国。汉献帝末年,由于中原离乱,随着避难江东人数的增多,佛教便自洛阳而至武昌、建业等地流布。因此,到三国时,南方佛教已经开始兴起。魏文帝时(220—256年)开始允许中国人剃度出家,并许可讲经说法。山西出家僧中人比较有名的是焦光和尚,传说有名的寺院如襄汾县北许村的圆通寺、襄汾古塝镇古城村的全寿寺等。魏文帝信奉佛教,除了允许汉人出家外,还组织了西域的高僧大量译经,主要弘传戒律。

西晋建立后,佛教及其般若学在魏晋玄学的基础上,得到了迅速发展。北至幽、并,南至广州,西抵陇右、西域,西南至梁、益,东南至闽海,佛寺呈现星散四方、重心分明的特征。① 山西受王朝崇佛之风的影响,佛教发展逐渐兴盛。西晋末年至北魏统一北方期间,中国北方经历了五胡十六国时期。这时山西经历了五胡十六国中的前赵、后赵、前燕、前秦和后燕五个王朝的统治,其中羯人建立的后赵、氐人建立的前秦,崇奉佛教,扶植佛教为甚,这也使山西佛教进入了一个迅猛发展的时期。东晋建立一百多年间,统治极不稳定,经受了长期的战乱,这为佛教发展提供了土壤,佛教获得飞速发展。据统计,东晋立寺一千七百六十八所,译经二十七人、二百六十三部,僧尼二万四千人。此时山西建立寺院渐多,而且有僧人法显西行求法、慧远弘扬佛法,这些都使山西佛教获得了进一步的发展。

十六国北朝时期是中国封建社会的大分裂、大动荡时期,不仅是民族文化相互交融的一个重要时期,也是中国佛教发展的一个繁荣期。山西在这个时期一直处于北方民族统治之下,这些民族的统治者为了有效实施统治,在积极吸取汉民族文化的同时,又大力宣扬和扶持佛教文化发展。因此,这一时期的山西佛教发展较快,不仅出现为数众多的佛教高僧与寺院,还开凿有云冈石窟、天龙山石窟、开河寺石窟、羊头山石窟等,也有大量造像碑及摩崖石刻等佛教艺术诞生,在中国佛教发展史上占有重要的地位。

---

① 张弓:《汉唐佛寺文化史》,中国社会科学出版社1997年版,第29页。

隋唐时期，结束了魏晋南北朝的分裂格局，实现了国家的统一，成为中国历史上政治、经济、文化最强盛的时代，这也为佛教的发展奠定了良好的社会环境。这一时期，山西佛教发展至繁荣，禅宗、律宗、密宗、华严宗、净土宗各派僧人于三晋大地竞相发展，广建庙宇，佛教建筑、雕刻、绘画等艺术异彩纷呈。

宋代佛教从唐以前的贵族式的经院佛学开始深入社会生活，自上而下地走向民间，出现了佛教的世俗化、平民化的趋势。① 山西佛教这一时期也表现出这一特点，禅宗和净土宗的教义、修行方式变得简易化和平民化，民众建幢、布施等活动的热情高涨，文人学士会通儒佛、出入僧寺，居士佛教兴盛，《开宝藏》被晋城青莲寺、介休空王寺等寺庙收藏，塑像、壁画等佛教艺术也变得平民化、生活化。

辽金元时期，山西是当时社会经济发展的重心、军事战略前沿、政治统治的中心及民族文化的交融区。加之，辽金元时期统治者积极支持佛教的政策，使山西佛教迈入一个新的发展阶段。此时，山西佛教不仅僧人与寺院数量增多，而且《赵城金藏》的刊刻更彰显了山西佛教文化的繁荣。藏传佛教于元代正式传入五台山，又为山西佛教注入了新鲜血液。总体看，这一时期，在统治者对佛教积极支持的背景下，佛教对山西社会的政治、经济及社会生活等方面产生了重要影响。

明清时期，封建社会处于由盛而衰的转折期。政治上，封建君主专制空前加强并发展到顶峰，统治者采用高压手段来控制官员和百姓，激化着社会矛盾；经济上，明代中后期商品经济的发展，使资本主义生产方式萌芽，但发展缓慢；思想上，统治者一方面加强对人民的控制，而另一方面反对专制思想产生出来，并出现西学东渐的现象。这些社会条件自然会影响佛教的发展。这一时期，除五台山藏传佛教发展兴盛外，山西主要流行禅宗，但此时的禅宗，更加注重与佛教其他宗派及儒家的融合，在义理方面几乎没有新的建树，佛寺以办理斋供法会获取资材，求得生存。同时，佛教进一步走向民间，表现为观音信仰流行，三教同

---

① 刘浦江：《宋代宗教的世俗化与平民化》，《中国史研究》2003年第2期。

堂者比比皆是；以"社"为单位的组织在民众生活中发挥着重要的作用，组织民众参加佛教的各种建设活动，儒士也问道究佛。但随着社会的发展，尤其鸦片战争以后，中国一步一步沦为半殖民地半封建社会，基督教大量传入，大大压缩了佛教的生存空间，庙产兴学使得佛教备受打击，佛教有所衰落。

总之，山西地区佛教具有独特的区域性特点，其一是山西地区佛教起始早，在北魏时期已经具有非常大的规模，佛教圣地形成也比较早，规模宏大，影响深远，震古烁今。其二，山寺林立。山西佛教多依山建寺，临崖开窟，形成以清幽山寺为主要寺庙类型的佛寺格局，依境内雄伟耸峙、清幽静谧的大山建立佛教寺庙或者寺庙群、石窟群，特别是五台山佛教圣地、云冈石窟佛像群等佛像寺庙鳞次栉比。其三，寺庙分布范围非常广泛。佛教寺庙遍及山西各地，城郭乡镇，山野村社，大分散而小聚集。其四，高僧辈出。山西历史上的佛教高僧众多，开宗立派，引领时代风气，代有人出，如昙始、昙曜、法显、慧远、昙鸾、妙峰等，昙始勇猛耿直，颇具豪侠风骨，敢于抗颜直绳，舍身护教；法显赴印求法，九死一生，不怯不疑，不怖不畏，追求新知，创辟荒途，情深意浓，心系家国的精神，是中华民族宝贵的精神财富，是民族之脊梁；慧远、昙鸾注释经典，阐幽发微，开创净土宗派，成为中国佛教史上最具生命力和影响力的宗派；妙峰刻印经典，修塔建寺，筑桥铺路，饶益民众，成为明代佛门之鲁班。其五，统治者与民众互为促进。统治者为巩固统治而极力支持佛教，民众则基于求取所谓现世与来世幸福而虔诚膜拜，热情高涨，持续营建，寺庙屡废而屡兴，传承连续，绵延成序，如蒲县东岳庙、洪洞广胜寺、晋城青莲寺都是自建立起就一直持续发展，绵延不断。其六，沟通内外，融通各方。山西西联秦陇，南通河洛，北达燕赵，东向海岱，始终处于中国各朝政治中心圈辐射范围之内，亦处于佛教发展中心圈，对外联系频繁紧密，紧随时代步伐，不断发展变化，推陈出新。另外，山西历史上少数民族林立，佛教发展为民族融合做出重要贡献，尤其辽金元佛教发达，表现特殊，五台山青黄并存，独具特色，汉藏佛教融合发展，为汉藏满蒙民族交融发展做出重要贡献。其七，佛教遗存精品林立，惊世骇俗。五台山之南禅寺、佛光寺，洪洞广胜寺之《赵城金藏》堪称稀世遗珍，彰显山西佛教圣物珍稀独有之价值，辽金元佛教遗珍亦保存最多，佛教壁画文物亦执全国之牛耳。因此，山西佛教在中国佛教史上占有举足轻重的地位。

第一章

两汉时期山西佛教

汉初郡国并置，山西主要是河东郡辖24县，太原郡辖21县，上党郡辖14县，雁门郡辖14县，代郡辖18县，西河郡辖36县。因山西北部地区与少数民族不断交锋，故辖地也时有变化。因河东郡地近长安、洛阳，上党郡亦地近洛阳，故而与政治中心交往密切，较早受到佛教的影响。

第一节 两汉时期佛教传入中国

佛教由释迦牟尼创立于公元前6世纪至公元前5世纪的古印度。从公元前3世纪的孔雀王朝至阿育王时期开始向外大规模传播。关于佛教何时传入中国内地的说法，众说纷纭。一般认为在1世纪前后两汉之际，印度佛教开始传入中国内地。关于通过何种途径传入，也存在争论。目前，学术界主要有两种说法：一是以汤用彤为代表的陆路说，二是以梁启超为代表的海上说。[1] 两种说法中，主张佛教由西域之大月氏、康居、安息诸国，经由陆路传入中国内地的观点，成为学术界的主流观点。近年来，也有学者提出，印度佛教由川滇缅印道传入四川，再至中原的观点。[2]

一 西汉末年佛教传入中国

在佛教传入中国内地的过程中，汉与西域沟通起了重要的推动作

---

[1] 汤用彤：《汉魏两晋南北朝佛教史》，北京大学出版社2011年版，第6页；梁启超：《佛学研究十八篇》，上海古籍出版社2001年版，第33页。

[2] 阮荣春：《佛教南传之路》，湖南美术出版社2000年版，第7页。

用。随着汉朝的日趋强盛，开始决心扫除匈奴对北方的威胁。汉武帝为了打击匈奴，决定联合大月氏共同夹攻匈奴。于是，建元三年（前138年）派张骞出使西域。张骞这一次出使西域历经13年，途中曾被匈奴扣留达10年之久，虽然未实现联络大月氏的目的，但却了解到有关西域的不少情况，为此后中西交通的顺畅往来奠定了基础。元狩四年（前119年），张骞第二次出使西域。张骞到达乌孙后，又分遣副使到大宛、康居、大月氏、大夏等国，以加强汉朝和西域地区的联系。元鼎二年（前115年），乌孙派出几十名使者随同张骞一起到达长安。此后，汉朝派出的使者还到过安息（波斯）、身毒（印度）等地。安息等国的使者也不断来长安访问和进行贸易。从此，汉与西域的交往建立起来，且联系更加频繁。

自张骞通西域后，西域各国与汉内地的政治、经济、文化交流便非常频繁。汉朝先进的生产技术与精美手工业产品传入西域，如冶铁、凿井技术、丝绸和漆器等。西域的核桃、葡萄、石榴、蚕豆、苜蓿等十几种植物以及音乐、舞蹈传播至内地。正是在这种频繁的交流中，佛教从印度向西北邻国传播，通过西域传到了中国内地。《魏书·释老志》云："及开西域，遣张骞使大夏还。传其旁有身毒国，一名天竺，始闻有浮图之教。"① 这里指明了西域在沟通中外文化交流中的作用。西汉末年，西域各国派往汉朝的外交使节、侍子以及商人中就可能有一些佛教信徒。如鱼豢《魏略·西戎传》载："昔汉哀帝元寿元年，博士弟子景卢②受大月氏王使伊存口受《浮屠经》。曰复立（豆）者，其人也。《浮屠》所载临蒲塞、桑门、伯闻、疏问、白疏间、比丘、晨门，皆弟子号也。"③

从上述记载，可以说明以下几点：第一，名称上反映出对佛教态度的转变。"浮屠"，《世说新语》作"浮图"，后通译作"佛"或"佛陀"。故所谓《浮屠经》，意实为《佛经》。但据现有材料，古代印度并

---

① 《魏书》卷114，中华书局1974年标点本，第3025页。
② 《世说》作"景虑"，《魏书·释老志》、《画跋》作"秦景宪"，《通典》、《隋书·经籍志》作"秦景"，《通志》作"秦匿"。
③ 《三国志》卷30，中华书局1964年标点本，第859页。

没有一部名叫《佛经》的佛教典籍，因此，这里所谓的《浮屠经》不能视为某一部印度佛典的完整翻译。① "临蒲塞"即后来通译的"优婆塞"，"桑门、伯闻、疏问、白疏间、比丘、晨门"等名称，当是《浮屠经》各种译抄本对"沙门""比丘"的不同译法。根据佛教的说法，佛教徒有四众之分，包括出家男女二众和在家男女二众。出家男女二众分别称"比丘"与"比丘尼"，在家男女二众称为"优婆塞"与"优婆夷"，佛教初创之时还主要是男子皈依佛门，女性皈依者很少。第二，从内容上看，《浮屠经》很可能涉及佛陀生平以及佛教教义的某些记载。任继愈《中国佛教史》（第一卷）中说："《浮屠经》很可能是如后来的《本起经》《本行经》一类的讲佛陀生平的经。"② 此外，《魏略·西戎传》说："《浮屠》所载与中国《老子经》相出入。盖以为老子西出关，过西域，之天竺，教胡。浮屠属弟子别号，合有二十九，不能详载，故略之如此。"③ 从"《浮屠经》所载与《老子经》相出入"可知，该经中应涉及佛教教义的相关内容。第三，按当时历史实际来看，伊存口授佛经之事，当为史实。所传的这部经也应在中原有流传，只是当时黄老方术较为流行，导致"中土闻之，未之信了也"④。汤用彤在《汉魏两晋南北朝佛教史》中指出："《广川画跋》引此文，谓出《晋中经》。《广弘明集》载阮孝绪《七录序》，谓《晋中经簿》有佛书经簿十六卷，则晋室秘府原藏佛经。又《晋中经簿》源出《魏中经》（如《隋志序》），是魏世朝廷，当已颇收集佛经。疑其作簿录时，伊存之经或尚在，并已著录……鱼豢所记或用《魏中经》文（如《魏略》成书在《中经簿》之前，则系《中经》采鱼书之文），与《画跋》、《晋中经》语同出一源，故文若是之相同也。是则鱼氏即未睹伊存之经，而《魏中经》作者必经过目。且其所见《浮屠经》当不只此一部。"⑤ 这也就是说，该经自西汉末译出后，至东汉、三国、西晋时，一直有多种抄本形式流行于世，这也从另一角度说

---

① 方广锠：《〈浮屠经〉考》，《法音》1998 年第 6 期。
② 任继愈：《中国佛教史》（第一卷），中国社会科学出版社 1981 年版，第 91 页。
③ 《三国志》卷 30《魏书·乌丸鲜卑东夷传》注引，中华书局 1964 年标点本，第 859—860 页。
④ 《魏书》卷 114，中华书局 1974 年标点本，第 3025 页。
⑤ 汤用彤：《汉魏两晋南北朝佛教史》，北京大学出版社 2011 年版，第 36 页。

明"伊存口授佛经"的说法是可信的。第四,值得一提的是,伊存本人并非僧人,而是一名在家信众,亦即居士;而景卢同样也未受戒皈依,还不是一个正式沙门。因此,严格意义上说,"伊存口授佛经"能够证明至迟到西汉末年,佛教已传入中国内地,但这还不是佛教已传入中国内地的确凿证据。

佛教传入中国内地还有一种较为广泛、更为人所知的说法,即后汉明帝夜梦金人,遣使求法。此说最早见于《四十二章经序》和《牟子理惑论》。《牟子理惑论》说:"昔孝明皇帝梦见神人,身有日光,飞在殿前,欣然悦之。明日,博问群臣:'此为何神?'有通人傅毅曰:'臣闻天竺有得道者,号之曰'佛,飞行虚空,身有日光,殆将其神也。'于是上悟,遣使者张骞、羽中郎中秦景、博士弟子王遵等十二人,于大月支写佛经四十二章,藏在兰台石室第十四间。时于洛阳城西雍门外起佛寺,于其壁画千乘万骑,绕塔三匝。又于南宫清凉台及开阳城门上作佛像。明帝存时,预修寿陵曰'显节',亦示其上作佛图像。"① 这部《牟子理惑论》所说的明帝求法传说,由《四十二章经序》继承下来,所记大同小异,但都没有标明明帝求法的具体年月。东晋袁宏《后汉纪·孝明皇帝纪》、刘宋范晔《后汉书·西域传》、北齐魏收《魏书·释老志》等正史所记与此大体相同。《后汉纪》卷十《孝明皇帝纪》云:"初,帝梦见金人,长大,项有日月光,以问群臣,或曰:西方有神名曰佛,其形长大,而问其道术,遂于中国而图其形象焉。"② 《后汉书》卷八十八《西域传》说:"世传明帝梦见金人长大,顶有光明,以问群臣。或曰:西方有神名曰佛,其形长丈六尺而黄金色。帝于是遣使天竺问佛道法,遂于中国图画形象焉。楚王英始信其术,中国因此颇有奉其道者。"③ 《魏书·释老志》载:"后孝明帝夜梦金人,项有日光,飞行殿庭,乃访群臣,傅毅始以佛对。帝遣郎中蔡愔、博士弟子秦景等使于天竺,写浮屠遗范。愔仍与沙门摄摩腾、竺法兰东还洛阳。中国有沙门及跪拜之法,自此始也。愔又得佛经《四十二章》及释迦立像。明帝令画工图佛像,置清

---

① (南朝梁)僧祐撰,刘立夫等译注:《弘明集》,中华书局2011年版,第47页。
② (晋)袁宏撰,李兴和点校:《后汉纪集校》,云南大学出版社2008年版,第123页。
③ 《后汉书》卷88《西域传》,中华书局1965年标点本,第2922页。

凉台及显节陵上，经缄于兰台石室。愔之还也，以白马负经而至，汉因立白马寺于洛城雍关西。摩腾、法兰咸卒于此寺。"①佛的形象被描绘为仙人特质，反映了当时汉代人在自身知识背景下对佛教的认识，这些认识可以说是站在中国黄老思想的立场上来看待和理解佛教的产物，实际并未能真正把握佛教思想的精神实质，这成为佛教初传中一个重要特点。

两汉之际，佛教刚刚传入中国之时，传播的范围主要在上层社会，信仰佛教的人大多局限于宫廷、王室等上层官僚贵族之间。楚王刘英便是中国历史上信仰佛教的上层人物之一。据《后汉书》卷四十二《楚王英传》记载："以建武十五年（39年）封为楚公，十七年进爵为王，二十八年就国。母许氏无宠，故英国最贫小。三十年，以临淮之取虑、须昌二县益楚国。自显宗为太子时，英常独归附太子，太子特亲爱之。及即位，数受赏赐。永平元年（58年），特封英舅子许昌为龙舒侯。英少时好游侠，交通宾客，晚节更喜黄老，学为浮屠斋戒祭祀。八年（65年），诏令天下死罪入缣赎。英遣郎中令奉黄缣白纨三十四诣国相曰：'托在蕃辅，过恶累积，欢喜大恩，奉送缣帛，以赎愆罪。'国相以闻，诏报曰：'楚王诵黄老之微言，尚浮屠之仁祠，洁斋三月，与神为誓，何嫌何疑，当有悔吝？其还赎，以助伊蒲塞桑门之盛馔。'"②楚王英诵黄老之微言，尚浮屠之仁祠，洁斋三月，与神为誓等等，明帝对此不仅没有进行惩罚，反"班示诸国中傅，英后遂大交通方士，作金龟玉鹤，刻文字以为符瑞"③。可见，佛教在当时的上层社会有一定的影响。

佛教刚刚传入之时，人们常常将其与当时流行的黄老方术进行比附，这一现象一直持续到东汉末年。《后汉书·桓帝纪》论曰："前史（指《东汉观记》）称桓帝好音乐，善琴笙。饰芳林而考濯龙之宫，设华盖以祠浮图、老子，斯将所谓'听于神'乎！"④又《后汉书·襄楷传》载，襄楷上汉桓帝奏议曰："又闻宫中立黄老、浮屠之祠。此道清虚，贵尚无

---

① 《魏书》卷114《释老志》，中华书局1974年标点本，第3026页。
② 《后汉书》卷42《光武十王列传第三十二》，中华书局1965年标点本，第1428页。
③ 《后汉书》卷42《光武十王列传第三十二》，中华书局1965年标点本，第1429页。
④ 《后汉书》卷7《孝桓帝纪第七》，中华书局1965年标点本，第320页。

为，好生恶杀，省欲去奢。今陛下嗜欲不去，杀罚过理，既乖其道，岂获其祚哉！或言老子入夷狄为浮屠。浮屠不三宿桑下，不欲久生恩爱，精之至也。天神遗以好女，浮屠曰：'此但革囊盛血。'遂不眄之。其守一如此，乃能成道。今陛下淫女艳妇，极天下之丽，甘肥饮美，单天下之味，奈何欲如黄、老乎？"① 这说明，佛教作为一种外来宗教在两汉之际传入时，主要是通过依靠当时社会上流行着的神仙方术、黄老之道等思想来获得认可。正由于印度佛教与中国的黄老方术思想的结合，才使得佛教在中国获得广泛流传。由此我们看到，佛教传入中国之初，实际上已开始了佛教中国化与民间化的步伐。

二 东汉末年佛教在中国的流行

东汉中期以后，外戚与宦官交替专权，土地兼并日益严重，导致大批农民失去土地，沦为佃农，生活极为贫困。与此同时，水旱虫蝗风雹等灾荒相继不断，日趋腐朽的东汉王朝也进一步加重了对农民的压迫与掠夺。随着黄巾起义的爆发，中国社会陷入了长期的动荡。曹丕描写当时的战乱情况说："乡邑望烟而奔，城郭睹尘而溃。百姓死亡，暴骨如莽。"② 这种社会状况，为佛教的流行提供了适宜的土壤。一方面，统治阶层希望佛教的神秘力量能使他们的统治长久；另一方面，下层百姓希望借助佛教得到精神安慰，甚至幻想能通过佛教帮助他们摆脱日益深重的苦难。因此，佛教不断地被民众所接受，从上层走向下层，在社会上广为流传。

东汉桓帝、灵帝、献帝时代，西域的佛教学者安世高、支娄迦谶、安玄、竺佛朔、支曜、康巨、康孟祥等相继来华，到洛阳从事佛经的翻译，遂使洛阳成为当时中国佛教的中心。在众多的译师中，最有影响的是安世高和支娄迦谶。安世高主要翻译小乘上座部一系的经典，重点在禅数（禅定理论），支娄迦谶主要翻译大乘中观学派的理论，重点在般

---

① 范晔：《后汉书》卷30《郎顗襄楷列传第二十（下）》，中华书局1965年标点本，第1082页。

② 《三国志》卷2《魏书·文帝纪》注引《典论·自叙》，中华书局1964年标点本，第89页。

若。佛经的翻译过程中,得到了汉族地主和文人学士的支持,如当时洛阳的孟福(字符士)、南阳张莲(字少安)等直接参与了佛经的翻译工作,而孙和、周提立等则资助译经活动。梁僧祐《出三藏记集·道行经后记》说:"光和二年(179年)十月八日,河南洛阳孟元士口授天竺菩萨竺朔佛。时传言者月支菩萨支谶,时侍者南阳张少安、南海子碧,劝助者孙和、周提立。"① 《般若道行经》的翻译,由竺佛朔宣读梵文,支娄迦谶译为汉语,孟元士笔录成文,他们共同合作完成。此外,出家为僧的汉地僧人严佛调也与安玄一起合译《法镜经》。据《出三藏记集·安玄传》记载:"安玄,安息国人也。志性贞白,深沈有理致。为优婆塞,秉持法戒,毫厘弗亏;博诵群经,多所通习。汉灵帝末,游贾洛阳有功,号骑都尉。性虚静温恭,常以法事为己务。渐练汉言,志宣经典,常与沙门讲论道义,世所谓都尉言也。玄与沙门严佛调,共出《法镜经》。玄口译梵文,佛调笔受。理得音正,尽经微旨,郢匠之义见述后代。佛调,临淮人也。绮年颖悟,敏而好学,信慧自然,遂出家修道。通译经典见重于时,世称安侯、都尉、佛调,三人传译号为难继。佛调又撰《十慧》,并传于世。安公称,佛调出经,省不烦,全本妙巧。"② 译经之兴盛说明佛教在汉末已有相当的社会影响了。

汉灵帝末年,洛阳、关中一带百姓,由于受董卓等军阀集团的掠夺和屠杀,许多人逃难到江南地区。在逃难的流民中有一些是佛教徒。《高僧传·汉洛阳安清传》记载:"安清,字世高,安息国王正后之太子也。幼以孝行见称,加又志业聪敏,克意好学……遂让国与叔出家修道,博晓经藏,尤精阿毗昙学。讽持禅经,略尽其妙。既而游方弘化,遍历诸国。以汉桓之初,始到中夏……高游化中国宣经事毕,值灵帝之末,关雒扰乱,乃振锡江南。"③ 佛教传到淮河和长江流域。徐州地处淮北,毗邻山东、河南,是流民进入江淮的重要通道,这里在东汉末成为佛教十分流行的地区。丹阳人笮融督管广陵、彭城、下邳运漕,利用

---

① (南朝梁)僧祐:《出三藏记集》卷7,《大正藏》(以下版本同此)第55册,新文丰出版公司1983年版,第47页。
② (南朝梁)僧祐:《出三藏记集》卷13,《大正藏》第55册,第96页。
③ (南朝梁)慧皎:《高僧传》卷1,《大正藏》第50册,第323页。

手中掌握的权力，建造佛寺，招揽信众。《后汉书·陶谦列传》载："初，同郡人笮融，聚众数百，往依于谦，谦使督广陵、下邳、彭城运粮。遂断三郡委输，大起浮屠寺。上累金盘，下为重楼，又堂阁周回，可容三千许人，作黄金涂像，衣以锦彩。每浴佛，辄多设饮饭，布席于路，其有就食及观者且万余人。"① 这是中国历史上首次明确记载佛寺、佛像和中国社会一般民众信佛的情况。② 从中足见江南佛教已经比较流行。

随着佛教的广泛流传，东汉末年在洛阳、徐州、豫州等地区先后兴建了一些佛教寺塔，并开始塑造佛像。据北魏郦道元《水经注·汳水》说："汳水又东径梁国睢阳县（今河南睢县）故城北，而东历襄乡坞南。《续述征记》曰：西去夏侯坞二十里，东一里，即襄乡浮图也。汳水径其南。汉熹平（172—178年）中，某君所立，死因葬之。其弟刻石树碑，以旌厥德。隧道有狮子、天鹿，累砖作百达柱八所，荒芜颓毁，雕落略尽矣。"③ 这是史籍中关于建寺祠佛像的较早记载。近年来的考古发现，在东汉的墓室石刻里也有佛像。

汉末还出现了汉人由信佛而出家修道的僧人——严佛调，从交州来的牟子写出了《牟子理惑论》一书。可见，在东汉末年，以洛阳为中心形成一定的佛教流传区域，那里的人们对佛教有一定的了解。但人们仍然还是把佛教与黄老方术等同起来，此时从事翻译的外来僧侣也需借助某些方术来吸引信徒，从而扩大佛教的影响。值得注意的是，此时佛教寺院分布范围和数量还比较少，未成规模。应该来说，佛教还处于一个起步的发展阶段。《后汉书·西域传》说："至于佛道神化，兴自身毒，而二汉方志，莫有称焉。"④ 两汉方志对佛教的缺载，也恰恰反映了当时佛教的发展水平还比较低。

---

① 《后汉书》卷73，中华书局1965年标点本，第2368页。
② 任继愈：《中国佛教史》（第一卷），中国社会科学出版社1981年版，第153页。
③ （北魏）郦道元撰，陈桥驿校证：《水经注校证》卷23，中华书局2013年版，第534页。
④ 《后汉书》卷88《西域传第七十八》，中华书局1965年版，第2931页。

第二节　两汉时期山西的佛教

佛教进入中国内地，所涉及的地域范围主要是今洛阳、徐州、江南一带。至于佛教何时传入山西，由于史籍记载的缺略，没有留下确切的佐证。但从一些成书年代较晚的地方志来看，似乎东汉时山西已经出现佛教寺院，兹据《山西通志》及各地县志进行一些粗略的梳理。

1. 大孚灵鹫寺

《清凉山志》卷五曰："后汉明帝永平十年（67年），摩腾、法兰二尊者西至。以慧眼观，清凉山乃文殊化宇，中有阿育王所置佛舍利塔。……奏帝建寺，额曰：'大孚灵鹫寺'。大孚，弘信也。帝以始信佛化，故以名焉。"①《志》中提及的阿育王是古印度孔雀王朝第三代国王。此说颇具神话色彩，五台山"中有阿育王所置佛舍利塔"的说法不可信。又《清凉山志》卷三《摩腾法兰传》说，摩腾、法兰"于永平十年（67年）丁卯十二月至洛阳"。"明年春，礼清凉山回，奏帝建伽蓝。腾以山形若印度灵鹫山，寺依山名也。帝复以始信佛化，乃加大孚，孚即信也。始度僧数十居之。"②若依此说，佛教是在汉明帝永平十一年（68年）春传入五台山，并建有大孚灵鹫寺和度僧数十人。但根据唐慧祥《古清凉传》和梁慧皎《高僧传》中记载，摩腾、法兰并没有至五台山。至于摩腾、法兰是否真有其人，学术界也没有定论。另外，《高僧传》卷第一《汉洛阳白马寺竺法兰传》中说的"憎又于西域得画释迦倚像，是优田王旃檀像师第四作也。既至洛阳，明帝令画工图写，置清凉台。"③此处的"清凉台"，并非清凉山，也非五台山，而是汉朝之藏书机构。因此，《清凉山志》中这一说法未必可信。

2. 俱舍卢寺（今广胜寺）

据《平阳府志》载："广胜寺，建和元年（147年）建。"④现存广

---

① （明）镇澄：《清凉山志》卷5，中国书店1989年版，第126页。
② （明）镇澄：《清凉山志》卷3，中国书店1989年版，第54页。
③ （南朝梁）慧皎：《高僧传》卷1，《大正藏》第50册，第323页。
④ 康熙《平阳府志》卷33，《中国地方志集成》，凤凰出版社2005年版，第147页。

胜上寺《修葺韦驮殿暨前后大殿并佛塔回廊记》载："周武帝保定三年（563年），游僧正觉，朝台出简邑道中，回盼霍麓间，金光闪烁，勃然曰'稀有必舍利子。'遂诣塔址，虔诚拜祷七七日，抵三月十七日子夜，空间锡落四十余粒，色相变幻，莫可言物，觉公盥擎，供以宝函，而浮图之修，于是兴焉。觉公偕乡耆踏迹捽草掘得断碑，载云：'东汉建和元年创建俱卢舍寺，故有塔□阿育王所造八万四千之数，在震旦国者一十有九，而此其一也。'"① 俱舍卢寺（今广胜寺）建于汉代的说法从佛教整体发展历史分析，传说的可能性比较大。

3. 铁瓦寺

据清乾隆《汾州府志》及各版《介休县志》等记载，早在东汉建安年间绵山已有铁瓦寺。清乾隆《汾州府志》载："铁瓦寺在介休县南绵山，汉建安中建。其山峰曰摩斯顶。"② 清嘉庆《介休县志》载："铁瓦寺，在摩斯顶下，汉建安年建。"③ 民国学者董重所著《介休金石略》也有同载。1980年全国文物普查时，曾于该寺残垣断壁中发现有绳纹砖，为汉代遗物。但这些载述仍然可能是历史传说。

4. 通光寺

雍正《山西通志》载："通光寺，在大同县城东北，明帝时建。"④ 道光《大同县志·营建》载："北寺在城东北，汉明帝时建。《府志》作明建，误。旧名通光寺，国朝雍正六年（1728年）后殿毁。乾隆二十一年（1756年）重建前殿，更今名。道光八年（1828年）重修。"⑤ 该寺规模宏大，民国初年兴办国民教育，被国民高等小学校占用，除大殿和僧侣占房外，全部改为教室，其寺中僧人尚有10多人。"文化大革命"中，殿毁人散。

综上，虽然山西方志记载山西在东汉后期已出现了一些佛教寺院，但至今没有发现明确的早期佛教图像及相关文物。⑥ 这也使两汉之际佛教

---

① 碑现存于洪洞县广胜寺上寺。
② 乾隆《汾州府志》卷24，《中国地方志集成》，凤凰出版社2005年版，第365页。
③ 乾隆《介休县志》卷3，《中国地方志集成》，凤凰出版社2005年版，第50页。
④ 雍正《山西通志》卷169，中华书局2006年版，第4302页。
⑤ 道光《大同县志》卷5，《中国地方志集成》，凤凰出版社2005年版，第68页。
⑥ 王苏奇：《汉代早期佛教图像与西王母图像之比较》，《考古与文物》2007年第4期。

在山西的传播缺乏有力证据。尤其在东汉末年,当时山西境内道教之神仙思想很流行。如乾隆《潞安府志》卷二十四云:"吕恭,字文敬,上党人。采药太行山,忽遇三人。问恭曰:'采药勤苦,好长生乎?'恭拜言志。一人曰:'我姓吕,字文起。此姓孙,字文杨。此姓王。字文正,皆太清仙人也。子同我姓,复同一文字是有凤缘。'乃授以方药,遣还家已二百年矣。五世孙习亦慕仙,问恭入山俱莫知所之。"① 《泽州府志》卷四十云:"稷邱君太行山下道士,武帝时以道术受赏,发白再黑,齿落更出,帝东巡泰山,君遒冠章,甫衣黄衣,弹琴迎拜,道左止帝,勿上,上必伤足指,及数里左足指果折。帝讳之。故但为稷邱君立祠。"② 此外,在山西晋西北地区,发现不少东汉中晚期时期画像,其内容主要体现道教飞仙思想。1980 年,离石交口镇发现汉墓一座。该墓左门柱上的画面分为上下两层,上层刻着头梳高髻的西王母,手持火炬状物,坐在山形高台座上,头上方有一伞形云状物。在山形高座中间,有神兽在行走。下层为一牛首使者,身着长袍,面向内侧而立。右门柱上的画面分为上下两层。上层刻着头戴三山冠的东王公。坐在山形高台座之上,头上方有一伞形云状物,下层为鹰首使者,身着长袍,双手持一根细长棍,面向内侧恭立。两石外侧均以云气纹作边饰。③ 1982 年,在中阳县道棠村发现汉墓一座。该墓左门框的画面上方站立一人,头戴帻,身着长袍,双手拥彗,面向右侧。画面下方竖刻玉兔和蟾蜍。右门框的画面右上角有一棵树,树下站一小兽,手持圆扇形物。中间刻一人,头戴帻,身着长袍,双手捧一笏形物,面向左侧。画面下方竖刻一猛虎,将一人的上半身吞进口内。这应该是传说中的"虎食女魃"图。④ 1995 年在离石马茂庄发现一座汉建宁四年(171 年)古墓。右门框右边刻蔓草状卷云纹,墨线勾边。左侧是主题图案,上部为东王公,下部刻门吏。东王公面朝左,坐在云朵形高座上,头顶华盖,手执仙草,身着长袍,头戴羽冠。云柱下有山丘和树木。门吏头戴帻,身着宽袖长袍,低首躬身,面左拱手而

---

① 乾隆《潞安府志》卷 24,《中国地方志集成》,凤凰出版社 2005 年版,第 617 页。
② 雍正《泽州府志》卷 24,《中国地方志集成》,凤凰出版社 2005 年版,第 430 页。
③ 吕梁地区文物局:《山西吕梁地区征集的汉画像石》,《文物》2008 年第 7 期。
④ 吕梁地区文物局:《山西吕梁地区征集的汉画像石》,《文物》2008 年第 7 期。

立。右侧主题图案分为上、中、下三部分,上为西王母,中刻卷云纹,下为持彗门吏。西王母头梳高髻,身着斜领宽袖长袍,面朝左坐在云朵形高座上,头顶华盖,手执仙草。门吏面右持彗,头戴帻,身着交领长袍。右门扉画面构图分为上、中、下三部分,上为朱雀,中为铺首衔环,下为祥云纹和凤鸟。朱雀右向,昂首挺立,华冠,伸颈,展翅,翘尾。左爪立于铺首兽头之顶,右爪腾空。中部铺首呈兽头形,双耳竖立,独角,目露齿,环眼,眼珠点墨。颏下垂一绺长须,口中所衔之环粗大。下部刻祥云,祥云之下有长尾凤鸟一只,面右伫立。① 马茂庄3号墓画像中,描绘升仙内容的画像更加充盈和突出。画像上刻一头梳双髻、身披风巾、肩生双翼的羽人,手持朱草,与龙马嬉戏。在该墓后室门的两侧门框上,上部刻有乘坐驾神兽云车的主人,并有众多骑神兽仙鸟、执幡持节和御龙的仙人为导引、随从,下部刻画的不是传统的拥彗、执盾的门吏,而是牛首与鸡首人身的护卫神。② 画像石上的羽人、西王母、云车升天、牛首人身等画像内容的出现都源于道教的神仙方术、长生不老、除魔降妖等思想。这些题材的画像,应是汉代山西尊崇道教的产物,反映出当时社会上的一种观念形态。值得注意的是,这类画像似乎受到佛教艺术的影响。细审西王母画像,无论其坐姿、神态甚至布局,似与佛教有着某些联系,或许是外来佛教与东方道教相融合的结果。

---

① 王金元:《离石汉代画像石》,《文物世界》2002年第1期。
② 王双斌:《山西离石马茂庄建宁四年汉画像石墓》,《文物》2009年第11期。

第二章

两晋时期山西佛教

自两汉之际佛教传入我国以来,安息、康居等西域来华的僧人就聚居于都城洛阳,所以到东汉末年,洛阳成为佛教重镇。曹魏时,西域至此的僧人也络绎不绝。他们在此弘扬佛法,翻译佛经,遂使洛阳发展成为中国佛教的中心。三国时,佛教逐渐播散至南方吴国等地。《高僧传》谓,孙权闻康僧会之才慧,拜为博士,使与韦昭等共同辅导东宫。之后,又为之建寺,史称建初寺。"因名其地为佛陀里,由是江左大法遂兴。"① 至于曹魏境内的佛教,因其初期采取了禁止黄老之道、神仙方术、鬼神祭祀的政策,遂使佛教发展受到一定影响。魏文帝时(220—256年)开始允许中国人剃度出家为僧,并可讲经说法。山西出家僧人中比较有名的是焦光和尚。有名的寺院如襄汾县北许村的圆通寺、襄汾古堞镇古城村的全寿寺等。魏文帝信奉佛教,除了允许汉人可以出家外,还组织了西域的高僧大量译经,主要弘传戒律。嘉平二年(250年),中天竺沙门昙摩迦罗译出《僧祇戒心》即摩诃僧祇律之戒本。又请梵僧立羯磨法受戒。正元二年(255年)又有安息沙门昙帝译出《昙无德羯磨》,即昙元德部四分律之受戒作法;天竺沙门康僧铠,于嘉平年间(249—254年),译出《郁伽长者所问经》等;龟兹沙门白延于甘露元年(256年)译出《无量清净平等觉经》;同时,曹魏还派人西行求法,当时西去求法的第一人是洛阳人朱士行,于甘露五年(260年)自雍州起身,西渡流沙,取得梵书正本59卷,这成为我国佛教史上西行求法和出家讲经之始。

---

① (南朝梁)慧皎:《高僧传》卷1,《大正藏》第50册,第325页。

西晋建立后，佛教般若学在魏晋玄学的基础上，得到了迅速发展。晋武帝"大弘佛事，广树伽蓝"①。因此，晋武之世，"寺庙图像，虽崇京邑"②。晋惠帝"洛下造兴圣寺，供常百僧"。晋愍帝于长安"造通虚、白马二寺"③。据统计，洛阳、长安两京的寺院有一百八十所，译经一十三人、七十三部，僧尼三千七百人。④可见，佛教在西晋时获得了迅速发展，全国各地佛寺都有不同程度的发展。北至幽、并，南至广州，西抵陇右、西域，西南至梁、益，东南至闽海，佛寺呈现星散四方、重心分明的特征。⑤山西受王朝崇佛之风的影响，佛教开始兴起。

西晋末年至北魏439年统一北方期间，中国北方经历了五胡十六国时期。这时山西经历了五胡十六国中的前赵、后赵、前燕、前秦和后燕五个国家的统治，其中羯人建立的后赵、氐人建立的前秦，崇奉佛教，扶植佛教尤甚，这也使山西佛教进入了一个迅猛发展的时期。

东晋建立后，统治极不稳定，经受了长期的战乱，这为佛教的生存与发展提供了适宜的土壤，佛教获得了飞速发展。据统计，东晋立寺一千七百六十八所，译经二十七人、二百六十三部，僧尼二万四千人。史载，晋元帝，"江左造瓦官、龙宫二寺，度丹阳千僧"。晋明帝"造明兴、道场二寺，集义学百僧"。晋成帝"造中兴、鹿野二寺，义学千僧"。晋简文帝"造像度僧立寺，长干起木塔"。晋武帝"造皇泰寺本弟，立本起寺"。晋安帝"于育王塔立大石寺"⑥此时山西建立起寺院，而且有僧人法显西行求法、慧远弘扬佛法，这些都使山西佛教获得了进一步的发展。

第一节 西晋时期山西佛教

曹魏时期，世族遭到刻意压抑，提倡唯才是举，但名节也逐渐式微。

---

① （唐）道宣：《释迦方志·志教相篇第八》，《大正藏》第51册，第973页。
② （唐）道宣：《法苑珠林》卷63，《大正藏》第53册，第765页。
③ （唐）道宣：《释迦方志·志教相篇第八》，《大正藏》第51册，第973页。
④ （唐）道宣：《法苑珠林》卷63，《大正藏》第53册，第765页。
⑤ 张弓：《汉唐佛寺文化史》，中国社会科学出版社1997年版，第29页。
⑥ （唐）道宣：《释迦方志·志教相篇第八》，《大正藏》第51册，第974页。

司马氏执政后又诛杀异己，世族在司马懿羽翼下又渐渐抬头。这使得西晋开国功臣有大半属于无德又无才之流。当时较出名世族及其代表人物有琅琊王祥、荥阳郑冲、陈国何曾、临淮陈骞、颍川荀顗、荀勖、河东卫瓘、河东裴秀等。当时社会奢靡之风盛行，世族大多失去东汉世族的优良传统，反而汲汲求利，形成一批置身功名利禄又求出世隐遁的名士阶层。名士阶层的"隐遁"思想与佛教"万法皆空"思想有相通之处，为佛教的发展提供了宽松而有利的思想文化环境。

一　西晋时期的山西社会

（一）山西门阀士族与"八王之乱"

段灼曾对晋武帝说："今台阁选举，徒塞耳目。九品访人，唯问中正。故据上品者，非公、侯之子孙，则当涂（途）之昆弟也。二者苟然，则筚门蓬户之俊，安得不有陆沉者哉。"① 九品中正制已不再是真正选拔人才的途径，而出现了"上品无寒门，下品无士族"② 的情况。这一情况的出现，加速了士族制度的形成，也是西晋的政治迅速走向黑暗的一个重要原因。

太熙元年（290年），晋武帝死，其子司马衷即位，是为惠帝。皇后贾南风荒淫凶残，她是西晋开国元勋贾充的三女。《晋书》载："贾充字公闾，平阳襄陵（今山西襄汾）人，魏豫州刺史逵子。太和中袭爵阳里亭侯，拜尚书郎，后累迁黄门侍郎、汲郡典农中郎将，参大将军军事，转右长史，以从征诸葛诞功进爵宣阳乡侯，迁廷尉，转中护军，弑高贵乡公。及陈留王即位，进封安阳乡侯，加散骑常侍。晋国建，封临沂侯。武帝即王位，拜卫将军、仪同三司、给事中，改封临颍侯。及受禅，转车骑将军、散骑常侍、尚书仆射，更封鲁郡公，寻代裴秀为尚书令，改侍中，出为使持节、都督秦凉二州诸军事。不行，迁司空，寻转太尉，行太子太保、录尚书事。咸宁末，为使持节、假黄钺大都督伐吴。吴平，增邑八千户。太康三年（282年）卒，追赠太宰，礼官议谥曰荒，不纳，谥曰武。"③ 贾家应属当时

---

① 《晋书》卷48《段灼传》，中华书局1974年标点本，第1347页。
② 《晋书》卷45《刘毅传》，中华书局1974年标点本，第1274页。
③ 《晋书》卷40《贾充传》，中华书局1974年标点本，第1164—1171页。

世家大族。

贾充之女贾南风，平阳人，其貌不扬，晋武帝认为："贾家种妒而少子，丑而短黑"①，不宜做太子妃。然而，她却成为太子司马衷的妃子，继而成为皇后。其原因主要是她父亲贾充是西晋的开国元勋，为取得自身的地位而进行政治联姻。贾南风天性暴虐，做太子妃时，"尝手杀数人，或以戟掷孕妾，子随刃堕地"②。对此，晋武帝十分愤慨，一度曾想将她废掉，但因外戚杨珧提醒他"陛下忘贾公闾耶？"③遂使废妃之事不了了之。由此可见，贾充在西晋政权中地位的牢固和权势的显赫。太熙元年（290年）四月，晋武帝去世，太子司马衷即皇帝位，是为晋惠帝，贾南风被册立为皇后。惠帝黯弱无能，遂由太后父杨骏辅政。贾后欲干预政事，又多次被杨骏所抑止，贾南风为了掌握朝政大权，诛灭异己，元康元年（291年）与楚王玮合谋，发动禁卫军政变，杀死杨骏，但政权却落在汝南王亮和元老卫瓘手中，贾后政治野心未能实现。当年六月，她又使楚王玮杀汝南王亮，然后反诬楚王玮矫诏擅杀大臣，将玮处死。贾后遂执政，于元康九年（299年）废太子遹，次年杀死。"初，诛杨骏及汝南王亮、太保卫瓘、楚王玮等，皆临机专断。宦人董猛参预其事。猛，武帝时为寺人监，侍东宫，得亲信于后，预诛杨骏，封武安侯，猛三兄皆为亭侯，天下咸怨。及太子废黜，赵王伦、孙秀等因众怨谋欲废后。后数遣宫婢微服于人间视听，其谋颇泄。后甚惧，遂害太子，以绝众望。后在位十一年。赵粲、贾午、韩寿、董猛等皆伏诛。"④从中可见，山西门阀士族在当时社会中的地位与影响。正因这样的政治矛盾，诸王为争夺统治权，展开极其凶残的内战，史称"八王之乱"。"八王之乱"的十六年中，参战诸王相继败亡，民众被杀害者众多，社会经济严重破坏，西晋统治集团的力量消耗殆尽，潜伏着的阶级矛盾、民族矛盾便迅速爆发，这些都为佛教在山西的立足提供了社会土壤。

（二）少数民族内迁

魏晋时期，北方少数民族不断内迁至黄河中下游，四川、甘肃等地

---

① 《晋书》卷31《后妃传（上）》，中华书局1974年标点本，第963页。
② 《晋书》卷31《后妃传（上）》，中华书局1974年标点本，第964页。
③ 《晋书》卷31《后妃传（上）》，中华书局1974年标点本，第964页。
④ 《晋书》卷31《后妃传（上）》，中华书局1974年标点本，第966页。

区的少数民族也在川、甘、陕间移动。内迁的主要民族有匈奴、羯、氐、羌、鲜卑，史称"五胡"。内迁民族群众饱受官僚地主的剥削和奴役。"八王之乱"时，他们又多被利用于征战，死亡很多，因之不断发动武力反抗。经过长期混战，先后建立了十六国政权，即五凉（前凉、后凉、南凉、西凉、北凉）、二赵（前赵、后赵）、三秦（前秦、后秦、西秦）、四燕（前燕、后燕、南燕、北燕）、夏和成汉，史称"五胡十六国"。

东汉初，匈奴开始南迁，汉光武帝建武二十四年（48年），匈奴分裂，南匈奴入居云中。① 曹魏时，匈奴大部分已定居到今天山西省的中、西、南部，时称"并州胡"，因其主体分为五部，又称"五部匈奴"。西晋永嘉五年（311年），匈奴攻陷洛阳、掳走怀帝。"惠（帝）、怀（帝）之际，河东先扰。"② 山西成为匈奴、乌桓、鲜卑等少数民族聚居之地。晋永兴元年（304年），匈奴贵族刘渊起兵于离石，国号汉。永嘉二年（308年）又迁都平阳（今山西临汾）。此后，匈奴势力日渐增强，但河东地区则依然是刘氏政权的根基所在。

五胡十六国时期，羯族人石勒建立后赵政权。《晋书》载："石勒字世龙，上党武乡羯人，其先匈奴别部羌渠之胄。"③《魏书》卷九五《羯胡石勒传》云："其先匈奴别部，分散居于上党、武乡、羯室，因号羯胡。"④ 此后，石勒的势力在河北地区逐渐壮大，并定都河北邺城，但其在河东地区的影响依然很大。石勒曾"使其将张斯率骑诣并州山北诸县，说诸胡羯，晓以安危。诸胡惧勒威名，多有附者"⑤。西晋建兴四年（316年），河东大蝗，平阳饥荒，后赵石勒部将石越曾招引二十万户奔冀州（今河北中部）。因此判断，山西境内当时有数量可观的羯人。

鲜卑族是继匈奴之后在蒙古高原崛起的古代游牧民族。永嘉四年（310年），猗卢遣侄郁律率骑两万助并州刺史刘琨大败白部鲜卑及铁弗匈奴。猗卢因功受封为大单于、代公。《魏书》载："晋怀帝进帝（指拓跋

---

① 《后汉书》卷89《北狄南匈奴传》，中华书局1965年标点本，第2945页。
② 《晋书》卷62《祖逖列传》，中华书局1974年标点本，第1899页。
③ 《晋书》卷104《石勒载记上》，中华书局1974年标点本，第2707页。
④ 《魏书》卷95《羯胡石勒传》，中华书局1974年标点本，第2047页。
⑤ 《晋书》卷104《石勒载记上》，中华书局1974年标点本，第2711页。

部首领猗卢）大单于，封代公。帝以封邑去国悬远，民不相接，乃从（刘）琨求勾注陉北之地。琨自以托附，闻之大喜，乃徙马邑、阴馆、楼烦、繁畤、崞五县之民于陉南，更立城邑，尽献其地，东接代郡、西连西河、朔方，方数百里。帝乃徙十万家以充之。"① 这里提及的"马邑、阴馆、楼烦、繁畤和崞"五县属山西之地。晋建兴四年（316年），拓跋鲜卑内乱，猗卢被杀，大臣卫雄、姬澹等人率晋人及乌丸三万余家南奔并州。可见，山西有相当数量的拓跋鲜卑人居住。

东晋太元十一年（386年）前秦亡，拓跋珪收集旧部复国，同年迁都盛乐（今内蒙古和林格尔），称魏国。魏皇始三年（398年）迁都平城（今山西大同）。这次迁都使得山西成为北方的政治中心，由此奠定了山西佛教大发展的政治基础。此外，386年，鲜卑慕容永建立西燕，定都长子（今山西长子）。393年冬，慕容垂征发步骑兵7万，命丹阳王慕容瓒出井陉关（今河北省井陉县井陉山），攻晋阳，西燕守将慕容友领兵5万防守潞川。第二年春，慕容垂增调司、冀、青、兖四州兵，分兵三路出滏口（今河北省磁县西北石鼓山）、壶关、沙亭，西燕分兵拒守。夏天，慕容垂率大军出滏口，由天井关向南直趋台壁（今山西省黎城县西南），慕容永仓卒集结5万精兵，与后燕军大战于台壁南，西燕军中伏大败，慕容永长子逃回。后燕攻下晋阳，进围长子，八月间灭西燕。慕容垂攻克西燕后，"永所统新旧八郡户七万六千八百及乘舆、服御、伎乐、珍宝悉数获之，于是品物具矣"②。由此看，山西境内应居住着为数不少的慕容鲜卑。

五胡乱华，山西成为当时北方少数民族聚居的主要地区之一，带来了民族的融合，为佛教在山西的发展提供了客观环境。同时，在这一时期，由于"永嘉之乱"，导致了许多地方"流移四散，十不存二，携老扶弱，不绝于路"，甚至"群胡数万，周匝四山，动足遇掠，开目睹寇"③。社会动荡不仅严重影响百姓的日常生活，而且给他们带来了种种灾难和恐惧的心理，这也成为百姓选择信奉佛教的重要原因。同时，这一时期

---

① 《魏书》卷1《序纪》，中华书局1974年标点本，第7页。
② 《晋书》卷123《慕容垂载记》，中华书局1974年标点本，第308页。
③ 《晋书》卷62《刘琨传》，中华书局1974年标点本，第1680页。

的统治者积极支持佛教发展，崇敬西域僧人。这样使得山西佛教在五胡十六国时期迅速传播与兴盛。

二 后赵立国与山西佛教

（一）后赵诸帝与佛教

石勒，字世龙，上党武乡（今山西省长治市武乡县）羯人。石勒自幼为小贩、耕奴。《晋书》载："祖耶奕于，父周曷朱，一名乞冀加，并为部落小率。勒生时赤光满室，白气自天属于中庭，见者咸异之。年十四，随邑人行贩洛阳，倚啸上东门，王衍见而异之，顾谓左右曰：'向者胡雏，吾观其声视有奇志，恐将为天下之患。'"① 他二十余岁时，被司马腾捕捉卖给师欢。《晋书》载："会建威将军阎粹说并州刺史、东嬴公腾执诸胡于山东卖充军实，腾使将军郭阳、张隆虏群胡将诣冀州，两胡一枷。勒时年二十余，亦在其中，数为隆所驱辱。既而卖与茌平人师欢为奴。"② 后投靠汲桑，以晋军所逼，"遂招集王阳、夔安、支雄、冀保、吴豫、刘膺、桃豹、逯明等八骑为群盗。后郭敖、刘征、刘宝、张暠仆、呼延莫、郭黑略、张越、孔豚、赵鹿、支屈六等又赴之，号为十八骑。复东如赤龙、骥诸苑中，乘苑马远掠缯宝，以赂汲桑。"③ 当匈奴刘曜起兵后，石勒与汲桑也起义，失败后，归附刘渊，渊封其为辅汉将军、平晋王。刘曜建立前赵后，他与刘曜断绝了君臣关系。东晋大兴二年（319年），自称赵王，都襄国（今河北省邢台市），后迁都邺（今河北省临漳县西南），史称后赵。《晋书》载："勒伪称赵王，赦殊死已下，均百姓田租之半，赐孝悌力田死义之孤帛各有差，孤老鳏寡谷人三石，大酺七日。依春秋列国、汉初侯王每世称元，改称赵王元年。始建社稷，立宗庙，营东西宫。"④ 极盛时有今河北、山西、河南、山东、陕西、甘肃、江苏、安徽和辽宁的部分土地，统一了中国北方，以淮水为界，形成了与东晋南北对峙的局面。

---

① 《晋书》卷104《石勒载记上》，中华书局1974年标点本，第2707页。
② 《晋书》卷104《石勒载记上》，中华书局1974年标点本，第2708页。
③ 《晋书》卷104《石勒载记上》，中华书局1974年标点本，第2708页。
④ 《晋书》卷105《石勒载记下》，中华书局1974年标点本，第2735页。

石勒在位期间，实行了鼓励农业生产的措施，他还亲自巡行诸郡，劝民农桑，促进经济发展。他还制定了汉夷分治和互相尊重的民族政策。《晋书》曰："中垒支雄、游击王阳并领门臣祭酒，专明胡人辞讼，以张离、张良、刘群、刘谟等为门生主书，司典胡人出内，重其禁法，不得侮易衣冠华族。号胡为国人。遣使循行州郡，劝课农桑。加张宾大执法，专总朝政，位冠僚首。"① 石勒在位期间推行了平等的民族政策。这样的环境下，他重用汉族士大夫，以士人张宾为谋主，为其策划军政要略。在汉文化的影响下，他采用了汉朝的选官制，下令"群僚及州郡岁各举秀才、至孝、廉清、贤良、直言、武勇之士各一人。置署都部从事各一部一州，秩二千石，职准丞相司直"②。还"命郡国立学官，每郡置博士祭酒二人，弟子百五十人，三考修成，显升台府。于是擢拜太学生五人为佐著作郎，录述时事"③。他还仿效汉族的文化传统，命大臣编撰史书。"命记室佐明楷、程机撰《上党国记》，中大夫傅彪、贾蒲、江轨撰《大将军起居注》，参军石泰、石同、石谦、孔隆撰《大单于志》。自是朝会常以天子礼乐飨其群下，威仪冠冕从容可观矣。"④ 石勒的政治举措推进了汉族与少数民族的文化交流。石勒为巩固统治，还尊奉佛教，大兴佛事，"敬澄弥笃"⑤，建立寺庙，甚至将诸子"在寺中养之"⑥。上行下效，使佛教在后赵统治区域广泛流传。

石虎，字季龙，上党武乡（今山西省长治市武乡县）人。"石季龙，勒之从子也，名犯太祖庙讳，故称字焉。勒父朱幼而子季龙，故或称勒弟焉。永兴中，与勒相失。后刘琨送勒母王及季龙于葛陂，时年十七矣。性残忍，好驰猎，游荡无度，尤善弹，数弹人，军中以为毒患。勒白王将杀之，王曰：'快牛为犊子时，多能破车，汝当小忍之。'年十八，稍折节。作战英勇，弓马娴熟，深得石勒赞赏，初拜征虏将军。石勒称赵王，加封单于元辅，都督禁卫诸军事，加侍中、开府，进封中山公。石

---

① 《晋书》卷105《石勒载记下》，中华书局1974年标点本，第2735页。
② 《晋书》卷105《石勒载记下》，中华书局1974年标点本，第2737页。
③ 《晋书》卷105《石勒载记下》，中华书局1974年标点本，第2751页。
④ 《晋书》卷105《石勒载记下》，中华书局1974年标点本，第2736页。
⑤ 《晋书》卷95《艺术·佛图澄》，中华书局1974年标点本，第2485页。
⑥ 《晋书》卷95《艺术·佛图澄》，中华书局1974年标点本，第2487页。

勒称帝,任太尉,守尚书令,进封中山王,食邑万户。"① 后赵延熙元年(333年),石勒死,石虎利用执掌兵权之势,尽杀石勒所用重臣,派儿子石邃捉拿石勒太子大雅,扶其为傀儡皇帝。自任丞相、魏王。任用亲信担任要职,不久即将石勒的子孙残杀殆尽。东晋咸康元年(335年),遂自立为主,称大赵王,年号建武,将国都从襄国(今河北邢台西南)迁到邺(今河北临漳县西南)。咸康三年(337年),改称大赵天王,永和五年(349年)改称赵皇帝。他在位期间,一方面南征北战,扩大后赵的疆界,鼎盛时有"十州之地";另一方面则大兴土木,大肆搜刮百姓,严刑酷法,日夜荒淫。据《晋书·石季龙载记下》载:"季龙心昧德义,幼而轻险,假豹姿以羊质,骋枭心以狼性,始怀怨怼,终行篡夺。于是穷骄极侈,劳役繁兴,畚锸相寻,干戈不息,刑政严酷,动见诛夷,慄慄遗黎,求哀无地,戎狄残犷,斯为甚乎!"② 又《晋书·佛图澄》载:"及季龙僭位,迁都于邺,倾心事澄,有重于勒。下书衣澄以绫锦,乘以雕辇,朝会之日,引之升殿,常侍以下悉助举舆,太子诸公扶翼而上,主者唱大和尚,众坐皆起,以彰其尊。又使司空李农旦夕亲问,其太子诸公五日一朝,尊敬莫与为比。支道林在京师,闻澄与诸石游,乃曰:'澄公其以季龙为海鸥鸟也。'百姓因澄故多奉佛,皆营造寺庙,相竞出家,真伪混淆,多生愆过。季龙下书料简,其著作郎王度奏曰:'佛,外国之神,非诸华所应祠奉。汉代初传其道,惟听西域人得立寺都邑,以奉其神,汉人皆不出家。魏承汉制,亦循前轨。今可断赵人悉不听诣寺烧香礼拜,以遵典礼,其百辟卿士下逮众隶,例皆禁之,其有犯者,与淫祀同罪。其赵人为沙门者,还服百姓。'朝士多同度所奏。季龙以澄故,下书曰:'朕出自边戎,忝君诸夏,至于飨祀,应从本俗。佛是戎神,所应兼奉,其夷赵百姓有乐事佛者,特听之。'"③ 自此,后赵境内佛教大兴。

(二)佛图澄与佛教在山西的传播

佛图澄,本姓帛,西域人。梁慧皎《高僧传》卷第九《晋邺中竺佛

---

① 《晋书》卷106《石季龙载记上》,中华书局1974年标点本,第2761页。
② 《晋书》卷107《石季龙载记下》,中华书局1974年标点本,第2798页。
③ 《晋书》卷95《艺术·佛图澄》,中华书局1974年标点本,第2487页。

图澄》载:"西域人也,本姓帛氏。"①《晋书》卷九十五《佛图澄》载:"天竺人也,本姓帛氏。"②《魏书》载:"石勒时,有天竺沙门浮图澄,少于乌苌国就罗汉四道。"③《世说新语·言语篇》注引《澄别传》云:"道人佛图澄,不知何许人,于出敦煌。"④佛图澄属于佛教的何种流派,看法并不相同。任继愈根据现存资料推论,认为佛图澄的师承渊源应该是小乘说一切有部,但他可能受到般若学的影响。⑤

梁慧皎《高僧传》卷第九《晋邺中竺佛图澄》载:"少出家清真务学,诵经数百万言,善解文义。虽未读此土儒史,而与诸学士论辩疑滞,皆暗若符契,无能屈者。自云再到罽宾受诲名师。"⑥佛图澄既是一位精通佛教义理的义学僧人,又懂儒家思想,还擅于论辩。又《晋书》卷九十五《佛图澄》说:"少学道,妙通玄术。永嘉四年(310年),来适洛阳,自云百有余岁,常服气自养,能积日不食。善诵神咒,能役使鬼神。腹旁有一孔,常以絮塞之,每夜读书,则拔絮,孔中出光,照于一室。又尝斋时,平旦至流水侧,从腹旁孔中引出五脏六腑,洗之,讫,还内腹中。又能听铃音以言吉凶,莫不悬验。"⑦梁《高僧传》卷第九《佛图澄传》还说,他能"以麻油杂胭脂涂掌,千里外事,皆彻见掌中,如对面焉,亦能令洁斋者见"⑧。可见,佛图澄又是一位神化万变而超乎其类的所谓神异之僧。

晋怀帝永嘉四年(310年),佛图澄到达洛阳,志弘佛法。但时值匈奴刘曜带兵攻打洛阳,时机不成熟,只能隐居草野。据唐代调露元年(679年)勒石《大唐重兴茅蓬寺碑》载,佛图澄曾经隐居于武乡县之南山,"永嘉四年,东行洛阳,普济众灵,逢时大乱,圣道不行,遂隐南山,结茅修持"⑨。时石勒屯兵葛陂,专以杀戮为威。佛图澄见此状,"悯

---

① (南朝梁)慧皎:《高僧传》卷9,《大正藏》第50册,第383页。
② 《晋书》卷95《艺术·佛图澄》,中华书局1974年标点本,第2485页。
③ 《魏书》卷114《释老志》,中华书局1974年标点本,第3029页。
④ 《世说新语笺疏·言语篇》,中华书局2011年版,第53页。
⑤ 任继愈:《中国佛教史》,中国社会科学出版社1988年版,第135页。
⑥ (南朝梁)慧皎:《高僧传》卷9,《大正藏》第50册,第383页。
⑦ 《晋书》卷95《艺术·佛图澄》,中华书局1974年版,第2485页。
⑧ (南朝梁)慧皎:《高僧传》卷9,《大正藏》第50册,第383页。
⑨ 李树生:《三晋石刻大全·武乡县卷》,三晋出版社2013年版,第17页。

念苍生,欲以道化勒",随即"杖策到军门",投住于石勒部将郭黑略住处。"及洛中寇乱,乃潜草野以观变。石勒屯兵葛陂,专行杀戮,沙门遇害者甚众。澄投勒大将军郭黑略家,黑略每从勒征伐,辄豫克胜负,勒疑而问曰:'孤不觉卿有出众智谋,而每知军行吉凶何也?'黑略曰:'将军天挺神武,幽灵所助,有一沙门智术非常,云将军尝略有区夏,已应为师。臣前后所白,皆其言也。'勒召澄,试以道术。澄即钵盛水,烧香咒之,须臾钵中生青莲花,光色曜日,勒由此信之。"① 从此,佛图澄就在后赵开始了三十多年的弘法活动。

第一,为王权统治提供理论支撑。

石勒是羯人,在儒家"内诸夏而外夷狄"思想的影响下,对于能否立足中原和如何巩固自己的地位,常常思虑之。匈奴刘渊称汉王前说:"夫帝王岂有常哉,大禹出于西戎,文王生于东夷,顾惟德所授耳。今见众十余万,皆一当晋十,鼓行而摧乱晋,犹拉枯耳。上可成汉高之业,下不失为魏氏。虽然,晋人未必同我。汉有天下世长,恩德结于人心,是以昭烈崎岖于一州之地,而能抗衡于天下。吾又汉氏之甥,约为兄弟,兄亡弟绍,不亦可乎?且可称汉,追尊后主,以怀人望。"② 石勒起兵后,晋将刘琨为劝降他,曾遗书曰:"自古以来诚无戎人而为帝王者,至于名臣建功业者,则有之矣。今之迟想,盖以天下大乱,当须雄才。"③ 建兴元年(313年),时王浚署置百官,奢纵淫虐,勒有吞并之意,乃遣其舍人王子春、董肇等多赍珍宝,奉表推崇浚为天子曰:"勒本小胡,出于戎裔,值晋纲弛御,海内饥乱,流离屯厄,窜命冀州,共相帅合,以救性命。今晋祚沦夷,远播吴会,中原无主,苍生无系。伏惟明公殿下,州乡贵望,四海所宗,为帝王者,非公复谁?勒所以捐躯命、兴义兵诛暴乱者,正为明公驱除尔。伏愿殿下应天顺时,践登皇阼。勒奉戴明公,如天地父母,明公当察勒微心,慈眄如子也。"④ 亦遗枣嵩书而厚赂之。浚谓子春等曰:"石公一时英武,据赵旧都,成鼎峙之势,何为称藩于

---

① 《晋书》卷95《艺术·佛图澄》,中华书局1974年标点本,第2485页。
② 《晋书》卷101《刘元海传》,中华书局1974年标点本,第2649页。
③ 《晋书》卷104《石勒载记上》,中华书局1974年标点本,第2715页。
④ 《晋书》卷104《石勒载记上》,中华书局1974年标点本,第2720页。

孤，其可信乎？"子春对曰："石将军英才俊拔，士马雄盛，实如圣旨。仰惟明公州乡贵望，累叶重光，出镇藩岳，威声播于八表，固以胡越钦风，戎夷歌德，岂唯区区小府而敢不敛衽神阙者乎！昔陈婴岂其鄙王而不王，韩信薄帝而不帝者哉？但以知帝王不可以智力争故也。石将军之拟明公，犹阴精之比太阳，江河之比洪海尔。项籍、子阳覆车不远，是石将军之明鉴，明公亦何怪乎！且自古诚胡人而为名臣者实有之，帝王则未之有也。石将军非所以恶帝王而让明公也，顾取之不为天人之所许耳。愿公勿疑。"① 王浚"弥信勒之忠诚，无复疑矣"②。最终，王浚被石勒所灭。《晋书》载："使其将王洛生驿送浚襄国市斩之。于是分遣流人各还桑梓，擢荀绰、裴宪，资给车服。数朱硕、枣嵩、田峤等以贿乱政，责游统以不忠于浚，皆斩之。迁乌丸审广、渐裳、郝袭、靳市等于襄国。焚烧浚宫殿。以晋尚书刘翰为宁朔将军、行幽州刺史，戍蓟，置守宰而还。遣其东曹掾傅遘兼左长史，封王浚首，献捷于刘聪。"③

面临"内诸夏而外夷狄"的压力，石勒称帝后，为了巩固自身在中原的统治，就急需一种理论工具为其正身。这时，佛图澄便通过郭黑略告知他，"将军当略有区夏，已应为师。"④ 石勒听后非常高兴，即召佛图澄问曰："佛道有何灵验？"佛图澄知道石勒对佛教理解不深，于是以道术来征服石勒。因而说道："至道虽远，亦可以近事为证。即取应器盛水烧香咒之，须臾生青莲花，光色曜目。"⑤ 勒由此信服，佛图澄因而谏曰："夫王者德化洽于宇内，则四灵表瑞。政弊道消则彗孛见于上，恒象著见休咎随行，斯乃古今之常征，天人之明诫。"⑥ 石勒甚悦，于是奉佛。

建元元年（343年），东晋军队出淮泗，陇北凡城皆被侵逼，三方告急，人情危扰。石虎嗔曰："吾之奉佛供僧，而更致外寇，佛无神矣。"⑦ 次日，石虎以此事请教佛图澄，澄曰："王过去世经为大商主。至罽宾

---

① 《晋书》卷104《石勒载记上》，中华书局1974年标点本，第2721页。
② 《晋书》卷104《石勒载记上》，中华书局1974年标点本，第2722页。
③ 《晋书》卷104《石勒载记上》，中华书局1974年标点本，第2723页。
④ （南朝梁）慧皎：《高僧传》卷9，《大正藏》第50册，第383页。
⑤ （南朝梁）慧皎：《高僧传》卷9，《大正藏》第50册，第383页。
⑥ （南朝梁）慧皎：《高僧传》卷9，《大正藏》第50册，第383页。
⑦ （南朝梁）慧皎：《高僧传》卷9，《大正藏》第50册，第383页。

寺，尝供大会。中有六十罗汉，吾此微身亦预斯会。时得道人谓吾曰：'此主人命尽当受鸡身，后王晋地。'今王为王岂非福耶？疆场军寇国之常耳，何为怨谤三宝夜兴毒念乎？虎乃信悟跪而谢焉。"① 佛图澄在此以佛教因果报应和生死轮回的理论开导后赵当政者，使其认识到佛教讲究因果轮回的思想，今日能当皇帝是因为前世的积德。这种说法，为石勒、石虎的称帝提供了理论依据，从而使佛教和后赵政治密切地结合在一起。

第二，以佛治国，采取以德化民的举措。

十六国时期，由于种族压迫而引起的民族仇恨，发展成了血流成河的战争。后赵的石勒、石虎就是两位"专以杀戮为威"的暴君。对此，佛图澄对石勒说："夫王者德化洽于宇内，则四灵表瑞。政弊道消则彗孛见于上，恒象著见，休咎随行，斯乃古今之常征，天人之明诫。勒甚悦之。凡应被诛余残，蒙其益者，十有八九，于是中州胡晋略皆奉佛。"② 后来，石勒又想加害诸道士，结果国内却出现断水的问题，经佛图澄施法，最终"顷水大至，隍堑皆满"，这更加坚定了石勒对佛教的信仰。"勒后因忿欲害诸道士，并欲苦澄。澄乃避至黑略舍，告弟子曰：'若将军信至问吾所在者，报云不知所之。'信人寻至觅澄不得，使还报勒。勒惊曰：'吾有恶意向圣人，圣人舍我去矣，通夜不寝思欲见澄。'澄知勒意悔，明旦造勒。勒曰：'昨夜何行？'澄曰：'公有怒心故权避，公今改意，是以敢来。'勒大笑曰：'道人谬耳。襄国城堑水源在城西北五里团丸祀下，其水暴竭。'勒问澄：'何以致水。'澄曰：'今当敕龙。'勒字世龙，谓澄嘲己。答曰：'正以龙不能致水，故相问耳。'澄曰：'此诚言非戏也。水泉之源必有神龙居之。'今往敕语，水必可得，乃与弟子法首等数人至泉源上，其源故处久已干燥。坼如车辙，从者心疑，恐水难得。澄坐绳床烧安息香，咒愿数百言，如此三日水泫然微流。有一小龙，长五六寸许，随水来出。诸道士见竞往视之。澄曰：'龙有毒，勿临其上。'有顷水大至隍堑皆满。"③ 佛图澄通过佛教因果报应的思想向石勒宣扬治国方面应以德化民、施行仁政的道理。否则，会出现不利于国家的诸多

---

① （南朝梁）慧皎：《高僧传》卷9，《大正藏》第50册，第383页。
② （南朝梁）慧皎：《高僧传》卷9，《大正藏》第50册，第383页。
③ （南朝梁）慧皎：《高僧传》卷9，《大正藏》第50册，第383页。

问题。又有一次，鲜卑族人段波，兴师动众地进攻石勒。"鲜卑段波攻勒，其众甚盛。勒惧问澄。澄曰：'昨寺铃鸣云，明旦食时当擒段波。'勒登城望波军不见前后，失色曰：'军行地倾，波岂可获，是公安我辞耳。'更遣夔安问澄。澄曰：'已获波矣。'澄劝勒宥波遣还本国。勒从之，卒获其用。"① 这便再次向石勒说明杀戮为政的危害及以佛治国、以德化民的好处。

石虎即位之后，令大司马燕公石斌镇守蓟州，但斌"群凶辏聚。时有人谮于石虎，虎便召斌鞭之三百，杀其所生齐氏"，石虎还亲手杀死五百人。《高僧传》说："虎常问澄，'佛法云何？'澄曰：'佛法不杀。'，朕为天下之主，非刑杀无以肃清海内。既违戒杀生，虽复事佛讵获福耶。'澄曰：'帝王之事佛，当在心，体恭心顺，显畅三宝，不为暴虐，不害无辜。至于凶愚无赖，非化所迁，有罪不得不杀，有恶不得不刑，但当杀可杀，刑可刑耳。若暴虐恣意杀害非罪，虽复倾财事法，无解殃祸。愿陛下省欲兴慈，广及一切，则佛教永隆，福祚方远。'"② 对此，佛图澄向石虎建议"不为暴虐，不害无辜""当杀可杀，当刑可刑"等措施。虽然石虎不能尽从，但却也颇有影响。当时有"伪大司马燕公石斌，虎以为幽州牧镇。蓟群凶凑聚，因以肆暴。澄诫虎曰：'天神昨夜言，疾收马还，至秋齐当痛烂。'虎不解此语，即敕诸处马送还，其秋有人谮斌于虎。虎召斌鞭之三百，杀其所生齐氏，虎弯弓捻矢。自视斌行罚轻，虎乃手杀五百。澄谏曰：'心不可纵，死不可生，礼不亲杀以伤恩也。何有天子手行罚乎？'虎乃止。"③ 就在佛图澄临终之前，仍对石虎说："出生入死，道之常也，修短分定非人能延。道重行全，德贵无怠，苟业操无亏，虽亡若在，违而获延，非其所愿。今意未尽者，以国家心存佛理，奉法无吝，兴起寺庙，崇显壮丽，称斯德也，宜享休祉，而布政猛烈，淫刑酷滥，显违圣典，幽背法诫，不自惩革，终无福佑。若降心易虑，惠此下民，则国祚延长，道俗庆赖，毕命就尽，没无遗恨。"④ 总之，佛

---

① （南朝梁）慧皎：《高僧传》卷9，《大正藏》第50册，第383页。
② （南朝梁）慧皎：《高僧传》卷9，《大正藏》第50册，第383页。
③ （南朝梁）慧皎：《高僧传》卷9，《大正藏》第50册，第383页。
④ （南朝梁）慧皎：《高僧传》卷9，《大正藏》第50册，第383页。

图澄以佛教"慈悲戒杀"的思想对后赵的石勒、石虎进行引导,在其国内施行德政爱民的举措,不仅使后赵二君的暴政有所收敛,更为重要的是百姓能从中受益,为佛教的发展奠定了良好的基础。

第三,以佛教助军,增强君王对佛教的认可。

佛图澄既通内外五明,又娴熟所谓神通妙术。因此,他成为后赵的军事谋略者,在后赵与他国的多次战争中起到了很重要的作用。据史书记载,还取得了不少胜利。当石勒的军队从葛陂还河北,路过枋头时,枋头民众准备星夜劫营,袭击勒军。佛图澄看出了这一苗头,遂对郭黑略说:"须臾贼至,可令公知。"① 结果真如佛图澄所言,使石勒有了防备,所以才没有被打败。及曜自攻洛阳,勒将救之,其群下咸谏以为不可。勒以访澄,澄曰:"相轮铃音云:'秀支替戾冈,仆谷劬秃当。'此羯语也,秀支,军也。替戾冈,出也。仆谷,刘曜胡位也。劬秃当,捉也。此言军出捉得曜也。"② 时徐光闻澄此旨,苦劝勒行,勒乃留长子石弘,共澄以镇襄国。自率中军步骑,直指洛城。两阵才交,曜军大溃。曜马没水中。此时,佛图澄"以物涂掌,观之见有大众,众中缚一人,朱丝约项。其时因以告弘,当尔之时正生擒曜也。"③ 自此,石勒就益加尊重佛图澄,有事必谘而后行,且加号"大和尚"。建平四年(333年)七月,石勒逝世,子弘即位。不久,石虎废弘自立,迁都邺,改元建武。石虎倾心事澄,尤重于勒,亦有事必谘而后行。《高僧传》卷九《佛图澄传》云,石虎每欲讨伐燕国,佛图澄便谏曰:"燕国运未终,卒难可克。"④ 但石虎不听,结果"屡伐败绩"。在事实面前,石虎才信服了佛图澄的告诫。诸如此类的征战、内讧、平乱,《佛图澄传》中都说大多数被佛图澄言中。总之,佛图澄以所谓神通道术,预示军行吉凶,指示后赵统治者,使得佛教与政治结合得更加紧密。

第四,以法度人,佛教势力扩展至广。

佛图澄凭借其所谓神通妙术和预测吉凶等手段,首先获得了后赵统

---

① (南朝梁)慧皎:《高僧传》卷9,《大正藏》第50册,第383页。
② (南朝梁)慧皎:《高僧传》卷9,《大正藏》第50册,第383页。
③ (南朝梁)慧皎:《高僧传》卷9,《大正藏》第50册,第383页。
④ (南朝梁)慧皎:《高僧传》卷9,《大正藏》第50册,第383页。

治者的信服。在这一过程中,他又向石勒、石虎兄弟宣扬慈悲戒杀、以德化民的思想,结果不仅发展了生产,给平民百姓也带来了益处,而且增加了佛教宣化的说服力和社会影响力。据《佛图澄传》载:"时有瘤疾世莫能治者,澄为医疗,应时瘳损,阴施默益者,不可胜纪。"①从而获得了广大民众对他及佛教的信仰,"于是中州、胡、晋略皆奉佛"②。石勒也将诸子养于佛寺之中。《佛图澄传》载:"石虎有子名斌,后勒爱之甚重。忽暴病而亡,已涉二日。勒曰:'朕闻虢太子死扁鹊能生,大和上国之神人,可急往告必能致福。'澄乃取杨枝咒之,须臾能起,有顷平复。每至四月八日,勒躬自诣寺灌佛为儿发愿。"③石虎亦于临漳修治大塔,"时又久旱,自正月至六月。虎遣太子诣临漳西釜口祈雨,久而不降。虎令澄自行,即有白龙二头降于祠所,其日大雨。方数千里,其年大收。戎貊之徒先不识法,闻澄神验皆遥向礼拜,并不言而化焉。澄常遣弟子向西域市香。既行,澄告余弟子曰:'掌中见买香弟子在某处初被劫垂死,因烧香咒愿遥救护之。'弟子后还云:'某月某日某处为贼所劫,垂当见杀,忽闻香气,贼无故自惊。'虎于临漳修治旧塔少承露盘。"此后,石虎下诏曰:"佛是戎神,正所应奉。""其夷赵百蛮有舍其淫祀,乐事佛者,悉听出家。"④石虎的尚书张离、张良也都奉佛,还各起大塔。总之,在佛图澄大力弘化佛教的影响下,当时后赵境内佛法已比较兴盛,"受业追游,常有数百,前后门徒,几且一万。所历州郡,兴立佛寺八百九十三所,弘法之盛,莫与先矣"⑤。在佛图澄的影响下,佛教发展更加壮大。

后赵时期,山西境内应有佛法流布,后世留下众多传说和遗迹。光绪《山西通志》卷一百六十《仙释》中载:"佛图澄尝卓锡于中条山白石寺,炊粥无具,寄米于屠牛釜中,人嫌其染腥污脏。澄乃出肠浴于泉,至今泉上有血丝痕。尝畜一驴、一猫,食乏,则遣驴驼帖乞粮村舍。猫

---

① (南朝梁)慧皎:《高僧传》卷9,《大正藏》第50册,第383页。
② (南朝梁)慧皎:《高僧传》卷9,《大正藏》第50册,第383页。
③ (南朝梁)慧皎:《高僧传》卷9,《大正藏》第50册,第383页。
④ (南朝梁)慧皎:《高僧传》卷9,《大正藏》第50册,第383页。
⑤ (南朝梁)慧皎:《高僧传》卷9,《大正藏》第50册,第383页。

踞驴背，或有要夺者，猫即投地变虎，人莫敢近。今猫驴冢犹存寺前，后卒于邺宫寺。"① 中条山白石寺，在今永济市。佛图澄在此的时间，当在永嘉五年（311年）石勒屯兵葛陂前夕。又石勒元年（319年），在晋城建立了显庆寺；石虎建武十二年（346年），在洪洞县建立了西监寺和罗汉寺等等。《弘明集》也载："道人澄公仁圣，于石勒、虎之世。谓虎曰：'临淄城中有古阿余王寺处，犹有形像承露盘，在深林巨树之下，入地二十丈。'虎使者依图陷求，皆如言得。近姚略叔父为晋王，于河东蒲坂，古老所谓阿育王寺处，见有光明。凿求得佛遗骨，于石函银匣之中，光曜殊常，随略迎都，于霸上比丘今见在新寺。由此观之，有佛事于齐晋之地久矣哉。"② 正如梁启超所言："神通小术，本非佛法所尚，为喻俗计，偶一假途。然两千年来之愚夫愚妇大率缘此起信。"③

此外，据《出三藏记集》卷第三《沙弥塞律序录》和《高僧传》卷第三《宋江陵辛寺释法显传》说，法显，俗姓龚，平阳武阳人，生于建武八年（342年），二十岁受具足戒。后因叹僧团规范和经律之残阙，与同学慧景数人，于隆安三年（398年）离长安，往天竺求法。由法显受戒来看，当时山西境内已有佛教僧人。

据《比丘尼传》之《建福寺康明感尼传五》载：山西高平人明感，俗姓朱，于十六国时期的兵荒马乱中出家为尼，后于晋武帝太和四年（369年），和惠湛等十多人结伴，渡江南下，至建康（今南京市）建福寺修行。"明感，本姓朱，高平人也。世奉大法经。为虏贼所获，欲以为妻。备加苦楚，誓不受辱。谪使牧羊，经历十载。怀归转笃，反途莫由。常念三宝，兼愿出家。忽遇一比丘，就请五戒，仍以《观世音经》授之。因得习诵，昼夜不休。愿得还家，立五层塔。不胜忧念，逃走东行。初不识路，昼夜兼涉。径入一山，见有斑虎，去之数步。初甚恐懅，小却意定。心愿逾至，遂随虎而行。积日弥旬，得达青州。将入村落，虎便不见。至州，复为明伯连所虏。音问至家，夫儿迎赎。家人拘制，其志未谐。苦身勤精，三年乃遂。专笃禅行戒，品无言脱。有小犯，辄累晨

---

① 雍正《山西通志》卷160，中华书局2006年版，第4067页。
② （南朝梁）僧祐：《弘明集》卷2，《大正藏》第50册，第12页。
③ 梁启超：《佛学研究十八篇》，上海古籍出版社2001年版，第9页。

忏悔，要见瑞相，然后乃休。或见雨花，或闻空声，或睹佛像，或夜善梦。年及桑榆，操行弥峻，江北子女，师奉如归。晋永和四年春，与慧湛等十人，济江诣司空公何充。充一见甚敬重。于时，京师未有尼寺，充以别宅，为之立寺。……'檀越所建皆造福业，可名曰建福寺。'公从之矣。后遇疾，少时便卒。"①

雁门楼烦贾氏，于五胡十六国时出家，法名道仪。《比丘尼传》载："道仪，本姓贾，雁门娄烦人，慧远之姑。出适同郡解直。直为寻阳令亡。仪年二十二，弃舍俗累，披着法衣。聪明敏哲，博闻强记，诵《法华经》，讲《维摩小品》，精义妙理，因心独悟，戒行高峻，神气清邈，闻中畿经律渐备，讲集相续。晋泰元末，乃至京师，住何后寺。端心律藏，妙究精微，身执卑恭，在幽不惰，衣裳粗弊，自执杖钵，清散无矫，道俗高之。年七十八，遇疾。已笃，执心弥励，诵念无殆。弟子请曰：'愿加消息，冀蒙胜损。'答曰：'非所宜言。'言绝而卒。"② 可见，佛教在后赵时期已经开始流行开来。

（三）后赵时期佛教在山西流行的特点

第一，依靠统治者弘法。在佛图澄入华之前，虽有安世高、支娄迦谶、严佛调、昙柯迦罗、康僧会等高僧大德奔走于华夏，翻译经典，宣扬佛法。然终究是以一人之力弘法，虽有成效，但影响不广。真正使佛教在中国大地得到广泛的传播，应从佛图澄开始。

佛图澄来到中国，积极寻求统治者的支持。佛图澄初见石勒时就说，"当略有区夏，已应为师"，这迎合了统治者的需要。接着又以道术方便取得其信服后，更以谏言劝化其实行德政，故石勒待佛图澄敬服有加，有事必咨而后行，并上尊号为"大和尚"。这些为佛教的继续深入发展奠定了基础。石虎即位，更倾心事奉佛图澄，下诏曰："和上，国之大宝。荣爵不加，高禄不受。荣禄匪及，何以旌德。从此以往，宜衣以绫锦，乘以雕辇。朝会之日，和上升殿，常侍以下，悉助举舆，太子诸公扶翼而上。主者唱：'大和上至。'众坐皆起，以彰其尊。又敕伪司空李农旦

---

① （南朝梁）宝唱：《比丘尼传》卷1，《大正藏》第50册，第935页。
② （南朝梁）宝唱：《比丘尼传》卷1，《大正藏》第50册，第934页。

夕亲问，太子诸公五日一朝，表朕敬焉。"① 佛图澄以其所谓神通、德化及才智等取得崇高地位，为佛教在后赵时期的空前发展做出了重要贡献。道安曾言："不依国主，则法事不立。"② 这可谓对佛图澄所开创这条由上及下传播道路的高度概括，致使后世佛教发展多遵循此种模式。

佛图澄在取得统治者支持后，便在国家政权的保护下，充分利用国家力量来弘扬佛教，从而使佛教由一种形同"民间方术"的流传方式一跃成为官方意识形态，取得合法地位，开创了依王弘教的先例。

第二，佛教在民族大迁徙和融合中传播。两汉以来，便有域外诸族逐渐进入长城内外，而到五胡十六国时期，由于列国纷争等因素，使这一迁徙、融合活动变得更加频繁和更具有规模性。石勒在作刘曜部将时已招徕流民。《资治通鉴》载："晋建兴四年（316年），河东平阳大蝗，民流殍者什五六。石勒遣其将石越帅骑二万屯并州，招纳流民，民归之者二十万户。"③ 又卷九十一载："太兴四年（321年）三月，后赵王勒及虎素与匹磾结为兄弟，虎即起拜之。勒以匹磾为冠军将军，文鸯为左中郎将，散诸流民三万余户，复其本业，置守宰以抚之。于是幽、冀、并三州皆入于后赵。"④ 史籍中对诸多民不聊生现象的记载，不计其数。《资治通鉴》卷九十载："建武元年（317年）秋七月，大旱；司、冀、并、青、雍州大蝗；河、汾溢，漂千余家。"⑤ 在这些流动人口中，就存在相当数量的佛教信徒，也有僧侣，包括一些著名僧人。如"晋王懿，字仲德，太原人也。守车骑将军，世信奉法。父苗，苻坚时为中山太守，为丁零所害，仲德与兄元德携母南归。登陟峭嶮，饥疲绝粮，无复余计，唯归心三宝。忽见一童子牵青牛，见懿等饥各乞一饭。因忽不见，时积雨大水。懿前望浩然，不知何处为浅，可得揭厉。俄有一白狼，旋绕其前过水而返，似若引导。如此者三，于是逐狼而渡水。裁至膝，俄得陆路，南归晋朝"⑥ 此故事颇有传奇色彩，但可证王懿是虔诚的佛教徒。

---

① （南朝梁）慧皎：《高僧传》卷9，《大正藏》第50册，第383页。
② （南朝梁）慧皎：《高僧传》卷5，《大正藏》第50册，第352页。
③ 《资治通鉴》卷89《晋纪十一》，中华书局1976年标点本，第2833页。
④ 《资治通鉴》卷91《晋纪十三》，中华书局1976年标点本，第2887页。
⑤ 《资治通鉴》卷90《晋纪十二》，中华书局1976年标点本，第2847页。
⑥ （唐）道世：《法苑珠林》卷65，《大正藏》第53册，第785页。

由此看，各族民众在频繁的迁徙中，加强了汉族和其他少数民族之间的交流与融合，各民族的风俗习惯、宗教信仰也随之得到了交流。

第三，在当时神仙道教思想非常流行的背景下，佛教在传播中多利用所谓神通等方式。如面对后赵石勒、石虎施政的残暴，佛图澄便利用占卜、预言、诅咒、图谶、驱魔、治病、禳灾、除害、降神、通灵等手段，一方面为其在政治上以备咨询，起到辅助治化的作用；另一方面又通过这些手段来吸引群众，弘化佛教。《佛图澄传》载："虎常问澄：'佛法云何？'澄曰：'佛法不杀。''朕为天下之主，非刑杀无以肃清海内。既违戒杀生，虽复事佛，讵获福耶？'澄曰：'帝王之事佛，当在心，体恭心顺，显畅三宝，不为暴虐，不害无辜。至于凶愚无赖，非化所迁，有罪不得不杀，有恶不得不刑。但当杀可杀，刑可刑耳。若暴虐恣意，杀害非罪，虽复倾财事法，无解殃祸。愿陛下省欲兴慈，广及一切，则佛教永隆，福祚方远。'虎虽不能尽从，而为益不少。虎尚书张离、张良家富事佛，各起大塔。澄谓曰：'事佛在于清靖无欲，慈矜为心。檀越虽仪奉大法，而贪悋未已，游猎无度，积聚不穷，方受现世之罪，何福报之可悕耶？'离等后并被戮灭。时又久旱，自正月至六月，虎遣太子诣临漳西釜口祈雨，久而不降，虎令澄自行，即有白龙二头降于祠所，其日大雨，方数千里，其年大收。戎貊之徒，先不识法，闻澄神验，皆遥向礼拜，并不言而化焉。"① 佛图澄借用其德望、神通之道，获得了统治者和民众的信赖。在这个过程中，使佛教的清净、慈悲等思想得到了宣扬。

第四，佛教在山西的传播过程，伴随着佛教在中国本土化的历程。对后赵石勒、石虎想确立自己统治地位而急需一种理论作支撑时，佛图澄便利用占卜、图谶、驱魔、治病、禳灾、除害、降神等接近神仙道教的这些手段，减少弘化佛教的阻力，从而使得佛教迅速传播。他在中土有许多弟子，如法首、法祚、法常、法佐、僧慧、道进、道安、法雅、法汰、法和、僧朗（即泰山僧朗）、安令首尼等。他们在实际传法中，也常以方术来吸引信众。这是佛教初传中国后的传播方式，它需要利用中国传统文化，特别是当时社会流行的黄老之术，才能得以立足。佛教在

---

① （南朝梁）慧皎：《高僧传》卷9，《大正藏》第50册，第383页。

山西的传播，是伴随着佛教中国化的历程而开展的。

第二节　东晋时期山西佛教

东晋（317—420年）是由西晋宗室司马睿南迁后建立起来的政权。这一时期，佛教在北方十六国的后赵、前秦、后秦与北凉等国中，获得了统治者的支持与宗信，得以广泛传播。许多高僧辈出，从佛图澄至道安、再到鸠摩罗什及其门下僧肇、道生与僧睿等高足的出世，共同促成了中国北方佛教弘传的空前盛况。山西佛教在这一氛围下，出现了许多高僧，如慧远、法显等，他们的弘法推动着山西佛教的发展。

一　东晋时期活动于山西地区的著名高僧

（一）道安

道安（321—385年），俗姓卫，西晋永嘉六年（312年，或曰永嘉八年，314年）生于河北常山扶柳（今河北省石家庄市东）。据汤用彤考证，"扶柳，《晋书·地理志》属安平国。《名僧传钞》《道安传》云，诸伪秦书并云（道安为）常山扶柳人也"。《比丘尼传》载："贤尼，姓赵，常山人也。父珍，扶柳县令。贤出家后，太守杜霸因笃信黄老，憎嫉释种，符下诸寺，克日简汰云云。常山扶柳一带已称有诸寺，则其地佛法已兴。"[①] 由此看，常山扶柳一带早已传入佛教，佛寺、出家僧尼也都出现，说明佛法较为兴盛。这为日后道安出家为僧和潜心研究佛法提供了良好的环境。

道安7岁读书，再览能诵，为乡邻嗟异。12岁出家，以形貌丑陋，不为师父喜欢，驱役田舍劳动达三年之久。《高僧传》卷五《晋长安五级寺释道安传》说："（道安）家世英儒，早失覆荫，为外兄孔氏所养，年七岁读书，再览能诵，乡邻嗟异。至年十二出家，神智聪敏。而形貌甚陋，不为师之所重。驱役田舍至于三年。执勤就劳，曾无怨色。笃性精进，斋戒无阙。数岁之后，方启师求经，师与《辩意经》一卷，可五千

---

① 汤用彤：《汉魏两晋南北朝佛教史》，武汉大学出版社2000年版，第135页。

言。安赍经入田,因息就览,暮归,以经还师,更求余考,师曰:'昨经来读,今复求耶。'答曰:'即已暗诵。'师虽异之,而未信也。复与《成具光明经》一卷,减一万言,赍之如初,暮复还师。师执经覆之,不差一字,师大惊嗟而异之。后为受具戒,恣其游学。"① 道安凭借超强的记忆力和非凡的天赋博得了师父的赏识,并为其受具足戒,从而有资格外出游学。《辩意经》《成具光明经》作为道安起初接触佛教义理的开悟性读物,成为道安后来弘传般若学的重要理论来源。石虎建武十一年(345年),他游学至后赵邺都(今河北省临漳县西南),入中寺,师事神僧佛图澄。《高僧传》曰:"至邺入中寺,遇佛图澄。澄见而嗟叹,与语终日。众见形貌不称,咸共轻怪。澄曰:'此人远识,非尔俦也。'因事澄为师,澄讲安每覆述。众未之惬,咸言:须待后次当难杀昆仑子,即安后更覆,讲疑难锋起。安挫锐解纷,行有余力。时人语曰:'漆道人,惊四邻。'"② 从345年师事佛图澄始,至348年佛图澄圆寂,道安对佛图澄"服膺终身"。十余年间,道安除了研学小乘毗昙,还修学大乘般若。他的这些研学,促进了中国佛学义理的发展。

随着佛图澄和石虎的去世,北方再次陷入战乱与动荡之中。在这样的背景下,道安不得不率领僧众离开河北,辗转于山西和河南一带,以避战乱。东晋永和七年(351年),因冉闵挑起民族仇杀,"青、雍、幽、荆四州之民及氐、羌、胡、蛮数百万口,各还本土,道路交错,互相杀掠,且饥疫死亡,其能达者十有二三。诸夏纷乱,无复农者"③。大概就在这一年,道安北上至雁门郡的飞龙山(一名封龙山,在今山西浑源西南)避难,同行者有竺法汰。《高僧传》载,"安后从之受业。顷之与同学竺法汰俱憩飞龙山,沙门释僧先、道护已在彼山。相见欣然,乃共披文属思,妙出神情"④。竺法汰"少与道安同学,虽才辩不逮而姿貌过之,与道安避难,行至新野"⑤。道护"冀州人,贞节有慧解,亦隐飞龙山,

---

① (南朝梁)慧皎:《高僧传》卷5,《大正藏》第50册,第351页。
② (南朝梁)慧皎:《高僧传》卷5,《大正藏》第50册,第351页。
③ 《晋书》卷107《石季龙载记下》,中华书局1974年标点本,第2795页。
④ (南朝梁)慧皎:《高僧传》卷5,《大正藏》第50册,第351页。
⑤ (南朝梁)慧皎:《高僧传》卷5,《大正藏》第50册,第354页。

与安等相遇。乃共言曰：居靖离俗，每欲匡正大法。岂可独步山门，使法轮辍轸。宜各随力所被，以报佛恩。众佥曰：善。遂各行化，后不知所终"①。他当沙弥时的朋友释僧先先到飞龙山。据《高僧传》载："释僧先，冀州人，常山渊公弟子。性纯素有贞操，为沙弥时与道安相遇于逆旅，安时亦未受具戒。因共披陈志，慕神气慷慨，临别相谓曰：若俱长大，勿忘同游，先受戒已，后励行精苦。学通经论，值石氏之乱隐于飞龙山。游想岩壑，得志禅慧。"② 二人喜相逢，后同研究佛教义理。"相会欣喜，谓昔誓始从。因共披文属思，新悟尤多。安曰：先旧格义，于理多违。光曰：且当分析逍遥，何容是非先达？安曰：弘赞理教，且令允惬。法鼓竞鸣，何先何后？"③ 格义"乃竺法雅创立，以外书比拟内学之法。道安、法汰旧所同用"④。"及至飞龙山时，安公已有新悟，知弘赞理教，附会外书（如《庄子》《老子》等）则不能允惬。而僧先谓先达不可非议，仍主拘守旧法。二人精神迥然不同。即在同时，竺法深优游讲席，或畅《方等》，或释《老》《庄》，支道林尤以善《庄子》见赏。比之安公反对格义，志在弘赞真实教理，其不依傍时流，为佛教谋独立之建树，则尤与竺、支等截然殊途也。"⑤ 道安与僧先在"格义"问题上观点不同，彼此发生争执。飞龙山争论的历史真相究竟如何，由于没有更多的资料与信息，我们无法对此作进一步的考证，但道安似反对比附儒道，而谋佛教独立之创树。道安等在飞龙山居住一段时间之后，"居靖离俗，每欲匡正大法。岂可独步山门，使法轮辍轸。宜各随力所被，以报佛恩。众佥曰：善。遂各行化。"⑥ 由此推测，飞龙山争议后，"遂各行化"可能是解决矛盾的一种方式。

道安等离开飞龙山后，至太行恒山创立寺塔。太行恒山位于今河北阜平北部。《高僧传》载："安后于太行恒山创立寺塔。"⑦ 又"沙门释道

---

① （南朝梁）慧皎：《高僧传》卷5，《大正藏》第50册，第355页。
② （南朝梁）慧皎：《高僧传》卷5，《大正藏》第50册，第355页。
③ （南朝梁）慧皎：《高僧传》卷5，《大正藏》第50册，第355页。
④ （南朝梁）慧皎：《高僧传》卷4，《大正藏》第50册，第347页。
⑤ 汤用彤：《汉魏两晋南北朝佛教史》，武汉大学出版社2000年版，第137页。
⑥ （南朝梁）慧皎：《高僧传》卷5，《大正藏》第50册，第355页。
⑦ （南朝梁）慧皎：《高僧传》卷5，《大正藏》第50册，第351页。

安立寺于太行恒山，弘赞像法，声甚著闻，远遂往归之"①。《高僧传》所载虽有夸大之处，但也可看出道安当时已声名远扬。鉴于寺院的建立不可能是短暂的，由此推测，道安离开飞龙山的当年，亦即353年，便到太行恒山，时道安42岁。道安以太行恒山为依托，广泛进行弘法活动。他的名声越来越大，不少人投入他的门下，如慧远、慧永等。《高僧传》载："释慧永，姓潘，河内人也。年十二出家，伏事沙门竺昙现为师，后又伏膺道安法师……素与远（指慧远）共期，欲结宇罗浮之岫。远既为道安所留，永乃欲先逾五岭。"② 慧远投入道安门下的时间也应在道安于太行恒山创立寺塔的时期。道安至恒山弘法取得成功，"改服从化者，中分河北"③。《出三藏记集》则称："四方学士，竞往师之。受业弟子法汰、慧远等五百余人。"④ 僧祐说竺法汰为道安弟子，与《僧传》所载有异。

关于道安及其僧团在太行恒山的活动情况，《道安传》缺载，在《高僧传·慧远传》中有一些提及。慧远本姓贾，是雁门娄烦（今山西原平）人。他自幼好学，13岁时便跟从舅父游学许昌、洛阳。《高僧传》称他"博综六经，尤善《庄》《老》。性度弘博，风览朗拔，虽宿儒英达，莫不服其深致"⑤。21岁时，慧远来到太行恒山，对道安大为敬服，并听闻道安讲《般若经》，便与弟慧持投入门下。"时沙门释道安立寺于太行恒山弘赞像法，声甚著闻，远遂往归之。一面尽敬，以为真吾师也。后闻道安讲《般若经》，豁然而悟，乃叹曰：'儒道九流，皆糠秕耳。'便与弟慧持投簪落彩，委命受业。既入乎道，厉然不群。常欲总摄纲维，以大法为己任。精思讽持，以夜续昼。贫旅无资，缊纩常阙。"⑥ 可见，道安及其僧团在恒山讲经弘法，劝引信众，徒众至数百。《高僧传》载其"名实既符，道俗欣慕。至年四十五，复还冀部，住受都寺。徒众数百，常

---

① （南朝梁）慧皎：《高僧传》卷6，《大正藏》第50册，第357页。
② （南朝梁）慧皎：《高僧传》卷6，《大正藏》第50册，第362页。
③ （南朝梁）慧皎：《高僧传》卷5，《大正藏》第50册，第351页。
④ （南朝梁）僧祐：《出三藏记集》卷15，《大正藏》第55册，第108页。
⑤ （南朝梁）慧皎：《高僧传》卷6，《大正藏》第50册，第357页。
⑥ （南朝梁）慧皎：《高僧传》卷6，《大正藏》第50册，第357页。

宣法化"①。"冀部"应为"邺都"附近。道安45岁时，即前燕元玺五年（356年）。道安42岁至45岁左右，在邺都生活了四年左右，这四年的生活，让道安成为一名僧团领袖。关于道安离开邺都的原因，任继愈认为是因慕容儁之死引起的骚动。由于前燕实力的增强，慕容儁便企图征伐东晋，统一全国。359年底，所征集的军队都集中到邺都。360年正月，慕容儁检阅军队，但随即逝世。此后其子慕容暐即位，改元建熙。这时，宫廷发生内讧，顾命大臣慕舆根因鼓动阴谋而被杀。《资治通鉴》载："是时新遭大丧，诛夷浪籍，内外汹惧。……（慕容儁）所征郡国兵，以燕朝多难，互相惊动，往往擅自散归。自邺以南，道路断塞。"② 这样的环境迫使道安及其佛教僧团暂时避难。大概就在这一年，他带领僧团再次离开邺都，到达王屋女休山。

女休山的具体地点大约就是濩泽，在邺都以西100多公里。③ 之所以游走到濩泽，可能与《高僧传》所说竺法汰"南游晋平④，讲道弘化"⑤有关。《高僧传》载："时石虎死，彭城王石遵墓袭嗣立，遣中使竺昌蒲请安入华林园，广修房舍。安以石氏之末，国运将危，乃西适牵口山。迄冉闵之乱，人情萧素。安乃谓其众曰：'今天灾旱蝗，寇贼纵横，聚则不立，散则不可。'遂复率众入王屋女休山。"⑥ 按方广锠考证，王屋山应在今山西阳城西南，具体地点在濩泽。⑦ 笔者认同此说。这点可以从竺僧辅的事迹以及道安自序中证明。《高僧传》载："竺僧辅，邺人也。少持戒行，执志贞苦。学通诸论，兼善经法。道振伊洛，一都宗事。值西晋饥乱，辅与释道安等隐于濩泽。研精辩析，洞尽幽微。后憩荆州上明寺，单蔬自节，礼忏翘懃，誓生兜率，仰瞻慈氏。时琅玡王忱为荆州刺史，藉辅贞素，请为戒师，一门宗奉。"⑧ 又《地道经序》说："时雁门沙门

---

① （南朝梁）慧皎：《高僧传》卷5，《大正藏》第50册，第351页。
② 《资治通鉴》，上海古籍出版社1987年标点本，第676页。
③ 方广锠：《道安评传》，昆仑出版社2004年版，第104页。
④ 晋平，地望不详。汤用彤认为或是"晋土"之误。汤用彤：《汉魏两晋南北朝佛教史》，武汉大学出版社2000年版，第138页。
⑤ （南朝梁）慧皎：《高僧传》卷5，《大正藏》第50册，第355页。
⑥ （南朝梁）慧皎：《高僧传》卷5，《大正藏》第50册，第351页。
⑦ 方广锠：《道安评传》，昆仑出版社2004年版，第66页。
⑧ （南朝梁）慧皎：《高僧传》卷5，《大正藏》第50册，第355页。

支昙讲,邺都沙门竺僧辅。此二仁者,聪明有融,信而好古,冒崄远至,得与酬酢。寻章察句,造此训传。"①由竺僧辅"冒险远至"说明,他不是随道安从邺都到濩泽;又从竺僧辅"誓生兜率,仰瞻慈氏"看,他非常信仰弥勒净土。而道安在襄阳时,"每与弟子法遇等,于弥勒前,立誓愿生兜率"②。因此可推测,竺僧辅是跟随道安从濩泽来到襄阳。而《高僧传》《出三藏记集》又称道安僧团是从王屋女休山迤逦到襄阳。由此证明濩泽实际就在王屋女休山。③

在濩泽期间,道安与其友人主要从事佛典的翻译与研究。《高僧传》载:"后避难潜于濩泽。太阳竺法济、并州支昙讲《阴持入经》。安后从之受业。"④道安《阴持入经序》:"安未近积罪,生逢百罹。戎狄孔棘,世乏圣导。潜遁晋山,孤居离众。幽处穷壑,窃览篇目。浅识独见,滞而不达。夙宵抱疑,谘诹靡质。会太阳(应为大阳,今山西平陆)比丘竺法济、并州道人支昙讲,陟岨冒寇,重尔远集。此二学士,高朗博通,诲而不倦者也。遂与析盘畅碍,造兹注解。"⑤《地道经序第一》又曰:"予生不辰,值皇纲纽绝。犭严犭严猾夏,山左荡没。避难濩泽,师殒友折。周爱谘谋,顾靡所询。时雁门沙门支昙讲,邺都沙门竺僧辅。此二仁者,聪明有融,信而好古,冒崄远至,得与酬酢。寻章察句,造此训传。怖权与进者,暂可微瘳。蚊蚋奋翼,以助随岚。蚁垤增封,嵩岳之顶。岂其能益于高猛哉。探颐奥邃,惟八辈难之。况末学小子,庶几兹哉。然天竺圣邦,道岨辽远。幽见硕儒,少来周化。先哲既逝,来圣未至。进退狼跋,咨嗟涕洟。故作章句,申己丹赤。冀诸神通,照我嚅嚅。必柱灵趾,烛谬正阙也。"⑥《大十二门经序第九》亦曰:"此经世高所出也。辞旨雅密,正而不艳。比诸禅经,最为精悉。案经后记云:嘉禾七年,在建邺周司隶舍写。缄在箧匮,向二百年矣。冥然不行,无闻名者。比丘竺道护于东垣界贤者经中得,送诣濩泽乃得流布。得经之后,俄而其

---

① (南朝梁)僧祐:《出三藏记集》卷10,《大正藏》第55册,第69页。
② (南朝梁)慧皎:《高僧传》卷5,《大正藏》第50册,第351页。
③ 方广锠:《道安评传》,昆仑出版社2004年版,第66页。
④ (南朝梁)慧皎:《高僧传》卷5,《大正藏》第50册,第351页。
⑤ (南朝梁)僧祐:《出三藏记集》卷6,《大正藏》第55册,第44页。
⑥ (南朝梁)僧祐:《出三藏记集》卷10,《大正藏》第55册,第69页。

家遇火，护若不睹，为灰炭矣。自然将丧斯禅也，后死者不得与闻此经也。"① 可见，道安为避石氏之乱而逃隐濩泽，在避难的过程中仍研究佛典。道安在竺法济、支昙讲、竺僧辅、竺道护等比丘的帮助、指导或鼓励之下，撰写了《阴持入经注》二卷、《大地道经注》一卷、《大十二门经注》二卷等，所注原典皆为东汉安世高译的小乘经典，为一切有部的禅学。

从他注《阴持入经》《十二门经》《人本欲生经》等经中可以看出，他力图从出世的禅定思维中寻找一条人生解脱之路，但同时，受中国传统文化以及佛图澄的影响，又在解释佛教教义时增添了玄学与神通的色彩。《安般注序》："是故安般寄息以成守，四禅寓骸以成定也。寄息故有六阶之差，寓骸故有四级之别。阶差者，损之又损之，以至于无为。级别者，忘之又忘之，以至于无欲也。无为故无形而不因，无欲故无事而不适。无形而不因，故能开物。无事而不适，故能成务。成务者，即万有而自彼。开物者，使天下兼忘我也。彼我双废者守于唯守也，故《修行经》以斯二法而成寂。得斯寂者，举足而大千震，挥手而日月扪，疾吹而铁围飞，微嘘而须弥舞，斯皆乘四禅之妙止。"② 从他用玄学的理论与术语解释禅定能获得所谓神通的道理，说明道安当时对佛教的认识还没有摆脱用中国传统思想比附印度佛教理论的束缚。

道安于艰难行进中确立"依国主以传法"的指导思想。"予生不辰，值皇纲纽绝，猃狁猾夏，山左荡没"之论反映出他的"夷夏之辨"思想，以及对"皇纲纽绝""山左荡没"的痛惜，因此力图用佛教来减少社会民众之苦。为将佛教发展壮大，他力求获得当权者的支持，积极与最高统治集团保持良好的合作关系。如《出三藏记集》卷十五《道安法师传》载："行至新野，复议曰：'今遭凶年，不依国主，则法事难立。又教化之体，宜令广布。'咸曰：'随法师教。'乃令法汰诣扬州，曰：'彼多君子，好尚风流。'法和入蜀：'山水可以修闲。'安与弟子慧远等五百余人渡河。"③《高僧传》记载与之大致相同，仅"道安与弟子慧远等四百余

---

① （南朝梁）僧祐：《出三藏记集》卷6，《大正藏》第55册，第46页。
② （南朝梁）僧祐：《出三藏记集》卷6，《大正藏》第55册，第42页。
③ （南朝梁）僧祐：《出三藏记集》卷15，《大正藏》第55册，第108页。

人渡河"① 有异。这里可能据慧皎观察，由于道安僧团中竺法汰、法和各自带走一些僧人，所以将五百余人改为四百余人。从此，"依国主以传法"成为道安僧团播延教法的基本准则和指导思想。

道安在濩泽的生活条件十分艰苦，但他依然讲经说法。例如在《地道经序》中，他称支昙讲与竺僧辅是"冒崄远至"，② 在《阴持入经序》中，他说自己"潜遁晋山，孤居离众，幽处穷壑。"③ 称竺法济、支昙讲是"陟岨冒寇，重尔远集"④。加之，"先哲既逝，来圣未至"⑤。这些都反映出道安在传播佛教时面临的艰难困境。但就在这种困境下，他依然能聚众讲学、弘阐佛法，为僧团树立了榜样。在道安逝世前两个月，他在《僧伽罗刹经序》中说："此年出《中阿含》六十卷，《增一阿含》四十六卷。伐鼓击柝中，而出斯一百五卷。穷通不改其恬，讵非先师之故伪乎？"⑥ "穷通不改其恬，讵非先师之故伪乎"表明道安遵从先师佛图澄的教导，坚持不懈地弘法。上文提到太阳比丘竺法济、并州道人支昙讲，"高朗博通，诲而不倦者也。遂与析盘畅碍，造兹注解"⑦。由此看，道安的成就，离不开同学、好友的帮助与支持。

《高僧传》及《出三藏记集》称道安等在濩泽的时间不长，便渡过黄河，到达陆浑。据方广锠推测，在364年前后，道安等为了能找寻到一片清净修行之地，遂离开王屋女休山，渡河南下，来到陆浑，辗转流离，最终到襄阳。⑧ 道安等人在王屋女休山濩泽一地居住应有四五年之久。

从佛图澄死（348年）后的十五年（349—364年）间，道安及其率领的僧团一直颠沛流离，辗转活动于河北、山西一带。可以说，道安为山西佛教的发展做出了重要的贡献。

---

① （南朝梁）慧皎：《高僧传》卷5，《大正藏》第50册，第351页。
② （南朝梁）僧祐：《出三藏记集》卷10，《大正藏》第55册，第69页。
③ （南朝梁）僧祐：《出三藏记集》卷6，《大正藏》第55册，第44页。
④ （南朝梁）僧祐：《出三藏记集》卷6，《大正藏》第55册，第44页。
⑤ （南朝梁）僧祐：《出三藏记集》卷10，《大正藏》第55册，第69页。
⑥ （南朝梁）僧祐：《出三藏记集》卷10，《大正藏》第55册，第71页。
⑦ （南朝梁）僧祐：《出三藏记集》卷6，《大正藏》第55册，第44页。
⑧ 方广锠：《道安评传》，昆仑出版社2004年版，第66页。

(二) 慧远

慧远出生在山西，后跟随道安辗转河北、山西一带传法，并创建僧团、建立译场、著书立说，是中国佛教史上一位承上启下的重要高僧，也是山西佛教发展史上一位著名的僧人。

慧远（334—416年），俗姓贾，雁门楼烦（今山西原平）人。对于慧远的籍贯，按《出三藏记集》与《高僧传》记载，慧远为"雁门楼烦人"。但雁门楼烦具体是何地，学界认识不一，有山西代县、神池、五寨、宁武、原平之说。楼烦本为一少数民族部落名称，《史记·匈奴列传》中载，战国时赵武灵王开拓疆域，"北破林胡、楼烦，筑长城，自代并阴山下，至高阙为塞"①。《汉书·地理志》记载，雁门郡领十四县，郡治在善无县（今右玉县南），有"善无、沃阳、繁畤、中陵、阴馆、楼烦、武州、汪陶、剧阳、崞、平城、埒、马邑、疆阴"②。楼烦为其一。东晋十六国时，雁门郡统辖八县，据《晋书·地理志》载有"广武、崞、汪陶、平城、俊人、繁畤、原平、马邑"③。这里未见楼烦的记载。到北魏时，雁门郡领原平、广武二县。《魏书·地理志》载，原平有"阴馆城、楼烦城、广武城、龙渊神、亚泽神"④。这里楼烦作为一个城邑存在。由于慧远出生于334年，此时楼烦则为东晋十六国时期之雁门郡原平县楼烦邑，应位于原平市大芳乡一带，茹岳村至今仍存有楼烦寺。明李本立《重修楼烦寺记》载："夫楼烦古邑也，迤崞北三十里许。追其世远人湮，旧迹亡灭久矣。厥寺古刹，名为楼烦，存旧制也。历代以来世袭其名，以及于兹而不变者，亦爱礼存羊之意云。"⑤ 清王纬《重修楼烦寺碑记》："崞，古楼烦也，其他遗迹鲜有存者。邑之北三十里许有寺在焉，厥名楼烦，传者谓东晋时建之，释氏慧远演教于此。是寺也，山环水绕，规模壮丽，真菩提圣境矣。千百年来，亦既几经修理，碑记俱在，可考而知

---

① 《史记》卷110《匈奴列传》，中华书局1963年标点本，第2885页。
② 《汉书》卷28《地理志下》，中华书局1964年标点本，第1621页。
③ 《晋书》卷14《地理志》，中华书局1974年标点本，第429页。
④ 《魏书》卷106《地理志上》，中华书局1974年标点本，第2474页。
⑤ （明）李本立《重修楼烦寺记》，《崞县志》卷6，《中国地方志集成》，凤凰出版社2005年版，第246页。

也。"① 又清丁尔梅《重修寺墙碑文》："崞邑之北，沱水之西，有楼烦焉。夫楼烦古邑也，虽代远难稽，然寺门前有地名城门洞，茹岳村有城隍庙，相传是其遗踪云。其地岸山前兆，溪水后绕，乡邻会傩于正月之望，遐迩祈祷于奶母之灵，翠柏森丛冲霄之秀，有别致老槐突兀，转磨之名弗虚传。且慧远笃生，灵芝献瑞历验，其种种古迹孰谓楼烦非胜境也哉？"②《山西通志》中《寺观·崞县》载："楼烦寺，在县西北二十五里，以楼烦城名。晋慧远演教地。"③ 又代州"白仁岩寺，在州西北三十里。晋释慧远建寺，巨石上有石塔，峰头有说法台、定心石、棋坪石，崖下有五井"④。《山西通志》之《方外录上》引苏潜甫《西游日记》："阎大参为言：远公者，代州人也，公生时，其家有井，产金灵芝，水忽甘美异常，诸病者饮之辄愈。公去庐山，而井如故，味不能甘，而疾不能治矣。土人思公而新之，刹曰圣井院。日久忘其本实，改为楼烦寺，郡邑乘皆不载，今为置一主其中云。唐人有诗曰：'空悲庐阜月，不见雁门僧。'其证也。"⑤ 这一口井至今仍存于楼烦寺内，并建小屋保护。《庐山志》中陈谦《庐山远公赞》云："楼烦擅博综，皈志恒山里。一闻般若经，幡然弃经史。至今白莲池，以比功德水。"⑥ 明末四大高僧之一紫柏真可《紫柏老人集》则收有《过楼烦寺有感》和《重过楼烦寺》二诗。⑦ 这些都说明了慧远大师与楼烦寺的因缘关系。

关于慧远少年时代的史料比较简略，仅在僧祐《出三藏记集》卷十五、慧皎《高僧传》卷六、张野《远法师铭》中有所提及。《出三藏记集》卷十五和《高僧传》卷六记载相同，均记载他"弱而好书，圭璋秀发。年十三，随舅令狐氏，游学许洛。故少为诸生，博综六经，尤善《老》、《庄》，性度弘伟，风鉴朗拔，虽宿儒英达，莫不服其深致"⑧。从

---

① 碑存原平市茹岳村娄烦寺。
② 碑存原平市茹岳村娄烦寺。
③ 雍正《山西通志》卷171，中华书局2006年版，第4343页。
④ 雍正《山西通志》卷26，中华书局2006年版，第631页。
⑤ 雍正《山西通志》卷159，中华书局2006年版，第4053页。
⑥ （清）毛德琦：《庐山志》卷12，顺德堂影印本，第32页。
⑦ （明）憨山德清：《紫柏尊者全集》卷29，《卍续藏》（以下版本同此）第73册，第395页。
⑧ （南朝梁）慧皎：《高僧传》卷6，《大正藏》第50册，第357页。

《出三藏记集》《高僧传》等有关传记资料中对慧远父祖或近亲官职缺载的情况看，他这一家族可能在他出生之际，远非豪门士族，应为寒门士族。①

慧远 21 岁时，欲渡江东，遇到中原离乱，南路阻塞。据《高僧传》载，慧远"年二十一，欲渡江东，就范宣子共契嘉遁。值石虎已死，中原寇乱，南路阻塞，志不获从"②。后听闻道安到太行恒山弘法，慧远与胞弟慧持便前往拜访，听道安讲经，也参与了道安僧团的一些活动。《高僧传》载："一见道安，肃然起敬，以为真吾师也。后闻道安讲《般若经》，豁然而悟，乃叹曰：'儒道九流，皆糠秕耳。'便与弟慧持投簪落彩，委命受业。既入乎道厉然不群，常欲总摄纲维，以大法为己任，精思讽持，以夜续昼，贫旅无资，缊纩常阙……远藉慧解于前因，发胜心于旷劫。故能神明英越，机鉴遐深。安公常叹曰：'使道流东国其在远乎。'"③前秦苻坚永兴元年（357 年），慧远"年二十四便就讲说，尝有客听讲《难实相义》。往复移时，弥增疑昧，远乃引《庄子》，义为连类，于是惑者晓然。是后，安公特听慧远不废俗书。"④慧远讲解义理时，仍将佛教比附于老庄玄学。当时不少僧人都精通老庄玄学。例如竺法汰"领军王洽、东亭王珣、太傅谢安，并钦敬无极"⑤。又"汰弟子昙壹、昙贰，并博练经义，又善《老》《易》，风流趣好，与慧远齐名"⑥。用老庄思想来解释佛教思想是当时社会的一种风尚，也是中国人在佛教传入初期的一种理解，显现出佛教中国化特征。

东晋兴宁三年（365 年），慧远随道安到达襄阳，后遇秦将苻丕攻击襄阳，于是道安即分张徒众，而慧远则与弟子数十人到荆州，住上明寺，太元六年（381 年）至浔阳，后停驻庐山东林寺。《庐山记》载："远乃与弟子数十人适荆州，住上明寺。后欲往罗浮山。太元六年，至寻阳。

---

① ［日］冢本善隆：《中国初期佛教史上にずける慧远》，［日］木村英一编《慧远研究·研究篇》，创文社 1962 年版，第 7 页。
② （南朝梁）慧皎：《高僧传》卷 6，《大正藏》第 50 册，第 357 页。
③ （南朝梁）慧皎：《高僧传》卷 6，《大正藏》第 50 册，第 357 页。
④ （南朝梁）慧皎：《高僧传》卷 6，《大正藏》第 50 册，第 357 页。
⑤ （南朝梁）慧皎：《高僧传》卷 4，《大正藏》第 50 册，第 354 页。
⑥ （南朝梁）慧皎：《高僧传》卷 4，《大正藏》第 50 册，第 354 页。

爱庐阜之间旷，乃立龙泉精舍。久之，沙门慧永禅师先居西林，与师有旧，欲邀同止。乃谓刺史桓伊曰：'远公弘道，学者日集。贫道所栖，狭不足处。奈何？'时又梦山神请曰：'此山足以栖神，一夕忽有雷雨，震击诘朝。林麓大辟，唯素沙布地，兼有梗楠文梓良材。'桓乃即其地更立房殿，名其殿曰'神运'。以在永师所居之东，故号'东林'，即太元十一年（386年）岁次丙戌寺成。"①《高僧传》中对于慧远至寻阳、东林寺时间不同，其余内容相同，《高僧传》所载符丕攻襄阳时间有误，《庐山记》之时间更为可信。《高僧传》曰："伪秦建元九年（373年），秦将符丕寇斥襄阳。道安为朱序所拘不能得去，乃分张徒众各随所之。临路，诸长德皆被诲约，远不蒙一言。远乃跪曰：'独无训勖，惧非人例。'安曰：'如公者岂复相忧。'远于是与弟子数十人，南适荆州住上明寺。后欲往罗浮山，及届浔阳。见庐峰清静，足以息心，始住龙泉精舍。此处去水大远，远乃以杖扣地曰：'若此中可得栖，立当使朽壤抽泉。'言毕清流涌出，后卒成溪。……时有沙门慧永，居在西林与远同门。旧好遂要远同止，永谓刺史桓伊曰：'远公方当弘道，今徒属已广而来者方多，贫道所栖褊狭不足相处，如何？'桓乃为远复于山东更立房殿，即'东林'是也。"②慧远秉承道安的教诲，至庐山后，创建僧团、开设译场、著书立说、弘传佛法，促使佛教力量壮大。

道安曾在357—360年间在邺都，360—364年间在濩泽一带弘法。③其间，慧远是否到过山西呢？据《高僧传》来看，道安创建僧团的过程中有过分与合，这为慧远到山西弘法提供了可能。如在飞龙山（又作封龙山）时，道安"居靖离俗，每欲匡正大法，岂可独居山门，使法轮辍辍轸！宜各随力所被，以报佛恩"④。众僧同意后，遂各行化。在南投襄阳的路上，道安行至新野时，"谓徒众曰：'今遭凶年，不依国主，则法事难立。又教化之体，宜令广布。'咸曰：'随法师教。'乃令法汰诣扬州，

---

① （宋）陈舜俞：《庐山记》卷3，《大正藏》第51册，第1039页。
② （南朝梁）慧皎：《高僧传》卷6，《大正藏》第50册，第357页。
③ 方广锠：《道安评传》，昆仑出版社2004年版，第66页。
④ （南朝梁）慧皎：《高僧传》卷5，《大正藏》第50册，第351页。

曰：'彼多君子，好尚风流。'法和入蜀，山水可以修闲"①。秦将符丕寇斥襄阳时道安又"为朱序所拘，不能得去。乃分张徒众，各随所之。临路，诸长德皆被诲约，远不蒙一言。远乃跪曰：'独无训勖，惧非人例。'安曰：'如汝者岂复相忧！'远于是与弟子数十人南适荆州，住上明寺。"②在道安创建僧团和弘法中，多次强调了分别行化的意义。另外，方广锠在分析道安迁移到飞龙山的原因时指出，"有僧先在飞龙山，应该是道安迁移到飞龙山的重要原因。另外，打开地图便可以知道，飞龙山的位置离道安的家乡常山非常近。在道安时代，家族关系始终是人的最主要的社会关系之一。当人们遇到困难，希求家族的帮助可说是天经地义的事。这或者也是道安考虑的因素之一"③。照此推理，慧远极有可能受道安这种思想的影响，返回家乡弘法。

据温金玉、徐文明等学者考证，慧远应在家乡附近的白人岩活动。④明朝正统年间《白仁岩寺记》载："代郡西行三十余里则抵茹山，自茹山径入，又西行五里许而抵崞，亦代之属邑，其上有岩，名曰：'白仁岩'，有寺名曰：'白仁岩禅寺'，寔晋浮屠氏远公之所肇造也。有故碑可考，首载其岩，风景秀丽，形势奇怪，高者则怖登，深者则骇瞰，险者弗敢逾，危者弗敢仰。暨名葩异卉，森列左右，珍禽驯兽，往来飞走，与夫祥氛瑞霭舒卷于晨昏，岚光林影错映于上下，千容万态，倏忽变化，叹其难于形状也。次载远公，辟石为室，环堵为扃，所居之庵，松萝拥护；演法之台，鸟兽谛听。又有灵泉龙祠，每值岁旱，祈祷辄雨，神异之迹尤伙，管毫弗克尽其事也。终载其寺，楼观、台榭、殿廊、门庑、僧轩、厨库，绘塑之容，陶埴之属，靡不悉备。"⑤慧远所建寺院应属草创阶段。因当时战乱频发，慧远回乡时间又短，不可能进行大规模的营建。又据乾隆《直隶代州志》卷之一《舆地》载："白仁岩在州西北三十里，晋释慧远建祠，巨石上有石浮图，峰头有说法台、棋枰石，而定心石则舌

---

① （南朝梁）慧皎：《高僧传》卷5，《大正藏》第50册，第351页。
② （南朝梁）慧皎：《高僧传》卷5，《大正藏》第50册，第355页。
③ 方广锠：《道安评传》，昆仑出版社2004年版，第80页。
④ 温金玉：《慧远大师与白人岩》，《世界宗教文化》2005年第4期。
⑤ （明）弋谦：《白仁岩寺记》，《代州志》卷7，《中国地方志集成》，凤凰出版社2005年版，第373页。

吐危崖之上。立者熊经崖下，石井五，浊污者二，其三清冽可鉴。山径盘曲，古柏万株。从山半遥望巅顶，梵宇凌空，红楼朱户，缥缈松阴间石壁间，居然仙境。寺后峭壁屏列，摩崖石刻'白人岩'三大字，字可盈丈，明侍郎万恭书。"① 对于《白仁岩寺记》所说的"故碑"刻于何时，不得而知。另外，白仁岩寺是不是慧远在道安门下分座于此演教说法所创立，这仍待新史料的发现。

(三) 法显

关于法显的生平事迹，在《法显传》《魏书·释老志》《出三藏记集》《高僧传》《神僧传》《法苑珠林》等史料有载。

1. 法显生卒年及籍贯

关于法显法师的生卒年，梁僧祐《出三藏记集》卷十五及梁慧皎《高僧传》卷三中都没有说明，只是记载法显"姓龚氏，平阳武阳人。有三兄并韶龀而亡，其父恐祸及显，三岁便度为沙弥。居家数年，病笃欲死。因送还寺，住信宿便差，不肯复归。十岁遭父忧，叔父以其母寡独不立，逼使还俗。显曰：'本不以有父而出家也，正欲远尘离俗，故入道耳。'叔父善其言乃止。顷之母丧，至性过人，葬毕仍即还寺"②。各种史料均称法显在荆州辛寺而卒，但死亡年龄又各有不同。《出三藏记集》卷十五载："后到荆州卒于辛寺。春秋八十有二。"③ 梁慧皎《高僧传》卷三则载："后至荆州，卒于辛寺，春秋八十有六。"④ 据现有资料，法显带回的《弥沙塞律》在法显圆寂后才译出，时间为佛驮什于景平元年（423 年）完成，由此可以确定其圆寂年限在 418—422 年之间。那么，如果以 422 年圆寂计算，按僧祐《出三藏记集》言法显"春秋八十有二"的说法，他的出生则在东晋咸康六年（340 年）。《出三藏记集》的著者僧祐生活在 445—518 年间，较《高僧传》的作者慧皎（497—554 年）要早些，距离法显离世也要近些。应该来说，他的记载是可信的。

法显的籍贯是"平阳武阳"，但具体在哪里，目前学术界依然众说纷

---

① 乾隆《直隶代州志》卷 1，上海书店 1985 年版，第 20 页。
② （南朝梁）僧祐：《出三藏记集》，《大正藏》第 55 册，第 111 页。
③ （南朝梁）僧祐：《出三藏记集》，《大正藏》第 55 册，第 111 页
④ （南朝梁）慧皎：《高僧传》卷 3，《大正藏》第 50 册，第 339 页。

纭。大致有"襄垣说"、"临汾说"和"沁县说"等数种。① 综合各种文献，笔者认为"武阳"应为平阳郡之绛邑所属。

其一，从《地理志》中平阳郡绛邑县的沿革来看，《晋书·地理志》平阳郡统县十二，有"平阳、杨、端氏、永安、蒲子、狐谰、襄陵、绛邑、濩泽、临汾、北屈、皮氏"②。隋唐时期，设绛郡，统辖七县，即正平、太平、曲沃、翼城、绛、闻喜、垣，郡治在正平（新绛）。《新唐书·地理志》曰："绛州绛郡，县七，有府三十三：曰新田、太平、正平、武城、长社、大乡、垣城、涑川、绛川、盖松、凤亭、延光、平原、高凉、神泉、桐乡，万泉、翼城、皮氏、董泽、零原、石池、延福、永康、景山、周阳、夏台、古亭、崇乐、绛邑、长平、武阳、蒲邑。"③ 可见，"武阳"是其一也。

其二，从法显生存环境及佛教发展氛围看，濩泽与绛邑相邻，且同属平阳郡。道安避难于濩泽的时间大体为360—364年。这正好与法显稻田遇贼以及二十受大戒的时间基本吻合，由此推测，法显与道安僧团可能有密切联系。

第一，绛邑与濩泽相邻，具备了地理空间上的可能性。

第二，"众僧数百人莫不叹服"，与文献对道安僧团活动的记载一致。《出三藏记集》说他"尝与同学数十人于田中刈稻，时有饥贼，欲夺其谷。诸沙弥悉奔走，唯显独留。语贼曰：'若欲须谷随意所取，但君等昔不布施。故此生饥贫，今复夺人，恐来世弥甚。贫道预为君忧，故相语耳。'言讫即还，贼弃谷而去。众僧数百人莫不叹服……二十受大戒，志行明洁，仪轨整肃，常慨经律舛阙，誓志寻求"④。这说明了当时有相当数量的僧人在此居住或者传法。前文在考察道安僧团时，《出三藏记集》载："遂南投新野，复议曰：'今遭凶年，不依国主，则法事难立。又教

---

① ［日］足立喜六：《考证法显传》，三省堂昭和十一年（1935）版，第1页；［日］长泽和俊：《法显传译注与解说》，雄山阁平成八年（1996）版，第136页；章巽：《法显传校注》，上海古籍出版社1985年版，第2页；邱占岐：《弘扬法显精神、振兴旅游事业》，原载《襄垣文史资料第八集——法显专辑》，政协襄垣县文史资料委员会编，2003年版，第30页。

② 《晋书》卷14《地理志》，中华书局1974年标点本，第416页。

③ 《新唐书》卷39《地理志三》，中华书局1975年标点本，第1001页。

④ （南朝梁）僧祐：《出三藏记集》卷15，《大正藏》第55册，第111页。

化之体，宜令广布。'咸曰：'随法师教。'乃令法汰诣杨州，曰：'彼多君子，好尚风流。'法和入蜀：'山水可以修闲。'安与弟子慧远等五百余人渡河。"①《高僧传》说"安与弟子慧远等四百余人渡河夜行"②。这四五百人的僧团，与上述"众僧数百人莫不叹服"说法一致。按照前文法显的生卒年推断的话，年二十受戒为360年前后，也就是道安避乱于濩泽期间。由此推测，法显可能为道安僧团中的一员。

第三，法显西行求取戒律的行动与道安志趣颇为相投。《出三藏记集》卷九《渐备经十住胡名并书叙第三》载，道安云"有五百戒，不知何以不至？此乃最急，四部不具，于大化有所阙。《般若经》乃以善男子、善女人为教首，而戒立行之本百行之始，犹树之有根，常以为深恨，若有缘便尽访求之理。"③ 由此推测，法显可能受到道安思想的影响。

第四，"显离诸师，久欲趣长安"，说明道安僧团与法显存在一定关系。《高僧法显传》载，"闻有沙门持经像乘舶泛海而至，即将人从来至海边，迎接经像，归至郡治。商人于是还向扬州到青州，请法显一冬一夏。夏坐讫法，显离诸师久欲趣长安。但所营事重，遂便南下向都。就禅师出经律藏，法显发长安六年到中印国，停经六年。还经三年达青州，凡所游履减三十国，沙河已西，迄于天竺。众僧威仪法化之美，不可详说。窃惟诸师未得备闻，是以不顾微命，净海而还，艰难具更。幸蒙三尊威灵，危而得济。故将竹帛疏所经历，欲令贤者同其闻见，是岁甲寅晋义熙十二年（416年）矣"④。从"显离诸师，久欲趣长安""窃惟诸师未得备闻，是以不顾微命，净海而还"中，可看出法显对诸师的怀念以及顺利完成诸师交予任务后的一种成功与喜悦之感，同时也可见法显思想中仍存在道安长安僧团的影响。

第五，法显所著《佛图澄传》与道安晚年祭拜佛图澄的活动一脉相承，由法显对佛图澄的敬仰推测，法显与道安关系非同寻常。

综上看，法显乃绛邑人。"武阳"为唐绛郡三十三府之一，相当于今

---

① （南朝梁）僧祐：《出三藏记集》卷15，《大正藏》第55册，第108页。
② （南朝梁）慧皎：《高僧传》卷5，《大正藏》第50册，第351页。
③ （南朝梁）僧祐：《出三藏记集》卷9，《大正藏》第55册，第62页。
④ （东晋）法显：《高僧法显传》，《大正藏》第51册，第865页。

日之乡镇。但究竟是绛邑的哪个乡镇？还需进一步考证。

2. 法显西行求法及其在中国佛教发展史上的地位

法显西行之际佛教已经传入中国近四百年，初具规模，不仅得到统治者的支持，也逐渐获得下层百姓的崇奉。汉地僧人也已经形成较大僧团，僧人数量、佛教寺庙不断增加。其时，佛教在义理上主要流行"般若空观"思想，并与魏晋玄学呼应，崇尚"清静虚无"；在修行实践方面主要是坐禅，并大行神异之风，因此也出现很多违反社会良俗的情况。当时北方佛教僧团领袖道安就曾制定规诫，予以规范，并认识到戒律的重要性。法显极可能是道安僧团的一员，他也认识到戒律对于佛教僧团发展的重要性。《出三藏记集》卷十五《法显传》说他"志行明洁，仪轨整肃，常慨经律舛阙，誓志寻求"①。《佛国记》也载："法显昔在长安，慨律藏残缺，于是遂以弘始元年岁在己亥，与慧景、道整、慧应、慧嵬等同契，至天竺寻求戒律。"② 可见，法显并未随波逐流融入"般若空观""清静虚无"的空谈义理之中，而是洞察领悟佛教之时代需求，并慨然践行。他毫无疑问是那个时代佛教中最为睿智、最具担当精神的人。

法显西行之前，他一定做了充分的准备工作，包括知识方面的储备。因其三岁就已经出家，到印度后学习梵语，回国后翻译佛经。可见其具有很高的文化素养，这些文化素养应该是其在寺院教育之中具备的。《佛国记》以法显游历路线为顺序，详细载述了路经各地的佛教发展情况，尤其是对佛教遗迹以及与遗迹相关的佛教故事详细记述，其中主要是释迦活动遗迹。法显可能在出发前通过释迦的本生和本行故事对印度佛教遗迹以及故事已经有所了解。将《佛国记》与东晋以前诸多佛教经典之国名、人名、地名、名物、故事比对，发现法显在西行印度之前极可能详细阅读了《阿育王传》以及载述释迦本生和本行故事的《修行本起经》《中本起经》《太子瑞应本起经》《普曜经》《佛说九色鹿经》《撰集百缘经》《六度集经》等佛教经典。

东晋隆安五年（399年），法显与同学慧景、道整等由长安出发，到

---

① （南朝梁）僧祐：《出三藏记集》卷15，《大正藏》第55册，第111页。
② 章巽：《法显传校注》，上海古籍出版社1985年版，第2页。

陕西陇县"夏坐",至张掖,与智严等僧人相遇,相约同行。至敦煌后,停留月余,然后进入一千五百里的流沙路。后到达鄯善,西北行至乌夷国,在此稽留三个月,再至于阗,在此停留达三个月,参观当地庄严殊胜之行像仪式,其后继续西行,入葱岭,过印度河,到达北印度乌苌国,开始他为时六年多的周游印度,循礼佛迹的旅程。403年,法显到达中印度摩羯陀国,法显在此参观佛迹、学梵语、写律经,得《摩诃僧祇律》一部。法显再沿恒河南下,到达多摩梨帝国,在此写经画像。两年后(410年)到达狮子国,在此逗留两年,求得律部《弥沙塞律》藏本及其他经书。义熙七年(411年),法显坐商人大船东归,途遇大风,大船损毁,法显只得把随身行李抛弃,仅保存所得经像,漂流海上,几经艰辛,共历八十余日,才到达山东青州,义熙十年(414年)七月至建康。①

回国后法显又详细撰写行程,著《佛国记》,颇能彰显其史家风范。中华文化自古就有著史的传统,重视历史的传承。毫无疑问,法显也具有非常强烈的历史意识。我们揣测,之所以后来《佛国记》载述详细,应该是法显行进中随时观察、询问、学习、研究,随时做记录的结果。《佛国记》中多次提及颇有历史意义足以彪炳史册的事情,如载"众僧问法显:佛法东过其始可知耶?显云:访问彼土人,皆云:古老相传,自立弥勒菩萨像后,便有天竺沙门赍经律过此河者。像立在佛泥洹后三百许年,计于周氏平王时。由兹而言,大教宣流始自此像"②。至新头河,又说:"汉之张骞、甘英皆不至此。"③ 又载当地人言:"奇哉!边国之人乃能求法至此。自相谓言,我等诸师和上相承以来未见汉道人来到此也。"④ 这些载述明确表示法显是西行到达印度的第一人。同时法显对佛教的传播历史非常重视,如《佛国记》讲到一些佛教故事或者传说时,又清楚表明"《传云》近有此事"⑤ "此事在近"⑥ 等等。这些记载内容以及载述方式颇有史学家风范,以标志性时间和事件作为历史标杆,总结

---

① 宋立道:《法显西行求法及意义》,《佛学研究》2011年第1期。
② 章巽:《法显传校注》,中华书局2008年版,第26页。
③ 章巽:《法显传校注》,中华书局2008年版,第26页。
④ 章巽:《法显传校注》,中华书局2008年版,第72页。
⑤ 章巽:《法显传校注》,中华书局2008年版,第73页。
⑥ 章巽:《法显传校注》,中华书局2008年版,第87页。

过去，启迪来者。

同时西行的同伴我们也可以比较一下，与法显一同西行僧人中慧景去世，道整留在了天竺，慧应应是出发不久就返回了，故而只出现了一次，慧嵬返回高昌后没有了下文，后面相遇的慧简也在返高昌后无下文，智严返高昌后曾到罽宾，并邀请了佛陀跋陀罗回长安，后与宝云共同译经。僧绍只出现一次，应是出发不久就返回了，宝云、僧景至弗楼沙国后返回。

宝云在《高僧传》中有《传》，据称其西行的目的是因误杀牛犊而希望忏悔，至弗楼沙国供养佛钵后返回。法显回国后曾与宝云在建康道场寺相聚，并共同翻译佛经。"晚出诸经多云刊定"①"江左翻传译梵为宋莫逾于云"②。宝云译经与法护、玄奘、义净齐名。可见，法显、宝云那个时代传译佛教经典被认为是重要使命，为中外文化交流做出了重要贡献。

法显是中国历史上第一位西行求法到达印度，并返回汉地的中国僧人，其行程之漫长，路途之艰险，见闻之丰富，影响之广远都堪称人类徒步远行之奇迹。法显的义无反顾，不怯不疑；舍生忘死，不怖不畏；追求新知，创辟荒途；情深意浓，心系家国的精神，是中华民族宝贵的精神财富，是民族之脊梁，他对我国佛教发展及其中国化进程产生重要影响。

第一，《佛国记》中对释迦牟尼佛及舍利的崇拜，促发了中国佛教日益向民间化发展。在法显归国后根据所见所闻写成的《佛国记》中，记载了建立佛陀塑像、造塔供养佛顶骨、佛齿等佛舍利、供养佛钵、佛杖等佛之遗物、在有佛遗迹的地方建塔寺纪念等情形，这些都是佛教民间化的表现形式。这种膜拜形式，深深影响着中国佛教向民间化方向发展。

有关佛钵、法杖等遗物的记载不少，这些遗物被赋予了神秘的功德。如《佛国记》中载："揵陀卫国南行四日，到弗楼沙国……佛钵即在此国。昔月氏王大兴兵众，来伐此国，欲取佛钵。既伏此国已，月氏王笃信佛法，欲持钵去，故兴供养。供养三宝毕，乃校饰大象，置钵其

---

① （南朝梁）慧皎：《高僧传》卷3，《大正藏》第50册，第339页。
② （隋）费长房：《历代三宝纪》卷10，《大正藏》第49册，第89页。

上，象便伏地不能得前。更作四轮车载钵，八象共牵，复不能进。王知与钵缘未至，深自愧叹。即于此处起塔及僧伽蓝，并留镇守，种种供养。可有七百余僧，日将中，众僧则出钵，与白衣等种种供养，然后中食。至暮烧香时复尔。可容二斗许，杂色而黑多，四际分明，厚可二分，甚光泽。贫人以少华投中便满；有大富者，欲以多华而供养，正复百千万斛，终不能满。"①佛钵在弗楼沙国的传奇故事以及所包含的所谓神异功德威力已为人们所认可，并成为北印度一种佛教信仰的民间化形态。供养的佛锡杖也被认为具有特殊的能力，"那竭国（今阿富汗）城东北一由延，到一谷口有佛锡杖，亦起精舍供养，杖以牛头栴檀作，长丈六七许，以木筒盛之，正复百千人，举不能移。入谷口四日西行，有佛僧伽梨精舍供养。彼国土俗亢旱，国人相率出衣，礼拜供养，天即大雨"②。《佛国记》中这些描述佛锡杖、衣服所具有神奇力量的内容，很容易使一般民众为获得庇护而产生浓厚的兴趣，极大地推动了佛教在民间的传播。

佛舍利的供养在印度也比较兴盛，如在那竭国醯罗城供养佛顶骨，《佛国记》载："西行十六由延，便至那竭国界醯罗城，中有佛顶骨精舍，尽以金薄、七宝校饰。国王敬重顶骨，虑人抄夺，乃取国中豪姓八人，人持一印，印封守护。清晨，八人俱到，各视其印，然后开户。开户已，以香汁洗手，出佛顶骨，置精舍外高座上，以七宝圆棋，磋下，琉璃钟覆上，皆珠玑校饰。骨黄白色，方圆四寸，其上隆起，每日出后，精舍人则登高楼，击大鼓，吹螺，敲铜钹。王闻已，则诣精舍，以华香供养。"③《佛国记》中还记载，摩竭提国（今印度比哈尔邦巴特那）也有阿育王建造的舍利塔和石柱，竭叉国有对石制佛唾和佛牙的供养塔，僧伽施国（今印度北方邦法鲁巴克德），有收藏佛发、佛爪的大塔等。从《佛国记》中的这些记载可见，释迦灭度之后的印度以及西域一带，供养礼敬释迦的遗骨、遗物、遗迹，已是非常普遍的现象。

有关佛像的供养，《佛国记》中有不少。如在西北天竺的陀历国有木

---

① 章巽：《法显传校注》，中华书局2008年版，第33页。
② 章巽：《法显传校注》，中华书局2008年版，第39页。
③ 章巽：《法显传校注》，中华书局2008年版，第38页。

制的佛像,"度岭已,到北天竺。始入其境,有一小国名陀历,亦有众僧,皆小乘学。其国昔有罗汉,以神足力,将一巧匠上兜术天,观弥勒菩萨长短、色貌,还下,刻木作像。前后三上观,然后乃成。像长八丈,足趺八尺,斋日常有光明,诸国王竞兴供养。今故现在"①。又如在于阗竭叉国,"国中十四大僧伽蓝,不数小者。从四月一日,城里便扫洒道路,庄严巷陌。其城门上张大帏幕,事事严饰。王及夫人、采女皆住其中。翟摩帝僧是大乘学,王所敬重,最先行像。离城三四里,作四轮像车,高三丈余,状如行殿,七宝庄校,悬缯幡盖。像立车中,二菩萨侍,作诸天侍从,皆金银雕莹,悬于虚空。像去门百步,王脱天冠,易著新衣,徒跣持华香,翼从出城迎像,头面礼足,散华焚香。像入城时,门楼上夫人、采女摇散众华,纷纷而下。如是庄严供其,车车各异。一僧伽蓝,则一日行像。四月一日为始,至十四日行像乃讫。行像讫,王及夫人乃还宫耳"②。再如,在师子国(今斯里兰卡)无畏山僧伽蓝中也供有青玉塑像,"塔边复起一僧伽蓝,名无畏山,有五千僧。起一佛殿,金银刻镂,悉以众宝。中有一青玉像,高一丈许,通身七宝炎光,威相严显,非言所载。右掌中有一无价宝珠"③。可见,这些佛像的形体、容貌和姿仪皆祥和、宁静、庄严,被认为具有所谓人神沟通的桥梁作用,并已被大众所接受。

　　法显对石窟及其造像的巡礼,旁及佛传故事。《佛国记》曰:"从此东南行九由延,至一小孤石山。山头有石室,石室南向。佛坐其中,天帝释将天乐般遮弹琴乐佛处。帝释以四十二事问佛,一一以指画石,画迹故在。此中亦有僧伽蓝。……入谷,搏山东南上十五里,到耆阇崛山。未至头三里,有石窟南向,佛本于此坐禅。西北三十步,复有一石窟,阿难于中坐禅,天魔波旬化作雕鹫,住窟前恐阿难。佛以神足力隔石舒手摩阿难肩,怖即得止。鸟迹、手孔,今悉存,故曰'雕鹫窟山'。窟前有四佛坐处。又诸罗汉各各有石窟坐禅处,动有数百。佛在石室前,东

---

① 章巽:《法显传校注》,中华书局2008年版,第22页。
② 章巽:《法显传校注》,中华书局2008年版,第14页。
③ 章巽:《法显传校注》,中华书局2008年版,第151页。

西经行。调达于山北崦巇间,横掷其石伤佛足指处,石犹在。"① 可见,在当时的印度石窟中,内容多是对佛陀生前说法的回忆和信仰。

《佛国记》中介绍这些具有"神奇功能"的供养物,大大地影响了中国佛教向民间化的发展,有些至今仍深有影响。如佛足印的崇拜,法显渡过印度河,到了乌苌国。"传言佛至北天竺,即到此国已。佛遗足迹于此。迹或长或短,在人心念,至今犹尔。及晒衣石、度恶龙处,悉亦现在。石高丈四尺,阔二丈许,一边平。"② 其中佛足印是早期佛教的一种重要崇拜对象,直到玄奘时代依然十分流行。书中还记载了北印度的佛本生遗迹,例如在宿呵多国,法显就考察了一种本生信仰:"昔天帝释试菩萨,化作鹰鸽,割肉贸鸽处。佛即成道,与诸弟子游行,语云:'此本是吾割肉贸鸽处。'国人由是得知,于此处起塔,金银校饰。"③ 此外,法显在北印度还看到与此相同的另外几处本生信仰遗迹。在犍陀卫国,"佛为菩萨时,亦于此国以眼施人。其处亦起大塔,金银校饰"④。在竺刹尸罗,"佛为菩萨时,亦于此处以头施人,故因以为名。复东行二日,至投身餧饿虎处"⑤。佛本生故事中的割肉喂鸽、舍身施虎、以眼施人、以头施人等内容,不但在佛教界成为激励僧人行善布施的榜样,而且成为中国佛教壁画和塑像重要素材,对佛教走向民间的发展产生了深远影响。另外,值得注意的是法显乘坐商船,在狮子国遇到困难时,却一心念观世音及归命汉地众僧:"'我远行求法,愿威神归流,得到所止。'如是大风昼夜十三日,到一岛边。潮退之后,见船漏处,即补塞之。于是复前。"⑥ 法显在危难之际祈求观音,是印度佛教信仰之风的播散,之后观音信仰在中国也迅速传播,成为佛教中影响最大的神灵之一。

第二,《佛国记》中对印度佛教供养制度的记载,也影响着中国佛教供养制度与寺院经济的发展。

佛教创始之初,僧侣就以乞食为生,需要信众供养,《佛国记》也

---

① 章巽:《法显传校注》,中华书局2008年版,第111页。
② 章巽:《法显传校注》,中华书局2008年版,第28页。
③ 章巽:《法显传校注》,中华书局2008年版,第29页。
④ 章巽:《法显传校注》,中华书局2008年版,第30页。
⑤ 章巽:《法显传校注》,中华书局2008年版,第32页。
⑥ 章巽:《法显传校注》,中华书局2008年版,第142页。

有记载。如从犍陀卫国南行四日,到弗楼沙国,"昔月氏王大兴兵众,来伐此国。欲取佛钵。既伏此国已,月氏王笃信佛法,欲持钵去,故兴供养。供养三宝毕,乃校饰大象,置钵其上,象便伏地不能得前。更作四轮车载钵,八象共牵,复不能进。王知与钵缘未至,深自愧叹。即于此处起塔及僧伽蓝,并留镇守,种种供养。可有七百余僧,日将中,众僧则出钵,与白衣等种种供养,然后中食"①。又如在那竭国界醯罗城,"国王敬重顶骨,虑人抄夺,乃取国中豪姓八人,人持一印,印封守护。清晨,八人俱到,各视其印,然后开户。开户已,以香汁洗手,出佛顶骨,置精舍外高座上,以七宝圆楖,礩下,琉璃钟覆上,皆珠玑校饰。骨黄白色,方圆四寸,其上隆起。每日出后,精舍人则登高楼,击大鼓,吹螺,敲铜钹。王闻已,则诣精舍,以华香供养"②。又如到达竭叉国,"值其国王作般遮越师。般遮越师,汉言五年大会也。会时请四方沙门,皆来云集。集已,庄严众僧坐处,悬缯幡盖,作金银莲华,着缯座后,铺净坐具。王及群臣,如法供养。或一月、二月,或三月,多在春时。王作会已,复劝诸群臣,设供供养。或一日、二日、三日、五日乃至七日,供养都毕。王以所乘马,鞍勒自副,使国中贵重臣骑之。并诸白毡、种种珍宝、沙门所须之物,共诸群臣,发愿布施。布施已,还从僧赎"③。

除国王对佛教的信仰外,还有居士、商人及普通民众等。如师子国"其城中多居士长者萨薄商人,屋宇严丽,巷陌平整。四衢道头皆作说法堂,月八日、十四日、十五日,铺施高座,道俗四众,皆集听法。其国人云,都可六万僧,悉有众食。王别于城内供五六千人众食,须者则持本钵往取,随器所容,皆满而还"④。又如在摩头罗国,"自佛般泥洹后,诸国王、长者、居士为众僧起精舍供养。供给田宅、园圃、民户、牛犊,铁券书录。后王王相传,无敢废者,至今不绝。众僧住止房舍、床蓐、饮食、衣服,都无阙乏,处处皆尔。众僧常以作功德为业,及诵经、坐

---

① 章巽:《法显传校注》,中华书局2008年版,第33页。
② 章巽:《法显传校注》,中华书局2008年版,第38页。
③ 章巽:《法显传校注》,中华书局2008年版,第17页。
④ 章巽:《法显传校注》,中华书局2008年版,第124页。

禅。客僧往到，旧僧迎逆。代担衣钵，给洗足水，涂足油，与非时浆。须臾，息已，复问其腊数。次第得房舍、卧具，种种如法"①。可见，当时印度僧团受王室及贵族之供奉，财富积聚，已非昔日可比，因而寺院经济较为发达。

《佛国记》中对印度佛教的供养制度的记载，也深深地影响着中国佛教寺院经济的兴起和发展。佛教传入中国，在早期，基本上没有自主的寺院经济，主要靠朝廷和民间的资助或供养。南北朝时期，佛教迅速发展，上层统治者大多笃信佛教，给予其巨额的经济支持。《佛祖统纪》卷六载，陈宣帝太建九年（577年），令"割始丰县调，以充众费"②。梁武帝于阿育王寺设立大规模斋会，供养寺院金银供具，并施钱一千万作为寺院基业。③ 除此而外，一些信佛的王公贵族也对寺院、僧人进行供养，甚至民间的信众"糜费巨亿而不吝"④。这些说明此时佛教已经不断地深入民间，商贾、平民、贫民、流民等阶层便成为信仰的主体。他们之所以愿意花费巨大的人力与物力来宣扬佛教，主要目的仍是祈求"功德"与"福田"，能使其家族继续保持或改善此世的命运以及死后上生于所谓兜率天或西方净土。从当时之造像铭、供养画像的题记中可看到这样的祈求，如《北魏曹天度造千佛石塔》曰："乃感竭家珍，造兹石塔，饰仪丽晖，以□（释）永或。愿圣主契齐乾坤，□□（德隆）运表。皇太后、皇太子□□（延祚）无穷。群辽百辟，存亡宗□（亲），延沈楚炭。有形未□（亥），菩提是获。"⑤ 又如《刘洛真造像记》曰："为亡父母敬造弥勒像二区，使亡父母托生紫微安乐之处。还愿七世父母，师僧眷属，见在居门，老者延年，少者益寿，使法□□生，一时成佛，咸愿如是。"⑥ 这样的例子举不胜举，都说明中国佛教在日益走向大众，被人们接受和认可。

第三，法显回国后译经以及撰写的经论，推动着佛教义理在中国的

---

① 章巽：《法显传校注》，中华书局2008年版，第47页。
② （宋）志磐：《佛祖统纪》卷六，《大正藏》第49册，第182页。
③ 《梁书》卷54，中华书局1973年标点本，第546页。
④ 《晋书》卷77，中华书局1974年标点本，第2028页。
⑤ 史树青：《北魏曹天度造千佛石塔》，《文物》1980年第1期。
⑥ （清）王昶：《金石萃编》（第一册）卷27，中国书店1985年版，第527页。

发展。

佛教中国化是一个佛教与中华民族双向选择的过程。佛教自汉代开始，诸多义理在传到中国后，往往与中国传统文化进行融合，形成了中国化的佛教思想。

魏晋时代，佛教的般若学传到中国。般若学讲缘起性空，认为宇宙一切事物都是原因条件结合的产物。一切事物都是如此，正因为万事万物之缘起，因此也是性空的。佛教认为现象是有，本质是空，但性空离不开有，故缘起性空。这套理论传到中国以后，中国人却很难理解它，在当时一些中土佛教学者中产生了疑惑，也引发了他们的思考。例如，与僧肇、道生、道融并称"关中四圣"的僧叡，在协助鸠摩罗什译完《妙法莲华经》之后，见经中说实归本，云佛寿无量，即便叹曰："《法华经》者，诸佛之秘藏，众经之实体也。"① 他还把《般若》与《法华》作了一番比较，认为："至如《般若》诸经，深无不极，故道者以之而归；大无不该，故乘者以之而济。然其大略，皆以适化为本，应务之门，不得不以善权为用。权之为化，悟物虽弘，于实体不足。皆属《法华》，固其宜矣。"② 僧叡朦胧地意识到，似乎应该确立一个"实体"，而不能只在"空"中打转。般若不但是"破"即破除世惑，而且还应有所"立"即建立实体。但是，这个应立的"实体"到底是什么呢？《法华经》虽然讲到如来寿量长远，不过却并未论及佛身是常。因此，僧叡在《法华经》中找不到完满的答案。

随着法显的西行，带回了六卷本的《大般泥洹经》并被翻译出来，这个问题也逐渐有了答案。如慧叡在《喻疑论》中所言："今《大般泥洹经》，法显道人远寻真本，于天竺得之……此《经》云：'泥洹不灭，佛有真我。一切众生，皆有佛性。皆有佛性，学得成佛。'……此正是《法华》开佛知见。开佛知见，今始可悟，金以莹明，显发可知。"③ 可见，大乘《大般涅槃经》涅槃佛性之明文，为当时的佛学界带来了新的气息。

---

① （东晋）僧叡：《法华经后序》，《出三藏记集》卷8，《大正藏》第55册，第57页。
② （东晋）僧叡：《法华经后序》，《出三藏记集》卷8，《大正藏》第55册，第57页。
③ （刘宋）慧叡：《喻疑论》，《出三藏记集》卷5，《大正藏》第55册，第41页。

但与此同时,《大般涅槃经》的译出也给当时的中土佛学界带来一些疑惑,并由此引发了晋宋之际中土佛教学者之间的激烈争论。其中"般若性空"与"涅槃妙有"的论争,成为当时乃至后来相当长一段时期内中国佛学界所面临的最核心的焦点问题。有的佛教学者,往往把般若学与涅槃学对立起来,以般若学的"空"否定涅槃学的"有",以"人无我"否定"佛性我",甚至把"佛性常住说"视为"神明不灭论"而加以指责。有的佛教学者则致力于般若学与涅槃学的会通工作。如道生,在注释《维摩诘经》的时候,即把"般若性空"所讲的"无我"与"涅槃妙有"所讲的"佛性我"会通起来,指出:"无我本无生死中我,非不有佛性我也。"① 在此,道生认为,虽然般若表面上说"无我",但究其实质,说"无我"恰是为了表有"真我"。般若是通过扫一切相来显示实相,涅槃则直接以佛性来体明真际。因此,般若性空学说与涅槃佛性思想在本质上完全是一致的。这样,道生等人就把般若学与涅槃学在理论上相互结合,在般若学实相论基础之上来构建涅槃佛性论学说,为后来佛性论思想的发展构建了基本的理论架构。

追本溯源,促使中土佛教学者把"般若性空"与"涅槃妙有"的关系视作佛教思想发展中最重要的理论问题,而把实相与佛性联结起来的最初机缘,即在于法显所携归的《大般泥洹经》的译出。这对于佛教与中国传统文化的交融,有着直接的推动作用。

第四,法显西行带回及翻译的律藏经典,促进了中国佛典的完善及佛教戒律制度的形成。

佛教初传中土百余年间,虽有经典的传译,却独缺律典的传来。直至三国时代的曹魏嘉平年间(249—253 年),戒律始传中国。《高僧传》载:"昙柯迦罗,此云法时,本中天竺人,以魏嘉平中至洛阳。于时魏境虽有佛法,而道风讹替。亦有众僧未禀归戒,正以剪落殊俗耳。设复斋忏,事法祠祀。迦罗既至,大行佛法。时诸僧共请迦罗译出戒律。迦罗以律部曲制,文言繁广,佛教未昌,必不承用。乃译出《僧祇戒心》,止备朝夕。更请梵僧,立羯磨法。中夏戒律,始自乎此。"②

---

① (东晋)僧肇:《注维摩诘经》卷3,《大正藏》第38册,第354页。
② (南朝梁)慧皎:《高僧传》卷1,《大正藏》第50册,第325页。

这表明当时中国的僧人缺乏戒律的约束,于是译出《僧祇戒心》戒本一卷,这是中国戒律之始。此后,在中国出现了依戒法而出家之制。《佛祖统纪》载:"汉魏以来,二众唯受三归,大僧沙弥曾无区别。昙摩迦罗乃上书乞行受戒法,与安息国沙门昙谛同在洛,出昙无德部四分戒本,十人受戒羯磨法,沙门朱士行为受戒之始。"① 从此,中土僧团开始建立了传戒制度。

随着佛教的发展,僧团规模不断壮大,而维持僧团的制度却不完备,尤其佛教戒律较为缺乏,成为当时亟待解决的问题。如道安认为,尽管大法东流,而佛教戒律却至为不全,"云有五百戒,不知何以不至?此乃最急"②。所以,法显的西行求法,正是为了求取律典。《佛国记》载,"法显昔在长安,慨律藏残缺,于是遂以弘始元年岁在己亥,与慧景、道整、慧应、慧嵬等同契,至天竺寻求戒律"③。他在印度巴连弗邑,又写道:"法显本心欲令戒律流通汉地。"④ 可见他念念不忘的是戒律的完善,足以说明当时僧团中具备戒律规制的重要性和紧迫性。没有戒律之约束,僧团就不可避免地会产生混乱的局面,甚至会引起统治层的关注和不安。如《高僧传》卷六载:"大法东迁,于今为盛,僧尼已多,应顺纲领,宜授远规,以济颓绪。"⑤ 只有僧团制定了规约,僧人的日常修持才能有约束,才会区别于世俗之人,也才能为统治者所接纳和认可。由此可见,法显西行求法对于中国佛教僧团的制度建设和完善具有极其重要的理论和实践意义。

据《佛国记》的记载,他在天竺游历十余年间,在巴连弗邑得《摩诃僧祇众律》《萨婆多众律》各一部,又在师子国得《弥沙塞律》一部。其中《摩诃僧祇众律》,在他回国后即与佛陀跋陀罗一起在建康道场寺译出;《弥沙塞律》则由稍后刘宋时的佛陀什和竺道生等译出;《萨婆多众律》则因在法显回国时已由弗若多罗和鸠摩罗什译出了《十诵律》,所以未再有传

---

① (宋)志磐:《佛祖统纪》卷35,《大正藏》第49册,第332页。
② (南朝梁)僧祐:《出三藏记集》卷9,《大正藏》第55册,第62页。
③ 章巽:《法显传校注》,中华书局2008年版,第2页。
④ 章巽:《法显传校注》,中华书局2008年版,第141页。
⑤ (南朝梁)慧皎:《高僧传》卷6,《大正藏》第50册,第363页。

译。即此可见，法显为中国汉地僧团制度的完善提供了主要依据，充实了僧团制度的建设。纵然，唐代以降，中国律宗是以《四分律》为根本，但法显对中国佛教戒律的发展完善仍发挥了承前启后的重要作用。

第五，法显西行中体现出的求法精神，激励着后辈不少僧人，推动着佛教在中国的兴盛与发展。

法显并非中国历史上西行求法第一人，但其不畏艰难险阻、不惧生死危难的行迹，都被详细记录于《佛国记》之中，"所以乘危履险，不惜此形者，盖是志有所存，专其愚直。故投命于必死之地，以达万一之冀"①。其勇猛精进，为法忘躯的精神，对后世佛教信徒产生巨大的榜样作用。法显归国后不久，昙无竭与僧猛、昙朗等人"尝闻法显等躬践佛国，乃慨然有忘身之誓，……发迹北土远适西方"②。宋云、惠生等人也紧随其后，并著有行记。唐代玄奘法师西行求法亦受到法显精神的感染，据《大慈恩寺三藏法师传》，玄奘法师讲述曰："昔法显智严亦一时之士，皆能求法导利群生，岂使高迹无追清风绝后？大丈夫会当继之。于是结侣陈表，有曌不许，诸人咸退，唯法师不屈。"③ 由此可见，法显西行对后代僧侣的影响非常深远。正是在一代又一代像法显、玄奘这样的僧人努力下，佛教才在中国得以发展壮大。

《佛国记》中我们多次看到法显触景生情、思念故乡的描述，体现出法显爱国与爱教的精神。如"法显去汉地积年，所与交接悉异域人。山川草木，举目无旧，又同行分披，或留或亡，顾影唯己，心常怀悲。忽于此玉像边见商人以一白绢扇供养，不觉凄然，泪下满目"④。在航行多次遇到危险时，"唯一心念观世音及归命汉地众僧"，⑤ 法显睹物思乡的真挚情感，以汉地众僧为念的涓涓心思，无不流露出他对祖国的思念与眷恋，对中国僧众的殷殷关切之情。这是一种爱国爱教的崇高精神，这种精神为后代树立了榜样，影响深远。法显西行求法，将其所见、所闻、

---

① 章巽：《法显传校注》，中华书局2008年版，第153页。
② （南朝梁）僧祐：《出三藏记集》卷15，《大正藏》第55册，第113页。
③ （唐）慧立本：《大唐大慈恩寺三藏法师传》卷1，《大正藏》第50册，第222页。
④ 章巽：《法显传校注》，中华书局2008年版，第128页。
⑤ 章巽：《法显传校注》，中华书局2008年版，第142页。

所感、所想记录于《佛国记》之中,印度佛教的崇拜形式、供养制度,特别是戒律经典对中国佛教的制度化以及向民间的发展都产生了重要而深远的影响。法显的舍身求法,不怯不疑、为法忘己,不怖不畏的精神和功业,是中国佛教史上的一座丰碑。①

法显西行对后代僧侣的影响是比较深远的。正是法显、玄奘等这样的僧人的努力沟通着中外文化的交流,推动着佛教在中国的发展壮大。

二 其他僧人的活动

张伟然《南北朝佛教地理的初步研究》一文指出:"离俗出家是佛教信仰到了一定程度之后的行为,某地区出家人数的多少,大致可以反映该地区佛教信仰的强弱。考察僧人出生地的分布,可以了解佛教信仰的地理分布情况。"② 我们在此将两晋时期活动于山西的僧人情况作一统计,以探寻该时期山西地区佛教信仰状况及信仰地域分布特征。

表2—1 两晋时期山西地区重要僧人概况

序号	姓名	籍贯	生卒	活动情况	文献来源
1	竺法济	平陆人	东晋	幼有才藻,作《高逸沙门传》,今已佚。曾与并州支昙讲《阴持入经》。安后从之受业,顷之与同学竺法汰俱憩飞龙山	《高僧传》卷4
2	令韶	雁门人	生卒年不详	姓吕,少游猎,后发心出家,事朗为师。思学有功,特善禅数。每入定或数日不起,后移柳泉山,凿穴宴坐。朗终后刻木为像,朝夕礼事。孙绰《正像论》云:"吕韶凝神于中山。"即其人也	《高僧传》卷4

---

① 侯慧明:《论法显在佛教中国化进程中的贡献》,《甘肃社会科学》2015年第6期。
② 张伟然:《南北朝佛教地理的初步研究(上篇)》,《中国历史地理论丛》1991年第4期。

续表

序号	姓名	籍贯	生卒	活动情况	文献来源
3	竺法汰	东莞人	东晋	少与道安同学，与道安、竺法雅等师事佛图澄。佛图澄圆寂后，法汰礼事道安，与道安俱憩飞龙山，在山西王屋女休山一带传法。至新野，乃与道安分道行化，率弟子昙一、昙二等四十余人，沿江东下，止瓦官寺。晋太宗简文皇帝深相敬。以晋太元十二年卒，春秋六十有八	《高僧传》卷5
4	支昙讲	太原人①	东晋	生平不详，曾与竺法济、释道安一道在濩泽精研《阴持入经》	《出三藏记集》卷6
5	僧先	冀州人	生卒年不详，大约与道安同时。	性纯素有贞操，为沙弥时与道安相遇于逆旅。安时亦未受具戒，因共披陈志慕，神气慷慨，学通经论。值石氏之乱，隐于飞龙山。游想岩壑，得志禅慧。道安后复从之，相会欣喜。谓昔誓始从，因共披文属思，新悟尤多。先乃与汰等，南游晋平，讲道弘化，后还襄阳，遇疾而卒	《高僧传》卷5
6	道护	冀州人	生卒年不详，大约与道安同时。	贞节有慧解，亦隐飞龙山，与安等相遇。乃共言曰："居靖离俗，每欲匡正大法，岂可独步山门，使法轮辍轸？宜各随力所被以报佛恩。"众佥曰："善。"遂各行化，后不知所终	《高僧传》卷5

---

① 《高僧传》及道安《阴持入经序》均谓并州人，而道安《地道经序》谓雁门人，本著从前者。

续表

序号	姓名	籍贯	生卒	活动情况	文献来源
7	法和	荥阳人	前秦	少与安公同学，以恭让知名，善能标明论纲，解悟疑滞。因石氏之乱，率徒入蜀。闻襄阳陷没，自蜀入关，住阳平寺。后与安公详定新经，参正文义。顷之伪晋王姚绪请住蒲坂讲说。其后少时，敕语弟子，俗内烦恼苦累非一，乃正衣服，绕佛礼拜，还坐本处，以衣蒙头，奄然而卒，时年八十矣	《高僧传》卷5《出三藏记集》卷9
8	慧持	娄烦人	337—413年	慧远之弟，年十四学读书，一日所得，当他一旬。善文史，巧才制。年十八出家，与兄共伏事道安法师，遍学众经，游刃三藏。及安在襄阳遣远东下，持亦俱行。初憩荆州上明寺，后适庐山。晋卫军琅琊王珣深相器重。少时，豫章太守范宁请讲《法华》《毗昙》，于是四方云聚，千里遥集。罗什在关，遥相钦敬，致书通好，结为善友。持后闻成都地沃民丰，乃以晋隆安三年，辞远入蜀，止龙渊精舍，大弘佛法。以晋义熙八年卒于寺中，春秋七十有六	《高僧传》卷6
9	道仪	娄烦人	东晋	慧远之姑，出适同郡解直，直为寻阳令亡。仪年二十二，弃舍俗累，披着法衣，聪明敏哲，博闻强记，诵《法华经》，讲《维摩小品》，精义妙理，因心独悟，戒行高峻，神气清逸。闻中畿经律渐备，讲集相续，晋泰元末，乃至京师，住何后寺	《比丘尼传》卷1

续表

序号	姓名	籍贯	生卒	活动情况	文献来源
10	僧彻	太原人	382—452年	少孤，兄弟二人寓居襄阳。彻年十六，入庐山造远公。于是投簪委质，从远受业，遍学众经，尤精般若。至年二十四，远令讲《小品》。时辈未之许，及登座，词旨明析，听者无以折其锋。宋元嘉二十九年卒，春秋七十	《高僧传》卷7
11	慧达	离石人	东晋	精勤福业，唯以礼忏为先。晋宁康中至京师。先是简文皇帝于长干寺造三层塔，塔成之后，每夕放光。晋太元十六年，孝武更加为三层。而后年许，有临海渔人张系世，于海口得铜莲花，趺浮在水上。即取送县，县表上台，敕使安像足下，契然相应。晋简文帝敕施此像。孔穴悬同，光色一重，凡四十余年，东西祥感，光趺方具。后东游吴县，礼拜石像，以像于西晋将末建兴元年癸酉之岁浮在吴松江沪渎口，后不知所之	《高僧传》卷13
12	慧元	河北人	？—389年	为人性善，喜愠无色，常习禅诵经，劝化福事以为恒业。晋太元初，于武陵平山立寺。有二十余僧，飡蔬幽遁，永绝人途，以太元十四年卒	《高僧传》卷13

表中提到的12位僧人中，来自山西的有7位，来自全国其他地区的有5位，皆与道安、慧远、僧朗等有着密切的关系。然而，这些僧人又由于战乱时山西处于动荡而大都南下弘法，这说明当时山西并非全国佛教最兴盛之地。直到北魏时期，山西平城等地有大规模的讲经、译经、建寺、造像等活动，山西佛教才得到迅速的发展，在全国佛教发展史上占据一席之位。

从两晋时期山西僧人的读经、讲经情况来看，上表中提到的佛教经论共二十一种，主要有《法华经》《维摩小品》《小品般若经》《大品般若经》《阴持入经》《十二门论》《阿毘昙心论》等。由此可以看出，当时在山西地区流行的主要是佛教般若思想，这种思想正与玄学思想相应。此外，如佛图澄、令韶等人，虽无读讲经典的详细记载，同时重视神异过于义理，但他们在实际的修行中注重禅法，可以算作禅宗的发端之一。

总体上看，两晋时期山西佛教在佛经翻译、佛教著述数量方面表现并不突出。其中原因主要是当时山西处于五胡内迁以及中原动乱中，加之，东晋佛教重视义学发展，故而能在佛教理论上有所创造，而十六国时期佛教则偏重佛寺建造和禅行神异，因此在义理的发展上北方地区普遍不及南方。

第三节 山西门阀士族与佛教

陈寅恪说："魏晋统治者的社会阶级是不同的。不同处在于，河内司马氏为地方上的豪族，儒家的信徒；魏皇室谯县曹氏则出身于非儒家的寒族。魏、晋的兴亡递嬗，不是司马、曹两姓的胜败问题，而是儒家豪族与非儒家的寒族的胜败问题。"[①] 魏晋时期，在儒家正统与非儒家思想激烈竞争的环境下，豪门士族坚守儒家正统，而寒门士族在非儒家思想影响下逐渐接受和信仰了佛道。山西在地域上的士族主要有平遥孙氏、祁县温氏、太原王氏、闻喜裴氏，他们其中有的与佛教有密切关系。

一 平遥孙氏与佛教

平遥孙氏主要有孙楚、孙绰和孙盛三个代表人物。孙绰字兴公，太原中都（今山西平遥西南）人。祖孙楚，曾为冯翊太守，以文学著称于世。孙绰早年与兄孙统一道过江，居于会稽。曾为太学博士、廷尉卿、领著作郎等。"绰少以文才垂称，于时文士，绰为其冠。凡温、王、郗、

---

① 陈寅恪：《魏晋南北朝史讲演录》，黄山书社1995年版，第1页。

庾诸公薨,必须绰为碑文,然后刊石焉。年五十八卒。"① 孙绰崇信佛教,与当时名僧竺道潜、支遁等交往甚密,并撰有《名德沙门论目》《道贤论》《喻道论》等著作。这些著述中,影响最大的是《喻道论》。《喻道论》全文以问答形式,阐述了佛、道及其与儒家的关系,是继《牟子理惑论》之后又一部护持佛教的论著。

关于何谓"佛"与"佛道",孙绰说:"夫佛也者,体道者也;道也者,导物者也。"② 他认为佛是道的体现者,道则是万物变化发展的规律。佛道是无为而无不为的,无为所以虚寂自然;无不为所以具有化导万物的神秘莫测的作用。

关于周、孔之教与佛教的关系,在《喻道论》里明确提出周、孔即佛,佛即周、孔的论断,把儒佛两家完全等同起来。诘难者说:"周、孔适时而化,佛教顿去之,将何以惩暴止奸,统理群生哉?"孙绰答道:"不然。周、孔即佛,佛即周、孔,盖外内名耳。……佛者梵语,晋训觉也。觉之为义,悟物之谓。犹孟轲以圣人为先觉,其旨一也。应世轨物,盖亦随时。周、孔救极蔽,佛教明其本耳。共为首尾,其致不殊。……尧、舜世夷,故二后高让;汤、武时难,故两君挥戈。"③ 可见,孙绰认为周、孔与佛实质一样,只是教化方式不同而已。周、孔能救济杂乱的社会,而佛则在于觉悟人心。方式虽不同,但目的与效果却相同。

另外,《喻道论》中还论证了佛教因果报应等思想。诘难者说:"报应之事诚皆有征,则周孔之教何不去杀。而少正正刑二叔伏诛耶。"答曰:"客可谓达教声而不体教情者也,谓圣人有杀心乎?曰:无也。答曰:子诚知其无心于杀,杀故百姓之心耳。夫时移世异,物有薄纯,结绳之前,陶然大和。暨于唐虞,礼法始兴,爰逮三代,刑罔滋彰,刀斧虽严而犹不惩。至于君臣相灭,父子相害,吞噬之甚,过于豺虎。圣人知人情之固于杀不可一朝而息,故渐抑以求厥中,犹蝮蛇螫足,斩之以全身,痈疽附体,决之以救命,亡一以存十,亦轻重之所权。举兹以求,

---

① 《晋书》卷36《孙楚传附孙绰传》,中华书局1974年标点本,第1544—1547页。
② (南朝梁)僧祐:《弘明集卷》卷3《喻道论》,《大正藏》第52册,第16页。
③ (南朝梁)僧祐:《弘明集卷》卷3《喻道论》,《大正藏》第52册,第17页。

足以悟其归矣。"① 这里向人们说明了佛教的基本教义，同时说明了它们与儒家思想的一致性与相补关系。

二　太原王氏与佛教

太原王氏分为两支，一支是王昶一系，另一支是王昶侄儿王默一系。

王昶的事迹主要见于《三国志》。王昶在魏文帝时升为散骑常侍，因政绩卓著，升为兖州刺史。后又以征南将军之名，率军攻破吴国，被封为荆陵侯，又接连以军功升为骠骑将军，在曹魏政权中占据特殊地位。

太原王氏王旭一支的第四代，即王述的儿子王坦之。王坦之主张崇儒言、尊老氏、主刑名、反玄虚。在其反玄学之时，却与佛教有交涉。《世说新语》卷五记载了王坦之与支遁的关系。《世说新语·文学篇》云："支道林造《即色论》，论成，示王中郎，中郎都无言。支曰：'默而识之乎？'王曰：'既无文殊，谁能见赏？'"② 王坦之把自己比作维摩诘，表明自己深谙佛理。《晋书》之《王坦之传》云："初，坦之与沙门竺法师甚厚，每共论幽冥报应，便要先死者当报其事。后经年，师忽来云：'贫道已死，罪福皆不虚。惟当勤修道德，以升济神明耳。'言讫不见。坦之寻亦卒，时年四十六。临终，与谢安、桓冲书，言不及私，惟忧国家之事，朝野甚痛惜之。追赠安北将军，谥曰献。"③ 此事亦见于《高僧传》卷四《支遁传》"时东土复有竺法仰者，慧解致闻，为王坦之所重。亡后犹见形，诣王勖以行业焉"④。王坦之晚年是信仰佛教的，但他反对支遁玄谈佛学，而重竺法仰之实证佛教。《世说新语·轻诋》篇云："王中郎与林公绝不相得。王谓林公诡辩，林公道王云：'著腻颜帢，绤布单衣，挟《左传》，逐郑康成车后。问是何物尘垢囊！'……王北中郎不为林公所知，乃著论《沙门不得为高士论》，大略云：'高士必在于纵心调畅。沙门虽云俗外，反更束于教，非情性自得之谓也。'"⑤ 王坦之轻视支遁的

---

① （南朝梁）僧祐：《弘明集卷》卷3《喻道论》，《大正藏》第52册，第18页。
② （刘宋）刘义庆撰，徐震堮著：《世说新语校笺》，中华书局2001年版，第121页。
③ 《晋书》卷75《王坦之传》，中华书局1974年标点本，第1966页。
④ （南朝梁）慧皎：《高僧传》卷4《支遁传》，《大正藏》第50册，第348页。
⑤ （刘宋）刘义庆撰，徐震堮著：《世说新语校笺》，中华书局2001年版，第452页。

原因是认为其玄谈而不够洒脱。王坦之有两种信仰，在政治上，崇尚儒教、老子和刑名之学；在人生上，则皈依佛教，反对浮华和玄虚，注重行事。①

王坦之有四子：恺、愉、国宝、忱。王国宝与佛教僧尼有着密切的关系。《晋书》卷七十五《王国宝传》载，范宁劝孝武帝黜免国宝："国宝乃使陈郡袁悦之，因尼支妙音致书与太子母陈淑媛，说国宝忠谨宜见亲信。"②又《比丘尼传》卷一《简静寺支妙音尼传》曰："妙音，未详何许人也。幼而志道，居处京华，博学内外，善为文章。晋孝武皇帝太傅会稽王道、孟顗等并相敬信。每与帝及太傅中朝学士，谈论属文。雅有才致，藉甚有声。太傅以太元十年（385年）为立简静寺，以音为寺主，徒众百余人。内外才义者因之以自达，供嚫无穷。富倾都邑，贵贱宗事。门有车马日百余辆。荆州刺史王忱死，烈宗意欲以王恭代之。时桓玄在江陵，为忱所折挫，闻恭应往，素又惮恭。玄知殷仲堪弱才，亦易制御，意欲得之。乃遣使凭妙音尼为堪图州。既而烈宗问妙音荆州缺外，问云：谁应作者？答曰：'贫道道士岂容及俗中论议，如闻外内谈者，并云无过殷仲堪，以其意虑深远，荆楚所须。'帝然之。遂以代忱。"③由此看，比丘尼妙音与帝王关系非同寻常，很多政治事件与她有关。在这样的背景下，王国宝出于政治或家庭的原因，是完全有可能以信佛的面目出现的。

王国宝的弟弟王忱与佛教也有交涉。《晋书》卷七十五《王忱传》曰："性任达不拘，末年尤嗜酒，一饮连月不醒，或裸体而游，每欢三日不叹，便觉形神不相亲。妇父尝有惨，忱乘醉吊之，妇父恸哭，忱与宾客十许人，连臂被发，裸身而入，绕之三匝而出。其所行多此类。"④可见，王忱属于任性悖礼的玄学之士。《晋书》卷二十八又云："顷之而桓石民死，王忱为荆州。黄昙子乃是王忱字也。忱小字佛大，是'大佛来上明'也。"⑤王忱字"佛大"佛教意味浓厚，可证其与佛教有过往关系。此外，《高僧传》卷五《竺僧辅传》云："辅与释道安等隐于濩

---

① 徐清祥：《门阀信仰——东晋士族与佛教》，中国社会科学出版社2010年版，第91页。
② 《晋书》卷75《王国宝传》，中华书局1974年标点本，第1966页。
③ （南朝梁）宝唱：《比丘尼传》卷1，《大正藏》第50册，第936页。
④ 《晋书》卷75《王忱传》，中华书局1974年标点本，第1966页。
⑤ 《晋书》卷38《五行中》，中华书局1974年标点本，第847页。

泽，……后憩荆州上明寺，……时琅瑘王忱为荆州刺史，藉辅贞素请为戒师，一门宗奉。"① 王忱不仅受戒皈依，而且整个家族都崇奉佛教。

王国宝之孙王琰，为《冥祥记》的作者。王琰此人，史书无传。关于王琰的出身，《高僧传·序》与《南史》卷五十七《范云传附范缜传》都云是太原人。②《冥祥记·自序》云："至泰始末（470 或 471 年），琰移居乌衣，周旋僧以此像权寓多宝寺。琰时暂游江都，此僧乃适荆楚；不知像处，垂将十载……宋升明末（479 年），游踬峡表，经过江陵，见此沙门，乃知像所。其年，琰还京师，即造多宝寺访焉……时建元元年（479 年）七月十三日也。"③ 乌衣巷乃东晋一流高门王谢家族所居。④ 据此推测，王琰应属晋阳王氏。《冥祥记·自序》还云："琰稚年在交趾，彼土有贤法师者，道德僧也。见授五戒，以观世音金像一躯，见与供养……琰奉以还都。时年在龆龀，与二弟常尽勤至，专精不倦。后治改弊庐，无屋安设，寄京师南涧寺中……于时幼小，不即题记，比加撰录，忘其日月；是宋大明七年（463 年）秋也。"⑤ 那么，其稚年为何远在交趾？王国宝及其从弟王绪在与同族王恭的政治斗争中失败。《晋书》云："国宝尤惧，遂上疏解职，诣阙待罪。既而悔之，诈称诏复其本官，欲收其兵距王恭。道子既不能距诸侯，欲委罪国宝，乃遣谯王尚之收国宝，付廷尉，赐死……及王恭伏法，诏追复国宝本官。元兴初，桓玄得志，表徙其家属于交州。"⑥ 据此判断，王琰幼年在交趾的原因可能与祖父国宝获罪相关。关于王琰以后的经历，《异苑》卷六云："沙门有支法存者……妙善医术，遂成巨富。有八尺禽登，光彩耀目，作百种形象。又有沈香八尺板床，居常香馥。太原王琰（一作谈）为广州刺史，大儿邵之，屡求二物，法存不与，王因状法存豪纵，乃杀而籍没家财焉。法存

---

① （南朝梁）慧皎：《高僧传》卷5，《大正藏》第50册，第335页。
② （南朝梁）慧皎：《高僧传》卷14《序录》，《大正藏》第50册，第418页。
③ 鲁迅：《古小说钩沉》，《鲁迅辑录古籍丛编》第一卷，人民文学出版社1999年版，第313—314页。
④ （南朝宋）刘义庆撰，（梁）刘孝标注，余嘉锡笺疏：《世说新语笺疏》，上海古籍出版社1993年版，第356页。
⑤ 鲁迅：《古小说钩沉》，《鲁迅辑录古籍丛编》第一卷，人民文学出版社1999年版，第313—314页。
⑥ 《晋书》卷75《王国宝传》，中华书局1974年标点本，第1972页。

死后，形见于府内，辄打阁下鼓，似若称冤，如此经日，王寻得病，恒见法存守之，少时遂亡。邵之比至扬都，亦丧。"① 又《太平广记》卷一百一十九《报应》十八引《还冤志》有同载。

王愉的孙子王慧龙与佛教也有交往，他曾为沙门所藏匿而得以保全。《魏书·王慧龙传》云："慧龙年十四，为沙门僧彬所匿。百余日，将慧龙过江，为津人所疑，曰：'行意匆匆彷徨，得非王氏诸子乎？'僧彬曰：'贫道从师有年，止西岸，今暂欲定省，还期无远，此随吾受业者，何至如君言。'既济，遂西上江陵，依叔祖忱故吏荆州前治中习辟疆。时刺史魏咏之卒，辟疆与江陵令罗修、前别驾刘期公、土人王腾等谋举兵，推慧龙为盟主，克日袭州城。而刘裕闻咏之卒，亦惧江陵有变，遣其弟道规为荆州，众遂不果。罗修将慧龙，又与僧彬北诣襄阳。司马德宗雍州刺史鲁宗之资给慧龙，送渡江，遂自虎牢奔于姚兴。其自言也如此……吏人及将士共于墓所起佛寺，图慧龙及僧彬象赞之。"② 据圣凯的观点，僧彬应属于家僧、门僧、门师一类，这类僧侣在宫廷及贵族的官邸内受到礼遇，四事供养丰饶不绝，待之以师资、上宾、法友的礼遇。③ 由此看王慧龙与僧彬密切交往，且吏人及将士在王慧龙之墓所建起的佛寺中供奉王慧龙及僧彬的塑像。

太原王氏的另一支王默是王昶的侄子。《三国志·魏书》卷二十七载："王昶，字文舒，太原晋阳人也……其为兄子及子作名字，皆依谦实，以见其意，故兄子默字处静，沈字处道，其子浑字玄冲，深字道冲。"④ 王默在《三国志》和《晋书》无传。《晋书》卷七十五《王峤》云："峤字开山。祖默，魏尚书。父佑，以才智称，为杨骏腹心。"⑤ 《晋书》卷九十三《王濛》："曾祖黯，历位尚书。祖佑，北军中候。父讷，

---

① （南朝宋）刘敬叔撰，范宁校点，《异苑·谈薮》合订本，中华书局1996年版，第58—59页。
② 《魏书》卷38《王慧龙传》，中华书局1974年标点本，第875页。
③ 圣凯：《魏晋南北朝时期太原王氏与佛教的关系》，《华林》第二卷，中华书局2002年版，第81页。
④ 《三国志》卷27《徐胡二王列传》，中华书局1964年标点本，第743页。
⑤ 《晋书》卷75《王峤》，中华书局1974年标点本，第1974页。

新淦令。"① 这里的黯即王默。

王默一支的第三代人,即王讷的儿子王濛与佛教交往密切。王濛在《晋书》中有传。《晋书》卷九十三《王濛》云:"王濛,字仲祖,哀靖皇后父也。少时放纵不羁,不为乡曲所齿,晚节始克己励行,有风流美誉,虚己应物,恕而后行,莫不敬爱焉。事诸母甚谨,奉禄资产常推厚居薄,喜愠不形于色,不修小洁,而以清约见称。善隶书,美姿容,尝览镜自照,称其父字曰:'王文开生如此儿邪!'居贫,帽败,自入市买之,妪悦其貌,遗以新帽,时人以为达。与沛国刘惔齐名友善,惔常称濛性至通,而自然有节,濛每云:'刘君知我,胜我自知。'时人以惔方荀奉倩,濛比袁曜卿,凡称风流者,举濛、惔为宗焉。"② 王濛年少时是一个放纵不羁的名士,而晚年克己励行,风流美誉。《晋书》载:"简文帝之为会稽王也,尝与孙绰商略诸风流人,绰言曰:'刘惔清蔚简令,王濛温润恬和,桓温高爽迈出,谢尚清易令达,而濛性和畅,能言理,辞简而有会。'及简文帝辅政,益贵幸之,与刘惔号为入室之宾。转司徒左长史。晚求为东阳,不许。及濛病,乃恨不用之。濛闻之曰:'人言会稽王痴,竟痴也!'疾渐笃,于灯下转麈尾视之,叹曰:'如此人曾不得四十也!'年三十九卒。"③ 关于王濛与佛教的交涉,《世说新语》《高僧传》《佛祖统纪》等有载。

《世说新语·文学篇》载:"支道林初从东出,住东安寺中。王长史宿构精理,并撰其才藻,往与支语,不大当对。王叙致数百语,自谓是名理奇藻。支徐徐谓曰:'身与君别多年,君义言了不长进。'王大惭而退。"④《高僧传》卷四《支道林传》曰:"太原王濛甚重之曰:'造微之功,不减辅嗣。'陈郡殷融尝与卫玠交,谓其神情,俊彻后进,莫有继之者。及见遁叹息,以为重见若人。"⑤《佛祖统纪》卷三十六曰:"兴宁二年(364年),诏支遁相继讲法。一时名士与结方外之友。刘系谈庄子,

---

① 《晋书》卷93《王濛》,中华书局1974年标点本,第2418页。
② 《晋书》卷93《王濛》,中华书局1974年标点本,第2418页。
③ 《晋书》卷93《王濛》,中华书局1974年标点本,第2419页。
④ (南朝宋)刘义庆撰,徐震堮著:《世说新语校笺》,中华书局2001年版,第124页。
⑤ (南朝梁)慧皎:《高僧传》卷4《支道林传》,《大正藏》第50册,第348页。

以适性为逍遥。遁曰：'桀跖以残虐为性，岂亦逍遥乎？'王濛极思作数百语。遁曰：'与君别久，而所见不长何耶？'"① 可见，王濛与支道林交往甚密，二者在思想上也有交锋应答。

王默一支第四代人，即王濛的儿子王修也与佛教有过往关系。《王修传》云："修字敬仁，小字苟子。明秀有美称，善隶书，号曰流奕清举。年十二，作《贤全论》。蒙以示刘惔曰：'敬仁此论，便足以参微言。'起家著作郎、琅邪王文学，转中军司马，未拜而卒，年二十四。临终，叹曰：'无愧古人，年与之齐矣。'"② 王修应是一个自幼爱好玄理的名士。《世说新语·文学篇》亦云："许掾年少时，人以比王苟子，许大不平。时诸人士及于法师并在会稽西寺讲，王亦在焉。许意甚忿，便往西寺与王论理，共决优劣，苦相折挫，王遂大屈。许复执王理，王执许理，更相覆疏，王复屈。许谓支法师曰：'弟子向语何似？'支从容曰：'君语佳则佳矣，何至相苦邪？岂是求理中之谈哉？'"③ "僧意在瓦官寺中，王苟子来，与共语，便使其唱理。意谓王曰：'圣人有情不？'王曰：'无。'重问曰：'圣人如柱邪？'曰：'如筹算，虽无情，运之者有情。'僧意云：'谁运圣人邪？'苟子不得答而去。"④ 又《高僧传》卷四《支道林传》载："王洽、刘惔、殷浩、许询、郗超、孙绰、桓彦表、王敬仁、何次道、王文度、谢长遐、袁彦伯等，并一代名流，皆著尘外之狎。遁尝在白马寺，与刘系之等，谈《庄子·逍遥篇》云，各适性以为逍遥。遁曰：'不然，夫桀跖以残害为性，若适性为得者，从亦逍遥矣。'于是退而注《逍遥篇》。"⑤ 王修是一个追求玄理的名士，与支遁交往中更多探讨的是玄理，并未皈依佛教。

王默一支在两晋时期的第五代人，王蕴的儿子王恭是一个佛教徒。《晋书》卷八十四《王恭传》曰："恭性抗直，深存节义，读《左传》至'奉王命讨不庭'，每辍卷而叹。为性不弘，以暗于机会，自在北府，虽

---

① （宋）志磐：《佛祖统纪》卷36，《大正藏》第49册，第340页。
② 《晋书》卷93《王修》，中华书局1974年标点本，第2419页。
③ （南朝宋）刘义庆撰，徐震堮著：《世说新语校笺》，中华书局2001年版，第122页。
④ （南朝宋）刘义庆撰，徐震堮著：《世说新语校笺》，中华书局2001年版，第131页。
⑤ （南朝梁）慧皎：《高僧传》卷4，《大正藏》第50册，第348页。

以简惠为政,然自矜贵,与下殊隔。不闲用兵,尤信佛道,调役百姓,修营佛寺,务在壮丽,士庶怨嗟。临刑,犹诵佛经,自理须鬓,神无惧容,谓监刑者曰:'我暗于信人,所以致此,原其本心,岂不忠于社稷!但令百代之下知有王恭耳。'家无财帛,唯书籍而已,为识者所伤。"① 营佛寺、诵佛经甚至临刑犹诵佛经,可见其信仰之虔诚。

三 高平郗超与佛教

郗超,字景兴,一字嘉宾,高平金乡人。祖郗鉴,官至太尉。父郗愔,官至司空。郗超初在桓温帐下为征西大将军掾、大司马参军,深得其信任。简文帝即位后,以郗超为中书侍郎,位虽不高,而权势颇重,朝官谢安、王坦之等皆畏之。死时年四十二。② 郗超崇信佛教,又乐于布施。道安至襄阳,就遣人送米千斛。与他有关的佛教著述不少,在刘宋陆澄的《法论目录》中,就录有《本无难问》《郗与法浚书》《郗与开法师书》《郗与支法师书》《奉法要》《通神咒》《明感论》《论三行上》《论三行下》《叙通三行》《郗与谢庆绪书往返五首》《郗与傅叔玉书往返三首》《答英郎书一首》《全生论》《五阴三达释》等。③ 但至今尚存的只有《奉法要》,其余均已亡佚。④《奉法要》的主要内容一是阐述奉佛的基本要求与具备的仪式,如皈依者要归佛、归十二部经、归比丘僧。⑤ 二是阐述五戒十善,他认为五戒检形,十善防心。⑥ 三是遵守斋戒。岁三斋者,正月一日至十五日,五月一日至十五日,九月一日至十五日。月六斋者,月八日、十四日、十五日、二十三日、二十九日、三十日。斋日中,不能食鱼和肉,并只能中午进一食。斋日中还要悔过自责,行四等心(慈、悲、喜、爱护),远离房室,不著六欲,妇女还须去香花脂粉之饰。佛教认为众生在世的善恶行为决定着来世的报应,报应的趋向有五道,即天、人、畜生、饿鬼、地狱。宣称十善具备者则升天堂,遵守一

---

① 《晋书》卷84,中华书局1974年标点本,第2183页。
② 《晋书》卷67,中华书局1974年标点本,第1996页。
③ (南朝梁)僧祐:《出三藏记集》卷12,《大正藏》第55册,第83—84页。
④ (南朝梁)僧祐:《弘明集》卷13,《大正藏》第52册,第86页。
⑤ (南朝梁)僧祐:《弘明集》卷13,《大正藏》第52册,第86页。
⑥ (南朝梁)僧祐:《弘明集》卷13,《大正藏》第52册,第86页。

戒至五戒者可得为人。人有高卑，或寿夭不同，皆由戒有多少。反十善者谓之十恶，十恶毕犯则入地狱，抵捍强梁不受忠谏，及毒心内盛殉私欺殆，则或堕畜生，或生蛇虺。悭贪专利常苦不足，则堕饿鬼。其罪若转少而多阴，私情不公亮，皆堕鬼神，虽受微福不免苦痛，此谓三涂，亦谓三恶道。① 郗超引《泥洹经》："父作不善，子不代受；子孙不善，父亦不受。善自获福，恶自受殃。"② 这与中国古代传统的说法不同。四是消除五盖、六情。《奉法要》把人对各种物质所追求的享受称为"六情"或"六欲"，即目受色，耳受声，鼻受香，舌受味，身受细滑，心受识。《奉法要》又把人的五种情感称为五盖，即一曰贪淫，二曰瞋恚，三曰愚痴，四曰邪见，五曰调戏。在五盖中，愚痴又是最根本的，其他一切执着及六欲皆始于痴。解决愚痴的最好办法是静心。《奉法要》云："夫理本于心，而报彰于事。犹形正则影直，声和而响顺。"③ 《泥洹经》云："心识静休，则不死不生。"④ 《奉法要》以简短的文字阐明了郗超对佛教基本教义、教规的认识，是研究中国佛教教义不可缺少的材料。

四　河东裴氏与佛教

裴潜、裴徽、裴辑为河东裴氏三大支系之祖。时至魏晋，裴氏家族达到了它的第一个发展高峰，时人有"以八裴方八王"之说。正始中，人士比论，以五荀方五陈，荀淑方陈寔，荀靖方陈谌，荀爽方陈纪，荀彧方陈群，荀顗方陈泰。又以八裴方八王，裴徽方王祥，裴楷方王夷甫（衍），裴康方王绥，裴绰方王澄，裴瓚方王敦，裴遐方王导，裴頠方王戎，裴邈方王玄。⑤《裴光庭神道碑》载："在魏晋之际，为人物之杰，与琅琊王氏相敌，时人谓八裴八王。"⑥《裴倩神道碑》又云："魏晋已还，号为多材，八贤方驾，百姓归重。"⑦《裴希惇神道碑》亦云："至如

---

① （南朝梁）僧祐：《弘明集》卷13，《大正藏》第52册，第86页。
② （南朝梁）僧祐：《弘明集》卷13，《大正藏》第52册，第87页。
③ （南朝梁）僧祐：《弘明集》卷13，《大正藏》第52册，第88页。
④ （南朝梁）僧祐：《弘明集》卷13，《大正藏》第52册，第88页。
⑤ （刘宋）刘义庆撰，徐震堮著：《世说新语校笺》，中华书局2001年版，第276页。
⑥ 《文苑英华》卷884，中华书局1966年标点本，第446页。
⑦ 《文苑英华》卷895，中华书局1966年标点本，第520页。

司空领袖,吏部清通,势压八王,名高百姓,家风祖德,亦何代无其人哉!"① 由此可以看出裴氏家族在这个时期已经发展成为堪与琅琊王氏比肩的一流门阀大族和官僚世家了。"八裴方于八王,河东裴氏与琅玡王氏同时成为海内首先发达起来的士族高门,这是河东裴氏在西晋时期崇高的社会地位确立的又一重要标志。"② 唐代所修的《晋书·裴秀传》也称:"初,裴、王二族盛于魏晋之世,时人以八裴方八王……",由"正始中"变成了"初","说明这个看法已不限于正始年间,而是魏晋时期的普遍看法了"③。

西晋时期,河东裴氏家族中的重要人物有裴秀、裴頠、裴楷,分属裴潜支、裴徽支。上述河东裴氏成员大都擅长玄理。裴子野撰《齐安乐寺律师智称法师碑》载:"法师讳智称,河东闻喜人也,俗姓裴氏……年登三十,始览众经……宋泰始元年(464年),出家于玉垒……既而敬业承师,就贤辨志,遨游九部,驰骋三乘,摩罗之所宣译,龙王之所韬秘……入道三年,从师四讲,教逸功倍,而业盛经明……泰始六年(470年),初讲十诵于震泽,阐扬事相……弯弓之北,寻声赴响,万里而至,门人岁益,经纬日新,坐高堂而延四众,转法轮而朝同业者,二十有余载……法师之于十诵也,始自吴兴,迄于建业,四十有于讲,撰义记八篇,约言示制,学者传述,以为妙绝古今。"④ 可见,这位裴氏成员拉开了裴氏家族奉佛的序幕。自此,裴氏家族中陆续出现了信仰佛教的子弟。裴子野与妻子恒苦饥寒,居住在数间茅草屋内,"唯以教诲为本"。晚年信奉佛教,严守戒律,病重期间"遗命俭约,务在节制"⑤。裴植,"少而好学,览综经史,尤长释典,善谈理义",而且在临终时,命子弟在"命尽之后,剪落须发,被以法服,以沙门礼葬于嵩高之阴"⑥。裴案"性好释学,亲升讲座,虽持义未精,而风韵可重"⑦。

---

① 《文苑英华》卷925,中华书局1966年标点本,第726页。
② 周征松:《魏晋隋唐间的河东裴氏》,山西教育出版社2000年版,第36页。
③ 周征松:《魏晋隋唐间的河东裴氏》,山西教育出版社2000年版,第37页。
④ 严可均编:《全上古三代秦汉三国六朝文》,中华书局1985年版,第582—584页。
⑤ (唐)姚恩廉:《梁书》卷30,中华书局1973年版,第444页。
⑥ 《北史》卷122,中华书局1974年标点本,第3508页。
⑦ 《北史》卷77,中华书局1974年标点本,第2613页。

总之，在两晋门阀氏族盛行的时期，山西的太原王氏、河东裴氏、高平郗超及平遥孙氏都与佛教有着紧密的联系，这也说明佛教进一步获得发展。

第三章

北朝时期山西佛教

北魏自386年立国，势力逐渐强大。396年占有山西北部、中部及东南部。428年攻占山西西南部，占有山西全境，分山西为恒州、朔州、云州、蔚州、显州、并州、肆州、晋州、建州、汾州、东雍州、泰州、陕州十三州，州下设立郡县。439年，太武帝拓跋焘统一北方。六镇之乱后北魏分裂为东魏和西魏。今山西省境除西南部属于西魏外，大部分属于东魏。①

第一节 北魏时期山西佛教

北魏定都山西平城，使山西成为整个北方的政治中心。北魏统治者以少数民族身份入主中原，为在思想文化上取得统治优势，积极利用外来之佛教作为政治统治思想，极大促进了佛教的发展和传播。另一方面，北魏时期战争频繁，人口大范围长时间的流动也促进了佛教的播散，特别是在民间的传播。这一阶段是指从魏道武帝拓跋珪登国元年（386年）至东魏孝静帝元善见于武定八年（550年）禅让于齐王相国高洋的165年间的佛教历史。②

一 北魏诸帝与佛教

鲜卑拓跋部兴起于大兴安岭，逐渐向西迁徙，建立了北魏王朝。其最初并不信仰佛教，《魏书》卷一百一十四《释老志》曰："魏先建国于

---

① 刘泽民：《山西通史秦汉魏晋南北朝卷》，山西人民出版社2001年版，第305页。
② 赵改萍：《北魏时期佛教在山西的发展》，《宗教学研究》2015年第2期。

玄朔，风俗淳一无为以自守，与西域殊绝，莫能往来，故浮图之教，未之得闻，或闻而未信也。"① 道武帝始崇佛教，"太祖平中山，经略燕赵，所径郡国佛寺，见诸沙门、道士，皆致精敬，禁军旅无有所犯"，又遣使致书僧朗"以缯、素、旃厨、银钵为礼。"② 皇始（396—398年）中，延请赵郡沙门法果至京师，"为道人统，绾摄僧徒"③。法果称道武帝为当今如来，④ 这与道安所言"不依国主，则法事难立"⑤ 如出一辙。天兴元年（398年），在平城兴建佛殿、讲堂，使平城俨然成为北方佛教中心，吸引了大批高僧，著名者有惠始、师贤、昙登、昙曜、道进、僧超、法存、惠明等，当地出家为僧者也日渐增多。《魏书·释老志》又曰："天兴元年，下诏曰：'夫佛法之兴，其来远矣。济益之功，冥及存没，神踪遗轨，信可依凭。其敕有司，于京城建饰容范，修整宫舍，令信向之徒，有所居止。'是岁，始作五级佛图、耆阇崛山及须弥山殿，加以缋饰。别构讲堂、禅堂及沙门座，莫不严具焉。"⑥ 由此，开了北魏诸帝信佛的先河。409年，明元帝继位。"亦好黄老，又崇佛法"，于"京邑四方，建立图像，仍令沙门敷导民俗"⑦。同时，对道人统法果更加崇敬，"永兴中，前后授以辅国、宜城子、忠信侯、安成公之号，皆固辞。帝常亲幸其居，以门小狭，不容舆辇，更广大之。年八十余，泰常中卒。未殡，帝三临其丧，追赠老寿将军、越胡灵公。"⑧ 太祖道武皇帝和太宗明元皇帝的崇佛敬僧、建寺兴教，奠定了北魏佛教的基础，也促进了东晋十六国以来山西佛教的发展。

太武帝拓跋焘亦兼好佛老，对沙门道士皆致礼敬，"每引高德沙门与共谈论，于四月八日，舆诸佛像，行于广衢，帝亲御门楼，临观散花，以致礼敬。"⑨ 太延五年（439年），太武帝灭北凉，徙凉州僧徒三千人、

---

① 《魏书》卷114《释老志》，中华书局1974年标点本，第3030页。
② 《魏书》卷114《释老志》，中华书局1974年标点本，第3030页。
③ 《魏书》卷114《释老志》，中华书局1974年标点本，第3030页。
④ （北齐）魏收：《魏书》卷114《释老志》，中华书局1974年版，第3031页。
⑤ （南朝梁）慧皎：《高僧传》卷5，《大正藏》第50册，第352页。
⑥ 《魏书》卷114《释老志》，中华书局1974年标点本，第3030页。
⑦ 《魏书》卷114《释老志》，中华书局1974年标点本，第3030页。
⑧ 《魏书》卷114《释老志》，中华书局1974年标点本，第3031页。
⑨ 《魏书》卷114《释老志》，中华书局1974年标点本，第3032页。

宗族、吏民三万户至平城，"沙门佛事皆俱东，象教弥增矣"①。其中不乏长于造像的工匠和著名高僧，使平城成为名副其实的佛教重镇。但随着佛教势力的壮大，佛道教之间的斗争日益激烈，最终演变成了中国历史上的第一次废佛事件。太武帝于太平真君七年（446年），下诏毁灭佛法，"土木宫塔，声教所及，莫不毕毁"②。山西境内的佛教受此牵连而被毁。

文成帝即位，下诏恢复佛教，其诏曰："今制诸州郡县，于众居之所，各听建佛图一区，任其财用，不制会限。其好乐道法，欲为沙门，不问长幼，出于良家，性行素笃，无诸嫌秽，乡里所明者，听其出家。率大州五十，小州四十人，其郡遥远台者十人。各当局分，皆足化恶就善，播扬道教也。"③ 这样的环境为山西佛教的复兴带来了良好的机缘。和平初年（460—465年），昙曜奏请文成帝，于京城西武周山开窟五所，这就是著名的"昙曜五窟"。北魏地理学家郦道元《水经注》中描述，"武州川水又东南流，水侧有石，祗洹舍并诸窟室，比丘尼所居也。其水又东转，径灵岩南，凿石开山，因岩结构，真容巨壮，世法所稀，山堂水殿，烟寺相望，林渊锦镜，缀目新眺。"④ 由此可见，北魏早期佛教发展主要表现为建寺造塔，开窟造像，且规模宏大壮伟。

献文帝对于佛教敦信尤深，皇兴元年（467年），于平城"起永宁寺，构七级佛图，高三百余尺，基架博敞，为天下第一。又于天宫寺造释迦立像，高四十三尺，用赤金十万斤，黄金六百斤。皇兴中，又构三级石佛图。榱栋楣楹，上下重结，大小皆石，高十丈。镇固巧密，为京华壮观"⑤。在帝王的支持下，寺院规模宏大，建筑以石材为主，并树立高大的佛像，表现出鲜卑民族粗犷豪放的性格。

皇兴五年（471年）孝文帝即位，在北苑建了鹿野、鹿苑二佛塔及岩房禅堂。承明元年（476年）八月，又于永宁寺设大法供，剃度僧尼百有余人。太和元年（477年）二月，幸永宁寺设斋。三月，又幸永宁寺设

---

① 《魏书》卷114《释老志》，中华书局1974年标点本，第3032页。
② 《魏书》卷114《释老志》，中华书局1974年标点本，第3032页。
③ 《魏书》卷114《释老志》，中华书局1974年标点本，第3036页。
④ 陈桥驿著：《水经注校证》，浙江古籍出版社2001年版，第208页。
⑤ 《魏书》卷114《释老志》，中华书局1974年标点本，第3037页。

会，行道听讲，令中书、秘书二省与僧徒讨论佛义。同年，还于方山建恩远寺。太和四年（480年）春正月丁巳，又罢畜鹰鹞之所，以其地为报德佛寺。由于孝文帝的倡导，北魏上层贵族、富商多有参与建寺，如恒安康姓商人，"赀财百万，崇重佛法，为佛陀造别院"①。甚至有阉人立寺者，"（平城）东郭外，太和中阉人宕昌公钳耳庆时，立祇洹舍于东郊。椽瓦梁栋、台壁楼陛、尊容圣像及床坐轩帐，悉青石也，图制可观"②。自兴光（454—455年）至太和元年（477年），"京城内寺新旧且百所，僧尼二千余人，四方诸寺六千四百七十八，僧尼七万七千二百五十八人"③。孝文帝重视寺院发展的同时，对佛教僧人更加尊崇。他曾拜道登为师，听讲《成实论》，与其谈玄论义。在浓厚的崇佛氛围下，不少僧人聚集于平城，如道顺、惠觉、僧意、惠纪、僧范、道弁、惠度、智诞、僧显、僧义、僧利等义学名僧，他们致力于佛教义学的播扬，也推动着山西佛教理论的不断完善。随着孝文帝迁都洛阳，佛教也自北向南扩展至山西的南部，遍及城郭乡野。

二 北魏时期山西佛教僧人

（一）北魏时期在山西活动的高僧

北魏诸帝，除太武帝后来灭佛之外，大多崇奉佛教，利用佛教，致使境内的佛教信仰已相当普遍。在山西也涌现出一批大德高僧，如灵辩、昙鸾、法聪、道覆、惠云等。

1. 法果

法果为赵郡人。太祖闻其名，便诏至平城开演法籍，深得青睐，被委以道人统，管理平城佛教事务。《魏书·释老志》载："皇始中，赵郡有沙门法果，诫行精至，开演法籍。太祖闻其名，诏以礼征赴京师。后以为道人统，绾摄僧徒。每与帝言，多所惬允，供施甚厚。至太宗，弥加崇敬。……初，法果每言，太祖明叡好道，即是当今如来，沙门宜应

---

① （唐）道宣：《续高僧传》卷16，《大正藏》第50册，第551页。
② 陈桥驿著：《水经注校证》，浙江古籍出版社2001年版，第207页。
③ 《魏书》卷114《释老志》，中华书局1974年标点本，第3039页。

尽礼，遂常致拜。谓人曰：'能鸿道者人主也，我非拜天子，乃是礼佛耳。'"① 可见，法果意图积极依附最高统治者，而北魏统治者亦乐于接纳佛教。"永兴元年（409年），诏封法果为辅国宜城子（僧受俗官之始）。神瑞元年（414年），加封法果为忠信侯……泰常元年（416年），加封法果为安城公。寿八十余卒，帝三临其丧，谥灵公（赐谥之始）。"② 法果把北魏统治者视作佛祖并加以礼拜，体现了王佛合一的弘法思想，奠定了北魏佛教昌盛的理论基础。这一方面说明北魏佛教已经在政教关系上完全不同于印度佛教，迈出了佛教中国化最关键的一步，另一方面也说明，北魏统治者在融合民族关系中也非常注重通过佛教媒介实现华戎一体的政治局面，从而达到稳定政治统治的目的。

2. 昙曜

昙曜，不知何许人也。少年出家，生卒年月不详。其事迹见于《高僧传》卷十一、《续高僧传》卷一、《佛祖统纪》卷三十八、《景德传灯录》卷三、《传法正宗记》卷九、《广弘明集》卷二等史料。唐道宣《续高僧传》卷一《魏北台石窟寺恒安沙门释昙曜传》言其"摄行坚贞，风鉴闲约"。③《高僧传》卷十一："时有沙门昙曜，亦以禅业见称，伪太傅张潭伏膺师礼。"④ 可见，其当时受到北凉统治者的重视。北魏太武帝灭北凉后，昙曜因"有操尚，又为恭宗所知礼"⑤。太武帝灭佛运动期间，多次护佛，不得已，乃止。"密持法服器物，不暂离身，闻者叹重之。"⑥ 文成帝即位，昙曜到达平城之后，即任沙门统。唐道宣《续高僧传》卷一说："至壬辰年，太武云崩。子文成立，即起塔寺，搜访经典，毁法七载，三宝还兴。曜慨前凌废。"⑦ "以元魏和平年，住北台昭玄统。绥缉僧众。"⑧ 昙曜担任沙门统之后，即向文成帝建议开凿石窟。《魏书·释老

---

① 《魏书》卷114《释老志》，中华书局1974年标点本，第3031页。
② （宋）志磐：《佛祖统纪》卷38，《大正藏》第49册，第354页。
③ （唐）道宣：《续高僧传》卷1，《大正藏》第50册，第427页。
④ （南朝梁）慧皎：《高僧传》卷11，《大正藏》第50册，第397页。
⑤ 《魏书》卷114《释老志》，中华书局1974年标点本，第3035页。
⑥ 《魏书》卷114《释老志》，中华书局1974年标点本，第3035页。
⑦ （唐）道宣：《续高僧传》卷1，《大正藏》第50册，第427页。
⑧ （唐）道宣：《续高僧传》卷1，《大正藏》第50册，第427页。

志》:"和平初,师贤卒。昙曜代之,更名沙门统。初昙曜以复佛法之明年,自中山被命赴京,值帝出,见于路,御马前衔曜衣,时以为马识善人。帝后奉以师礼。昙曜白帝,于京城西武州塞,凿山石壁,开窟五所,镌建佛像各一。高者七十尺,次六十尺,雕饰奇伟,冠于一世。昙曜奏:平齐户及诸民,有能岁输谷六十斛入僧曹者,即为'僧祇户',粟为'僧祇粟',至于俭岁,赈给饥民。又请民犯重罪及官奴以为'佛图户',以供诸寺扫洒,岁兼营田输粟。高宗并许之。于是僧祇户、粟及寺户,遍于州镇矣。"① 道宣《广弘明集》卷二:"谷深三十里。东为僧寺,名曰灵岩,西头尼寺。各凿石为龛,容千人。已还者相次栉比。石崖中七里极高峻,佛龛相连余处,时有断续。佛像数量孰测其计。"② 石窟规模宏大,蔚为壮观。

据有关史料记载,昙曜还翻译有《付法藏因缘传》和《净土经》,此外,还有《称扬诸佛功德经》三卷、《大方广菩萨十地经》一卷。《魏书·释老志》:"昙曜又与天竺沙门常那邪舍等,译出新经十四部。又有沙门道进、僧超、法存等,并有名于时,演唱诸异。"③ 道宣《续高僧传》卷一:"对天竺沙门,译《付法藏传》并《净土经》,流通后贤,意存无绝。"④ 诸多经典中最为重要和最有影响的是《付法藏传》。他曾两度翻译《付法藏传》,第一次是和平三年(462年)译出四卷本的《付法藏传》,第二次是延兴二年(472年)同吉迦夜合译六卷本的《付法藏因缘传》。《出三藏记集》载:"《杂宝藏经》十三卷、《付法藏因缘经》六卷、《方便心论》二卷,右三部,凡二十一卷。宋明帝时,西域三藏吉迦夜于北国以伪延兴二年(472年),共僧正释昙曜译出,刘孝标笔受。此三经并未至京都。"⑤《开元释教录》卷六曰:"或无因缘字,亦云《付法藏经》,或四卷或云二卷,见道慧《宋齐录》第三出,与宋智严、魏昙曜出者同本,亦见《僧祐录》。"⑥《佛祖统纪》亦载:"延兴二年(472

---

① 《魏书》卷114《释老志》,中华书局1974年标点本,第3035页。
② (唐)道宣:《广弘明集》卷2,《大正藏》第52册,第103页。
③ 《魏书》卷114《释老志》,中华书局1974年标点本,第3037页。
④ (唐)道宣:《续高僧传》卷1,《大正藏》第50册,第427页。
⑤ (南朝梁)僧祐:《出三藏记集》卷2,《大正藏》第55册,第13页。
⑥ (唐)智升:《开元释教录》卷6,《大正藏》第55册,第540页。

年),孝文帝诏西天三藏吉迦夜译《杂宝藏经》等五部,刘孝标笔受。"① 智升《开元释教录》则记载了第一次翻译的情况,"以和平三年(462年)壬寅,故于北台石窟集诸德僧,对天竺沙门译《吉义》等经三部"②。《贞元新定释教目录》卷二十三则曰:"《付法藏因缘传》六卷,或无因缘字,或四卷二卷,元魏西域三藏吉迦夜共昙曜译。"③ 可见,圆照已注意到了两次翻译卷数和时间的不同,但又笼统说与吉迦夜共译,这应是参照了僧祐的结论。鉴于僧祐生活的时代与昙曜比较接近,因此僧祐的记载应该可信。

北魏佛教在遭受太武帝打击之后迅速得以恢复并兴盛起来,除统治者的支持外,主要的贡献者则是昙曜,他的一系列有利于佛教发展的举措,推动了佛教在山西的大规模发展。

3. 玄高

玄高,姓魏,本名灵育,冯翊万年人(今陕西临潼北)。据《高僧传》,玄高生于后秦弘始四年(402年),其母寇氏梦见梵僧散华满室,家内异香,光明照壁云云。十二岁,辞亲入山,改名玄高。"年十五,已能为山僧说法。受戒已后,专精禅律。听闻关中有浮驮跋陀禅师在石羊寺弘法,径往师之,深悟妙通禅法。玄高遂杖策西秦,隐居麦积山。山学百余人,崇其义训,禀其禅道。"玄高在当地颇有影响,无论秦地高僧昙弘,还是外国禅师昙无毗都崇其禅学。后玄高被人谗陷,隐居河北林阳堂山,"神情自若,禅慧弥新。忠诚冥感,多有灵异。磬既不击而鸣,香亦自然有气。应真仙士往往来游,猛兽驯伏蝗毒除害。高学徒之中,游刃六门者百有余人。"④ "长安昙弘法师,为玄高正名,西秦崇其为国师。"

玄高又进游凉土,沮渠蒙逊深相敬事。北魏太延五年(439年)阳平王灭北凉,玄高迁至平城。太子拓跋晃事高为师,"高令作金光明斋七日恳忏,焘乃梦见其祖及父皆执剑烈威,问汝何故信谗言,枉疑太子。焘惊觉,大集群臣,告以所梦。……不须复亲有司苦剧之职,其令皇太子

---

① (宋)志磐:《佛祖统纪》卷38,《大正藏》第49册,第355页。
② (唐)智升:《开元释教录》卷6,《大正藏》第55册,第540页。
③ (唐)圆照:《贞元新定释教目录》卷23,《大正藏》第55册,第956页。
④ (南朝梁)慧皎:《高僧传》卷11,《大正藏》第50册,第397页。

副理万机,总统百揆,更举良贤,以备列职。择人授任,而黜陟之"①。崔皓后谮太子前事实有谋心,结玄高以道术令先帝降梦。太平五年(444年)九月十五日玄高被处死于平城之东隅,弟子"迎尸于城南旷野,沐浴迁殡,明日迁柩欲阇维之。国制不许,于是营坟即窆"②。玄高在平城"大流禅化",促进了平城地区禅学的发展,但因被卷入宫廷权力之争,也涉及佛道之争,而被杀戮。由此可见,即使在将佛教作为国教的北魏,在政治权力面前,佛教必须服从于政治需要。

4. 惠始

惠始又名昙始,是北魏时期佛教神异人物,佛教典籍史传部载其传记,神异怪诞,褒扬其不畏强暴,舍身护教;适变随机,显彰仁道;出生入死,超然无碍的精神,同时提及他化导民俗,宣教高丽等事迹,在中国佛教史上产生了较深远的影响。后世佛教文献将其与《魏书·释老志》所载惠始视为同一人,使其形迹更加神秘莫测。1994年山西晋城青莲寺发现了昙始造北齐石刻,时人又将其多与北魏昙始混为一谈。

昙始的记载最早出现于梁代慧皎之《高僧传》,同时代之《魏书·释老志》亦载神僧惠始的行状。《魏书》所载惠始与《高僧传》昙始有几处不同。

其一,籍贯和名字不同,惠始籍贯作清河人(可能在山东),昙始作关中人。其名字,《高僧传》作"昙始",《魏书·释老志》为"惠始";"惠始"之名当不会有错,因为《魏书·释老志》中还记载了魏高宗的诏书,其曰:"沙门道士善行纯诚,惠始之伦,无远不至,风义相感,往往如林。"③ 提到了惠始之名。

其二,形迹不同,《高僧传》载昙始事迹,包括辽东宣化、开导三辅、王胡皈依、服膺赫连勃勃、隐修头陀、择时佛化拓跋焘、兴复佛教等事迹。《魏书》主要载其诣长安闻罗什讲经,服膺赫连勃勃,平城训导,太延年间圆寂,迁葬而尸身不坏等事迹。比较而言,两书所载侧重

---

① (南朝梁)慧皎:《高僧传》卷11,《大正藏》第50册,第397页。
② (南朝梁)慧皎:《高僧传》卷11,《大正藏》第50册,第397页。
③ 《魏书》卷114,中华书局1974年标点本,第3036页。

点不同,《高僧传》多载其神异之事迹,《魏书》所载其中也有部分情节有悖常理,值得怀疑,如"赫连勃勃手刃惠始而不能伤"等事迹。

《高僧传》和《魏书》关于二人记载也有相同之处。

其一,二人所处时代和活动地域基本相同,《高僧传》载昙始大约在晋孝武大元(376—396年)之末活动于辽东,义熙(405—418年)初复还关中,北魏太平(440—451年)之末后不知所终,活动之地主要在北方陕西、山西、辽东一带;《魏书》载惠始大约于鸠摩罗什译经之时(大约401年前后)到达长安,427年,世祖平赫连昌后到平城,在太延(435—440年)中圆寂,活动之地主要在北方陕西、山西一带;其二,"赫连勃勃手刃其身而不能伤,惧而谢罪",使赫连勃勃服膺,这一情节几乎完全一致;其三,二人体貌特征的显著特点是均为"足白",虽"跣涉泥水未尝沾湿",天下咸称"白足和尚",同时多有神异之举。

对两种文献中的事迹进行比较,可以发现《魏书》绝大部分记述比《高僧传》更为平实。《高僧传》释昙始传记中涉及太武灭佛的重要历史事件,有几处记载明显存在虚构夸大的成分,与史实不符。

其一,将太武灭佛结束的原因归结为昙始劝化,拓跋焘在位时已经"宣下国中,兴复正教",与基本史实不符。太武帝在诛杀崔浩之后,"颇悔之,业已行,难中修复,恭宗潜欲兴之,未敢言也"[①]。太武帝晚年对于毁佛运动虽有悔意,但终究未改弦更张,废止毁佛令。灭佛运动终结的直接原因是太武帝的驾崩,"佛沦废终帝世"[②],而非昙始劝说。即使恭宗欲兴佛教,也未敢言。

其二,"崔寇二人次发恶病,焘以过由于彼,于是诛剪二家门族都尽。"也与史实不符。太平真君九年(448年)"谦之卒,葬以道士之礼",说明寇谦之是寿终正寝,并非被诛灭。崔浩的确于太平真君十一年(450年)被拓跋焘诛杀,"浩诛,备五刑"。但原因也并非因为灭佛,而是因"国史案"直笔暴露鲜卑贵族所谓"国恶",遭杀身。佛家作者慧皎出于维护佛教之目的,宣传毁佛者必然遭报应思想,警诫人们应该尊崇佛教,而对崔寇二人死亡进行了另类的记载。

---

① 《魏书》卷114,中华书局1974年标点本,第3035页。
② 《魏书》卷114,中华书局1974年标点本,第3035页。

其三，太武灭佛的原因也并非简单听信崔浩和寇谦之之言。《魏书·释老志》载"昔后汉荒君，信惑邪伪，妄假睡梦，事胡妖鬼，以乱天常。自古九州之中无此也。夸诞大言，不本人情。叔季之世，闇君乱主莫不眩焉。由是政教不行，礼义大坏，鬼道炽盛，视王者之法蔑如也。自此以来，代经乱祸，天罚亟行，生民死尽，五服之内鞠为邱墟，千里萧条不见人迹，皆由于此"①。拓跋焘的目的是重申"夷夏之辨"，标榜北魏政权也是华夏正统，同时重申皇权的至高无上，对佛教以神权挑战皇权，破坏华夏传统礼制之举，予以坚决批驳和严禁。直接原因是发现寺庙私藏武器、酿酒具、寄藏州郡牧守金银财物，以及僧侣私通贵室女，不守礼制，违法不轨。同时与道教排佛也有一定关系。

其四，《高僧传》所载昙始"择时隐现，适变随机，勇闯宫门，降服猛虎，世祖愧惧"的记述，明显模仿昙始与赫连勃勃交涉之情节，出于慧皎杜撰无疑。慧皎明显没有见到北魏中书监高允所撰《惠始传》。《高僧传》通过营造昙始的神异事迹，凸显佛教的威神力，树立佛教的权威，并在"佛命"与"天命"之间建立联系，使君王的统治蒙上浓厚的佛命色彩。

《魏书》绝大部分记述比《高僧传》更为平实。《魏书》与《高僧传》不同之处认为，惠始并未与拓跋焘有冲突。《魏书》记载惠始在平城宣化佛教，并得到拓跋焘的敬重，号为"白足师"，于太延（435—440年）中圆寂，初葬城内，太平真君六年（445年），迁葬于南郊之外。这说明拓跋焘对佛教初期比较敬重，但在太平真君六年（445年）前后拓跋焘对待佛教的态度已经发生变化，此时惠始已经圆寂，不可能与拓跋焘有冲突。拓跋焘对待佛教态度的前后变化，有其他史料为证。《古今图书集成·释教部汇考》曰："世祖初即位，亦遵太祖太宗之业，每引高德沙门，与共谈论。"②"太延五年（439年），以沙门众多，诏罢年五十以下者。"③"太平真君五年（444年），诏禁私养沙门。"④"太平真君六年，

---

① 《魏书》卷114，中华书局1974年标点本，第3035页。
② 《古今图书集成·释教部汇考》卷1，《卍续藏》第77卷，第8页。
③ 《古今图书集成·释教部汇考》卷1，《卍续藏》第77卷，第8页。
④ 《古今图书集成·释教部汇考》卷1，《卍续藏》第77卷，第8页。

制城内不得留瘗沙门。"① "太平真君七年（446年），诏诸州，坑沙门，毁诸佛像，及佛图。"② 说明，《魏书》关于惠始曾受世祖敬重，但在太平真君六年（445年）尸骨被迫迁葬城外的记载比较符合历史事实。

《高僧传》出于神化佛僧，抬高佛教，宣扬佛教，同时贬抑道教并抨击反对佛教者的目的，部分材料和情节按己意发挥，而不完全按照客观史实撰录。③ 实际情况是，佛教徒为宣扬佛教之威神力和功德力，创造出大量神异故事。这些神异故事在民间大量存在，不仅以文献的形式，而更多的是以口耳相传的形式，作为佛教传播发展，吸引信众的重要手段。神异事迹不完全是编造的谎言，而更多的是类似于今天的"魔法"或以某种不为人们熟悉的"障眼法"进行的表演，这些神异事迹从一个侧面反映出了魏晋南北朝佛教权威从谋求到确立的全过程。④

综合考察，二人极可能是同一人。

首先，从《高僧传》和《魏书》均可看出昙始（惠始）在关中甚至北方具有一定的影响，"天下咸称白足和尚""三辅有识多宗之"。其显著而神异之特征均被描述为"足白"，被称为"白足和尚"或"白足师"。在405年到427年之间，在长安活动。427年，拓跋焘平赫连昌后，徙居平城。如果他们是两个人，又都很有影响，且同处一地，不加区分地被混淆称为"白足和尚"的可能性极小，因此，他们只可能是同一人。

其次，《魏书》的成书时间稍晚于《高僧传》，但基本属于同时代。慧皎处南方之梁，魏收处北方之齐，南北阻隔，互相敌对，《魏书》参考《高僧传》的可能性极小。二者对昙始（惠始）使赫连勃勃服膺的记载，情节都完全一致。说明社会上关于昙始（惠始）的神异故事流传极广。因此，昙始与惠始只可能是同一人。昙始（惠始）主要在北

---

① 《古今图书集成·释教部汇考》卷1，《卍续藏》第77卷，第8页。

② 《古今图书集成·释教部汇考》卷1，《卍续藏》第77卷，第8页。

③ 陈垣对《高僧传》相当推崇，认为："士人所常读，考史所常用，及《四库》所录存而为世所习见"的佛教史籍中，若与中国史事的相关性论，以"《出三藏记集》、《高僧传》为首"。陈垣：《中国佛教史籍概论》，上海书店出版社2001年版，第1页。

④ 许展飞、陈长琦：《试论魏晋南北朝佛教权威的谋求与确立——以〈高僧传〉中僧人神异事迹为中心》，《河南师范大学学报》2008年第2期。

方活动，魏收等人的史料应该更为可信，而南方慧皎之载述极可能以社会传闻为主。

最后，唐道宣《广弘明集》将二人并列撰录，《集神州三宝感通录》却以《高僧传》中昙始之名，连贯以《魏书》中惠始的资料，唐道世撰《法苑珠林》与《集神州三宝感通录》所载完全相同，说明道世和道宣基本认同昙始与惠始为同一人。宋祖琇撰《隆兴编年通论》、元念常《佛祖历代通载》将二者连缀记述，并列而未等同。宋本觉编《释氏通鉴》将昙始与惠始视为同一人，二人的行迹资料也被融合。高丽一然撰《三国遗事》，元觉岸编《释氏稽古略》，元代熙仲集《历朝释氏资鉴》，明心泰编《佛法金汤编》均将昙始与惠始视为同一人。可见，唐代以来，佛教史传著者多认为二者是同一人，存疑者也将其放置一起，前后续载，标明出处，也未将二者彻底隔离。

至于二著记载的不同，则极可能是神异之僧本在社会上已有纷繁之传说，著者所闻所见昙始（惠始）资料不一，加之撰写目的、态度、水平各不相同，时代、地域间隔，又容易出现误差，但如上述分析，二人的基本情况一致，因此，可判断为同一人。

后世记载昙始与惠始的佛教文献，从征引《高僧传》和《魏书》是否进行甄别取舍角度区分，大体可分为三类。

第一类是只征引《高僧传》的文献，未涉及惠始。如《神僧传》、唐法琳《辩正论》、高丽觉训《海东高僧传》、宋志磐《佛祖统纪》、灵操撰《释氏蒙求》等，对昙始材料未加比勘考订，直接引用，失其客观。

第二类是，二者兼取，并列撰录。如唐道宣《广弘明集》、宋祖琇撰《隆兴编年通论》、元念常《佛祖历代通载》，将《高僧传》昙始与《魏书》惠始并陈转录，保持史料的原态，亦是比较客观的处理方法，表明编著者已经注意到两种文献的异同，但未进行进一步处理。

第三类是，二者兼取，融合为一。这类中，按照作者对待材料的不同态度大体又可以分为两类：一种情况是简单将两种文献资料叠加为一，使昙始传记更加"丰富多彩"，如唐神清撰《北山录》、元觉岸编《释氏稽古略》、高丽一然撰《三国遗事》、宋本觉编《释氏通鉴》、元代熙仲集《历朝释氏资鉴》、明心泰编《佛法金汤编》、清纪阴编撰《宗统编年》、清书玉述《梵网经菩萨戒初律》等，这类文献将所见资料简单叠加，未进行比勘考证，纵然使人物事迹增加，形象更加丰满，但背离了客观历史，使历史人物愈加玄虚，甚至神化人物。第二种情况是，二者兼取，比勘甄别，尽量采用可靠的史料，还原人物真实的身份。如道宣《集神州三宝感通录》取《高僧传》昙始之名而不采其所载资料，资料取自《魏书》。由此一点可以看出，道宣在撰集佛教史传时，不仅参考佛家之作，而且考究了官方史著，对双方材料进行甄别，采用了较可靠的史料，颇有史家之风范。

综合《高僧传》与《魏书》记载。昙始一曰惠始（约360—435年），清河人（今山东清河）。他的主要行迹：其一，传教高丽，化导民俗。晋孝武大元（376—396年）之末，赍经律数十部往辽东宣化，是中国最早向高句丽传播佛教的高僧之一。①姚秦弘始初年（401年前后），听闻鸠摩罗什于长安译经。昼则入城听讲，夕则还处静坐，三辅有识多崇之。其二，适变随机，显彰仁道。赫连勃勃破关中，斩戮无数。昙始行咒术劝化，使其普赦沙门，悉皆不杀。拓跋焘初平赫连昌，昙始转徙至平城，多所训导，时人莫测其迹。拓跋焘对他非常敬重，恩宠有加。其三，出死入生，超然无碍。昙始自习禅至于没世，称五十余年未尝寝卧，或时跣行，虽履泥尘，初不污足，色愈鲜白，世号之曰：白脚师。太延（435—440年）中，临终于八角寺齐洁端坐，僧徒满侧，凝泊而绝，停尸十余日，坐既不改，容色如一，举世神异之。遂瘗寺内，至太平真君六年（445年），朝廷下旨城内不得留瘗，乃葬于南郊之外。昙始去世十年后，开殡俨然，初不倾坏，送葬者六千余人，莫不感恸。

1994年在山西晋城青莲寺上院挖掘出"龙华造像石"（现存于山西晋城博物馆），该石刻形状为接近方形的柱体，正面为高浮雕，其他三面为线刻图像，其题记曰："大齐乾明元年，岁在庚辰，二月癸未，朔八日

---

① "正如陈景富在《中韩佛教关系一千年》中说道，太元之末（396年前后），昙始赍经律来辽东宣化已经比顺道肇丽晚了约13年，所谓'盖高句丽闻道之始也'自然是错误的。"潘畅和、李海涛：《佛教在高句丽、百济、新罗的传播足迹考》，《延边大学学报》2009年第1期。

庚寅，藏阴山寺比丘昙始共道俗五十人等，敬造龙华像一躯，今得成就。上为皇帝陛师僧父母法界众生同入萨婆若海。"① 经刘建军考证，图像内容属于密教《大方等陀罗尼经》中的"十二梦王"造像题材。② 根据碑刻题记所载内容，昙始于大齐乾明元年（560年）造龙华像。《高僧传》中昙始和《魏书》中惠始于东晋末（400年前后）已在活动，时间相差甚远，超过了正常人的年龄极限。此一点即可断定《高僧传》昙始与青莲寺昙始并非同一人。

总之，昙始是晋末北魏时颇有神异色彩、善于法术的高僧，传教高丽，听法鸠摩罗什，化导民俗，在当时北方地区颇有影响，社会上已经流传其神奇故事，赫连勃勃、魏太武帝均敬重之，对佛教在中国北方的弘传，甚至向域外的发展，以及在社会上层的传播，都起到了积极的作用。③

5. 师贤

《魏书·释老志》载："京城沙门师贤，本罽宾国王种人，少入道，东游凉城，凉平赴京。罢佛法时，师贤假为医术还俗，而守道不改。于修复日，即返沙门，其同辈五人。帝乃亲为下发，师贤仍为道人统。是年，诏有司为石像，令如帝身，即成，颜上足下，各有黑石，冥同帝体上下黑子。论者以为纯诚所感。兴光元年（454年）秋，敕有司于五级大寺内，为太祖已下五帝，铸释迦立像五，各长一丈六尺，都用赤金二十五万斤。"④ 师贤的主要活动集中在文成帝复兴佛法以后，尤其他为北魏诸帝铸帝王状佛像，使得佛教与政治统治紧密结合。

6. 法聪

北魏孝文帝时，《四分律》开始得到弘扬。《佛祖统纪》卷第三十八载："五台北寺法聪律师，为众专讲《四分律》，门人道覆录为《义疏》。"⑤

---

① 著者释读。
② 刘建军：《〈大方等陀罗尼经〉的"十二梦王"石刻图像》，《文物》2007年第10期，第87页。
③ 侯慧明：《昙始考》，《五台山研究》2013年第1期。
④ 《魏书》卷114《释老志》，中华书局1974年标点本，第3036页。
⑤ （宋）志磐：《佛祖统纪》卷38，《大正藏》第49册，第355页。

法聪律师，《律宗灯谱》卷一谓南阳人。《续高僧传》卷第十六《释法聪传》云："姓梅，南阳新野人，八岁出家，年二十五，东游嵩岳，西涉武当。"①魏孝文帝时，于"北台山始，手披口释《四分律》，门人道覆随听抄记，遂成《四分律疏》六卷"②。《四分律疏》为中国最早的解释《四分律》的论著。后经慧光、智首继续弘扬《四分律》，到智首门人唐代道宣时，便形成了南山律宗。可见，法聪及其门人道覆律师不仅是南山律宗之先驱，也为五台山北寺戒坛的形成奠定了坚实基础。

7. 昙鸾

昙鸾（476—542年），亦云峦，自号"玄简大士"。《续高僧传》卷六、《佛祖统纪》卷二十七、《古清凉传》卷上、《往生西方瑞应删传》、《净土往生传》卷上有载。

昙鸾，山西雁门人（今山西代县）。唐代迦才《净土论》载其为并州汶水（今山西文水县）人，恐误。③因家近五台山，他14岁便登山寻访灵迹，闻其"神通灵怪，时未志学，便往移焉，备规遗踪，心神欢悦，便即出家。"④之后，昙鸾广学内外诸典，尤其对《中论》《百论》《十二门论》《大智度论》及佛性学说有精深的研究。昙鸾又读北凉昙无谶所译的《大集经》，"恨其词义深密"⑤，便着手注解。未成而感疾，遂周行医疗。据说，一日忽见天门洞开，疾顿愈，乃发心求长生不死之法。后至江南访道士陶弘景，在梁大通中抵达建康，受到梁武帝接见。当昙鸾抵达重云殿前时，只见放着一张高座，上安几拂，不见承对者。昙鸾毫不犹豫，径往高座，竖佛性义，问难数关，未曾理屈，于是梁武帝令人将昙鸾引入"千迷道"。昙鸾不惊不慌，一路无错，令武帝惊讶不已。武帝于太极殿礼接昙鸾，鸾曰："欲学佛法，限年命促减，故来远造陶隐居，

---

① （唐）道宣：《续高僧传》卷16，《大正藏》第50册，第555页。
② （宋）志磐：《佛祖统纪》卷38，《大正藏》第49册，第355页。
③ 陈扬炯：《中国净土宗通史》，江苏古籍出版社2000年版，第113页；方立天主编、陈扬炯著：《昙鸾法师传》，宗教文化出版社2000年版，第7页。
④ （唐）道宣：《续高僧传》卷6，《大正藏》第50册，第470页。
⑤ 光绪《交城县志》卷8，《中国地方志集成》，凤凰出版社2005年版，第347页。

求诸仙术。"① 武帝任其遁隐。于是，昙鸾先向陶弘景致书，并表示愿从他学神仙方术。陶弘景赠以《仙经》十卷，鸾便携经返魏，准备如法修炼神仙方术。他在返回途中于洛阳访名僧菩提流支，鸾曰："佛法中颇有长生不死法胜此土仙经者乎？"流支答曰："是何言欤？非相比也。此方何处有长生法？纵得长年，少时不死，终更轮回三有耳。"即以他译出的《观无量寿经》赠予昙鸾，并说："此大仙方，依之修行，当得解脱生死。"② 昙鸾顶礼接受，并将所赍《仙经》焚毁。自此之后，昙鸾一心研究《观无量寿经》等净土典籍，弘扬净土信仰。

北魏孝静帝对于其境内弘扬弥陀净土信仰的昙鸾尤加礼重，号为"神鸾"，并"下敕令住并州大寺"。后来，昙鸾又移居汾州北山石壁玄中寺。③ 他还经常到介山（今介休市绵山）之阴聚众讲说，劝人口念阿弥陀佛，弘扬弥陀净土信仰，故后人号为鸾公岩。④《续高僧传》卷第六《释昙鸾传》说，昙鸾"以魏兴和四年（542年），因疾卒于平遥山寺。春秋六十有七"⑤。

昙鸾法师的著作主要有《往生论注》即《无量寿经优婆提舍愿生偈注》二卷、《略论安乐净土义》一卷和《赞阿弥陀佛偈》。此外，还有《调气论》（《续高僧传》卷第六《释昙鸾传》）、《疗百病杂丸方》三卷、《论气治疗方》一卷（《隋书·经籍志》）、《调气方》一卷、《服气要诀》一卷等。

8. 灵辩

灵辩（477—522），晋阳人，幼年入道，长而拔俗，常读大乘经，留心菩萨行，及见《华严经》，偏爱尤加，遂于熙平元年（516年），顶戴《华严经》，入清凉山清凉寺修道。《华严经传记》曰："遂历一年，足破血流，肉尽骨现。又膝步悬策，誓希冥感。遂闻一人谓之曰：汝止行道，思惟此经。于是披卷，豁然大悟，时后魏熙平元年（516年）岁。次大梁

---

① （唐）道宣：《续高僧传》卷6，《大正藏》第50册，第470页。
② （唐）道宣：《续高僧传》卷6，《大正藏》第50册，第470页。
③ 关于玄中寺是否为昙鸾所建、是否为专弘净土法门所建，学术界有争议。梁锦秀：《玄中寺非昙鸾建寺考》，《世界宗教研究》1998年第2期。
④ （唐）道宣：《续高僧传》卷6，《大正藏》第50册，第470页。
⑤ （唐）道世：《法苑珠林》卷5，《大正藏》第53册，第304页。

正月,起笔于清凉寺,敬造《华严论》,演义释文,穷微洞奥。至二年初,徙居玄兑山嵩岩寺。"①《古清凉传》卷上亦载:"元魏熙平元年(516年),有悬瓮山沙门灵辩,顶戴《华严经》,勇猛行道,足破血流,勤诚感悟,乃同晓兹典,著论一百卷。"②信奉佛教的孝明皇帝和灵太后胡氏闻其名,遂诏请灵辩法师至洛阳徽音殿,听讲经法。"至神龟元年(518年)夏,诏曰:大法弘广,敷演待人。今徽音殿修论法师灵辩,德器渊雅,早传令闻,可延屈趣宣光殿讲《大品般若》。于是四部交欢,十方延庆。讲讫,敕侍中大傅清河王允怿安置法师式乾殿楼上,准前修论。夏则讲《华严》,冬则讲《大品》。"③又得其弟子灵源协助,缉缀释论。到神龟三年(520年)九月,撰《华严论》一百卷。正光三年(522年)正月八日,在融觉寺圆寂,时年四十有六。

孝明皇帝下敕曰:"其论是此土菩萨所造,付一切经藏,则上目录,分布流行。"④灵辩弟子道昶、灵源、昙现等传抄此论,盛传于汾晋之地。永淳二年(683年),至相寺沙门释通贤及居士玄爽等人,"并业此经,留心赞仰。遂结志同游,诣清凉山。祈礼文殊圣者,因至并州童子寺,见此论本。乃殷勤固请,方蒙传授。持至京师,帝辇髦彦。莫不惊弄,遂缮写流通焉"⑤。可见,灵辩撰百卷《华严经论》是论释《华严经》的一部巨著,它的诞生推动了北朝《华严经》的研究与流传,也使五台山成为闻名于世的华严学圣地,具有华严学研究的奠基之功。

(二)北魏时期在山西的其他佛教高僧

北魏时期,平城成为全国政治中心,佛教极盛,尤以平城及五台山僧人最多,既有来自天竺、西域者,亦有陕西、河南、河北等地僧人,讲经说法、习禅论道、开窟造寺、收徒授众,甚而结交权贵,依国主而兴法事。

---

① (唐)法藏:《华严经传记》卷1,《大正藏》第51册,第157页。
② (唐)慧祥:《古清凉传》卷上,《大正藏》第51册,第1094页。
③ (唐)法藏:《华严经传记》卷1,《大正藏》第51册,第157页。
④ (唐)法藏:《华严经传记》卷1,《大正藏》第51册,第157页。
⑤ (唐)法藏:《华严经传记》卷1,《大正藏》第51册,第157页。

表 3—1　　北魏时期在山西活动的重要僧人概况

序号	姓名	籍贯	生卒	活动情况	文献来源
1	惠璩	不详	北魏	容止独秀，举众往目，皆莫识焉。沙门惠璩起问之，答名惠明。又问所住，答云，从天安寺来。语讫，忽然不见。骏君臣以为灵感，改中兴为天安寺	《魏书·释老志》卷114
2	法存 道进 僧超	不详	北魏	沙门道进、僧超、法存等，并有名于时，演唱诸异	《魏书·释老志》卷114
3	常那邪舍	天竺人	北魏	昙曜又与天竺沙门常那邪舍等，译出新经十四部	《魏书·释老志》卷114
4	邪奢遗多 浮陀难提	师子国人	北魏	师子国胡沙门邪奢遗多、浮陀难提等五人，奉佛像三到京都。皆云备历西域诸国，见佛影迹及肉髻，外国诸王相承。咸遣工匠摹写其容，莫之及难提所造者。去十余步视之炳然，转近转微。又沙勒胡沙门赴京师，致佛钵并画像迹	《魏书·释老志》卷114
5	梵敏	河东人	刘宋	梵敏少游学关陇，长历彭泗，内外经书皆闇游心曲，晚憩丹阳，频建讲说。谢庄、张永、刘虬、吕道慧皆承风欣悦，雅相叹重，数讲《法华》《成实》，又序要义《百科》，略标《梵网》，故文止一卷。后卒于丹阳，春秋七十余矣	《高僧传》卷7
6	僧钥	上党人	刘宋	善《涅槃经》，为刘宋张畅所重	《高僧传》卷7
7	法珍	河东人	刘宋	法珍，姓杨。少而好学，寻问万里，宋景平中来游兖豫（今河南、山东一带），贯极众经。傍通异部，后听东阿静公讲	《高僧传》卷7

续表

序号	姓名	籍贯	生卒	活动情况	文献来源
				元嘉中过江，吴兴沈演之特深器重。请还吴兴武康小山寺，首尾十有九年。自非祈请法事，未尝出门，居于武康，每岁开讲。三吴学者负笈盈衢，乃著《涅槃》《法华大品》《胜鬘》等义疏。宋元徽中卒，春秋七十有六。	
8	僧彻	晋阳人	382—452	少孤，兄弟二人寓居襄阳。彻年十六，入庐山造远公。于是投簪委质，从远受业，遍学众经，尤精《般若》。至年二十四远令讲《小品》，时辈未之许，及登座，词旨明析，听者无以折其锋。宋元嘉二十九年卒，春秋七十	《高僧传》卷7
9	玄畅	河西金城人	416—484	少时往凉州出家，本名慧智。后遇玄高事为弟子，改名玄畅。其后虏虏剪灭佛法，害诸沙门，唯畅得走。以元嘉二十二年闰五月十七日发自平城。路由岱郡上谷，东跨太行，路经幽冀，南转将至孟津，以八月一日达于扬州。洞晓经律，深入禅要，占记吉凶，靡不诚验。坟典子氏，多所该涉。至于世伎杂能，罕不必备。初《华严》大部文旨浩博，终古以来未有宣释，畅乃竭思，研寻提章，比句传讲迄今。又善于三论，为学者之宗。齐永明二年十一月十六日圆寂，春秋六十有九	《高僧传》卷8
10	慧记	不详	北魏	出家后游学于徐州，依白塔寺僧嵩学成实论，深得奥旨，且誉闻远近。当时昙度、慧记、道登并从渊授业。慧记兼通数论，道登善《涅槃》《法华》并为魏主元宏所用，驰名魏国	《高僧传》卷8

续表

序号	姓名	籍贯	生卒	活动情况	文献来源
11	昙度	江陵人	?—489	少而敬慎威仪,素以戒范致称。神情敏悟,鉴彻过人。后游学京师,备贯众典,《涅槃》、《法华》、《维摩》、《大品》。并探索微隐,思发言外。因以脚疾西游,乃造徐州。从僧渊法师更受《成实论》,遂精通此部,独步当时。魏主元宏闻风餐挹,遣使征请。既达平城,大开讲席。宏致敬下筵,亲管理味。于是停止魏都,法化相续,学徒自远而至千有余人。以伪太和十三年卒于魏国,即齐永明六年也。撰《成实论大义疏》八卷,盛传北土	《高僧传》第13
12	昙靖	不详	北魏	于北台撰《提谓波利经》二卷。此书多妄习,又加足五方、五行,"用石粝金"	《大唐内典录》卷4
13	道达	闻喜人	南齐	道达姓裴,住广陵永福精舍。少以孝行知名,拯济危险,道闻江渍。永明中为南兖州僧正,在职廉洁,雅有治才,罢任之日,唯有纸故五束	《续高僧传》卷5
14	道辩	范阳人	北魏	天性疏朗,才术高世。虽曰耳聋,及对孝文,不爽帝旨。由是荣观显美,远近钦兹。剖定邪正,开释封滞,是所长也。初住五台山北台,后随南迁,道光河洛。魏国有经号《大法尊王》八十余卷盛行于世,辩执读,知伪,集而焚之。将欲广注众经,用通释典,笔置听架,鸟遂衔飞,见此异征,便寝斯作。但注《维摩》《胜鬘》《金刚般若》,《小乘义章》六卷,《大乘义》五十章及《申玄照》等行世。有弟子昙永、亡名二人,永潜遁自守,隐黄龙山,撰《搜神论》《隐士仪式》。名文笔雄健,负才傲俗。辩杖之而徙于黄龙,初无恨想,而晨夕遥礼	《续高僧传》卷6

续表

序号	姓名	籍贯	生卒	活动情况	文献来源
15	慧崇	凉州	北魏	为北魏尚书韩万德的门师,同玄高一同遇害。在《高僧传》"玄高篇"中也有记载,说明慧崇同样是以禅业见长	《续高僧传》卷11
16	慧达	离石	北魏	释慧达,姓刘,本名萨,河并州西河离石人。少好田猎,年三十一,忽如暂死,经日还苏,备见地狱苦报。既醒,即出家学道。改名慧达,精勤福业,唯以礼忏为先。发现阿育王是舍利云云。释慧达,姓刘,名窣和。本咸阳东北三城,定阳稽胡也。先不事佛,为人凶顽。达后出家,住于文成郡。今慈州东南高平原,即其生地矣,见有庙像。至元魏太武大延元年,流化将讫,便事西返。达行至肃州酒泉县城西七里石涧中死,其骨并碎。余以贞观之初,历游关表,故谒达之本庙,图像俨肃,日有隆敬。自石、隰、慈、丹、延、绥、威、岚等州,并图写其形,所在供养。号为刘师佛焉。因之惩革胡性,奉行戒约者殷矣	《高僧传》卷13《续高僧传》卷25
17	佛陀禅师	天竺人	北魏	学务静摄,志在观方。结友六人,相随业道。五僧证果,惟佛陀无获。遂勤苦励节,如救身衣进退维谷,莫知投厝。时得道友曰:修道借机,时来便克。非可斯须,徒为虚死。卿于震旦特别缘,度二弟子深有大益也。因从之游历诸国,遂至魏北台之恒安焉。时值孝文敬隆诚至,别设禅林,凿石为龛,结徒定念	《续高僧传》卷16

续表

序号	姓名	籍贯	生卒	活动情况	文献来源
18	昙济	河东人	北魏	十三出家，为导法师弟子。住寿阳八公山东寺，少有器度，仪望端肃，机悟通举。读《成实论》《涅槃》，以夜继日，未常安寝。高谈远论，以此自娱。善言谑巧应对。及自当师匠，虚心待物。动止云为莫非体度。纲维正法，开示未闻。年始登立，誉流四海。天子闻风，请出都邑。以宋大明二年，过江住中兴寺，法轮移甘露洒泽，四方义学异轨同到，著《七宗论》	《名僧传抄》卷16
19	僧明	不详	北魏	为北台石窟寺主，魏氏之王天下也，每疑沙门为贼，收数百僧互系缚之。僧明为魁首，以绳急缠从头至足。克期斩决，明大怖，一心念观音。至半夜，觉缠小宽，私心欣幸，精到弥切。及晓，索然都断，既因得脱，逃逸奔山。明旦，狱监来觅不见，惟有断绳在地，知为神力所加也。即以奏闻，帝通道人不反，遂一时释放	《续高僧传》卷25
20	道覆	云中人	北魏	于法聪讲下纂成《四分律疏》六卷	《宋高僧传》卷15
21	秃师	不详	北魏	魏孝昌中，于晋阳市肆间行往，乍愚乍智，作沙门形，时人不测，止呼为河秃师	《宋高僧传》卷18
22	慧涉	绛州人	北魏	尝于麦积山石室著《百法论钞》，又至蜀，传说曾以法术驱杀术士妖猴。后还憩于中条山竹林精舍，著《维摩搜微记略科》《般若心经钞》《无常经真释》《四分律科》等数十种，大多散佚不传，晚年还归绛州	雍正《山西通志》卷160

续表

序号	姓名	籍贯	生卒	活动情况	文献来源
23	吉迦夜	西域人	北魏	延兴二年,共僧正释昙曜译出《杂宝藏经》十三卷、《付法藏因缘经》六卷、《方便心论》二卷等五部,由刘孝标笔受	《佛祖统纪》卷38

北魏时期,在山西活动的僧人大多在平城一带活动,从事译经、讲经、建寺、造像等活动,推动了山西佛教的快速发展。这一时期,山西区域内僧人比较集中分布于代州、太原、上党和河东等地区。这些地域均处于平坦的盆地之中,农业耕作环境较为优越,经济社会在山西区域内历来发达,人口相对密集。其中,邻近关中地区的河东地区高僧数量略多于其他三地,两大地区构成了北朝整个时空范围高僧最密集的区域。① 孝文帝迁都洛阳之前的平城佛教,僧人主体应是凉州佛教僧侣。

北魏时期,僧人读诵讲论的佛教经论主要有《法华经》《涅槃经》《胜鬘》《大集经》《成实论》等,此外,还译出《四分律》及《义疏》。由此可见,大乘佛教般若、涅槃、法华等思想皆有流行。此外,也出现了一批专门从事某种经论研究的学派,如三论学派、瑜伽学派、地论学派、毗昙学派、净土学派、律学学派和禅学学派等,这说明此时山西佛教在义理方面已经得到了发展。

三 石窟的开凿

北魏时期,佛教发展的主要推动力量仍然是上层统治者。北魏统治者从道武帝定都平城以来,尤其是太武帝灭北凉以来,积极发展佛教,主要是学习北凉优待僧人、开凿佛教石窟、雕造大像。

(一)云冈石窟

云冈石窟的开凿是皇家主导的大型佛教造像工程,因此与北魏政治

---

① 张伟然《南北朝佛教地理的初步研究(上篇)》认为:"北方唯一的一个分布比较密集的地带在渭水下游及其邻近的河东地区。"刊于《中国历史地理论丛》1991年第4期,第232页。

统治紧密结合。

1. 云冈石窟开凿的历史背景

第一，佛教与政治的进一步结合，孕育了云冈石窟的诞生。道武帝建都平城，"始作五级佛图、耆阇崛山及须弥山殿，加以缋饰。别构讲堂、禅堂及沙门座，莫不严具焉"①。与此同时，任命赵郡（今河北赵县）高僧法果为道人统，管摄僧徒。"法果每言，太祖明叡好道，即是当今如来，沙门宜应尽礼，遂常致拜。谓人曰：'能鸿道者人主也，我非拜天子，乃是礼佛耳。'"②道果巧妙地将天子比作为佛，满足了最高统治者在精神与现实等多方面统治社会的心理需求，使佛教成为维护国家统治的一种工具，从此佛教和政治密切地结合在一起，这也使云冈石窟的开凿成为国家工程。

第二，大规模的战乱中，大量流亡人员包括许多佛教信徒及能工巧匠等聚集平城，使云冈石窟的开凿具备了人才条件。《魏书·释老志》载："先是，沮渠蒙逊在凉州（治姑臧，今甘肃武威），亦好佛法。有罽宾沙门昙摩谶，习诸经论。于姑臧，与沙门智嵩等，译《涅槃》诸经十余部。又晓术数、禁咒，历言他国安危，多所中验。蒙逊每以国事谘之。神䴥中，帝命蒙逊送谶诣京师，惜而不遣。既而，惧魏威责，遂使人杀谶。谶死之日，谓门徒曰：'今时将有客来，可早食以待之。'食讫而走使至。……凉州自张轨后，世信佛教。敦煌地接西域，道俗交得其旧式，村坞相属，多有塔寺。太延中，凉州平，徙其国人于京邑，沙门佛事皆俱东，像教弥增矣。"③ 北魏佛教的兴盛乃至云冈石窟的开凿都受河西佛教的影响。《魏书·释老志》亦载："京师沙门师贤，本罽宾国王种人，少入道，东游凉城，凉平赴京……是年，诏有司为石像，令如帝身。……太安初，有师子国胡沙门邪奢遗多、浮陀难提等五人，奉佛像三，到京都。皆云，备历西域诸国，见佛影迹及肉髻，外国诸王相承，咸遣工匠，摹写其容，莫能及难提所造者，去十余步，视之炳然，转近

---

① 《魏书》卷114《释老志》，中华书局1974年标点本，第3030页。
② 《魏书》卷114《释老志》，中华书局1974年标点本，第3031页。
③ 《魏书》卷114《释老志》，中华书局1974年标点本，第3032页。

转微。又沙勒胡沙门，赴京师致佛钵并画像迹。"① 印度、师子国、西域诸国的僧人将佛经、佛像艺术带至平城，从而为云冈石窟的开凿与发展奠定了物质和人才等方面的基础。

第三，佛教向民间的深入发展，成为云冈石窟得以延续和发展的助推力量。"民众将人间的求索酬报关系、人与人之间的各种情感也倾注于这一精神世界当中，从而使佛教成为民众在心理上解决现实问题的工具。民众对于佛的信仰是与所面对的现实紧紧相连的，反映了他们的现实关怀和愿望。"② 云冈石窟现存大量的造像记，许多都是民间为生者或亡者追福祈愿文。

云冈十一窟南壁《清信女造释迦像记》载，"清信女为（？）亡父母，造释迦牟尼佛。身□安（？）康（？），□□觉□"③。云冈十一窟西壁《佛弟子造像记》载："佛弟子祁□□，发心造药师琉璃光像一躯，愿□从心。"④ 云冈十一窟西壁《佛弟子造像记》载："佛弟子贺若（？）步洛敦，发心造多宝像一区。善（？）愿从心。"⑤ 云冈十七洞明窗东侧《比丘尼惠定造释迦多宝弥勒像记》载："大代太和十三年（489年），岁在己巳，九月壬寅朔，十九日庚申，比丘尼惠定身遇重患，发愿造释迦、多宝、弥勒像三区。愿患消除，愿现世安稳，戒行猛利，道心日增，誓不退转。以此造像功德，逮及七世父母、累劫诸师、无边众生，咸同斯庆。"⑥ 云冈二十洞西壁《佛弟子造像记》载："□□□及知识，造多宝佛二区。"⑦ 云冈第十一洞明窗东侧《妻周氏为亡夫造释迦文佛弥勒二躯记》载："唯大代太和十九年（495年）四月廿八日，弟仲吕涸（？）昏（？）七妻周，为亡夫故常山太守田文虎（彪）、亡息思须（？）、亡女阿觉，释迦文佛、弥勒二躯。又为亡夫、亡息、女、生生□值（？），庆（？）遭三宝，弥勒下生，□□道。若堕三途，速合解脱。问法解之（？），

---

① 《魏书》卷114《释老志》，中华书局1974年标点本，第3036页。
② 李晓敏：《造像记：隋唐民众佛教信仰初探》，《郑州大学学报》2007年第1期。
③ 张焯：《云冈石窟编年史》，文物出版社2006年版，第120页。
④ 张焯：《云冈石窟编年史》，文物出版社2006年版，第120页。
⑤ 张焯：《云冈石窟编年史》，文物出版社2006年版，第120页。
⑥ 张焯：《云冈石窟编年史》，文物出版社2006年版，第126页。
⑦ 张焯：《云冈石窟编年史》，文物出版社2006年版，第126页。

悟无生忍□时（？），一切普三，有同福庆。所愿如此。"① 云冈第二十七洞西壁《造释迦像记》载："唯大代延昌三年（514年）七月廿五日，□□□□□□□□□□□□西方（？）□父母（？）敬造释迦牟尼佛一区，愿亡（？）者上（？）□□□□□□□□□□□□。"② 云冈第三十五洞门口东侧《常主匠造弥勒七佛菩萨记》载："惟代延昌四（？）年正月十四日，恒雍（？）正（？）□□尉都统华（？）堂旧宫二常（？）主（？）匠，为亡弟安（？）凤翰造弥勒并七佛立侍（？）菩萨。比丘道□□化（？）□□乾沙门道初。"③ 云冈造像题记中反映了当时人们对释迦、多宝、弥勒等佛教神灵的崇奉，也体现了其时《法华经》以及弥勒类经典的流行，同时展示了北魏平城民众佛教信仰的现实性与人间性，这也成为佛教以及云冈石窟能持续发展的重要保证。

第四，佛教中国化的进程中佛道的较量，刺激了北魏佛教的迅猛发展和云冈石窟的诞生。"世祖初即位，亦遵太祖、太宗之业，每引高德沙门，与其谈论。于四月八日，舆诸佛像，行于广衢，帝亲御门楼，临观散花，以致礼敬。"④ 此后，随着凉州僧团的东迁，带来了平城佛教的繁荣，但同时也引发了中国历史上第一次佛道之争。受嵩山道士寇谦之、司徒崔浩的影响，太武帝于真君七年（446年）诏令灭法，"金银宝像及诸经论，大得秘藏。而土木宫塔，声教所及，莫不毕毁矣"⑤。在佛道的较量中，佛教最终获得胜利。兴安元年（452年），文成帝即位后，下诏曰："朕承洪绪，君临万邦，思述先志，以隆斯道。今制诸州郡县，于众居之所，各听建佛图一区，任其财用，不制会限。其好乐道法，欲为沙门，不问长幼，出于良家，性行素笃，无诸嫌秽，乡里所明者，听其出家。率大州五十，小州四十人，其郡遥远台者十人。各当局分，皆足以化恶就善，播扬道教也。"⑥ 佛道的较量作为一种外部力量激发了佛教僧人开凿云冈石窟的热情。

---

① 张焯：《云冈石窟编年史》，文物出版社2006年版，第134页。
② 张焯：《云冈石窟编年史》，文物出版社2006年版，第145页。
③ 张焯：《云冈石窟编年史》，文物出版社2006年版，第146页。
④ 《魏书》卷114《释老志》，中华书局1974年标点本，第3033页。
⑤ 《魏书》卷114《释老志》，中华书局1974年标点本，第3035页。
⑥ 《魏书》卷114《释老志》，中华书局1974年标点本，第3036页。

2. 云冈石窟的开凿年代

《魏书·释老志》载:"和平初,师贤卒。昙曜代之,更名沙门统。"①师贤为罽宾国人,北魏灭凉之际来到平城,铸释迦立像。师子国(今斯里兰卡)邪奢遗多、浮陀难提以及沙勒胡沙门等为其画像,为云冈石窟的开凿作了初步的准备。和平元年(460年)师贤去世,昙曜继之为沙门统,并向文成帝建议,于京城西武州塞凿山石壁,开窟五所,镌建佛像各一。

昙曜在"复佛法之明年"②,即兴安元年(452年)向皇帝建议并开凿武州山石窟。一方面他是在任沙门统前已经提出建议;另一方面是在朝堂下与文成帝的交谈中提出的建议。这样的事实被错置在"和平初",显然不符合史实,也说明武州山石窟的最早开凿是在兴安元年(452年)昙曜的建议之后,正式施工应在兴安二年(453年)。《续高僧传·昙曜传》载:"以元魏和平年……住恒安石窟通乐寺,即魏帝之所建也。去恒安西北三十里,武周山谷北面石崖,就而镌之,建立佛寺,名曰灵岩。龛之大者,举高二十余丈,可受三千许人。面别镌像,穷诸巧丽;龛别异状,骇动人神。栉比相连,三十余里。东头僧寺,恒供千人……子文成立,即起塔寺。搜访经典,毁法七载,三宝还兴。曜慨前凌废,欣今重复。"③"雕饰奇伟,冠于一世"是魏收对昙曜主持开凿的五个石窟的整体评价。

云冈石窟的工程旷日持久,与北魏王朝的兴亡相伴,主要有三个阶段。④

第一阶段,文成帝即位至其去世(452—465年)。这一阶段开凿了昙曜五窟,即今16窟至20窟。昙曜五窟即为北魏太祖以下的五帝铸造释迦立像而形成。太祖以下五帝指道武帝、太宗明元帝、世祖太武帝、恭宗景穆帝即没当成皇帝的太子晃,以及当时的皇帝高宗文成帝。"如果依据为太祖以下五帝各造一像来考虑,主像为释迦像的第16窟,相当于当时

---

① 《魏书》卷114《释老志》,中华书局1974年标点本,第3037页。
② 《魏书》卷114《释老志》,中华书局1974年标点本,第3037页。
③ (唐)道宣:《续高僧传》卷1,《大正藏》第50册,第427页。
④ 宿白:《云冈石窟分期试论》,《考古学报》1978年第1期。

在位的文成帝，主像是交脚弥勒菩萨的第17窟，相当于未即位就死去的景穆帝。而第18、19、20窟，则应分别相当于太武帝、明元帝和道武帝。"① 吉村怜看法与此大体一致，只是把第19窟定为道武帝，第20窟为明元帝。② 另有新说，谓16窟神元帝力微、17窟道武帝、18窟太武帝、19窟文成帝、20窟孝文帝。③

第二阶段，大约开凿于文成帝死后至孝文帝迁都洛阳前（465—494年），即现今第7、8窟，第9、10窟，第1、2窟，第5、6窟，第11、12、13窟，第3窟。这一时期的石窟窟形平面多作方形，并多具前后室，有的窟中部立塔柱。窟壁面雕刻都作上下重层，窟顶多雕平棋。其中双窟居多，与当时尊奉孝文帝、太皇太后为"二圣"有关。这一期造像题材丰富多样。一般以后室正壁为主，出现了列龛，后室正壁一般上下重龛，多以后室正壁上下龛主像为准来判断造像题材，主像的布局还是以三世佛为主。造像方面不如前期生动，而是加强了和颜悦色之感，菩萨、供养人、飞天雕塑非常流行。

第三阶段，大约开凿于孝文帝迁都洛阳后至孝明帝正光年间（520—525年），即4、14、15窟和自11窟以西崖面上部的小窟以及4窟至6窟之间的中小窟。正光四年（523年）六镇镇民相率起义，平城地区落入义军之手。盛极一时的云冈石窟，由于太和十四年（490年）冯氏去世，十八年（494年）迁都而逐渐衰微，终至落入沉寂。因此，这时期的石窟以中小窟为主，并且小龛众多。佛和菩萨都演化成了汉地人像的风格，而且许多龛是个人为亡者祈福，为生者求平安。现存铭记中窟主最高官职不过是冠军将军华口侯（三十八窟上方吴天恩造像记），小龛龛主最高的是常山太守（十一窟明窗东侧太和十九年妻周为亡夫田文虎造释迦、弥勒龛铭）。没有官职的佛教信徒（清信士、佛弟子等）开窟凿龛较多，这说明佛教逐渐走向了民间。

---

① 中国美术全集编辑委员会：《中国美术全集·雕塑篇·云冈石窟雕刻》，文物出版社1998年版，第25页。
② 吉村怜：《论昙曜五窟》，《天人诞生图研究》，中国文联出版社2002年版，第304页。
③ 赵一德：《云冈昙曜五窟的帝王象征》，《天津师大学报》1991年第2期。

3. 佛教思想对云冈石窟造像题材影响

云冈石窟开凿时有东晋佛陀跋陀罗的六十卷本《华严经》流行于世，《华严经》思想在云冈石窟造像中有重要体现。

首先，《华严经》自东晋佛陀跋陀罗翻译以来，广受佛教重视。《华严经》提出"十方成佛"思想。如《华严经·宝王如来性起品》中说："佛子！我等诸佛亦说此法，十方一切诸佛及诸菩萨亦复如是；说此经时，百千佛刹微尘等菩萨，得菩萨一切明，一切三昧，授一生记，当成阿耨多罗三藐三菩提。一佛刹微尘等众生，发菩提心，我等悉与授记，于未来世当成佛道，悉同一号，号佛胜境界。是故，我等普为未来诸菩萨故，护持此经，令久住世。如此四天下所度众生，十方无量阿僧祇不可思议、不可称、不可量、不可说法界、虚空界等一切世界所度众生，亦复如是。"①《华严经》扩大了众生修行成佛的范围，使佛教修行者都有了成佛的希望。

《华严经》推崇法身毗卢遮那佛，提倡报身佛与化身佛。《华严经·卢舍那佛品第二》说："尔时，普贤菩萨以偈颂曰：卢舍那佛遍十方，出一切化庄严身，彼亦不来亦不去，佛愿力故皆悉见。一切佛刹微尘中，无量佛子修诸行，悉受清净国土记，见严净刹称本行。佛子！当知此莲华藏世界海中，一一境界有世界海微尘数清净庄严。诸佛子！此香水海上有不可说佛刹微尘数世界性住，或有世界性莲华上住、或在无量色莲华上住、或依真珠宝住、或依诸宝网住、或依种种众生身住、或依佛摩尼宝王住；或须弥山形、或河形、或转形、或旋流形、或轮形、或树形、或楼观形、或云形、或网形。"②《华严经》将卢舍那佛奉为法身佛，十方微尘诸佛都集其一身，成为他的化身。第20窟卢舍那佛应是接受了《华严经》的思想而作。第18号窟塑有高达15.5米的主尊立像，施说法印，着半披式袈裟，法衣上还浮雕了许多排列有序的坐佛，这些应是受《华严经》中卢舍那"十方三世诸如来，于我身中现色像"影响所为。

---

① （东晋）佛陀跋陀罗译：《华严经·宝王如来性起品》卷36，《大正藏》第9册，第630页。

② （东晋）佛陀跋陀罗译：《华严经·宝王如来性起品》卷4，《大正藏》第9册，第414页。

其次，《法华经》提倡人人皆可成佛，因而被称为"经中之王"。《法华经》思想在云冈石窟造像中也有重要体现。鸠摩罗什译《妙法莲华经》卷六《常不轻菩萨品》说："尔时有一菩萨比丘名常不轻。得大势！以何因缘名常不轻？是比丘，凡有所见——若比丘、比丘尼、优婆塞、优婆夷——皆悉礼拜赞叹而作是言：'我深敬汝等，不敢轻慢。所以者何？汝等皆行菩萨道，当得作佛。'而是比丘，不专读诵经典，但行礼拜，乃至远见四众，亦复故往礼拜赞叹而作是言：'我不敢轻于汝等，汝等皆当作佛。'四众之中，有生瞋恚、心不净者，恶口骂詈言：'是无智比丘从何所来？'自言：'我不轻汝。而与我等授记，当得作佛。我等不用如是虚妄授记。'如此经历多年，常被骂詈，不生瞋恚，常作是言：'汝当作佛。'说是语时，众人或以杖木瓦石而打掷之，避走远住，犹高声唱言：'我不敢轻于汝等，汝等皆当作佛。'以其常作是语故，增上慢比丘、比丘尼、优婆塞、优婆夷，号之为常不轻。"① 吉藏《法华义疏》卷第十一《常不轻菩萨品》云："今明此品，正辨恶人有佛性义……则知一切有心，并有佛性，皆成佛也。即是极恶人，有佛性义，与《涅槃经》无异也。"② 可见，《法华经》宣扬众生平等，皆得成佛，这使佛教更加深入民众，也影响了云冈石窟造像的开凿和雕造。如云冈石窟有释迦、多宝二佛并坐像源自《妙法莲华经·见宝塔品》"尔时佛前有七宝塔，……尔时佛告大乐说菩萨：'此宝塔中有如来全身，乃往过去东方无量千万亿阿僧祇世界，国名宝净，彼中有佛，号曰多宝。'其佛行菩萨道时，作大誓愿：'若我成佛、灭度之后，于十方国土有说《法华经》处，我之塔庙，为听是经故，踊现其前，为作证明，赞言善哉。'……尔时释迦牟尼佛，见所分身佛悉已来集，各各坐于师子之座，皆闻诸佛与欲同开宝塔。……皆见多宝如来于宝塔中坐师子座，全身不散，如入禅定。……尔时多宝佛，于宝塔中分半座与释迦牟尼佛，……尔时，大众见二如来在七宝塔中师子座上、结跏趺坐，各作是念：'佛座高远，唯愿如来以神通力，令我等辈俱处虚空。'实时释迦牟尼佛、以神通力，接诸

---

① （后秦）鸠摩罗什译：《妙法莲华经》卷六《常不轻菩萨品》，《大正藏》第9册，第50页。

② （隋）吉藏：《法华义疏》卷第十一《常不轻菩萨品》，《大正藏》第34册，第616页。

大众皆在虚空，以大音声普告四众：'谁能于此娑婆国土广说《妙法华经》，今正是时。如来不久当入涅槃，佛欲以此《妙法华经》付嘱有在。'"① 可见，一般多宝塔中二佛并坐像象征着付嘱《法华经》的思想。

再次，《维摩诘经》思想在云冈石窟造像中也有体现。《维摩诘经》全名为《维摩诘所说经》，亦名《不可思议解脱经》，在诸多译本中鸠摩罗什所译的《维摩诘所说经》最为流行。《文殊师利问疾品第五》中，佛问到文殊菩萨，文殊答道："世尊！彼上人者，难为酬对。深达实相，善说法要，辩才无滞，智慧无碍；一切菩萨法式悉知，诸佛秘藏无不得入；降伏众魔，游戏神通，其慧方便，皆已得度。虽然，当承佛圣旨，诣彼问疾。……能降伏众魔，游戏神通。"② 《维摩诘所说经》反映出维摩诘用同时否定"空有二边"的智慧方便"不二法门"度化众生的思想。云冈石窟中刻有众多维摩诘与文殊菩萨的形象。如第 1 窟南壁门拱东侧，第 6 窟南壁门拱上中龛，第 14 窟西壁下层右侧龛内，第 31 窟后室南壁东西两侧，第 37 窟南壁门拱上左龛等，都刻有维摩诘的形象。

《六度集经》《修行本起经》等本生本行类佛经主要载述释迦所谓前世和现世的行迹故事。《大般涅槃经》卷十五亦云："何等名阇陀加经，如佛世尊本为菩萨，修诸苦行。所谓比丘，当知我于过去，作鹿、作罴、作麞、作兔、作粟散王、转轮圣王、龙、金翅鸟，诸如是等，行菩萨道，所可受身，是名阇陀伽。"③ 据此，云冈石窟造像中出现了不少佛本生和本行故事，如第 1 窟、第 2 窟、第 5 窟、第 6 窟中均刻有本生故事和本行故事。

总之，云冈石窟的开凿受到诸多佛教经典的影响，其中最为典型的是后秦鸠摩罗什所翻译的《妙法莲华经》《维摩诘所说经》《大方广佛华严经》以及佛教本生本行类经典。也有一般民众共同集资造像，如云冈石窟第 7 窟太和七年（483 年）刊《五十四人造像题记》载"邑义信士女等五十四人……敬造石庙形象九十五区及诸菩萨，赖以此福，上为皇帝陛下、太皇太后、皇子德合乾坤，威踰转轮，神被四天，国祚永康，

---

① （后秦）鸠摩罗什译：《妙法莲华经》卷4，《大正藏》第9册，第33页。
② （后秦）鸠摩罗什译：《维摩诘所说经》卷中，《大正藏》第14册，第544页。
③ （北凉）昙无谶译：《大般涅槃经》卷15，《大正藏》第1册，第455页。

十方归伏,光扬三宝,亿劫不隧。"① 云冈石窟虽然是皇家工程,但一般民众以及僧人也积极参与其中,发挥了重要作用。

(二)羊头山石窟

羊头山石窟位于高平市东北23公里的羊头山南麓,开凿于北魏太和年间(477—499年)。据明代朱载堉《羊头山新记》载:"羊头山有清化寺,建自后魏孝文帝太和之岁,初名定国寺,北齐时改名宏福,隋末寺废,唐武则天天授二年(691年)重建,改今额。"② 羊头山现存有清化寺遗址,北齐、隋朝时有义学高僧慧远等在清化寺弘传佛法。《续高僧传》卷八《慧远传》说:"沐道成器,量非可算,乃携诸学侣,返就高都之清化寺焉。众缘欢庆,叹所未闻,各出金帛为之兴会,讲堂寺宇一时崇敞,韩魏士庶通共荣之。"③ 北齐慧远是地论师法上的高足,也是当时有名的义学宗师。

《续高僧传》卷十五《释智徽传》说:"释智徽,俗姓焦,泽州高平人也。年十三,志乐出家,不希世累,住本州清化寺,依随远法师听涉经论,于《大涅槃》偏洞幽极,故齿年学稔,为诸沙弥之卓秀者也。"④ 可见,清化寺在当时闻名遐迩。由此推断很可能龛像的开凿与清化寺的创建有密切关系,至少意味着孝文帝时期有开凿完成雕像的可能性。因此推定羊头山石窟的开凿年代大致为北魏孝文帝太和晚期至宣武帝景明初,即499年前后。北魏迁都后,官员亦常冬居洛阳,夏迁平城,频繁往来于两京地区,晋东南正是这一交通线的重要中转站,因而两京地区的佛教和石窟造像对于羊头山石窟的开凿产生了较大影响,兼具云冈石窟和龙门石窟的特点。⑤

(三)昔阳石马寺石窟

石马寺位于昔阳县城西南,最早叫落鹰寺,北魏石窟建成后,取名石佛寺。石佛寺石窟造像始建于北魏永熙三年(534年)。1926年王谷撰

---

① 许德合:《三晋石刻大全·大同南郊区卷》,三晋出版社2014年版,第10页。
② (明)朱载堉:《羊头山新记》,乾隆《高平县志》卷19,凤凰出版社2005年版,第239页。
③ (唐)道宣:《续高僧传》卷8,《大正藏》第50册,第489页。
④ (唐)道宣:《续高僧传》卷15,《大正藏》第50册,第541页。
⑤ 张庆捷等:《山西高平羊头山石窟调查报告》,《考古学报》2000年第1期。

《石马寺造像记》载："共和开国之十二年（1923年），余且来东窟左，获一记。洗苔垢而读之，第一行'惟大魏永熙三年岁次'九字尚可识。越数月，有王君者且来东窟右，获一记。摩崖高尺余，记三行，洗苔垢而读之。'大魏永熙三年岁次甲寅'十字尚可识。'"① 石马寺石窟应最早开凿于北魏时代。之后历经东魏、北齐、隋唐、宋元，仍有雕凿。该石窟造像应与周边龙门、巩县、响堂山、天龙山石窟有密切联系。

综上，云冈石窟的开凿虽然是北魏王朝的国家工程，但其也影响了山西地区民间佛教石窟的开凿，进而助推了佛教在民间的播散。

四　北魏时期佛教造像碑与摩崖造像

（一）佛教造像碑

1. 山西现存北朝时期重要造像碑

根据《山右石刻丛编》《金石萃编》《北京图书馆藏中国历代石刻汇编》《三晋石刻大全》及各地县志、考古报告等相关资料，北魏时期山西纪年最早的造像碑是北魏太和十一年（487年）沁水王寨千佛造像碑，②其他主要有太和二十年（456年）高平建宁千佛造像碑；正光元年（520年）灵石圪台村造像碑；正光二年（521年）武乡县南神山王忠造像碑；正光六年（525年）左权李安定造像碑；高平王黄罗等人造像碑等。山西沁县在1957年发掘出一批窖藏石刻，其中以造像塔和单体造像为主，另有20余通造像碑。另外在山西长治、沁源、沁水、泽州、盂县、平定、太原、交城、昔阳、和顺、平遥、稷山、万荣、绛州、安泽、侯马、芮城、汾阳等地也保存了众多的造像碑。

2. 造像碑的源流

目前，关于造像碑的源流问题，已有许多学者给以关注。1965年，周到、吕品《河南浚县造像碑调查记》论及北齐武平三年（572年）一通"四面体柱状"造像碑时，认为该碑"和北朝时期石窟寺中的中

---

① 晋华、翟盛荣：《山西昔阳石马寺石窟及摩崖造像》，《文物》1999年第4期。
② 山西最早造像碑应为浮山县博物馆藏十六国时期大夏国（407—431年）《大夏造像碑》。张金科：《三晋石刻大全·浮山县卷》，三晋出版社2012年版，第5页。

心塔柱相似"①。"其造像题材和造型风格等方面的特征，一般近于同时期的石窟寺艺术。"② 赵超《中国古代石刻概论》认为，造像碑"是摩崖造像和石窟造像的进一步简化以及佛教艺术进一步汉化的结果"③。文军《陕西古代佛教造像概述》认为："如果说石窟是以平面展开的方式来表现佛教的内容的话，那么，造像碑就是在以一个立体的微缩方式来表现一切。这样的艺术形式，可以说是石窟造像的变体，是微型石窟。……它的立体空间与石窟相比虽然很小，但是它的内容丰富性并不比石窟逊色。"④ 罗宏才《佛道造像碑源流及其相关问题研究》认为，"造像碑的祖源在于印度的'浮图'亦即整个佛教艺术，其中四面柱状体造像碑虽曾受到多元文化的影响，但其直接源流应为石窟寺塔庙窟中的中心塔柱。"⑤ 在此，笔者认为北魏山西佛教造像碑的源流为石窟寺塔庙窟中的中心塔柱。

第一，随着佛教民间化的深入发展，塔柱日渐具有了塔庙的特征，既有佛、菩萨塑像，又有塔庙的外形。《大方广佛华严经》卷六曰："见佛塔庙，当愿众生，尊重如塔，受天人敬。敬心观塔，当愿众生，尊重如佛，天人宗仰。顶礼佛塔，当愿众生，得道如佛，无能见顶。右绕塔庙，当愿众生，履行正路，究畅道意。绕塔三匝，当愿众生，得一向意，勤求佛道。"⑥ 又卷七曰："以宝献佛及塔庙，兼施一切诸贫乏，以众珍奇供最胜，因是成宝庄严光。又放光明名妙香，彼光觉悟一切众，其有众生闻是香，具足得佛诸功德，以人天香涂其地，供养一切诸如来，以香造像及塔庙，因是得成妙香光。又放光名杂庄严，以幢幡盖而严饰，和雅妓乐微妙音，散众宝华满十方，本以微妙妓乐音，和末涂香众杂华，

---

① 周到、吕品：《河南浚县造像碑调查记》，《文物》1965年第3期。
② 杨泓：《造像碑》，《中国大百科全书·考古学》，中国大百科全书出版社1986年版，第639—640页。
③ 赵超：《中国古代石刻概论》，文物出版社1997年版，第25—27页。
④ 文军：《陕西古代佛教造像概述》，《陕西省历史博物馆馆刊》第10期，三秦出版社2003年版，第281页。
⑤ 罗宏才：《佛道造像碑源流及其相关问题研究》，南京艺术学院，博士学位论文，2004年，第52页。
⑥ （东晋）佛驮跋陀罗译：《大方广佛华严经》，《大正藏》第9册，第430页。

幢盖幡帐供诸佛,因是得成庄严光。"① 佛教认为,以幢幡盖严饰塔庙,可得成庄严光而履行正路、广度众生。因此,不少佛经对如何庄严塔庙进行了说明。又如《十诵律》:"佛听我以彩色赭土、白灰庄严塔柱者善。佛言:听庄严柱,佛听我画柱塔上者善。佛言:除男女合像,余者听作。尔时给孤独居士信心清净,往到佛所,头面作礼,一面坐已,白佛言:世尊,如佛身像不应作,愿佛听我作菩萨侍像者善。佛言:听作。又作是言,佛本在家时,引幡在前,愿佛听我作引幡在前者善。佛言:听作。佛听我塔前作高垛安师子者善。佛言:听作。佛听师子四边作栏楯者善。佛言:听作。佛听我以铜作师子者善,是事白佛。佛言:听作佛。听铜师子上系幡者善,是事白佛。佛言:听系。佛听我以香华灯伎乐供养者善,是事白佛。佛言:听作。佛听我以香华油涂塔地者善,是事白佛。佛言:听香华油涂塔地。佛听我作安华垛者善。佛言:听作。佛听我作安灯处者善,佛言:听作。佛听我作团堂者善,佛言:听作。"②《优婆塞戒经》卷三亦曰:"若作宝塔及作宝像,作讫当以种种幡盖香花奉上,若无真宝力不能办。次以土木而造成之,成讫亦当幡盖、香花、种种伎乐而供养之。若是塔中草木不净,鸟兽死尸,及其粪秽、萎花、臭烂悉当除去,蛇鼠孔穴当塞治之。铜像、木像、石像、泥像、金、银、琉璃、颇梨等像,常当洗治,任力香涂。随力造作种种璎珞,乃至犹如转轮圣王塔,精舍内当以香涂。若白土泥,作塔像已,当以琉璃、颇梨、真珠、绫绢、彩绵、铃磬、绳锁而供养之。画佛像时彩中不杂胶乳鸡子,应以种种花贯散花,妙绋明镜,末香、涂香、散香、烧香、种种伎乐歌舞供养,如昼夜亦如是。"③ 这两部经都提到了对塔庙、塔像进行绘画和雕凿时的注意事项。可见,在一座塔庙内,不仅有幡盖、香花、种种伎乐,而且还有铜像、木像、石像、泥像等。塔柱的雕饰与形制,与塔庙的特征有诸多相似之处,如塔柱上雕有佛、菩萨塑像、飞天等,从外形看有柱基、柱体以及柱首,与塔庙有不少相同之处,只不过柱首变成了佛龛造像。因此说,佛教石窟中的塔柱实际上就是塔庙的缩影,而造像碑则

---

① (东晋) 佛驮跋陀罗译:《大方广佛华严经》,《大正藏》第9册,第440页。
② (后秦) 鸠摩罗什译:《十诵律》卷48,《大正藏》第23册,第351页。
③ (北凉) 昙无谶译:《优婆塞戒经》卷3,《大正藏》第24册,第1051页。

是塔柱的缩影。

第二，山西留存的佛教造像碑在北魏后期出现了四方体柱状碑体。这种方柱形的四面造像碑，其形制、造像内容、布局可能都受到北魏和北齐石窟内中心方柱的影响。北凉昙无谶所译《金光明经》的流行，促进了中心方柱窟的出现。《金光明经》卷一《序品第一》云："是金光明，诸经之王！若有闻者，则能思惟，无上微妙，甚深之义。如是经典，常为四方，四佛世尊之所护持，东方阿閦、南方宝相、西无量寿、北微妙声。"① 同卷《如来寿品第二》云："于莲花上有四如来，东方不动，南方宝相，西方无量寿，北方天鼓音。是四如来各于其座跏趺而坐，放大光明，周遍照耀王舍大城，及此三千大千世界，乃至十方恒河沙等诸佛国土，雨诸天花，奏诸天乐。尔时，于此赡部洲中及三千大千世界，所有众生，以佛威力，受胜妙乐，无有乏少。若身不具，皆蒙具足，盲者能视，聋者得闻，哑者能言，愚者得智，若心乱者得本心，若无衣者得衣服，被恶贱者人所敬，有垢秽者身清洁，于此世间所有利益，未曾有事，悉皆显现。"② 佛教认为，供养四方佛功德无量，在实际中应用时具备了理论基础。在这种思想的影响下，佛教信徒便仿造中心方柱的形式，雕凿四面造像碑，希望以此获得诸多利益与功德。

第三，佛教在中国传播的过程，必然伴随着民族化的进程，山西造像碑也不例外。在社会动荡不安、生活负担加重的环境下，造像碑的雕刻日盛。由于造像碑大部分为民间集资所刻，所以在制作技艺、发愿内容、供养对象等方面都表现出极其淳朴、极度虔诚的平民心理，反映了浓郁的民间特色。以山西省新绛县的东魏武定二年（544年）释迦多宝造像碑为例。它的碑额为盘曲的双龙形，碑额中部刻有一尊立佛，碑身上部开龛，内雕一佛二菩萨，龛下面为碑文刻辞。碑侧上部开龛，内雕佛像，下面刻有二排供养人像，各自附有榜题。这块造像碑首雕成方形的仿木结构建筑，如庑殿顶的形式，模仿中心塔柱的窟顶，再加上下面的方形底座，不仅使碑顶、碑身和碑座成了有机的结合，而且使中华民族"龙"文化与印度"释迦多宝造像"很好地结合在一起。又如，东魏天平

---

① （北凉）昙无谶译：《金光明经》卷1，《大正藏》第16册，第335页。
② （北凉）昙无谶译：《金光明经》卷1，《大正藏》第16册，第404页。

元年程哲碑，浮雕坐佛于碑阳之拱形龛内。佛龛外四周阴线刻脚踏莲台的胁侍菩萨，下部为护法狮子、供养人，上部为衣袂飘舞的飞天。碑阴刻程哲墓碑文，记述程氏家族的历史功绩。碑额左侧有天平元年（534年）的题铭。在其身上，既有汉式墓碑纪事的痕迹，也有印度佛教传入中国后造像风格日益汉化的特征。云冈石窟模式也在山西内部区域以及周边地区传播开来。山西现存佛教造像碑的发现都处在这一地带上，所以受云冈石窟中心塔柱影响也在情理之中。

3. 佛教造像碑的特点

（1）碑龛形制

佛教造像碑南北朝时较为兴盛，其碑体形制也经历了一个从受外来因素影响较大到逐渐民族化和本土化的发展历程。北魏时期，山西已普遍出现与中国传统记事碑碑体相似的长方体扁平状碑以及四面柱体碑。

造像碑中长方体扁平状造像碑较为常见。根据其碑首的不同，可将其分为两种。

一种是平顶造像碑。这类造像碑多由碑身和碑座组成，其中又可分为平顶直角和平顶抹角两类。平顶直角碑多是借鉴碑碣记事的传统形式，一般在正面雕凿形体较大的主龛，其他三面凿有小龛或佛传故事以及线刻供养人像、刊刻造像题记。如沁水王寨千佛造像碑，碑身为扁立方体，碑身高114厘米、上宽51厘米、下宽69厘米、上厚26厘米、下厚28厘米。阴、阳面及两侧面互为对称，四面上部下端均设有龛。阴、阳面龛内雕一佛二菩萨，基座中间饰小像，两侧为浅浮雕虎纹，龛侧题记"太和十一年（487年）岁次癸酉"。龛上下左右共雕小坐佛98尊；侧面龛内雕一佛二菩萨，龛上下左右共造小坐佛72尊；下面四部均刻有供养人姓名。[①] 还有一种平顶抹角碑，如王黄罗等人造像碑。[②] 该碑高1.82米，顶部稍微变窄，两角略有弧度。碑阳下半部分有一主龛，雕刻了一尊坐佛，双手施禅定印。佛两侧各有一尊立于莲花座上的菩萨，分别手持一杖，面向佛陀。佛龛的顶部为圆拱尖楣形，圆拱两侧下端雕龙头，置于束帛形柱头之上。佛龛上面是三对凌空翱翔的飞天，其姿态飘逸，类似

---

① 车国梁：《三晋石刻大全·沁水县卷》，三晋出版社2012年版，第5页。
② 胡春涛：《晋东南北魏千佛造像碑与风格渊源》，《西北美术》2017年第2期。

云冈石窟中所见到的飞天。

另一种是螭首碑。这类造像碑在东西魏及北齐时期颇为流行，它由蟠螭碑首、长方体碑身和碑座组成，多为首身一体。碑首多呈半圆形，上端有雕刻精美的二、四或六条螭龙交织盘绕，多数为六螭盘绕，有的是四龙盘绕，如北魏正光六年（525 年）造像碑。① 碑上部居中雕尖棋揭状龛，龛内浮雕释迦牟尼结跏趺坐，两侧浮雕站立胁侍菩萨。其余部分辟尖拱楣状龛，龛内浮雕结跏趺坐佛像，共 30 尊。发愿文楷书行，满行 6 字，共 30 字。

四面体柱状造像碑也较为常见。这类造像碑形体较高大，相对于扁体碑较厚，多为四面造像或正面、左右侧造像，碑阴刊刻造像题记题铭。它一般是由仿木建筑屋顶碑首、方柱体碑身和碑座组成，是早期屋顶形长方体扁平状碑的进一步发展。如建宁千佛造像碑，② 碑高 2.62 米，碑首为半圆形，底宽 1.05 米，底厚 0.65 米。该碑为四面造像碑。正面下部雕一大龛，内雕一佛二弟子，上部四面雕小型佛龛，每龛内雕坐佛一尊，共 1608 尊。碑两侧中部各雕佛龛上下两层，内雕坐佛 1 尊，内雕一佛二弟子，碑侧下部雕年月题记。

（2）题材内容

北魏山西佛教造像碑的体量相对于石窟造像较小，但是内容却是丰富多彩，几乎包含了同时期佛教艺术的全部题材，主要有佛、菩萨、经变故事、本生故事、佛传故事、因缘故事、礼佛图以及诸多的胁侍、护法、供养人形象等，多为诸村合邑共造，祈求诸神，为国王、大臣及父母、亲人祈福脱罪或祈求托生西方极乐净土或者弥勒净土世界，无外乎生前与死后之祈福消灾。

释迦、弥勒、阿弥陀佛是山西北魏佛教造像碑最流行的佛像题材，另外三世佛、释迦多宝并坐说法、千佛也是常见的题材。释迦像是佛教造像碑中出现较多的题材之一，实例可辨者多为结跏趺坐式或者立式。佛教认为，释迦是现实的觉悟者，可引导度脱众生于生死轮回之大海，是北魏时期人们主要寄托希望的供养对象之一。弥勒佛形象也是该时期

---

① 王兵：《三晋石刻大全·左权县卷》，三晋出版社 2010 年版，第 5 页。
② 胡春涛：《晋东南北魏千佛造像碑与风格渊源》，《西北美术》2017 年第 2 期。

佛教造像碑的主要题材。一方面因为佛教领袖道安等高僧的倡导示范，另一方面反映了魏晋南北朝的动荡社会中，人们对未来安定美好生活的企盼更为迫切，这种情绪与愿望落实到佛教的未来佛弥勒菩萨上，便形成了交脚弥勒造像的兴盛。阿弥陀佛被认为是西方极乐世界教主，随着弥陀类经典的翻译，西方极乐世界成为民众企望死后托生之地，因而受到广泛的崇信。

此外，随着《法华经》在北魏时期社会上广泛流行，释迦、多宝佛也成为山西佛教造像碑的主要题材之一。其形象多是释迦、多宝并坐说法像。千佛题材在北朝时期也较为流行。有的确实造像一千，有的根据碑的体积灵活设计，大体刻一千区像或象征性的刻出千佛。有的号称千佛，实际可能仅有半数左右。山西留存下来的北魏佛教造像碑中也有千佛的形象。如西大千佛寺造像碑、建宁千佛造像碑、王寨千佛造像碑等。

现发现山西境内造像碑，多留有题记或发愿文。从这些题记或发愿文内容看，都比较简单，而且形成一种程序化的套语。民众建造像碑之目的一方面在于祈求现世能获得国泰民安，家庭幸福等愿望，另一方面，更重要的是很多情况下为亡者乃至"七世父母"祈求能托生西方，免遭地狱之苦。这说明北魏时期民众认为佛教最主要的功能之一是解决人们死后世界的问题，通过造像功德可以将亡者度脱至西方极乐世界或者弥勒世界。这对中国人的死后世界观念具有丰富化意义。中国传统文化认为，人死为鬼，或入地，或升天，或认为"魂气归于天，形魄归于地"，无论入地与升天，均如人间般生活如常，但佛教善恶因果报应说，主张人死后会入地狱接受审判。"充分利用人性趋利避害的特点，因势利导地将人性引向具有道德价值意义的趋善避恶，将人性导向对真、善、美的追求。"① 地狱成为人们极力想逃脱之死后界域，极乐世界则成为死后渴求之地。中国传统文化关于"天"的具体情景描述比较模糊，并不具体，但佛教之"极乐世界"在经典中的描述则极为详细具体，使民众产生向往。加之，孝道在中国社会中是最早被确立和得到广泛认可的人伦道德

---

① 侯慧明、赵改萍：《论汉魏六朝时期佛教的地狱思想》，《宗教学研究》2008年第1期。

之一，并且与个人人格、宗族兴衰乃至国家兴亡密切联系在一起。因此，通过造像为亡者、父母追福也被认为是行孝的重要方式之一。佛教地狱和天界的观念在魏晋时期已被中国民众广泛接受，并且有力助推了佛教的发展，增强了佛教在民间社会的影响力。

雕刻造像碑的主体有普通民众、官员、僧人和邑社组织。千人邑的组织者被称为"都邑主"或"合邑主"，邑主应当是当地具有影响力和社会组织能力的人物，利用佛教信仰寄托心理诉求，维系人心，乃至发挥组织民众的作用。

（3）表现手法和艺术风格

佛教造像碑是佛教造像的一种，它所雕刻、塑造的形象是佛教教义具体、生动的直观体现，多采用普通民众喜闻乐见的形式进行创作。佛教造像碑中诸多形象的服饰、衣纹及雕刻技法，往往具有明显的时代性和地域风格。它们既继承了外来佛教艺术及早期佛教造像的样式和技巧，又受当时当地传统的民族习惯、雕刻艺术的影响。山西北魏佛教造像碑中诸多题材，其服饰、衣纹都体现了继承与变革、外来式样与民族传统的统一。一方面佛像的服饰、衣纹沿袭了早期佛教造像中常见的"通肩式袈裟"和"袒右肩式袈裟"，另一方面，北魏迁都洛阳以后不断推行的汉化政策，使佛菩萨服饰和形象也不断汉化。

4. 佛教造像碑的分期与分布

第一期：太和年间至永平年间。这一时期造像碑数量保存相对较少，如王寨千佛造像碑、建宁千佛造像碑、王黄罗等人造像碑等。从碑体上看，长方体扁平状碑占据主流地位。在造像题材内容方面，千佛占绝大多数，且释迦牟尼佛以结跏趺坐为主，露出右足，多位于正面主龛等重要位置。在表现手法和艺术风格方面，这一时期的造像碑也有自己的特色。佛像的服饰，袒右肩式袈裟为主。两侧菩萨双手持莲立于莲台上，身材修长。人物形象多具有"秀骨清像"式风格，日益与汉族的习惯和传统接近。

第二期：北魏正光年间至东西魏时期。从北魏正光年间至东魏武定年间的二十多年里，造像碑数量保存相对较多。从碑体上看，长方体扁平状碑占据主流地位。其中，平顶造像碑是北魏后期的主要形制。东西魏时期，螭龙顶碑数量骤增，占绝大多数。北魏晚期饰以帷幔的方形龛和仿木建筑屋形顶龛为多数，而东西魏时期，以圆拱尖楣龛为多。在小龛布局方面，以二层或三层为多，正面雕凿佛龛为主，其余三面一般不雕凿大型像龛，或者雕刻佛传故事，或刻供养人像、造像题记等。在造像题材内容方面，释迦牟尼佛占有绝大多数，且多位于正面重要位置，除结跏趺坐外，还有立于覆莲座之上的释迦牟尼佛像。在表现手法和艺术风格方面，这一时期的造像碑也有自己的特色。佛像的服饰，通肩式袭装和袒右肩式袭装继续存在，但是其印度犍陀罗风格和中国传统特色逐渐融合统一，衣袖逐渐宽大，以适应我国的民族习惯和审美风尚。具有民族特色的褒衣博带式袭装已占据多数。服饰的衣纹也以流畅劲健的阶梯式衣纹逐渐代替西域式烦琐细密的衣纹。佛和菩萨的面孔都偏于清瘦，双目微闭，眉弯而且细长，鼻梁高挺，嘴角微微上翘。菩萨头戴宝冠，颈饰项圈，上身袒露，下着大裙，披帛自双肩下垂于腹部交叉，显得轻盈飘逸，与魏晋崇尚自然悠闲之风尚相一致。

  山西地区现存北朝时期的造像碑在地域上，主要集中在晋南及晋东南地区。究其原因，应与北魏时期的历史地理以及社会环境有着密切的关系。首先，北魏自建国始即崇信佛教，大规模地修造石窟，究其原因，正如李福顺所论，其一，"佛教及佛教艺术传入之后，当时正处于高潮阶段，开窟造像势在必行"。其二，"建立北魏政权的拓跋族自古就有'凿石为祖宗之庙'的传统，开窟造像正好可以将佛像与祖先崇拜结合起来，以神化皇权"。其三，是源于拓跋族特殊的国策，"将立皇后，必令手铸金人，以成者为吉，不则不得立也"①。其次，北魏孝文帝于太和十八年（494年）迁都洛阳，促进和带动了洛阳等地区佛教艺术的大发展，晋南、晋东南处于平城到洛阳的交通孔道之间，这为晋南、晋东南地区佛教造像碑的兴盛创造了条件。《洛阳伽蓝记·序》云："逮皇魏受图，光宅嵩洛，笃信弥繁，法教愈盛。王侯贵臣，弃象马如脱履，庶士豪家，舍资财若遗迹。于是昭提栉比，宝塔骈罗，争写天上之姿，竞摹山中之影。金刹与灵台比高，讲殿共阿房等壮。""京师表里，凡有一千余寺。"② 可

---

① （唐）李延寿：《北史》卷30，中华书局1974年版，第486页。
② 杨衒之著，范祥雍校注：《洛阳伽蓝记校注》，上海古籍出版社1978年版，第1页。

见当时佛教及佛教艺术的兴盛和繁荣。北魏统治者最初崇信佛教，主要原因是它有利于调节社会关系，便于维护统治。同时，北魏与南朝隔江对峙，相互攻伐，尤其是"正光以后，天下多虞"①，在痛苦中挣扎的人们心情苦闷，急需精神寄托之所，佛教乘隙而兴，开窟造像活动相继而起，中下层百姓也"相率造像，以翼佛佑"②，使佛教艺术进入全面繁盛时期。由于晋南地处黄河中下游，是晋、陕、豫交界的三角地带。所以，晋南佛教造像碑的诞生，应受到邻近龙门石窟的影响。由于佛教造像碑资费少，便于移动，受到中下层民众的喜爱。加上当时墓志等石刻需求的增多，以石刻雕像为业的工匠队伍也逐渐发展壮大起来。他们将汉地碑碣记事的传统与外来佛教造像艺术结合起来，满足和迎合中下层民众高昂的信仰热情，使佛教造像碑艺术在山西获得极大发展。

（二）摩崖造像

摩崖造像是指在天然的石壁上刻石造像，或置于露天或位于浅龛中，多数情况以群组形式出现，有时与石窟并存。在山西境内，保留有多处北魏时期的佛教摩崖造像。主要有北魏太和七年（483年）武乡县烂柯山洞则沟摩崖造像；北魏延昌四年（515年）沁水柳木岩摩崖造像；永安二年（529年）和顺沙峪摩崖造像；永熙元年（532年）昔阳石马寺摩崖造像；永熙元年（532年）孟县千佛寺摩崖造像；永熙二年（533年）孟县石佛湾摩崖造像；东魏武定四年（546年）寿阳阳摩山摩崖造像以及雕凿时间不确的阳泉陆师嶂摩崖造像，安泽良马村南摩崖造像等。

从时间上看，摩崖造像主要集中在北魏后期延昌四年（515年）至永熙（532—534年）年间，以永熙年间居多。考察这一时期历史，应与胡灵太后崇佛有密切关系。胡灵太后家族素崇佛教，各种史料不乏记载。如其父胡国珍，兄胡真生有四男，其中一男名僧洗，③另一男名虔，字僧敬。④胡国珍的妹妹曾出家为尼，好谈佛事，精通佛理，常出入禁宫中，

---

① 《魏书》卷114《释老志》，中华书局1974年标点本，第3025页。
② （清）王昶：《金石萃编》卷39《北朝造像诸碑总论》，中国书店1985年版，第30页。
③ 《魏书》卷83《胡僧洗传》，中华书局1974年标点本，第1836页；《北史》卷80《胡僧洗传》，中华书局1974年标点本，第2689页。
④ 《魏书》卷83，中华书局1974年标点本，第1936页；《北齐书》卷48，中华书局1972年标点本，第669页；《北史》卷80，中华书局1974年标点本，第2690页。

为皇后、嫔妃及公主、贵夫人等讲经布法。①胡国珍"年虽笃老,而雅敬佛法时事洁斋,自强礼拜"②。故其去世时,胡灵太后下诏自始薨至七七,皆为设千僧斋,令七人出家;百日设万人斋,二七人出家。《魏书·胡国珍传》《洛阳伽蓝记》中对胡灵太后崇佛及其为父母立寺祈福事的记载很多。胡灵太后一生尊崇佛教,在其执政之初,于洛阳兴建永宁寺,并在寺院中心建有极为辉煌壮观的9级木塔,高90丈,佛塔上有柱,高10丈,共100丈。③比举世闻名的山西应县木塔高出一倍。此外,她还主持建造了景明寺七级佛图、④冲觉寺五级佛图等。⑤又于神龟元年(518年)派遣崇立寺沙门惠生、敦煌人宋云入印度求取真经。⑥胡灵太后如此笃信佛法,"上有好者,下必甚焉",一时间,京城内外,全国各地,遍地修建寺院,善男信女纷纷出家为僧为尼。据统计,北魏肃宗神龟元年(518年),洛阳城内有佛寺500所;⑦到孝武帝永熙三年(534年),竟激增到1367所。⑧16年间,僧寺增加,超过一倍,可见当时佛教泛滥之状。各州郡佛寺,更是遍地开花,此时已有30000多所,僧尼达200万人。⑨可见,民间崇佛之风极为兴盛。摩崖造像的开凿,则是佛教深入民间的一种表现。因此,胡灵太后家族对佛教的提倡与佛教摩崖造像的出现有着密切的联系。

从地域上看,以晋中地区为多,如盂县、昔阳为多。昔阳县位于山西省东境中部,东与河北省赞皇、内邱、井陉、邢台接壤,西与寿阳为邻,南与和顺毗连,北与平定相衔。盂县东与河北省平山县、井陉县和

---

① 《魏书》卷13《宣武灵皇后胡氏传》,中华书局1974年标点本,第338页。
② 《魏书》卷83《胡国珍传》,中华书局1974年标点本,第1834页。
③ 杨衒之著,范祥雍校注:《洛阳伽蓝记校注》,上海古籍出版社1978年版,第1页。然郦道元《水经注》谷水条称其"自金露盘下至地四十九丈"。《魏书·释老志》称:"永宁寺佛图九层,高四十余丈。"按范祥雍之考证,应以四十余丈为确。
④ 杨衒之著,范祥雍校注:《洛阳伽蓝记校注》,上海古籍出版社1978年版,第131页。
⑤ 杨衒之著,范祥雍校注:《洛阳伽蓝记校注》,上海古籍出版社1978年版,第185—186页。
⑥ 杨衒之著,范祥雍校注:《洛阳伽蓝记校注》,上海古籍出版社1978年版,第251—252页;(北齐)魏收:《魏书》卷114《释老志》,中华书局1974年版,第3042页。
⑦ 《魏书》卷114《释老志》,中华书局1974年标点本,第3054页。
⑧ 杨衒之著,范祥雍校注:《洛阳伽蓝记校注》,上海古籍出版社1978年版,第349页。
⑨ 《魏书》卷114《释老志》,中华书局1974年标点本,第3048页。

平定县接壤，西临阳曲县，南连寿阳县与阳泉，北靠五台县与定襄县。可见，盂县、昔阳与邻近五台山佛教、河北地区佛教有密切关系。北魏时期，晋阳一直是北方地区政治、经济、文化的要地，而晋中地处太行山西麓，在太原与洛阳、巩义市、临潭、邯郸之间，距太原较近。因此，这一时期北魏佛教摩崖造像无疑也会受到邻近龙门、巩义市、响堂山、天龙山石窟的影响。

从造像特征看，这一时期的摩崖龛像组合有一佛二菩萨、一佛二弟子以及千佛等。从柳木岩摩崖造像到陆师嶂摩崖造像反映了造像的不断变化。北魏延昌四年（515年）柳木岩摩崖造像中，主尊清瘦，佛内着僧祇支，外穿双领下垂式袈裟，衣纹简洁明朗，单薄贴体。双手施禅定印，结跏趺坐。从永熙元年（534年）昔阳石马寺摩崖造像看，佛像为磨光高髻，面相清瘦，身着褒衣博带或双领下垂袭装，衣内引出双带，裙裾外摆成锐角覆座。衣褶较密，略显厚重，作平直阶梯式。① 此时造像较延昌四年之造像衣褶较密，有厚重之感。东魏阳泉陆师嶂摩崖二龛主尊肉髻较高且宽，细眉长目，鼻挺口微闭，面相方圆，颈较粗壮，肩微溜。内着僧祇支，外着双领下垂式袈裟，右领巾甩搭左肩及肘。相对上衣浅阴线刻衣纹而言，下摆衣褶明显突出，呈水平状分布。与山西沁县南涅水石窟二期（东魏）风格一致，比较粗犷，人物造型粗短，衣纹较北魏简单了许多。②

从造像题记看，造像缘由既为亡灵，也为生者祈求一时成佛，如陆师嶂摩崖造像题记载："□□□宣造观世音像一区，仰为亡父现在老亲及法界众生一时成佛。"③ 也有祈求普天同福者，如柳木岩摩崖造像题记云："延昌四年（515年）岁在乙未，八月辛未朔，十四日，境内小口村人酒德介、酒平女、酒文宗、酒角□等，发心造石像一□，上为皇帝陛下、太皇太后、诸公群臣、宰守令长、率土人民，普同□福。"④ 发愿文主要祈求国泰民安以及现世幸福和来世安乐。

---

① 晋华、翟盛荣：《山西昔阳石马寺石窟及摩崖造像》，《文物》1999年第4期。
② 赵培青：《陆师嶂摩崖造像》，《文物世界》2005年第5期。
③ 赵培青：《陆师嶂摩崖造像》，《文物世界》2005年第5期。
④ 赵培青：《陆师嶂摩崖造像》，《文物世界》2005年第5期。

五　北魏山西佛教寺院的兴建与存续状况

佛寺是佛教信徒的主要活动场所，佛教传播发展的重要载体，具有宗教和社会的双重属性，佛寺的建造与分布，不仅反映出佛教的传播发展与分布状况，更能体现一定时期内的地区经济、政治、建筑艺术发展水平。①

据《魏书·释老志》所载，魏孝文帝太和元年（477年）的平城就有佛寺百余所。由于史料缺失比较严重，见于史书及僧传的两晋南北朝的山西佛寺并不多，根据现有材料显然不可能完全精准地还原当时佛寺的情况，但也能够在一定程度上反映该时期该地区佛寺分布状况。根据《魏书》《高僧传》《弘明集》山西地方志等史料的记载，将山西佛寺作初步统计。②

表3—2　　　　　北魏时期山西佛寺兴建与存续汇总

序号	佛寺名	隶属地	兴建或存续时间	文献来源
1	五级寺	大同	天兴元年（398年）	始作五级佛图、耆阇崛山及平城须弥山殿。（《魏书》卷114《释老志》）
2	长庆寺	大同	神䴥四年（431年）	神䴥四年辛未二月朔，造舍利塔七级平城长庆寺，万城升平，年丰民乐。（《魏书》卷114《释老志》）
3	石窟十寺	大同	神瑞元年至正光六年（414—524年）	在府城西三十里左云界北。其寺一同升、二灵光、三镇国、四护国、五崇福、六童子、七能仁、八华严、九天宫、十兜率，内有元载所修石佛二十龛。（乾隆《大同府志》卷15）

---

① 赵改萍：《北魏时期佛教在山西的发展》，《宗教学研究》2015年第2期。
② 各地方志中对寺庙建立时间载述并不一定完全准确，部分可能根据碑记，部分则可能为传说，因资料阙如，故而对寺庙的准确建立时间进行考证，尚有困难，此处权且按照方志载述。

续表

序号	佛寺名	隶属地	兴建或存续时间	文献来源
4	八角寺	大同	太延（435—440年）	太延中，（惠始）临终于八角寺。（《魏书》卷114《释老志》）
5	王慧龙墓寺	大同	太平真君元年（440年）	吏人及将士共于墓所起佛寺，图慧龙及僧彬象赞之。（《魏书》卷38《王慧龙传》）
6	建明寺	大同	承明元年（452年）	冬十月丁巳……辛未，舆驾幸建明佛寺，大宥罪人。（《魏书》卷7《高祖纪七》）
7	天宫寺	大同	天安二年（467年）	又于天宫寺，造释迦立像。（《魏书》卷114《释老志》）
8	永宁寺	大同	天安二年（467年）	其岁，高祖诞载。于时起永宁寺，构七级佛图。（《魏书》卷114《释老志》）
9	鹿野佛图	大同	孝文帝时（471—499年）	高祖践位，显祖移御北苑崇光宫，览习玄籍。建鹿野佛图于苑中之西山。（《魏书》卷114《释老志》）
10	祇洹舍	大同	太和间（477—499年）	东郭外，太和中，阉人宕昌公钳耳庆时立祇洹舍于东郊。（《水经注》卷13）
11	思远寺	大同	太和三年（479年）	乙亥，幸方山，起思远佛寺。（《魏书》卷7《高祖纪七》）
12	报德寺	大同	太和四年（480年）	丁巳，罢畜鹰鹞之所，以其地为报德佛寺。（《魏书》卷7《高祖纪七》）
13	崇虚寺	大同	太和十五年（491年）	戊戌，移道坛于桑干之阴，改曰崇虚寺。（《广弘明集》卷2）
14	皇舅寺	大同	冯太后理政期间	皇舅寺有法师僧义，行恭神畅，温聪谨正，业茂道优，用膺副翼，可都维那，以光贤徒。（《广弘明集》卷24）
15	紫宫寺	大同	北魏	太和殿之东北接紫宫寺，南对承贤门，门南即皇信堂。（《水经注》卷13）
16	景明寺	大同	景明间（500—504年）	景明寺内有浮图（光绪《山西通志》卷169）

续表

序号	佛寺名	隶属地	兴建或存续时间	文献来源
17	灵岩寺	大同	北魏	灵岩寺，在城西武州塞。（光绪《山西通志》卷169）
18	通乐寺	大同	北魏	（昙曜）居恒安石窟通乐寺，即魏帝之所造也。（《续高僧传》卷1）
19	悬空寺	浑源	北魏	在州南恒山下磁窑峡。（乾隆《大同府志》卷15）
20	崇福寺	浑源	北魏	在州南九十里王家庄。（乾隆《大同府志》卷15）
21	大云寺	浑源	北魏	龙山上、下院为元魏时建。（顺治《浑源州志》卷上）
22	觉山寺	灵丘	太和七年（483年）	在县东南三十里觉山。因报母建层楼门阁，连亘山麓，招集方外禅衲五百余众，仍敕六宫侍女，长年持月六斋，其精内典者并度为尼。（乾隆《大同府志》卷15）
23	显明寺	右玉	北魏	魏孝文驻兵于此，因墓于山，建寺曰显明，供佛，命僧营修。（光绪《山西通志》卷90《金石记》）
24	公主寺	五台山	北魏	后魏文帝第四女信诚公主所置。（《清凉山志》卷2）
25	佛光寺	五台山	北魏	宕昌王，巡游礼谒。至此山门，遇佛神光，山林遍照，因置额，名佛光寺。（《清凉山志》卷2）
26	观海寺	五台山	北魏	即明月池，元魏建。（《清凉山志》卷2）
27	清凉寺	五台山	北魏	中台南四十里，元魏孝文建。（《清凉山志》卷2）
28	铜钟寺	五台山	北魏	魏时所置，寺有铜钟。可受三十斛，形如瓮腹，身作八棱，刻子魏都金刚。（《清凉山志》卷2）
29	宕昌寺	五台山	北魏	世传昔宕昌王造佛光寺，安止于此，因以名焉。笺曰：此说或讹，疑唐时赐，额取昌盛为名尔。（《清凉山志》卷2）

续表

序号	佛寺名	隶属地	兴建或存续时间	文献来源
30	大孚灵鹫寺	五台山	北魏	元魏孝文帝再建，环币鹫峰，置十二院。（《清凉山志》卷2）
31	嵌岩寺	五台山	北魏	东台南六十里，元魏孝文帝建。（《清凉山志》卷2）
32	大布寺	五台山	北魏	昔元魏孝文，尝于中台东南下三十里大孚灵鹫置大布寺。（《清凉山志》卷2）
33	木瓜寺	五台山	北魏	（昙韵）初停北台木瓜寺二十余岁，单身吊影，处以瓦窑，形覆弊衣，地布草蓐，食唯一受，味不兼余。（《续高僧传》卷20）
34	建明寺	定襄	承明元年（476年）	是（八）月，又诏起建明寺。（《魏书》卷114《释老志》）
35	静林寺	太原	北魏	肃宗正光三年六月，并州静林寺僧在阳邑城西橡谷掘药，得玉璧五，珪十，印一，玉柱一，玉盖一，并以献。（《魏书》卷112《灵征志下》）
36	三级佛寺	太原	永安三年（530年）	（武泰三年十二月）甲子，（帝）崩于城内三级佛寺，时年二十四。（乾隆《太原府志》卷48）
37	并州大寺	太原	北魏	魏主重之号为神鸾焉，下敕令住并州大寺，晚后移住汾州北山石壁玄中寺。（《续高僧传》卷6）
38	百福寺	平遥	熙平中（516—518年）	平遥县东北十里铺超山。旧名郭村寺，北齐净敏禅师住此。（乾隆《汾州府志》卷24）
39	郭村寺	平遥	熙平间（516—518年）	平遥县东南四十里超山。（乾隆《汾州府志》卷24）
40	治平寺	阳曲	北魏	元魏昙始禅师栖此，有昙始行状碑，宋大观二年五月立石。（乾隆《太原府志》卷48）
41	瑞相寺	文水	延昌三年（514年）	县南岳村。（乾隆《太原府志》卷48）

续表

序号	佛寺名	隶属地	兴建或存续时间	文献来源
42	平遥山寺	文水	北魏	（昙鸾）以魏兴和四年，因疾卒于平遥山寺。（《续高僧传》卷6）
43	福兴寺	寿阳	正光二年（521年）	相传阳摩寺为上寺，双凤山为下寺，此为中寺。明嘉靖十四年菩萨降临，施药救众。有聂时雍所撰《显应碑记》一在县东界石村。（光绪《寿阳县志》卷2）
44	竖石佛寺	交城	北魏	与玄中寺同时期，现存有石刻遗像。（《交城县志》1990年）
45	永宁寺	交城	延兴二年（472年）	名石壁元中寺。太和间修，有甘露之应，雁门僧昙鸾魏主号为神鸾，晚移住此寺。（乾隆《太原府志》卷48）
46	云峰寺	交城	太和年间（477—499年）	唐高僧志超重建。（《交城县志》1990年）
47	永清寺	盂县	北魏	《阳泉晚报》2012年11月27日
48	兴化寺	盂县	北魏	《阳泉晚报》2012年11月27日
49	宝云寺	长治	永平二年（509年）	在王村。（康熙《长治县志》卷13）
50	普照寺	沁县	太和十二年（488年）	在州西开村。（光绪《山西通志》卷170）
51	法兴寺	长子	神鼎元年（401年）	初名慈林寺，宋英宗年间更名法兴寺。（乾隆《长子县志》卷13）
52	宝泰寺	黎城	北魏	隋开皇五年重修。（光绪《黎城县续志》卷1）
53	金阁寺	离石	北魏	唐后各代重修。（乾隆《汾州府志》卷24）
54	茅蓬寺	武乡	正光二年（521年）	正光二年，王忠于邑之南山茅蓬寺造像一区。（《山西石刻大全武乡县卷》第9页）

续表

序号	佛寺名	隶属地	兴建或存续时间	文献来源
55	兴圣寺	介休	太和二年（478年）	在介休县东四十里上梁村。（乾隆《汾州府志》卷24）
56	抱腹寺	介休	太和中	是寺者，后魏太和中高僧迪公之经始也。（《山右石刻丛编》卷6《抱腹寺碑》）
57	石桐寺	介休	北魏	在介休县东。（乾隆《汾州府志》卷24）
58	秋林寺	曲沃	延昌三年（514年）	在县西二十五里张少村，明洪武初并福胜寺入焉。（乾隆《新修曲沃县志》卷15）
59	石佛寺	翼城	北魏	内有石刻像一尊。（民国《翼城县志》卷17）
60	延寿寺	临汾	太和年间（477—499年）	城东十五里。（民国《临汾县志》卷4）
61	泗州寺	临汾	太和年间（477—499年）	城西二十里。（民国《临汾县志》卷4）
62	安民寺	吉县	北魏	达后出家，住于文成都……见有庙像，戌夏礼敬，处于治下安民寺中。（《续高僧传》卷25）
63	寿圣寺	襄汾	永安二年（529年）	县北二十五里古城镇。（雍正《平阳府志》卷33）
64	白云寺	沁水	北魏	在熊耳山。（雍正《泽州府志》卷21）
65	崇寿寺	泽州	北魏	在城北，建于北魏，唐开元七年（719年）重修，北宋大中祥符元年（1119年）重建，金、元、明、清屡有修建。（雍正《泽州府志》卷21）
66	石佛寺	晋城	北魏壬子年（532年）	现存造像，有"北魏壬子年（532年）六月十九日"的题记。
67	崇寿寺	晋城	北魏	在城北部村。（雍正《泽州府志》卷21）
68	贤谷寺	陵川	北魏	释慧远姓李氏，十三辞叔。往泽州东山古贤谷寺。时有华阴沙门僧思禅师见而度之。（《续高僧传》卷8）

续表

序号	佛寺名	隶属地	兴建或存续时间	文献来源
69	清化寺	高平	太和年间（477—479年）	羊头山有清化寺，建自后魏孝文帝太和之岁，初名定国寺。北齐时改名宏福寺，隋末寺废，唐武则天天授二年重建，改今额。（乾隆《高平县志》卷1）
70	归起寺	解县	北魏	在县西北三十里三楼村，历代重修。（民国《解县志》卷12）
71	弥陀寺	万泉	景明年间（500—504年）	张户村，元魏景明年间建。（光绪《山西通志》卷170）
72	开泰寺	永济	北魏	又造开泰、定国二寺，写佛经论，造千金像。（《法苑珠林》卷100）
73	定国寺	永济	北魏	又造开泰、定国二寺，写佛经论，造千金像。（《法苑珠林》卷100）
74	普济寺	永济	神龟年间（518—520年）	法师道英，初隐太行山禅宴。树枝萦结，如盖覆之。居久之，弃去，行龙台泽，观游鱼爱之。即解衣入水，宴坐深渊，七日而出。又尝隆冬睹严冰，爱其莹澈，就卧其上，信宿而起，晚居蒲州普济寺。（《佛祖历代通载》卷9）
75	延祚寺	永济	北魏	在县西五十里孙常镇。重修于贞观，周显德时遭毁。宋太祖天平兴国二年敕修。明万历二十五年重修。（乾隆《虞乡县志》10）
76	太阴寺	绛县	大通二年（528年）	张上村。（《绛县志》1995年）
77	隆兴寺	沁源县	太和元年（477年）	在县东北琴峪村。（乾隆《沁州志》卷9）
78	观音寺	沁源县	大统年间（535—551年）	在县东北官军镇。（乾隆《沁州志》卷9）

从以上寺院统计来看，其中仅恒、肆两州之地寺庙数量就达到43所，占半数以上，且规模宏大。这些寺庙集中分布于以北魏都城平城为中心的区域和以五台山为中心的区域。其次则是山西中部，再次为晋东南太行山一带，最稀少的地区为晋南一带。这种佛寺地域分布不均衡性主要与政治环境以及周边地缘影响有关。从时间上来看，除不能确定修建年代的佛寺之外，北魏修建的佛寺中，大多集中在魏孝文帝时期，这自然与孝文帝大力推行汉化、大力提倡佛教的政策有着紧密的联系。

寺院的修建者，除帝王外，还有王公贵族、公主、官宦等。地位显赫的太原王氏之王慧龙死后，手下的吏人及将士"共于墓所起佛寺，图慧龙及僧彬象赞之"①。在墓地兴建佛寺主要目的是为荐亡祈福，同时起到守护墓园的作用。又有外戚冯熙曾自出家财，于诸州建佛图精舍七十二处，写十六部《一切经》。② 北魏一代，官宦参与修建寺院者较多，如王遇就是一个典型。据《大金西京武州山重修大石窟寺碑》云："今寺中遗刻所存者二，一在护国，大而不全，无年月可考；一在崇教，小而完，其略曰：安西大将军散骑常侍吏部内行尚书宕昌钳耳庆时镌也。"③ 钳耳庆时即王遇。《魏书·王遇传》谓："自云其先姓王，后改氏钳耳，世宗时复改为王焉。迁散骑常侍，安西将军，进爵宕昌公。"④ 王遇所镌造的护国、崇教二寺当为现云冈石窟第7、8窟和第9、10窟（一说护国寺在第9、10窟，崇教寺在第16、17窟）。⑤ 除此之外，王遇还主持修建了思远佛寺和开凿了方山石窟寺等。《魏书·王遇传》载："遇性巧，强于部分，北都方山灵泉道俗居宇及文明太后陵庙……皆遇监作。"⑥ 又《魏书·孟鸾传》载："孟鸾，字龙儿，不知何许人，坐事充阉人，文明太后时王遇有宠，鸾以谨敏为遇左右，往来方山，营诸寺舍。"⑦ 宦官也参与了修建寺庙活动。可见，上至帝王，下至外戚宦官甚至一般民众僧侣等

---

① 《魏书》卷38《王慧龙传》，中华书局1974年标点本，第875页。
② 《魏书》卷83《冯熙传》，中华书局1974年标点本，第1819页。
③ 宿白：《〈大金西京武州山重修大石窟寺〉校注》，《考古学报》1956年第1期。
④ 《魏书》卷94《王遇传》，中华书局1974年标点本，第2023页。
⑤ 宿白：《〈大金西京武州山重修大石窟寺〉校注》，《考古学报》1956年第1期。
⑥ 《魏书》卷94《王遇传》，中华书局1974年标点本，第2024页。
⑦ 《魏书》卷94《孟鸾传》，中华书局1974年标点本，第2032页。

都参与了寺院的修建，形成了崇佛信佛的浓厚社会氛围，即所谓"王侯贵臣弃象马如脱屣，庶士豪家舍资财若遗迹，于是昭提栉比，宝塔骈罗，争写天上之姿，竞摸山中之影，金利与灵台比高，广殿共阿房等壮"①。"内外之人，兴建福业，造立图寺，贫富相竞，费竭财产，务存高广。"②

六　北魏时期山西佛教的发展特点

北魏时期山西佛教的发展呈现浓烈的政治色彩，由上而下、由北而南的传播特点。第一，平城佛寺的创建和佛事活动多以帝王倡导为主。从道武帝崇佛开始多数帝王都秉承崇佛传统，修建寺庙、开凿石窟、供僧设斋，对佛教崇敬有加。北魏统治者为历代帝王开窟造像。《魏书·释老志》载："是年（452年），诏有司为石像，令如帝身。既成，颜上足下，各有黑石，冥同帝体上下黑子。"③"兴光元年（454年）秋，敕有司于五级大寺内，为太祖已下五帝，铸释迦立像五，各长一丈六尺，都用赤金二万五千斤。……景明初，世宗诏大长秋卿白整准代京灵岩寺石窟，于洛南伊阙山，为高祖、文昭皇太后营石窟二所……永平中，中尹刘腾奏为世宗复造石窟一，凡为三所。"④北魏统治者为已故帝王开窟祈福，造像则"如帝身"，这是其"帝王即是当今如来"思想的反映，也是北魏统治者借助佛教神化皇权、巩固政治统治的集中体现。

国家政权直接干预佛教的发展。高宗文成帝复兴佛教时，魏帝曾亲自为师贤等人剃发，并下令诸州"好乐道法，欲为沙门者，不问长幼，出于良家，性行素笃，无诸嫌秽，乡里所明者，听其出家"⑤。至太和十六年（492年），孝文帝则颁布政策，规定"四月八日，七月十五日，听大州度一百人为僧尼、中州五十人、下州二十人，以为常准，著于令"⑥。这一政策使僧尼队伍不断扩大，进而又产生了良莠不齐的问题。对此，政府便不断地进行限制与甄别。如延兴二年（472年）夏四月，孝文帝下

---

①　杨衒之著，范祥雍校注：《洛阳伽蓝记校注》，上海古籍出版社1978年版，第1页。
②　《魏书》卷114《释老志》，中华书局1974年标点本，第3025页。
③　《魏书》卷114《释老志》，中华书局1974年标点本，第3036页。
④　《魏书》卷114《释老志》，中华书局1974年标点本，第3036页。
⑤　《魏书》卷114《释老志》，中华书局1974年标点本，第3036页。
⑥　《魏书》卷114《释老志》，中华书局1974年标点本，第3039页。

诏曰："比丘不在寺舍，游涉村落，交通奸猾，经历年岁。令民间五五相保，不得容止。无籍之僧，精加隐括，有者送付州镇，其在畿郡，送付本曹。若为三宝巡民教化者，在外赍州镇维那文移，在台者赍都维那等印牒，然后听行，违者加罪。"① 太和十年（486 年）冬，有司又奏："前被敕以勒籍之初，愚民侥幸，假称入道，以避输课，其无籍僧尼罢遣还俗。"② 至熙平二年（517 年），灵太后下令曰："年常度僧，依限大州应百人者，州郡于前十日解送三人，其中州二百人，小州一百人。州统、维那与官及精练简取充数。若无精行，不得滥采。"③ 但由于此时已"法禁宽褫"，因此未能切实贯彻。另外，北魏还以国家政权的形式数次制定"僧禁"。太和十七年（493 年），孝文帝亲自命令沙门统僧显修立僧制四十七条。这些情况说明山西佛教是在北魏政权的严格控制下发展起来的，具有鲜明的政治色彩。

第二，北魏山西佛教的发展呈现不平衡性。它主要体现在两个方面：首先是时间上的发展不平衡。北魏山西佛教快速发展于孝文帝时期，前期发展因太武帝灭佛而受阻，孝文帝时佛教得到大力支持，以图神化皇权，减少推行改革的阻力。其次是空间上的不平衡。北魏时期，佛教主要在以平城、五台山为中心的晋北一带发展，并形成了由北向南传播的特点。这种状况明显地表现在：一是由于北魏首都处于晋北地区的平城，因此该地区修建佛教寺院的普遍程度就远远超过其他地区；二是在孝文帝迁都洛阳的过程中，佛教也形成了自北向南传播的特点，在晋东南地区也出现了不少北魏时期的佛教寺院、石窟与造像等。如山西武乡良侯店石窟，为典型的云冈石窟二期的风格。④ 又如，山西隰县七里脚千佛洞石窟，造像风格与云冈相承。⑤ 又如，山西高平羊头山石窟佛像风格与云冈第一期相似，三壁三龛式窟和窟门为圆拱龛形，楣面饰忍冬纹与云冈石窟第三期造像风格一致。⑥ 上述这些分布于晋东南地区的佛教石窟，不

---

① 《魏书》卷 114《释老志》，中华书局 1974 年标点本，第 3038 页。
② 《魏书》卷 114《释老志》，中华书局 1974 年标点本，第 3039 页。
③ 《魏书》卷 114《释老志》，中华书局 1974 年标点本，第 3043 页。
④ 刘永生：《武乡勋环沟良侯店石窟调查简报》，《文物世界》2008 年第 1 期。
⑤ 郑庆春、王进：《山西隰县七里脚千佛洞石窟调查》，《文物》1998 年第 9 期。
⑥ 张庆捷等：《山西高平羊头山石窟调查报告》，《考古学报》2000 年第 1 期。

仅是"云冈样式"自北向南传播的见证,也为我们建立起了平城和洛阳佛教及佛教艺术之间的联系,为研究佛教及石窟造像传播路线等问题提供了重要的参考资料。

第三,佛教传播已经逐渐深入民间社会,并表现出较强的功利性和世俗性。在北魏皇帝宗室、官宦贵戚积极崇佛的热潮下,里巷细民也纷纷信佛。云冈石窟现有能辨识的35条造像者身份中,1条是柔然国皇室成员,4条是北魏官吏家庭成员(包括官吏或官吏家眷),8条是僧尼,21条是普通信众,还有1条是社邑成员。① 可见,普通信众占有超过60%的比例。又如北魏正光四年(523年)绛州《董成国等造像记》② 中"邑正""邑主""邑子"等称呼也反映了大量的普通邑民参与了佛教造像活动。再如,北魏永安三年(530年)稷山县三交村薛凤规等人造像碑,可辨识信徒的姓名有490人以上,其中59名是僧尼,村落里捐资造像的普通民众人数达数百人之多。③ 这说明佛教信众的广泛性和普遍性。

普通信众的崇佛活动表现出极强的功利性、现实性诉求。从大量的造像题记中,反映了他们上为国家、君王、下为父母亲人发愿祈福的目的。《张保洛等造像记》载:"令公兄弟等亡者升天,托生西方无量寿佛国,现在眷属四夷康和,辅相魏朝永隆不绝。复愿所生父母乃及七□皆生佛土,体解□道,□□妻子无□,延□□享福禄,在在处处关陇自平,普天丰乐,灾害不起,乃□一切有形众生蠢动之□□□菩提道□□□□佛。"④ 又如,孟县《兴化寺高岭诸村造像记》曰:"上为皇帝陛下,渤海大王延祚无穷,三宝礼隆,累级功德。七世父母,现存眷属,后愿生生之处,遭□遇圣,值佛闻法,常有善业,□至菩提,誓不退转。"⑤ 这些造像题记表达了一般民众对佛教教义关心甚少,更多地关注于国家社会和家庭生活等实际问题。

第四,佛教流传中呈现本土化色彩。其一,佛教本体论中空观之

---

① 徐婷:《云冈石窟造像题记所见的北魏佛教信仰特征》,《宗教学研究》2014年第1期。
② (清)胡聘之:《山右石刻丛编》(光绪二十七年刻本影印,下同)卷1,山西人民出版社1988年版。
③ 周铮:《北魏薛凤规造像碑考》,《文物》1990年第8期。
④ (清)胡聘之:《山右石刻丛编》卷1,山西人民出版社1988年版。
⑤ (清)胡聘之:《山右石刻丛编》卷1,山西人民出版社1988年版。

"无神"思想被无视，而简单择取其"神通论"。由于民众缺乏对佛教的准确认识，将佛教作为具有无限神通力量的宗教来对待。如云冈第38窟外壁上部《吴氏造像造窟记》曰："藉此微福，愿亡儿生遇口长辞，腾神净土，口化弥隆，三法口敷，万累消融。"① 正如芮沃寿所说："早期给予佛教有限资助的中国帝王将相们曾听劝说者说佛陀也许是一位有足够能力的值得邀宠的神，常常称其为'黄老浮屠'，这个名字表明其敬拜者将其视为正在发展壮大的道教诸神中的一员。早期传译不成熟的佛教著作的翻译范围表明，这个外国宗教吸引少数中国人的是它关于获得神通、不死或救度的新奇表述，而不是它的思想。"② 其二，佛教伦理道德观念的儒家化。如云冈石窟第19B洞后壁《清信士造像记》云："延昌四年（515年），岁次乙未，九月辛丑朔，十五日卯，清信士元三为亡父母王凤皇口口口亡口口口口造像一区。上为皇帝陛下、皇太后，下及七世父母、生父母，愿托生西方，妙乐国土，莲花化生。"③ 在此，信众将造像追福作为寄托孝心的一种方式，将儒家的忠孝与佛教轮回等思想结合在了一起。其三，佛教艺术的本土化。代表北魏造像艺术早期成就的云冈石窟，其造像风格从早期的雄伟大气到中期的精雕细琢再到后期的清秀单纯，反映了佛教与中原文化、鲜卑文化的调和过程。随着孝文帝迁都洛阳，皇家石窟工程基本结束，但山西民间盛行的开窟造像之风犹烈，如保留至今的榆社圆子山、响堂寺石窟、左权石佛寺石窟、平定开河寺石窟、高平羊头山石窟、高庙山石窟、定林寺石窟、丹朱岭石窟、釜山石窟、石堂会石窟等都是北魏晚期以来的产物。④ 在这些石窟艺术中，均不同程度受到云冈石窟的影响，但又保留了自身的特点。如羊头山石窟出现四角攒尖顶、重形窟门的形制，未见于云冈石窟及龙门石窟，但在晋中及晋东南地区却较为普遍。菩萨服饰亦颇具地方特色，如菩萨上身僧祇支从右肩斜披至左腋，下裙系在僧祇

---

① 张焯：《云冈石窟编年史》，文物出版社2006年版，第135页。
② ［美］芮沃寿著：《中国历史中的佛教》，常蕾译，北京大学出版社2009年版，第32—33页。
③ 张焯：《云冈石窟编年史》，文物出版社2006年版，第147页。
④ 钟建：《从云冈石窟看佛教造像的本土化》，《南京艺术学院学报》2005年第2期。

支里。这种着装方式多见于山西地区的石窟寺，如榆社圆子山、响堂寺石窟、左权石佛寺石窟。①

第五，北魏山西佛教高僧辈出，著述丰赡，不仅使佛教经律论得以完善，而且开凿了闻名于世的云冈石窟，对后世佛教发展、石窟建设以及美术发展产生了深远影响。如北魏时昙曜与西域三藏吉迦夜共译的《付法藏因缘传》开创了中国佛教祖师传灯思想的先河，影响了后世河北响堂山石窟大住圣窟传法祖师图的刊刻。又如，在北魏平城流行的《四分律》，推动了佛教律藏的创新与发展。唐道宣《续高僧传》卷二二曰："昙无德部《四分》一律，虽翻在姚秦，而创敷元魏。……自初开律，释师号法聪，元魏孝文北台扬绪，口以传授，时所荣之。……魏末齐初，慧光宅世，宗匠跋陀，师表弘理，再造文疏，广分衢术。学声学望，连布若云峰，行光德光，荣曜齐日月，每一披阐，坐列千僧，竞鼓清言，人分异辩，勒成卷帙，通号命家。……或传道于东川，或称言于南服。其中高第，无越魏都。"② 可见，始兴于北魏平城的《四分律》，深深地影响了中国佛教的发展。

综上所述，北魏佛教在山西获得了迅速发展，使山西成为北方佛教发展最兴盛的区域之一，在中国及山西佛教史上具有极为重要的里程碑意义，其继往开来的历史地位与作用不可低估。

第二节　北齐北周时期山西佛教

550 年，高洋废东魏改立为齐，山西地域绝大部分属于北齐。557 年北周灭北齐，统一北方。北齐在短短的 28 年里，帝王建寺开窟、僧人阐法弘理、民众捐资造像，使山西佛教发展兴盛。北周享国 25 年，建德三年（574 年），周武帝下令毁佛，佛教遭到重大打击，但周宣帝、周静帝继位后，重新恢复佛教。

---

① 张庆捷、李裕群、郭一峰：《山西高平羊头山石窟调查报告》，《考古学报》2000 年第 1 期。

② （唐）道宣：《续高僧传》卷 22，《大正藏》第 50 册，第 620 页。

一 北齐北周诸帝与佛教

北齐王朝传了六帝。其间，与佛教乃至与山西佛教有密切关系者有神武帝高欢、文宣帝高洋。

北齐神武皇帝高欢（496—547年），字贺六浑，渤海蓨（今河北景县）人。北魏永熙元年（532年），高欢灭尔朱氏，在晋阳建丞相府。太昌三年（534年）七月，孝武帝与高欢矛盾激化而西走长安，高欢进入洛阳。九月，高欢又立清河王世子元善见为孝静皇帝，改元天平，并迁都于邺（今河北省临漳县西南），史称东魏。武定五年（547年）正月，高欢逝世于晋阳。在他执政的十六年间，在太原之西的天龙山上修建了避暑宫，并开凿了两个石窟，即东峰的第2窟和第3窟。

文宣帝高洋（529—559年），字子进，高欢次子。他在位期间，攻击柔然，讨伐突厥，征伐契丹，进军南朝，修筑长城，使北齐政权得以巩固。文宣帝即位五、六年后，"纵酒肆欲，事极猖狂，昏邪残暴，近世未有"①。所以在政治上他就依赖宗教来维持统治。《佛祖统纪》卷三十八载，天保元年（550年）文宣帝"诏法常法师入内讲《涅槃经》，并拜为国师"。同年，"还诏昙延法师入内问道，并进昭玄上统"②。《佛祖历代通载》卷九又云："承圣二年（553年），北齐高帝诏僧稠禅师至京师，降跸迎候，命入宫授菩萨戒。尽停五方鹰犬及伤生之具，禁境内屠杀。稠留禁中四十日，出居外寺。寻有旨罢讲席，俾沙门尽习禅观。稠入谏帝，以为弘通教理，渐诱童蒙，正赖讲授，愿勿禁也。从之。及宣帝即位，尝谒稠，稠床坐不迎。其徒有劝迎者，稠曰：'昔宾头颅尊者迎阿育王，起行七步，致王失国七年。贫道虽寡德，冀帝获福耳。'俄以此被谮，帝衔之。将复入寺，按其不敬诛之。稠正知之，及帝入寺，预出十里许候之。帝怪问，稠曰：'恐身血污伽蓝，故远来就刃耳。'帝惧然悔谢，谓其臣杨忠颜曰：朕不明几妄黩圣师。即奉之如故。因从容启帝曰：'陛下前身罗刹也，今好杀盖余习耳。'帝问：'何以知之？'稠请以盆贮清水，自咒之，命帝婿观，果自形正罗刹之状，仍有群罗刹随之，帝大

---

① 《北齐书》卷4，中华书局1972年标点本，第69页。
② （宋）志磐：《佛祖统纪》卷38，《大正藏》49册，第356页。

惊。自是绝荤终日,坐禅礼佛,行道如旋风焉。"① 僧稠禅师用佛教因果报应思想劝文宣帝戒杀,获得文宣帝的尊崇,使得佛教与政治紧密结合。《续高僧传》卷八《释法上传》中说,法上(495—580年)因"戒山峻峙,慧海澄深,德可规人,威能肃物,故魏齐两代历为统师,昭玄一曹纯掌僧录,令史员置五十许人,所部僧尼二百余万"②。北齐沿用了元魏的僧伽制度,命法上担任僧统,遂将北魏佛教推向了高潮。文宣帝即位之后,对法上尤加礼重。"道俗欢愉,朝庭胥悦,所以四方诸寺咸禀成风。崇护之基罕有继采,既道光遐烛,乃下诏为戒师。文宣常布发于地,令上践焉。天保二年(551年)又下诏曰:'仰惟慈明,缉宁四海。欲报之德,正觉是凭。诸鸷鸟伤生之类,宜放于山林。即以此地为太皇太后经营宝塔,废鹰师曹为报德寺。'"③文宣帝尊崇法上,使佛教获得发展生机。随着齐境佛教的迅速发展,引起了道教的不满。天保六年(555年)九月,文宣帝下诏集释、道两家学者论难,结果道士失败。文宣帝诏曰:"法门不二,真法在一。求之正路,寂泊为本。祭酒道者,中世假妄。俗人未悟,乃有祇崇。曲糵是味,丧昧虚宗。既乖仁祀之源,复违祭典之式,宜从禁止。无或遵风,应道士自谓得神仙者,可上三爵台飞腾远举,不能尔者,并宜改迷归正,诣昭玄上统剃度出家。"④ 于是,齐境道流绝迹,佛教获得相当大的发展。仅邺都就有大寺四千,僧尼八万。齐境在"十余年间教法中兴,僧至二百余万,寺院凡四万余所"⑤。天保七年(556年),乌场国沙门那连耶舍至邺,文帝安置于天平寺,请为翻译三藏,昭玄大统法上和沙门都法顺等二十余人监译,文宣帝还躬礼梵文,且谓群臣曰:"此三宝之鸿基,礼宜偏敬。"⑥ 天保七年(556年)建造童子寺。天保十年(559年),文宣帝还至辽阳甘露寺,禅居深观,非军国大事不闻。皇建元年(560年)开始建造天龙寺。据史料记载当时晋阳寺庙还有定国寺、冶平寺(狼虎寺)、崇福寺、悬瓮寺、上生寺、仙岩寺、

---

① (元)念常:《佛祖历代通载》卷9,《大正藏》49册,第553页。
② (唐)道宣:《续高僧传》卷8,《大正藏》50册,第485页。
③ (唐)道宣:《续高僧传》卷8,《大正藏》50册,第485页。
④ (元)念常:《佛祖历代通载》卷9,《大正藏》49册,第553页。
⑤ (元)念常:《佛祖历代通载》卷9,《大正藏》49册,第554页。
⑥ (唐)道宣:《续高僧传》卷8,《大正藏》第50册,第485页。

大基圣寺、开化寺、甘泉寺等，晋阳佛教盛极一时。他还于天龙山开凿两个石窟，即今第10窟和第16窟。

西魏恭帝三年（556年），实际掌握西魏政权的宇文泰死后，第三子宇文觉继任大冢宰，自称周公。次年初，他废西魏恭帝自立，国号周，建都于长安（今陕西西安市），史称北周。建德六年（577年），周武帝宇文邕灭北齐，统一中国北方。直至大定元年（581年）被隋王杨坚取代，延续二十四年。这期间武帝灭佛，使得山西佛教备受毁损，武帝去世后的其余诸帝在位期间都支持佛教，于是，山西佛教经历武帝灭佛的法难后逐渐恢复。

建德六年（577年），周武帝宇文邕灭北齐，从此统一北方，为后来隋的统一奠定了基础。起初，他也积极支持佛教。《辩正论》卷三载，武帝宇文邕于"武成二年（560年），为文皇帝造锦释迦像，高一丈六尺，并菩萨圣僧、金刚师子，周回宝塔二百二十躯。莫不云图龙气，俄成组织之功。水濯江波，非假操刀之制，照净土于神光，开化佛于圆影。仍于京下造宁国、会昌、永宁等三寺，飞阁跨中天之台，重门承列仙之观。云甍藻棁，绣柱文梲。夏户秋窗，莲池柰苑。处处精洁，一一研华。见者忘归，睹之眩目。凡度僧尼一千八百人，所写经论一千七百余部"①。但随着佛教、道教势力的扩张，影响了政府税收与徭役、兵役，也妨碍了世俗地主经济势力的发展，加之武帝又尊儒教，因此开始灭佛。

天和二年（567年）蜀郡公卫元嵩上书说："唐虞之化，无浮图以治国而国得安；齐梁之时，有寺舍以化民而民不立者未合道也。若言民坏不由寺舍，国治其在浮图，但教民心合道耳。民合道则安，道滋民则治立。是以，齐梁竞像法而起九级连云，唐虞忧庶人而累土阶接地。然齐梁非无功于寺舍而祚不延；唐虞岂有业于浮图而治得久……嵩以理通，我不事二家，惟事周祖。以二家空立其言，而周帝亲行其事，故我事帝不事佛道。立词烦广，三十余纸。大略以慈救为先，弹僧奢泰，不崇法度，无言毁佛，有叶真道也。"②"弹僧奢泰"之意见可能对周武帝灭佛有影响。

---

① （唐）法琳：《辩正论》卷3，《大正藏》第52册，第508页。
② （唐）道宣：《广弘明集》卷7，《大正藏》第52册，第131页。

《周高祖武皇帝将灭佛法有安法师上论事第一》载:"周武初信于佛,后以谶云,黑衣当王,遂重于道法,躬受符箓,玄冠黄褐,内常服御,心忌释门,志欲诛殄。而患信佛者多,未敢专制。有道士张宾,谲诈罔上,私达其策。潜集李宗,排弃释氏,又与前僧卫元嵩唇齿相副,共相咀醢。帝纳其言,欲亲觇经过,贬量佛失。"①《佛祖历代通载》卷十亦云:"天和四年(569年),谣言黑衣,武帝以猜为心。有道士张宾之等,谲诈罔上,私构其党,以黑释为国忌,以黄老为国祥。帝纳其言,通道轻释,亲受符箓,躬服衣冠。"②《广弘明集》卷第八《周灭佛法集道俗议事》曰:"至天和四年岁在己丑三月十五日,敕召有德众僧名儒道士文武百官二千余人,帝御正殿量述三教。以儒教为先,佛教为后,道教最上。"③武帝"重道轻释"是其灭佛之因。《广弘明集》卷第十《周祖废二教已更立通道观诏》又曰:"武帝猜忌黑衣,受法黄老。欲留道法,摈灭佛宗。佥议攸同,成遵释教。帝置情日久,殊非本图。会道安法师上《二教论》,无闻道法,意弥不伏,无奈理通众口,义难独留,遂二教俱除。"④建德三年(574年)五月十七日,佛道具招排斥。"初断佛、道二教,经像悉毁,罢沙门、道士,并令还民。并禁诸淫祀,礼典所不载者,尽除之。"⑤武帝这次灭佛,涉及范围颇广,西达姑藏,西南全蜀,南至长江,北涉齐境,东南尽于长沙。《历代三宝记》卷第十一记载曰:"武帝邕世,建德敦牂迄于作噩。毁破前代关山西东数百年来官私所造一切佛塔,扫地悉尽。融刮圣容,焚烧经典。八州寺庙出四十千,尽赐王公充为第宅。三方释子减三百万,皆复军民,还归编户。"⑥这次灭佛,使佛教的发展受到严重的打击,山西佛教也不例外。

宣帝即位后,大象元年(579年)正月,诏令从旧沙门中选出七人于正武殿西修道。二月,宣帝将帝位传给宇文衍,改年为大成元年,史称静帝。二月二十六日,诏曰:"佛法宏大,前古共崇,讵宜沈隐,舍而不

---

① (唐)道宣:《集古今佛道论衡》卷2,《大正藏》第52册,第312页。
② (元)念常:《佛祖历代通载》卷10,《大正藏》第49册,第556页。
③ (唐)道宣:《广弘明集》卷8,《大正藏》第52册,第135页。
④ (唐)道宣:《广弘明集》卷10,《大正藏》第52册,第153页。
⑤ (唐)道宣:《广弘明集》卷8,《大正藏》第52册,第135页。
⑥ (隋)费长房:《历代三宝纪》卷11,《大正藏》第49册,第94页。

行。自今应王公下逮黎庶,并宜修事。"四月二十六日,复又诏曰:"教义幽深,神奇宏大。虽以广开化仪,通其修事,而崇奉之徒,勿须剪发,以乖大道。宜视菩萨仪范,权服冠缨,所司条为仪注。"① 于是,道琳等从旧沙门中精选出一百二十名懿行贞粹、声望卓著的高僧大德,在周境弘法,使得佛教得以恢复。

北齐北周皇帝修建寺院石窟、译经、修禅、受戒、禁杀、放生、尊礼国师、罢黜道教等活动,直接推动了山西境内佛教的发展。北周时期经历"建德毁佛",佛教遭到打击,但后继之宣静帝又重新恢复佛教。此时关于佛道二教以及儒佛道三教之论已经出现,"三教说系由佛教人士提出,表明论说者意图将佛教这一西域宗教纳入中原宗教文化体系"②。

二 北齐北周时期活动在山西的佛教僧人

北齐北周时期,流行华严学、涅槃学、禅学、律学、净土学、三论学等学派,这些学派之僧侣著书立说、披析义理、恒亲讲授。他们有的属于山西籍,如慧宝、祥云、法愿等;有的则非山西籍,如昙遵、灵询、明勖、昙延等,他们往来活动于山西境域,促进了山西佛教的发展。

一是披析华严学、涅槃学、律学等佛教义理。如灵询曾跟随慧光学习华严。灵询,俗姓傅,渔阳(今北京市密云县)人。少年入道,学《成实论》和《涅槃经》。"后弃小道,崇仰光公。晓夕研寻十有余载,纤旨秘教,备知通塞。虽博知群籍,而擅出《维摩》,兼有疏记……而书画有工,颇爱篇什,文笔之华,时所推举。美客貌,善风仪,词辩雅净,听者无挠。初为国都,魏末为并州僧统,齐初卒于晋阳,时年六十九矣。"③ 疏记、义疏一类佛教文献为佛教理论的发展和中国化发挥了重要作用。又如释法愿,西河人(山西汾阳),齐昭玄大统法上"嘉其神慧,与语终朝,深通志梗。因摄而剃落,日赐幽奥,横励时伦。乃恣其游博,愿勇思风驰,周行讲席,求法无怠,问道新奇。后乃仰踪波离,专经律

---

① (唐)道宣:《集古今佛道论衡》卷2,《大正藏》第52册,第375页。
② 陈怀宇:《近代传教士论中国宗教——以慕维廉〈五教通考〉为中心》,上海人民出版社2012年版,第69页。
③ (唐)道宣:《续高僧传》卷8,《大正藏》第50册,第484页。

部，网罗佛治，舟径僧猷，自东夏所传四部律本，并制义疏，妙会异同。……故得立破众家，百有余计，并莫敢当其锋锐也。时以其彭亨罕敌，号之为律虎焉。……皇隋受命，又敕任并州大兴国寺主，频登纲管，善御大众，化移前政，实济济焉。以开皇七年（587年）六月二十二日，终于所住，春秋六十有四，葬于并城之西。"① 又如上党人慧瑱主要研学律学和禅学，"奉律齐真，贞确难拔，住郡内元开府寺，独静一房，禅忏为业。会周建德六年（576年），国灭三宝。瑱抱持经像隐于深山，从此每日瑱恒凭之安业山阜，不侧其卒。"② 北齐北周到隋代影响很大的蒲州人昙延，著《涅槃经疏》《大乘起信论义疏》，乃至天子听讲，大臣问道，名盛于世。昙延听到妙法师讲《涅槃经》，探悟其旨，舍俗出家，"又听《华严》、《大论》、《十地》、《地持》、《佛性》、《宝性》等诸部。皆超略前导，统津准的。"③ 后隐于中条山百梯寺，与山中薛居士论辩，著《涅槃经疏》。"用比远公所制，远乃文句惬当，世实罕加，而标举宏纲，通镜长骛，则延过之久矣。周太祖素挹道声，尤相钦敬，躬事讲主，亲听清言，远近驰萃，观采如市。"周太祖为其在京城附近建云居寺，招其与陈朝周弘正辩论。令周弘正顶拜伏膺"及返陈之时，延所著义门并其仪貌，并录以归国，每夕北礼，以为昙延菩萨焉"④。周太祖又授昙延国统，至周武帝废佛，极谏不从，便隐于太行山。昙遵、灵询、明勖、昙延等论师阐释佛教经典，辨析义理，也推动着佛教宗派的发展。

二是诵持经典，著书立说。如释慧宝，以齐武平三年（572年），从并向邺。行达艾陵川，失道寻径入山。暮宿岩下，室似人居，迥无所见，慧宝端坐室前。"夜至二更，有人身服草衣。山僧曰：'修道者未应如此。欲闻何经为诵之？'宝曰：'乐闻《华严》。'僧即少时诵之便度，声韵谐畅，非世所闻。更令诵余，率皆如此。"⑤ 又有并州僧人祥云，俗姓周。童稚之年，依并州僧统灵询披剃，学习《涅槃》。后"负籍往游，观光五

---

① （唐）道宣：《续高僧传》卷21，《大正藏》第50册，第610页。
② （唐）道宣：《续高僧传》卷8，《大正藏》第50册，第649页。
③ （唐）道宣：《续高僧传》卷8，《大正藏》第50册，第488页。
④ （唐）道宣：《续高僧传》卷8，《大正藏》第50册，第488页。
⑤ （唐）道宣：《续高僧传》卷25，《大正藏》第50册，第649页。

顶，栖止大孚寺，持诵《华严》，直至老终"①。齐时还有定州僧人明勖，"少怀倜傥，志概凝峻。尝闻《华严》，知清凉乃文殊所居，遂负笈来游。深林幽谷，靡不询历……勖承斯诲，终身持敬，以事病为行焉"。② 高齐释玄颐卓庵于五台山龙宫圣堆，讽诵《华严》，后玄颐于此建寺，名曰娑婆寺。③ 这些僧人将毕生精力置于佛教经典的诵持上，不仅提高了自身的德行，更重要的是为僧才的培养打下了基础，有力地推动着佛教在山西的发展。

三是播延佛法，参与佛教管理。如释昙遵"初出化行洛下，流演齐楚晋魏乃至燕赵"④。又如灵询"至迁京漳邺，游历燕赵，化沾四众，邪正分焉。"⑤ "僧统"一职系北魏设立，为统监全国僧尼事务之僧官，又称沙门统、道人统、都统、昭玄统。显然，灵询在魏末齐初担任并州僧统，主要管理太原地区的僧尼事务，可见，当时太原一地的佛教具有相当规模。又如僧妙"居河东蒲坂，禁行精苦，聪慧夙成。遍览群籍，尤通讲论……睹其虚己，皆服其德义，众益从之。后住蒲乡常念寺，即仁寿寺也。聚徒集业，以弘法树功，击响周齐，甚高名望。周太祖特加尊敬，大统年时西域献佛舍利，太祖以妙弘赞著续，遂送令供养……化行河表，重敬莫高。延及之乡，酒肉皆绝。现生葱韭，以土掩覆。并非由教令，而下民自徙其恶矣"⑥。僧妙在山西南部一带影响颇巨，甚至影响了当地民风的变化。

三　北齐北周山西佛教寺院的兴建与存续

山西佛教在北齐诸帝的支持下，佛教寺院的兴建也很兴盛。根据《高僧传》《续高僧传》《山右石刻丛编》与山西地方史志、碑刻等史料的记载，将北齐时期存在的山西佛寺作一汇总。

---

① （唐）慧祥：《古清凉传》卷1，《大正藏》第51册，第1095页。
② （唐）慧祥：《古清凉传》卷1，《大正藏》第51册，第1096页。
③ （明）镇澄：《清凉山志》卷2，中国书店1989年版，第48页。
④ （唐）道宣：《续高僧传》卷8，《大正藏》第50册，第484页。
⑤ （唐）道宣：《续高僧传》卷8，《大正藏》第50册，第484页。
⑥ （唐）道宣：《续高僧传》卷8，《大正藏》第50册，第486页。

表3—3　　　　北齐北周时期山西佛寺兴建与存续汇总

序号	佛寺名	隶属地	兴建或存续时间	文献来源
1	仙岩寺	太原	天保二年（551年）	避暑宫在天龙山东，址存，又苇谷山有避暑宫，天保二年建，后改名仙岩寺。（雍正《山西通志》卷57）
2	崇福寺	太原	天保二年（551年）	僧永安建，唐大历二年修，会昌五年废，元至正初重建，寻废，明洪武十年重建并上生寺入焉。（乾隆《太原府志》卷48）
3	开化寺	太原	天保二年（551年）	在县西十五里蒙山。（清乾隆《太原府志》卷48）
4	悬瓮寺	太原	天保三年（552年）	在县西南十里悬瓮山，熙平初沙门灵辩造《华言论》于此。（乾隆《太原府志》卷48）
5	天龙寺	太原	皇建元年（560年）	隋开皇四年镌石，金天会二年废，元至正二年重建，明洪武二十四年并仙岩寺入焉。（乾隆《太原府志》卷48）
6	上生寺	太原	天统二年（566年）	僧清辉建，明永乐十四年重建。（乾隆《太原府志》卷48）
7	大基圣寺 大崇皇寺	太原	天统五年（569年）	（天统五年）夏四月甲子，诏以并州尚书省为大基圣寺，晋祠为大崇皇寺。（《北齐书》卷8）
8	童子佛寺	太原	北齐	显祖尝登童子佛寺，望并州城曰："此是何等城？"或曰："此是金城汤池，天府之国。"帝云："我谓唐邕是金城，此非金城也。"其见重如此。（《北齐书》卷40）
9	康寺	太原	北齐	正山子公顺，与博陵崔君洽、陇西李师上同志友善，从驾晋阳，寓居僧寺，朝士谓"康寺三少"。（《北齐书》卷42）
10	大庄严寺 石窟寺 大兴国寺	太原	北齐	释法愿，姓任，西河人也……金义攸归，乃下敕召为大庄严、石窟二寺上座。（《续高僧传》卷21）

续表

序号	佛寺名	隶属地	兴建或存续时间	文献来源
11	定国寺	太原	北齐	未及科，会并州定国寺新成。（《北齐书》卷39）
12	大宝林寺	太原	北齐	又为胡昭仪起大慈寺，未成，改为穆皇后大宝林寺。（《北史》卷8）
13	并州寺	太原	北齐	《艺文类聚》卷77《并州寺碑》
14	甘露寺	辽县	北齐	（武定十年）二月丙戌，帝于甘露寺禅居深观，唯军国大政奏闻。（《北齐书》卷4）
15	铁佛寺	平遥	武平二年建（571年）	（雍正《山西通志》卷169）
16	兴隆寺	平遥	武平四年建（573年）	旧名双和寺，宋嘉祐八年改今名。（雍正《山西通志》卷169）
17	敬屈寺 善惠寺	襄汾	天统二年（566年）	太平县西八里膏腴村。（万历《山西通志》卷26）初名敬屈寺，宋嘉祐八年赐今额。（康熙《平阳府志》卷33）
18	百榖寺	长治	武平四年（573年）	县东北十三里百榖山。（《山西通志》卷169）
19	开府寺	长治	北齐	释慧瑱，上党人。奉律齐真，贞确难拔，住郡内石开府寺。独静一房，禅忏为业。（《续高僧传》卷25）
20	法华寺	平顺	北齐	在石城村北八里天台山麓。（民国《平顺县志》卷10）
21	石佛寺	沁源	武平七年（576年）	明洪武间补修，万历十年阎社增修，康熙五十年、雍正十三年庠生武国英经理继续重修。（《石佛寺重修碑记》《三晋石刻大全·沁源县卷》）
22	藏阴山寺	泽州	乾明元年（560年）	"龙华造像石"碑文曰："大齐乾明元年，岁在庚辰，二月癸未，朔八日庚寅，藏阴山寺比丘昙共始道俗五十人等，敬造龙华像一躯，今得成就。上为皇帝陛下师僧父母法界众生同入萨婆若海。"（碑存晋城市博物馆）

续表

序号	佛寺名	隶属地	兴建或存续时间	文献来源
23	贤谷寺	泽州	北齐	（慧远）十三辞叔，往泽州东山古贤谷寺，时有华阴沙门僧思禅师，见而度之。（《续高僧传》卷8）
24	兴善寺	泽州	北齐	城西四十里岳神山之阳。（雍正《泽州府志》卷21）
25	青莲寺	泽州	北齐	《大金泽州硖石山福岩禅院记》中载："古青莲寺，寺额咸通八年所赐也。寺之东五里，古藏阴寺，即北齐昙始禅师之所建也。"（《山右石刻丛编》卷23）
26	清化寺	高平	北齐	释慧远，姓李氏，敦煌人也。……返就高都之清化寺焉，众缘欢庆，叹所未闻。及承光二年（578年）春，周氏克齐，便行废教，敕前修大德，并赴殿集。然世弘三教，其风弥远。考定至理，多皆愆化。（《续高僧传》卷8）
27	开福寺	阳城	天保四年（553年）	晋天福四年重建，旧名文殊，金大定中改名福严，明洪武改今额，置僧会司。（雍正《泽州府志》卷21）
28	文殊寺	阳城	天保四年（553年）	县西化源坊。（雍正《泽州府志》卷21）
29	古贤寺	陵川	天保二年（551年）	县西南八十里古贤山上。（成化《山西通志》卷5）
30	宝林寺	晋城	北齐	有石幢，建自北齐。（乾隆《凤台县志》卷12）
31	永建寺	晋城	北齐	凤台县西北四十里。（《大阳资圣寺记》《庄靖集》卷8）
32	崇胜寺	汾阳	天保二年（551年）	县北二十里大相里。（光绪《汾阳县志》卷9）
33	□觉寺	祁县	武平五年（574年）	祁县水南十三里。（成化《山西通志》卷5）

续表

序号	佛寺名	隶属地	兴建或存续时间	文献来源
34	王子烧身寺	五台山	北齐	至北齐初年,第三王子于此求文殊师利,竟不得见,乃于塔前,烧身供养,因此置寺焉。(《古清凉传》卷1)
35	大孚寺	五台山	北齐	昔高齐王时,大孚寺僧祥云,俗姓周氏,不知何许人。年数岁而出家。(《古清凉传》卷1)
36	华法寺	五台山	北齐	五台县东五十五里麻岩山。(嘉庆《大清一统志》卷151)
37	兴国寺	蒲县	天统二年(566年)	县西南六十里。(成化《山西通志》卷5)
38	百梯寺	永济	北周	释昙延,俗缘王氏,蒲州桑泉人也。年十六因游寺,听妙法师讲《涅槃》,探悟其旨。遂舍俗服,膺幽讨深致。遂隐于南部太行山百梯寺,即所谓中条山是也。(《续高僧传》卷8)
39	静林寺	永济	北周	释昙献,姓张,京兆始平人。少事昌律师,昌虞乡贾氏,净行无玷,精诚有闻,股肱之地咸所宗仰。所居谷口素有伽蓝,因此谷名遂题寺目为静林寺也。(《续高僧传》卷20)
40	常念寺	永济	北周	释僧妙,一名道妙,本住冀州。后居河东蒲坂,禁行精苦。时以解冠前彦,行隆端达,睹其虚己,皆服其德义,众益从之。后住蒲乡常念,即仁寿寺也。(《续高僧传》卷8)

从以上寺院统计来看,北齐、北周山西佛教寺院较为集中于并州、五台山、泽州、蒲州等地,且多出自正史所载,大都与皇室活动、政治事件有关,很多都是所谓的"官寺"。其他地区所见之佛寺大多不见载于正史,多见于各地县志,分散在晋南、太行山一带。由此基本可以看出,

该时期山西佛寺主要分布在山西中北部。晋东南因靠近洛阳，晋南靠近长安，也是佛寺较多之地。《古清凉传》卷上载："爰及北齐高氏，深弘像教，宇内塔寺，将四十千。此中伽蓝，数过二百。又割八州之税，以供山众衣药之资焉。据此而详，则仙居灵贶，故触地而繁矣。"① 该著中提及魏齐时期寺院还有石召寺、向阳寺、万缘寺、龙泉寺、天盆寺、梵仙寺、石窟寺、楼观寺、光明寺、殊公寺、廓魔寺、高岭寺、赤崖寺、天城寺、娑婆寺、日照寺、五王寺、温汤寺、宝积寺、榆勤寺、东兴寺、乳石寺、凤岭寺、浮图寺、石堂寺、龙蟠寺、香云寺、香蕖寺、圣寿寺、太谷寺、甘泉寺、普济寺、木瓜寺、秘密寺、古华严寺等。可见，此时五台山已成为山西北部一处佛教兴盛之地。

从时间上来看，表中除不能确定修建年代的佛寺之外，北齐明确有记载时间的佛寺有13所，大多集中在天保元年至武平七年间（550—576年），这也正是北齐诸位皇帝支持佛教发展的重要时期。文宣帝高洋即位后对佛教积极支持。天保二年（551年），高洋凿大岩为大佛，历24年始成。天保七年（556年）又建造童子寺。皇建元年（560年），又开始建天龙寺。文宣帝晚年，还到辽阳（今山西左权）甘露寺。后主高纬在位期间，以并州尚书省为大基圣寺，晋祠为大崇皇寺，并开凿蒙山大佛。《北齐书·帝纪八》记载，后主高纬"所爱不恒，数毁而又复。夜则以火照作，寒则以汤为泥，百工困穷，无时休息。凿晋阳西山为大佛，一夜燃油万盆，光照宫内"②。可见开凿大佛时场面之宏大。正是帝王的这些崇佛举措把山西佛教的发展推向顶峰，使山西佛教在北齐统治的短短二十多年间得到了快速发展。③

四　北齐北周山西佛教石窟与造像

（一）开凿石窟，雕造大像

高欢统治期间，不仅在天龙山修建了避暑宫，还在天龙山的东峰开凿了两个石窟，即第2窟和第3窟。据《北汉英武皇帝新建天龙寺千佛

---

① （唐）慧祥：《古清凉传》卷1，《大正藏》第51册，第1094页。
② 《北齐书》卷8，中华书局1972年标点本，第113页。
③ 赵改萍：《北齐时期山西的佛教》，《五台山研究》2017年第2期。

楼之碑铭并序》载:"往者北齐启国,后魏兴邦。虽未臻偃伯之称,且咸正事天之位。时或倦重城之晏处,选面胜之良游。各营避暑之宫,用憩鸣銮之驾。亦犹秦之阿房,晋之虒祁,楚之章华,汉之未央。古基摧构,往往存焉。年历浸远,率多改作。盖以翼翼都会,豪右富民,因旧图新,增制惟错。于是乎金人塔庙,老氏宫观,星布于岩石矣。懿哉!坤维之上,一舍之遥。群木阴翳,奇峰□□。上有平址,东西仅五十步。北倚石壁,有弥勒阁。内设石像,侍立对峙。容旨温(阙一字)其镌磨之巧,代不能及。昔睿宗皇帝再加添设,功用宛然。次东有池水甚洁,澄湛凝碧。睹之恐耸,国人俨其堂宇,偶以神位。每角亢方中,雷雨未施,即雩祷咸萃矣。"①《天龙寿圣寺碑记》亦载:"齐王避暑,楚帝乘凉,补极乐之□□□□□慈氏之内院。"②《重修天龙寿圣寺记》又云:"寺以天龙名,或曰取诸释经天龙八部之义。又曰寺东去一里许,凿石为洞,深广各三丈余,洞中开池,池水深澄,蒸郁云气,每岁旱,居民汲水而归,辄得甘霖沾渥。然龙能兴雨,洞有之,故以名寺,且旁有白龙祠可征,是或得之矣。寺在聚山深处。按《志》,去太原三十里王索二都,北齐皇建年建立。上有石室二十四龛,龛西即洞与祠,祠西建重檐阁,内有大石佛像一尊,左右列文殊、普贤二像。隋开皇间立碑,刻《石室铭》,年久剥落。汉广运二年(975年)、元至正二年(1341年),俱有重建碑记。人传齐高欢避暑宫遗迹存焉,《志》亦不载。"③《重修天龙寿圣寺殿阁记》亦云:"中建寿圣禅刹一区,初建于北齐天保之间……南山万松郁郁,相传乃北帝高欢避暑宫也。"④ 高欢死后,其次子高洋于550年称帝,定国号为齐,史称北齐。他继承父亲崇佛之举,于天龙山又开凿三个石窟,即今东峰第1窟、第10窟和第16窟。这三窟的三面墙壁凿有拱形佛龛,内设佛像,体态丰满,骨肉圆润,显得较为优雅,呈现不同于北魏风格的造像。

北齐时期天龙山石窟造像题材主要流行一佛二弟子、释迦、多宝并

---

① 《全唐文》卷900,中华书局1983年版,第9393页。
② 张正明:《明清山西碑刻资料选》,山西古籍出版社2007年版,第397页。
③ 张正明:《明清山西碑刻资料选》,山西古籍出版社2007年版,第389页。
④ 张正明:《明清山西碑刻资料选》,山西古籍出版社2007年版,第407页。

坐和弥勒佛题材。石窟造像依据经典主要为《法华经》和弥勒类经典。同时，这些题材也与北齐僧人热衷于习禅有关。北齐诸帝重视禅法，尤以文宣帝为甚。天保之始，曾"请稠禅师，受菩萨戒"①，因而"高齐河北，独盛僧稠"②。禅师习禅与石窟寺关系密切，文献中不乏记载。《续高僧传》卷二十五《释道丰传》载："世称得道之流，与弟子三人居相州鼓山中。齐高往来并邺，常过问之。应对不思，随事标举。帝曾命酒并蒸肫，敕置丰前，令遣食之。丰聊无辞让，极意饱噉。帝大笑。时石窟寺有一坐禅僧，每日至西则东望山巅，有丈八金像现，此僧私喜谓睹灵瑞，日日礼拜，如此可经两月。"③ 1号窟东西壁龛内均为一佛二菩萨，主尊为倚坐弥勒，10号窟北壁主尊释迦、多宝并坐，东壁东尊为交脚弥勒及二弟子，西壁主尊应为阿弥陀佛，都是禅观的主要对象。16窟内北壁、东壁和西壁都是一佛二弟子二菩萨组合，应为三世佛的组合。北齐天龙山石窟多弥勒菩萨与阿弥陀佛题材，似乎与昙鸾在并州弘扬净土有关。④

北齐统治者还十分推崇《华严经》，文宣帝曾亲书《华严斋记》，立"华严斋会"，行华严忏祷。"齐主武成降书邀请，于太极殿开阐《华严》。法侣云繁，士族咸集，时共荣之，为大观之盛也。自尔专弘此部，传习弥布。属周毁经道，划迹人间。栖息烟霞，保护承网。"⑤ 如慧宝能诵经二百余卷，时共知名，"以齐武平三年（572年），从并向邺。行达艾陵川，失道寻径入山。暮宿岩下，室似人居，迥无所见，宝端坐室前。上观松树，见有横枝悬磬，去地丈余。夜至二更，有人身服草衣，自外而至。口云：'此中何为有俗气。'宝即具述设敬，与共言议。问宝：'即今何姓统国。'答曰：'姓高氏，号齐国。'宝问曰：'尊师山居早晚。'曰：'后汉时来。''长老得何经业。'宝恃己诵博，颇以自矜。山僧曰：'修道者未应如此，欲闻何经为诵之。'宝曰：'乐闻《华严》'僧即少时

---

① （唐）法琳：《辨正论》卷3，《大正藏》第52册，第507页。
② （唐）道宣：《续高僧传》卷20，《大正藏》第50册，第595页。
③ （唐）道宣：《续高僧传》卷25，《大正藏》第50册，第647页。
④ 刘慧达：《北魏石窟与禅》，《考古学报》1978年第3期。
⑤ （唐）道宣：《续高僧传》卷9，《大正藏》第50册，第498页。

诵之便度，声韵谐畅，非世所闻。更令诵余，率皆如此。"①北齐天龙山石窟由于毁坏严重尚未发现与华严思想密切相关的造像。

石窟寺的开凿，不仅见证了佛教与政治的紧密结合，也与北魏至隋唐时期晋阳一直是北方地区重要的政治、经济、文化和军事重镇有着密切的关系。北魏晚期，晋阳是沟通都城洛阳和故都平城之间的孔道。天龙山石窟的创凿，受到平城和洛阳佛教艺术的影响。同时期，山西出现了不少与之风格类似的石窟，共同见证了北齐山西佛教的发展。

姑姑洞石窟，位于距离太原南郊晋祠西北龙山南坡山腰上。石窟主要有三个，即下窟、中窟和上窟。其中，中窟和上窟都是方形平面、覆斗形顶的三壁三龛式小型佛殿窟，这种石窟形制与天龙山的东魏、北齐石窟大体一致。此外，这三所洞窟里的佛像，肉髻低而平，面相方而圆，袈裟为袒右式或双领下垂式，这些都具有天龙山北齐石窟的造型风格。②姑姑洞石窟的东面还有一尊摩崖大佛像。

瓦窑村石窟，位于晋祠镇西北悬瓮山瓦窑村西北山坡崖面上。该窟东西并列，现存三个洞窟，结构为方形平面、覆斗形窟顶的三壁三龛式。佛像着褒衣博带式袈裟，或着双领下垂式袈裟，有略宽的裙摆；菩萨像的披巾自双肩敷搭，有的交叉于腹部，这种风格与天龙山、姑姑洞的北齐石窟有着共同的时代特点。③

石佛寺石窟，在左权县城西井沟村西南500米的山坡上。现存洞窟两个，第1窟为略呈方形平面、覆斗形窟顶的三壁三龛式，在三壁前设置了倒凹字形的低坛；第2窟为略呈倒梯形平面、人字披顶的三壁三龛式。第1窟的布局为释迦、思惟菩萨、弥勒像佛的三佛组合，这些人物的造型与服装特点，也与天龙山第2、3窟基本相同。④

开河寺石窟，在山西省平定县岩会乡乱柳村西。现存三个小型洞窟，东西并列。形制为方形、四角攒尖顶的三壁三龛式。佛像宽肩挺胸，身

---

① （唐）道宣：《续高僧传》卷25，《大正藏》第50册，第649页。
② 李裕群：《姑姑洞石窟与瓦窑村石窟调查报告》，《文物季刊》1995年第3期。
③ 李裕群：《姑姑洞石窟与瓦窑村石窟调查报告》，《文物季刊》1995年第3期。
④ 李裕群：《山西左权石佛寺石窟与"高欢云洞"石窟》，《文物》1995年第9期。

体宏壮,着双领下垂式袈裟,裙摆较短,覆于座上,衣纹呈水平状。菩萨像双肩披巾沿身体两侧自然下垂至地,上身袒露,下身着裙。佛和菩萨造像风格与天龙山石窟北齐造像一致。①

圈子山石窟,坐落于榆社县城西北武源村西北。现存一个洞窟和六个摩崖小龛。形制为方形、覆斗顶的三壁三龛式。窟形与太原天龙山东魏洞窟第2、3窟、左权石佛寺石窟等基本一致。②其造像组合为三世佛,为一坐佛、一立佛和一倚坐佛。

响堂寺石窟,位于榆社县城西南庙岭山。现存二窟和一处摩崖造像。响堂寺石窟的洞窟形制为方形、四角攒尖顶的三壁三龛式。佛像面短而浑圆,显示出向北齐样式变化的趋势。③

以太原天龙山为中心区域而形成的诸多石窟群,主要集中于山西的北中部,且都分布于太原与河北"两都"的交通要道上,是研究邺城(今河北邯郸市临漳县)佛教与山西佛教关系的重要实物资料,具有重要的历史价值。从邺城至太原,一者可经武安越太行山,抵辽阳(今山西左权),再由辽阳向西经榆社、榆次,北上太原。二者经阱陉关入平定,然后抵太原。平定石门口现存北齐天保六年《李清造像记》云:"去家五百里,就阱陉关榆交式,万里长途,百州路侧,造报德像碑,磨岩刊石,万世不朽。"④北齐颜子推《颜氏家训》卷三《勉学篇》记曰:"吾尝从齐主(文宣帝)幸并州,自阱陉关入上艾县(今山西平定)东数十里,有猎闾村。"⑤可见,北齐帝室也有从阱陉关入平定而抵太原者。三者可从武安经涉县,过壶关,抵黎城,经襄垣、武乡而抵榆社,再由榆社北上太原,或黎城向北抵辽阳,与第一路线相重合。北齐"两都"频繁的往来,对于沿途地区佛教的发展无疑起到了重要促进作用,山西北齐佛教石窟带正好说明这一点。

北齐天保末年(559年)开凿蒙山大佛,至后主天统五年(569年)

---

① 李裕群:《山西平定开河寺石窟》,《文物》1997年第1期。
② 李裕群:《山西榆社石窟寺调查》,《文物》1997年第2期。
③ 李裕群:《山西榆社石窟寺调查》,《文物》1997年第2期。
④ (清)胡聘之:《山右石刻丛编》卷2,山西人民出版社1988年版。
⑤ 檀作文译注:《颜氏家训》,中华书局2007年版,第131页。

竣工。① 据《蒙山开化寺碑》载："北齐文宣帝天保末年，凿石通蹊，依山刻像，式扬震德，用镇乾方。成招提之胜因，俾释迦之真相。人皆回向，时凑福田。齐后主然油万盏，光照宫内。"② 蒙山大佛雕凿是皇室倾全力为之，规模之大亦可见之。蒙山大佛呈结跏趺式，双手施禅定印，体型健硕。此外，晋阳还有开凿于北齐天保七年（556年）的童子寺大佛。《太原府志》卷四十八记载："童子寺，在县西十里龙山上，天保七年（556年）北齐弘礼禅师建，时有二童子见于山，有大石似世尊，遂镌为像，高一百七十尺，因名童子寺。"③ 又据圆仁《入唐求法巡礼行记》卷三载："从石门寺向西上坂，行二里许，到童子寺……于两重楼殿——满殿有大佛像——见碑文云：'昔冀州礼禅师来此山住，忽见五色光明云从地上空而遍照。其光明云中有四童子坐青莲座游戏……岸上崩处，有弥陀佛像出现。三晋尽来致礼，多有灵异，禅师具录，申送请建寺。遂造此寺，因本瑞号为童子寺，敬以镌造弥陀佛像……跌座之体高十七丈，阔百尺。观音、大势至各十二丈'云云。"④ 童子寺大佛是僧人弘礼禅师因所谓感应而建，但如此宏大佛像的雕凿应不是个人能完成的，应该得到了统治者的支持。文宣帝在晋阳勘凿大佛，一方面是继承北魏云冈石窟雕凿大佛的传统，将自身塑造为转轮王，以期实现其维护统治的政治目的；另一方面则是由于这一时期晋阳在政治、经济、文化上的特殊地位。

可见，从北魏云冈石窟第20窟的露天大佛，到北齐时期的西山大佛、童子寺大佛，说明依托山势开石窟造大像，已成为山西佛教文化发展中的一种地域特色。

（二）造像碑与摩崖造像

北齐时期山西地区也雕凿了大量的造像碑。从造像碑中开龛的形制

---

① 关于蒙山大佛开凿的时间不统一，一说为天保二年（551年），一说为天保末年（559年），一说为承光元年（577年）。本文认为第二种观点较为可信。李裕群：《晋阳西山大佛与童子寺大佛的初步考察》，《文物季刊》1998年第1期。
② （清）胡聘之：《山右石刻丛编》卷10，山西人民出版社1988年版。
③ 乾隆《太原府志》卷48，《中国地方志集成》，凤凰出版社2005年版，第12页。
④ ［日］圆仁撰，白化文等校注，《入唐求法巡礼行记》卷3，花山文艺出版社2007年版，第319页。

看，从最早的大齐天保四年（553年）双头造像碑到武平三年（572年）北齐王胜族造像碑来看，多为圆拱顶，有三面造像与四面造像碑。碑阳上部中开龛为尖楣龛，有的龛楣呈现弧形，有的龛楣呈现帷幔形。由此，我们可以看出在山西地区的尖拱形龛，从出现时间上自北魏正光六年（525年）造像碑至武平三年（572年）北齐王胜族造像碑一直都在采用，远较其他形式的龛形多。因此，尖拱形龛应为山西佛教造像碑最为流行的开龛形式。北齐比较流行的是帷幔形龛，是北魏晚期以来发展的结果。此种龛形在麦积山石窟北周时期窟龛、云冈石窟三期（即孝文帝迁都洛阳后的石窟）以及天龙山石窟北齐窟龛中，都有呈现，北齐山西佛教造像碑呈现承前启后的特征。

从佛教造像碑的造像组合看，造像组合有以下三种，（1）一佛二菩萨的三尊像，如高平北齐天保九年（558年）四面造像碑的碑身两侧分别是：上部雕一龛，左侧内雕一佛二菩萨，右侧雕一龛，内雕一佛二弟子。① 又如张洪资造像碑碑身上部龛，龛内主尊为佛，端坐方形台上，身后隐有舟形背光。主佛两侧各有二菩萨，端立于方台上。（2）五尊像的形式，有一佛二菩萨二弟子的组合，还有一佛二菩萨二力士的组合，其中一佛二菩萨二弟子的五尊像为主要题材。这种组合与此同期的其他地区的石窟，如龙门石窟、响堂山石窟中以及天龙山的东魏、北齐石窟大体一致。（3）七尊像的形式，有一佛二菩萨二弟子二力士的组合，还有一佛四菩萨二侍者的形式。

从造像特征看，主尊佛像与菩萨像均由清瘦转为丰满。北齐时期，释迦牟尼造像面部圆润丰满、身躯敦实健硕、整体气势雄浑。纵观北齐山西佛教造像风格的总体发展脉络，可将北齐武平年间看作分水岭。在此之前，造像是衣薄贴体、雕刻较浅的雕塑风格。此后，逐步呈现出隋唐雍容华贵的走势。这种造像风格虽受印度犍陀罗艺术的影响，却将印度佛教造像风格与中国本土文化结合在一起，与南朝的佛教造像艺术交相辉映。

菩萨面相的变化趋势与主尊佛像一致，服饰上由北魏时期的上身赤

---

① 常书铭：《三晋石刻大全·高平市卷》，三晋出版社2010年版，第8页。

裸，开始向着上衣、披帛交叉的式样发展，此后，菩萨着装一直保持着此种服饰。单体菩萨立像仍保留背屏样式，大致以天保末期为界，前期与东魏后期造像极为相近，只是面庞较为丰满，衣纹更加贴体，线条流畅，动感性更强。后期装束变得更加简洁，凸显了菩萨身躯的线条，头戴宝冠叶瓣较散，宝缯呈波浪状绕冠叶上下内外穿梭，两侧冠叶雕圆环，宝缯从内穿出直接垂下，过去宝缯扎结扇形的样式逐渐减少不见。菩萨造像中这些服饰的变化说明佛教不断中国化。

从造像碑的题记或发愿文看，建造像碑之目的在于为亡者祈福能免地狱之苦，享受极乐世界，现世帝王，国祚长远，亲人子孙幸福安康。如高平北齐天保九年（558年）《四面造像碑》发愿文载，董黄头七十人等"造释迦像一区，弥勒慈氏及无量寿佛、药师□光、思维、多宝、阿难、迦叶并诸菩萨，以此微善，愿皇帝陛下延祚无穷，四方募化。又愿□邑诸人生生之爱，恒值诸佛，闻法悟解。法界众生，发菩提心，速致住佛。"① 又《石槽造像碑》载："弟子眷属等力志专成，晨昏敬想，遂探□石于荆峰，访画匠于鲁氏，刊神仪于清流，三涂之亲超□，愿皇帝得康祉，为边地众生、亡世父母、采生所生父母、因缘眷属、法界众生，普同其愿。"② 发愿文中的祷语大多同此。又如天保二年《邢多五十人等造像记》载："邢多五十人等，昔因封而居，子孙留禺。今在肆土，为人领袖，其人可谓天资桀迈，乾饰明□，圆弓连阔，飞刀□刃，为帝所知，召国介□，武艺之士，实自孤绝一时，寝寨酋勇亦难量者哉。遂在合州发弘大愿，令军侣行还，建□像一区，经营寻就。藉回斯福，咸发上愿，令皇祚遐□，业化清熙，泽洽九区，恩过八极，因令先亡现在，蠢情能□，同归妙境。"③ 北方战乱，政局动荡，使百姓饱受战乱之苦。因此，在这样的环境下，人们自然希望能国泰民阜、安居乐业，希望通过此种活动能消除现世之苦难，祈求来世之福乐。

北齐时期，山西境内雕凿的摩崖石刻共十余处，主要集中于山西中部、南部以及晋东南地区。

---

① 常书铭：《三晋石刻大全·高平市卷》，三晋出版社2010年版，第8页。
② 高剑峰：《三晋石刻大全·安泽县卷》，三晋出版社2011年版，第7页。
③ （清）胡聘之：《山右石刻丛编》卷2，山西人民出版社1988年版。

北齐时期摩崖造像雕凿主要集中在北魏后期天保二年（551年）至武平六年（575年）年间，以武平年间居多。北齐（550—577年）时期，皇帝高洋、高纬都大兴佛教。天保二年（551年），北齐文宣帝高洋凿大岩为大佛，历24年始成。"每灾异寇盗水旱，亦不自贬损，唯诸处设斋，以此为修德。"① 统治者的支持把山西佛教的发展推向高潮，也带动了佛教摩崖造像的雕凿。

北齐时期山西摩崖主要分布于盂县、平定等晋中地区，如盂县北齐天统四年（568年）诸龙山摩崖造像，盂县陆师嶂千佛洞摩崖造像，盂县姑姑崖摩崖造像等，这应与其地理环境有密切关系。北齐于邺城（临漳）为上都，山西晋阳（太原）为下都。高氏皇室频繁往来于二都之间，并在沿途开窟造像，修建避暑离宫。北响堂常乐寺金正隆四年（1159年）《重修三世佛殿记》载："文宣常自邺都诣晋阳，往来山下（鼓山），故起离宫，以备巡幸，于此□腹见数百圣僧行道，遂开三石室，刻诸尊像。"② 由此可见，盂县、平定作为邺都与晋阳两都佛教交流的孔道，佛教得到快速发展。

从造像题材看，除佛、菩萨、弟子外，还有马兽、飞禽、武士。甚至在海东摩崖造像中还不对称排列有20位骑士和一组牧童坐在牛背上驾车的生动画面。从这些内容看，反映了游牧少数民族的社会生活习俗。造像的目的主要是为师僧父母眷属乃至众生祈福消灾，世俗性、功利性、应急性目的浓厚。

从佛教造像特征看，更加亲民，脸型变得圆润，庄严中不失祥和，表现出佛教赋予佛菩萨博大宽广的胸怀气度。造像头部下颔短而宽，微微含笑，弯眉，嘴角略含上翘，鼻梁挺直，鼻翼较北魏略宽，面相上显得和善安详，脖子略短而微粗，以单阴线刻一条脖纹，以表丰腴的形态特征，是人们理想中有修为的修行人应该具有的形象，而不是严肃呆板、冷峻清高的形象。这种整体形象是人们对圆满人生形象的想象，满足人们对极乐世界的向往。这种形象结合了山西本地文化的特征，归纳出普遍共有的形象，也不是之前汉朝乃至魏晋前期传入的印度式的形象。尤

---

① 《北齐书》卷8，中华书局1972年标点本，第113页。
② 邯郸市文物保管所：《河北邯郸市鼓山常乐寺遗址清理简报》，《文物》1982年第10期。

其此时出现的号称"第一大佛"之晋阳蒙山大佛,它是印度文化与中国文化、汉文化与少数民族文化的交融,彰显着它强烈的现实价值与意义。

(三)民间造像热情高涨

南北朝时期,我国北方及南方的一些地区,广泛流行着两种由僧尼与在家佛教信徒混合组成或仅由在家佛教徒组成,多数以造像活动为中心的佛教团体。这种佛教团体的名称不一,以邑、邑义、法义等名目较为多见,也有的称为邑会、义会、会、菩萨因缘等。我们把它们通称为佛社。① 这些佛社或邑义,"原来是民间为共同造像而发起的,后来逐渐发展,兼及于修建窟院、举行斋会、写经、诵经各事"②。

北齐时期以邑为单位,在民间进行了不少造像活动。在北齐皇帝积极崇佛的背景下,不少民众也纷纷信佛,积极从事刻碑、开窟、造像等活动。从目前山西保留的北齐佛教造像碑、摩崖造像、石窟题记及造像记等来看,造像者身份多种多样,既有皇室成员、官吏及家庭成员,也有僧尼及普通信众、会邑成员。如北齐河清三年(563年)《阳阿故县造像》题名中,可识者计189人,其中17人有官衔。③ 又如《王氏道俗百人造像记》云:"有大比丘僧法师,累行积因,尘劫余□□□□背尘境,合寺僧众……率契道俗一百人等。时以王氏,盘根太原。海内君积善空王。高鉴自远。里人若归,中白玉石像一区。"④ 此造像系由僧人率领、俗人参加而建。因此,这些造像活动往往不是个人行为,更多的是一种集体行为,体现了佛教传播中大众化的特征。

北齐时期,民间佛教信仰组织的名称多以邑、邑义、法义等称谓为常见。如北齐山西安鹿交村《陈神忻七十人等造像记》云:"唯大齐皇建二年(561年),岁次辛巳,五月丙午朔,廿五日庚午,并州乐平郡石艾县安鹿交村邑义陈神忻合率邑子七十二人等,敬造石像一区。"⑤ "邑义"这一组织在佛教造像活动中扮演着重要的角色,其组成人员有僧人,也

---

① 郝春文:《东晋南北朝时期的佛教结社》,《历史研究》1992年第1期。
② 中国佛教协会编:《中国佛教》(第一辑),东方出版中心1980年版,第51页。
③ (清)胡聘之:《山右石刻丛编》卷2,山西人民出版社1988年版。
④ 颜娟英主编:《北朝佛教石刻拓片百品》第1册,"中央研究院"历史语言研究所2008年版,第214页。
⑤ (清)胡聘之:《山右石刻丛编》卷2,山西人民出版社1988年版。

有俗众。另外，还有一些不同的头衔，如邑主、都邑主、维那、都维那、像主、龛主、塔主、斋主等。"都邑主"可能为造像的发起者与组织者，而"释迦主""菩萨主""多宝主"等则为各尊佛像的资助者。同时，在这些佛教造像活动中往往又有一个村落的多个姓氏参加，抑或是几个村落的联合。如平定安鹿交村存有三个造像记，分别为，一是东魏武定五年（547年）《安鹿交村廿四人造像记》①的造像题名中，以卫、张、王姓者居多。二是北齐皇建二年（561年）《陈神忻率邑子七十二人造像记》②的造像题名中，仍以卫、张、王姓为多，领衔者陈神忻之陈姓仅二人。三是北齐河清二年（563年）《阿鹿交村七十人等造像记》③的造像题名中，依然以卫、张、王姓为多，但未见领衔者，仅仅在正面龛上出现"当阳像主"韩知悦的题名，"当阳像主"应该是正面居中的造像，这说明他在佛教造像中的地位较高。不过，韩姓在此造像题记中并不占多数。由此看出，造像活动中有不少是同姓家族，有的则是少数姓氏者充当领导者。这样的造像活动，有利于缩小各种社会势力、家族之间的势力差距，实现象征性公平，促进社会的公平稳定。又如，武定七年（549年）盂县《兴化寺高岭诸村造像记》云："唯大魏武定七年岁在己巳，四月丙戌朔，八日癸巳，肆州永安郡襄县高岭以东诸村邑仪道俗等，敬白十方诸佛、一切贤圣、过口口善，生遭季运，前不值释加初兴，后未遭弥勒三会，二圣中间，日有口叹。先有愿共相契约，建立法仪，造像一区，平治道路，刊石立碑。以此之功，上为皇帝陛下、勃海大王延祚无穷，三宝永隆，累级师僧口世父母，现存眷属，复愿生生之处，遭贤遇圣，值佛闻法，常修善业，口至菩提，誓不退转，愿法界唅生，同获此愿，一时成道。"④这一造像活动是由盂县高岭多个村落的信众共同完成，除建造佛像外，还修建了道路，这也说明佛教这一组织在社会上发挥着多重社会功能。

北周时期民间佛教盛行，信众雕造佛像，宣传教义，使得佛教更加

---

① （清）胡聘之：《山右石刻丛编》卷1，山西人民出版社1988年版。
② （清）胡聘之：《山右石刻丛编》卷2，山西人民出版社1988年版。
③ （清）胡聘之：《山右石刻丛编》卷2，山西人民出版社1988年版。
④ （清）胡聘之：《山右石刻丛编》卷1，山西人民出版社1988年版。

深入民间。在山西也出现了不少佛教造像碑。如北周建德二年（573年）释迦佛二菩萨造像碑，该碑通高20.5厘米，宽11.3厘米。火焰形背光，释迦佛结跏趺端坐于工字形须弥座上，身披袈裟，双手施无畏印，两侧侍立二胁侍，左右为护法蹲狮。座下阴刻造像记一周发愿文："建德二年十一月二十三日，佛弟子韩子溯敬造释家（迦）像一区（躯），为七世父母，前生父母，张双资、兄子畅息，贵迁侄女合婴……兄虎人。"① 此外，还有北周白砂石仰覆莲造像座、北周造像碑②、张恭晖造像碑③等，成为这一时期佛教在民间流传的见证。

---

① 张俊良：《芮城北周隋唐佛道造像碑》，《文物世界》2005年第6期。
② 张俊良：《芮城北周隋唐佛道造像碑》，《文物世界》2005年第6期。
③ 张培莲：《三晋石刻大全·运城市盐湖区卷》，三晋出版社2010年版，第9页。

第 四 章

隋代山西佛教

隋文帝杨坚结束了自晋惠帝永兴元年（304年）以来的分裂局面，统一天下，为佛教的发展奠定了基础。诚如内史侍郎薛道衡曰："圣皇启运，像法载兴……三宝藉之弘通，二谛由其宣畅，从诱人为善之德，为助国行仁之方。"① 隋朝统治者崇佛敬僧，建寺饰塔，扶植佛教，使佛教迅速得以恢复发展。

第一节　隋代诸帝与山西佛教

隋文帝杨坚早年与山西佛教有着密切的联系。据《隋书》载，"皇妣吕氏，以大统七年（541年）六月癸丑夜生高祖于冯翊般若寺。"② 来自河东的僧尼智仙，"谓皇妣曰：'此儿所从来甚异，不可于俗间处之。'尼将高祖舍于别馆，躬自抚养"③。《佛祖统纪》《法苑珠林》《续高僧传》中也有此记载。杨坚早年经历深刻影响了他日后推行的佛教政策。

杨坚任北周大丞相时，就积极支持佛教。大象元年（579年），"冬十月壬戌，幸道会苑，大醮，以高祖武皇帝配醮。初复佛像及天尊像，帝与二像俱南坐……庚申，复佛、道二教"④。隋文帝即位后，便度天下僧人，支持佛教发展。开皇元年（581年），置"昭玄寺，掌诸佛教。置大统一人，统一人，都维那三人。亦置功曹、主簿员，以管诸州郡县沙

---

① （宋）志磐：《佛祖统纪》卷39，《大正藏》第49册，第359页。
② 《隋书》卷1，中华书局1982年标点本，第1页。
③ 《隋书》卷1，中华书局1982年标点本，第1页。
④ 《北史》卷10，中华书局1974年标点本，第377页。

门曹"①。开皇二年（582年），沙门昙延拜见文帝，劝帝兴复佛法。文帝诏曰："任听出家，仍令计口出钱，营造经像。而京师及并州、相州、洛州等诸大都邑之处，并官写一切经，置于寺内；而又别写，藏于秘阁。"②这一诏令推动了北周以来佛教的发展。由是"天下之人，从风而靡，竞相景慕，民间佛经，多于六经数十百倍"③。据唐法琳《辨正论》卷第三曰："自开皇之初，终仁寿之末，凡写经论四十六藏，一十三万二千八十六卷。修治故经三千八百五十部。"④ 此外，沙门昙延还向隋文帝"奏请度僧以应千二百五十比丘五百童子之数，敕遂总度一千余人以副延请，此皇隋释化之开业也。尔后遂多，凡前后别请度者，应有四千余僧。周废伽蓝并请兴复，三宝再弘功兼初运者，又延之力矣。移都龙首，有敕于广恩坊给地。"⑤ 隋文帝允许度僧的同时，还建立寺院庙宇。开皇元年（581年），文帝下诏曰"门下法无内外，万善同归。教有浅深，殊途共致。朕伏膺道化，念好清静，其五岳之下宜各置僧寺一所。"⑥ 开皇三年（583年），诏令修复周朝废寺。开皇七年（587年）建丰岩寺（在河津县城内永绥坊）⑦、开皇十一年（591年）建广化寺（在新绛县城东北木赞里）⑧、开皇十二年（592年）建兴化寺（在稷山县西南三十里小宁村）⑨。开皇十年（590年），隋文帝幸晋阳，敕令高僧昙迁随驾，"下敕曰：'自十年四月已前，诸有僧尼私度者，并听出家。'故率土蒙度数十万人。"⑩ 文帝兴佛的政策下，出现了相当数量的僧尼与寺院。"自开皇之初，终仁寿之末，所度僧尼二十三万人。海内诸寺，三千七百九十二所"⑪。道宣《大唐内典录》卷五载，开皇、仁寿之间"于斯时也，四海

---

① 《隋书》卷27，中华书局1982年标点本，第758页。
② 《隋书》卷35，中华书局1982年标点本，第1099页。
③ 《隋书》卷35，中华书局1982年标点本，第1099页。
④ （唐）法琳：《辨正论》卷3，《大正藏》第52册，第508页。
⑤ （唐）道宣：《续高僧传》卷8，《大正藏》第50册，第487页。
⑥ （隋）费长房：《历代三宝纪》卷12，《大正藏》第49册，第107页。
⑦ 成化《山西通志》，中华书局2012年版，第240页。
⑧ （民国）《新绛县志》，成文出版社1929年版，第813页。
⑨ （光绪）《稷山县志》，成文出版社1929年版，第828页。
⑩ （唐）道宣：《续高僧传》卷18，《大正藏》第50册，第573页。
⑪ （唐）法琳：《辨正论》卷3，《大正藏》第52册，第508页。

静浪，九服无尘，大度僧尼将三十万。崇缉寺宇，向有五千"①。可见，文帝在短短的二十四年统治中，佛教得到了迅猛的发展。

隋文帝为促进佛教发展，还令当时各学派著名的学者都集中到长安，从事译经、讲学活动，这其中也有山西籍僧人在内，如昙延及其弟子等。《续高僧传》卷二载："开皇之始，梵经遥应，爰降玺书，请来弘译。二年七月，弟子道密等侍送入京，住大兴善寺。其年季冬草创翻译，敕昭玄统沙门昙延等三十余人，令对翻传，主上礼问殷繁，供奉隆渥。"②后来由于昙延弟子童真通明大小乘经典，尤善《涅槃》，于是"开皇十二年（592年），敕召于大兴善对翻梵本"③。昙延及弟子在长安从事佛典翻译等活动，为隋代佛教的发展培养了僧才。

此外，隋文帝统治期间，于开皇三年（583年）"周朝废寺，咸乃兴立之，名山之下各为立寺，一百余州立舍利塔"④，将舍利信仰传至全国各地。在仁寿（601—604年）年间共有三次分送舍利活动，其间朝廷也遣使分送山西。

隋仁寿元年第一次分舍利时，蒲州栖岩寺、并州无量寿寺建起了舍利塔。仁寿元年六月十三日诏曰："朕皈依三宝，重兴圣教，思与四海之内，一切人民，俱发菩提，共修福业，使当今现在爰及来世，永作善因，同登妙果。宜请沙门三十人，谙解法相兼堪倡导者，各将侍者二人，并散官各一人，熏陆香一百二十斤，马五匹，分道送舍利，往前件诸州起塔。其未注寺者，就有山水寺所，起塔依前山（州），旧无寺者，于当州内清净寺处，建立其塔，所司造样，送往当州。僧多者三百六十人，其次二百四十人，其次一百二十人。若僧少者，尽现僧为朕、皇后、太子、广诸王子孙等及内外官人，一切民庶，幽显生灵，各七日行道并忏悔。起行道日，打刹莫问，同州异州，任人布施，钱限止十文已下，不得过十文。所施之钱，以供营塔。若少不充，役正丁及用库物，率土诸州僧尼，普为舍利设斋，限十月十五日午时，同下入石函。总管刺史以下，

---

① （唐）道宣：《大唐内典录》卷5，《大正藏》第55册，第274页。
② （唐）道宣：《续高僧传》卷2，《大正藏》第50册，第433页。
③ （唐）道宣：《续高僧传》卷12，《大正藏》第50册，第517页。
④ （唐）道世：《法苑珠林》卷100，《大正藏》第53册，第1026页。

县尉已上，息军机停常务七日，专检校行道及打刹等事，务尽诚敬，副朕意焉，主者施行。"① 文帝造塔瘗埋舍利之意图是通过供奉佛教所谓圣物，追求佛法护国，为其政治统治的合法性寻找神圣的理论依据和精神寄托。同时鼓励民众布施，又加以限额，这意味着将普通民众也卷入了声势浩大的供养安奉舍利的佛教教化运动之中，表明了隋朝统治者将佛教作为治世重要策略加以利用。

《广弘明集》记载了这次建塔供奉舍利之三十州名和其中一些州的寺院名称，"岐州凤泉寺、雍州仙游寺、嵩州嵩岳寺、泰州岱岳寺、华州思觉寺、衡州衡岳寺、定州恒岳寺、廓州连云岳寺、牟州巨神山寺、吴州会稽山寺、同州大兴国寺、蒲州栖岩寺、苏州虎丘山寺、泾州大兴国寺、并州无量寿寺、隋州、益州、秦州、扬州、郑州、青州、亳州、汝州、瓜州、番州、桂州、交州、相州大慈寺、襄州大兴国寺、蒋州"②。高丽海印寺本《大藏经》未注明寺院者，元大普宁寺藏《大藏经》均给以补充，"雍州仙游寺、岐州凤泉寺、泾州大兴国寺、秦州静念寺、华州思觉寺、同州大兴国寺、蒲州栖岩寺、并州无量寿寺、定州恒觉寺、相州大慈寺、郑州定觉寺、嵩州嵩岳寺（居闲寺）、亳州开寂寺、汝州兴世寺、泰州岱岳寺、青州胜福寺、牟州巨神山寺、隋州智门寺、襄州大兴国寺、扬州西寺、蒋州栖霞寺、吴州会稽山寺、苏州虎丘山寺、衡州衡岳寺、桂州缘化寺、番州灵鹫山寺、交州禅众寺、益州法聚寺、廓州连云岳寺（法讲寺）、瓜州崇教寺。③ 其中山西并州无量寿寺、蒲州栖岩寺被安奉了佛舍利。《大隋河东郡首山栖岩道场舍利塔之碑》亦载："乃命有司于此建塔，使星辰炳于天汉，灵宇构于岩阿，邦交与邑宰交驰，缁衣与黄冠竞集，百工咸事，庶民子来。"④ 在安置舍利的过程中，隋文帝还选择

---

① （唐）道宣：《广弘明集》卷17，《大正藏》第52册，第213页。
② （唐）道宣：《广弘明集》卷17，《大正藏》第52册，第213页。
③ 日本《大正藏》校刊时所据元本《大藏经》不但注出了十州的所有寺名，且所列州名的顺序和前者有很大不同。众所周知，日本《大正藏》的经律论及我国撰述部分，主要依东京增上寺所藏《高丽藏》为底本，又用同寺所藏宋元明等本对校，故《大正藏》所收《广弘明集》应来源于高丽本。元本虽后，但也可能另有所据，因此，其增加的这些寺名，值得重视。
④ （隋）贺德仁：《大隋河东郡首山栖岩道场舍利塔之碑》，《山右石刻丛编》卷3，山西人民出版社1988年版。

"谙解法相兼堪倡导"三十人,让其分别护送舍利往各州。诸沙门各奉而行,使全国三十州获得了舍利,并纷纷表奏皇帝,陈述瘗埋舍利时出现之种种祥瑞云云。具体到山西,是由僧人僧昙、彦琮等人来完成的。

僧昙,姓张,住洺州。少小出家,通诸经论。"慨佛法未具,发愤求之。以高齐之季结友西行,前达葱山,会诸梗涩,路既不通,乃旋京辇。梵言音字,并通诂训。开皇十年(590年),敕召翻译,事如别传,住大兴善。"① 后敕送舍利于蒲州之栖岩寺。

彦琮,俗缘李氏,赵郡柏人。世号衣冠,门称甲族。"少而聪敏,才藻清新,识洞幽微,情符水镜,遇物斯览,事罕再详。齐武平之初,年十有四,西入晋阳。且讲且听,当尔道张汾朔,名布道儒。及齐后西幸晋阳,延入宣德殿讲《仁王经》。文帝御寓,盛弘三宝。每设大斋,皆陈忏悔,帝亲执香炉,琮为倡导。仁寿初年,敕令送舍利于荆州。时汉王谅,于所治城。隔内造寺,仍置宝塔,今所谓开义寺。琮初至塔所,累日云雾晦合,及至下晨,时正当午,云开日耀,天地清朗,便下舍利,坐而藏之,又感瑞云夹日五色相间。"② 这里提到的荆州,《大正藏》校刊时作"并州"。《隋书》卷四十五《文帝四子庶人谅传》载,开皇十七年(597年),隋文帝第五子杨谅出任并州总管,与文中"时汉王谅"相合,故彦琮这次护送舍利所去的地方是并州而非荆州。③《广弘明集》对并州于旧无量寿寺起塔时的景象记载说:"舍利初在道场,大众礼拜,重患者便得除。起塔之旦,云雾昼昏。至于已后,日乃朗照。五色云夹之,舍利将入函放光或一尺或五寸,有无量天神各持香花、幡幢、宝盖遍覆州城。"④

仁寿二年(602年),隋文帝又在全国范围内进行了第二次分瘗舍利活动。仁寿二年正月二十三日,分舍利于五十一州,同时令总管刺史以下,县尉以上,停日常事务七日,请僧行道,并令于四月八日午时,五

---

① (唐)道宣:《续高僧传》卷10,《大正藏》第50册,第501页。
② (唐)道宣:《续高僧传》卷2,《大正藏》第50册,第436页。
③ 杜斗城:《隋文帝分舍利建塔有关问题的再探讨》,《兰州大学学报》2011年第1期。
④ (唐)道宣:《广弘明集》卷17,《大正藏》第52册,第215页。

十一州同时安奉舍利,封如石函。五十一州为:"恒州、泉州、循州、营州、洪州、杭州、凉州、德州、沧州、观州、瀛洲、冀州、幽州、徐州、莒州、齐州、莱州、楚州、江州、潭州、毛州、贝州、宋州、赵州、济州、兖州、寿州、信州、荆州、梁州、兰州、利州、潞州、黎州、慈州、魏州、汴州、杞州、许州、豫州、显州、曹州、安州、晋州、怀州、陕州、洛州、邓州、秦州、卫州、郑州。"① 这五十一州中,秦州和郑州为重得舍利。此次分送舍利过程中,山西地域的潞州、晋州获得了舍利。雍州人释昙遂,"下敕送舍利于晋州法吼寺,初停公馆,放大光明照精舍门,朗如金色,又放黄白二光,从道场出,久久乃灭。又从舍利舆所至于塔基,而放瑞光,三道虹飞,色如朝霞,耿然空望。下塔之内,又放光明,隐显时现。大都为言,七日之内瑞灵杂沓,相仍不绝"②。同上次一样,隋文帝在第二次分舍利建塔之后,各州同样纷纷上表贺瑞云云。晋州表云:"舍利于塔前放光三度,皆紫光色,众人尽见。"③ 潞州表云:"舍利至彼自然泉涌,饮者病愈。"④ 又《潞州梵境寺舍利塔下铭》曰:"维大隋仁寿二年岁次壬戌月戊申朔八日乙卯,皇帝普为一切法界幽显生灵,谨于潞州壶关县梵境寺奉安舍利,敬造灵塔,愿太祖武元皇帝、元明皇太后、皇帝皇后、皇太子、诸王子孙等,并内外群官,爰及民庶,六道三涂,人非人等,生生世世,值佛闻法,永离苦因,同升妙果。"⑤ 潞州人道端"仁寿中年,敕送舍利于本州梵境寺。初入州界,山多无水。忽有神泉涌顶,流者非一。旧痾夙痼,饮无不愈。别有一泉,病饮寻差。若咽酒肉,必重发动。审量持戒,永除休健。端以事闻,后还京寺"⑥。隋文帝敕送舍利之目的是希望通过崇佛实现统治的长治久安。

仁寿四年(604),隋文帝第三次在全国分舍利建塔。仁寿四年诏曰:"朕祗受肇命,抚育生民。遵奉圣教,重兴象法。而如来大慈,覆护群

---

① (唐)道宣:《广弘明集》卷17,《大正藏》第52册,第217页。
② (唐)道宣:《续高僧传》卷26,《大正藏》第50册,第672页。
③ (唐)道宣:《广弘明集》卷17,《大正藏》第52册,第218页。
④ (唐)道宣:《广弘明集》卷17,《大正藏》第52册,第218页。
⑤ (清)胡聘之:《山右石刻丛编》卷3,山西人民出版社1988年版。
⑥ (唐)道宣:《广弘明集》卷17,《大正藏》第52册,第218页。

品。感见舍利，开导含生。朕已分布远近，皆起灵塔。其间诸州犹有未遍，今更请大德奉送舍利，各往诸州依前造塔。所请之僧必须德行可尊，善解法相，使能宣扬佛教，感悟愚迷。宜集诸寺三纲，详共推择，录以奏闻，当与一切苍生同斯福业。"① 从诏书看，第三次分舍利可能是由于"诸州犹有未遍"而予以补充，此次活动中山西绛州、泽州、辽州分到舍利。河东人释觉朗"仁寿四年（604年），下敕令送舍利于绛州觉成寺。初达治所，出示道俗，涌出金瓶，分为七分，光照彻外。穿基二丈，得粟半升，又感黄雀一头，飞迫于人，全无怖惧，驯扰佛堂，久便自失。又石函盖上，见二菩萨踞坐宝座前，有一尼敛手曲敬。或见飞仙及三黄雀，并及双树、骥凤等象。将下三日，常放光明。乃迷昼夜，朗过灯耀。有掩堂灭炬者，而光色逾盛，溢于幽障。玄素通感，荣庆相谊，朗具表闻"②。觉朗敕送舍利于绛州觉成寺，并上表陈述种种祥瑞云云。

总之，隋代三次分舍利，山西建蒲州栖岩寺舍利塔、并州无量寿寺舍利塔、潞州梵境寺舍利塔、绛州觉成寺塔等分得舍利，也说明这几州在山西具有比较重要的地位。隋文帝还"敬施一切毁废佛像"，于"诸州名山之下，各置僧寺一所，并赐庄田"。从开皇之初到仁寿之末，"造金、铜、檀香、夹纻、牙、石像等大小一十万六千五百八十躯，修治故像一百五十万八千九百四十许躯"③。请法圣法师受"菩萨戒"。文帝身先士卒，皈依三宝，天下风闻，莫不崇佛。

隋文帝的儿子也都追随其父，崇奉佛教，"汉王谅作镇晋阳，班条卫冀，搜选名德，预有弘宣。志念与门学四百余人奉礼西并，将承王供。谅乃于宫城之内更筑子城，安置灵塔，别造精舍，名为内城寺，引念居之，开义寺是也。劳问殷至，特加尤礼。又令上开府咨议参军王颇宣教云：'寡人备是帝子民父，莅政此蕃，召请法师等远来降趾，道不虚运，必藉人弘，正欲阐扬佛教，使慧日清朗，兆庶蒙赖法之力也。宜铨举业长者，可于大兴国寺宣扬正法。'"④ 杨谅邀请高僧志念，于太原

---

① （唐）道宣：《续高僧传》卷21，《大正藏》第50册，第611页。
② （唐）道宣：《续高僧传》卷26，《大正藏》第50册，第669页。
③ （唐）法琳：《辩正论》卷3，《大正藏》第52册，第509页。
④ （唐）道宣：《续高僧传》卷11，《大正藏》第50册，第509页。

弘传佛法，大修寺院。秦王杨俊"作镇并部，弘尚释门，于太原蒙山置开化寺"①。可见隋代佛教在最高统治者的大力褒崇之下，发展迅猛之态势。

隋炀帝对于佛教也很尊崇。据《辨正论》卷三记载，炀帝于大业元年（605年），"于高阳造隆圣寺……又于并州造弘善寺，傍龙山作弥陀坐像，高一百三十尺。扬州造慧日道场，京师造清禅、日严、香台等寺，又舍九宫为九寺。于泰陵、庄陵二处造寺。平陈之后，装补故经及缮写新经共六百一十二藏，二万九千一百七十三部，九十万三千五百八十卷。铸刻新像三千八百五十躯，修治旧像十万零一千躯，所度僧尼一万六千二百人"②。大业十一年（615年）五月，隋炀帝幸太原，避暑汾阳宫。八月，车驾幸雁门，后到崞县。崞县境系雁门，毗邻五台。炀帝既至崞县，就很可能登上近在咫尺的清凉山避暑。③ 从北周宣帝、静帝以至隋文帝、隋炀帝的持续崇佛，促使山西佛教得以复兴。

第二节　隋代山西佛教僧人的活动

隋朝结束了西晋末年以来近三百年的分裂局面，统一了中国。对于佛教来说，经过汉代传入，两晋南北朝的传播、译经、移植、吸收，到隋朝时候，已经有了新的宗派的建立，形成了这一时期的特色。到隋代之时的山西佛教也复兴起来，不少寺庙得以修复，佛事活动也恢复了正常，寺院经济也有相当发展，也出现了一批钻研义理之师，他们专注佛教义理，宣讲佛法，为唐代山西佛教趋于鼎盛奠定了基础。

一　隋代佛教僧人在山西的活动

据《续高僧传》《清凉山传》等佛教僧传资料以及《山右石刻丛编》等地方碑刻、地方志资料，统计僧人在山西的活动与分布情况。

---

① （唐）道宣：《续高僧传》卷18，《大正藏》第50册，第575页。
② （唐）法琳：《辨正论》卷3，《大正藏》第52册，第508页。
③ 崔正森：《五台山佛教史》，山西人民出版社2000年版，第179页。

表4—1　　　　　　　隋代山西重要僧人概况

序号	姓名	籍贯	生卒年	活动情况	文献来源
1	法愿	西河人	523—587年	齐昭玄大统法上，嘉其神慧，与语终朝。……法愿霜情启旦，孤映群篇，挫拉言初，流威灭后。所以履历谈对，众皆杜词，故得立破众家，号之为律虎焉！乃下敕召为大庄严、石窟二寺上座。皇隋受命，又敕任并州大兴国寺主，频登纲管，善御大众。化移前政，实济济焉。以开皇七年（587年）六月二十二日，终于所住。春秋六十有四，葬于并城之西	《高僧传》卷7
2	昙延	蒲州人	516—588年	世家豪族，官历齐周。年十六，因游寺听妙法师讲《涅槃》，探悟其旨，遂舍俗。后隐于太行山百梯寺，著《涅槃大疏》。周太祖素揖道声，尤相钦敬，为之立云居寺。武帝将二教，极谏不从，便隐于太行山。隋代，名声大振，弟子沙门童真、洪义、通幽、觉朗、道逊、玄琬、法常等，均为一代高僧	《续高僧传》卷8
3	慧远	上党人	523—592年	姓李，后居上党之高都。三藏备通，九流洞晓。天纵疏朗，仪止冲和。讲导为业，天下同归。昔在清化先养一鹅，听讲为务。开皇七年，敕召入京。鹅在本寺栖宿廊庑，昼夜鸣呼，众共愍之。附使达京，至净影寺大门放之，鸣叫腾跃径入远房，依前驯听，不避寒暑，但闻法集钟声，不问旦夕，皆入讲堂，静声伏听。僧徒梵散，出堂翔鸣。若值白黑布萨鸣钟，终不入听。时共异之，若远常途讲解，依法潜听，中间及余语，便鸣翔而出。以开皇年中，卒于净影寺	《法苑珠林》卷24

续表

序号	姓名	籍贯	生卒年	活动情况	文献来源
4	灵璨	怀州人	约548—619年	远公之门人也。禀志淳直,宽柔著称,游学相邺,研蕴正理。深明《十地》、《涅槃》,备经讲授。随远入关,十数之一也,住大兴善。开皇十七年,下敕补为众主,于净影寺传扬故业,积经年稔。仁寿兴塔,降敕令送舍利于怀州之长寿寺。仁寿末年,又敕送于泽州古贤谷景净寺起塔。武德之初卒于本寺,春秋七十矣	《续高僧传》卷8
5	志念	冀州信都人	534—608年	俗姓陈,其先祖颍川寔蕃之后胤也,因官而居河朔。隋汉王谅作镇晋阳,班条卫冀,搜选名德,预有弘宣。念与门学四百余人,奉礼西并,将承王供。谅乃于宫城之内更筑子城,安置灵塔,别造精舍,名为内城寺,引念居之,开义寺是也。劳问殷至,特加尤礼。又于大兴国寺宣扬正法,先举大论,末演小乘,辩注若飞流,声畅如天鼓。三乘并骛,四部填堙,其知名者则慧达、法景、法楞、十力、圆经、法达、智起、僧鸾、僧藏、静观、宝超、神素、道杰等五百余人。仁寿二年献后背世,有诏追王入辅,念与同行,禅林创讲。王又与念同还并部,晋阳学众,竚想来仪。王又出教令,于宝基寺开授。以大业四年卒于沧土,时年七十有四	《续高僧传》卷11

续表

序号	姓名	籍贯	生卒年	活动情况	文献来源
6	本济	介休人	561—615 年	济年爱童卯，智若成人。归仰释氏，辞亲出家。开皇元年，时登十八，戒定逾净，正业弥隆。会信行禅师创开异部，包括先达，启则后贤。济闻钦咏，欣然北面承部，写瓶非喻，合契无差。以信行初达集录山东，既无本文，口为济述，皆究达玄奥。及行之亡后，《集录》方到。济览文即讲，曾无滞托，虽未见后词，而前传冥会。时五众别部敬之重之，著《十种不敢斟量论》六卷，旨文清，颇或传之，自是专弘异集，响高别众。以大业十一年九月十二日卒于所住之慈门寺，春秋五十有四	《续高僧传》卷11
7	童真	蒲坂人	543—613 年	姓李，远祖陇西，寓居河东之蒲坂。少厌生死，希心常住，投昙延法师，为其师范。受具已后，归宗律句，晚涉经论。通明大小，尤善《涅槃》。听徒千数，各标令望。开皇十二年，敕召于大兴善，对翻梵本。十六年，别诏以为《涅槃》众主。仁寿元年，下敕令住雍州创置灵塔，遂送舍利于终南山仙游寺。大业九年，因疾卒于寺住，春秋七十有一	《续高僧传》卷12
8	慧觉	晋阳人	554—606 年	八岁出家，师从兴皇朗法师，曾独自前往栖霞寺，求学于慧布法师。陈晋安王伯恭为湘州刺史之时，请其当众讲法，且南下弘法演说	《续高僧传》卷12

续表

序号	姓名	籍贯	生卒年	活动情况	文献来源
9	海顺	蒲坂人	589—618 年	姓任氏，少处寒素，生于田野。早丧慈父，与母孤居。家贫无资受业，辞亲出家，依于沙门道逊。阅讨众经，伏膺玄宰，方等诸部，咸禀厥师。后荷帙登峰，咨参栖岩寺沙门神素。顺以法轮罕遇，遂欣禅味。故趋时之士皆不及其门，反俗之宾颇入其室。而道行纯洁，性好追踪。曾刺血洒尘，供养舍利，兼以血和墨书《七佛戒经》。克己研心，类皆如此。卒于住寺，春秋三十，即唐武德元年八月十五日也	《续高僧传》卷13
10	道谦	虞乡人	561—627 年	道逊之弟，学问少逊于道逊，但是对于《十地》造诣颇深	《续高僧传》卷14
11	灵润	虞乡人	？—629 年	俗姓梁，家世衣冠，乡间望族，而风格弘毅，统拟大方。少践清猷，长承余烈，故能正行伦据，不肃而成。昆季十人，秀美时誉，中间三者齐慕出家，依止灵粲法师，住兴善寺。年十三，初听《涅槃》，妙通文旨。仁寿感瑞，怀州造塔，有敕令往。年二十三还返京室，在净影寺创演宗门，造疏五卷。大业十年（614年），被召入鸿胪，教授三韩，并在本寺翻新经本，并宗辖有承，不亏风采。会隋氏乱伦，道光难缉，乃隐潜于蓝田之化感寺，首尾一十五载，足不垂世，春秋入定，还遵静操	《续高僧传》卷15

续表

序号	姓名	籍贯	生卒年	活动情况	文献来源
12	昙询	华阴人	516—600年	俗姓杨，年幼时迁宅于河东郡。二十二岁，游至白鹿山北霖落泉寺，逢昙准禅师而蒙剃发，一年后受具戒。后移住鹿土谷修禅，枯泉重出，麇麋绕院，故得美水驯兽，日济道邻，从学之徒相庆兹瑞。又山行值二虎相斗，询乃执锡分之。唯询一踪，入鸟不乱，兽见如偶。自尔化流河朔，盛阐禅门，杖策裹粮，鳞归雾结。隋文重其德音，致诚虔敬，敕仪同三司元寿，亲送玺书，兼以香供。以开皇末年，风疾忽增，卒于柏尖山寺。春秋八十五，五十夏矣	《续高僧传》卷16
13	僧善	绛郡人	？—605年	姓席氏，童少出家。便从定业。与汲郡林落泉方公齐名。各聚其类，依岩服道。往还骆驿、白鹿、太行、抱犊、林虑等山。振名四远，归宗殷满。因弟子僧袭数请，居住马头山中，大行禅道。蒲、虞、晋、绛荷幪相誼，众聚繁多，遂分为四部，即东西二林、杯盘、大黄等处是也。仁寿之岁，其道弥隆。及疾笃将极，以大业初年三月十一日，跏坐如生，卒于大黄岩中	《续高僧传》卷17

续表

序号	姓名	籍贯	生卒年	活动情况	文献来源
14	慧瓒	沧州人	536—607年	俗姓王，壮室出家。受具已后，偏业毘尼。时在定州，居于律席。周武诛剪，避地南陈。开皇弘法，返迹东川，于赵州西封龙山引摄学徒，安居结业。大小经律，互谈文义，宗重行科，以戒为主。身则依附头陀行兰若法，心则思寻念慧，徒侣相依数盈二百。展转西游，路经马邑，朔代并晋，名行师寻，誉满二河，道俗倾望。秦王俊作镇并部，弘尚释门，于太原蒙山置开化寺，承斯道行，延请居之。及献后云崩，禅定初构，下敕京传化，自并至雍千里钦风。卒于终南山之龙池寺，春秋七十有二，即大业三年九月也	《续高僧传》卷18
15	道舜	不详	不详	静处林泉，庇道自隐。言常含笑，谈述清远。尝止泽州羊头山神农定药之所，结宇茅茨，余无蓄积。日惟一食，常坐卒岁，斯亦清素之沙门也。能感蛇鼠同居，在绳床下各孚产育，不相危恼。又致虎来蹲踞其侧，便为说法。开皇之初，忽游聚落，说法化诸村民，皆盛集受法。后游于林虑洪谷，北诣晋盘亭等诸山隐寺，综禅定业，不测终所	《续高僧传》卷18

续表

序号	姓名	籍贯	生卒年	活动情况	文献来源
16	昙迁	博陵人	542—607年	俗姓王，博陵人，近祖太原历宦而后居焉。初投饶阳曲李寺沙门慧荣。又从定州贾和寺昙静律师而出家焉，时年二十有一。从师五台山，此山灵迹极多，备见神异。后归邺下，历诸讲肆。窜形林虑山黄花谷中净国寺，研精《华严》《十地》《维摩》《楞伽》《地持》《起信》等。逮周武平齐，佛法颓毁，逃迹金陵。承周道失御，隋历告兴，进达彭城，始弘《摄论》，又讲《楞伽》《起信》《如实》等论，相继不绝。《摄论》北土创开，自此为始也。开皇七年秋，下诏曰：皇帝敬问徐州昙迁法师。众以《摄论》初辟，投诚请祈，即为敷弘，受业千数。十年春，帝幸晋阳，敕迁随驾。既达并部，又诏令僧御殿行道，至夜追迁入内，与御同榻。因下敕曰：自十年四月已前，诸有僧尼私度者，并听出家，故率土蒙度数十万人，迁之力矣。春秋六十有六，即大业三年十二月六日也	《续高僧传》卷18

续表

序号	姓名	籍贯	生卒年	活动情况	文献来源
17	真慧	平陆人	568—615年	姓陈氏，开皇十二年，往陕州大通寺清禅师所，出家受具。清示以学方，次第有本，曰尸罗不净三昧。无由令往邺下静洪律师所，因循两载，备探幽致。又诣卫州淋落泉询禅师所，朝授夕悟，经历岁余，于询所得，略贯终始。开皇十八年之蒲坂首山麻谷，创筑禅宇，四众争趋，端居引学，蔚成定市。十有八载，成就极多。栖岩杰昂，最称深入。仁寿四年，召与僧名住栖岩寺。大业元年，饵黄精绝粒百日，检校教授，坐禅礼忏，不减生平。以大业十一年十月七日，因疾卒麻谷禅坊，春秋四十有七	《续高僧传》卷18
18	慧超	潞城人	约？—625年	俗姓申屠，体道怀贞，冰霜其志。初拂衣舍俗，北趣晋阳，居大兴国寺，禅念为业。至仁寿中年，献后崩立禅定寺。以超名望，征入京师。至武德元年，以并部旧坏，怀信者多化道赴缘，义难限约，乃返还兴国，道俗欣庆，奉礼交并。及七年冬，微疾不愈，即告无常，时年七十余，坐若神景，色貌逾洁	《续高僧传》卷19
19	觉朗	河东人	不详	俗姓未详，住大兴善寺，明《四分律》及《大涅槃》，而气骨陵人，形声动物。游诸街巷，罕不顾之。仁寿四年，下敕令送舍利于绛州觉成寺	《续高僧传》卷21

续表

序号	姓名	籍贯	生卒年	活动情况	文献来源
20	通幽	蒲阪人	549—605 年	姓赵氏，幼龄遗世，早慕玄风，弱冠加年，遂沾僧伓。寻师访道，夷崄无变，遇周齐凌乱，远涉江皋，业架金陵，素气攸远。及大隋开运，还归渭阴。至于弘宣示教，则以毘尼唱首，调御心神，仍用三昧游适，故戒定两藏总萃胸襟。学门再敞，远近斯赴，晚贯籍延兴。忽以大业元年正月十五日，端坐卒于延兴寺房，春秋五十有七	《续高僧传》卷21
21	道璨	恒州人	不详	慧学如神，钻研《华严》、《摄论》、《十地》。仁寿年间起塔，被派送舍利到许州辩行寺，后不测其终	《续高僧传》卷22
22	净愿	代州人	？—609 年	壮岁出家，力讨经论。既进大戒，乃专律部。博闻强识，且夕观采。才五遍，即就讲说。自尔连开《四分》，又听《华严》《十地》及诸小论，晚习准公《摄论》。入京住宝刹寺，登座竖义，归从者多。造《舍利毗昙疏》十卷，文极该赡。诏送舍利于潭州之麓山寺。大业初，相法师，追入慧日，委徒于愿，由是令望弥远。五年五月，奄忽告终	《新修科分六学僧传》卷22

续表

序号	姓名	籍贯	生卒年	活动情况	文献来源
23	道英	临猗人	不详	姓陈氏，猗氏人也。至并州炬法师下，听《华严》等经，学成返邑。开皇十九年，遂入解县太行山栢梯寺，修行止观，忽然大解。后在京师住胜光寺，从昙迁禅师听采《摄论》，深会大旨。大业九年，尝任直岁，与俗争地，遽斗不息，倒仆如死之僵，以平争讼。又行龙台泽池侧见鱼之游，脱衣入水，经于六宿。又属严冬冰厚雪壮，脱衣仰卧经于三宿。如是随事，以法对之，纵任自在，诚难偶者。晚还蒲州，住普济寺。置庄三所，麻麦粟田，皆在夏县东山深隐之所。昼则厉众僧务，躬事担运，难险缘者必先登践。夜则跏坐，为说禅观。及终前夕集，令诵华严贤首偈。奄然申逝。即贞观十年九月中也，春秋七十有七	《续高僧传》卷25
24	智显	代州人	不详	住辽州护明寺，少出家，戒操贞峻，立操耿介，勇锐居怀。隋末贼起，川原交阵，相推不已。动经旬朔，显于两阵，以道和通。往返弥时，俱随和散。合郡同嘉，敬而重之。后与道俗十余行值突厥，并被驱掠。显遂隐身不见，不测其终	《续高僧传》卷25
25	智通	猗氏人	？—615年	十岁出家，诵经礼佛不少怠。阅年五十，虽当教门沦替之时。方从俊律师、延法师游，以振所业。隋运肇兴，乃还蒲阪建寺。赡济孤独羸老之穷无告者，日以千计。仁寿初，复脱屣岩栖，以蹈旧规。大业七年，遂寝疾。即命侍者，称弥陀号。贞观十一年二月圆寂	《新修科分六学僧传》卷24

续表

序号	姓名	籍贯	生卒年	活动情况	文献来源
26	法总	并州人	不详	姓段氏，少以诵《涅槃》为业。既通全部，志在文言，未遑听涉。十余年中初不替废，后听玄义，便即传讲。开皇中年，敕召为涅槃众主，居于海觉。仁寿岁初，敕送舍利于随州之智门寺。及四年春，又敕送舍利于辽州下生寺。大业年中卒于海觉，春秋七十矣	《续高僧传》卷25
27	道生	蒲州人	不详	延统是其师也，受持戒护，耽咏文言，四分一律，薄沾声教。讲诲时扬，器法难拟。住兴善寺，卓卓标异，目不斜眄。仁寿二年，敕召送舍利于楚州，与诸僚属具表以闻，并铭斯事，在于塔所。既还京室，不测所终	《续高僧传》卷26
28	道贵	并州人	不详	《华严》为业，词义性度，宽雅为能。而于经中深意，每发精彩。有誉当时，加以闲居放志，不涉烦扰，市肆俳优，未曾游目，名利贵贱，故自绝言，精洁守素，清真士也。晚在京师，住随法寺，令送舍利于德州会通寺，不测其终	《续高僧传》卷26
29	法朗	蒲州人	不详	学涉三藏，偏镜毗尼。开割篇聚，不阻名问，加复器用平直，无受轻陵。后住胜光，披究律典。仁寿二年，敕召送舍利于陕州大兴国寺，寺即皇考武元本生处也，故置寺建塔。登即奏闻，晚还京师以疾而卒	《续高僧传》卷26

续表

序号	姓名	籍贯	生卒年	活动情况	文献来源
30	僧昕	潞州人	不详	自骛道法津，周听大小，逮诸禅律，莫大登临，倾渴身心，无席不赴，而导戒愚智，众通谊静。周灭二教，逃隐泰山。大隋开法，还归听习，游步洛下，从学远公，《十地》、《涅槃》咸究宗领。后入关住兴善寺，体度高爽，不屈非滥，时复谈讲。仁寿中岁，置塔毛州护法寺，下敕令送舍利初至公馆，即具表闻，晚还资业，不测其卒	《续高僧传》卷26
31	昙良	潞州人	不详	姓栗，十六出家。专寻经典，及长成德。以《大论》传名，兼讲小经，接叙时俗，亟发归信，为众贤之赏。入京游听，住真寂寺。文帝下敕召送舍利于亳州开寂寺。唐初卒也，八十余矣	《续高僧传》卷26
32	嘉福	雁门人	？—604年	俗姓聂氏，年七岁，于本州总因寺出家。十五受具，后住清凉望台。三十余年，常诵《维摩经》。菩萨、声闻二本戒文，《涅槃》、《般若》二部。多所悟入，并诵诸部经论百有余本。十日一周，略无余暇。及燃五指，供养文殊。臂上烧灯，求生净土。至开皇二十四年十二月下旬，奄然而逝	《广清凉传》卷3
33	僧盖	恒州人	？—618年	曾游太原，专听《涅槃》。晚至洛下，还综前业，盖闻经陈念慧，摄虑为先，遂废听业，专思定学，遂终斯习。后入京师。周访禅侣，住大兴善。仁寿二年，敕送舍利于沧州，四年又敕送于浙州之法相寺，并果表奏，帝惊讶其瑞，盖后住禅定寺，唐初即逝，九十余矣	《续高僧传》卷26

续表

序号	姓名	籍贯	生卒年	活动情况	文献来源
34	道端	潞州人	不详	出家受具，听览律藏。至于重轻开制，铨定纲猷，雅为宗匠。晚入京都住仁法寺，讲散《毘尼》，神用无歇。仁寿中年，敕送舍利于本州梵境寺	《续高僧传》卷26
35	普明	安邑人	532—618年	姓卫氏，十三出家。事外兄道愻法师，又以明付廷兴寺沙门童真为弟子。十八讲《胜鬘》、《起信》夙素听之，知成大器，进具已后，专师《涅槃》《四分》《摄论》。年二十四讲《涅槃》，三十解《摄论》。大业六年，召入大禅定道场，止十八夏。武德元年，桑梓倾音，欣其道洽，以事闻上，有旨令住蒲州仁寿寺。以年月终于住寺，春秋八十有六	《续高僧传》26
36	僧昕	潞州人	不详	周灭二教，逃隐泰山。大隋开法，还归听习，游步洛下，从学远公。《十地》《涅槃》咸究宗领。后入关住兴善寺，至于僧务营造，情重勤切实，躬事率先，担擐运涉。仁寿中岁，置塔毛州护法寺，下敕令送舍利初至公馆。晚还资业，不测其卒	《续高僧传》26

续表

序号	姓名	籍贯	生卒年	活动情况	文献来源
37	智仙	蒲坂人	北朝至隋	河东蒲坂刘氏女也,少出家,有戒行。和上失之,恐其堕井。见在佛屋,俨然坐定。时年七岁,遂以禅观为业。及帝诞日,无因而至。语太祖曰:儿天佛所佑,勿忧也。尼遂名帝为那罗延,言如金刚不可坏也。又曰;此儿来处异伦。俗家秽杂。自为养之。及年七岁告帝曰:儿当大贵,从东国来,佛法当灭,由儿兴之。而尼沈静寡言,时道成败吉凶,莫不符验。初在寺养帝,年十三,方始还家。积三十余岁,略不出门。及周灭二教,尼隐皇家,内着法衣,戒行不改。帝后果自山东入为天子,重兴佛法,皆如尼言。及登祚后,乃命史官王劭,为尼作传。其龙潜所经四十五州,皆悉同时为大兴国寺,因改般若为其一焉。随有塔下皆图神尼	《续高僧传》卷26

根据现有史料的不完全统计,这一时期活动于山西的高僧近40人。佛教高僧主要出自邻近长安的晋南河东一带以及历史上佛教比较兴盛的上党地区、太原地区,再则是五台山地区。山西佛教重心实际已经由北魏时期的平城即大同地区向晋南一带转移。这一时期也有一些来自陕西、河北等地的高僧来晋游历弘法,这些僧人当中不少人曾经去过晋南和五台山地区。晋南蒲州等地,因邻近长安,深受长安佛教之风的影响,佛教发展兴盛。五台山逐渐吸引各地高僧来此修行,作为佛教圣地,文殊菩萨应化道场的地位逐步确立。这一时期僧人的主要活动陈述如下。

第一,读经讲经,著书立说。佛教高僧在山西各地游历弘法过程中最重要的活动是诵讲经典,史料中提到的佛教经论大致有《涅槃经》《华严经》《十地论》《法华经》《四分律》《维摩诘经》《成实论》《毗昙》

《胜鬘经》《大智度论》《般若经》《起信论》等。由此可以看出，当时流行的各种"学说"，如涅槃学、律学、华严学、成实论、地论等在山西地区均有流传，其中尤其以涅槃学、律学、华严学最为流行。此外，不少僧人在实际修习中还注重禅法修持，如慧超"禅念为业"①。又如僧盖"遂废听业专思定学，遂终斯习后入京师周访禅侣，住大兴善"②。道杰依麻谷真慧习禅，"深有悟人，住蒲州栖岩寺"③。昙迁善讲《摄论》，"《摄论》北土创开，自此为始也"④。

这一时期义学兴盛，很多僧人在讲经过程中，融会贯通，阐扬经典，如昙延著《涅槃经疏》；慧远著《大乘义章》《十地经论义记》《华严经疏》《大般涅槃经义记》《无量寿经义疏》《起信义疏》等；净愿造《舍利毗昙疏》；本济著《十种不敢斟量论》等。其中净影慧远著作最为丰富，影响深远，"自于齐朝至于关辅，及畿外要荒，所流《章疏》五十余卷，二千三百余纸，纸别九百四十五言，四十年间曾无痾疹，传持教导，所在弘宣，并皆成诵在心，于今未绝"⑤。本济是三阶教创立者信行的弟子，其著作《十种不敢斟量论》推测应该与三阶教思想相关。这也说明山西晋中一带，在隋代已经有三阶教徒活动于民间。⑥ 义学兴盛，直接推助佛教的中国化与民间化。

第二，苦行神异，力行佛事。佛教僧人中多以苦行惊世，或者以所谓"神异"骇俗，无疑这种行事风格既是其修行的一种方式，也更能吸引信众。如昙询据说能使枯泉重出，鹿鸟绕院，降服斗虎，驯兽为伴；道舜居羊头山，日惟一食；真慧绝粒百日；道英闭气假死，严冬卧冰；海顺刺血供养舍利，血书佛经；嘉福燃指供文殊，臂上烧灯，求生净土，如此等等。

僧人创修寺院是其弘传佛教的主要活动之一，如智通"隋运肇兴，乃还蒲阪建寺，赡济孤独羸老之穷无告者，日以千计。仁寿初，复脱屣

---

① （唐）道宣：《续高僧传》卷19，《大正藏》第50册，第581页。
② （唐）道宣：《续高僧传》卷26，《大正藏》第50册，第670页。
③ （唐）道宣：《续高僧传》卷13，《大正藏》第50册，第529页。
④ （唐）道宣：《续高僧传》卷18，《大正藏》第50册，第572页。
⑤ （唐）道宣：《续高僧传》卷8，《大正藏》第50册，第491页。
⑥ 杨学勇：《三阶教与山西》，《晋阳学刊》2014年第3期。

岩栖以蹈旧规"①。又如志超"于汾州介休县治立光严寺，殿宇房廊躬亲缔构，赫然宏壮有类神宫"②。智通"亲事香花，躬运扫洒，口恒称赞，目常瞻睹，善由己积，道为含生"③。还有僧人进行祈雨的佛事活动。如开皇六年（586年）天下大旱，昙延"敕请三百僧于正殿祈雨，累日无应。帝曰：'天不降雨有何所由。'延曰：'事由一二。'帝退与僚宰议之，不达意故。敕京兆太守苏威，问延一二所由。答曰：'陛下万机之主，群臣毘赞之官。并通治术，俱愆玄化，故雨与不雨，事由一二耳。'帝遂躬事祈雨，请延于大兴殿，登御座南面授法。帝及朝宰，五品已上咸席地，北面而受八戒，戒授才讫，日正中时，天有片云，须臾遍布便降甘雨。远迩咸感，帝悦之。赐绢三百段，而延虚怀物我，不滞客主为心，凡有资财散给悲敬"④。一般佛教经典比较注重僧人个人修行，祈福禳灾之论也比较模糊，具体的技术性仪式往往被认为是外道，但在6世纪以后的密教经典之中，此类祈福禳灾类性质经典明显增多。隋代佛教僧人主领祈雨仪式，似乎并没有佛教经典依据，应该是适应中国社会需要的善权方便之举，也是佛教中国化的重要表现。

第三，辅弼王权，襄助国事。"不依国主，则法事难立"，故而很多高僧依傍国主，弘传佛法，如法愿依齐主，隋代敕任并州大兴国寺主；志念依汉王杨谅，于晋阳禅林创讲；慧瓒依秦王杨俊，于太原开化寺讲经；昙迁依隋文帝，随驾晋阳，等等。隋朝统治者则希图通过佛教安邦治国，隋文帝在分舍利于天下诸州的过程中，选择"谙解法相兼堪倡导"之僧人，让其分别护送舍利往各州。诸沙门奉命而行，并纷纷表奏皇帝。僧人僧昙、彦琮、法总、灵璨、法侃等人到山西来分送舍利；另外，山西籍僧人将舍利敕送于全国他州，如仁寿岁初，法总敕送舍利于隋州之智门寺；净愿奉诏送舍利于潭州之麓山寺；僧盖于仁寿二年（602年）奉敕送舍利于沧州，四年又敕送舍利于浙州之法相寺；法朗于仁寿二年奉敕召送舍利于陕州大兴国寺。

---

① （元）昙噩：《新修科分六学僧传》卷24，《卍续藏》第77册，第279页。
② （唐）道宣：《续高僧传》卷20，《大正藏》第50册，第591页。
③ （唐）道宣：《续高僧传》卷18，《大正藏》第50册，第577页。
④ （唐）道宣：《续高僧传》卷8，《大正藏》第50册，第489页。

二 佛教高僧

隋代在山西境内活动的佛教高僧非常多，尤其五台山地区，随着文殊信仰的兴盛，各地高僧朝礼者甚多，亦有在山西各地寺庙驻锡传法或者游历教化者。①

（一）道绰

道绰，俗姓卫，并州文水人。十四岁出家，学习《大般涅槃经》，曾师事瓒法师，"修涉空理，亟沾徽绩。瓒清约雅素，慧悟开天，道振朔方，升名晋土"②。大业五年（609年），至文水玄中寺，见寺中有昙鸾碑，具陈嘉瑞事，于是专修净土。迦才《净土论》卷下载："每常赞叹鸾法师智德高远，自云：相去千里悬殊，尚舍讲说，修净土业，已见往生。况我小子，所知所解，何足为多？将此为德，从大业五年已（以）来，即舍讲说，修净土行。"③ 从此，他对净土法门更加崇信。《安乐集》说："流支三藏……慧宠……道场……昙鸾……大海……法上……前六大德，并是二谛神镜，斯乃佛法纲维，志行殊伦，古今实希，皆共详审大乘，叹归净土，乃是无上要门也。"④ 至唐代贞观年间，道绰大师已享有盛誉。他在玄中寺开讲《观无量寿经》近二百遍，道俗赴者弥山，"人各捻珠，口同佛号。每时散席，响弥林谷，或邪见不信欲相抗毁者，及睹绰之相善，饮气而归，其道感物情为若此也"⑤。

道绰劝人念弥陀佛名，每日七万遍，"并或用麻豆等物而为数量，每一称名便度一粒。如是率之，乃积数百万斛者。并以事邀结，令摄虑静缘，道俗响其绥导，望风而成习矣。又年常自业穿诸木栾子以为数法，遗诸四众，教其称念，屡呈祯瑞。"⑥ 由于他不遗余力，弘扬净土法门，

---

① 在此只是重点考述几位高僧，还有的高僧置于文中其他部分，如在宗派等部分进行考述，为避免重复，此则不再出现。同一人物事迹亦可能分属不同部分，但尽量避免重复，但可相互补充，采《史记》"互见法"考述人物行事，此为本著人物考述通例。
② （唐）道宣：《续高僧传》卷20，《大正藏》第50册，第593页。
③ （唐）迦才：《净土论》卷下，《大正藏》卷47，第98页。
④ （唐）道绰：《安乐集》卷下，《大正藏》卷47，第14页。
⑤ （唐）道宣：《续高僧传》卷20，《大正藏》第50册，第593页。
⑥ （唐）道宣：《续高僧传》卷20，《大正藏》第50册，第593页。

时"并汾之间,风俗少事念佛,持数珠者罕尝有之。绰勉僧俗念佛,无数珠者,以豆记之"①。"唐初,并汾诸郡熏渍净业,由绰盛焉。"②

道绰于贞观十九年(645年)四月二十七日圆寂于玄中寺。道绰的著作,保存至今的仅有《安乐集》二卷。道宣律师和迦才法师的记载都只有一种,其中道宣律师的记载为《净土论》二卷。③《新唐书·艺文志》中记载有《净土论》二卷、《行图》二卷,此中的《净土论》也应是指《安乐集》。道绰把佛法分为圣道、净土二门,《安乐集》称:"依大乘教,良由不得二种圣法,以排生死,是以不出火宅。何者为二?一谓圣道,二谓往生净土。其圣道一种,今时难得。一由去大圣遥远,二由理深解微。是故《大集月藏经》云:'我末法时中,亿亿众生起行修道,未有一人得者。'当今末法,现是五浊恶世。唯有净土一门,可通入路。"④道绰还主张时教相应,《安乐集》说:"是故《大月藏经》云:'佛灭度后第一五百年,我诸弟子学慧得坚固;第二五百年,学定得坚固;第三五百年,多闻读诵得坚固;第四五百年,造立塔寺修福忏悔得坚固;第五五百年,白法隐滞,多有诤讼,微有善法得坚固……计今时众生,即当佛去世后第四五百年,正是忏悔修福,应称佛名号。若一念阿弥陀佛,即能除却八十亿劫生死之罪,一念即尔,况修当念,即是恒忏悔人也。'"⑤道绰的"二门论"对不同人群提出了不同的目标,提倡念阿弥陀佛,降低佛教修行程序和难度,提高达到极乐世界的可能性,更利于吸引学理淡薄的普通信众,这大大便利了佛教在社会中的传播。

(二)昙延法师及其弟子

昙延,俗姓王,蒲州桑泉人,世家豪族,官历齐周,自幼性协书籍,乡邦称叙。十六岁游学僧寺,因听道妙法师弘演《涅槃》,"探悟其旨,遂舍俗服,幽讨深致"⑥。《续高僧传》云:"延形长九尺五寸,手垂过膝,目光外发,长可尺余,容止邕肃,慈诱泛博,可谓堂堂然也。视前

---

① (宋)戒珠:《净土往生传》卷2,《大正藏》第51册,第118页。
② (宋)戒珠:《净土往生传》卷2,《大正藏》第51册,第118页。
③ (唐)道宣:《续高僧传》卷20,《大正藏》第50册,第593页。
④ (唐)道绰:《安乐集》,《大正藏》第47册,第13页。
⑤ (唐)道绰:《安乐集》,《大正藏》第47册,第13页。
⑥ (唐)道宣:《续高僧传》卷8,《大正藏》第50册,第488页。

直进，顾必转身，风骨陶融，时共传德。及进具后，器度日新，机鉴俊拔，遐迩瞩目。"① 以"词辩优赡，弘裕方雅"称颂于世，儒士叹为"由来所未见，希世挺生，即斯人也"②。尔后，隐于南部太行山百梯寺，与山中隐士薛居士酬答问对，"薛乃戏题四字，谓'方圆动静'，命延体之。延应声曰：'方如方等城，圆如智慧日，动则识波浪，静类涅槃室。'薛惊异绝叹曰：'由来所未见。希世挺生。即斯人也。'"③

昙延"幽居静志，欲著《涅槃大疏》，恐有滞凡情，每祈诚寤寐"④。据说梦到了白马授经，昙延认为必为马鸣大士，授其义端，遂述说经疏。"犹恐不合正理，遂持经及疏陈于州治仁寿寺舍利塔前，烧香誓曰：'延以凡度仰测圣心，铨释已了，具如别卷。若幽微深达，愿示明灵。如无所感，誓不传授。'言讫，涅槃卷轴并放光明，通夜呈祥，道俗称庆"⑤。此类神异表现，当为佛教之宣传方式，有利于经疏的流演。时人将昙延与慧远相媲美，认为，"远乃文句惬当，世实罕加，而标举宏纲，通镜长骛，则延过之久矣"⑥。

昙延在北齐时期，更受到文宣帝高洋的赏识崇奉。"（文宣）帝每召（昙延）入问道。"⑦《佛祖历代通载》也说："齐太祖（高洋）从之问道，给月俸。"⑧ 并拜昙延为昭玄上统，统领北齐僧尼事务。由此可见，昙延在北齐佛教发展中的地位。

周太祖宇文泰在西魏摄政时期也亲听昙延宣法。《续高僧传》载："周太祖素挹道声，尤相钦敬，躬事讲主，亲听清言。远近驰萃，观采如市。而获供事，曾不预怀。性好恬虚，罔乾时政。太祖以百梯太远，咨省路艰，遂于中朝西岭形胜之所为之立寺，名曰云居。国俸给之，通于听众。"⑨ 又《辨正论》卷三载："周太祖文皇帝……于长安立追远、陟

---

① （唐）道宣：《续高僧传》卷8，《大正藏》第50册，第488页。
② （唐）道宣：《续高僧传》卷8，《大正藏》第50册，第488页。
③ （唐）道宣：《续高僧传》卷8，《大正藏》第50册，第488页。
④ （唐）道宣：《续高僧传》卷8，《大正藏》第50册，第488页。
⑤ （唐）道宣：《续高僧传》卷8，《大正藏》第50册，第488页。
⑥ （唐）道宣：《续高僧传》卷8，《大正藏》第50册，第488页。
⑦ （宋）志磐：《佛祖纪》卷38，《大正藏》第49册，第356页。
⑧ （元）念常：《佛祖历代通载》卷49，《大正藏》第49册，第558页。
⑨ （唐）道宣：《续高僧传》卷8，《大正藏》第50册，第488页。

屺、大乘、魏国、安定、中兴等六寺，度一千僧；又造天保寺，供养玮法师及弟子七十余人；于安州造寿山、梵云二寺又造大福田寺，供养国师实禅师；又于实师墓所造福田寺；又为大可汗大伊尼造突厥寺。"①周初诸帝对昙延倍加礼遇。武帝建德年间，群贤奉诏，对论陈国使者周弘正，昙延以其高超的辩才，使陈使顶拜伏膺，被尊为昙延菩萨。"帝以延悟发天真，五众倾则，便授为国统。"②此后，武帝废佛时，昙延多次劝谏，不从，便隐于太行山百梯寺，"挟道潜形，精思出要"③。周宣帝时，"逮天元构疾，追悔昔愆，开立尊像，且度百二十人为菩萨僧，延预在上班，仍恨犹同俗相，还藏林薮"④。武帝废佛时昙延试图劝诫，未果则隐遁山林，到隋朝建立，昙延才重返世俗。

隋文创业，昙延回到京师。《续高僧传》载："隋文创业，未展度僧，延初闻改政，即事剃落，法服执锡，来至王庭，面伸弘理。未及敕慰，便先陈曰：敬问皇帝，四海为务，无乃劳神。帝曰：弟子久思此意，所恨不周。延曰：贫道昔闻尧世，今日始逢云云。帝奉闻雅度，欣泰本怀，共论开法之模，孚化之本。"⑤昙延对隋文帝振兴佛教抱以很高期望，并积极建言献策。

终隋一代，昙延的活动对于隋朝佛教复兴发挥了重要作用。一是著书立说，宣扬义理。他著有《涅槃义疏》十五卷，《宝性》《仁王》等注疏，深入阐述大乘涅槃思想。二是兴复伽蓝，复兴佛教。昙延于隋初奏请度僧，兴复寺庙，建立经像，翻译佛经。《续高僧传》载："延以寺宇未，教法方隆，奏请度僧，以应千二百五十比丘五百童子之数，敕遂总度一千余人以副延请，此皇隋释化之开业也。尔后遂多，凡前后别请度者，应有四千余僧。周废伽蓝并请兴复。三宝再弘，功兼初运者，又延之力矣。移都龙首，有敕于广恩坊给地，立延法师众，开皇四年（584年）下敕改延众可为延兴寺。"⑥《昙延法师碑铭》亦载："开皇四年，亲

---

① （唐）法琳：《辨正论》卷3，《大正藏》第52册，第507页。
② （唐）道宣：《续高僧传》卷8，《大正藏》第50册，第488页。
③ （唐）道宣：《续高僧传》卷8，《大正藏》第50册，第488页。
④ （唐）道宣：《续高僧传》卷8，《大正藏》第50册，第488页。
⑤ （唐）道宣：《续高僧传》卷8，《大正藏》第50册，第488页。
⑥ （唐）道宣：《续高僧传》卷8，《大正藏》第50册，第489页。

改其地以为延兴寺。昔中天佛履之门，遂有瞿昙之号，今国城奉师所讳，抑亦其伦又改本住云居，以为栖严寺，敕太乐令齐树提，造中条山佛曲，传以供养，敕赉蜡炬。未及，就自然发焰，师奇之，以事闻帝，因改寺名光明。师曰：'弘化须广，未可自专以额，重奏别立一所。'帝然之。今之光明寺是也。"① 三是担任僧职。开皇之初，昙延被敕任隋朝第一任昭玄统。《续高僧传》载："开皇之始，梵经遥应。爰降玺书，请来弘译。二年七月，弟子道密等，侍送入京，住大兴善寺。其年季冬草创翻译，敕昭玄统沙门昙延等三十余人，令对翻传。"② 四是举行佛事，如为文帝受菩萨戒，亢旱祈雨，等等。《续高僧传》载："至六年亢旱，朝野荒然，敕请三百僧于正殿祈雨，累日无应……帝遂躬事祈雨，请延于大兴殿登御座南面授法。帝及朝宰，五品已上咸席地。北面而受八戒，戒授才讫，日正中时，天有片云，须臾遍布，便降甘雨。远迩咸感，帝悦之，赐绢三百段。……未几，帝又遗米五百石，于时年属饥荐，赖此僧侣无改，帝既禀为师父之重。"③ 祈雨之举本非佛法擅长之事，然而帝王往往以此昭示爱民之意，佛教高僧参与其中，进一步得到统治者的信任。

开皇八年（588年）八月十三日，昙延终于所住。昙延死后，文帝"敕王公以下，并往临吊。并罢朝三日，赠物五百段，设千僧斋"④。内史薛道衡曾吊曰："延法师，弱龄舍俗，高蹈尘表，志度恢弘，理识精悟。灵台神寓，可仰而不可窥；智海法源，可涉而不可测。同夫明镜，瞩照不疲；譬彼洪钟，有来斯应。往逢道丧，玄维落纽；栖志幽岩，确乎不改。高位厚礼，不能回其虑；严威峻法，未足惧其心。经行宴坐，夷险莫二；戒德律仪，始终如一。圣皇启运，像法再兴，卓而缁衣，爵为称首。屈宸极之重，伸师资之义。三宝由其弘护，二谛藉以宣扬。信足追踪澄什，超迈安远。"⑤ 薛道衡将昙延与佛图澄、鸠摩罗什、道安、慧远相媲美，对其弘化佛教之功以及广泛的社会影响给予了极高评价。

---

① （清）胡聘之：《山右石刻丛编》卷18，山西人民出版社1988年版。
② （唐）道宣：《续高僧传》卷2，《大正藏》第50册，第432页。
③ （唐）道宣：《续高僧传》卷8，《大正藏》第50册，第489页。
④ （唐）道宣：《续高僧传》卷8，《大正藏》第50册，第489页。
⑤ （唐）道宣：《续高僧传》卷8，《大正藏》第50册，第489页。

昙延所住持之栖岩寺在帝王的支持下,不仅地位极高,而且高僧辈出,如道杰(572—627年)、神素(571—643年)、真慧(568—625年)、智通(547—611年)等都秉承昙延遗绪,广览奥典,开坛讲习,讲《涅槃》《毗昙》《成实》诸经,诸师"披解文义,允惬众心,而性度方正,善御大众,不友非类,唯德是钦"①。河东尹氏道洪于开皇六年(586年)出家,事昙延法师,"博通内外,驰誉门序。虽广流众部,偏以涅槃为业教之极也"②。这些高僧对于山西佛教发展发挥了积极的推动作用。

(三)净影慧远及其弟子智徽、玄鉴

净影慧远,俗姓李,"炖煌人也,后居上党之高都焉(今山西省泽州县)"③。唐宝历元年(825年)《硖石寺慧远法师遗迹记》载:"法师称号慧远,生敦煌李氏之族,家数世居霍秀里。"④幼丧其父,与叔同居。"年止三岁,心乐出家。每见沙门,爱重崇敬。七岁在学,功逾常百。神志峻爽,见称明智。十三辞叔,往泽州东山古贤谷寺。时有华阴沙门僧思禅师,见而度之。"⑤后又游历怀州北山丹谷学习,十六岁,随阿阇梨湛律师往邺城,"大小经论普皆博涉,随听深隐特蒙赏异,而偏重大乘,以为道本"⑥。后从北齐沙门统法上受具足戒,于大隐律师处听《四分律》。"绵笃七年,迥洞至理,爽拔微奥,负笈之徒,相谊亘道,讲悟继接,不略三余,沐道成器,量非可算。乃携诸学侣,返就高都之清化寺焉。众缘欢庆叹所未闻,各出金帛为之兴会,讲堂寺宇一时崇敞,韩魏士庶通共荣之。"⑦北周灭齐,在齐境内推行毁佛政策,慧远等五百余人向帝王劝谏,帝不从。慧远遂潜于汲郡(今河南境内)西山秘密奉佛行道,三年之间诵《法华》《维摩》等。

北周静帝时佛教复兴,东西两京各立陟岵大寺,置菩萨僧,慧远遂

---

① (唐)道宣:《续高僧传》卷12,《大正藏》第50册,第517页。
② (唐)道宣:《续高僧传》卷15,《大正藏》第50册,第547页。
③ (唐)道宣:《续高僧传》卷8,《大正藏》第50册,第489页。
④ 王丽:《三晋石刻大全·泽州县卷》,三晋出版社2012年版,第12页。
⑤ (唐)道宣:《续高僧传》卷8,《大正藏》第50册,第489页。
⑥ (唐)道宣:《续高僧传》卷8,《大正藏》第50册,第489页。
⑦ (唐)道宣:《续高僧传》卷8,《大正藏》第50册,第489页。

至少林传法。隋开皇之初，敕令慧远任洛州沙门都，匡任佛法，远辞不获免。开皇五年（585年）为泽州刺史千金公请赴本乡弘法。七年春往定州，途由上党，"留连夏讲，遂阙东传"①。不久，应诏为"六大德"之一入长安大兴善寺，后迁新建净影寺，"常居讲说，弘叙玄奥。辩畅奔流，吐纳自深，宣谈曲尽。于是四方投学七百余人，皆海内英华"②。开皇十二年（592年）春，奉敕主持翻译，刊定辞义。六月二十四日，卒于净影寺，春秋七十，僧腊五十。慧远著有《大乘义章》《华严经疏》《法华经疏》《维摩经义记》《无量寿经义疏》《十地经论义疏》《大般涅槃经义记》《胜鬘经义记》等约20部百余卷经典，对于净土思想、佛性论等中国化佛教思想的深入发展和传播做出了重要贡献。

慧远弟子众多，《续高僧传》载："服勤请益者七百余人，道化天下，三分其二。"③"本住清化，祖习涅槃。寺众百余，领徒者三十，并大唐之首者也。"④

智徽，俗姓焦，泽州高平（今山西高平）人，生于560年，圆寂于638年。十三岁出家，住泽州清化寺随慧远法师听涉经论。《续高僧传》卷十五《释智徽传》载"于《大涅槃》偏洞幽极，故齿年学稔，为诸沙弥之卓秀者也"⑤。之后，智徽在清化寺受具足戒，弘道讲经，"岁常讲《涅槃》《十地》《地持》《维摩》《胜鬘》，用为恒业，声务广被，远近追风。提幞裹粮，寻造非一"⑥。智徽在讲经说法方面颇具名气。大业七年（611年），隋炀帝下诏请智徽入东都内的道场，"礼异恒伦，日增荣供，徽立操自昔，一不受之"⑦。619年，王世充自立为帝，国号"郑"。智徽被迫离开了东都，回到高平。"道俗欣赴，世接屯难，饥馁相委，乃遗以粮粒，拯济寔多。皂素赖之，皆餐法味，便即四时长讲，屡有升堂。外施衣帛，悉供讲众，频值俭岁，米食不丰，异客暴来，两倍过旧。徽

---

① （唐）道宣：《续高僧传》卷8，《大正藏》第50册，第489页。
② （唐）道宣：《续高僧传》卷8，《大正藏》第50册，第489页。
③ （唐）道宣：《续高僧传》卷15，《大正藏》第50册，第548页。
④ （唐）道宣：《续高僧传》卷8，《大正藏》第50册，第491页。
⑤ （唐）道宣：《续高僧传》卷15，《大正藏》第50册，第541页。
⑥ （唐）道宣：《续高僧传》卷15，《大正藏》第50册，第541页。
⑦ （唐）道宣：《续高僧传》卷15，《大正藏》第50册，第541页。

以听侣不安,为营别院。四方学士同萃其中,财法两施,无时宁舍。"①后怀州都督郧国公张亮邀请智徽远延讲说,又赴河阳,请为菩萨戒师。贞观十二年(638年)圆寂于河阳,春秋七十九,怀州道俗送葬归于高平。

玄鉴,俗姓焦,泽州高平(今山西省高平市)人。天性仁慈,志乐清洁。玄鉴十九岁出家清化寺,跟随慧远听采经论,于《大涅槃》深得其趣。隋朝末年天下大乱,"佛寺僧坊并随灰烬,众侣分散,颠仆沟壑"②。玄鉴离开了清化寺,"守心戒禁,曾无愆犯。食唯蔬菜,衣则缊麻,屡经岁序,情无嚬蹙"③。及至唐初,玄鉴返回故乡,"招集缁素,崇建法席。劝诸信识,但故伽蓝皆得营复,有故塔庙并令涂扫,遂使合境庄严,赫然荣丽,奉信归向十室其九。兼以正性敦直,言行相高"④。玄鉴于清化寺讲习《涅槃》《十地》《维摩》,重建佛寺僧坊,严格佛教戒律。

玄鉴对一般俗人,尤诃谏饮酒,"数有缮造工匠繁多,豪族之人或遗酒食,鉴云:'吾今所营,必令如法。乍可不造,理无饮酒。'遂即止之"⑤。又"清化寺修营佛殿,合境民庶同供崇建。泽州官长长孙义素颇奉信,闻役工匠其数甚众,乃送酒两舆以致之。鉴时检校营造,见有此事,破酒器狼藉地上。告云:'吾之功德乍可不成,终不用此非法物也。'"⑥ 玄鉴劝化嗜酒致神志不清者戒酒,恢复神志;遇瘟疫之时,亦劝导民众戒酒,影响了当地的社会风气。

(四)神赞

神赞"俗姓卢氏,不知何许人也。戒行孤洁,好求访圣迹。不惑之年,来诣台山,礼谒菩萨,住华严寺清凉岩间。禅诵为业,众推高德。未详终没之所"⑦。又《隋书》卷七十八《卢太翼传》云:"卢太翼,字

---

① (唐)道宣:《续高僧传》卷15,《大正藏》第50册,第541页。
② (唐)道宣:《续高僧传》卷15,《大正藏》第50册,第542页。
③ (唐)道宣:《续高僧传》卷15,《大正藏》第50册,第542页。
④ (唐)道宣:《续高僧传》卷15,《大正藏》第50册,第542页。
⑤ (唐)道宣:《续高僧传》卷15,《大正藏》第50册,第542页。
⑥ (唐)道宣:《续高僧传》卷15,《大正藏》第50册,第542页。
⑦ (宋)延一:《广清凉传》卷中,《大正藏》第51册,第1118页。

协昭，河间人也，本姓章仇氏。七岁诣学，日诵数千言，州里号曰神童。及长，闲居味道，不求荣利。博综群书，爱及佛道，皆得其精微，尤善占候算历之术，隐于白鹿山，数年徙居林虑山茱萸涧，请业者自远而至，初无所拒，后惮其烦，逃于五台山。"①又《隋书》卷七十八《卢太翼传》云："炀帝即位……常从容言及天下氏族，谓太翼曰：'卿姓章仇，四岳之胄，与卢同源。'"②于是赐姓为卢氏。这与《广清凉传》说神赞"俗姓卢氏"一致。"爱及佛道，皆得精微"，"后惮其烦，逃于五台山"之说也与《广清凉传》一致。因此说，释神赞与卢太翼应为同一人。至于他在五台山居住了多久？何时离开？史籍阙如。崔正森先生据《隋书》记载，推测下山的时间应该在太子杨勇被废之时，也即是开皇十九年前后，由此，他应该在五台山居住了十几年。③

（五）灵干

灵干，俗姓李，金城狄道人，祖籍上党，因隋帝王授予封号而迁往金城（今甘肃省兰州市）。十四岁，拜邺京大庄严寺昙衍法师为师，"昼夜遵奉，无怠寸阴，每入讲堂想处天宫无异也。十八覆讲，华严十地。初开宗本，披会精求，佥共怪焉。又酬抗群锋，无所踬碍，众益欣美。冠年受具，专志毘尼，而立性翘仰，恭摄成节，三业护持，均持遮性"④。北周武帝灭佛，灵干居家奉戒。隋文帝即位，诏令在全国范围恢复佛教，灵干也被征录，"官给衣钵，少林置馆，虽蒙厚供，而形同俗侣"⑤。开皇三年（583年），到洛阳净土寺，"出家标相自此繁兴。有海玉法师，讲华严众。四方追结，用兴此典，干即于此众讲释华严，东夏众首咸共褒美"⑥。开皇七年（587年），"因修起居，道业夙闻，遂蒙别敕令住兴善，为译经证义沙门"⑦。仁寿三年（603年），举当寺任。同年，奉敕送舍利到洛阳，并在汉王寺建造佛塔供奉舍利。"时汉王谅作镇晋阳，承干

---

① 《隋书》卷78，中华书局1973年标点本，第1769页。
② 《隋书》卷78，中华书局1973年标点本，第1769页。
③ 崔正森：《五台山佛教史》，山西人民出版社2000年版，第187页。
④ （唐）道宣：《续高僧传》卷12，《大正藏》第50册，第518页。
⑤ （唐）道宣：《续高僧传》卷12，《大正藏》第50册，第518页。
⑥ （唐）道宣：《续高僧传》卷12，《大正藏》第50册，第518页。
⑦ （唐）道宣：《续高僧传》卷12，《大正藏》第50册，第518页。

起塔王之本寺,远遣中使亲赐什物,然其善于世数,机捷枢要,辩注难加。尝为献后述忏,帝心增感,歔欷连洒,乃赐帛二百段,用旌隆敬。"① 大业三年(607年),置大禅定寺,灵干被任命为"道场上座",一时僧徒激增。大业八年(612年)正月二十九日,灵干卒于大禅定寺,春秋七十有八。

(六)道积

道积,河东安邑(今山西运城市东)人,俗姓相里,名子材。道积受家庭影响,从小通晓古籍,神气爽烈。道积在二十岁时,律师洪湛为其剃度。后依法朗禅师学习。开皇十三年(593年),跟随远行寺普兴法师学习《涅槃》。开皇十八年,来到京师与宝昌寺明及法师探讨《地论》,此后依照智凝法师学习《摄大乘论》。仁寿二年(602年),"又往并州武德寺沙门法棱所听采《地持》,故得十法三持,毕源斯尽"②。仁寿四年七月,检验代州总管汉王杨谅于并州起兵反对炀帝,道积为避战乱,遂与同侣诸师,南返蒲坂。"既达乡壤,法化大行,先讲《涅槃》,后敷《摄论》,并诸异部往往宣传。"③ 据说道积一生坚决不收女尼,"每谓徒属曰:'女为戒垢,圣典常言,佛度出家,损减正法。尚以闻名污心,况复面对无染,且道贵清显,不参非滥,俗重远嫌,君子攸奉。余虽不逮,请遵其度。'由此受戒教授,没齿未登,参谒谘请,不听入室。斯则骨梗洁己,清贞高蹈,河东英俊莫与同风"④。可见,直到隋唐时期,佛教对女子偏见尤多。

道积在永济弘传佛教,营建普救寺。隋初,沙门宝澄于普救寺创营弥勒大像百丈,未完工而去世。乡邑耆老请道积继之,前后十年,雕造完成,"道俗庆赖,欣喜相并。初积受请之夕,寝梦崖傍见二狮子,于大像侧连吐明珠,相续不绝。既觉惟曰:'狩王自在,则表法流无滞。宝珠自涌,又喻财施不穷。冥运潜开,功成斯在。'即命工匠,图梦所见于弥勒大像前,……今犹存焉。其寺蒲坂之阳,高爽华博,东临州

---

① (唐)道宣:《续高僧传》卷12,《大正藏》第50册,第518页。
② (唐)道宣:《续高僧传》卷29,《大正藏》第50册,第695页。
③ (唐)道宣:《续高僧传》卷29,《大正藏》第50册,第695页。
④ (唐)道宣:《续高僧传》卷29,《大正藏》第50册,第695页。

里,南望河山,像设三层,岩廊四合。上坊下院,赫奕相临,园硙田蔬,周环俯就。小而成大,咸积之功"①。道积得到当地权贵的大力支持和崇奉,"仆射裴玄真宠居上宰,钦其令问,频赠香衣。刺史杜楚客,知人之重,造展求法。其感动柔靡,皆此类也"②。裴玄真即裴寂,隋朝建立后,历任左亲卫、齐州司户参军、侍御史、驾部承务郎、晋阳宫副监。唐朝建立后,拜右仆射,封魏国公。裴氏从魏晋南北朝以来一直是河东名门望族。杜楚客为蒲州刺史,唐朝时任工部尚书,为宰相杜如晦弟弟。道积深受名门望族之官僚礼遇崇奉,对于其弘传佛教无疑具有很大的便利。

道积还曾在隋末城破之时,冒死劝诫尧君素不要征发僧人守城,"隋季拥闭,河东通守尧君素镇守荒城,偏师肆暴,时人莫敢窃视也。欲议诸沙门登城守固,敢谏者斩。玄素同忧,无能忤者。积愤叹内发,不顾形命,谓诸属曰:'时乃盛衰,法无隆替,天之未丧,斯文在斯,且沙门尘外之宾,迹类高世。何得执戈擐甲为御侮之卒乎?'遂引沙门道悫、神素历阶厉色而谏曰:'贫道闻人不畏死,不可以死怖之。今视死若生,但惧不得其死,死而有益,是所甘心。计城之存亡,公之略也。世之否泰,公之运也。岂五三虚怯而能济乎?昔者汉钦四皓,天下隆平。魏重干木,举国大治。今欲拘系以从军役,反天常以会灵祇,恐纳不祥之兆耳。敢布腹心,愿深图之。无宜空肆,一朝自倾,于后为天下笑也。公若索头与头,仍为本愿,必纵以残生逼充步甲者,则不知生为何生,死为何死。积陈此语,傍为寒心。'素初闻谏,重积词气,但张目直视曰:'异哉斯人也,何乃心气若斯之壮耶!'因舍而不问"③。道积的耿直坦然、不畏强暴之风范也使佛教具有了积极入世的精神,形成了良好的社会影响。

道积生于北周武帝天和三年(568年),圆寂于贞观十年(636年),春秋六十九。道积在山西蒲州一带的弘传佛教,把普救寺发展成为当时享誉盛名的大寺,对山西南部一带的佛教发展产生重要影响。

---

① (唐)道宣:《续高僧传》卷29,《大正藏》第50册,第695页。
② (唐)道宣:《续高僧传》卷29,《大正藏》第50册,第695页。
③ (唐)道宣:《续高僧传》卷29,《大正藏》第50册,第695页。

（七）王通

王通（584—617），字仲淹，谥文中子，河东龙门（今山西河津）人，著名经学家。王通的六部著作《续书》《续诗》《元经》《礼经》《乐论》《赞易》已经失传。只保存下其弟子姚义、薛收编辑的《文中子说》。

宋代高僧契嵩认为王通的思想功业可与孔子比肩，"去仲尼千余年而生于陈隋之间，号文中子者。初以《十二策》探时主志，视不可与为。乃卷而怀之，归于汾北，大振其教。雷一动而四海寻其声，来者三千之徒，肖乎仲尼者也。时天下失道，诸侯卿大夫不能修之，独文中子动率以礼务正人拯物。……文中子忧后世无法，且曰：千载已下有治仲尼之业者，吾不得而让矣。……文中子之于仲尼，犹日而月之也"①。元代念常对王通的评价也非常高，认为其是淳儒，开启了唐代的盛世局面，"有文中子者，身任百世师儒，出河汾间。凡太宗一时宰辅，若凌烟阁上诸公，皆北面称师，受王佐之道。当是时，使傅令稍知向方，预出王氏之门，则其施设纵非公台之任，亦不失为名卿才大夫"②。王通作为河汾大儒，在唐代因其弟子众多，功业卓著而名声大振。

王通之主要著作失传，其有关佛教之论述见于佛教典籍。《佛祖统纪》卷三十九载："文中子曰：诗书盛而秦世灭，非仲尼之罪也。虚玄长而晋室乱，非老庄之罪也。斋戒修而梁国亡，非释迦之罪也。或问佛，子曰：圣人也。曰其教如何？曰西方之教也，守国则泥。子读《说议》曰：三教于是乎可一矣。或问长生神仙之道，子曰：仁义不修，孝悌不立，奚为长生。"③《佛祖统纪》卷五十四载："文中子，或问佛，曰圣人也。其教如何？曰西方之教也。"④ 可见，王通总体上看待佛教比较客观，认为佛教是西方之教化，佛是圣人。这种观点无疑是将佛教看作类似儒家的一种教化人心之世俗之学、道德教化之学，并未谈及佛教神秘主义的问题。王通认为南朝梁的灭亡并不是因为梁武帝崇佛，而这正是隋唐

---

① （宋）契嵩：《镡津文集》卷12，《大正藏》第52册，第713页。
② （元）念常：《佛祖历代通载》卷11，《大正藏》第49册，第567页。
③ （宋）志磐：《佛祖统纪》卷39，《大正藏》第49册，第361页。
④ （宋）志磐：《佛祖统纪》卷54，《大正藏》第49册，第470页。

以后很多反对佛教者用以攻击佛教的证据。王通认为萧梁灭亡的原因主要在于梁武帝不善于用人等原因，而非崇佛所致。王通的观点比较符合客观历史，同时对于佛教来说起到了正名的重要作用。后世护佛者多征引王通之观点反击诘难者。王通关于神仙之道的回答，无疑有批评道教的意味，佛道之间，王通更倾向于佛教。唐宋时期，佛教在历次遭遇诸如韩愈等儒道攻击之时，都抬出王通以证明攻击者的谬误。由此也可以看出，唐宋时期儒家仍是思想之正统，佛教必须小心谨慎地寻求与儒家思想与实践的一致，并压制道教的进攻。

第三节　隋代山西佛教寺院与民众造像

一　山西佛教寺院的分布

隋代山西佛教在统治者的支持下，获得较快发展，不仅僧人社会活动非常活跃，而且寺院林立。根据《山西通志》及各地县志、《高僧传》等资料对隋代兴建和存续寺庙进行统计。

表4—2　　　　　　隋代山西佛寺新建与存续汇总

序号	佛寺名	隶属地	建立时间	文献来源
1	宝基寺	太原	具体不详	释志念，晋阳学众竚想来仪，王又出教令，于宝基寺开授，方面千里，法座辍音。（《续高僧传》卷11）
2	武德寺	太原	开皇元年（581）	慧觉，俗姓范氏，达量通鉴，罕附其伦，善讲《华严》《十地经纶》。讲席相继，流轨齐岱。开皇元年，乃于幽忧之所置武德寺焉。地惟泥湿，遍以石铺，然始增基通于寺院。弘阐法门，多以《华严》为首。（《续高僧传》卷12）

第四章　隋代山西佛教 / 199

续表

序号	佛寺名	隶属地	建立时间	文献来源
3	内城寺	太原	具体不详	隋汉王谅作镇晋阳，班条卫冀，搜选名德，预有弘宣。念与门学四百余人，奉礼西并，将承王供。谅乃于宫城之内更筑子城，安置灵塔，别造精舍，名为内城寺。引释志念居之，开义寺是也。（《续高僧传》卷11）
4	大兴国寺	太原	具体不详	杨谅又令上开府谘议参军王颇宣教云：寡人备是帝子民父，莅政此蕃，召请法师等远来降趾，道不虚运，必藉人弘。正欲阐扬佛教，使慧日清朗，兆庶蒙赖法之力也。宜铨举业长者，可于大兴国寺宣扬正法。（《续高僧传》卷20）
5	开化寺	太原	具体不详	秦王俊，作镇并部，弘尚释门，于太原蒙山置开化寺，承斯道行，延请居之。（《续高僧传》卷18）
6	无量寿寺	太原	具体不详	闻并部瓒禅师结徒开化，盛宣佛法，行达箕山，便进具戒，渐次太原归依慧瓒，念定为务，旁慕律宗。有严律师者，德范可归。便从受业，因居无量寿寺焉，即严之所住也。（《续高僧传》卷22）
7	惠明寺	太原	具体不详	隋仁寿二年，赐额惠明，内有塔，阿育王所造舍利塔八万四千之一。（《金石萃编》卷138）
8	大佛寺	太原	开皇 （581—600年）	隋开皇中，释澄空于汾西将铸佛像，鸠集金炭二十年，启炉无成。又二十年无成，又二十年，登炉巅百尺，扬声语观者曰吾欲舍命金液，倘大像圆满。后五十年当为建。（乾隆《太原府志》卷48）
9	永福寺	交城	开皇十七年 （592年）	金大定二十八年公元纪年、明洪武九年公元纪年、宣德九年公元纪年、朝乾隆三十一年公元纪年均重修。（光绪《交城县志》卷5）
10	清化寺	高平	具体不详	静藏，俗姓张，泽州高都人。九岁出家，投清化寺诠禅师而为师主。（《续高僧传》卷15）
11	景业寺	高平	具体不详	释玄鉴，俗姓焦，泽州高平人也。又往景业寺听《维摩经》。（《续高僧传》卷15）

续表

序号	佛寺名	隶属地	建立时间	文献来源
12	松林寺	晋城	具体不详	一名灵岩寺，隋建。明释法亮于南都造藏经六千四百卷六百函，建塔藏之。（雍正《泽州府志》卷21）
13	开明寺	阳城	开皇（581—600年）	明正统间公元纪年重修，张慎言有诗。（雍正《泽州府志》卷21）
14	宝严寺	晋州	具体不详	僧袭本住绛州。结心定业，承习善公，不亏其化，晚住晋州宝严寺。（《续高僧传》卷17）
15	法吼寺	晋州	具体不详	昙遂仁寿中年，下敕送舍利于晋州法吼寺。（《续高僧传》卷26）
16	普济寺	夏县	具体不详	释道英，姓陈氏，蒲州猗氏人也。晚还蒲州住普济寺，置庄三所。麻麦粟田皆在夏县东山深隐之所，不与俗争，用接羁远。（《续高僧传》卷25）
17	孤老寺	永济	具体不详	隋祖再兴，奄还蒲坂。慈济所及，乃立孤老寺于城治。（《续高僧传》卷18）
18	救苦寺	永济	具体不详	救苦寺有大像制过十丈，年载既久，埃尘是生。栋宇颓落，珠玑披散，遂控告士俗，更缔构之。（《续高僧传》卷20）
19	普救寺	永济	具体不详	隋初于普救寺创营大像百丈，万工才登其一，乡邑耆艾请积继之，乃惟大造之未成也。（《续高僧传》卷29）
20	仁寿寺	永济	具体不详	释慧萧，俗姓刘。仁寿中，便振锡徂南，路经蒲坂。逮中原版荡，妖气一乱，河东郡丞丁荣敬服德音，招住仁寿，长弘律藏，学者肩随。（《续高僧传》卷22）
21	栖岩寺	永济	具体不详	释智通，姓程氏，河东猗氏人也。仁寿创塔，缔构栖岩，翻然脱屣，就闲修业，亲事香花，躬运扫洒，口恒称赞，目常瞻睹。（《续高僧传》卷18）
22	麻谷寺	永济	具体不详	释真慧，择地无越晋川，遂之蒲坂首山麻谷，创筑禅宇。以大业十一年十月七日，因疾卒麻谷禅坊，春秋四十有七。（《续高僧传》卷18）

续表

序号	佛寺名	隶属地	建立时间	文献来源
23	定林寺	河津	具体不详	龙门沙门明朗,河东持律之最。承萧道声藉甚,不远从之。朗虽年齿隆萧,而卑身礼事,并深相悦服,道合欣然,淹留岁序,请归河曲。萧亦不滞物我,相与同行,住于龙门之定林寺。(《续高僧传》卷22)
24	广化寺	新绛	开皇十一年(591年)	明正统九年公元纪年、天启六年公元纪年、清康熙三十六年公元纪年重修。(民国《新绛县志》卷6)
25	兴化寺	稷山	开皇十二年(592年)	一在县南五十里丈八村,唐咸亨五年公元纪年间,内有开元时碑。(光绪《稷山县志》卷7)
26	山源寺	翼城	具体不详	唐时普救寺真人驻锡处,每年六月二十日前后为朝普救寺之期,赛会四日。(民国《翼城县志》卷17)
27	通化寺	隰县	具体不详	释法通,龙泉石楼人。初在隰乡,未染正法,众僧行往不达村间。以开皇末年,独怀异概,超出意表,剃二男二女并妻之发,被以法衣,陟道诣州委僧尼寺。既达州寺如前付嘱,便求通化寺明法师度出家。(《续高僧传》卷24)
28	觉成寺	绛县	具体不详	释觉朗,俗姓未详,河东人。住大兴善寺,明四分律及大涅槃而气骨陵人,形声动物,游诸街巷,罕不顾之。仁寿四年,下敕令送舍利于绛州觉成寺。(《续高僧传》卷21)
29	梵境寺	壶关	具体不详	仁寿中年,敕送舍利于本州梵境寺。(《续高僧传》卷26)
30	流泉精舍	黎城	具体不详	乃徙居黎城之东山南流泉精舍,息心之士又结如林。(《续高僧传》卷19)
31	龙华寺	沁州	开皇(581—600年)	宋嘉祐年赐额曰龙福寺,元至元间更名龙华。(康熙《沁州志》卷九)
32	修念寺	平遥	开皇(581—600年)	后改名修念寺,中有净饭王太子像,唐武宗大毁佛寺,颖上人匿像南河壖坎崖,元至大中修寺,移像寺中,改名太子寺。(乾隆《汾州府志》卷24)

序号	佛寺名	隶属地	建立时间	文献来源
33	善庆寺	临县	开皇（581—600年）	即古善训府东关丰市街释智祚住此，有戒行。（乾隆《汾州府志》卷24）
34	资福寺	汾阳	开皇二年（582年）	在城南郭。（乾隆《汾州府志》卷24）
35	耆阇寺	代县	具体不详	释道幽，代州耆阇寺僧，善解经论。仁寿中于寺讲婆伽般若并论，听众百余人。（《续高僧传》卷25）
36	圆果寺	代县	开皇（581—600年）	寺内有古塔十三级，高一百二十五尺，石幢书陀罗尼经，字多剥落。明洪武初并福宏、资圣、兴国、青龙、打地、功德七寺入焉。（光绪《代州志》卷4）
37	法雷寺 演教寺 灵应寺 望海寺 普济寺	五台山	开皇元年（581年）	大隋开皇元年下诏，五顶各置寺一所，设文殊像，各度僧三人，令事焚修。（明释镇澄《清凉山志》卷4）
38	望台寺	五台山	具体不详	岩头乡水峪村西南5里。（明释镇澄《清凉山志》卷3）
39	圭峰寺	五台山	具体不详	岩头乡安头村。（明释镇澄《清凉山志》卷3）

隋朝承周武废佛之后，文帝下令修复佛寺，佛教寺院不断恢复和发展起来。从上表中可以看出，隋代山西地区分布的寺院主要集中在今天的晋南、晋中以及五台山地区，北魏时期晋北平城一代佛寺比较集中的情况已经不复存在，呈现南密北疏的格局。

修建佛寺建筑的群体很广泛，有官员、贵族、商人及普通民众等。如黎城县《宝泰寺碑》记曰："襄垣郡守郭杰，世封阳曲，建社太原，上祖从官，遂家此邑……故率合乡人共造浮圆九级镇此。……新乡乡义里郭伯琛者，□之从子，早彰奇骨，即号神童，幼挺异才，便称水镜，义治骨肉,化及兄弟六世,同居百有余口。朝野贵其风范,闾里幕其家法。"①《洺阴修寺碑》云:"上党县伽蓝一□在洺阴城内,其寺也。起□旧□,新于修盛,本初立意。洺阴府官升并乡义人等皆□听法鼓之振,□□□意□□,竦心般若之场,刻念菩提之域,同舍危脆之宝,共纳无亏之藏,敬造斯馆于胜田。晋北代南正当琬□之所,□城□水实等祇园之地,南西两峪,观重驿如往来,北东二岭每截云以□汉。"② 此类碑刻文献非常丰富,充分说明寺院的修建得到了上至官员贵族、下及普通百姓的广泛支持。

二 影响佛寺格局形成的因素

隋代山西的佛教寺院的分布格局,是在诸多因素作用下而形成的。

一是受地理环境的影响。晋南有汾河、涑水河流经其地,它南通秦蜀,北达幽并。历史记载,早在商代就形成沿汾河、涑水河的交通线。这条交通线上分布着诸如蒲州、安邑、新田(侯马)、故绛(曲沃)、平阳(临汾)、霍(霍州)、晋阳(太原)等城市。隋统一中国后,晋阳经蒲州到都城长安(西安)的交通线变得非常重要。尤其广通渠连接黄河之后,河东地区同首都的联系就更为便捷,这样便利的交通为僧人的往来与寺院的建立创造了有利条件。此外,河东地区盐业发达,使得河东地区整体经济水平较高,这成为晋南佛寺发展的物质基础。

二是朝廷对佛教的支持,推动山西佛教寺院的建立。隋文帝时期,发布敕令,公开支持佛教。他即位的当年,即下诏在五岳各立寺一所,诸州县建僧、尼寺各一所。仁寿年间(601—604年),文帝三次敕建舍利塔。仁寿元年(601年)六月,在他六十岁生日之际,敕令全国三十州同时立塔,派童真、昙迁等沙门三十人分送舍利前往安置。仁寿二年(602年)佛诞日,又在全国五十一州建立灵塔。仁寿四年(604年)佛诞日,又敕令在三十州增建灵塔。这样,文帝三次敕建舍利塔,共在各地建塔一百一十余座。舍利塔的建造,在全国上下掀起了一股强烈的崇佛热潮,

---

① (清)胡聘之:《山右石刻丛编》卷3,山西人民出版社1988年版。
② (清)胡聘之:《山右石刻丛编》卷3,山西人民出版社1988年版。

对后来佛教的发展产生了重大的影响。开皇元年,"令计口出钱,营造经像",并下诏禁毁佛像,违者以大逆不道治罪。文帝还令"京师及并州、相州、洛州等诸大都邑之处,并官写一切经,置于寺内;而又别写,藏于秘阁"。这样,"天下之人,从风而靡,竞相景慕,民间佛经,多于六经数十百倍"①。这样的佛教政策为佛教在山西的发展提供了政治保障。

三是社会环境也影响着山西佛教寺院的地理分布。隋朝的统一,结束了魏晋南北朝以来的分裂格局,给山西佛教发展带来了较好的稳定社会环境,但也有战争的侵扰。581—602年,隋朝三次与突厥进行战争,而地点均涉及山西北部,特别是马邑郡。这种频繁的战争给山西经济社会的发展带来很大打击,也影响着山西北部佛教寺院的存在与发展。而山西中南部相对和平与稳定,使得中南部佛寺数量较多,分布广泛。

三 民间造像活动

隋代民间造像活动较为盛行。根据《山右石刻丛编》、《三晋石刻大全》、各地县志、考古发现等方面的资料统计出部分重要佛教造像。

表4—3　　　　　　　　隋代山西重要佛教造像

序号	造像	造像时间	造像主	地点	出处
1	释迦牟尼坐像	开皇元年（581年）	故都督张洛世	平陆县张村乡上张村出土	《山西平陆出土北魏至隋佛教造像》《文物季刊》1993年第4期
2	观世音菩萨立像	开皇元年（581年）	张世兴为亡妇造		
3	释迦牟尼单身坐像两区	开皇三年（583年）	张留通为亡父母造		
4	观世音菩萨单身立像	开皇十六年（596年）	张向略为父母及因缘眷属造		

---

①　《隋书》卷35,中华书局1973年标点本,第1094页。

续表

序号	造像	造像时间	造像主	地点	出处
5	释迦牟尼造像	不详	不详	绛县博物馆	《绛县志》陕西人民出版社1997年
6	豆卢通等造象记	开皇元年（581年）	豆卢通等	平定	《山右石刻丛编》卷3
7	赵仁惠造像记	开皇二年（582年）	赵仁惠	黎城	《山右石刻丛编》卷3
8	董将军三十人等造像记	开皇二年（582年）	董将军等三十人	吉县	《山右石刻丛编》卷3
9	沙峪摩崖造像	开皇三年（583年）	佛弟子景僧伽造释迦像、二菩萨	和顺	《三晋石刻大全·和顺县卷》第6页
10	张仲修造像	开皇五年（585年）	张仲修	翼城	《山右石刻丛编》卷3
11	苏遵造像	开皇七年（587年）	苏遵	不详	《山右石刻丛编》卷3
12	隋代造像碑	开皇十一年（591年）	无	闻喜郭家庄村	《闻喜县志》地图出版社1993年版
13	张村造像记	开皇十三年（593年）	张村合邑义卅一人	壶关	《山右石刻丛编》卷3
14	康僧贤造像记	仁寿三年（603年）	平阳县令康僧贤	临汾	《山右石刻丛编》卷3

这些造像的建造时间主要集中在隋初。从造像目的看这些造像大致分为两类。

一是为离世父母等祈祷，希图"俱登正觉"。如《豆卢通等造象记》曰："大隋开皇元年（581年）四月八日，禅师静内□□袭师僧豊于珉山之所，遂营隘□□人王众敬、卫昙携李永仁、张清、王神和、许洪携张洪、卫崇携张转胜等敬造镇国王像，双丈八并四菩萨、阿难、迦叶，□

为皇帝臣僚百官边地有形,一时成佛。大施主使持节定州诸军事南陈郡开国公、定州刺史豆卢通世子僧□。大斋主石艾县司功张宝明为亡父永炽、母卫敬姿、母卫光明、亡妻卫妙好、妻善贤、息元慕、息爱慕、嵩慕、息彦□明、弟虎明、侄士昂、侄孝昂、明孙、君楚,合家等侍。"①又如,《苏遵造像记》曰:"大隋开皇七年(586年)六月甲辰朔二十九日壬申,道民苏遵敬造先君一区,上为七世父母、所生父母,依缘眷属,一时成道。"②《康僧贤造像记》云:"唯大随仁寿三年(603年)岁次癸亥六月辛未朔九日巳,仰清信佛弟子力显资,减削家资,为亡息生远、亡女伯女已女进□□造石像一区,伏为皇帝□、下七世姑嫂及生父母,合家大小,因缘眷属,俱登正觉。"③民众造像的目的之一即是为过世的至亲祈祷,希望他们均能得道成佛,不堕地狱。

二是祈祷国泰民安、风调雨顺。如黎城县大隋开皇二年(582年)九月五日丙午《赵仁惠造像记》曰:"信佛弟子赵仁惠在镇知超,方冰玄情,广达心矜,内廓得行,沐洁志景,三空心缘至觉。今割减资粮,敬造释迦石像一区,仰为皇帝陛下国祚永隆,父母兄弟姊妹妻子眷属平安,早得相见,又愿部内五百人法界众生,俱登正觉。"④《张村造像记》云:"大隋开皇十三年(593年)岁次癸丑朔十月戊辰己卯日,张村合邑义卅一人……敬造释迦像一区……国祚永隆,后为七世父母、所生父母、因缘眷属、边地众生,离苦寿乐,居时成佛,合邑义人等住居荒旱之地,饮甘泉□地而生。"⑤民众将国家命运与自身命运相结合,希望国泰民安。

此外,从能识别的造像者身份来看,有官员、将军、普通百姓等。从造像者来看,有个人和集体两种,其中以集体为主,以"社""邑"的形式居多。

从造像的佛教神灵看,以释迦佛、弥勒佛和阿弥陀佛为多。阿弥陀佛又称无量清净佛、无量光佛、无量寿佛等,属净土信仰,代表西方极

---

① (清)胡聘之:《山右石刻丛编》卷3,山西人民出版社1988年版。
② (清)胡聘之:《山右石刻丛编》卷3,山西人民出版社1988年版。
③ (清)胡聘之:《山右石刻丛编》卷3,山西人民出版社1988年版。
④ (清)胡聘之:《山右石刻丛编》卷3,山西人民出版社1988年版。
⑤ (清)胡聘之:《山右石刻丛编》卷3,山西人民出版社1988年版。

乐净土。《佛说观无量寿佛经》中提倡，欲生西方极乐国土，当修大功德，"汝今知不？阿弥陀佛，去此不远。汝当系念，谛观彼国净业成者。我今为汝广说众譬，亦令未来世一切凡夫，欲修净业者，得生西方极乐国土。欲生彼国土者，当修三福：一者孝养父母，奉事师长，慈心不杀，修十善业。二者受持三归，具足众戒，不犯威仪。三者发菩提心，深信因果，读诵大乘，劝进行者。如此三事，名为净业"①。该经还将众生分成上、中、下三品，九等即是将每品中又分为上生、中生、下生，共计九等，并提出三品九等人均能转生到西方极乐世界。《佛说观无量寿佛经》云："佛告阿难及韦提希：凡生西方有九品人。上品上生者，若有众生，愿生彼国者，发三种心，即便往生。何等为三？一者至诚心；二者深心；三者回向发愿心。具三心者，必生彼国。"② 这里指明了所谓三品九等人往生西方净土的方法，尤其口念阿弥陀佛名号的简易修行法门，深受中下层民众信奉，使净土信仰在中下层民众中间广泛流行。山西佛教高僧昙鸾和慧远都崇奉弥陀信仰。昙鸾著有《无量寿经优婆提舍愿生偈注》二卷、《略论安乐净土义》一卷、《赞阿弥陀佛偈》一卷等；净影慧远著有《无量寿经义疏》一卷、《观无量寿佛经义疏》二卷等；道绰著有《安乐集》二卷。这些经典为净土信仰的流行打下了理论基础。净土信仰中简便易行的修行方法为民众所接受，迅速传播开来。据《续高僧传·道绰传》说："人各掐珠，口同佛号，每时散席，响弥林谷。或用麻豆等物记数，每一称名，便度一粒，如是率之，乃集数百万斛者。"③ 这种简便易行的修行方法成为吸引普通民众信仰的主要原因之一。

此外，弥勒信仰在民间也广为流行。如《董将军卅人造像记》云："大隋开皇二年（582年）十一月十四日，发心主徐州募人都督殿忠将军董□□卅人等敬造弥勒下山象一佛二菩萨，上为国王帝主、州郡、令长、师僧、父母七祖、先零昨生父母，见前眷属、法界众生，咸同思福。"④ 释迦佛也是民众的主要崇奉对象。隋文帝开皇十三年（593年），在山西

---

① （宋）畺良耶舍译：《佛说观无量寿佛经》，《大正藏》第12册，第345页。
② （宋）畺良耶舍译：《佛说观无量寿佛经》，《大正藏》第12册，第345页。
③ （唐）道宣：《续高僧传》卷20，《大正藏》第50册，第593页。
④ （清）胡聘之：《山右石刻丛编》卷3，山西人民出版社1988年版。

壶关县张村，就有当村邑义三十一人建造释迦佛像碑。《张村造像记》云："大隋开皇十三年（594年）岁次癸丑朔十月戊辰己卯日，张村合邑义卅一人……敬造释迦像一区……国祚永隆，后为七世父母、所生父母、因缘眷属、边地众生，离苦寿乐，居时成佛，合邑义人等住居荒旱之地，愿甘泉□地而生。"① 根据《壶关县志》记载，碑阴刻有《妙法莲华经·普门品》五百余字。此外，还有《平定州豆卢通等造象记》《赵仁惠造像记》等都提及释迦佛的塑造。

总之，隋代山西佛教的发展主要表现出义学发达、寺院林立、民间佛教兴盛的特点。

---

① （清）胡聘之：《山右石刻丛编》卷3，山西人民出版社1988年版。

第五章

唐代山西佛教

唐朝是中国封建社会的兴盛时期，也是中国佛教发展的繁荣阶段，这一时期是山西佛教发展史上的黄金期，佛教宗派纷呈、寺宇耸立、僧人众多，文化灿烂，呈现一片繁荣景象。

第一节 唐代诸帝与山西佛教

唐以前的历代统治者大多认识到佛教在社会上所起的作用，即可以慰藉人们的心灵、约束人的行为和调和社会矛盾。《广弘明集》卷四《内德论》云："劝臣以忠，劝子以孝，劝国以治，劝家以和，弘善示天堂之乐，惩非显地狱之苦，不惟一字为褒贬，岂止五刑而作戒。"① 又《刘禹锡集》卷四《袁州萍乡县杨岐山故广禅师碑》云："阴助教化，总持人天。所谓生成之外，别有陶冶，刑政不及，曲为调柔。"② 李节《饯潭州疏言禅师诣太原求藏经诗序》亦云："不有释氏使安其分，勇者将奋而思斗，知者将静而思谋，阡陌之人皆纷纷而群起矣。"③ 因此，唐以前的历朝历代统治者，多注意运用佛教教化民众、稳定社会的功能。唐朝统治者也不例外，在二十位皇帝中，除武宗灭佛外，大多数皇帝都扶植和利用佛教。

武德元年（618年），高祖"诏为太祖已下造栴檀等身佛三躯，以沙

---

① （唐）道宣：《广弘明集》卷4，《大正藏》第52册，第190页。
② （唐）刘禹锡：《刘禹锡集》，上海人民出版社1975年版，第43页。
③ （唐）李节《饯潭州疏言禅师诣太原求藏经诗序》，《全唐文》卷788，上海古籍出版社1990年版，第8249页。

门景辉尝记帝当承天命为立胜业寺。以沙门昙献于隋末设粥救饥民，为立慈悲寺。以义师起于太原，为立太原寺。又诏并州立义兴寺，以旌起义方之功"①。武德二年（619年）"诏依佛制，正五九月及十斋日，不得行刑屠钓，永为国式。"②唐代从建国之初，对佛教就采取了利用的政策。但随着佛教势力的壮大以及佛教界出现的一些混乱现象，引起了一些臣民的不满。太史令博奕曾上疏曰："佛在西域言祆路远，汉译胡书恣其假托，使不忠不孝削发而揖君亲。游手窃食，易服以逃租赋。夫生死寿夭出于自然，刑德威福关于人主，而愚僧矫诈，皆云由佛。窃人主之权，擅造化之力，其为害政良可悲。"③于是，高祖于武德九年（626年）五月下诏："沙汰佛、道二教诏：朕膺期驭宇，兴隆教法，志思利益，情在护持。欲使玉石区分，薰莸有辩，长存妙道，永固福田，正本澄源，宜从沙汰。诸僧、尼、道士、女冠等，有精勤练行，守戒律者，并令大寺观居住，供给衣食，不令乏短。其不能精进，无行业、弗堪供养者，并令罢道，各还桑梓。……京城留寺三所、观二所。其余天下诸州，各留一所。余悉毁之。"④此沙汰佛、道二教诏书是为了整顿和纯洁僧道队伍，然而仅仅过了一个月，到六月庚申，"以秦王为皇太子，癸亥大赦天下，停前沙汰僧道诏"⑤。因此，此次沙汰佛道诏令对佛教的影响比较小。

　　唐太宗李世民刚一登基，于贞观元年（627年）正月，"诏京城德行沙门，并令入内殿行道七日，度天下僧尼三千人，诏以皇家旧宅通义宫为兴圣寺"⑥。二年（628年）三月，又诏曰："朕自创义以来，手所诛剪将及千人，可皆建斋行道竭诚礼忏，冀三途之难因斯得脱。"⑦五月"敕先朝忌辰并于章敬寺设斋行香，永为定式"。七月"诏京城诸郡僧道，七日七夜转经行道，为民祈福以保秋成，每岁正月七月视此为式"⑧。贞观

---

① （宋）志磐：《佛祖统纪》卷39，《大正藏》第49册，第362页。
② （宋）志磐：《佛祖统纪》卷39，《大正藏》第49册，第362页。
③ （宋）志磐：《佛祖统纪》卷39，《大正藏》第49册，第362页。
④ （宋）念常：《佛祖历代通载》卷11，《大正藏》第49册，第568页。
⑤ （宋）志磐：《佛祖统纪》卷39，《大正藏》第49册，第363页。
⑥ （宋）志磐：《佛祖统纪》卷39，《大正藏》第49册，第363页。
⑦ （宋）志磐：《佛祖统纪》卷39，《大正藏》第49册，第363页。
⑧ （宋）志磐：《佛祖统纪》卷39，《大正藏》第49册，第363页。

二年（628年）诏曰："朕惟神道设教，慈悲为先。玄化潜通，亭育资始。朕躬膺大宝，抚爱黎元，矜愍之心，触类而长。是用旁求冥贶，幽赞明灵。所冀九功惟序，五福斯应。宜为普天亿兆，仰祈嘉佑。五台山等名山大刹圣道场处，修斋七日。"①贞观三年（629年）十二月又诏曰："有隋失道，九服沸腾，朕亲总元戎，致兹明罚，可于建义以来交兵之处，凡义士凶徒陨身戎阵者，各建寺刹，招延僧侣，树立福田，济其营魄，以称朕矜闵之意。四年正月，救上宫绣释迦佛丈六像，奉安胜光寺设千僧斋。五月战场建寺成，敕群臣撰碑。破刘武周于汾州，立弘济寺，李百药撰。破宋金刚于晋州，立慈云寺，褚遂良撰。"②李世民在各地战场建立寺庙招延僧侣，救度亡者，以彰显其宅心仁厚、保境安民之国君形象，对于凝聚人心、稳固统治具有重要作用。汾州立弘济寺，晋州立慈云寺都位于山西境内，可见破刘武周、宋金刚两场大战，在唐王朝建立，以及树立李世民功业中具有重要地位。

唐太宗对玄奘褒誉有加，对其新译佛教经论，评价甚高，可见其具备较高佛学造诣。贞观二十二年（648年）"敕问师比更翻何经论？答近翻《瑜伽师地论》一百卷。上曰：此《论》甚大，何圣所作，复明何义？答：《论》是弥勒菩萨造，明十七地义。何名十七地？法师答名及标大旨，上甚悦。于是敕遣使，向京取《论》。《论》至自披，更欢喜。因敕所司，写新翻经论为九本，颁与雍、洛、相、兖、荆、扬等九州，遣递流布。法师更请经题，恩敕方许。至其年八月四日，制序讫，凡七百八十言，题云《大唐三藏圣教序》，通冠新经之首。于明月殿，命弘文馆学士上官仪，以所制《序》，对群僚宣读"③。由此可见，唐太宗时期朝廷对佛教大力支持，尤其对佛教义理思想非常推重。

唐太宗即位后曾回到龙兴之地太原，游历经过佛寺，对僧人致敬礼谒"太宗昔幸北京，文德皇后不豫，辇过兰若，礼谒禅师绰公，便解众宝名，供养启愿玉衣。旋复金榜遂开，因诏天下名山形胜，皆表刹焉"④。

---

① （明）心泰：《佛法金汤编》，《卍续藏》第87册，第396页。
② （宋）志磐：《佛祖统纪》卷39，《大正藏》第49册，第363页。
③ （唐）冥祥：《大唐故三藏玄奘法师行状》卷1，《大正藏》第50册，第218页。
④ （清）胡聘之：《山右石刻丛编》卷6，山西人民出版社1988年版。

唐太宗巡幸太原，过交城石壁寺，曾礼谒道绰禅师，布施名珍。唐太宗的第十三子郑惠王李元懿任潞州刺史时，"日于此山奉为先圣，敬造石舍利塔壹所，下并有敕赐舍利骨三七粒，造藏经三千卷"①。

贞观年间，敕建新绛德福寺、陵川南吉祥寺、绛县福胜寺、交城天宁寺、太谷光化寺。贞观九年（635 年）在"台山建寺十所，度僧百数"②。这些都促进了山西佛教的发展。

唐高宗即位后，也积极支持山西佛教的发展。显庆元年（656 年）五月，高宗敕有司："天下僧尼，有犯国法者，以僧律治之，不得与民同科。"是年十月，敕有司"五台等圣道场地僧寺，不得税敛"③。颁诏免收五台山佛事道场赋税。龙朔二年（662 年）"敕会昌沙门会赜诣五台山礼文殊真容。众见金光满殿，空声赞云善哉！"④《古清凉传》云："赜等既承国命，目睹佳祥，具已奏闻，深称圣旨。于是清凉圣迹，益听京畿，文殊宝化，昭扬道路。赜又以此山图为小账，述《略传》一卷，广行三辅云。"⑤ 五台山各种神奇"祥瑞"的宣扬推动了文殊信仰的形成与发展。

唐仪凤三年（678 年）朝廷赐潞州刺史贺拨正舍利四十九粒，与长史崔承休、司马戴安梵境寺旧塔下。《梵境寺舍利铭》载："通议大夫、使持节潞州诸军事、守潞州刺史、上骑都尉贺拨正面承恩授顶戴而还……大唐仪凤三年岁在戊寅四月丁亥朔八日甲午，安厝于梵境寺旧塔之下。"⑥ 中央赐予地方长官佛教舍利，作为镇伏赐瑞地方的礼物，而地方官长则如获至宝，恭敬供奉。因此，在中央崇佛政策的影响下，地方官长也积极支持佛教的发展。

武则天执政后，对佛教推崇备至。天授二年（691 年），敕荆州神秀禅师入京行道。《佛祖历代通载》卷十三云："则天闻神秀名诏至都，肩舆入殿，亲加跪礼。敕当阳山创度门寺以旌其德。时王公已下及京城士

---

① （清）胡聘之：《山右石刻丛编》卷 4，山西人民出版社 1988 年版。
② （明）镇澄：《清凉山志》卷 5，中国书店 1989 年版，第 127 页。
③ （明）镇澄：《清凉山志》卷 5，中国书店 1989 年版，第 127 页。
④ （宋）志磐：《佛祖统纪》卷 39，《大正藏》第 49 册，第 367 页。
⑤ （唐）慧祥：《古清凉传》卷下，《大正藏》第 51 册，第 1098 页。
⑥ （清）胡聘之：《山右石刻丛编》卷 4，山西人民出版社 1988 年版。

庶，闻风争来谒见。望尘拜伏，日以万数。"① 又有白马寺僧怀义，深受尊崇。武则天"以怀义非士族，乃改姓薛，令与太平公主婿薛绍合族，令绍以季父事之。自是与洛阳大德僧法明、处一、惠俨、棱行、感德、感知、静轨、宣政等在内道场念诵。怀义出入乘厩马，中官侍从，诸武朝贵，匍匐礼谒，人间呼为薛师。垂拱初，说则天于故洛阳城西修故白马寺，怀义自护作。寺成，自为寺主。颇恃恩狂蹶，其下犯法，人不敢言。右台御史冯思勖屡以法劾之，怀义遇勖于途，令从者殴之，几死。又于建春门内敬爱寺别造殿宇，改名佛授记寺"②。可见，武则天对佛教大力支持，其近臣薛怀义等人亦崇佛狂蹶。

武则天时期，天下诸州，寺庙林立。天授元年（690年），令"两京及天下诸州各置大云寺一所"。③《广清凉传》载，武后"敕万善寺尼妙胜，于中台造塔"，且"遣内侍黄门金守珍，就山供养。显庆设斋。乃供万菩萨。是日，忻、代诸处，巡礼僧数盈一万，皆云'万圣赴会'。普施一环钱，一万缗，别施菩萨。内侍与州县，具达朝廷"④。由斯灵瑞，台山复兴。龙朔二年（662年），建稷山青龙寺，麟德二年（665年）建朔县崇福寺，还建永济普救寺等。此外，武则天还大力开展了佛经翻译工作。证圣元年（695年），"太后以晋译华严处会未备，遣使往于阗国迎实叉难陀。于东都大遍空寺与菩提流志重译，沙门复礼缀文，法藏笔受，弘景证义，成八十卷"⑤。长安二年（702年）"敕并州刺史重建清凉寺。三年，敕感法师，率百余僧，诣山斋会，缁素千人，咸见五云佛手，天仙白鹿，现于空冥杳霭之间。州牧奏闻，天后大悦，封感公昌平开国公，食邑一千户，住清凉寺。三年，敕琢玉文殊像，遣大夫魏元忠，送诣清凉寺"。上自书疏云："朕曩承佛记，今握化宝，敢不恢弘至道，光阐大猷。但以万机所系，未能亲诣圣境，恭叩慈容，仰白文殊大师昭格。"⑥其后，武则天又令德感国师住持清凉寺，主管全国僧尼事。于是，道宣、

---

① （元）念常：《佛祖历代通载》卷13，《大正藏》第49册，第588页。
② 《旧唐书》卷183《薛怀义传》，中华书局1975年标点本，第4741页。
③ 《旧唐书》卷6《则天皇后本纪六》，中华书局1975年标点本，第121页。
④ （宋）延一：《广清凉传》卷上，《大正藏》第51册，第1106页。
⑤ （宋）志磐：《佛祖统纪》卷39，《大正藏》第49册，第370页。
⑥ （明）镇澄：《清凉山志》卷5，中国书店1989年版，第127页。

弘景、窥基等僧俗，纷纷至五台山弘法传道。武则天发起的这些活动，把以五台山为中心的山西佛教带入了兴盛时期。

睿宗即位后，继续扶持佛教。虽右补阙辛替否上疏力陈崇佛之弊，劝其勿重蹈历史覆辙，但睿宗并未采纳。辛替否上疏谏曰："今天下之寺盖无其数，一寺当陛下一宫，壮丽之甚矣！用度过之矣！是十分天下之财而佛有七八。"① 可见，当时佛教经济实力雄厚，带来了一些社会问题。玄宗即位后，立志革除陈弊，励精图治。开元二年（714年）正月，紫微令姚崇上书请禁度僧，唐玄宗从之，"命有司沙汰僧尼伪滥者万二千人，并令还俗，敕百官毋得创寺，民间毋得铸佛写经，须者就寺赎取"②。唐玄宗对佛教的政策是限制而非禁佛。开元三年（715年），诏一行禅师入见，并向其咨询安国抚民之道及出世法要。开元七年（719年），又支持李通玄译经，并往寿阳、盂县交界处之高山奴宅造论。经三年，著成《新华严经论》四十卷。开元十八年（730年），诏天下寺观，建天长节祝寿道场。开元二十四年（736年），敕颁《御注金刚般若经》于天下。开元二十六年（738年），天下诸郡立龙兴寺、开元寺。开元二十七年（739年），敕天下僧道，遇国忌就龙兴寺行道散斋，千秋节祝寿就开元寺。天宝三载（744年），天下诸州郡开元寺铸皇帝等身金铜佛像。③ 天宝六年（747年）又在山西潞城敕建原起寺。这些足见玄宗对佛教的虔诚。开元二十八年（740年）"帝之元女曰永穆公主，银汉炳灵，琼娥耀质，发我上愿，归乎大雄。爰舍金钱，聿崇妙力，奉为皇帝恭造净土诸像，钦铸铜钟一。骈之以七宝，合之以三金；影摇安乐之界，声震阎浮之国。是以涤除烦恼，足以开鉴聋盲……天宝七载，贵妃兄银青光禄大夫、弘农县开国男、上柱国、鸿胪卿杨铦，奉为圣主写一切经五千四十八卷，般若四教、天台疏论二千卷，俾镇寺焉"④。永穆公主、杨贵妃从兄捐资五台山清凉寺，说明玄宗朝对佛教崇奉有加。

---

① 《旧唐书》卷101《辛替否传》，中华书局1975年标点本，第3516页。
② （宋）志磐：《佛祖统纪》卷40，《大正藏》第49册，第373页。
③ （宋）志磐：《佛祖统纪》卷40，《大正藏》第49册，第373页。
④ （唐）李邕：《五台山清凉寺碑》，《文苑英华》卷859，中华书局1966年版，第4536页。

唐肃宗即位后，仍护持佛教。他诏迎凤翔法门寺佛骨入禁中，立道场，命沙门朝夕赞礼。还敕五岳各建寺，选择高行为之主，白衣诵经百纸，赐明经出身为僧，并许请牒剃度。乾元元年（758年），敕不空三藏入内为帝灌顶授戒法。上元元年（760年），敕僧尼朝会，毋得称臣。①这些崇佛敬僧活动，为山西佛教的发展营造了浓厚的氛围。

代宗登基，尝问以有无佛言报应，元载等回答说："国家运祚灵长，非宿植福业，何以致之！福业已定，虽时有小灾，终不能为害，所以安、史悖逆方炽而皆有子祸，仆固怀恩称兵内侮，出门病死；回纥、吐蕃大举深入，不战而退。此皆非人力所及，岂得言无报应也！"②在元载、王缙、杜鸿渐三人的影响下，代宗从此对佛教深信不疑。"上由是深信之，载等每侍，上从容伴谈佛事。由是宫中祀佛，梵呗斋熏无少懈。群臣承风，四方之民皆相化矣。"③《佛祖统纪》卷四十一载，永泰元年（765年），代宗令铸金铜佛像，在大兴善寺建方等戒坛。大历二年（767年），诏辅相大臣始建功德院。大历八年（773年），又令天下童行策试经律论三科，放牒度人。不满七人者，度满七人；三七以下者，更度一人；二七以下者，度三人。大历九年（774年），令太子于牛首山建七浮图。④此外，代宗还支持兴建寺院。大历四年（769年），令汾阳王郭子仪撰置牒文，奏请设立与五台山往来停止院。次年，代宗又命不空在五台山修建金阁寺。同年，还重修了五台山玉华寺、六处普通供养舍，还令金阁、玉华、清凉、华严、吴摩子寺，每寺度僧二十一名，常转《护国仁王经》《密严经》。与此同时，他还令太原、长安及天下所有寺庙内都置文殊师利菩萨院，所有寺庙的食堂中都将文殊尊像置于宾头卢上首。这些举措使得山西佛教尤其是五台山文殊信仰得到持续发展。

唐德宗在位期间，释道并尊。贞元二年（786年），始建太原多福寺。贞元四年（788年），又为般若三藏新译《大乘理趣六波罗蜜经》作序，支持佛教。贞元五年（789年），诏令"自今州府寺观，不得宿客居住，

---

① （宋）志磐：《佛祖统纪》卷40，《大正藏》第49册，第376页。
② 《资治通鉴》卷224《唐纪》40，中华书局1956年标点本，第7196—7197页。
③ （宋）本觉：《释氏通鉴》卷9，《大正藏》第76册，第101页。
④ （宋）志磐：《佛祖统纪》卷41，《大正藏》第49册，第378页。

破坏之护持佛道二教处，随宜修葺"①。贞元六年（790年），将凤翔法门寺佛骨迎入禁中供养。贞元九年（793年），又定国忌日寺观齐集僧道行香。德宗贞元十二年（796年），上敕河东节度使李诜，进香于五台文殊殿。同年，九月二十五日，太原府官长向朝廷进《甘露表》，"所部太原府交城县石壁山寺今月二十二日夜，甘露降于寺内戒坛西及寺外柏林上，大枝小叶，无不周遍。凝泫垂滴，甘甜如蜜。当寺临坛大德僧慎微与僧慧广等一十五人咸共观赏，复问如状。臣谨按瑞应图云，王者德至于天，则甘露降于松柏。伏惟皇帝陛下慈侣惠和之德，极乎天而蟠乎地，是故元气充塞，祯详荐臻，襄襄湛湛！"②天降甘露被认为是上天赐予之瑞祥，表征帝王有德，天下祥和，宣扬"君权神授"，实际也是地方向皇权的道贺邀功之举，但地方政权借助佛教寺庙作为媒介，反映了佛教在国家政治生活中也扮演重要角色。

贞元十五年（799年），德宗赐澄观国师"镇国大师"之号，进加"天下大僧录"，统领全国僧尼事，仍赐"清凉国师"之号。《华严钞》云："大唐，始太宗，至德宗。凡九帝，莫不倾仰灵山，留神圣境。御札天衣，每光五顶。中使香药，不断岁时。至于百辟归崇，殊邦赍供，不可悉记矣。"③可见，到德宗时候，五台山佛教发展已经非常兴盛。

文宗时，李训奏"僧尼猥多，耗蠹公私"后，即诏令"所在试僧尼诵经不中格者，皆勒归俗，禁置寺及私度人"④。至会昌时，佛寺遍布天下，数量繁多，"祠部奏括天下寺四千六百，兰若四万，僧尼二十六万五百"⑤。对此，武宗决心禁佛。唐武宗于会昌五年（845年）八月下诏毁灭佛教。诏曰："朕闻三代之前，未尝言佛，汉、魏之后，佛教寖兴。是由季时，传此异俗，因缘染习，蔓衍滋多。以至于蠹耗国风而渐不觉，诱惑人意而众益迷。洎于九州山原，两京城阙，僧徒日广，佛寺日广。劳人力于土木之功，夺人利于金宝之饰，遗君亲于师资之际，违配偶于

---

① （宋）志磐：《佛祖统纪》卷41，《大正藏》第49册，第379页。
② （唐）李逢吉：《石壁禅寺甘露义坛碑》，《交城县志》卷9，《中国地方志集成》，凤凰出版社2005年版，第351页。
③ （明）镇澄：《清凉山志》卷5，中国书店1989年版，第128页。
④ 《资治通鉴》卷245《唐纪》61，中华书局1956年标点本，第7906页。
⑤ 《资治通鉴》卷248《唐纪》64，中华书局1956年标点本，第8015页。

戒律之间。坏法害人，无愈此道。且一夫不田，有受其饥者；一妇不蚕，有受其寒者。今天下僧尼不可胜数，皆待农而食，待蚕而衣。寺宇招提，莫知纪极，皆云构藻饰，僭拟宫居。……惩千古之蠹源，成百王之典法，济人利众，予何让焉。其天下拆寺四千六百余所，还俗僧尼二十六万五百人，收充两税户，拆招提、兰若四万余所，收膏腴上田数千万顷，收奴婢为两税户十五万人。隶僧尼属主客，显明外国之教。勒大秦穆护、袄三千余人还俗，不杂中华之风。……驱游惰不业之徒，已逾十万。废丹膭无用之室，何啻亿千。"① 武宗灭佛，严重挫伤了佛教元气，山西佛教也遭到惨重损失。《佛祖统纪》卷四十二曰："五台诸僧多亡奔。"②《广清凉传》卷下载："开元二十三年（735年），清凉寺普观善师与同造功德主沙门法会于中台顶造的玉石释迦、普贤、文殊等一部从，神功绝妙，至开元二十四年功毕。后武宗会昌五年（845年），折天下寺宇，例遭毁除。"③ 五台山绝大多数宏伟壮观的寺庙，都遭到了严重毁坏。《广清凉传》卷中云："武宗在位，毁灭释氏，颐藏匿岩薮，余众解散。"④ 总之，会昌法难使山西佛教遭受致命打击。

唐宣宗即位后，再次复兴佛教。大中元年（847年），又下令恢复废寺。《诏》曰："应会昌五年所废寺，有僧能营葺者，听自居之，有司毋得禁止。"⑤《佛祖统纪》卷四十二载，大中二年（848年），宣宗令上都、东都、荆、扬、汴、润、并、蒲、襄等九州道建寺，立方等戒坛，为人受戒度僧。大中六年（852年），又允许胜地名山修建寺宇，并依旧制度僧。大中十年（856年），还敕每岁度僧要依戒定慧三学为本，择有道性、通法门者度之。大中十二年（858年），令天下诸寺修置祖师塔。⑥ 宣宗继位以来推崇佛教的种种举措，推动了山西佛教的复兴。《广清凉传》卷中曰："宣宗践祚，重兴寺宇，敕五台诸寺，度五千僧，再请颐为十寺僧

---

① （元）念常：《佛祖历代通载》卷16，《卍续藏》第77册，第637页。
② （宋）志磐：《佛祖统纪》卷42，《大正藏》第49册，第386页。
③ （宋）延一：《广清凉传》卷下，《大正藏》第51册，第1119页。
④ （宋）延一：《广清凉传》卷中，《大正藏》第51册，第1118页。
⑤ 《资治通鉴》卷248《唐纪》64，中华书局1956年标点本，第8030页。
⑥ （宋）志磐：《佛祖统纪》卷42，《大正藏》第49册，第388页。

首、并都修造供养主。"① 五台山佛教在山西率先得到复兴。

唐朝后期的懿宗、僖宗、昭宗等帝王都比较崇奉佛教。其中，僖宗乾符六年（879年）建沁源圣寿寺，昭宗乾宁元年（894年）建阳城海会寺。另外，昭宗还曾敕修五台山寿宁寺，且拨州田百顷，充该寺住持普雨大师的常住费用。

终唐一代，除武帝灭佛外，其他帝王基本都崇奉佛教或者能容纳佛教发展，遂使山西佛教总体呈现繁荣景象。

第二节　山西佛教寺院的分布

唐代现存的佛教寺院、石窟寺及有关佛教文物，是说明当时山西佛教盛况的最直接依据。除此之外，有关文献及地方志中也记载了一些佛教寺院的情况。根据现有考古资料和零散文献记载，很难对唐朝山西地区佛教寺院做出非常准确的统计。唐代碑刻等资料留存较少，了解其寺院状况，主要依靠《僧传》。因五代传承时间比较短，一共五十年，因此，此统计中将五代之寺院也归纳入内。

一　《僧传》与碑刻资料中之寺院

表5—1　　　　　唐五代山西佛寺新建与存续汇总

序号	佛寺名	隶属地	建立时间	文献来源
1	真智寺	太原	具体不详	释智满，姓贾氏，太原人。大唐建义，四众归奔，乃率侣入城，就人弘道，初住晋阳真智寺，以化声广被，归宗如市。（《续高僧传》卷19）
2	义觉寺	太原	武德元年（618年）	武德元年，乃诏智满所住宅为义觉寺，四事供养一出国家。至三年以满德为物，归道声更远。（《续高僧传》卷19）

---

① （宋）延一：《广清凉传》卷中，《大正藏》第51册，第1118页。

续表

序号	佛寺名	隶属地	建立时间	文献来源
3	凝定寺	太原	具体不详	释志超，俗姓田，同州凭翊人也。高祖建义太原，四远咸萃。超惟道在生灵。义居乘福，即率侣晋阳住凝定寺。(《续高僧传》卷20)
4	崇福寺 永和三学院 天王院 天龙寺	太原	具体不详	释巨岷，姓任氏，西河人也。七岁至本郡净心院见宣远论师……自尔《大乘理趣》经论精穷，得其师门则并部永和三学也……又扬具美，寻禀纶言，住城内天王院……乾祐元年，汉祖以龙潜晋土之日便仰岷名，特降庭臣，赐紫衣号圆智大师，续有诏宣住崇福寺讲堂院，仍充管内僧正……汉主敕葬于西山天龙寺。(《宋高僧传》卷7)
5	甘泉寺	太原	具体不详	释志贤，姓江，建阳人也。遂行登五台，寻止太原甘泉寺。(《宋高僧传》卷9)
6	童子寺	太原	具体不详	杭州大慈山寰中禅师，蒲坂人也，姓卢氏。顶骨圆耸，其声如钟，少丁母忧，庐于墓所，服阕思报罔极，于并州童子寺出家。(《景德传灯录》卷9)
7	草堂院 大安寺 仙岩岳寺 大安国寺	太原	具体不详	释息尘，姓杨氏，并州人也。投草堂院从师诵《净名经》菩萨戒，达宵不寐……年二十三，文义斡通，于崇福寺宗感法师胜集传授……于天祐二年，李氏奄有河东，武皇帝请居大安寺净土院……游仙岩岳寺养道栖神。复看《大藏经》……后唐长兴二年，众请于大安国寺后，建三学院一所，供待四方听众。(《宋高僧传》卷23)
8	悬瓮寺	太原	具体不详	河东悬瓮寺金和尚者，姓王氏，西河平遥人也。幼而魁岸为人鲁质，所作诡异，与平人不类，于嵩岩山出家。(《宋高僧传》卷30)
9	神福山 逝多 林兰若	盂县	具体不详	唐开元中，太原东北有李通玄者，倾心华藏，未始辍怀，每览诸家疏义繁衍，学者穷年，无功进取。开元七年春，赍《新华严经》，曳筇自定襄而至并部盂县之西南同颖乡大贤村

续表

序号	佛寺名	隶属地	建立时间	文献来源
				高山奴家,止于偏房中,造论演畅《华严》,不出户庭几于三载。开元十八年,暮春二十八日也,报龄九十六。耆少追感结舆迎于大山之北,甃石为城而葬之,神福山逝多林兰若方山是也。(《宋高僧传》卷22)
10	弘济寺	汾阳	贞观三年(629年)	贞观三年五月,战场建寺成,敕群臣撰碑。破刘武周于汾州,立弘济寺。(《佛祖统纪》卷39)
11	大乘寺	汾阳	具体不详	近有汾州大乘寺僧忘名者,常厌生死,浊世难度。誓必舍身,先节食服香。至期,道俗通集,香花幡盖列卫,而往西山子夏学岩。(《宋高僧传》卷27)
12	净心院	汾阳	具体不详	释巨岷,姓任氏,西河人也。及生年甫七岁,志气敦笃,至本郡净心院见宣远论师。(《宋高僧传》卷7)
13	香积寺	汾阳	具体不详	开成二年(837年)《官村香积寺画像碑额》(武登云:《三晋石刻大全·汾阳县卷》,三晋出版社2017年版,第1607页)
14	修慈寺	汾阳	不详	乾宁二年(895年)《唐故修慈寺临坛讲律尼大德幢记》(武登云:《三晋石刻大全·汾阳县卷》,三晋出版社2017年版,第1610页)
15	菩提寺	汾阳	具体不详	见汾州菩提寺主僧修政等六人,忽闻山石振吼,声如霹雳,诸僧奔走,良久寂无所睹。(《宋高僧传》卷20)
16	石壁寺	交城	具体不详	唐并州石壁寺明度,未知何许人也。经论步学,三业恪勤,诵《金刚般若》。资为净分,慈济为心。洎贞观末,有鸽巢于屋楹,乳养二雏。(《宋高僧传》卷25)
17	慈云寺	临汾	贞观三年(629年)	破宋金刚于晋州,立慈云寺,褚遂良撰。(《宋高僧传》卷23)

续表

序号	佛寺名	隶属地	建立时间	文献来源
18	嘉泉寺	临汾	具体不详	释代病者,台州天台人也。以贞元十九年秋七月八日奄然跏趺示灭,四众初谓如嘉泉寺之禅定欤,香华供养,至今平阳人崇信焉。(《宋高僧传》卷26)
19	大梵寺	临汾	具体不详	代病斩一指以付使者,太守感之。躬就迎请,移置大梵寺,别营砖浮图以藏其指节矣。(《宋高僧传》卷26)
20	广胜寺	洪洞	具体不详	释普静,姓茹氏,晋州洪洞人也。周显德二年,遇请真身入寺,遂陈状于州牧杨君,愿焚躯供养,杨君允其意,乃往广胜寺。(《宋高僧传》卷23)
21	仁寿寺	永济	具体不详	释普明,姓卫氏,蒲州安邑人。武德元年,桑梓倾音,欣其道洽,以事闻上,有旨令住蒲州仁寿寺。(《续高僧传》卷20)
22	安国院	永济	具体不详	河中府安国院释智封,姓吴氏,怀安人也。倏辞出蒲津安峰山,禁足十年,木食涧饮,属州牧卫文升请归城内,建新安国院居之。(《宋高僧传》卷8)
23	栖岩寺	永济	具体不详	释澄观,姓夏侯氏,越州山阴人也。忽夜梦身化为龙,矫首于南台蟠尾于山北。遂于中条山栖岩寺住,寺有禅客拳眉剪发。(《神僧传》卷8)
24	柏梯寺	永济	具体不详	释文照,不知何许人也,本敦朴迟讷之人耳。然见佛像则悦怿,一旦诣柏梯寺礼昙延法师画影出家。(《宋高僧传》卷27)
25	龙兴寺	新绛	具体不详	唐绛州龙兴寺木塔院玄约,姓张氏,正平人也。志韵刚洁,幼萌出尘之心,既谐夙志,入州龙兴伽蓝。数稔之间律论俱赡,遍求知识,探赜玄文,庋止长安崇圣寺。传箓门生一百许辈,汾沁之间奔走学者追乎老矣。(敦煌文书 P. 4648)

续表

序号	佛寺名	隶属地	建立时间	文献来源
26	报国寺	安邑	具体不详	长庆二年（822年）《安邑县报国寺故开法大德泛舟禅师塔铭并序》（张培莲：《三晋石刻大全·运城市盐湖区卷》，三晋出版社2010年版，第22页）
27	弘法寺	临猗	具体不详	贞观十二年（638年）《重修弘法寺记》（文红武：《三晋石刻大全·临猗县卷》，三晋出版社2016年版，第12页）
28	法清寺	潞城	具体不详	南岳山释皓玉者赵氏之子，上党人也，出尘于法清寺。后于荷泽会下大明心印，入岳中兰若养道。（《宋高僧传》卷29）
29	延唐寺等	潞城	具体不详	延唐寺、开元寺、龙兴寺、广济禅院、延庆禅院、普通、楞严禅院、胜愿尼寺、上生尼寺、天王院、团（?）伯谷口普通院宿。（敦煌文书 P.4648）
30	宝太寺	黎城	具体不详	天祐十三年（916年）《黎城县宝太寺故师之幢记并序》（赵江明：《黎城碑文化赏识》，内部图书，2008年，第26页）
31	茅蓬寺	武乡	具体不详	调露元年（679年）《大唐重修茅蓬寺碑》（李树生：《三晋石刻大全运城·武乡县卷》，三晋出版社2013年版，第117页）
32	法兴寺	长子县	具体不详	大历八年（773年）《燃灯塔束腰塔铭》（申修福：《三晋石刻大全运城·长子县卷》，三晋出版社2013年版，第24页）
33	龙门院	平顺	具体不详	后唐长兴元年（930年）《五代后唐长兴元年造像碑》（申树森：《三晋石刻大全·平顺县卷》，三晋出版社2013年版，第13页）
34	海会院	平顺	具体不详	后唐长兴三年（932年）《潞州紫峰山海会院明慧大师铭记》（申树森：《三晋石刻大全·平顺县卷》，三晋出版社2013年版，第14页）
35	乾明寺	泽州	具体不详	永昌元年（689年）勒石《乾明寺经幢》（樊秋宝：《泽州碑刻大全》第一卷，中华书局2013年版，第83页）

续表

序号	佛寺名	隶属地	建立时间	文献来源
36	龙兴寺 藏阴寺 碛石寺	泽州	具体不详	太和三年（833年）勒石《青莲寺古德高僧记》（樊秋宝：《泽州碑刻大全》第二卷，中华书局2013年版，第8页）
37	石佛寺	泽州	具体不详	开成元年勒石《石佛寺诗碣》（樊秋宝：《泽州碑刻大全》第三卷，中华书局2013年版，第379页）
38	开元寺	泽州	具体不详	天祐十一年（914年）铸《开元寺铜钟记》（樊秋宝：《泽州碑刻大全》第四卷，中华书局2013年版，第188页）
39	开化寺	高平	具体不详	同光三年（925年）《大唐舍利山禅师塔铭记并序》（常书铭：《三晋石刻大全·高平市卷》，三晋出版社2010年版，第13页）
40	崇安寺	陵川	具体不详	贞元十年（794年）《崇安寺诗碑》，（王立新：《三晋石刻大全·陵川县卷》，三晋出版社2013年版，第5页）
41	照果寺 佛光寺 婆婆寺	五台山	具体不详	释解脱，姓邢，台山夹川人。七岁出家，依投名匠。复住五台县照果寺，隐五台南佛光山寺四十余年……又五台南婆婆寺南五六里，普明禅师独静坐禅求见文殊，意欲请法。（《续高僧传》卷20）
42	木瓜谷寺 大孚灵鹫寺 宕昌寺	五台山	具体不详	释明隐者，少习禅学。次第观十一切入。在中台北木瓜谷寺三十年。从中台东南三十里至大孚灵鹫寺，南有花园，前后遇圣，多于此地……其五台山有故宕昌寺，甘泉美岫，往而忘返。有僧服水得仙，身如罗縠，明见藏府骨髓，武德年末行于山泽。（《续高僧传》卷25）
43	般若寺	五台山	具体不详	释无著，永嘉人也。以大历二年入五台山，适入者般若寺也，著携童子手揖顾而别。（《宋高僧传》卷21）

续表

序号	佛寺名	隶属地	建立时间	文献来源
44	清凉寺	五台山	具体不详	释道义，江东衢州人也。开元中至台山，于清凉寺粥院居止，典座普请运柴负重登高。（《宋高僧传》卷21）
45	竹林寺	五台山	大历年间	释法照，不知何许人也。大历二年栖止衡州云峰寺。寺之东北五十里已来有山，山下有涧。涧北有石门，入可五里有寺，金牓题云大圣竹林寺。（《宋高僧传》卷21）
46	金阁寺	五台山	大历元年	大历元载，具此事由奏宝应元圣文武皇帝，蒙敕置金阁寺。寺成后敕赐不空三藏焉。（《宋高僧传》卷21）
47	秘魔岩	五台山	具体不详	释常遇，俗姓阴，苑阳人也。大中四年，杖锡离燕，孤征朔雪，祁沍千里，径涉五峰，诣华严寺菩萨堂，瞩文殊睟容。后至西台遇古圣迹曰秘魔岩，乃文殊降龙之处也。（《宋高僧传》卷21）
48	昭果寺	五台山	具体不详	五台山昭果寺释业方者，即解脱禅师之法孙也。礼诵无倦，绍脱高踶，动合无形，不舍利物，而再修梵宫。（《宋高僧传》卷26）
49	梨园寺	五台山	具体不详	释智江，俗姓单，幽州三河南管人也。唐乾宁四载，始年十五诣盘山感化寺，遂成息慈，息慈业备。天复三祀往五台山梨园寺纳木叉法。（《宋高僧传》卷28）
50	王子寺	五台山	具体不详	释诚慧，元礼之宗盟祖派，蔚州灵丘之故邑。自诣台山，永为佛子，暨登具足，尤习毘尼。自后孤游溪谷，多处林泉。有王子寺僧湛崇等，请居兹寺。（《宋高僧传》卷27）
51	大华严寺	五台山	具体不详	释牛云，俗姓赵，雁门人也。童蒙之岁，有似神不足，遣入乡校，终日不知一字。惟见僧尼合掌，有畏惮之貌。年甫十二，二亲送往五台华严寺善住阁院，出家礼净觉为师。（《宋高僧传》卷21）

续表

序号	佛寺名	隶属地	建立时间	文献来源
52	法华院	五台山	开元四年	释神英,罔知姓氏,沧州人也。以开元四年六月中旬到山瞻礼,于僧厨止泊。一日食毕,游于西林,忽见一院题曰法华,英遂入中,见多宝塔一座。(《宋高僧传》卷21)
53	金刚窟	五台山	具体不详	以大历六年正月内,法照与华严寺崇晖、明谦等三十余人至金刚窟所,亲示般若院,立石标记,于时徒众诚心瞻仰。(《宋高僧传》卷21)
54	五台寺	灵丘	具体不详	释昙韵,不详氏族,高阳人。初厌世出家,诵《法华经》有余两卷,时年十九,仍投恒岳侧蒲吾山。又闻五台山者即《华严经》清凉山也,遂举足栖焉,遍游台岳,备见灵相。(《续高僧传》卷20)
55	曲回寺	灵丘	具体不详	天宝十载(751年)《曲回寺石像冢门额》,(高凤:《三晋石刻大全·灵丘县卷》,三晋出版社2010年版,第13页)

从表5—1可以看出,首先,唐代山西佛教寺庙主要集中在晋中以及晋南、晋东南地区,晋中太原地区的寺庙明显增多,且很多寺庙规模比较大,如太原崇福寺一个寺庙之中入《宋高僧传》之高僧达五人之多,亦可谓高僧辈出。其次,五台山地区寺庙也明显增多,且寺庙规模比较大,很多高僧驻锡。再次,唐代大的寺庙一般均设有众多分院,如太原崇福寺设有讲堂院、九子母院等,"乾祐元年(948年),汉祖以龙潜晋土之日,便仰岷名,特降庭臣赐紫衣,号圆智大师。续有诏宣住崇福寺讲堂院,仍充管内僧正,经年而变法于晋"[①]。"太原府崇福寺慧警……修禅法,虚室生白,终时已八十余龄矣,九子母院有遗影并赐紫衣存焉。"[②]又如五台山大华严寺设有善住阁院、涧东院、华严院等,"五台山华严寺

---

① (宋)赞宁:《宋高僧传》卷7,《大正藏》第50册,第749页。
② (宋)赞宁:《宋高僧传》卷24,《大正藏》第50册,第862页。

牛云……年甫十二，二亲送往五台华严寺善住阁院，出家礼净觉为师……又于华严寺涧东院大有因缘"①。法照"至十二月初，遂于华严寺华严院入念佛道场，绝粒要期，誓生净土"②。佛教大寺院下设各分院，基本以学习义理经典的不同而划分，或者根据塑造佛菩萨像的不同而分院，有的分院有著名高僧居止，成为领袖人物，影响甚大，以致四方慕名者络绎不绝，更加增加了寺院的名气，促使寺院成为大寺名寺。

二 地方志中所见佛教寺院

地方志中所载寺院一般为本地规模较大、历史久远、负有盛名的寺院，关于寺院建立时间或者依据庙宇之中碑刻载述，或者依据传说，但因资料缺乏，考证其准确情况，尚有困难，很多不能确定其具体建立时间，但在唐代已经存在，因此，一般照方志和碑刻载述录之。

表5—2　　　　　唐五代山西佛寺新建与存续汇总

序号	佛寺名	隶属地	建立时间	文献	出处
1	奉圣寺	太原	武德五年（622年）	在晋祠南，唐武德五年鄂国公尉迟恭礼释满公，捐别墅建，高祖赐额十方奉圣禅寺，公遗像在焉	乾隆《太原府志》卷48
2	闲居寺	太原	贞观二年（628年）	在县西南十二里马坊山，唐贞观二年僧洪辨建，元至元七年行果修，今废	
3	华塔寺	太原	贞观八年（634年）	在县西三瑞安仁乡，唐贞观八年僧法宝建，内有无垢净光佛舍利塔	
4	太山寺	太原	景云元年（710年）	在县西十里风谷川山麓，唐景云元年建	
5	白云迎福寺	太原	具体不详	在县西十五里龙山，唐相裴休隐于此	

---

① （宋）赞宁：《宋高僧传》卷21，《大正藏》第50册，第843页。
② （宋）赞宁：《宋高僧传》卷21，《大正藏》第50册，第844页。

续表

序号	佛寺名	隶属地	建立时间	文献	出处
6	斛律寺	太原	具体不详	唐诛宦官,晋王怜。河东监军张承业不忍杀,匿之斛律寺中	乾隆《太原府志》卷48
7	千佛寺	阳曲	贞元间(750—804年)	在城南十里狄村,唐贞元间建	
8	崛围寺	阳曲	贞元二年(786年)	在城西三十里崛围山下呼延村。唐贞元二年建,额曰三教堂	
9	宝真寺	榆次	咸亨二年(670年)	在县东砚子村,唐咸亨二年建	
10	承宣寺	榆次	咸亨二年(670年)	在县东砚子村,唐咸亨二年建	
11	妙相寺	榆次	光宅年建(684年)	在县南长寿村。旧有塔,宋政和元年僧志和修,今废	
12	延庆寺	榆次	贞观三年(629年)	在县西南西阳村。唐贞观三年僧宗宽建	
13	圆庆寺	榆次	贞元十一年(795年)	在县西北使赵村。唐贞元十一年建,明洪武二年修,嘉靖间增葺	
14	华严寺	榆次	具体不详	在县北紫岩山。唐李长者通元居此	
15	和合寺	榆次	具体不详	始于唐末,天祐时其废已久,唯址存焉	
16	鸡鸣寺	榆次	贞观年间(627—649年)	在沛林村,有明晋藩松樵散人修寺,记云:建自唐贞观	
17	永寿寺	榆次	具体不详	在县东源涡村,唐元和十二年自村东移置今所	
18	定慧寺	交城	贞观二年(628年)	在城西南隅道德坊。唐贞观二年建,号西律院,宋太平兴国三年改今额。元至元二年重建。明洪武间置僧会司,永乐九年重修,万历甲午又修	

续表

序号	佛寺名	隶属地	建立时间	文献	出处
19	天宁寺	交城	贞元二年（786年）	在县西北五里卦山，号佳胜地。唐贞元二年建，明洪武九年修，十九年并永福观音二寺入焉，嘉靖间重修	乾隆《太原府志》卷48
20	净信寺	太谷	开元间建（713—741年）	在县十五里阳邑村	
21	明教寺	文水	贞观十二年（638年）	在县西北隅。唐贞观十二年建，明洪武间置僧会司	
22	龙泉寺	文水	开元间建（713—741年）	在县东北升泉都	
23	寿宁寺	文水	天授元年（690年）	在县北北徐村。	
24	福田寺	寿阳	具体不详	在县故城北，唐时建，明嘉靖间重修	光绪《寿阳县志》卷2
25	方山寺	寿阳	具体不详	在方山，有上寺、下寺，为唐李长者通元建，宋元祐三年提点河东刑狱张商英访遗像立石	
26	楞伽寺	寿阳	具体不详	在县东大乐山，有唐元和六年重修	
27	底村寺	寿阳	贞观二年（628年）	贞观二年创建于庙坪，明天顺二年移建于村北	
28	崇福寺	寿阳	开元七年（719年）	在县北三十里西可村，唐开元七年创建。明及清朝皆重修	
29	华严寺	寿阳	具体不详	在县西紫岩山，唐李长者通元礼	
30	古灵嵩寺	寿阳	具体不详	元和元年《古灵嵩寺新造功德堂记》	《三晋石刻大全·寿阳卷》第27页

续表

序号	佛寺名	隶属地	建立时间	文献	出处
31	寿圣寺	平定	贞观二年（628年）	在州东北四十里移穰屯，唐贞观二年建，宋宣和五年修，明洪武八年僧会宁重建	光绪《平定州志》卷2
32	双林寺	平定	具体不详	州西南七十里含龙山，唐时名普济院，宋大中祥符间赐牒。	
33	北禅寺	临汾	贞观二年（628年）	在城内大德坊。唐贞观二年建，明洪武间置僧会司，并广禅、清凉二寺入焉。永乐七年改僧纲司于天宁寺，今废，基址犹存	康熙《平阳府志》卷33
34	大云禅寺	临汾	贞观中（627—649年）	在城内安道坊。唐贞观中建	
35	天宁寺	临汾	具体不详	在明德坊，唐末建	
36	天龙寺	临汾	贞观中（627—649年）	在城西二十五里	
37	慈云寺	临汾	贞观三年（629年）	在东城，唐贞观三年敕建。太宗破宋，金朝立慈云寺于晋州，给度牒	
38	普救寺	襄陵	广德二年（764年）	在县南大尖山之巅，唐广德二年敕额，上建浮图	
39	慈氏院	襄陵	开元二年（714年）	在县东南梁村，有浮图。唐开元二年建，宋太平兴国二年赐额	
40	泰云寺	洪洞	天宝十载（751年）	在县东	
41	洪教寺	洪洞	长安二年（702年）	在县东故县里	
42	建福寺	汾西	太和元年（827年）	在县西四十里芹香镇	
43	西福昌寺	霍州	贞观四年（630年）	在城宣化坊，初名普济，宋太平兴国三年改今额	

续表

序号	佛寺名	隶属地	建立时间	文献	出处
44	玉兔寺	浮山	武德二年（619年）	在县西南十里，故地神山县废城也	
45	宝岩寺	赵城	武德元年（618年）	在县东门外，元大德中重修，明洪武十年置僧会司，永乐十年重修	
46	兴唐寺	赵城	贞观元年（627年）	在霍山谷中镇庙东南，贞观元年建，乔宇《霍山记》云：唐太宗始建，断碑犹存	康熙《平阳府志》卷33
47	维摩寺	赵城	贞观中（627—649年）	在师村里	
48	灵岩寺	赵城	武德三年（620年）	在樊村	
49	龙泉寺	赵城	武德三年（620年）	在许村里	
50	崇福寺	洪洞	咸通二年（861年）	在县南张郭里，明万历十九年重修	
51	广济寺	洪洞	贞观二年（628年）	在县永安里，唐贞观二年建，后为汾水所噬，改徙贾村北	雍正《山西通志》卷168
52	云峰寺	霍州	大中三年（849年）	在靳壁村	
53	兴国寺	霍州	贞观十年（636年）	在郭庄村	
54	圆觉寺	安泽	具体不详	僖宗三子四次修道处	民国《岳阳县志》卷3
55	昭远寺	乡宁	龙朔三年（663年）	在县治南山，万历十八年重修	光绪《乡宁县志》卷3
56	万固寺	永济	大中八年（854年）	在府东南十五里中条山麓	乾隆《蒲州府志》卷4

续表

序号	佛寺名	隶属地	建立时间	文献	出处
57	永清院	永济	具体不详	在郡城东六里	乾隆《蒲州府志》卷4
58	开元寺	永济	具体不详	在东关熏风巷东寺内，旧有唐侍中浑瑊丞相杜黄裳像，后失之。宋咸平四年杨亿撰寺塔记。明洪武初并净业、善庆诸寺入焉	乾隆《蒲州府志》卷4
59	药师院	永济	天宝中（742—756年）	在县东北甘泉坊	
60	龙岩寺	永济	贞元二年（786年）	在县东八十里，金皇统五年修	
61	法藏寺	永济	贞观中（627—649年）	在冯底村，传为唐贞观中尉迟敬德所修	
62	正觉寺	永济	龙朔中（661—663年）	在景村	
63	大觉寺	永济	垂拱初（685—688年）	在县北三十里	乾隆《蒲州府志》卷4
64	福兴寺	永济	具体不详	西解村	
65	云峰寺	永济	咸通四年（863年）	在县西南十里方山	
66	紫柏禅院	永济	具体不详	在县东十五里王官谷	
67	延祚寺	永济	贞观中（627—649年）	县北十五里	
68	广教寺	稷山	唐圣历间（698—700年）	在县治东。圣历间名辨知寺，开元间名感义寺，金皇统元年重修，明泰昌间造塔十三级	乾隆《稷山县志》卷7
69	青龙寺	稷山	龙朔二年（662年）	在县西十里马村	
70	大明寺	稷山	上元元年（674年）	在县西北华峪村，明洪武初并显明、崇庆、祥瑞、普照四寺入焉	
71	兴化寺	稷山	咸亨五年（674年）	在县南五十里丈八村	

续表

序号	佛寺名	隶属地	建立时间	文献	出处
72	崇化寺	稷山	开元四年（716年）	在白池村	乾隆《稷山县志》卷7
73	寿圣寺	稷山	永昌间（689年）	在坞堆村	
74	润国寺	稷山	贞观二年（628年）	在小翟村	
75	静林寺	解州	乾宁中（894—898年）	州西二十里中条山阴，唐乾宁中赐名妙觉，宋太平兴国三年赐名静林山天宁寺	乾隆《解州全志》卷11
76	竹林寺	平陆	具体不详	在县西北中条山之大通岭，唐僧妙成建	乾隆《解州平陆县志》卷11
77	永兴寺	平陆	具体不详	在县西窑头村	
78	福兴寺	万泉	乾封二年（667年）	在西解村	乾隆《万泉县志》卷7
79	兴佛寺	万泉	武德中（618—626年）	在南贾村	
80	法藏寺	万泉	贞观中（627—649年）	在马底村	
81	太平兴国寺	安邑	贞观中（627—649年）	在城内东北	乾隆《解县安邑志》卷11
82	报国寺	安邑	具体不详	在寺北曲有泛舟禅师塔，邠王守礼也	
83	大佛寺	临晋	具体不详	在西乡南畅村	民国《临晋县志》卷12
84	大觉寺	荣河	垂拱初（685—688年）	在城北三十里王黑村	光绪《荣河县志》卷2
85	龙岩寺	猗氏县	贞元二年（628年）	在县东十八里	雍正《猗氏县志》卷1
86	仁寿寺	猗氏县	具体不详	天授二年《大云寺弥勒重阁碑》	《山右石刻丛编》卷5

续表

序号	佛寺名	隶属地	建立时间	文献	出处
87	铁佛寺	河津	麟德中（664—665年）	县治西街，明时毁，后重建	光绪《河津县志》卷3
88	法云寺	河津	天宝间（742—756年）	在南午芹，明嘉靖间地震坍塌，后重建	
89	文明寺	河津	贞元间（785—805年）	在尹村	
90	兴教寺	河津	长庆间（821—824年）	在固镇	
91	金山寺	河津	具体不详	在光德	
92	吉祥寺	河津	咸亨间（670—674年）	在卫村	
93	爱圣寺	河津	武德中（618—626年）	在南阳村	
94	正觉寺	新绛	贞观初（627—649年）	在阳王里	光绪《绛州志》卷3
95	普化寺	新绛	开元四年（716年）	在城西北三十五里光马村	
96	宁国寺	新绛	唐初	在三泉镇	民国《新绛县志》卷8
97	灵岩古刹	新绛	具体不详	在峨眉山麓，唐迄今屡加修葺	
98	崇兴寺	新绛	具体不详	在文侯殿前，有唐大德年间造像碑	
99	普救寺	曲沃	天宝元年（742年）	在县东北六十里大尖山，唐释昙璨天宝元年游山中，二兔引径入戒行清洁龙神听讲，土人建寺，祀之	乾隆《新修曲沃县志》卷15
100	灵光寺	曲沃	具体不详	在县东三十里	康熙《平阳府志》卷33
101	太平兴国寺	翼城	贞元三年（787年）	在县西门外，初名庆国寺，宋太平兴国年间敕额	
102	香云寺	翼城	太和三年（829年）	在南梁村西北	雍正《山西通志》卷168
103	法云寺	翼城	太和三年（829年）	在南街	
104	大悲院	翼城	贞观二年（628年）	在天马村	

续表

序号	佛寺名	隶属地	建立时间	文献	出处
105	山源寺	翼城	具体不详	唐时普救真人驻锡处	民国《翼城县志》卷17
106	唐兴寺	闻喜	具体不详	开元六年《移置唐兴寺碑》	《山右石刻丛编》卷5
107	保宁寺	闻喜	开元六年（718年）	在城东镇，元至元间重修	光绪《闻喜县志》卷9
108	福田寺	闻喜	具体不详	太和六年《福田寺置粥院碑》	《山右石刻丛编》卷9
109	龙泉寺	夏县	开元间（713—741年）	在县北周村	乾隆《夏县志》卷3
110	广福寺	夏县	贞观五年（631年）	在县西石建村	
111	威神寺	夏县	具体不详	乾元元年《思道禅师墓志》	《山右石刻丛编》卷7
112	景福寺	夏县	具体不详	乾祐二年《思道和尚塔铭》	《山右石刻丛编》卷10
113	净土寺	垣曲	太和间（827—835年）	下王村	光绪《垣曲县志》卷3
114	法昌寺	芮城	具体不详	天宝三载《圆济和尚塔铭》	《山右石刻丛编》卷7
115	广仁寺	芮城	具体不详	元和三年《龙泉记》	《山右石刻丛编》卷8
116	灵岩寺	汾阳	具体不详	在县东北小相里之西，隋唐以来代加修葺	光绪《汾阳县志》卷9
117	石塔寺	汾阳	具体不详	县西五里，旧名开元精舍，唐时无业禅师住于此	
118	石佛寺	汾阳	大顺二年（891年）	县治东路北	
119	天宁寺	汾阳	具体不详	城东郭西北隅，相传为郭林宗故宅	
120	般若寺	汾阳	具体不详	县南阳城镇	
121	天宫寺	汾阳	具体不详	县董寺里，隋唐以来巨刹也	

第五章 唐代山西佛教 / 235

续表

序号	佛寺名	隶属地	建立时间	文献	出处
122	金相寺	平遥	贞观元年（627年）	县西十里曹村	
123	普恩寺	平遥	贞观七年（633年）	在县东庞庄村	
124	慈相寺	平遥	具体不详	在县东十五里冀郭村，旧名圣俱寺	
125	集福寺	平遥	具体不详	县下西门内	
126	吉祥寺	平遥	贞元九年（793年）	县治所东北	
127	法灯寺	平遥	具体不详	县西南堡和村	
128	智觉寺	平遥	太和三年（829年）	县西北张赵村	
129	福智禅寺	平遥	太和七年（833年）	县西北二十里北郡里	乾隆《汾州府志》卷24
130	石佛寺	平遥	大中元年（847年）	县西北张村	
131	妙法寺	平遥	具体不详	县西南十五里侯冀村	
132	普音寺	平遥	具体不详	县西南二十里常村	
133	青霄寺	平遥	具体不详	县东南三十里坡底村	
134	普化寺	孝义	贞观六年（632年）	县东五里大村	
135	永福寺	孝义	具体不详	县南二十二里董屯村	
136	观音寺	临县	具体不详	县西九十里	
137	广教寺	临县	具体不详	县西南六十里刘家会村	

续表

序号	佛寺名	隶属地	建立时间	文献	出处
138	南山寺	离石	具体不详	州西南百二十里	乾隆《汾州府志》卷24
139	安国寺	离石	具体不详	州县二十里。相传唐昌化公主食邑时，代宗以佛牙赐公主建寺	
140	香严寺	离石	贞元中（785—805年）	州西六十里	
141	宁国寺	中阳	显庆二年	南五十里白石村	
142	广济寺	中阳	具体不详	县西北九十里柏林山	
143	华严寺	介休	具体不详	城北关，唐时僧志超自五台讲经于此	
144	宏济寺	介休	具体不详	县西南二十二里师屯村	
145	云峰寺	介休	具体不详	县西南抱腹岩上	
146	普济寺	介休	贞观七年（633年）	县东二十五里张良村	
147	宝丰寺	介休	贞观十八年（644年）	县南十里遏壁村	
148	兴王寺	介休	贞观中（627—649年）	县东南隅	
149	广福寺	介休	先天二年（713年）	县西七里宋曲村	
150	吉祥寺	介休	开元中（713—741年）	县西十七里雨水村	
151	慧明寺	介休	具体不详	县东北十八里段屯村	
152	光岩寺	介休	具体不详	在疙堆头，即入绵山径也。土人称下岩	嘉庆《介休县志》卷3
153	回銮寺	介休	具体不详	在兴地村	
154	抱腹寺	介休	具体不详	《抱腹寺碑》	《山右石刻丛编》卷6
155	甘泉山寺	文水	具体不详	太和六年《惠融和尚碑》	《山右石刻丛编》卷9

续表

序号	佛寺名	隶属地	建立时间	文献	出处
156	高台寺	晋城	具体不详	城北福星坊	雍正《泽州府志》卷21
157	宝山寺	晋城	具体不详	城西南五里	
158	碧落寺	晋城	具体不详	城北十五里碧落山	
159	元泉寺	晋城	具体不详	城北五十里，又名普济寺	
160	圣乐寺	晋城	具体不详	城西五十里洞阳山	
161	广福寺	晋城	具体不详	城西周村	
162	普觉寺	晋城	具体不详	城北四义村	
163	景德寺	晋城	具体不详	城东高都镇	
164	双林寺	晋城	具体不详	城西南十里太行之中	
165	石佛阁	高平	具体不详	唐陈子昂诗	
166	七佛寺	高平	具体不详	在县东五里七佛山	
167	龙泉寺	高平	乾宁元年（894年）	在县东三十里龙泉之侧，一名海会寺	
168	灵泉寺	阳城	具体不详	在县西北四十里卧虎川山麓	
169	千峰寺	阳城	具体不详	在县西南八十里盘亭山	
170	崇安寺	陵川	具体不详	县西北隅卧龙岗	雍正《泽州府志》卷21
171	北吉祥寺	陵川	具体不详	县西三十里	
172	明行寺	沁水	具体不详	端氏镇	
173	龙泉寺	沁水	具体不详	在保义村	
174	灵泉禅院	沁水	具体不详	唐《灵泉禅院记》	《三晋石刻大全·沁水县卷》第560页

续表

序号	佛寺名	隶属地	建立时间	文献	出处
175	大云寺	沁水	具体不详	开元二十五年《樆山浮图赞》	《山右石刻丛编》卷6
176	龙兴寺	晋城	具体不详	太和七年《龙兴寺造上方阁画法华感应记》	《山右石刻丛编》卷9
177	宝林寺	晋城	具体不详	天复三年《广福寺经幢》	《山右石刻丛编》卷9
178	元泉寺	晋城	具体不详	天福十二年《智辨造佛说上生经幢》	《山右石刻丛编》卷10
179	龙泉院	阳城	具体不详	显德三年《龙泉院前后记》	《山右石刻丛编》卷10
180	龙山寺	沁县	具体不详	在州南圣窦沟	乾隆《沁州志》卷9
181	大悲寺	沁县	咸通二年（861年）	州西南松交村	乾隆《沁州志》卷9
182	法云寺	沁县	元和年间（806—820年）	在州西福村，宋天圣二年重修	
183	普通寺	沁源	具体不详	县南峪村	光绪《沁源县志》卷8
184	海泉寺	沁源	景福年间（892—893年）	县西北韩洪镇	
185	灵寿寺	沁源	景福年间（892—893年）	县西北灵空山南麓	
186	慈云寺	沁源	具体不详	县北郭道镇东仁雾山	
187	圆寂寺	潞城	天祐年间（904—907年）	在县东南二十里葛井山	康熙《潞城府县志》卷2
188	章法寺	潞城	景云元年（710年）	在上五里，内有浮屠	
189	正觉寺	长治	太和年间（827—835年）	在城南二十里贾掌村	乾隆《长治县志》卷19
190	延唐寺	长治	具体不详	据王海，唐明皇为别驾时寺	

续表

序号	佛寺名	隶属地	建立时间	文献	出处
191	梵境寺	长治	具体不详	《梵境寺舍利铭》	《山右石刻丛编》卷4
192	智乘寺	长子	具体不详	咸亨四年《郑惠王石塔记》	
193	法慧寺	长子	显庆五年（660年）	在县北二十里周村，明成化八年重修	乾隆《长子县志》卷13
194	龙泉寺	长子	大历九年（774年）	县东南十里交李村	
195	大觉寺	长子	贞观间（627—649年）	县西北五里头村，宋治平元年重建	乾隆《长子县志》卷13
196	仙师寺	长子	太和五年（831年）	县北三十里王史村	
197	寿圣寺	长子	中和四年（884年）	县西南二十五里南陈村	
198	白岩寺	长子	武德二年（619年）	县北十五里白岩山麓	康熙《黎城县志》卷2
199	永福寺	屯留	贞观三年（629年）	县治北，宋太平兴国三年赐额，洪武六年设僧会司，康熙五十三年僧会、轩理捐资募修	光绪《屯留县志》卷2
200	石佛寺	屯留	贞观二年（628年）	县西北八十里余吾镇	
201	津梁寺	屯留	具体不详	县西南九十里。唐书刘徒谏传李万江本退浑部，举帐至潞州津梁寺	
202	崇圣寺	榆社	具体不详	初名崇严寺，又名禅山寺，宋嘉祐年间改名崇圣寺，南宋毁于战火，金大定年间重修	光绪《榆社县志》卷8
203	安固寺	隰县	武德二年（619年）	在城内，初名龙纪，宋至道元年改今额	康熙《隰州志》卷11
204	圆果寺	代县	具体不详	城东北隅，内有古塔十三级一百二十尺石幢，书陀罗尼经字，多剥落，不详时代，或曰唐代所造也	光绪《代州志》卷7

续表

序号	佛寺名	隶属地	建立时间	文献	出处
205	天宁寺	代县	贞观十七年（643年）	城北门街东	光绪《代州志》卷4
206	嘉庆院	原曲	具体不详	在县治西南七十里	光绪《续修崞县志》卷6
207	大觉寺	原曲	具体不详	县治西南二十里下申村	
208	惠济寺	原曲	具体不详	县治东南二十里练家岗村，相传创建于唐有曹氏	
209	净明寺	繁峙	具体不详	在县南净明山	光绪《繁峙县志》卷2
210	公主寺	繁峙	具体不详	县南二十里公主村，唐唯德禅师重修	
211	兰若寺	繁峙	具体不详	在大黄尖北二十里	
212	竹林寺等	五台山	具体不详	今益唐来寺：竹林寺、金阁寺、安圣寺、文殊寺、玉华寺、圣寿寺	《广清凉传》卷上
213	大孚灵鹫寺等	五台山	具体不详	古十寺：大孚灵鹫寺、王子寺、灵峰寺、饭仙寺、天盆寺、清凉寺、石窟寺、佛光寺、宕昌寺、楼观寺	
214	清平寺	朔州	具体不详	州古城西	民国《朔州志》卷4
215	兴教寺	朔州	具体不详	朔州治西南隅	

续表

序号	佛寺名	隶属地	建立时间	文献	出处
216	大悲禅林	山阴	具体不详	在县东二里大云坊之西，唐大珠禅师驻锡于此	嘉庆《山阴县志》卷24
217	奉圣院	山阴	开元十六年（728年）	县南二十五里承务乡	
218	华藏院	山阴	咸通四年（863年）	在县西南二十五里承务乡	
219	乾峰寺	山阴	咸通中（860—874年）	兰亭西，后废。康熙初舍地延僧智沓重兴	
220	灵石禅院	山阴	具体不详	距离兰亭西四十里东坑溪山	
221	青莲教寺	山阴	乾符元年（874年）	县西南一百里	
222	万胜禅院	山阴	大顺年间（890—891年）	县二十五里迎恩乡	
223	阮社教寺	山阴	乾符三年（876年）	县西三十五里	
224	宝寿院	山阴	贞元三年（787年）	县西一百二十里	
225	禅房寺	大同	天宝间（742—756年）	城西南五十里	顺治《云中郡志》卷3
226	哭回寺	大同	开元二年（714年）	县南一百里	
227	善化寺	大同	开元间（713—741年）	在府治东南	
228	觉兴寺	应县	太和三年（829年）	州治南，西僧清宽建，明万历五年僧德安增修，觉定铸钟一口	乾隆《大同府志》卷15
229	天王寺	应县	太和六年（832年）	城东南，僧演智建，洪武十四年僧惠和重修，万历八年僧成仟重修	
230	兴国禅林	浑源	具体不详	在州西北四十里殿山	
231	大云寺	灵丘	开元间（713—741年）	县治东	

续表

序号	佛寺名	隶属地	建立时间	文献	出处
232	龙泉寺	灵丘	具体不详	县东三十里	乾隆《大同府志》卷15
233	西照寺	广灵	具体不详	在枚迴岭北奇峰山，唐尉迟敬德监修，宋仁宗有御制碑，成化、弘治间屡修	乾隆《大同府志》卷15
234	龙泉寺	阳高	具体不详	县南四十里，相传唐太宗饮马于此	乾隆《大同府志》卷15
235	慈云寺	天镇	具体不详	在城西街，辽开泰八年修，明宣德五年重修，嘉靖十八年再修	乾隆《大同府志》卷15
236	鹫峰寺	天镇	具体不详	在县西南百里太保村之龙树山	乾隆《大同府志》卷15

唐朝诸帝除武帝外，大都积极支持佛教，其中一大表现即是修建佛寺。从僧传、碑刻及各地县志的统计中可以看出，唐代山西地区分布的寺院有300余座，而很多寺庙消失在历史长河之中，因此，实际数目应远大于此。从时间范围看，主要集中于唐贞观、开元、贞元、太和年间；从地理范围上看，主要集中在今天的太原、汾阳、临汾、永济、晋城、长治等地，仍延续隋朝南密北疏的特征。张弓认为河东道寺院的分布属于唐代整个寺院发展的"间密区"，这既与唐代山西政治、经济、文化发展程度相关，又与佛教在汉地传播路线密切相关。① 在这一时期五台山佛教获得快速发展，特别是五台山被作为文殊菩萨应化道场，得到僧俗界普遍认可，文殊信仰广泛传播。据唐慧祥《古清凉传》记载五台山九大寺院，即大孚图寺、王子烧身寺、清凉寺、佛光寺、昭果寺、公主寺、娑婆寺、木瓜寺以及繁峙县城内景云寺。宋延一《广清凉传》记载五台古寺54座，北宋新增18座。五台山俨然成为北方佛教中心。

---

① 张弓：《汉唐佛寺文化史》，中国社会科学出版社1997年版，第151页。

第三节　佛教僧人在山西的活动

唐代山西佛教发展兴盛，因地近唐代西京长安和东京洛阳，与长安佛教和洛阳佛教交往甚密。加之太原为李唐王朝的龙兴之地，被定为"北京"，受到格外的青睐，武则天是山西文水人，对故乡有眷恋之情，因此唐初帝王对山西佛教积极支持。武则天之后，五台山文殊信仰的兴起和传播，促使佛教僧人往来于五台山与长安之间，更加使山西佛教呈现繁盛景象，也出现了许多影响比较大的高僧。

一　道宣等非山西籍僧人在山西的弘法活动

（一）道宣

道宣，润州丹徒（今江苏）人，俗姓钱。九岁能赋，十五岁厌俗，诵习诸经，依智颛律师受业。十六岁落发，入日严道场。约二十岁时，到大禅定寺依智首受具足戒，研读《四分律》，专研律学。《宋高僧传》卷第十四曰："武德中依首习律，才听一遍方议修禅。"① 后在终南山建立戒坛。又按《华严灵记》云："律师常至中台顶上，见一童子，形貌异常，律师问其所由。童子曰：'弟子天也，帝释遣令巡守圣境。'律师又问：'道宣尝览《华严经菩萨住处品》，文殊师利住清凉山，宣自到山，未尝得见，其理如何？'童子曰：'师何致疑，世界初成，此大地踞金轮之上，又于金轮上。撮骨狼牙，生一小金轮。其轮，至北台半腹，文殊菩萨七宝宫殿之所在焉。园林果树，咸悉充满，一万菩萨之所围绕。北台上面，有一水池，名曰金井。大圣文殊，与诸圣众，于中出没，与金刚窟正相通矣。大圣所都，非凡境界。师可知之。'言终乃隐。律师下山，向众亲说其事云。"② 此说颇具神异色彩，但道宣律师极有可能到过五台山。

《宋高僧传》卷第十四亦云，贞观中，他曾隐于沁部云室山（即今山

---

① （宋）赞宁：《宋高僧传》卷14，《大正藏》第50册，第790页。
② （宋）延一：《广清凉传》卷下，《大正藏》第51册，第1118页。

西沁源）。① 贞观十一年（637年），又至隰州益词谷（即今山西隰县）游历，撰《量处轻重仪》二卷、《尼注戒本》一卷。② 道宣曾在山西游历讲经说法，可能也将律宗思想传入了山西。

（二）窥基

窥基，字洪道，姓尉迟，京兆长安人。九岁出家，十七岁奉敕为玄奘弟子，住广福寺，躬事奘师，学五竺语，后游五台山。《唐京兆大慈恩寺窥基传》曰："九岁丁艰，渐疏浮俗。至年十七，遂预缁林，奉敕为奘师弟子，始住广福寺。寻奉别敕选聪慧颖脱者，入大慈恩寺躬事奘师，学五竺语，解纷开结，统综条然。年二十五应诏译经，讲通大小乘教三十余本，创意留心，勤勤著述。盖切问而近思，其则不远矣，造《疏》计可百本。后躬游五台山，登太行。"③ 在五台山期间，巡礼圣迹，还到太原、太行山、西河等地，"至西河古佛宇中宿。梦身在半山，岩下有无量人唱苦声，冥昧之间，初不忍闻，徙步陟彼，层峰皆瑠璃色，尽见诸国土。过信夜寺中有光，久而不灭。寻视之数轴发光者，探之得《弥勒上生经》……乃忆前梦，必慈氏令我造《疏》，通畅厥理耳……行至太原传法，三车自随，前乘经论箱帙，中乘自御，后乘家妓女仆食馔。于路间遇一老父，问乘何人？对曰：家属。父曰：知法甚精，携家属偕恐不称教。基闻之，顿悔前非，翛然独往。老父则文殊菩萨也。"④ 窥基在山西太原、汾阳以及五台山一带游历，主要目的应该是朝礼文殊菩萨应化道场五台山。传说窥基在西河古佛宇中宿梦瑠璃色诸国土以及种种神异之象，甚至传说窥基亦遇文殊菩萨点化云云。这些所谓神异故事一部分出自窥基撰述经疏著作，一部分被后人记载于窥基之传记之中。这类故事均围绕窥基展开，故极可能多数故事是窥基生前自述，毫无疑问这类神异故事无论在当时抑或后世都会被信仰者虔诚认为是窥基获得成就之"明证"，对于扩大佛教的影响力也具有重要作用。

窥基撰《说无垢称经疏》卷第六载："窥基以咸亨三年（672年）十

---

① （宋）赞宁：《宋高僧传》卷14，《大正藏》第50册，第790页。
② （唐）道宣：《量处轻重仪》卷2，《大正藏》第45册，第853页。
③ （宋）赞宁：《宋高僧传》卷4，《大正藏》第50册，第725页。
④ （宋）赞宁：《宋高僧传》卷4，《大正藏》第50册，第725页。

二月二十七日，曾不披读古德章疏，遂被并州大原县平等寺诸德迫讲旧经，乃同讲次，制作此文，以赞玄旨。"①又《广清凉传》亦载窥基曾于玄奘去世数年后游历五台山，"礼文殊菩萨，于华严寺西院安止。法师常月造弥勒像一躯，日诵菩萨戒一，愿生兜率，求其志也。感通之应，绰然可观。又复亲书金字《般若经》毕，有神光瑞云萦拂台宇，辉耀函筒，曰我无坚志，灵应何臻？……有清凉寺普观善师，与同造功德主沙门法会。于中台顶造玉石释迦、文殊、普贤等一部从，神功妙绝，至开元二十四年（736年）功毕。后武宗会昌五年（845年），拆天下寺宇，例遭除毁"②。《说无垢称经》与鸠摩罗什译《维摩诘所说经》属同本异译。据《开元释教录》载，"永徽元年（650年）二月八日于大慈恩寺翻经院译，至八月一日毕，沙门大乘光笔受"③。玄奘新译《说无垢称经》，窥基也应是参与者，并为之作疏，并在太原等地讲经，应该是对玄奘取回经典的最新佛教思想的阐发。

永淳元年（682年）十一月，"慈恩法师窥基示寂，敕诸寺图形以祀。师禀奘法师《瑜伽师地》《唯识》宗旨，号百部论主，世宗为慈恩教"④，窥基被尊为慈恩宗三祖。

窥基作为玄奘唯识宗的重要传承弟子也非常信奉文殊菩萨，并赴五台山朝礼，并于山西太原、汾阳等地讲经说法。其时五台山等地华严思想、净土思想浓厚，窥基的到来无疑使得唯识思想在五台山得到宣扬。

（三）李通玄

李长者，号通玄，以避唐玄宗之讳，改为通元，为唐宗室子。关于李通玄的记载，主要有唐福州开元寺沙门志宁述《大方广佛华严经合论序》、唐王居仁撰《神福山寺灵迹记并序》⑤、宋沙门慧研撰《华严经合论序》、宋云居散人马支纂《释大方广佛华严经论主李长者事迹》、宋张

---

① （唐）窥基：《说无垢称经疏》卷6，《大正藏》第38册，第1114页。
② （宋）延一：《广清凉传》卷3，《大正藏》第351册，第1119页。
③ （唐）智升：《开元释教录》卷8，《大正藏》第55册，第555页。
④ （宋）志磐：《佛祖统纪》卷39，《大正藏》第49册，第369页。
⑤ （唐）王居仁：《神福山寺灵迹记并序》，史景怡编《三晋石刻大全·寿阳县卷》，三晋出版社2010年版，第30页。

商英《李长者像碑》①。另外，南宋赞宁《宋高僧传》、南宋祖琇撰《隆兴编年通论》、南宋正受编《嘉泰普灯录》、南宋本觉编《释氏通鉴》、南宋志磐撰《佛祖统纪》以及元念常撰《佛祖历代通载》、明李贽撰《华严经合论简要》对李通玄生平均有详略不等之载述。特别是李通玄著论之寿阳方山及其周边寺庙留存了各代大量的碑刻文献也是重要的资料来源。

唐大历五年（770年）李通玄的"亲授"弟子照明为《略释新华严经修行次第决疑论》作序，简述长者生平曰："北京李长者，皇枝也，讳通玄。……起自开元七年，游东方山，隐沦述论，终在开元十八年（730年）三月二十八日卒。"② 唐北京指今山西太原，李唐王朝将太原作为龙兴之地，赐封北都。由于照明为李通玄的入室弟子，其说法最具权威性。但是，照明未记李通玄之生年，他认为李通玄在武则天朝就已经年过40岁，由此推断，李通玄可能生于唐高宗显庆（656—661年）年间。武则天圣历二年（699年）实叉难陀翻译出八十卷《华严经》，华严学盛极一时，李通玄应该是在此时得到了新译《华严经》，遂隐遁潜修，"寻诸古德义疏，掩卷叹曰：'经文浩博，义疏多家，惜哉后学，寻文不暇。岂更修行，幸会《华严新译》义理圆备，遂考经八十卷。搜括微旨，开点义门，上下科节，成四十卷《新华严经论》"③。为便于世人理解《新华严经论》，又著《决疑论》四卷、《略释》一卷、《解迷显智成悲十明论》一卷、《十玄六相》、《百门义海》、《普贤行门》、《华严观》等经论及诸诗赋。"起自开元七年（719年），游东方山，隐沦述论，终在开元十八年（730年）三月二十八日卒。"④ 终年七十多岁。

"至大历九年（774年）二月六日，有僧广超于逝多兰若获长者所著论二部，一是《大方广佛新华严经论》四十卷，一是《十二缘生解迷显智成悲十明论》一卷，传写扬显，偏于并汾，广超门人道光能继师志，肩负二论，同游燕赵，昭示淮泗，使后代南北学人悉得参阅论文，宗承

---

① （宋）《李长者像碑》，《三晋石刻大全·寿阳县卷》，第46页。
② （唐）照明：《华严经决疑论序》卷1，《大正藏》，第36册，第1011页。
③ （唐）照明：《华严经决疑论序》卷1，《大正藏》，第36册，第1011页。
④ （唐）照明：《华严经决疑论序》卷1，《大正藏》，第36册，第1011页。

长者，皆超光二僧流布之功耳。"① 唐福州开元寺沙门志宁将论文注于经下作《大方广佛华严经合论》，使经论相互配合。南唐升元二年（938年）"僧勉昌，进请编入藏。大唐光文肃武孝高皇帝（南唐烈祖），令书十本，写李长者真仪十轴，散下诸州，编于藏末"②。又据陆游《南唐书》卷十八亦载，"烈祖……命文房书《华严论》四十部。衾帙副焉，并图写制论李长者像班之境内，此事佛之权舆也"③。宋乾德五年（967年）"闽僧惠研重更条理立名曰《华严经合论》"④。可见，李通玄去世后，其著作经由其弟子照明等人传播，学僧志宁等人再造，播涉南北。到五代十国时期，《新华严经论》之地位进一步提升，并被官方认可，编修入藏。

照明对李长者的生平记载比较简略，后世文献载述其事迹详略不等，去其怪诞不经之述，可窥其基本史实。

李长者道号通玄，沧州人，生于唐高宗显庆年间，早年专研易学。武则天时，值实叉难陀新译八十卷《华严经》，遂专攻华严学。自开元七年（719年），"游东方山，隐沦述论"⑤。大约经过十余年，著成四十卷《新华严经论》，开元十八年（730年）去世，终年七十多岁。《新华严经论》等著作经其弟子照明以及后世广超、道光传写，流传南北。李长者对华严宗学的发展提出新的系统见解，后世佛门称其"善说华严无如长者"⑥。南宋高僧戒环主张理解华严要"以方山为正，清凉为助"⑦，足以见其在华严学方面的重要影响。

李长者在神福山著论之时已有弟子追随，如照明曰："亲承训授，屡得旨蒙，见其殂终，嗟夫圣人去世，思望不及。时因访道君子询余先圣之始末，不敢不言。谨序之。尔时大历庚戌（770年）秋七月八日述。"

---

① （宋）马支：《释大方广佛华严经论主李长者事迹》卷1，《卍续藏》，第4册，第7页。
② （南唐）恒安：《续贞元释教录》卷1，《大正藏》，第55册，第1049页。
③ （南宋）陆游：《南唐书》，卷18，文渊阁四库全书本。
④ （南宋）赞宁：《宋高僧传》卷22，《大正藏》，第50册，第854页。
⑤ （唐）照明：《华严经决疑论序》卷1，《大正藏》，第36册，第1011页。
⑥ （明）李贽：《李长者华严经合论序》卷1，《卍续藏》，第4册，第832页。
⑦ （南宋）戒环：《大方广佛华严经要解序》卷1，《卍续藏》，第8册，第451页。

照明自称"东方山逝多林寺比丘"①。又据天祐四年（907年）《神福山寺灵迹记并序》载："今所置院基，旧是逝多林兰若。"② 由此推测，照明之时，在李长者活动的神福山已建有小型佛教寺庙。照明对李长者崇仰之至，讲到李长者辞世情景时已有所夸张曰："时夜半山林震惊，群鸟乱鸣，百兽奔走，白光从顶而出，直上冲天"③ 李长者辞世之所谓种种神异情景应该是照明之"演绎渲染"，开启了李长者被神化之先序，其目的是为宣扬李长者之功德与"超凡能力"。

唐福州开元寺沙门志宁将论文注于经下作《大方广佛华严经合论》，其《序》曰："有记云猛虎驮经，引于岩下，下笔之后，常得天人饷食，乃至论终，身亦去世，后人获其藁本，传写流行。"志宁提及之"记"，不知为何人所作，但已讲到"猛虎驮经"和"天人饷食"之神异故事。这两则故事在照明的著述中并未提及，因此，此神异故事可能是李长者之其他弟子或者再传弟子为推崇神化李长者而编撰。佛教东传对佛经以及翻译佛经过程乃至译者多有神化之历史传统，以图推助佛经流传，增加信众信仰。《华严经》从其初译始，即被神化，"东晋初译，地涌灵泉，唐朝次翻，天降甘露"④。据说佛驮跋陀罗于江都谢司空寺翻译《华严经》之时，"每日有二青衣童子，自池之出堂，洒扫供养，暮还归池。相传释云，以此经久在龙宫，龙王庆此传通，躬自给侍"⑤。此类神异故事与李长者之神奇事迹如出一辙。由此可见，神化李长者之著论过程以及李长者本人是佛教增加佛典之影响力，是推助信仰传播的一贯方法。另外，李长者论著受到关注并被推崇也受到唐代中后期推崇华严经学之大环境影响。法藏之后澄观亦著《华严经疏》，华严学持续兴盛，李长者之论著统贯经意，自成体系，发挥新意，异于清凉国师之疏旨，自然受到尊崇。

天祐四年（907年）王居仁作《神福山寺灵迹记并序》对李长者的

---

① （唐）照明：《华严经决疑论序》卷1，《大正藏》，第36册，第1011页。
② （唐）王居仁：《神福山寺灵迹记并序》，《三晋石刻大全·寿阳县卷》，三晋出版社2010年版，第30页。
③ （唐）照明：《华严经决疑论序》卷1，《大正藏》，第36册，第1011页。
④ （宋）慧研：《大方广佛华严经合论序》卷1，《卍续藏》，第4册，第5页。
⑤ （唐）法藏：《华严经探玄记》卷1，《大正藏》，第35册，第122页。

载述比照明、志宁之记载更为详细，增加了更多的神异故事和具体的细节。关于作者王居仁，史书无载，有可能他见到了更多原始资料，但更有可能的是，这些故事是经后世不断层累编撰而成。

唐武宗灭佛时，神福山寺庙受到严重破坏，"长者圣躅，大士遗踪。历世相承，建兹精舍。顷因先帝淘汰，真宗灰尽，佛门尊容殄灭"①。此时，李长者已经去世一百多年，加之武宗灭佛的影响，李长者之传灯弟子可能已经散绝。此时，驻锡神福山，恢复寺庙之灵彻本为游方僧，因"缅思佛地"而于神福山修持，并极力募化修缮寺庙。灵彻弟子法弘亦"传灯化众，绍继山门"②，崇祀李长者，"化缘两县，檀信归依。往返如轮，竭成殿宇。塑尊容一铺，妆䐴金粉，以备丹毫……东间置长者之影庙，仪质若生。二女掌献于鲜花，双童青衣而给侍。左傍立虎，按据论文，山纳缋容，瞻礼无尽。当面北壁，造六臂观音，中院檐前，画十六罗汉，十王地藏，兴悲誓救于三途，十二相仪，观生□老于悬壁。斜檐足溜，楼倚青宵。力士金刚，拳威护法。僧堂接栋，削长者之旧龛，厨库连□，对东溪而似阁。西廊布运，排五铺之星楼。一院全新，砌金阶而满地……卅余载，累历饥荒，礭守山门，未曾暂废"③。《神福山寺灵迹记并序》之碑阴及其碑侧刊施主舍钱地数目以及寺院田地数目，四至，物业等。从中可见，寿阳、盂县两县，上至县令，下及一般民众均参与了寺庙的修缮，且捐资人众多，产业丰厚，有土地二千三百多亩，下院3所，另有多处山林及房产。可见，法弘继灵彻之后，经过三十年的经营，寺庙已经焕然一新，规模宏大，经济实力雄厚，且信众广泛，遍及官民，俨然成为一方巨观。

随着寺庙规模的扩大，对李长者的崇祀更为兴盛。主要表现在两个方面，其一，关于李长者的神异故事更加丰富，广为流传，据《神福山寺灵迹记并序》载，李长者造论之时，"伏虎驼经""拔树涌泉""口吐

---

① （唐）王居仁：《神福山寺灵迹记并序》，《三晋石刻大全·寿阳县卷》，三晋出版社2010年版，第30页。

② （唐）王居仁：《神福山寺灵迹记并序》，《三晋石刻大全·寿阳县卷》，三晋出版社2010年版，第30页。

③ （唐）王居仁：《神福山寺灵迹记并序》，《三晋石刻大全·寿阳县卷》，三晋出版社2010年版，第30页。

神光，以代灯烛""天女奉食，仙童献果"。长者逝世之后，"龙蛇遮户，二鹿悲鸣，众禽撕泣，天气七日闭明"①。其中，"拔树涌泉""口吐神光，以代灯烛""龙蛇遮户，二鹿悲鸣，众禽撕泣，天气七日闭明"均为新增故事；其二，在寺庙中专门设置李长者影庙，以祭祀供奉，并按照传说之神异故事，塑天女与立虎，更为直观形象地宣说李长者之"神异"。寺庙中碑刻载文成为塑像之直接注解，更增加了李长者之神秘色彩，也无形中推助了世俗信众对李长者之崇信。正如梁启超所言："神通小术，本非佛法所尚，为喻俗计，偶一假途。然两千年来之愚夫愚妇大率缘此起信。"②

从李长者去世到唐末五代时期，主要是李长者弟子和华严学僧大力推崇其思想和行事，使其著作和思想从山西远播至江南一带。在李长者造论隐居之寿阳方山也主要是佛教僧人对其崇祀持续不断，其神异故事也被不断传扬。

此类佛教高僧在山西本地被神化，进而建庙崇奉，甚至发展成为地方神灵的情况并不只李长者一例，如介休绵山一带崇奉志超法师，并在唐代以后逐渐神化，演化为当地民众崇奉的重要神灵之一。又如太原一带之金和尚，"幼而魁岸，为人鲁质，所作诡异，与平人不类。于嵩岩山出家，其后身裁一丈，腰阔一围，言事多奇差。终后如在，乡人供祭之乞愿，皆遂人意，西河至稽胡皆郑重焉"③。这种情况，也充分说明唐代以后佛教民间化的深入发展，此类被神化的人物即是佛教人物，但并非只在佛教圈中被崇奉，而是扩展为基层社会区域性信仰，应是中国传统圣贤崇拜的延续，只是在圣贤人物身上增加了"神异"成分，使其成为圣贤与神异的结合体。④

（四）法照

法照是唐代宗、德宗时代弘扬净土五会念佛法门的代表性人物。据

---

① （唐）王居仁：《神福山寺灵迹记并序》，《三晋石刻大全·寿阳县卷》，三晋出版社2010年版，第30页。
② 梁启超：《佛学研究十八篇》，上海古籍出版社2001年版，第9页。
③ （宋）赞宁：《宋高僧传》卷30，《大正藏》第50册，第896页。
④ 侯慧明：《佛教民间化的构筑、播散与沉淀——对崇祀李通玄的历史考察》，《宗教学研究》2016年第2期。

《宋高僧传》《广清凉传》和《净土往生传》记载，法照于大历二年（767年）在衡州云峰寺僧堂内粥钵中看到了山寺胜景，食毕问僧，有曾到过五台山的嘉延、昙晖言法照所见者乃五台山的胜景，于是法照发愿朝礼五台山。他于大历四年（769年）八月与同志数人离开衡山，次年四月五日抵达五台山。法照感得灵异而远赴五台山的故事颇具神异色彩，而从现实层面分析，很可能是法照欲借五台山的灵异示现之说进一步肯定和增强其念佛法门的正宗法统性和权威性，以宣传其"五会念佛"法门。这一点从赞宁所撰《宋高僧传·法照传》的材料中可充分证明。

关于法照灵异行迹的材料都来源于法照本人的载述。传记中提到法照感得文殊普贤摩顶授记之后"倍增悲感乃立石记"，唐德宗时代的王士詹看到了这则刻石曰"至今存焉"①。法照礼金刚窟"见文殊"、于华严院西楼上见五圣灯之后"忆念录之"，"亲示般若院立石标记"，"验乎所见不虚，故书于屋壁"②。可见，法照感遇灵异之事都由他本人"或刻石""或书壁"流传开来，广及当时，以至后世。法照之目的显然是为了"普使见闻，同发胜心，共期佛慧"，也就是借助神异故事宣传其"五会念佛"的净土法门。

法照自录神异故事之精妙构思亦能反映其宣传净土思想的独特方法。法照感得灵异故事中反复强调文殊菩萨不仅推重念佛法门，而且因修念佛法门而证得佛果。故事中数次提到文殊菩萨，在衡州粥钵中见文殊，告诫法照朝礼五台的老人无疑亦是文殊之化身，文殊甚至亲自为法照授记，"时二大圣各舒金手，摩照顶为授记别。汝已念佛，故不久证无上正等菩提。若善男女等愿疾成佛者，无过念佛，则能速证无上菩提"③。法照借助文殊信仰神化自我。五台山被认为是文殊菩萨的应化道场，文殊信仰是五台山最主流的信仰。文殊化现老人可谓五台山文殊信仰中最为流行和被大众认可的故事。法照借助五台山最流行的文殊信仰，巧妙融合净土元素，无疑是其创新，也有利于推动净土信仰的弘传。

法照神异行迹中吸收五台山原来已经广为人知的神异故事，增加其

---

① （宋）赞宁：《宋高僧传》卷21，《大正藏》第50册，第844页。
② （宋）赞宁：《宋高僧传》卷21，《大正藏》第50册，第844页。
③ （宋）赞宁：《宋高僧传》卷21，《大正藏》第50册，第844页。

感染力和影响力。如善财童子参文殊、佛陀波利入五台等故事在五台山已经广为流传，金刚窟也被认为是神异之圣地，这些素材都被引入法照的神异故事之中，无疑对于净土五会念佛法门被五台山固有佛教环境容纳起到了很好的调适作用。法照神异故事已在幻境中将竹林寺描绘为西方佛国净土，并勾画了念佛道场的情景，而现实中的华严寺已建念佛道场。大历十二年（777年）前后建竹林寺，成为专门的净土念佛道场。

法照在五台山对其净土五会念佛法门的弘扬非常成功。法照感遇灵异故事影响广泛，后世文献多有记载，甚至远播敦煌、日本，敦煌遗书有法照的著作《净土五会念佛诵经观行仪》，日本高僧圆仁参访五台山带往日本传世本《净土五会念佛略法事仪赞》，这也证明法照在当时影响很大。

（五）澄观

澄观，俗姓夏侯，字大休，越州山阴（今浙江绍兴）人。生于开元戊寅（738年）年，"身长九尺四寸，垂手过膝，口四十齿，目光夜发，昼乃不眴"①。澄观之形貌已被溢美神化。天宝七年（748年）出家，至肃宗二年（757年）丁酉受具足戒，是年奉诏入内，敕译《华严经》。《宋高僧传》卷五载，澄观"年甫十一依宝林寺（今应天山）霈禅师出家，诵《法华经》。十四遇恩得度，便隶此寺。遂遍寻名山旁求秘藏……乾元中，依润州栖霞寺醴律师学相部律，本州依昙一隶南山律，诣金陵玄璧法师传关河三论，三论之盛于江表观之力也。大历中，就瓦官寺传《起信》《涅槃》。又于淮南法藏受海东《起信疏义》。却复天竺诜法师门，温习《华严大经》。七年往剡溪，从成都慧量法师覆寻《三论》。十年就苏州，从湛然法师习《天台止观》《法华》《维摩》等经疏……又谒牛头山忠师、径山钦师、洛阳无名师，咨决南宗禅法。复见慧云禅师了北宗玄理"②。可见，澄观对律宗、华严宗、三论宗、天台宗、禅宗等佛教各宗思想皆有所通。

此后，澄观到山西五台山、太原崇福寺、中条山栖岩寺等地讲经说法。《宋高僧传》卷五载："大历十一年（776年），誓游五台，一一巡

---

① （元）念常：《佛祖历代通载》卷14，《大正藏》第49册，第601页。
② （宋）赞宁：《宋高僧传》卷5，《大正藏》第50册，第737页。

礼，祥瑞愈繁。仍往峨嵋，求见普贤，登险陟高，备观圣像。却还五台居大华严寺，专行方等忏法。时寺主贤林请讲大经，并演诸论。因慨《华严旧疏》文繁义约，憪然长想。况文殊主智，普贤主理，二圣合为毘卢遮那，万行兼通即是华严之义也。吾既游普贤之境界，泊妙吉之乡原，不疏毘卢，有辜二圣矣！观将撰疏……起兴元元年（784年）正月，贞元三年（787年）十二月毕功，成二十轴，乃饭千僧以落成也，后常思付授……四年春正月，寺主贤林请讲新疏。七年河东节度使李公自良，复请于崇福寺讲。德宗降中使李辅光，宣诏入都。与罽宾三藏般若，译乌荼国王所进《华严后分》四十卷。观苦辞，请明年入，敕允。及具行至蒲津，中令梁公留安居，遂于中条山栖岩寺住。寺有禅客拳眉剪发，字曰痴人。披短褐操长策，狂歌杂语，凡所指斥皆多应验。观未至之前狂僧驱众僧。洒扫曰：'不久菩萨来此'。复次壁画散脂大将及山麋之怪。往往不息。观既止此寺。二事俱静。"① 澄观巡礼五台山，住华严寺，并注疏新译《华严经》。之后又在太原崇福寺开讲，留驻中条山栖岩寺，在山西活动十余载，将最新的华严思想注疏阐讲，使五台山成为华严学最为兴盛之地。

（六）不空

不空，梵名阿月佉跋折罗，密号不空金刚，法名智藏。圆照《贞元录》载，不空为南天竺师子国（今斯里兰卡）人，又说："不闻氏族，故不书之。"② 严郢撰《唐大兴善寺故大德大辨正广智三藏和尚碑铭并序》则说："西域人也，氏族不闻于中夏，故不书。"③ 赵迁《大唐故大德赠司空大辨正广智不空三藏行状》与飞锡《大唐故大德开府仪同三司试鸿胪卿肃国公大兴善寺大广智三藏和上之碑》皆云，不空为北天竺婆罗门之子，"早丧所天，十岁随舅氏至武威郡"④。《宋高僧传》云："随叔父

---

① （宋）赞宁：《宋高僧传》卷5，《大正藏》第50册，第737页。
② （唐）圆照：《贞元新定释教目录》卷15，《大正藏》第55册，第881页。
③ （唐）圆照：《代宗朝赠司空大辨正广智三藏和上表制集》卷6，《大正藏》第52册，第860页。
④ （唐）飞锡：《大唐故大德开府仪同三司试鸿胪卿肃国公大兴善寺大广智三藏和上之碑》，（唐）圆照《代宗朝赠司空大辨正广智三藏和上表制集》卷4，《大正藏》第52册，第848页。

观光东国。"①《行状》云:"先门早逝,育于舅氏,便随母姓,初母康氏之未娠也。"② 可知,不空原籍北天竺,种姓婆罗门。飞锡《唐赠司空大兴善寺大辨正广智不空三藏和上影赞》云:"道传上国,家本耆阇。"③ 耆阇即耆阇崛山,在中印度境内。这与北印度说有异,推测不空祖籍北天竺,后出生于耆阇崛山一带。不空早年丧父,随母姓康氏,十岁随舅至武威。故《塔铭》说西域人,《行状》说西凉府人。赵迁与飞锡都是不空的弟子,尤其赵迁长期随侍不空,二文又为当时所作,因此他们的说法更为可信。

据飞锡《大广智三藏和上之碑》载,不空十岁随舅氏至武威郡,十三游太原府,寻入长安,师事金刚智三藏,年十五落发。《行状》载:"初大师随外氏观风大国,生年十岁,周游巡历武威、太原。十三,事大弘教,祖师道悉谈章波罗门语,论辄背文而讽诵,克日而洞悟,祖师大奇。他日与授菩提心戒,引入金刚界大曼荼罗,验之掷花,知有后矣。十五初落发,二十进具戒。"④ 如果按不空生于705年,当唐中宗神龙元年。十岁时,即开元二年(714年)。十三岁,即开元五年(717年)。不空在大历六年(771年)十月十二日的奏表中自称:"爰自幼年承事先师大弘教三藏和尚,二十有四载。"⑤ 大历九年(774年)三藏和上遗书中也说:"依师学业,讨寻梵夹二十余年。"⑥ 又《贞元录》载:"大唐神龙元年(705年)乙巳之岁而诞迹焉。天假聪明,幼而慕道。远离父母,落发坏衣。至开元六年(718年)岁在戊午,年甫十四,于阇婆国见弘教三藏金刚智而师事之。随侍南溟,乘航架险,惊波鼓浪,如影随形。开元

---

① (宋)赞宁:《宋高僧传》卷1,《大正藏》第50册,第712页。
② (唐)赵迁:《大唐故大德赠司空大辨正广智不空三藏行状》,《大正藏》第50册,第292页。
③ (唐)圆照:《代宗朝赠司空大辨正广智三藏和上表制集》卷4,《大正藏》第52册,第849页。
④ (唐)赵迁:《大唐故大德赠司空大辨正广智不空三藏行状》,《大正藏》第50册,第292页。
⑤ (唐)圆照:《代宗朝赠司空大辨正广智三藏和上表制集》卷3,《大正藏》第52册,第840页。
⑥ (唐)圆照:《代宗朝赠司空大辨正广智三藏和上表制集》卷3,《大正藏》第52册,第844页。

八年，方至东洛。十二年甲子年，方弱冠，于广福寺依一切有部石戒坛所而受近圆。自此听习律仪，唐梵经论随师译语稍得精通。随驾两京，应诏翻译。不离左右，请益抠衣，函丈问端，斯须不舍。至十九年辛未，天恩下降，弘教三藏及弟子等放还本乡，出自西京至于东洛。"① 按圆照此说，与《行状》有出入。关于不空师事金刚智的记载，多有分歧。《宋高僧传》云："年十五师事金刚智三藏。"② 不空十五岁，即开元七年（719年），这样的推算似乎更合理。

开元十二年（725年），二十岁时受具足戒。《行状》曰："善一切有部律，晓诸国语，识异国书。先翻经常使译语，对唐梵之轻重，酌文义之精华，讨习声论十二年功六月而毕。诵文殊愿，一载之限。再夕而终。"③《宋高僧传》又曰："不空欲求学新瑜伽五部三密法，涉于三载，师未教诏。空拟回天竺，师梦京城诸寺佛菩萨像皆东行，寤寐乃知空是真法器，遂允所求。授与五部灌顶护摩阿阇梨法及毗卢遮那经苏悉地轨则等，尽传付之。"④《三藏和上遗书一首》载其"昼夜精勤，伏膺咨禀，方授瑜伽四千颂法。奈何积衅深重，先师寿终"⑤。这表明不空没有得到瑜伽教法的全部，所谓四千颂法即金刚智所传的《金刚顶真实摄经》法。

金刚智于开元二十九年（741年）去世后，不空遵照师嘱往五天并师子国。《行状》曰："以先奉先师遗言，令往师子国。至天实初，到南海郡。信舶未至，采访刘巨鳞。三请大师，哀求灌顶，我师许之。权于法性寺，建立道场，因刘公也，四众咸赖，度人亿千。大师之未往也，入曼荼罗，对本尊像，金刚三密以加持，念诵经行，未踰旬日，文殊师利现身。因诚大愿不孤，夙心已遂，便率门人含光惠辩僧俗三七，杖锡登舟，采访已下，举州士庶大会，陈设香花，遍于海浦。蠡梵栝于天涯，奉送大师，凡数百里，初至诃陵国界，遇大黑风，众商惶怖，作本天法，

---

① （唐）圆照：《贞元新定释教目录》卷15，《大正藏》第55册，第881页。
② （宋）赞宁：《宋高僧传》卷1，《大正藏》第50册，第712页。
③ （唐）赵迁：《大唐故大德赠司空大辨正广智不空三藏行状》，《大正藏》第50册，第292页。
④ （宋）赞宁：《宋高僧传》卷1，《大正藏》第50册，第712页。
⑤ （唐）圆照：《代宗朝赠司空大辨正广智三藏和上表制集》卷3，《大正藏》第52册，第844页。

橡之无効，稽首膜拜。次达海口城，师子国王，遣使迎之。大师见王，王大悦，便请大师住宫，七日供养。每日常以真金浴斛，满贮香水。王为大师躬自澡浴，次及太子后妃辅相，如王礼大师。他日寻普贤阿阇梨等，奉献金宝锦绣之属，请开十八会金刚顶瑜伽法门毘卢遮那大悲胎藏，建立坛法。并许门人含光、惠辩同授五部灌顶。又游五天，巡历诸国。事迹数繁，阙而不记。天宝五载（746年），还归上京。进师子国王尸罗迷伽表，及金璎珞、般若梵甲、诸宝白迭毛等。"① 不空从师子国返回长安后，受到唐玄宗的重视，先是敕住鸿胪寺，不数日便敕请入内。在宫内建立曼荼罗坛场，玄宗受五部灌顶，王子后宫亦受五部灌顶。之后，移住净影寺。是岁夏季大旱，玄宗请不空祈雨。不空作《孔雀王经》法，据说未尽三日，膏泽弥洽，皇帝大悦。亲持宝箱，赐大师紫袈裟。并为其披擐，并赐绢二百匹。据载，后有大风卒起，敕令不空止风。不空请一银瓶，作加持法。大风遂止，帝倍加敬，恩命号为智藏。不空的这些举动，为密宗发展打开了良好的局面。但至天宝八载（749年），玄宗突然敕其"许归本国"。《行状》曰："八载恩旨，许归本国，垂驿骑之五疋。到南海郡，后敕令且住。"②《贞元录》亦载："九载己丑（己丑年为八载，此误），复有恩旨，放令欲归。"③

天宝十二载（753年），河西节度使哥舒翰上奏玄宗："不空三藏行次染患，养疾韶州，令河西边陲请福疆场。"④ 于是"上依所请，敕下韶州。追赴长安，止保寿寺。制使劳问，锡赉重重。四事祇供，悉皆天赐，憩息踰月，令赴河西。"⑤ 十三载，不空到武威，住开元寺。"节度已下，至于一命，皆授灌顶。士庶之类，数千人众咸登道场。与僧弟子含光，授五部法。次与今之功德使开府李元琮，授五部灌顶，并授金刚界大曼

---

① （唐）赵迁：《大唐故大德赠司空大辨正广智不空三藏行状》，《大正藏》第50册，第292页。

② （唐）赵迁：《大唐故大德赠司空大辨正广智不空三藏行状》，《大正藏》第50册，第292页。

③ （唐）圆照：《贞元新定释教目录》卷15，《大正藏》第55册，第720页。

④ （唐）圆照：《贞元新定释教目录》卷15，《大正藏》第55册，第881页。

⑤ （唐）圆照：《贞元新定释教目录》卷15，《大正藏》第55册，第881页。

茶罗。"①《贞元录》云："节度使迎候是物皆供，请译佛经兼开灌顶，演瑜伽教置茶罗，使幕官寮咸皆咨受，五部三密灵往实归。时西平王为国请译《金刚顶一切如来真实摄大乘现证大教王经》三卷，行军司马礼部郎中李希言笔受。又译《菩提场所说一字顶轮王经》五卷、《一字顶轮王瑜伽经》一卷、《一字顶轮王念诵仪轨》一卷，并节度判官监察侍御史田良丘笔受。"②不空在河西的传法译经活动对当时产生了重要的社会影响，尤其从敦煌写经和石窟造像中可以看出，当地应有密宗僧人在河西一带活动。③

天宝十五载（756年），不空住长安大兴善寺。肃宗至德二年（757年），为示尊崇，不斥其名，称其号。乾元元年（758年）三月，不空上表请搜访梵夹，修补翻传。既得敕准，命将京慈恩、荐福等寺，及东京圣善、长寿等寺，并诸州县寺舍村坊，有旧大遍觉义净、善无畏、流志、宝胜等三藏所带来的遗存梵夹，未翻译者译出，破损的加以修补。乾元中（758—760年），肃宗请不空于宫内建立道场，行护摩法，授转轮王七宝灌顶。上元末（761年），肃宗生病，请不空，以"大随求真言"禳灾去病。

代宗即位，更加尊崇不空。不空正是在代宗的支持下，光大密宗门庭，扩大了密宗的势力及影响，由此也使密宗传入山西。

第一，翻译经典。不空译出了《金刚顶瑜伽文殊师利菩萨经》一卷、《八大菩萨曼陀罗经》一卷、《文殊问字母品经》一卷、《文殊赞法身礼》一卷、《大圣文殊师利菩萨佛刹功德庄严经》三卷、《文殊师利菩萨根本大教金翅鸟品》一卷、《文殊五字念诵法》一卷、《曼殊室利童子菩萨五字瑜伽》一卷、《文殊师利菩萨及诸仙所说吉凶时日善恶宿曜经》二卷等九部十二卷经典，在关中、河南、山西、河陇等地弘扬文殊信仰。

第二，开辟密宗道场。据圆照《代宗朝赠司空大辨正广智三藏和上表制集》载，永泰二年（766年）五月一日，不空就上书代宗，请求宰

---

① （唐）赵迁：《大唐故大德赠司空大辨正广智不空三藏行状》，《大正藏》第50册，第292页。
② （唐）圆照：《贞元新定释教目录》卷15，《大正藏》55册，第881页。
③ 吕建福：《中国密教史》，中国社会科学出版社1995年版，第85页。

辅、军客、百寮、千官布施，并着高足含光及天竺那烂陀寺僧人纯陀至五台山修建"大圣金阁保应镇国寺"。大历元年（766年）十一月，又着长安大兴善寺上座行满法师至五台山主持修造五台山六处普通供养舍。大历二年（767年）三月，又令五台山金阁寺、玉华寺、清凉寺、华严寺、大历法华等五寺，各着二十一名僧人为国常转《仁王护国经》《密严经》。大历五年（770年）七月，往五台山修功德，至太原设万人斋。代宗敕："取太原府诸色官钱物，准数祗供，勿使阙少。"① 可见，五台山密宗寺庙规模空前。

第三，弘传五台山文殊信仰，播演遍及全国。大历二年（767年）于五台山清凉寺令含光造大圣文殊阁。又于大历四年（769年）十二月，从五台山开始，敕令天下食堂中于宾头卢上首特置文殊师利形象以为上座，且把"普贤、观音犹执拂而为侍、声闻缘觉护持而居后"。表称："忝迹缁门，久修梵行。习译圣典，颇悟玄门。大圣文殊师利菩萨，大乘密教皆周流演。今镇在台山，福滋兆庶。伏惟宝应元圣文武皇帝陛下，德合乾坤，明并日月，无疆之福康我生人，伏望自今已后。令天下食堂中于宾头卢上特置文殊师利形像以为上座，询诸圣典具有明文。僧祇如来尚承训旨，凡出家者固合抠衣，普贤、观音犹执拂而为侍，声闻、缘觉拥彗而居后。斯乃天竺国皆然，非僧等鄙见，仍请永为恒式。"② 由此，文殊菩萨信仰倚仗国家的大力推广而遍布天下。大历五年（770年）七月，又于太原至德寺置文殊师利菩萨院。大历七年（772年）十月，又请敕京城天下僧尼寺内，每拣一胜处置大圣文殊师利菩萨院，并塑文殊圣像，常年供养。这样，不空三藏把五台山文殊信仰推广、普及到了全国各地，且影响被及周边诸国。

第四，建立五台山与长安的联系。大历四年（769年）六月，表称"奏惠隐是不空弟子，为国铸前件充五台山圣金阁等寺普通供养。其惠隐所居院，请充台山铸鸿功德，及送供众僧来往停止。又令惠隐送圣至台

---

① （唐）圆照：《代宗朝赠司空大辨正广智三藏和上表制集》卷2，《大正藏》第52册，第837页。

② （唐）圆照：《代宗朝赠司空大辨正广智三藏和上表制集》卷2，《大正藏》第52册，第837页。

山，永为供养。冀福资皇祚，圣寿无疆"①。这就把五台山佛教的势力扩展到了长安，使五台山佛教和长安佛教的联系更加密切。

除上述僧人外，还有不少外来僧人在山西游历或传法。

表5—3　　　　非山西籍僧人在山西活动简表

序号	姓名	籍贯	生卒年	主要活动	文献来源
1	僧辩	南阳人	568—642年	入关住于冯翊，七岁读书，日诵千言，十岁欲出家。受具后，从智凝法师寻讨经论。后于大业初年，召入大禅定道场。武德元年，步出关东蒲虞虢，大弘法化。其曾在芮城开讲《摄大乘论》。贞观翻经被征证义，弘福寺立，又召居之，卒于此	《续高僧传》卷15
2	昙献②	始平人	？—641年	少事昌律师，昌虞乡贾氏。昌归故里，居静林寺，博修院宇，延缉殿堂。族人遂请昙献居仁寿寺，栋宇高华，不日而就，两寺围绕，四部归依。后遂到栢梯寺就任，贞观十五年卒于栢梯寺	《续高僧传》卷20
3	昙韵	高阳人	约560—642年	时年十九，投恒岳侧蒲吾山，专精念慧，深具举舍。又游五台山，遍游台岳，备见灵相。初停北台木瓜寺二十余岁，单身吊影，处以瓦窑。形覆弊衣，地布草蓐，食惟一受，味不兼余。至仁寿年，内有瓒禅师者结集定学，背负绳床，在雁门川中	《续高僧传》卷20

---

① （唐）圆照：《代宗朝赠司空大辨正广智三藏和上表制集》卷2，《大正藏》第52册，第837页。

② 能载入《僧传》之僧人一般被认为是高僧，僧人传记中多载其行事，而很多行事属于神异故事，甚至部分高僧行事也只有神异故事，盖此类高僧在当时应该已经颇负盛名，故事流传甚广，因其神异而入《传》。对于只有神异故事的高僧，在表格中只录其简单行事，而省略其神异故事。

续表

序号	姓名	籍贯	生卒年	主要活动	文献来源
				兰若为业。韵闻风附道，便从攒众。属隋高造寺，偏重禅门，延攒入京，众失其主。韵遂投于比干山，又游南部离石龙泉文成等郡，七众希向，夷夏大同。十善聿修，缁素匡幸，原此河滨无受戒法，纵有志奉，皆往太原。夷夏情乖，人皆怯往，致有沙弥三十其岁者。及韵化行，即传斯教，山城两众皆蒙具足。韵幽栖积久，衣服故弊，蚤虱聚结，曾不弃捐，任其噉食，寄以调伏。曾以夏坐，山饶土蚤，既不屏除，毡如血凝，但自咎责，愿以相酬，情无恪结。如此行施，四十余年。以贞观十六年，端坐终于西河之平遥山	
4	昙荣	定州人	555—639年	俗姓张氏，因封而居高阳焉。年十九时，灵裕法师度之，及受具后，专业律宗。年登四十，务道西游，行至上党潞城、黎城诸山，依岩结宇，即永潜遁。既懿德是充，缁素归仰，便开拓柴障，广树禅坊，四远闻风，一期禽至。每年春夏立方等、般舟，秋冬各兴坐禅、念诵。僧尼别院故处有四焉，致使五众烟随，百供鳞集。日增庆泰，欢跃成谊，自晋魏韩赵周郑等邦，释种更新其戒者荣寔其功矣。武德九年夏，于潞城交漳村立法行道。贞观七年，清信士常凝保等请荣于州治法住寺行方等悔法。贞观十三年十二月终于法住寺，春秋八十有五	《续高僧传》卷20

续表

序号	姓名	籍贯	生卒年	主要活动	文献来源
5	志超	冯翊人	570—641年	俗姓田，远祖流寓，遂居并部之榆次焉。年垂壮室。私为娉妻，超闻之，避斯尘染，乃逃窜林野。年二十有七，投并州开化寺慧瓒禅师。勤履众务，每有苦役必事身先。其情守节，度令受具。后往定州寻采律藏，括其精要，删其繁杂。五夏不满，三教备圆，乃返故乡，依岩综习。初入太原之西比干山，栖引英秀，创立禅林，闻风不远而至。大业初岁，政网严明，拥结寺门，不许僧出。超闻之，慨而上谏。被衣举锡，出诣郡城，望有执送，将陈所谏。而官私弗顾，乃达江都即以事闻，内史以事非要害，不为通引，还遣并部。至隋季多难，寇贼交横，民流沟壑，死者太半，而超结徒效聚，余粮不穷，但恐盗窃相陵。尝夜坐禅，忽有群贼排门直进，炬火乱举，白刃交临，合坐端然，相同仪象，贼乃投仗于地，拜伏归依。高祖建义太原，率侣晋阳，住凝定寺。禅学数百，清肃成规。道俗钦承，贵贱恭仰。义宁二年，超率弟子二十余人奉庆京邑，武皇夙承嘉望，待之若仙。引登太极，叙之殊礼。左仆射魏国公裴寂第中别院，置僧住所，邀延一众用以居焉。后住蓝田山化感寺，摄缘聚结，其赴如云。武德五年，入于介山，创聚禅侣，岩名抱腹，自强诲人，无倦请益	《续高僧传》卷20

续表

序号	姓名	籍贯	生卒年	主要活动	文献来源
				又于汾州介休县治立光严寺，殿宇房廊躬亲缔构，赫然宏壮，有类神宫。贞观十五年三月十一日卒于城寺，春秋七十有一。自隋唐两代，亲度出家者近一千人	
6	道亮	栾城人	568—645年	十五厌于世网，投州界莎坦禅坊备禅师出家焉。亮奉敬谘展，望预听徒，乃令往飞龙山诵经为业。闻并部瓒禅师结徒开化，盛宣佛法，行达箕山，便进具戒。渐次太原，归依慧瓒。念定为务，旁慕律宗。有严律师者，德范可归，便从受业。因居无量寿寺焉，即严之所住也。自尔专攻《四分》，无忘日夕。又从严往石州，听《地持论》，经停既久，文旨大通，覆述前解，增其名实。有员秀才者，居幽综习儒教有功，从亮学于《起信》，遂为披折，开发慧悟，抱信不移。承龛律师引徒盛讲据业吕州。又往从焉听温本习。并部法兴出自此矣，至今贞观十九年。春秋七十有七	《续高僧传》卷22
7	道胄	始平人	575—659年	祖任上党太守，遂居长子。二十岁时前往并州，请印法师为和尚。广化立放生池，诸州凡造一百余所，后终于显庆年间。	《续高僧传》卷22
8	慧萧	彭城人	568—640年	时龙门沙门明朗，河东持律之最，承萧道声藉甚，慧萧不远从之。朗虽年齿隆萧，而卑身礼事，并深相悦服，道合欣然，淹留岁序，请归河曲。萧亦不滞物我，相与同行住于龙门之定林寺	《续高僧传》卷22

续表

序号	姓名	籍贯	生卒年	主要活动	文献来源
				马头山有僧善禅师，聚徒结业从而习定，时还朗寺弘畅毘尼。有亡命者因事投焉，不忍遣之留匿经久。后以事发，引萧为侣，所在督课，追征赴狱。会朗善俱亡，又兼匿罪，便振锡徂南，路经蒲坂。时沙门道积、神素、道杰等晋川英彦，素与周旋，留连累载。属隋炀坠历，法令滋彰，藏匿严科殊为峻刻，萧以许身为道，随务东西，名贯久除，栖遁幽阻。自中条王屋巨壑深林，无险不登，若游庭户。逮中原版荡，妖气一乱，河东郡丞丁荣敬服德音，招住仁寿，长弘律藏，学者肩随。义宁中，被拥西城，不亏讲业，及后安静，弥崇法会，蒲陕晋绛五众师焉，以贞观十四年终于仁寿	
9	善导	万年人	不详	近有山僧善导者，周游寰寓，求访道津。行至西河遇道绰部，惟行念佛弥陀净业。既入京师，广行此化，写《弥陀经》数万卷	《续高僧传》卷27
10	隐峰	邵武人	不详	俗姓邓氏，稚岁憨狂，不徇父母之命。元和中，游五台山，游遍灵迹。于金刚窟前倒立而死，亭亭然其直如植。时议，灵穴之前，当异就燕，屹定如山，并力不动。远近瞻睹，惊叹希奇。峰有妹为尼，入五台瞋目咄之曰：老兄畴昔为不循法律，死且荧惑于人，时众已知。妹虽骨肉，岂敢携贰，请从恒度。以手轻攓，偾然而仆。遂荼毘之收舍利入塔，号邓隐峰	《宋高僧传》卷21

续表

序号	姓名	籍贯	生卒年	主要活动	文献来源
11	道义	衢州人	不详	开元中，至台山于清凉寺粥院居止。典座普请运柴，负重登高，颇有难色。义将竹鞋一緉，转贸人荷担，因披三事纳衣。东北而行可五里，来于楞伽山下，逢一老僧。相随入寺，遍礼诸院，见大阁三层，上下九间，总如金色，闪烁其目。老僧令遣义早还所止，山寒难住。唯诺，辞出寺。行及百步，回顾唯是山林，乃知化寺也。却回长安，大历元载，具此事由奏宝应元圣文武皇帝，蒙敕置金阁寺，宣十节度助缘	《宋高僧传》卷21
12	常遇	苑阳人	816—888年	俗姓阴，出家于燕北安集寺。大中四年，杖锡离燕，孤征朔雪，祁亘千里，径涉五峰。诣华严寺菩萨堂，瞩文殊睟容。施右手中指，沃以香膏，爇以星焰。光腾半日，怡颜宛然。次遍游圣境，终始两期。其所睹祥瑞，不可胜纪。后至西台遇古圣迹，曰秘魔岩，乃文殊降龙之处也。始结茅兹地，涤虑澄神。乃创兴佛庙僧宇，十有七年不下山顶。日以九会杂华五部等法，玩味精课，不遗寸阴。文德元年七月十八日召蝉蜕，俗岁七十二，僧夏五十一	《宋高僧传》卷21
13	神英	沧州人	不详	宿缘悟道，丱岁从师。以开元四年六月中旬，到五台山瞻礼。一日食毕游于西林，忽见一院题曰法华。英遂入中，见多宝塔一座，后面有护国仁王楼等等，而多诡异。乃发愿曰：我依化院，建置一所住持。日居月诸，信施如林，归依者众	《宋高僧传》卷21

续表

序号	姓名	籍贯	生卒年	主要活动	文献来源
				此院前后工毕，因号法华耳。春秋七十五而卒	
14	志玄	河朔人	不详	攻五天禁咒，身衣枲麻布尔。行历州邑，不居城市寺宇，唯宿郊野林薄。玄有意寻访名迹，至绛州，夜泊墓林中。其夜月色如昼，见一狐从林下将髑髅置之于首，摇之落者不顾，不落者戴之。更取芳草，随叶遮蔽其身，逡巡成一娇娆女子。少选，乘马郎遇之，欲搭救女子。玄从墓林出曰：君子此女子非人也，狐化也。玄乃振锡诵胡语数声，其女子还为狐走，而髑髅草蔽其身，乘马郎叩头悔过。玄凡救物行慈，皆此类也	《宋高僧传》卷24
15	法兴	洛京人	？—828年	七岁出家，不参流俗，执巾提盥，罔惮勤苦，讽念《法华》，年周部帙。又诵《净名经》，匪逾九旬。戒律轨仪，有持无犯。来寻圣迹，乐止林泉，隶名佛光寺，即修功德，建三层七间弥勒大阁，高九十五尺，尊像七十二位，圣贤八大龙王，罄从严饰。台山海众异舌同辞，请充山门都焉，盖从其统摄，规范准绳，和畅无争故也。大和二年春正月入灭	《宋高僧传》卷27
16	智頵	中山人	不详	自幼辞亲，来五台山善住阁院，礼贤林为师，诵经合格得度。于世资财少欲知足，粝食充腹，粗衣御寒，余有寸帛未尝不济诸贫病也。游方参玩，预诸讲席，传《法华》、《维摩》二部，穷源尽理	《宋高僧传》卷27

续表

序号	姓名	籍贯	生卒年	主要活动	文献来源
				元和中，众辟为五台山都检校守僧长。后遇岁当饥馑，寺宇萧条。众请为华严寺都供养主，时德不孤有，法照、无著、澄观之出世也，当观师制《华严经疏》，海众云集。请顗为讲主，日供千僧，十有余祀，食无告乏，皆云有无尽藏之米面也，岁久颇见丰盈。及锺武宗澄汰，顗遁乎山谷，不舍文殊之化境。未逾岁载，宣宗即位，敕五台诸寺度僧五十人，宣供衣峨。山门再辟，顗为十寺僧长，兼山门都修造供养主。大中七年，与寰海游台，四众建无遮精妙供养。春秋七十七，夏腊五十八云	
17	代病	天台人	？—803年	姓陈氏，以其尝发大愿，尽一报代众生之病，致本名不显矣。于国清寺出家，初止今东京，次于河阳。为民救旱，按经缋八龙王，立道场启祝毕，投诸河，举众咸睹画像沈跃不定，斯须云起肤寸，雷雨大作，千里告足，自此归心者众。大历元年，登太行游霍山，乃深入幽邃，结茅而居。有盗其盂食，俄见二虎据路，会逢代病，盗叩头陈悔，慰谕毕，因摩挲虎头，如是累伏猛兽。其盗本樵子，愿依附为苦行焉。其中山神庙，晋绛之间传其盼蠁，代病入庙劝其受归戒，绝烹燀牲牢，其神石像屡屡随劝领首。顾其神妇，略无俞答之状，遂剗神之发，毁撤神妇。乡人怪之，闻白州邑	《宋高僧传》卷26

续表

序号	姓名	籍贯	生卒年	主要活动	文献来源
				太守怒之曰：此唐高祖初起至此，久困阴雨，其神见形，示路以迎义师。厥后耆石为像，荐飨无亏。此之髡师，无状敢尔。俾系闭于嘉泉寺，扃键且严。至二十日启关，寂然禅定，倾城咸往观礼，或声磬舒徐而起。太守急召之不来，以至约令断头。代病斩一指以付使者，太守感之，躬就迎请，移置大梵寺。别营砖浮图，以藏其指节矣，由是檀信，骈肩蹑踵。汾隰西河人有疾，止给与净水饮之必瘳。凡属荐饥，必募粮设食。后于赵州救斯荒歉，作施食道场前后八会。贞元十九年秋七月八日跏趺示灭	
18	存寿	不详	不详	姓梅氏，初讲经论，后入石霜之室，随缘诱化，抵于蒲坂。缁素归心，僧问：莲华未出水时如何？师曰：汝莫问出水后莲华事幺。僧无语。师平居罕言，叩之则应。度弟子四百人，尼众百数。终寿九十有三，谥真寂大师	《景德传灯录》卷16
19	道县	不详	不详	蒲州仁寿寺僧，少聪慧好学，为州里所崇敬。讲《涅槃》八十余遍，号为精熟。贞观二年（628年），崔义直任虞卿县令，请县讲经	《冥报记》卷1
20	无染	不详	不详	受业中条山。讲《四分律》、《涅槃经》、《因明》《百法论》，诵《华严经》。唐贞元七年（791年），至五台山，止善住阁院	《广清凉传》卷2
21	福运	不详	不详	总因寺僧，患重疾，长年不瘥，因入清凉，忘躯行道。一日，金刚窟前	《清凉山志》卷3

续表

序号	姓名	籍贯	生卒年	主要活动	文献来源
				礼忏，至困而寐，见人以水沃之，遂通宿命，知往世为法师，贪他供养，不净说法，堕牛犬中。既见是已，剧增悲痛，乃服香百日，愿焚身供养，以忏宿业，积薪如山，跏趺其上，火焰既发，观者千万，悲声震山	
22	木叉和尚	不详	不详	受法印于马祖，居五台山秘魔岩，常持一木叉，因以为号，师以大法为务，与世漠然，后终于岩下	《清凉山志》卷3
23	金光照	渑池人	不详	姓崔，年十三，依宝云、灵粲师披剃。闻清凉胜境，忻然而归。入姑射山事超禅师，接以微言，豁然启悟。大历二年，方达五台，宿菩萨顶，亦驻锡定襄县元果寺。据称受化佛摩顶，故名"金光照"，寿七十二而终	《清凉山志》卷3
24	泛舟禅师	不详	939—742年	叔祖唐玄宗，祖邠王，贵可知也。峰标旷野，琵琶寺内，时比道安；芙蓉漏前，人矜惠要，旁通儒典。借□□□妙入，□乘登临或远。毛璩重翼，岂但设中；孙绰比咸，何惭致礼。河东朔方节度使，汾□□□福□□居宝泉精舍，随机启诱，应物调柔。贞元五年，陈许节度使曲公富贵还乡，霜露逾感，输金买地，营寺酬恩。陟圮之名，实邀僧惠；闲心之号，由起兴宗。师以密德妙方，声臻意集，□迎流□，青告埋钟，迅若化成，俨如兜率。逮九年献岁，方显前知，居平晏若，	《山右石刻丛编》卷8

续表

序号	姓名	籍贯	生卒年	主要活动	文献来源
				旬有六日，过中犹坐，咸谓禅安。僧腊三十四	
25	金舌和尚	赵人	不详	法名智兴，修道中条山，睿宗三招不至，乃截其舌以进，睿宗命焚之，化为金舌，夜哦经如故，遂以金舌名之	成化《山西通志》卷10

二 山西籍僧人的活动

山西籍僧人指的是那些长期居住山西地区的僧人，可能是本地居民于本地出家，也可能在山西居住时间较长，与山西关系相当密切，故史料不言其外地身份的僧人。还有的僧人，为山西籍贯，早年曾活动于山西，但亦在外地建立功业。

表5—4　　　　　　　　山西籍僧人活动简表

序号	僧人	籍贯	生卒年	生平行事	出处
1	惠仙	永济人	581—655年	姓赵，河东蒲坂人。既出家后，随方问津，虽多涉猎，然以《华严》《涅槃》二部，为始卒之极教也。寺有大像，制过十丈，年载既久，埃尘是生，栋宇颓落，珠玑披散。遂控告士俗，更缔构之，虽淹星律，大造云就。即永徽六年十一月十七日圆寂，年七十五	《续高僧传》卷11
2	道逊道谦	永济人	556—630年	姓张氏。大通群籍，偏以《涅槃》《摄论》为栖神之宅也。与弟道谦发蒙相化，俱趣昙延法师。三晋英髦，望风腾集。晚住蒲州仁寿寺，聚徒御化，树业当衢。自蕃王府宰台省群僚，并纡驾造	《续高僧传》卷14

续表

序号	僧人	籍贯	生卒年	生平行事	出处
				展，谘谒余训。逊奉禁守节，不妄亏盈，频致祥感，时所重敬。大业末岁，妖气云奔。因事返京，夜停关首盗贼欲抢劫，为神所护云云。又以仁让之性出自天心，预见危苦，哀怜拯济无择怨憎。唐初，廓定未拔蒲州，逊与寺僧被拥城内，时有一僧恒欲危害，非类加谤乃形言色，逊虽闻此，曾不辍虑。既规不遂，乃欲翻城。事发将戮，逊涕泣救之。逮贞观中年冬，有请讲《涅槃》，经才三宿，卒于山所。春秋七十有五，即其年十二月二十五日也	
3	志宽	永济人	566—643 年	姓姚氏，蒲州河东人也。父任隋青州刺史。宽自幼及长清约知名，历听诸经，以《涅槃》《地论》为心要也。性好瞻病，无惮远近。开务诱引，弘济为业。道俗胥悦，庆其幸遇。会枭感作逆，斋事拘缠，宽便下狱待罪。有来饷遗，一不自资。通给囚僧，欢笑如昔。后并配徒隶役于天路，常令负土使装满笼。尽力辇送，初不懈息。又配流西蜀，行达陕州，有送财帛祖钱之者，并即散而不遗，唯留一驴，负经而已。路次潼关，看见流僧宝暹足破泣哀，即舍驴与乘，自担经论。既达蜀境，立斋行道，销散虎灾，时人感之奉为神圣。时逢俭岁，躬煮糜粥亲惠饥馁。贞观之初还反蒲壤，缁素庆幸，欢咏如云	《续高僧传》卷15

续表

序号	僧人	籍贯	生卒年	生平行事	出处
				时州部遇旱诸祈不遂，宽为置坛场。以身自誓，曝形两日，三日已后合境滂流。民赖来苏，有年斯在，昔在蜀土，亦以此致誉。故使遍洽，时谥号为一代佛日。宽贞观十七年夏五月十六日卒于仁寿寺，春秋七十有八	
4	智满	太原人	546—624年	姓贾氏，太原人。七岁出家，随师请业。年登冠肇，进受具戒，又听《涅槃》等经。后往上党石墨山，聚徒行道。隋初创弘大法。闻风造者，负笈奔注。徙居黎城之东山南流泉精舍，息心之士又结如林。又往雁门川，依瓒禅师。又西入岚州土安山内。大唐建义，四众归奔。乃率侣入城，就人弘道。初住晋阳真智寺，以化声广被，归宗如市。武皇别敕，引劳令止许公宅中，供事所须，并出义府。武德元年。乃诏满所住宅为义兴寺，四事供养，一出国家。至三年，征之入京。又以北蕃南侵，百姓情骇。都督弘农公刘让启留满住，用镇众心。有敕特听，同安朝寄。武德五年，獯犹孔炽，戎车载饰，以马邑沙门雄情果敢，烽耀屡举，罔弗因之。太原地接武乡，兵戎是习，乃敕选二千余僧，充兵两府。满师一寺，行业清隆，可非简例。由是重流景行，光问遐迩。贞观二年六月九日，溘然而卒，春秋七十有八也。旋殡于龙山童子谷中，立塔碑德	《续高僧传》卷19

续表

序号	僧人	籍贯	生卒年	生平行事	出处
5	慧思	介休人	587—642年	姓郭氏，少学儒史，宗尚虚玄，文章书隶，有声乡曲。年二十五，在并传授。会沙门道晖讲扬《摄大乘论》，试往潜听，因求度脱。传闻出家德业，匆高禅定，即而习焉。三十许载，师承靡绝。又闻念慧相须，譬诸轮翅。遂周寻圣教，备尝弘旨。冬夏业定，春秋博采。单衣节食，见者发心。道志之伦往往屯赴。因而结众于箕山之阴，昼则敛容默念，中夜昏塞为众说法，六时笃课，不坠清猷。贞观十六年五月卒，春秋五十有五	《续高僧传》卷20
6	慧进	长治人	559—645年	姓鲍氏，潞州上党人。年十三出家，始居郡之梵境寺。受具后，即趋邺都听采。然以律假缘求非文不合，因复闭关自读八十遍。往相州洪律师处听经八年，遍游东川北部，周揽五台、泰岳、常山、雁门之胜。善《四分律》，罕俦其匹。贞观十九年正月十五日，卒于山寺，寿八十六	《续高僧传》卷22
7	法通	石楼人	不详	龙泉石楼人，初在隰乡，未染正法，众僧行往不达村间，如有造者，以灰洒面。开皇末年，求通化寺明法师出家。于即游化稽湖，南自龙门北至胜部，岚石汾隰无不从化。多置邑义，月别建斋。但有沙门，皆延村邑。或有住宿，明旦解斋。家别一盘，以为通供，此仪不绝，至今流行	《续高僧传》卷24

续表

序号	僧人	籍贯	生卒年	生平行事	出处
				河右诸州，闻风服义。有僧投造，直诣堂中，承接颜色，譬若亲识。故通之率导，其德难伦。曾行本邑，县令禁守，不许游从。通即绝粒，竭诚逸狱行道，其夜听事，野狐鸣叫，怪相既集，通夕不安。宫庶以下，莫不震惧。曾投人宿，犬咋其胫，寻被霹死，风声逾显。后卒于龙泉，余以贞观初年。承其素迹，遂往寻之。息名僧纲，住隰州寺。亲说往行，高闻可观。欣其余论，试后披叙	
8	僧明	不详	不详	在五台婆婆古寺，所营屋宇二十余间，守一切经，禅诵为业，以贞观十六年卒，八十一矣	《续高僧传》卷25
9	道方	太原人	不详	出沙碛，到泥波罗，至大觉寺住，得为主人，经数年。后还向泥波罗，于今现在，既亏戒检，不习经书，年将老矣	《大唐西域求法高僧传》卷上
10	道生	太原人	不详	梵名栴达罗提婆（唐云月天），以贞观末年从吐蕃路，往游中国。到菩提寺礼制底讫，在那烂陀学为童子。王深所礼遇，复向此寺东行十二驿，有王寺，全是小乘。于其寺内停住多载，学小乘三藏，精顺正理，多赍经像，言归本国。行至泥波罗，遘疾而卒，可在知命之年矣	《大唐西域求法高僧传》卷上

续表

序号	僧人	籍贯	生卒年	生平行事	出处
11	常慜	太原人	不详	自落发投簪，披缁释素。精勤匪懈，念诵无歇。常发大誓，愿生极乐。所作净业，称念佛名。后游京洛，遂愿写《般若经》满于万卷。冀得远诣西方，礼如来所行圣迹，以此胜福回向愿生。遂诣阙上书，请于诸州，教化抄写《般若》。乃蒙授墨敕，南游江表，敬写般若。要心既满，遂至海滨，附舶南征往诃陵国。从此附舶，往末罗瑜国。复从此国欲诣中天，然所附商舶载物既重，起忽沧波，不经半日，遂便沈没。当没之时，商人争上小舶，互相战斗。其舶主既有信心，高声唱言，师来上舶。常慜曰：可载余人，我不去也。所以然者，若轻生为物，顺菩提心，亡己济人斯大士行。于是合掌西方，称弥陀佛，念念之顷，舶沈身没，声尽而终。春秋五十余矣。有弟子一人，不知何许人也。号咷悲泣，亦念西方与之俱没，其得济之人具陈斯事耳	《大唐西域求法高僧传》卷上
12	昭隐	忻州人	不详	俗姓张，住五台县昭果寺。止木瓜寺二十年，佛光寺七年，大孚寺九年，感见之迹，殆无详者。至龙朔年中，会臙登台之日，隐时气力已谢，犹杖策，引至大孚，感灭火之祥。年七十余，端然跏坐，卒于昭果寺	《古清凉传》卷中

续表

序号	僧人	籍贯	生卒年	生平行事	出处
13	智因	宁武人	不详	姓贾氏，雁门楼烦人，远公五代苗族也。至年十岁出家，精通《法华》奥义。讲经一百五十遍。乌鸽入肆听讲，猪鹿在边而不去。驰望讲肆者，如市矣！	《法华传记》卷3
14	解脱	五台县人	不详	俗姓邢，代郡五台县人也。七岁出家，志业弘远。初从介山之右抱腹岩慧超禅师，询求定舍。年十八乃博访群宗，具戒之后，复精练毘尼。俄反故居，于五台西南之足佛光山，立佛光精舍。脱常诵《法华》，又每读《华严》，晓夜无辍。后依《华严》，作佛光观。屡往中台东南华园北古大孚寺，求文殊师利，再三得见。远近辐凑，请益如流。足不出寺，垂五十年。学成禅业者，将余八百。贞观十六年，年八十一坐化。尝谓亲里曰：我没后，当有大人显我名也，清凉之号于兹复兴	《华严经传记》卷4
15	义忠	襄垣人	不详	姓尹氏，年始九岁，宿殖之性，志愿出家，得淄州沼阇梨为师。十三岁，相次诵彻四十卷《大涅槃经》。二十登戒，学《四分律》，义理淹通，旁习《十二门论》。闻长安基师新造疏章，门生填委，声振天下，乃师资相将，同就基之讲肆。未极五年，又通二经五论，则《法华》《无垢称》及《百法》《因明》《俱舍》《成唯识》《唯识道》等也。著《成唯识论纂要》《成唯识论钞》三十	《宋高僧传》卷4

续表

序号	僧人	籍贯	生卒年	生平行事	出处
				卷、《法华经钞》二十卷、《无垢称经钞》二十卷、《百法论疏》。四方美誉，千里归心者不可胜算矣，传持靡怠。仅五十余年，计讲诸教七十许遍	
16	宗哲	平遥人	不详	太原崇福寺僧。稚岁而有奇相，聪颖天资，既寻师范，砥节饰躬。属玄奘三藏新翻诸经论，哲就其门，请益无替。凡几周星，备穷诸典，若指于掌。于奘门下号为得意，哲犹隋慧布之题目焉。后因讲唱，厥义日新，时谓之为法江。哲曰：为吾谢此品藻焉！殊不知法海在乎太原矣！所指者盖浮丘为沧溟也。哲悯学者不达其意，而师辞哉。乃著《义例》，寰海之内莫不企羡	《宋高僧传》卷4
17	浮丘	太原人	不详	姓张氏，太原人也。挺然奇表，慧悟绝伦。于《瑜伽论》差成精博，旁综群书，言分雅俗。四方学者，争造其门，然讷于宣剖，敏于通解，深藏若虚，庸庸品类，多所不知。于时，哲公露其头角，博闻强识之者惧其抵触，岂况请余乎？哲惟神伏丘之义学，故谓为法海焉。享年七十余。终于太原崇福寺	《宋高僧传》卷4
18	德感	太原人	不详	姓侯氏，太原人。仪容瓌丽，学业精赡，众典服勤，于《瑜伽论》特振声彩。天皇大帝征为翻经大德，又与胜庄大仪等同参净译场。帝为赞曰：河汾之宝，山岳之英。早祛俗累，凤解尘缨	《宋高僧传》卷4

续表

序号	僧人	籍贯	生卒年	生平行事	出处
				缁门仰德,绀宇驰声。式亚龙树,爱齐马鸣。为时君之所贵,为若此也。御制风行,缁伍荣之。后充河南佛授记寺都维那,晚升寺任,中外肃然。终年六十余,著《义门》行于世	
19	道超	不详	717—788年	学尽法源,行契心本,故久在清凉,属兴净业。于五台山建窣堵波,稽首不空三藏,誓传文殊法门。长安兴善寺潜真令其作《文殊师利菩萨佛刹庄严经疏》三卷,又述《菩提心义》《发菩提心戒》各一卷,《三聚净戒》及《十善法戒》共一卷,兼禀承不空秘教,入曼拏罗,登灌顶坛,受成佛印,显密二教皆闻博赡。关内、河东,代历四朝,阐扬妙旨,弟子繁多,加复纲纪,兴善,保寿二处伽蓝。贞元四年戊辰五月十四日终于兴善寺本院,春秋七十一,僧夏四十九云	《宋高僧传》卷5
20	玄约	新绛人	不详	姓张氏,正平人也。既谐夙志,入绛州龙兴伽蓝。落发之后,满足律仪。检察己心,循其戒范。数稔之间,律论俱赡。遍求知识,探赜玄文。庚止长安崇圣寺,以戒德之选,而预临坛讲律,并俱舍共四十余遍。著《俱舍论金华钞》二十卷,为时所贵。而二讲登席可三百余人,皆北面受业焉。传裹门生一百许辈,汾沁之间奔走学者追乎老矣。终绛州龙兴寺木塔院小房,俗寿七十六	《宋高僧传》卷7

续表

序号	僧人	籍贯	生卒年	生平行事	出处
21	义福	沁县人	？—732年	姓姜氏，潞州铜鞮人也。幼慕空门，黍累世务。初止蓝田化感寺，处方丈之室。凡二十余年，未尝出房宇之外，后隶京师慈恩寺。道望高峙，倾动物心。开元十一年，从驾往东都，经蒲虢二州，刺史及官吏士女皆赍旛花，迎之所在，途路充塞，拜礼纷纷，瞻望无厌。以二十年卒，有制谥号曰大智禅师。葬于伊阙之北，送葬者数万人，中书侍郎严挺之躬行丧服，若弟子焉，又撰碑文	《宋高僧传》卷9
22	牛云	雁门人	672—735年	俗姓赵，雁门人也。年甫十二，二亲送往五台华严寺善住阁院，出家礼净觉为师。每令负薪汲水，时众轻其朴钝，多以谑浪归之。年满受具，益难诵习。及年三十有六，跣足登台求文殊现形，乞聪明果报。时冒寒雪，情无退屈。至东台顶见一老人然火而坐。至北台，又见老人先到。云乃鸣足礼拜。老人入定观云前身为牛，因载藏经得为僧，而闇钝耳。老人以镢斸云心头淤肉，云心乃豁然。云后下山四支无损，凡曰经典，目所一览，辄诵于口。于开元二十三年无疾而终，俗龄六十三	《宋高僧传》卷21
23	僧藏	汾阳人	不详	弱龄拔俗，气茂神清，见仁祠必礼之。至于炎暑乃脱衣入草莽间，从蚊蚋虻蛭唼啮蚕芥，血流忍而汗浃，而恒念弥陀佛号。合掌念佛，安然而终矣	《宋高僧传》卷23

续表

序号	僧人	籍贯	生卒年	生平行事	出处
24	慧警	祁县人	不详	姓张氏，祁人也。少而聪悟，襁褓能言。二亲鞠爱，邻党号为奇童。属新译《大云经》，经中有悬记女主之文。天后感斯圣荫，酷重此经。警方三岁，有教其诵通，其含嚼纡欝，调致天然也。遂彻九重，乃诏讽之。帝大悦，抚其顶，敕授紫袈裟一副。后因出家，气貌刚介，学处坚固。充本寺上座，拯顿颓纲，人皆畏惮。或于街陌见二众失仪，片招讥丑，必议惩诫，断无宽理。后修禅法，虚室生白。终时已八十余龄矣。太原崇福寺九子母院有遗影并赐紫衣存焉	《宋高僧传》卷24
25	崇政	太原人	不详	姓侯氏，幼龄敏达，固愿出家，诵经通一千余纸。耆宿叹赏，谓之为经藏焉。神气沈约，仪容整丽。秀眉广目，挺志高奇，虽通群籍，所精者《俱舍论》。代宗皇帝下诏，征为章信寺大德。称疾不赴，终于崇福寺，春秋五十八	《宋高僧传》卷24
26	思睿	太原人	不详	姓王氏，夙通禅理，复贯律宗，慈悲仁让，忤无愠容。睿素婴羸瘵，乃立志法筵。因诵《十轮经》，日彻数纸，翌日倍之，后又倍之，自尔智刃不可当矣。开元中，杖锡嵩少问道。五载而还，跌坐居定，日不解膝。春秋六十六，卒于崇福寺	《宋高僧传》卷24
27	业方	不详	不详	即解脱禅师之法孙也。礼诵无倦绍脱高躅，动合无形不舍利物，而再修梵宫	《宋高僧传》卷26

续表

序号	僧人	籍贯	生卒年	生平行事	出处
				时太原府有士女造立文殊像一躯，将送入山。后终建塔在寺西北一里，肉身见存而多神异焉	
28	文璨	太原人	不详	姓张氏，幼事师于并州崇福寺。学该群籍，控带三乘，至若金版银绳之篆，龙韬象秘之文，罔不耰耘情田，波涛口海。宣畅皇化，对扬天休，一皆悦服。诏为翻译，并河南佛授记寺兼京兆安国、荷恩、崇福等寺大德。好修福事，设无遮一百会，凡圣混淆一皆等施。春秋六十余，卒于本院	《宋高僧传》卷26
29	怀玉	并州人	不详	姓许，并州人也。少而警利，日览千言，早露锋芒迥拔侪类。及其长也，戒节踰峻，梵场龟鉴，志在修葺，无间彼此。夏墟寺宇，经有阙而必补，像有凋而遍修。三任纪纲，特有崇建。仍校雠《大藏经》二十余本，祁寒盛暑，不废晨暮。增饰净土院，兴事任力，转加殊丽。代宗嘉之，委为灌顶道场主，真言秘诀有所在矣。春秋六十三，卒于太原崇福寺	《宋高僧传》卷26
30	愿诚	西河人	不详	姓宋氏，望本西河，家袭素风。诚少慕空门，虽为官学生，已有息尘之志。追栖金地，礼行严为师。大和三年落发，五年具戒。先诵诸经，悉皆精练，行人属耳，道望日隆。无何，会昌中随例停留，唯诚志不动摇。及大中，再崇释氏，选定僧员，诚独为首矣。遂乃重寻佛光寺，已从荒顿，发心次第新成	《宋高僧传》卷27

续表

序号	僧人	籍贯	生卒年	生平行事	出处
				美声洋洋,闻于帝听,飙驰圣旨,云降紫衣。后李氏奄有并门,寖奉文殊,躬游圣地。睹其令范,抚手惬怀,表闻唐天子,相继乃赐大师号圆相也。就加山门都检校,光启三载,羞馈命僧舍衣投施,钟声引众,悉至斋堂。右胁曲肱,寂然长往。建塔树碑,寺之西北一里也	
31	福运	不详	不详	清苦节行僧也。慈悲济物,每慨虚生。唐开元二十一年二月十五日,径入南山,岁谷大石寺。北有一盘石,跏坐于上,执刀自割,分其身肉为三十段,投置石上,施诸飞走众生一餐之食,言讫而卒	《广清凉传》卷中
32	昙璪	襄陵人	不详	姓王氏,父成,母皇甫氏。无子,祷于佛寺而生,长随凤翔妙觉禅师。天宝元年,至襄陵崇山,二兔引径入,遂于山巅起浮图,戒行精严,龙神听讲,旱祷立应。广德二年,晋绛太守张光俊、杨子宏表闻代宗,赐寺额普救,号慈济大师	雍正《山西通志》卷159
33	普寂	永济人	651—740年	俗姓冯氏,时遍寻高僧学经律,时神秀在荆州玉泉寺,寂乃往师事凡六年。神秀奇之,尽以其道授焉。久视中,武后召神秀至东都,荐为僧,中宗闻秀年高,敕令普寂代神秀统其法众。开元二十三年,敕居于都城,王公士庶竞来礼谒,开元二十七年终于兴唐寺,年八十九	雍正《山西通志》卷159

续表

序号	僧人	籍贯	生卒年	生平行事	出处
34	诚慧	灵丘人	不详	从五台真容院法顺和尚披剃，尝诵《华严》于李牛谷。同光元年，庄宗制书并紫衣，赐之，固辞不受。逝寿八十，谥曰法雨大师，塔号慈云	雍正《山西通志》卷159
35	思道	新绛人	？—584年	俗姓师，绛州人。七岁出家，十八剃发。次就有德，转相师师。禅行法门，戒律经论，耳目闻见，纪之心胸。缁锡来求，簪裾钦仰。听习者鹤林若市，顶谒者鹿苑如云。至德二载春秋八十，其年十二月示寂	《山右石刻丛编》卷7

唐代山西佛教迅速发展，佛教僧人有较大规模的增加。这些僧人多精于经典，倾心义学，游历朝圣，潜心佛法，甚至远赴印度等地巡礼。在山西各地建立庙宇，教化传法，在民间救死扶伤，济贫拔苦，赢得了社会的认可。其活动主要有：

（一）研讲注疏，探究新知

唐代印度僧人大量来华，中国僧人西行求法，东来西去，中印之间交往频繁。大量的佛教经典和新的佛教思想随着僧人们的东来西去在中华大地传播。中国僧众求知若渴，对印度佛教经典一方面翻译，另一方面加以注疏，阐发新知，融会贯通。唐代僧人研习的佛教经典主要有《大般涅槃经》《四分律》《法华经》《摄大乘论》《俱舍论》《瑜伽师地论》《大乘百法名门论》《成唯识论》《因明入正理论》以及《华严经》《无垢称经》《十轮经》《大云经》等。如解脱禅师"常诵《法华》，日读《华严》，并作佛光等观"①。明曜常与解脱禅师一起修习佛光观、瞻礼圣迹和营建佛光精舍，"常读《法华》，修习一行三昧；披阅《华严》，手

---

① （唐）法藏：《华严经传记》卷4，《大正藏》第51册，第169页。

不释卷"①。神素"专讲《毘昙》四十余遍，续讲《成实》将二十遍，自余小部不足述之，其为讲也片言契理，少语释多，学者玄悟，听览不倦"②。蒲州仁寿寺僧僧善"居住马头山中，大行禅道，蒲虞晋绛，荷幞相谊，众聚繁多，遂分为四部"③。普明"年二十四，讲《涅槃》，三十解《摄论》"④。明度"经论步学三业恪勤，诵《金刚般若》，资为净分，慈济为心，住于并州石壁寺"⑤。蒲州仁寿寺僧道逊专精《涅槃》《摄论》；太原崇福寺僧宗哲精通《瑜伽师地论》被誉为"法江"，而崇福寺浮丘水平更高，被誉为"法海"；思睿善诵《十轮经》；慧警三岁诵《大云经》，等等。

唐代，随着佛典的日益完善，僧人对佛经的注疏也随之增加。如义忠"二十登戒学四分律义理淹通，旁习《十二门论》。闻长安基师新造《疏章》，门生填委，声振天下，乃师资相将，同就基之讲肆。未极五年，又通二经五论，则《法华》《无垢称》及《百法》《因明》《俱舍》《成唯识》《唯识道》等也。著《成唯识论纂要》《成唯识论钞》三十卷、《法华经钞》二十卷、《无垢称经钞》二十卷、《百法论疏》"⑥。又如，释道超"述《菩提心义》《发菩提心戒》各一卷，《三聚净戒及十善法戒》共一卷，兼禀承不空秘教，入曼拏罗，登灌顶坛，受成佛印，显密二教皆闻博赡"⑦。再如释玄约"数稔之间，律论俱赡，遍求知识，探赜玄文，戾止长安崇圣寺。以戒德之选，而预临坛讲，律并俱舍共四十余遍，渊静其性，研核靡亏。著《俱舍论》《金华钞》二十卷"⑧。这些注疏有利于人们对佛经的理解，方便自身修行，对于推动佛教向民间发展，以及对丰富中国文化的内涵和思想都具有深远意义。

《大般涅磐经》《四分律》《法华经》等经典属于南北朝以来传统流

---

① （唐）法藏：《华严经传记》卷4，《大正藏》第51册，第169页。
② （唐）道宣：《续高僧传》卷13，《大正藏》第50册，第530页。
③ （唐）道宣：《续高僧传》卷17，《大正藏》第50册，第569页。
④ （唐）道宣：《续高僧传》卷20，《大正藏》第50册，第598页。
⑤ （宋）赞宁：《宋高僧传》卷25，《大正藏》第50册，第866页。
⑥ （宋）赞宁：《宋高僧传》卷4，《大正藏》第50册，第729页。
⑦ （宋）赞宁：《宋高僧传》卷4，《大正藏》第50册，第736页。
⑧ （宋）赞宁：《宋高僧传》卷7，《大正藏》第50册，第746页。

行经典的延续，而《摄大乘论》《俱舍论》等经论都是玄奘回国以后的新译，研习者最多、最为流行，也说明中国人具有追求新知、开拓新学的创新精神。如并州人道方、道生等僧人不畏艰险，远赴印度等地求法，体现了为法忘躯、探索求新的精神。《华严经》在武则天时期被重新翻译，推崇备至，也引起人们的极大兴趣，研习成风。《大云经》则因为武则天的政治需要，应运而生，通过国家政治力量推广而风靡天下。太原府崇福寺怀玉，"经有阙而必补，像有凋而遍修。三任纪纲，特有崇建。仍校雠《大藏经》二十余本，祁寒盛暑，不废晨暮"[①]。山西北部五台山聚集众多高僧以传扬《华严经》为主，太原崇善寺以研习律典和唯识为主，交城玄中寺以阐扬净土经典为主，而晋城青莲寺则有传扬《涅槃经》的传统。

由此可见，佛教僧人对经典非常重视，一方面研习经典，另一方面也特别珍视典籍，并不断补修校雠，在佛教界形成了崇尚义理，崇尚学问，崇尚思辨，探索新知的社会风气，也促使义学僧众更加急切地追求新知，为中国佛教注入新风。

（二）修建寺庙，授徒传法

佛教僧人的最主要活动就是建立佛教道场，授徒传法，这也是衡量僧人对佛教发展贡献的重要标准。唐代佛教政策宽松，僧众建寺授徒，不断扩大佛教规模。

僧明在五台山娑婆古寺，"所营屋宇二十余间。守一切经。禅诵为业"[②]。法兴于五台山佛光寺"修功德，建三层七间弥勒大阁，高九十五尺，尊像七十二位，圣贤八大龙王，馨从严饰"[③]。佛光寺大阁和塑像应是在唐武宗灭佛时被毁，之后愿诚再次修复佛光寺。愿诚于大和三年（829年）落发，五年具戒。会昌灭佛时，矢志不改。"及大中再崇释氏，选定僧员，诚独为首矣。遂乃重寻佛光寺，已从荒顿，发心次第新成。美声洋洋，闻于帝听，飙驰圣旨，云降紫衣。"[④] 愿诚从废墟之上重修佛

---

① （宋）赞宁：《宋高僧传》卷26，《大正藏》第50册，第877页。
② （唐）道宣：《续高僧传》卷25，《大正藏》第50册，第664页。
③ （宋）赞宁：《宋高僧传》卷27，《大正藏》第50册，第882页。
④ （宋）赞宁：《宋高僧传》卷27，《大正藏》第50册，第883页。

光寺,也得到了皇家的支持。

佛寺修建亦包括建筑内部的陈设装饰,主要是塑像与绘制壁画。山西境内保存的唐代木构建筑如佛光寺东大殿,残存唐代壁画,主要题材是弥陀净土、千佛以及毗沙门天王镇妖图等。南禅寺则保存了唐代文殊骑狮像,都是国之瑰宝,稀世奇珍。历史上于寺庙中塑像与壁画应是常态,如唐代晋城宝林寺在建成后,墙壁被绘画一新,"弟子李宗大为累遭离乱,骨肉团圆,发愿造宝林寺一所,敬画造迦像一铺,又画西方净土一铺,敬画维摩居士功德一铺,又画十王像一铺"①。保存到今天的建筑、塑像、壁画则千不存一。

再如沁水榼山灵泉院洪密"始至清凉,历览至是山,乃创林栖之所。遇太尉李公,驻军高平,首资葺构。远近道俗,莫不归向。今蒲留陇西左揆,尝因题记,亦备赞扬,则密公之道益光矣。凡制经楼,斋堂共一百余间,又示罗汉洁峻之相,以渐化服,而后日集方丈,敷演上乘。自江汉北渡,以至魏晋之交,其俗坚悍难诱,今则悉为佛人矣"②。洪密不仅依靠地方官员的支持,创建寺庙,而且广施教化,使坚悍民风,发生转变。此种说法虽然有溢美之处,但山西自魏晋以来民族融合不断深入,剽悍斗勇的风气逐渐转变为乐善柔顺性格,与佛教在民间持续的以良善造福,恶业造罪,天堂地狱,因果报应之理论进行柔善教化,关系紧密。

僧人日常举行佛事活动,既是其修行法门,又影响社会,具有社会教化的意义,如昙荣"四十务道西游,行至上党、潞城、黎城诸山……每年春夏立方等、般舟,秋冬各兴坐禅念诵。……武德九年(626年)夏,于潞城交漳村立法行道"③。方等法、般舟法、坐禅、念诵皆为佛教僧人修行法门,对社会教化影响较小,其重要意义在于佛教僧人内部修行法门的传承,保证其作为宗教组织的有序传承。如交城石壁寺建大型戒坛,举行法会,发挥重要社会影响,"凡彼列刹,布于列郡,而我三坛角于三都。在西都曰灵感坛,在东都曰会善坛,在北都曰甘露坛。洪惟适道之通轨,归心之真宅。甘露坛在府之交城县石壁寺,清净大比丘慎

---

① (清)胡聘之:《山右石刻丛编》卷9,山西人民出版社1988年版。
② 车国梁:《三晋石刻大全·沁水县卷》,三晋出版社2012年版,第560页。
③ (唐)道宣:《续高僧传》卷20,《大正藏》第50册,第589页。

微稽谋之初,钦若佛旨曰:将渐位地,是系禁戒,惟厥授受,必资坛场。不严重何以肃凡心,不精顾罔克回圣鉴,不宏阐曷足流大化,不砥砺莫有就灵功。且欲以齐二京之宏观,补是邦之阙典,乃锐其戮力,誓之以死,薪于高赀,邸彼崇信。入货者波委,就役者子来。掘及九泉,实以香土,筑之三层,布以贞础。殚山水之胜,极土木之工,功费巨万,瑰奇莫二。自贞元癸酉岁,暨丁丑岁,而能事毕。是岁,有事于灵坛。凡数郡之内,硕学旧德,颛蒙之师大和会;凡千里之外,激节赍志,去家□之徒骏奔走。自四月八日至二十四日而法会罢。……五载而一会,使人跂之也。万众而无择,使人趋之也"①。石壁寺戒坛创始于僧人慎微,后僧人无涯集众人力量,将其扩大增饰,并举行大规模法会,在附近数郡都有影响。又如道胄"年二十往并州……自此广化,立放生池,诸州凡造一百余所"②。文瓒"诏为翻译,并河南佛授记寺兼京兆安国、荷恩、崇福等寺大德,好修福事。设无遮一百会,凡圣混淆,一皆等施。纵风云连起,及至斋日,必晴明晏然,感动人祇,福无唐设"③。僧人志宽祈雨,官民皆参与其中;道胄于各地设立放生池,宣扬护生戒杀、平等仁爱的思想,都非常具有社会影响力和社会教化的意义,是佛教民间化的重要表现。佛教之无遮法会,是由斋主出资布施,佛教僧人举行法会仪式,平等普遍布施僧俗众人的大会,会期长,规模大,非常能体现佛教救济孤贫的悲天悯人思想,在民间极具影响力。

再如五台山解脱禅师非常善于教化门人,"请益如流,谘承教诲,日盈三百。既而大树爰集,有待成劳。乃策兹四众,俱令一食。其房宇褊隘,露坐者多。遂使瓶钵绳床,映满山谷,脱恂恂善诱,随事指撝,务改其所滞,略无常准。故游门之伍,莫或窥其庭隩也。然足不出寺,垂五十年。学成禅业者,将余八百。自外希风景,漱波澜,复过乎数倍矣"④。贤首国师、华严宗三祖法藏评论说:"余每寻传记,多见古人。虽衡岳慧思十信,显其高位。台山智者五品,标其盛烈。至于奖训门人,

---

① (清)胡聘之:《山右石刻丛编》卷8,山西人民出版社1988年版。
② (唐)道宣:《续高僧传》卷22,《大正藏》第50册,第623页。
③ (宋)赞宁:《宋高僧传》卷26,《大正藏》第50册,第877页。
④ (唐)法藏:《华严经传记》卷4,《大正藏》第51册,第169页。

使成其羽翼者，未有如斯之众也。"①

（三）危节苦行，慈济教化

佛教僧人一般严于律己，道德高迈，其行为世范被社会所认可和推崇。如河东人志宽自幼及长清约知名，言行专正，据说他慈惠至极，"性好瞻病，无惮远近。及以道俗，知无人治者。皆舆迎房中，躬运经理，或患腹痛不可脓出者，乃口就吮之，遂至于差，往往非一，其慈惠之怀，信难继也"。志宽不仅为人治病，也仁恕之至，他被诬下狱，发配蜀地，将财物沿途施舍，"唯留一驴负经而已，路次潼关。流僧宝暹者，高解硕德。足破不进，宽见卧于道侧，泣而哀焉。即舍驴与乘，自担经论。徒行至蜀，虽有事劳，而口不告倦。其仁恕之性，登苦知其人矣。既达蜀境大发物情。所在利安咸兴敬悦。……凡所宣化，如风之靡"②。志宽胸襟宽广，先人后己，贵人贱己，乐善好施。

又如并州义兴寺智满"舍俗从道六十余年，洁己清贞，冰霜取喻。弊衣节食，才止饥寒。频经断谷，用约贪染。目不邪视，言不浮华。……室中唯一绳床，盝袋挂于壁上。随道资具，坐外更无。致使见者懔然改容，不觉发敬矣"③。僧人的清苦节行，慈悲济物的精神，令民众肃然起敬，发挥了社会教化的积极作用。

比一般自律清苦更为苛刻的修行方式被视为苦行。如昙韵隐居岩穴，任由蚤虱食啖，"衣服故弊，蚤虱聚结，曾不弃捐。任其食啖，寄以调伏。曾以夏坐，山饶土蚤，既不屏除，毡如血凝。但自咎责，愿以相酬，情无恪结。如此行施，四十余年。岁居耳顺，忽无蚤虱。韵犹深自责曰：计业不应即尽，当履苦趣，受其报耳。又告门人曰：吾见超禅师寄他房住，素有壁虱不啖超公，乃两道流出向余房内"④。昙韵以自己的身体布施蚤虱，屹立独行，但能见其平等仁慈，惠施万物之心。汾州僧藏"于炎暑乃脱衣入草莽间，从蚊蚋虻蛭唼啮蚤芥，血流忍而汗洽，而恒念弥

---

① （唐）法藏：《华严经传记》卷4，《大正藏》第51册，第169页。
② （唐）道宣：《续高僧传》卷15，《大正藏》第50册，第543页。
③ （唐）道宣：《续高僧传》卷19，《大正藏》第50册，第583页。
④ （唐）道宣：《续高僧传》卷20，《大正藏》第50册，第593页。

陀佛号。虽巧历者，不能定算数矣。确志冥心，未尝少缺"①。僧藏也是以身体布施蚊蚋。昙韵、志超、僧藏布施身血，忍辱苦行，磨炼意志，修炼心性之行为，他们自身认为是一种修行，而一般民众则视为奇崛异行，侧目视之。更多民众对其行为实践和精神品德好奇惊异以及对其忍耐力和意志力惊叹赞赏。

　　有的僧人甚至行以更为残酷伤害肢体类的苦行，惊世骇俗，甚而被认为"神异"，高僧一变而为神僧，致使民众蔚然笃信。如代州总因寺沙门福运，"唐开元二十一年（733年）二月十五日，径入南山岁谷大石寺。北有一盘石，跏坐于上，执刀自割，分其身肉为三十段。投置石上，因誓愿曰：施诸飞走众生一餐之食，愿食此肉者，舍恶趣身，受人天报。言讫而卒。门人士俗，奔走其所，见委骸于地。缁素悲哀，积薪阇维。既而祥云满谷，俄顷暴风四起。身之骨灰，荡然无余。神异如此，若非忘我相，了色空。孰能若是哉！"② 五台山秘魔岩常遇于大中四年（850年）"杖锡离燕，孤征朔雪。祁氿千里，径涉五峰。诣华严寺菩萨堂，瞩文殊睟容，施右手中指，沃以香膏，爇以星焰。光腾半日，怡颜宛然。"③又汾阳修慈寺法性比丘尼"□亲久患，指燃一枝。私愿果从，作烈千众。礼《法华经》七遍，《金刚经》十二遍，声声叩地，竹声之韵感人"④。高平舍利山大愚"于峡石山洞中，发愿转《大藏经》，诸经陀罗尼五十余部，各十万八千遍。又刺血写诸经，共十三卷。并造陀罗尼幢，以报劬劳之德也"⑤。福运自割身体，常遇、法性比丘尼燃指供佛，大愚刺血写经可谓比较极端的个人修行行为，社会影响有限。

　　与个人修行性质的苦行相比较，影响更大的是社会参与类苦行，也就是苦行的目的是为所谓社会福祉，这类僧人的苦行行为，在社会中的影响力更大。如河东人志宽"贞观之初还反蒲壤，缁素庆幸，欢咏如云。屡建法筵，重扬利涉。时州部遇旱，诸祈不遂。官民素承嘉绩，乃同请

---

① （宋）赞宁：《宋高僧传》卷23，《大正藏》第50册，第855页。
② （宋）延一：《广清凉传》卷21，《大正藏》第51册，第1116页。
③ （宋）赞宁：《宋高僧传》卷21，《大正藏》第50册，第845页。
④ 武登云：《三晋石刻大全·汾阳县卷》，三晋出版社2017年版，第1610页。
⑤ （唐）王希朋：《大唐舍利山禅师塔铭记并序》，《三晋石刻大全·高平市卷》，三晋出版社2010年版，第13页。

焉。宽为置坛场，以身自誓不降雨者，不处室房，曝形两日。密云垂布，三日已后，合境滂流"①。

也有僧人主动在社会中移风易俗，试图改变社会风俗，医病救贫，特别关注社会底层贫弱者，赢得了底层社会较广泛的接纳和赞誉。如石楼人法通"游化稽湖，南自龙门北至胜部，岚石汾隰无不从化。多置邑义，月别建斋。但有沙门，皆延村邑。或有住宿，明旦解斋。家别一盘，以为通供。此仪不绝，至今流行。河右诸州闻风服义，有僧投造直诣堂中。承接颜色，譬若亲识。故通之率导，其德难伦"②。在法通宣化影响之下，岚州、石州、汾州、隰州等地都设立了民间佛教义邑，并且每月设斋，供僧投造，在民间形成了崇奉僧人、供养僧人的风气。

又如晋州大梵寺僧人代病在大历元年（766 年），登太行，游霍山。"山神庙晋绛之间传其肸蠁。代病入庙，劝其受归戒，绝烹燀牲牢，其神石像，屡屡随劝领首。顾其神妇，略无俞答之状，遂剃神之发，毁撤神妇。乡人怪之，闻白州邑。太守怒之曰：此唐高祖初起至此，久困阴雨，其神见形示路，以迎义师。厥后砻石为像，荐飨无亏。此之髡师，无状敢尔。俾系闭于嘉泉寺，扃键且严。至二十日启关，寂然禅定。倾城咸往观礼，或声磬舒徐而起。太守急召之不来，以至约令断头。代病斩一指以付使者，太守感之。躬就迎请，移置大梵寺。别营砖浮图以藏其指节矣，由是檀信骈肩蹑踵……至今平阳人崇信焉。"③代病针对晋州、绛州、霍山一带多山神庙，以牲牢血祭供奉山神的情况，直接捣毁庙宇之中神像，并编撰神话故事，试图改变民众信仰，取得一定的效果。

再如闻喜福田寺法师不蓄私财，慈悲喜舍，"于寺内别置粥堂，施众僧及时来道俗。凡历廿九载，无一日而阙焉。又会僧□转藏经历十三载，与常住造立铺店，并收质钱舍屋计出缗镪过十万余，资咸舍所用。服玩化俗之利，曾不为已有也。当寺有所遗阙法师，常悉力济之，皆去难就易，转灾成福"④。常俨不仅救济寺院之中的贫弱僧众，也面向社会之贫

---

① （唐）道宣：《续高僧传》卷15，《大正藏》第50册，第543页。
② （宋）赞宁：《宋高僧传》卷24，《大正藏》第50册，第641页。
③ （宋）赞宁：《宋高僧传》卷26，《大正藏》第50册，第878页。
④ （清）胡聘之：《山右石刻丛编》卷9，山西人民出版社1988年版。

苦者，表现出佛教参与社会救济之作用。

一些地位比较高的僧人直接参与国事、辅弼王化，也产生重要的社会影响。如武德元年（618年），高祖下诏智满"所住宅为义兴寺，四事供养，一出国家。至三年，以满德为物，归道声更远。帝欲处之京室，下敕征之。又以北蕃南侵，百姓情骇。都督弘农公刘让启留满住，用镇众心。有敕特听，同安朝寄。武德五年（622年），玁狁孔炽，戎车载饰。以马邑沙门雄情果敢，烽耀屡举，罔弗因之。太原地接武乡，兵戎是习。乃敕选二千余僧，充兵两府。登又下敕，满师一寺行业清隆，可非简例。由是重流景行，光问遐迩"①。智满因在李渊太原起兵之前就归附李渊，在太原颇有声望，受到李渊崇戴。甚至在外敌入侵太原一带时，以智满坐镇来稳定民心，可见其广泛的社会影响力。

总之，唐代山西境内佛教僧人非常活跃，以五台山、太原崇福寺、交城玄中寺、晋城青莲寺以及晋南中条山栖岩寺等寺庙为据点，南来北往，讲经说法，劝化社会。多数僧人行迹中多有感通神话，可能在当时已经广为流传，进而被收录传世。另一部分僧人则主要以注疏经典、建寺传法或者辅弼王化而留名于世。再则，唐代山西籍之大文豪如祁县人王维，河东人柳宗元，太原人白居易均深受佛教习染，并崇信佛教。并州人道方、道生远赴印度求法。可见，唐代山西佛教全方位发展，声势颇盛，社会影响已经比较深入。

三　山西籍僧人与唐代佛教宗派

入唐以后，唐代诸帝和护法大臣大力扶植佛教，遂使山西佛教发展至兴盛，高僧大德人才辈出，著名宗师云集山西，开辟道场，讲经说法，弘扬本宗思想，建立本宗基地。唐代山西就出现了唯识宗、律宗、华严宗、净土宗、密宗、天台宗和禅宗等佛教宗派并立的局面。虽然一般认为唐代确立佛教宗派，但真正的作为师徒法脉传承除禅宗外，都只在初期有传承世系，逐渐发展则归于混乱，到武宗灭佛之后，派系传承则更加迷离，即使是禅宗，附会穿凿的情况也不在少数。对于一般僧人，即

---

① （唐）道宣：《续高僧传》卷19，《大正藏》第50册，第583页。

使其归属某一宗派,但其研习经典也绝非只精于某宗经典,往往涉猎非常广泛。

(一)净土宗

隋代道绰在山西极大地推动了净土思想的发展,唐代善导不仅建立了较完备的净土念佛理论和修法体系,而且将净土宗深入推向民间。

善导,俗姓朱,泗州(治所在今江苏宿迁东南)人,年少出家。周游寰宇,求访道津。唐贞观(627—649)中至石壁谷玄中寺见道绰。据《观无量寿经》设立"九品道场",即九品极乐净土。导大喜曰:"此真入佛之津要,修余行业,迂僻难成,唯此观门,速超生死。"[①] 从此跟随道绰精修净土法门,"勤笃精苦,尽夜礼诵"[②]。后至长安弘法,称念阿弥陀名号,"每入室互跪念佛,非力竭不休,虽时寒冰亦须流汗出。则为人演说净土法门,三十余年不暂睡卧。般舟行道,方等礼佛,护持戒品,纤毫不犯。好食送厨,粗恶自奉,奶酪醍醐,皆不经口。凡有亲施,用写《弥陀经》十万卷,画净土变相三百壁,坏寺废塔,所至修营。然灯续明,常年不绝,三衣瓶钵,不使人持,行不共众,恐谈世事,长安道族传授净土法门者不可胜数"[③]。"净土变相"即是依据《无量寿经》等经典而绘制的壁画。他丰富和发展了道绰称名念佛的净土思想,形成了净土宗礼赞阿弥陀佛的仪式和念佛忏悔发愿的方法,加快了净土宗走入民间的步伐。

宋满,恒州(即今河北省正定县)人"念佛以小豆计数,满三十石,设斋庆赞。佛二大士化作三僧,至会乞食。满曰:'弟子愿生西方,师来赴食,深副本心。事毕即见天花异香,乘空而行。未久,满遂面西坐化"[④]。又并州温静文妻,"久患在床。夫劝以念佛,乃至心称念者一年,一日忽见净土圣境。告其夫曰:'吾已见佛,后月当去,并嘱父母亦生西方。'言讫,吉祥善逝"[⑤]。

---

① (宋)戒珠:《净土往生传》卷中,《大正藏》第51册,第119页。
② (宋)志磐:《佛祖统纪》卷26,《大正藏》第49册,第263页。
③ (宋)志磐:《佛祖统纪》卷26,《大正藏》第49册,第263页。
④ (宋)志磐:《佛祖统纪》卷28,《大正藏》第49册,第284页。
⑤ (明)袾宏辑:《往生集》卷2,《大正藏》第51册,第144页。

惟岸，并州僧，专修十六观，"因出见观音势至二菩萨现于空中，迟久不灭。岸顶礼雨泪而叹曰：'幸由肉眼得见圣容，所恨后世无传。忽有二人，自称画工，未展臂间圣相克就。已而人亦不见。'弟子怪而问之。岸曰：'此岂画工哉。'又曰：'吾之西行乃其时也。'俱游十方刹，持华候九生，愿以慈悲手，提奖共西行。遂令弟子助声念佛，仰目西顾而亡"①。此类神异故事颇为玄虚，但反映了净土信仰在民间广泛而深入的影响。

法照，据《广清凉传》卷中记载是南梁人，《往生集》《净土往生传》不详其籍贯。法照于唐大历四年（769年），"秋八月十三日，自南岳，与同志十人，来游台山。果无留难。至明年四月初五日，方达五台县。南遥望，对佛光寺，南有数十道白光，举众咸睹。六日诣佛光寺栖止"②。据载他曾见到文殊、普贤二菩萨显圣云云。文殊对他说："诸修行门，无过念佛，供养三宝，福慧双修。此之二门，最为其要。"又对他说："此世界西有极乐国，彼当有佛号阿弥陀，彼佛愿力不可思议，当须系念谛观彼国，令无间断，命终之后，决定往生彼佛国中，永不退转，速出三界，疾得成佛。"③ 此说多出自法照自述，大概是其为宣扬"五会念佛"，吸引民众的注意力和信仰，而方便施设之神异故事。后法照于华严寺"入念佛道场"，祈念往生净土。"照闻之忆念昔者所见，因得命匠刻石。兼于所见竹林寺处，特建一寺，号'竹林'焉。"④ 他"又于并州五会念佛。……号五会法师"⑤。由此可见，法照在净土宗的发展史上具有重要地位。

（二）唯识宗

随着窥基等人在山西的活动，唯识宗也传到山西，有一些僧人在山西传法。如德感法师，俗姓侯，太原人，曾任洛京佛授记寺维那、寺主。他仪容瑰丽，学业精勤，博通众经，对唯识经典《瑜伽师地论》特振声

---

① （宋）戒珠：《净土往生传》卷中，《大正藏》第51册，第119页。
② （宋）延一：《广清凉传》卷上，《大正藏》第51册，第1114页。
③ （宋）延一：《广清凉传》卷上，《大正藏》第51册，第1114页。
④ （宋）戒珠：《净土往生传》卷下，《大正藏》第51册，第121页。
⑤ （明）袾宏辑：《往生集》卷1，《大正藏》第51册，第130页。

彩，被武则天征为翻经大德，参与义净译场。对此，武则天赞道："河汾之宝，山岳之英。早袪俗累，夙解尘缨。缁门仰德，绀宇驰声。式亚龙树，爰齐马鸣。"① 德感法师在山西河汾一带具有一定的影响。

浮丘，姓张氏，太原人也。"挺然奇表，慧悟绝伦。于《瑜伽论》差成精博，旁综群书，言分雅俗，四方学者，争造其门。然讷于宣剖，敏于通解，深藏若虚。"② 浮丘对《瑜伽师地论》非常精通。

义忠，潞府襄垣人也。九岁出家，依淄州沼阇梨为师。十三岁，相次诵彻四十卷。二十登戒学《四分律》，义理淹通，旁习《十二门论》。闻长安基师新造疏章门生填委声振天下，乃师资相将同就基之讲肆。未极五年，又通二经五论，则《法华》《无垢称》及《百法》《因明》《俱舍》《成唯识》《唯识道》等也。著《成唯识论纂要》、《成唯识论钞》三十卷、《法华经钞》二十卷、《无垢称经钞》二十卷、《百法论疏》，誉满千里，归心者不可计数。仅五十余年，计讲诸教七十许遍。至年七十二圆寂，后乡人道俗建塔供养，全身不坏，至今河东乡里高冈存焉。③

无染法师，早年受业于中条山，讲《四分律》《涅槃经》《因明》《百法论》，恒念《华严经》。此后，无染从彼发迹，遍访名公，或遇禅宗，穷乎理性；或经法席，探彼玄微。后于唐德宗贞元七年（791年）至五台山，"依五台山十寺都检校智颖挂锡栖心，居于大华严寺善住阁院。每念文殊化境非凡者之可胜，岂宜懈怠。冬即采薪供众，夏即跣足登游，春秋不移二十余禩，前后七十余遍"④。从无染于中条山宣讲《四分律》《涅槃经》《因明》和《百法明门论》中判断，他的师承当较为广泛，可能在中条山上有一些精通《因明》《百法》的唯识宗高僧。当然由此判断他是唯识宗僧人，可能证据不足，但可以肯定的是他对唯识宗的一些经典及其教义非常熟悉。

（三）华严宗

北魏以来，五台山文殊信仰逐渐形成和发展，五台山成为华严宗在

---

① （宋）赞宁：《宋高僧传》卷4，《大正藏》第50册，第731页。
② （宋）赞宁：《宋高僧传》卷4，《大正藏》第50册，第731页。
③ （宋）赞宁：《宋高僧传》卷4，《大正藏》第50册，第729页。
④ （宋）赞宁：《宋高僧传》卷23，《大正藏》第50册，第855页。

山西活动的中心区域。

唐初，有解脱、明曜等法师讽诵《华严经》，弘扬华严思想。《广清凉传》载："解脱禅师，聚从习定。自云：'于花园北，四度见文殊师利，翼从满空，群仙异圣，不可胜记。'或问：'此清凉山，为但山寒，名曰清凉。为就胜德耶。若但山寒，名清凉者，即阴山穷谷，冻寒之方，皆应清凉。若就胜德名清凉者，但诸仙圣所住之处，应亦清凉，即何独此山擅斯名也。'答：'必二相兼，即无滥矣。一为山寒，兼有五顶，如上已说；二惟就文殊化境，拣余仙圣所居。'"① 解脱禅师对文殊菩萨化现之地的解释，推动了五台山文殊信仰的流传与发展，亦促进了华严学在五台山的传播。李通玄在寿阳、盂县一带弘扬华严宗的思想，并著有《新华严经论》四十卷、《略释新华严经修行次第决疑论》四卷两部著作，在山西形成了一个以他为首的华严学派。

在山西发展华严宗派者，首推华严四祖、清凉国师澄观。他对律宗、华严宗、三论宗、天台宗、禅宗等佛教各宗思想皆有所通，在山西五台山、太原崇福寺、中条山栖岩寺等地曾讲经说法。《宋高僧传》卷五载："大历十一年（776 年），誓游五台，一一巡礼，祥瑞愈繁。仍往峨嵋，求见普贤，登险陟高，备观圣像。却还五台居大华严寺，专行方等忏法。时寺主贤林请讲大经，并演诸论。因慨《华严旧疏》文繁义约，慨然长想。况文殊主智，普贤主理，二圣合为毗卢遮那，万行兼通即是华严之义也。吾既游普贤之境界，泊妙吉之乡原，不疏毗卢，有辜二圣矣！观将撰疏……起兴元元年（784 年）正月，贞元三年（187 年）十二月毕功，成二十轴，乃饭千僧以落成也，后常思付授。……四年春正月，寺主贤林请讲新疏。七年河东节度使李公自良，复请于崇福寺讲。……及具行至蒲津，中令梁公留安居，遂于中条山栖岩寺住。"② 澄观巡礼五台山，住华严寺，并注疏新译《华严经》。

澄观撰《大方广佛华严经疏》深入辨析，证明五台山即《华严经》中之清凉山。澄观国师来到五台山，不仅带来了华严学的新思想，而且解决了五台山寺庙供施稀疎的状况。据《宋高僧传·智頵》载，智頵

---

① （宋）延一：《广清凉传》卷上，《大正藏》第 51 册，第 1104 页。
② （宋）赞宁：《宋高僧传》卷 5，《大正藏》第 50 册，第 737 页。

任五台山华严寺主时,"巡游者颇众,供施稀疎。院宇伦巡,例称不追"。但澄观来到华严寺注疏《华严经》,带来了巨大影响,"时德不孤有,法照、无著、澄观之出世也,当观师制《华严经疏》,海众云集。请颙为讲主,日供千僧,十有余祀,食无告乏。皆云有无尽藏之米面也,岁久颇见丰盈。"① 由此可见,澄观国师之巨大影响。之后他在太原崇福寺开讲,留驻中条山栖岩寺,驻锡山西活动十余载,将最新的华严思想注疏阐讲。澄观国师弟子众多,使五台山成为华严学最为兴盛之地。

(四)密宗

佛陀波利将密教经典传入五台山之后,又有密宗祖师不空三藏及其弟子含光等至五台山弘扬密宗教义,开辟密宗道场,使得密宗在山西兴盛起来,为此后藏传佛教的传入奠定了基础。

据《古清凉传》卷下记载,师子国密教僧人释迦蜜多罗,"以乾封二年(667年)六月。登于台者,并将五台县官一员,手力四十人,及余道俗总五十余人。……至台南五里。遂即停泊。乃令人作土坛二层,高尺余,周方丈许,采拾名花,四周严饰。多罗日夜六时,绕坛行道"②。此后,北印度罽宾国沙门佛陀波利,因"闻文殊师利在五台清凉山,远涉流沙,躬来礼谒,以唐高宗大帝仪凤元年(676年)至台山"③。后返回西域,求《佛顶尊胜陀罗尼经》,永淳二年(683年)至长安。"高宗大帝遂留经入内,请日照三藏法师,及敕司宾寺典客令杜行顗等,共译唐本,敕赐绢三千匹。经遂留内中,波利泣奏曰:'贫道捐躯委命取经来,意愿普济群生,救拔苦难。不以财宝为念,不以名利关怀,请还经本流行,庶使含灵同益。'帝遂留新翻之经,还僧梵本。乃将诣西明寺,访得通梵语唐僧顺正,奏共翻译。帝可其请,波利遂对诸大德,与顺正译讫。波利持本,再至五台山。"④《宋高僧传》亦云:"持梵本入五台,莫知所

---

① (宋)赞宁:《宋高僧传》卷27,《大正藏》第50册,第881页。
② (唐)慧祥:《古清凉传》卷下,《大正藏》第51册,第1098页。
③ (宋)延一:《广清凉传》卷上,《大正藏》第51册,第1111页。
④ (宋)延一:《广清凉传》卷上,《大正藏》第51册,第1111页。

之,或云波利隐金刚窟。"① 佛陀波利将《佛顶尊胜陀罗尼经》带到五台山传法,不仅使密教传入五台山,而且推动了五台山文殊信仰的进一步发展。

含光,不空弟子,不知何许人。开元中,依不空三藏学习。及不空遇劫回西域时,含光亦影随。"去时泛舶海中,遇巨鱼望舟有吞噬之意,两遭黑风天昊异物之怪。既从恬静,俄抵师子国。属尊贤阿阇梨建大悲胎藏坛。许光并慧辩同受五部灌顶法"。② 天宝六载(747年)回京,不空译经,含光参议华梵。不空卒后,代宗尊崇含光,因之敕委往五台山修功德。

道超禅师,金阁寺僧人,"兼禀承不空秘教,入曼拏罗,登灌顶坛,受成佛印,显密二教皆闻博赡,关内河东代历四朝阐扬妙旨弟子繁多,加复纲纪兴善保寿二处伽蓝"③。道超作为不空弟子,显密兼弘,颇具影响。

(五)禅宗

唐代,禅宗得到迅速发展,并形成"南宗"与"北宗"并立的局面。"安史之乱"后经朝廷裁定,南宗成为禅门正统。此后禅宗出现了禅门五宗,使禅宗遍布大江南北。唐代山西也流布有禅宗各宗。据北宋赞宁《宋高僧传》、道原《景德传灯录》等资料,将在山西传法的禅僧及其活动情况进行统计。

表5—5　　　　唐代山西传法的禅僧及其活动情况

地域	禅僧	法系	活动情况	文献来源
太原府	遍净	神秀	具体不详	《景德传灯录》卷4
	自在	慧能	具体不详	《景德传灯录》卷5

---

① (宋)赞宁:《宋高僧传》卷2,《大正藏》第50册,第717页。
② (宋)赞宁:《宋高僧传》卷27.《大正藏》第50册,第879页。
③ (宋)赞宁:《宋高僧传》卷5.《大正藏》第50册,第736页。

续表

地域	禅僧	法系	活动情况	文献来源
太原府	元顺	潭州沩山灵佑禅师	具体不详	《景德传灯录》卷11
	免道者	赵州从谂禅师	具体不详	《景德传灯录》卷11
	海湖和尚	澧州夹山善会禅师	因有人请灌顶三藏供养，敷坐讫，师乃就彼位坐	《景德传灯录》卷16
	资福端	澧州夹山善会禅师	善机锋对答	《景德传灯录》卷16
	资圣方禅师	袁州洞山良价禅师	具体不详	《景德传灯录》卷17
	太原孚上座	福州雪峰义存禅师法嗣	遍历诸方，名闻宇内。尝游浙中，登径山法会。一日于大佛殿前有僧问：上座曾到五台否？师曰：曾到。曰还见文殊么？师曰见。曰什么处见？师曰：径山佛殿前见	《景德传灯录》卷19
代州辖五台山	巨方	神秀	姓曹氏，安陆人。造北宗神秀，数载之间，入室侍对。后辞神秀，至上党寒岭而居，积稔之间学徒数百，求请无阻。方后于五台山道化，涉二十余载入灭，春秋八十一	《宋高僧传》卷8《景德传灯录》卷4
	神英	神会	参神会禅师，既承指授，以开元四年六月中旬到山瞻礼，于僧厨止泊。于西林中见幻化之法华院云云，后依化院建院一所住持	《宋高僧传》卷20
	无名	神会	得会师付授心印，自此志历四方，周游五岳。至贞元六年，往游五台，居无定所，九年十二月十二日于佛光寺，先食讫，俨然坐化，春秋七十二	《宋高僧传》卷17《景德传灯录》卷13

续表

地域	禅僧	法系	活动情况	文献来源
代州辖五台山	无著	金陵牛头山慧忠禅师	十二岁出家于本州龙泉寺猗律师，初习大乘经论。天宝八载，以业优得度，又学《毗尼》戒律。因诣金陵牛头山忠禅师参定心要，厉节无亏，寸阴不舍，研穷理性，始契本源。大历二年正月，发迹浙右，夏五月初至清凉岭下，入化般若寺云云	《广清凉传》卷中
	宗密	遂州道圆禅师	元和二年偶谒遂州圆禅师，乃从其削染受教。此年进具于拯律师，寻谒荆南忠禅师。复见洛阳照禅师，又随侍澄观。北游清凉山，回住鄠县草堂寺。未几，复入终南圭峰兰若。大和中征入内，赐紫衣。帝累问法要，朝士归慕。唯相国裴公休，深入堂奥，受教为外护。会昌元年正月六日坐灭于兴福塔院	《五灯会元》卷2
	邓隐峰	马祖	初游马祖之门，而未能睹奥。复来往石头，虽两番不捷（语见马祖章）而后于马大师言下契会。师以冬居衡岳，夏止清凉。唐元和中荐登五台。师既显神异，虑成惑众，遂入五台，于金刚窟前示灭	《景德传灯录》卷13
	秘魔岩和尚	马祖—永泰灵湍	常持一木叉，每见僧来礼拜即叉却颈曰：那个魔魅教汝出家，那个魔魅教汝行脚，道得也叉下死，道不得也叉下死。速道速道。学徒鲜有对得者	《大光明藏》卷中

续表

地域	禅僧	法系	活动情况	文献来源
代州辖五台山	智通	怀让—归宗寺智常	初在归宗会下时,忽一夜巡堂叫云:我已大悟也。后居台山法华寺	《景德传灯录》卷10
晋州	霍山无名	白马昙照禅师	具体不详	《景德传灯录》卷10一
晋州	霍山景通和尚	潭州沩山灵佑禅师	师闻秘魔岩和尚凡有僧到礼拜,以木叉叉著,师一日遂往访之,才见不礼拜,便入秘魔怀里。秘魔拊师背三下,师起拍手云:师兄我一千里地来便回	《景德传灯录》卷11
晋州	大梵和尚	青原行思—洪州云居山道膺禅师	僧问:如何是学人顾望处?师曰:井底竖高楼。曰:恁么即超然也?师曰:何不摆手	《景德传灯录》卷12
晋州	兴教师普禅师	青原行思—安州白兆山志圆禅师	僧问:盈龙宫溢海藏真诠即不问:如何是教外别传底法?师曰:眼里耳里鼻里。师曰。还逢著贼么,曰今日捉下。师曰:放汝三十棒	《景德传灯录》卷23
晋州	定陶丁居士	嵩山普寂禅师	具体不详	《景德传灯录》卷四
晋州	霍山观禅师	神秀	具体不详	《景德传灯录》卷4
汾州	无业	马祖	十二落发,二十受具戒于襄州幽律师。习《四分律疏》,每为众僧讲《涅槃》大部,冬夏无废。后闻马大师禅门鼎盛,特往瞻礼,后至上党,节度使李抱真重师名行,旦夕瞻奉,乃之县上抱腹山。未久又往清凉金阁寺,重阅《大藏》,周八稔而毕。复南下至于西河,刺史董叔缠请住开元精舍。当长庆三年十二月二十一日圆寂,寿六十二	《景德传灯录》卷8

续表

地域	禅僧	法系	活动情况	文献来源
汾州	石楼	南岳石头希迁	师上堂,有僧出问曰:未识本来生,乞师方便指。曰石楼无耳朵。僧曰:某甲自知非。师曰:老僧还有过。僧曰:和尚过在什么处。曰过在汝非处。僧礼拜,师乃打之	《景德传灯录》卷23
	爽禅师	青原行思—潭州石霜庆诸禅师	具体不详	《景德传灯录》卷16
河中府	怀则	马祖	具体不详	《景德传灯录》卷6
	保庆禅师	马祖	具体不详	《景德传灯录》卷6
	蒲州麻谷山宝彻禅师	马祖	一日随马祖行次问:如何是大涅槃?祖云:急。师云:急个什么。祖云:看水	《景德传灯录》卷7
	河中府法藏	马祖	具体不详	《景德传灯录》卷7
	南际山僧	青原行思—潭州石霜庆诸禅师法嗣	师初居末山,后闽帅请开法,于长庆禅苑卒,谥本净大师,塔曰无尘	《景德传灯录》卷16
	河中捷岩存寿禅师	潭州石霜庆诸禅师法嗣	初讲经论,后入石霜之室,随缘诱化,抵于蒲坂,缁素归心。度弟子四百人,尼众百数,终寿九十有三,谥真寂大师	《景德传灯录》卷16
	中条山智封禅师	神秀	游行登武当山,见秀禅师疑心顿释,思养圣胎,乃辞去,居于蒲津安峰山,不下十年,木食涧饮。属州牧卫文升请归城内,建新安国院居之。师来往中条山二十余年,得其道者不可胜纪。灭后门人于州城北建塔焉	

续表

地域	禅僧	法系	活动情况	文献来源
河中府	河中宝坚禅师	京兆章敬寺怀恽禅师	具体不详	《景德传灯录》卷9
	河中公畿和尚	百丈怀海—京兆章敬寺怀恽禅师	僧问：如何是道，如何是禅？师云：有名非大道，是非俱不禅，欲识此中意，黄叶止啼钱	《景德传灯录》卷9
泽州	亘月禅师	嵩山普寂禅师	具体不详	《景德传灯录》卷4
	古贤院谨禅师	青原行思—金陵清凉文益禅师	师勘僧云：如来坚密身一功尘中现，如何是坚密身？僧竖指。师云：现即现尔怎生会？僧无语。师侍立，次见净慧问一僧云：自离此间什么处去来？曰：入岭来。净慧曰：不易。曰：虚涉他如许多山水。净慧曰：如许多山水也不恶。其僧无语。师于此言下大悟。僧问：如何是佛？师曰：筑着汝鼻孔	
潞州	青莲元礼禅师	马祖	具体不详	《景德传灯录》卷6
	法柔禅师	马祖	具体不详	《景德传灯录》卷6
	渌水文举禅师	怀让—杭州盐官齐安禅师	具体不详	《景德传灯录》卷10
	盘亭宗敏禅师	潭州石霜庆诸禅师	具体不详	《景德传灯录》卷16
	妙胜臻禅师	韶州云门山文偃禅师	僧问：如何是妙胜境。师曰：龙藏开时，贝叶分明。问：心心寂灭即不问，如何是向上一路？师曰：一条济水贯新罗。问：远向云门南北纵横，四维上下事作么生？师曰：今日明日	《景德传灯录》卷23

续表

地域	禅僧	法系	活动情况	文献来源
潞州	妙胜玄密禅师	青原行思—怀州玄泉彦禅师	僧问：四山相向时如何？师曰：红日不垂影，暗地莫知音。曰：学人不会。师曰：鹤透群峰何伸向背。问：二龙争珠时如何？师曰：力士无心献奋，迅却沈光。问：雪峰一曲千人唱。月里挑灯谁最明？师曰：无音和不齐，明暗岂能收	《景德传灯录》卷23
忻州	郦村自满禅师	马祖	忻州郦村自满禅师上堂云：古今不异，法尔如然，更复何也。虽然如此，这个事大，有人罔措在。时有僧问：不落古今请师直道。师云：情知汝罔措	《景德传灯录》卷6
忻州	打地和尚	马祖	打地和尚既传心要于江西马祖，退而隐于忻之定襄间往来深山，与虎豹群居，踪迹神异，人莫之测。大历十三年六月有三日，跏趺入灭，门人奉其身葬之，今郦村塔是也	《景德传灯录》卷8

据表5—5可以看出，禅宗在山西的分布呈以下几个特点。

第一，除代州禅僧驻锡佛教圣地五台山外，其他州的禅僧多分布于州府治所所在地，而且这些州中多数是唐代政治、经济、文化、交通比较发达的地区，如蒲州府、太原府等地。

第二，禅宗用祖师来指称法门之特点，它在山西的传播中亦非常注重祖师传承。这种以祖师禅来标榜自己的宗门特色，无疑是中国化佛教的宗派最好的诠释，融入了中国文化的因素，表现了佛教的中国特色。

第三，从禅宗宗派上讲，南宗的势力比北宗要强，这可能与慧能提倡的"顿悟成佛"有很大关系。

第四，从地域上看，禅宗在山西的分布呈南密北疏的特征。这可能与晋南临近都城长安,具有便利的交通和发达的经济、文化有着密切关系。

总之,山西佛教在内外结合的情况下,禅宗盛行,牛头宗、荷泽宗、洪州宗等多支纷纷流布。

(六)律宗

律宗作为一个佛教宗派,一般认为在道宣创设终南山戒坛,始成唐代八宗之一。但传持戒律从三国之后已经开始,但因传持要求比较严格,对戒师要求也比较高,因此,传戒并不广泛。隋初,当昙韵游历山西离石等地时发现当地僧人都未受戒法,需要到太原才能受戒,"又游南部离石、龙泉、文成等郡,七众希向,夷夏大同。十善聿修,缁素匡幸。原此河滨无受戒法,纵有志奉,皆往太原。夷夏情乖人皆怯,往致有沙弥三十其岁者,及韵化行,即传斯教,山城两众皆蒙具足"①。可见,传授戒法一方面比较严格,需要有资历学识高深的戒师,以及大寺庙建立之戒坛,另一方面也说明在比较偏远的地区传戒因不方便,而不是很普遍。

唐代以后,山西各地习律者渐多,如晋南河东一带有明朗、慧萧等律僧传法,"时龙门沙门明朗,河东持律之最,承萧道声藉甚",慧萧不远从之,住于龙门之定林寺。"逮中原版荡,妖气一乱,河东郡丞丁荣,敬服德音,招住仁寿,长弘律藏,学者肩随。义宁中,被拥西城,不亏讲业,及后安静,弥崇法会,蒲陕晋绛五众师焉。"② 绛州龙兴寺木塔院玄约"数稔之间,律论俱赡。遍求知识,探赜玄文。厥止长安崇圣寺,以戒德之选,而预临坛讲。律并俱舍共四十余遍。……二讲登席,可三百余人,皆北面受业焉,传禀门生一百许辈。汾沁之间奔走学者,迨乎老矣"③。明朗、慧萧、玄约在蒲陕晋绛汾沁一带颇具影响力,并均以传讲律法为主。

山西太原一带也有律宗僧人活动,如道亮专门向太原无量寿寺严律师学习《四分律》,"有严律师者,德范可归,便从受业,因居无量寿寺

---

① (唐)道宣:《续高僧传》卷20,《大正藏》第50册,第593页。
② (唐)道宣:《续高僧传》卷22,《大正藏》第50册,第617页。
③ (宋)赞宁:《宋高僧传》卷7,《大正藏》第50册,第746页。

焉。即严之所住也。自尔专攻《四分》，无忘日夕"①。太原崇福寺僧思睿"夙通禅理，复贯律宗"②。

五台山及晋东南一带也有律宗传持。五台县人释诠和尚，"外习毘尼藏教，内修大乘因地。疏食不过中，弊衣才蔽体。不贮粒粟，不畜缕帛，可谓清苦高行僧也"③。潞州人道瓒"善宗《四分》，心明清亮。讲解相仍，具传章钞。而形气弘伟，少共齐伦。在法住寺，御众扬化。韩潞沁泽四州从范"④。可见，唐代山西律宗的传播比较广泛。

（七）天台宗

入唐后，山西有不少僧人在弘传天台宗之思想。如昙韵，祖籍高阳（今河北高阳县），龆龀之年出家，弱冠之际在恒岳侧蒲吾山，精修念慧。以闻五台山为文殊道场，多有僧人至此礼拜，遂杖锡游方，来至五台山，止于大孚灵鹫寺，后住木瓜寺。二十余年，不沾世务，一心务道，常诵《法华》。"冬夏正业则减食坐禅，尝愿写《法华》，誓须洁净。以贞观十六年（642年），端坐终于西河之平遥山，春秋八十余矣。"⑤ 太原沙门慧达"诵《法华》五千余遍，行坐威仪，其声不辍。"⑥ 智因"至年十岁出家，神性聪慧，天机颖悟。从访道滄受《法华》，精通奥义，讲经一百五十遍。乌鸽入肆听讲，猪鹿在边而不去"⑦。绛州孤山陷泉寺法辙"山行见一癞人在土穴中从师乞食，师悯之，引归寺中，仍凿土穴安之。授与衣食，教令诵《法华经》"⑧。昙韵等僧人精于《法华经》，将其归入学派应无问题，而是否有宗派传承，尚待深研。

神英，俗姓韩，沧州（今河北省沧州市）人。童年悟道，及冠出家，从师讽诵经论，学习义理。依年受具，行业益修。每念浮生，速于瞬息。遂乃杖锡云游，寻访知识。早通禅定，兼明经论。远诣南岳，参神会和

---

① （唐）道宣：《续高僧传》卷22，《大正藏》第50册，第619页。
② （宋）赞宁：《宋高僧传》卷24，《大正藏》第50册，第863页。
③ （宋）延一：《广清凉传》卷下，《大正藏》第51册，第1121页。
④ （唐）道宣：《续高僧传》卷22，《大正藏》第50册，第619页。
⑤ （唐）道宣：《续高僧传》卷20，《大正藏》第50册，第592页。
⑥ （唐）道宣：《续高僧传》卷28，《大正藏》第50册，第688页。
⑦ （唐）僧详：《法华传记》卷3，《大正藏》第51册，第58页。
⑧ （明）了圆：《法华灵验传》卷下，《卍续藏》第78册，第15页。

尚。神会对神英说:"汝于五台山有缘,速宜往彼,瞻礼文殊,兼访遗迹。"① 遂于开元四年(716年)六月到山,居于大华严寺华严院,瞻礼大圣,巡礼灵迹。后有一日斋后独游西林,忽睹精舍,额题法华之院。"俄见多宝佛塔一座四门,玉石形像,细妙光莹,神工罕及。次后有护国仁王楼五间,上有玉石文殊普贤像并及部从。前三门一十三间,里门两掖,有行官道场,亦有文殊普贤部从。三门外,是五台山十寺血脉图。巡礼既毕,神英欲出院门,复见众僧,姿状神异,心疑化境。遂出东行,约三十步间闻声。回首视之,略无所见。神英乃悲泣久之曰:'此必大圣所化。'于我此地,有大因缘,即于化院之地,结庵而止,发大誓愿,我当如化院建置伽蓝。居之岁余,归依者众,遂募良匠,营构不酬工直。所须随缘,远自易州,千里求采玉石,制造尊像,罢琢精绝功妙。入神壁画,多是吴道子之真迹。院成工毕,费盈百万,题号'法华之院。'和尚因即住持,春秋七十有五。"② 神英之师神会虽然属禅宗,但从神英行历可见其推崇《法华经》,应该是将天台、禅宗与文殊信仰相互联系,以文殊信仰推助《法华经》信仰。

志远,俗姓宋,汝南(今河南省汝南县)人。幼年丧父,孤侍孀亲,以孝敬著称。母亲常念《妙法莲华经》,年二十八辞亲出家,皈依菏泽宗。"闻台山灵异,乃结侣同游。就华严寺右小院挂锡,演天台圆顿。仅四十年,众因目其院为天台焉。"③ 著有《法华疏》十卷、《玄门》十卷、《止观》十卷等。《入唐求法巡礼行记》卷三亦载:"玄亮座主,从(开成五年)四月讲《法华经》,兼《天台疏》,其听众有四十余人,总是远和上门下。朝座阁院讲《法华经》,晚座涅槃院讲《止观》,两院之众互往来听,从诸院来听者甚多。当寺上座僧洪基共远和上同议,请二座主开此二讲。实可谓五台山大华严寺是天台之流也。"④ 可见,志远法师在五台山不仅阐释了天台宗的教义,而且还建立了天台

---

① (宋)延一:《广清凉传》卷上,《大正藏》第51册,第1112页。
② (宋)延一:《广清凉传》卷上,《大正藏》第51册,第1112页。
③ (宋)延一:《广清凉传》卷下,《大正藏》第51册,第1119页。
④ (日)圆仁,白化文等校:《入唐求法巡礼行记校注》卷3,花山文艺出版社1992年版,第282页。

宗道场。

总之，唐代佛教各宗派在山西境内均有传播，因为山西交城玄中寺有净土宗昙鸾、道绰等高僧驻锡，加之法照到五台山传播净土宗"五会念佛"法门，使净土思想在山西发展比较兴盛。唐代五台山文殊信仰的兴起以及与澄观国师驻锡五台山、李长者在寿阳方山注疏《华严》，都促使山西成为研习《华严》义理之重镇。佛陀波利译《佛顶尊胜陀罗尼经》引出与五台山之传奇故事，含光奉敕在五台山造金阁寺等密教寺院，密教修行法门在僧人中亦广泛弘传，此外禅宗诸派、天台、唯识等义理思想在山西也有传播。

第四节　五台山文殊信仰的形成

隋唐时期，文殊信仰依托佛典经论、造论高僧、演法圣迹三种基本载体播散传承，其民间化过程中表现出由核心信仰群体、核心崇祀区域向外逐步地多层次地扩展播散特点。值得注意的是，"五台山是文殊止住之清凉山"这一论断提出之后逐渐被僧俗界接受并达成共识，其中佛教论师、一般僧众、信众、统治阶层都给予了极大的支持和热情。

一　文殊信仰的流行与五台山之初步联系

文殊名号在佛教早期的经典中常见，一般是作为释迦的上首菩萨，经常问答经意。至迟到陈那时代（5—6世纪）案达罗国对文殊菩萨的崇拜和信仰已经达到相当程度。[1] 文殊信仰最早传入中国应在东汉，安世高翻译《宝积三昧文殊师利菩萨问法身经》是文殊信仰的始传者。[2] 文殊的初步影响力主要体现在《维摩诘经》以及《法华经》中。《维摩诘经》先后七译，最早是东汉严佛调译本，已佚。文殊菩萨被认为智慧第一，问疾维摩诘并与其论辩，显其辩才无碍之德能。中国佛教石窟、造像、壁画中雕造绘制了大量文殊菩萨与维摩诘对坐辩论的画像，可见其影响

---

[1] 海波、赵万峰：《唐代政权与文殊信仰的互动》，《宗教学研究》2011年第4期。
[2] 崔正森：《文殊信仰在中国的初传》，《五台山研究》2006年第4期。

风靡一时。《妙法莲花经》中，文殊菩萨不仅是佛法的宣讲者，也是佛教大乘观念的护持者和继承者、捍卫者。①《妙法莲华经》卷4《提婆达多品》曰："文殊师利言：我于海中，唯常宣说《妙法华经》。"②《妙法莲花经》之大量经变中也有文殊菩萨的图像。2世纪以后也出现大量专弘文殊信仰的经典，如《文殊佛土严净经》《文殊师利宝藏经》《文殊师利净律经》《文殊师利五体悔过经》《文殊师利问菩提经》《文殊师利问菩萨十事行经》《文殊师利发愿经》《文殊师利权变三昧经》等。可见，从公元2世纪文殊信仰传入中国，到4世纪前后翻译《佛说文殊师利般涅槃经》，5世纪翻译《大方广佛华严经》之时，文殊信仰一直稳定发展，在僧俗信众中已经形成广泛的影响。

文殊信仰与五台山联系在一起，其纽带是"清凉山"，与《佛说文殊师利般涅槃经》关系密切。《佛说文殊师利般涅槃经》极力宣扬文殊师利的智慧功德，卷一曰："此文殊师利有大慈悲，生于此国多罗聚落梵德婆罗门家……如是大士久住首楞严，佛涅槃后四百五十岁，当至雪山，为五百仙人宣畅敷演十二部经，教化成熟五百仙人，令得不退转……是文殊师利，有无量神通、无量变现，不可具记，我今略说，为未来世盲瞑众生，若有众生但闻文殊师利名，除却十二亿劫生死之罪；若礼拜供养者，生生之处恒生诸佛家，为文殊师利威神所护。是故众生，当勤系念念文殊像，念文殊像法，先念琉璃像，念琉璃像者如上所说，一一观之皆令了了；若未得见，当诵持首楞严，称文殊师利名一日至七日，文殊必来至其人所。若复有人宿业障者，梦中得见，梦中见者，于现在身若求声闻，以见文殊师利故，得须陀洹乃至阿那含；若出家人见文殊师利者，已得见故，一日一夜成阿罗汉；若有深信方等经典，是法王子于禅定中，为说深法；乱心多者，于其梦中为说实义，令其坚固，于无上道得不退转。"③该经提及之"雪山"，后世演变为"清凉山"。

最早关于五台山与文殊关系的载述可能是唐高宗龙朔二年（662年）会赜所撰《清凉山略传》一卷，但已经散佚。其中是否提到五台山与文

---

① 任远：《〈妙法莲华经〉与民间信仰中的文殊菩萨》，《宗教学研究》2007年第4期。
② （前秦）鸠摩罗什译：《妙法莲华经》卷4，《大正藏》第9册，第35页。
③ （西晋）聂道真译：《佛说文殊师利般涅槃经》卷1，《大正藏》第14册，第480页。

殊关系不得而知。现存最早将五台山视为文殊应化道场的著作是唐麟德元年（664年）道宣撰《集神州三宝感通录》，卷一载："《传》云：文殊师利与五百仙人往清凉山说法，故此山极寒，不生树木，所有松林森于下谷。山南号清凉峰，山下有清凉府，古今遗基见在不灭。从台东面而下三十里许，有古大孚灵鹫寺，见有东西二道场，佛事备焉。古老传云：汉明帝所造，南有花园三顷许，异花间发，昱焰人目，寔神仙之宅也。屡有僧现，欻忽难寻，圣迹神寺往往出没。"①又卷三曰："岱州东南五台山，古称神仙之宅也。山方三百里，极巉岩崇峻。有五高台，上不生草木，松柏茂林，森于谷底，其山极寒，南号清凉山，亦立清凉府。遗踪灵窟，奄然即目，不徒设也。……中台最高，去并州四百里，望如指掌，上有小石浮图，其量千许，即魏文帝宏所立也。石上人马迹宛然，有大泉，名曰太华，清澄如镜，有二浮图夹之，中有文殊师利像。"② 道宣《集神州三宝感通录》提到"《传》云"极有可能指会赜所撰《清凉山略传》，因此，"《经》中明文殊将五百仙人，往清凉雪山，即斯地也，所以古来求道之士，多游此山"之说法来自《清凉山略传》。也就是说，会赜可能是最早意会《佛说文殊师利般涅槃经》并明确在山志中提出文殊菩萨应化五台山之高僧。

会赜为什么将《佛说文殊师利般涅槃经》中所说"文殊将五百仙人，往雪山，"意会为岱州东南五台山呢？其主观原因可能是希冀中国佛教获得独立发展之圣地，提高中国佛教之地位与正统性，客观上是因为五台山的极寒气候迎合了佛经中之"雪山"，再就是五台山早已经作为神仙之宅的名号暗合了佛经中之"五百仙人"。"《仙经》云：五台山名为紫府，常有紫气，仙人居之。"③据王家葵考证《仙经》是一部亡佚已久的重要道教典籍，成书于三国，作者为左慈，为魏晋以前道教经籍的综录。

道宣继承前人说法，通过"此山极寒"，附会"清凉"，将文殊师利至雪山又附会为"清凉雪山"。则是通过"山南清凉峰""山下清凉府"等古今遗迹来附会。征引古老传说来说明五台山古大孚灵鹫寺创建很早，

---

① （唐）道宣：《集神州三宝感通录》卷2，《大正藏》第52册，第422页。
② （唐）道宣：《集神州三宝感通录》卷3，《大正藏》第52册，第424页。
③ （唐）慧祥：《古清凉传》卷1，《大正藏》第51册，第1093页。

屡有神迹，证明其非同一般。

二　华严信仰对五台山文殊道场观念形成之作用

佛陀波陀罗翻译《华严经》之后之北魏时期，五台山已经有"华严寺"，研习华严学成风，如"魏朝此土高僧灵辩法师，于五台山顶戴《华严》膝步殷懃，足破血流，遂经三载，冥加解悟。于悬瓮山中造此经论一百余卷，现传于世。后敕请法师入内，于式乾殿讲此大经"①。据日本圆超《华严宗章疏并因明录》载灵辨曾著《华严论》百卷，北齐刘谦之述《华严论》六百卷。② 至北齐，五台山佛教兴盛发展，"爰及北齐高氏，深弘像教，宇内塔寺，将四十千，此中伽蓝，数过二百，又割八州之税，以供山众衣食之资焉。据此而详，则仙居灵贶，故触地而繁矣"③。"释法珍……在华严寺，三十余载，亲见文殊师利。法师因发誓愿，设无遮大会。巡山之人，岁有万数，诣五台顶。至隋开皇十三年（593 年）七月而终。后五年，隋帝梦五台山华严寺法珍大师院，有摩尼宝珠二十颗，敕遣黄门侍郎郭，驰骅求取珠。法珍院供养库中，果得宝珠。尽符圣梦，乃造七宝函，盛之进献。自余珠宝，有百千种，凡五斗余。有诏复送台山，仍以珊瑚树一株并归山，供养文殊大圣。"④ 如果史实可靠，隋炀帝则是最早供养和尊崇文殊菩萨的中国帝王。

道宣撰《续高僧传》卷二十曰："又闻五台山者即华严经清凉山也，世传文殊师利常所住处，古来诸僧多入祈请，有感见者具蒙示教。"⑤ 所谓"华严经清凉山"即《大方广佛华严经》中《菩萨住处品》所云："东北方有菩萨住处，名清凉山，过去诸菩萨常于中住；彼现有菩萨，名文殊师利，有一万菩萨眷属，常为说法。"⑥ "又闻"表明是当时社会上之一种说法，即有人将文殊菩萨止住之"清凉山"，意会为"五台山"，具体是何人首提此论，已经无从查考，但此论的提出者对五台山之环境

---

① （唐）法藏：《华严经探玄记》卷1，《大正藏》第35册，第122页。
② （唐）圆超：《华严宗章疏并因明录》卷1，《大正藏》第55册，第1133页。
③ （唐）慧祥：《古清凉传》卷1，《大正藏》第51册，第1094页。
④ （宋）延一：《广清凉传》卷2，《大正藏》第51册，第1118页。
⑤ （唐）道宣：《续高僧传》卷25，《大正藏》第50册，第592页。
⑥ （东晋）佛陀跋陀罗译：《大方广佛华严经》卷29，《大正藏》第9册，第589页。

应该非常熟悉,他应该是研习《华严经》之学僧。道宣此处认为文殊菩萨应化之清凉山来源于《华严经》的说法明显与《集神州三宝感通录》中清凉山出自《佛说文殊师利般涅槃经》之说法不同,当然这种不同也可以看作后之说法对前面的继承,或者是一种并存,抑或是一种新的取代,但两种说法都认可五台山就是清凉山,是文殊菩萨的应化道场。

从现有资料也可看到,直到道宣时代人们对文殊菩萨应化五台山之说法仍然存在疑问和争议。道宣撰《道宣律师感通录》卷一载,道宣曾向当时某神异之人发问文殊应化五台山之事,"余问:自昔相传,文殊在清凉山,领五百仙人说法,《经》中明文是久住娑婆世界菩萨,娑婆则大千总号,如何偏在此方?答云:文殊诸佛之元师也,随缘利现,应变不同,大士之功,非人境界,不劳评薄。圣智多在清凉,五台县清凉府仙花山,往往有人到,不得不信"①。其回答是文殊菩萨应化五台山是一种随缘应变,另外是因为五台县清凉府信仰者众多。实际是避重就轻地从文殊应化,神秘莫测,人不能知的神秘主义解释,另一方面从五台山有清凉府是信仰胜迹的客观殊胜角度进行了旁证。

道宣法师是继会赜之后大量收集有关五台山文殊神异故事并充分肯定其胜迹地位,力图证明五台山就是清凉山之佛教高僧,具有承上启下的重要作用,为五台山文殊信仰发展做出了重大贡献。

慧祥在《八十华严》翻译之前,撰修了《古清凉传》,极力重申五台山即是《华严经》中之清凉山。《古清凉传》卷一曰:"今山上有清凉寺,下有五台县清凉府。"旁证五台山就是清凉山。慧祥又发议论曰:"或问:大圣化物,理应平等,正宜周旋亿刹,何乃滞此一方乎?答曰:诚如来旨,诚如来旨。但具三缘,须居此地。一是往古诸佛展转住持;二使无志下愚,专心有在;三为此处根熟,堪受见闻。"② 慧祥从如来旨意,为使众生专心有在,对五台山根器成熟三方面又做了比较笼统的回答,实际论证尚缺乏针对性。慧祥引用时人之发问,而这一发问与《道宣律师感通录》所载道宣之发问基本一致,它表明,当时一直有人对文殊菩萨为何驻锡五台山作为应化道场提出质疑。

---

① (唐)道宣:《道宣律师感通录》卷1,《大正藏》第52册,第437页。
② (唐)慧祥:《古清凉传》卷1,《大正藏》第51册,第1092页。

佛陀波利于仪凤元年（676年）顶礼五台山，回国后取来《佛顶尊胜陀罗尼经》，并带梵本进入五台山，于永淳二年（683年）传译流通。"佛陀波利的见闻神话，为五台山文殊信仰提供了活的依据，因而深受武则天的敬重……这一神话表明密教在此时已开始插足于五台，利用文殊信仰来传布它的经典和教义。"①

三　华严学的再次兴盛是五台山文殊信仰发展的重要契机和转折

《八十华严》翻译之前，五台山附会清凉山并被认为是文殊菩萨应化道场只是民间传说，只在一般僧俗信众中传播。武周证圣元年（695年）实叉难陀新译《大方广佛华严经》，圣历二年（699年）完成。《八十华严》翻译之后由于深受武则天崇信的贤首国师以及清凉国师的坚定支持并论证，使五台山作为文殊菩萨应化道场的论断上升到了国家层面，并和李唐王朝的政治统治紧密结合在一起，一方面具有了护国的意义；另一方面也成为彰显大唐王朝鼎盛气象，万国朝圣的强有力明证，成为展示大唐王朝国家文化实力的强有力证据。

对文殊菩萨应化五台山最具权威的解释来自受到最高皇权认可的国师——法藏和澄观。

法藏《华严经探玄记》卷十五《菩萨住处品》曰："清凉山则是代州五台山是也，于中现有古清凉寺，以冬夏积雪故以为名。此山及文殊灵应等有《传记》三卷，具如彼说。"② "此山及文殊灵应等有《传记》三卷"应指会赜撰《清凉山略传》一卷，慧祥撰修《古清凉传》二卷，共三卷，可以说法藏是完全继承并肯定了两传的说法。

澄观于贞元三年（787年）著《大方广佛华严经疏》卷四十七《诸菩萨住处品》曰："清凉山即代州雁门郡五台山也，于中现有清凉寺，以岁积坚冰，夏仍飞雪，曾无炎暑，故曰清凉。五峰耸出，顶无林木，有如垒土之台，故曰五台。表我大圣五智已圆，五眼已净，总五部之真秘，

---

① 吕建福：《五台山文殊信仰与密宗》，《五台山研究》1989年第2期。
② （唐）法藏：《华严经探玄记》卷15，《大正藏》第35册，第391页。

洞五阴之真源,故首戴五佛之冠。顶分五方之髻,运五乘之要,清五浊之灾矣。然但云东北方者,其言犹漫。案《宝藏陀罗尼经》云:我灭度后,于赡部洲东北方,有国名大振那,其国中间有山,号为五顶,文殊师利童子游行居住,为诸菩萨众于中说法,及与无量无数药叉、罗刹、紧那罗、摩睺罗伽、人非人等围绕供养恭敬。斯言审矣。其山灵迹,备诸传记。余幼寻兹典,每至斯文,皆掩卷长叹。遂不远万里,委命栖托圣境,相诱十载于兹。其感应昭著,盈于耳目。及夫夏景,胜事尤多。历历龙宫,夜开千月。纤纤细草,朝间百华。或万圣罗空,或五云凝岫。圆光映乎山翠,瑞鸟鬻于烟霄。唯闻大圣之名,无复人间之虑。入圣境者接武,革凡心者架肩。相视互谓非凡,触目皆为佛事。其山势寺宇,难以尽言。自大师晦迹于西天,妙德扬辉于东夏,虽法身长在,而鸡山空掩于荒榛,应现有方。鹫岭得名于兹土,神僧显彰于灵境。宣公上禀于诸天,汉明肇启于崇基,魏帝中孚于至化,北齐数州以倾俸,有唐九帝之回光,五天殉命以奔风,八表亡躯而竞托。"① 与前人相比较,澄观撰《大方广佛华严经疏》证明"五台山即《华严经》中之清凉山"观点上表现出几个特点,其一,澄观继承前说,以五台山有清凉寺"岁积坚冰,夏仍飞雪,曾无炎暑"来说明此地即为清凉山。其二,征引《金刚顶经》阐述五台表佛教之五智,增加了五台山的神秘色彩和神圣性。其三,认为《华严经》只言清凉山在东北方,指称不明,而《宝藏陀罗尼经》则非常明确文殊菩萨驻锡赡部洲东北方大振那国五顶山,即中国五台山。实际上是改变了五台山附会《华严经》清凉山之状况,首次有了经典之直接依据。对此,澄观法师予以充分的肯定,实际也是彻底回应了社会上关于为何文殊菩萨独在五台山之质疑,实现了五台山作为文殊菩萨道场从传说到证实的实质性转变。其四,澄观又以自己的亲身经历,现身说法证明五台山神异殊胜之种种现象,证明其确实是文殊菩萨之应化道场。

密宗高僧不空及其弟子在五台山建立密教道场,大历四年(769年)不空向代宗奏请:"'大圣文殊师利菩萨,今镇在五台山,福兹兆仁,伏

---

① (唐)澄观:《大方广佛华严经疏》卷47,《大正藏》第35册,第859页。

惟宝应元圣文武皇帝笔下，德合乾坤，日月并明。无疆之福，康我生人，伏唯至今以后，令天下食堂中，于宾头颅上置文殊师利像，以为上座．''代宗准奏'。"后来不空又"进表请造文殊阁，敕允奏"①。"唐代前期，文殊信仰只限于五台山等地，而自大历年起，由于密宗的推崇，文殊信仰推广于天下寺院，成为普遍的信仰。"② 不空等密教高僧借助皇权不仅推动了五台山文殊信仰与密教的结合，而且推动了五台山文殊信仰从民间层面上升到国家层面，从局部区域扩展到全国乃至世界，实现了五台山文殊信仰国家化和世界化。

第五节 佛教与社会

唐代山西佛教寺院众多，僧人非常活跃，使佛教义理十分兴盛，与此同时，佛教进一步与社会结合走入了民间。

一 佛教与名士

（一）王缙与佛教

王缙（700—781年）字夏卿，太原祁（今山西省祁县）人，著名诗人王维之弟。王缙非常崇奉佛教。《旧唐书·王缙传》载："少好学，与兄维早以文翰著名……缙弟兄奉佛，不茹荤血，缙晚年尤甚。"③《佛祖历代通载》卷十四载，永泰元年（765年），宰相王缙曾对代宗说："国家庆祚灵长，福报所凭。虽多难，无足道者。禄山、思明毒流方煽而皆有子祸，仆固怀恩临敌而踣；群戎来寇，未及战辄去。非人事也．'帝由是笃意佛道，修祠祀，诏天下官司无棰辱僧尼，禁中讲诵《仁王护国经》，诏命不空三藏。"④王缙信仰佛教，提倡因果报应思想。此后，其妻李氏去世时，他把宅第改建为宝应寺，且度僧三十人住持。"每节度观察使入

---

① （宋）志磐：《佛祖统纪》卷53，《大正藏》第49册，第468页。
② 吕建福：《五台山文殊信仰与密宗》，《五台山研究》1989年第2期。
③ 《旧唐书》卷118《王缙传》，中华书局1975年标点本，第3416页。
④ （元）念常：《佛祖历代通载》卷14，《大正藏》第49册，第600页。

朝，必延到宝应寺，讽令施财，助己修缮。"① 他还请代宗于禁中设内道场，在宫中兴起了一股崇佛热潮。《新唐书·王缙传》："初，代宗喜祠祀，而未重浮屠法，每从容问所以然，缙与元载盛陈福业报应，帝意向之。繇是禁中祀佛，讽呗齐熏，号'内道场'，引内沙门日百余，馔供珍滋，出入乘厩马，度支具稟给。或夷狄入寇，必合众沙门诵《护国仁王经》为禳厌，幸其去，则横加锡与，不知纪极。胡人官至卿监、封国公者，著籍禁省，势倾公王，群居赖宠，更相凌夺，凡京畿上田美产，多归浮屠。虽藏奸宿乱踵相逮，而帝终不悟，诏天下官司不得棰辱僧尼……七月望日，宫中造盂兰盆，缀饰镠饮琲，设高祖以下七圣位，幡节、衣冠皆具，各以帝号识其幡，自禁内分诣道佛祠，铙吹鼓舞，奔走相属。是日立仗，百官班光顺门奉迎导从，岁以为常。群臣承风，皆言生死报应，故人事置而不修，大历政刑，日以堙陵，由缙与元载、杜鸿渐倡之也。"② 王缙不仅向代宗宣传佛教思想，也影响朝中大臣，在宫廷中兴起了一股崇佛热潮。

崇奉佛教的宰相王缙，对五台山佛教也给予了积极支持。当永泰二年（766年）不空奏《请舍衣钵助僧道环修金阁寺》，次年奏《请舍衣钵同修圣玉华寺》，大历二年（767年）上《请台山五寺度人抽僧》《请修五台山金阁玉华等巧匠放免追呼制》，大历四年又上《请光天寺东塔院充五台山往来停止院》《天下寺食堂中置文殊上座》等疏时，王缙都积极协助，予以批准。同时，他还利用职权，"给中书符牒，令台山僧数十人分行郡县，聚徒讲说，以求贷利"③，助造金阁寺。"金阁寺，铸铜为瓦，涂金于上，照耀山谷，计钱巨亿。"④ 在山西五台山佛教的发展过程中，王缙给予了积极的支持。

唐代世家多奉佛，如琅耶王之弘，贞观年中为沁州和川县（今安泽县）县令，"有女适博陵崔轨，轨于和川会病而卒。卒经数十日，其家忽于夜中闻轨语声。初时倾家惊恐，其后乃以为常。闻语云：'轨是女婿，

---

① 《旧唐书》卷118《王缙传》，中华书局1975年标点本，第3416页。
② 《新唐书》卷145《王缙传》，中华书局1975年标点本，第4716页。
③ 《旧唐书》卷118《王缙传》，中华书局1975年标点本，第3416页。
④ 《新唐书》卷145《王缙传》，中华书局1975年标点本，第4716页。

虽不合于妻家立灵，然以苦无所依，但为置立也。'妻从其请，朝夕置食，不许置肉，唯令下其素食，常劝礼佛，不听懈怠。又具说地狱中事……为轨数设斋供，并写《法华》《金刚般若》《观音》等经，各三两部，兼旧功德如获济。自兹以后即不复来"①。崔轨还魂享受素祭的神异故事杂以济度亡魂、地狱故事，起到了劝人食素、诵经礼佛的作用，反映了唐代世家奉佛，并会为亡者设斋供、写经，以求济度亡者，佛教信仰逐渐深入民众日常生活。

（二）裴休与佛教

河东裴氏为魏晋到隋唐的世家大族。唐初有裴居俭、裴居益兄弟造像，"维大唐咸亨三年（672年）岁次壬申十二月戊午朔十六日癸酉，并州大都督府仓曹参军事裴居俭兄弟等奉为考舒州使君敬造供养。宋治平二年（1065年）九月十五日，维那头头裴文玉、裴周成、众庄等重新修补。清乾隆癸卯十月二十八日，奉政大夫同知江南宁国府事曲沃裴志灏，从闻喜县裴柏村祖庄移来本县大里庄石佛寺妆修供奉。"② 据胡聘之推考裴居俭应为河东裴氏东眷。

裴休（791—864年），字公美，亦为河东裴氏。儿时与兄弟偕隐，"昼讲经夜著书，终年不出户。有馈鹿者，诸生荐之，休不食。曰：'蔬食犹不足，今一啖肉，后何以继。'"③ 裴休"性宽惠，为官不尚瞰察，而吏民畏服。善为文，长于书翰，自成笔法。"④《新唐书·裴休传》亦云其"能文章，书楷犹媚，有体法。为人温藉，进止雍闲。宣宗尝曰：'休真儒者。'"⑤《旧唐书·裴休传》载："家世奉佛，休尤深于释典。"⑥唐末因裴休信佛，影响比较大甚至传说其为于阗国王太子。"《北梦琐言》曰：唐丞相裴休留心释宗，精于禅教。圭峰密公凡所著述，裴悉制序。常着毳衲，于歌妓院持钵乞食，自言，不为俗情所染，可以说法度人。每发愿，世世为国王，弘护佛法。后于阗国王生一太子，手纹有裴休二

---

① （唐）道世：《法苑珠林》卷97，《大正藏》第53册，第1004页。
② （清）胡聘之：《山右石刻丛编》卷4，山西人民出版社1988年版。
③ （元）念常：《佛祖历代通载》卷17，《大正藏》第49册，第645页。
④ 《旧唐书》卷177，中华书局1975年标点本，第4594页。
⑤ 《新唐书》卷182，中华书局1975年标点本，第5372页。
⑥ 《旧唐书》卷177，中华书局1975年标点本，第4594页。

字,闻于中朝,裴之子通书欲奉迎,不允乃止。"① 可见,裴休信佛与家境有密切关系,且有广泛的社会影响。

裴休喜欢结交僧人。他与灵佑禅师、希运禅师、宗密禅师都曾有过交往。宣宗即位后,大力复兴佛教。大中二年(848年),作为宣州刺史的裴休上疏言:"天下寺观,多为官僚寄客蹂践,今后不得于寺居止,违者重罚。制可。"② 裴休曾拜访灵佑禅师,"固请迎而出之,乘之以已舆,亲为其徒列"③。《景德传灯录》卷九:"相国裴公休尝咨玄奥,繇是天下禅学若辐凑焉。"④ 沩山宗与裴休关系很密切。此外,裴休还与希运禅师有交往。大中二年,裴休镇宛陵,建大禅苑,请希运禅师说法,迎至部所开元寺。一日,裴休以所解一文示运,请师指点。但运置之于几,却不批阅,良久乃曰:"会么?"休曰:"不会。"运曰:"若也形于纸墨,何处更有吾宗?"意即不立文字,但悟本心。于是,裴休赠诗一首呈于希运。诗曰:"自从大士传心印,额有圆珠七尺身。挂锡十年栖蜀水,浮杯今日渡章滨。一千龙象随高步,万里香华结胜因。拟欲事师为弟子,不知将法付何人?"⑤ 但是,希运禅师面无喜色,却曰:"心如大海无边际,口吐红莲养病身。自有一双无事手,不曾祗揖等闲人。"⑥ 裴休与希运禅师往来酬答,机锋交错,俨然是二僧对垒,而非一儒一佛。

裴休和宗密禅师之关系则更为密切,如影随形。"影待形起,响随声来,有宗密公,则有裴相国,非相国,曷能知密公。相续如环,未尝告尽,其二公之道如然。则知谛观法王法,则密公之行甚圆。应以宰官身,则裴相之言可度。"⑦ 裴休喜与禅僧交往,并能自如应对禅宗对答机锋,深解禅意与禅趣。

裴休经常为僧人文集撰《序》,以助文教,为亡僧撰写《碑铭》,以兹纪念。裴休与"宗密法师往来甚亲",之于"《圆觉》见得端绪"。

---

① (宋)宗晓:《乐邦遗稿》卷2,《大正藏》第47册,第245页。
② (宋)志磐:《佛祖统纪》卷42,《大正藏》第49册,第387页。
③ (元)念常:《佛祖历代通载》卷16,《大正藏》第49册,第640页。
④ (宋)道原:《景德传灯录》卷9,《大正藏》第51册,第264页。
⑤ (宋)道原:《景德传灯录》卷9,《大正藏》第51册,第266页。
⑥ (宋)道原:《景德传灯录》卷9,《大正藏》第51册,第266页。
⑦ (宋)赞宁:《宋高僧传》卷6,《大正藏》第50册,第742页。

"宗密有所著述",裴休"辄序"①。裴休的此类文稿有《时政记》《普劝僧俗发菩提心文》《〈禅源诸诠集都序〉叙》《〈华严法界观门〉序》《〈圆觉经略疏〉序》《悟达法师碑铭》《澄观国师碑铭》《圭峰禅师传法碑》,等等。

总之,裴休崇信佛教,与禅僧交往密切,讲求佛理、守戒修禅,俨然一副得道高僧之面目。《新唐书》:"太原、凤翔近名山,多僧寺。视事之隙,游践山林,与义学僧讲求佛理。中年后,不食荤血,常斋戒,屏嗜欲。香炉贝典,不离斋中,咏歌赞呗,以为法乐。与尚书纥干皋皆以法号相字。时人重其高洁,而鄙其太过,多以词语嘲之,休不以为忤。"②裴休被时人批评崇佛太过,但他仍不以为意。

二 民众修窟造像

开窟造像自魏晋以来一直是中国佛教发展的主要表现形式之一,唐代仍然兴盛,而且随着唐代社会的安定与富足,民间的开窟更多,造像更加丰富,且很多洞窟和造像体量庞大。

(一)石窟

民众性的石窟造像活动,在当时的山西地区非常盛行。山西现存的唐代石窟主要有以下几处。

1. 长治武乡良侯店石窟

位于武乡县良侯店村南1公里太(太原)洛(洛阳)公路东侧崖面上,原只有1个属于北朝时期的大型洞窟和9个晚期小龛。③ 2007年王普军在调查时发现,在原洞窟右侧十余米处由于岩石崩塌,又暴露出一个唐代洞窟。故将原窟编号为第1窟,唐代窟编号为2号窟。④ 刘永生从造像特征与纹饰图案看,推断时间为唐开元前后。⑤

---

① (清)彭际:《居士传》卷13,《卍续藏》第88册,第208页。
② 《旧唐书》卷177《裴休传》,中华书局1975年标点本,第4594页。
③ 李裕群:《山西北朝时期小型石窟的考察与研究》,巫鸿主编《汉唐之间的宗教艺术与考古》,文物出版社2000年版。
④ 王普军:《长治地区隋唐佛教小型石窟和摩崖造像研究》,山西大学,硕士学位论文,2008年。
⑤ 刘永生:《武乡勋环沟良侯店石窟调查简报》,《文物世界》2008年第1期。

2. 天龙山石窟

唐代在天龙山凿窟建寺达到了高潮，先后在东西两峰共凿了 15 窟。其中，最典型的有第 4 窟、第 14 窟、第 17 窟、第 18 窟、第 21 窟和第 9 窟。以第 9 窟规模最大。

3. 清徐岩香寺石窟

位于太原市清徐县城西南的屠谷山山腰间，有 5 个洞窟，分上下两层，以千佛洞规模最大。该窟平面呈马蹄形，平顶，三壁设坛式，一铺七身造像。从造像特点上看，佛像面相丰颐，身体健壮，着双领下垂式、通肩式袈裟，衣褶呈泥条状突起，跏趺坐像裙摆覆座前呈倒"山"字形，跏趺坐像腿部衣纹呈 U 形。与天龙山石窟第四期（673—704 年）特点相似。[1]

4. 太原明仙村石窟

共三居。这个石窟的形式、平面布局以及雕刻手法等，与天龙山石窟有很多相似的地方。如第一层洞的平面布置、垂帐装饰等，都似天龙山第 8 窟；第二层洞的平面布置和龛门装饰，也和天龙山第 1 窟、第 3 窟近似，可以很明显地看出是受天龙山的影响。石窟的年代初步辨认可能较天龙山晚，但时间相差不会太远。[2]

5. 隰县七里脚千佛洞第 2 窟

按窟门外右侧崖面所刻金大定二十三年（1183 年）七言诗："古壁开堂几百春，独遗小像志乾封……自唐乾封二年（667 年）迄今五百余载。"乾封为唐高宗年号。若以金大定题记上推至乾封二年。计五百一十六年。这与"五百余载"相合。这里有可能暗示第 2 窟开凿的年代为唐乾封二年（667 年），但现窟内没有发现唐代纪年题刻。窟内佛像肉髻低平，面相浑圆，螺发或波状纹发。尤其引人注目的是发际间有一宝珠，眉眼上挑，这一特点与五台山佛光寺藏天宝十一载（752 年）佛像面相相似。因此，第 2 窟开凿年代可能为唐高宗乾封二年（667 年）至玄宗天宝年间（742—755 年）。[3]

---

[1] 韩革：《岩香寺石窟调查报告》，《文物》1999 年第 4 期。
[2] 罗哲文：《太原龙山、蒙山的几处石窟和建筑》，《文物参考资料》1956 年第 4 期。
[3] 郑庆春：《山西隰县七里脚千佛洞石窟调查》，《文物》1998 年第 9 期。

从以上现存石窟看，主要是以天龙山石窟为中心形成的一组石窟群。唐代天龙山石窟的兴盛也是当时历史的一种反映。初唐高祖、太宗尊老子为始祖，采取抑佛扬道政策。武德九年（626年）下诏沙汰僧尼，贞观十三年（639年）下诏沙汰沙门，并下法琳于狱。佛教受到一定限制，天龙山未见初唐洞窟应与此有关。至高宗、武则天时，他们均信佛法。高宗为太子时，即优礼玄奘。显庆四年（659年）冬，请玄奘于玉华宫译《大般若经》，并就宫为佛寺。① 显庆末年，高宗、武则天巡幸并州，瞻礼童子寺大像和开化寺大像，大舍珍宝，敕令庄严备饰佛像。《法苑珠林》卷十四云："显庆末年巡幸并州，共皇后亲到此寺，及幸北谷开化寺。大像高二百尺，礼敬瞻睹，嗟叹希奇。大舍珍宝财物衣服，并诸妃嫔内宫之人，并各捐舍，并敕州官长吏窦轨等，令速庄严备饰圣容，并托觊前地务令宽广。还京之日至龙朔二年（662年）秋七月，内官出袈裟两领，遣中使驰送二寺大像。"② 高宗、则天巡幸并州开化寺不仅大量布施，且驰送二寺大像。

武则天时，又诏令释教在道法之上，僧尼居道士女冠前，又敛天下僧钱作大像。《佛祖历代通载》卷十二："诏敛天下僧钱，日一文聚作大像于白马阪。宰相狄仁杰上疏谏曰：'为政之本必先人事，陛下矜念群生迷谬，弱丧无归，欲令像法兼行，睹相生善。然今之伽蓝制过宫室，穷奢极壮，刻绘尽功，宝技殚于缀严，瑰材极于轮奂，工不役鬼，物不天来，既皆出于民，将何以堪之……伏惟功德无量，何必兴建大像以劳费为名乎？虽敛僧钱百未及一，尊容既广不可露居，覆以百层尚忧未遍。臣今兼采众议，咸以为如来设教以慈悲为主，普济群品是其用心，岂以劳人而存虚饰哉？'疏奏，则天不纳。"③ 宰相狄仁杰上疏谏言勿崇佛太过，耗费民力，但被武则天驳回。可见，武则天崇佛之笃诚。

天龙山四期洞窟开凿于高宗、武则天时期绝非偶然，应与沙门薛怀义、法朗造《大云经疏》宣称则天是弥勒下生有关。《大宋僧史略》卷下

---

① （宋）志磐：《佛祖统纪》卷29，《大正藏》第49册，第294页。
② （唐）道世：《法苑珠林》卷14，《大正藏》第53册，第392页。
③ （元）念常：《佛祖历代通载》卷12，《大正藏》第49册，第584页。

曰:"则天朝有僧法朗等,重译《大云经》。陈符命言:'则天是弥勒下生,为阎浮提主。'唐氏合微,故由之革薛称周(新《大云经》曰:'终后生弥勒宫,不言则天是弥勒')。法朗、薛怀义九人并封县公,赐物有差,皆赐紫袈裟银龟袋。其《大云经》颁于天下寺。各藏一本。"① 因此,四期洞窟的开凿是与这种历史背景相吻合的。值得注意的是,玄奘弟子窥基曾在并州童子寺弘宣唯识。窥基也崇奉弥勒净土。《宋高僧传·窥基传》载:"生常勇进,造弥勒像,对其像日诵菩萨戒一遍,愿生兜率,求其志也。"② 可见,四期出现的弥勒题材或与窥基在并州传法有关。善导为净土大师,曾投并州玄中寺道绰禅师受净业,后至长安弘宣净土,"写弥陀经十万卷,画净土变相三百壁,坏寺废塔所至修营。"③ 永隆二年(681年)卒后,其弟子怀浑葬其遗骸于长安终南山麓。因此,天龙山善导墓可能是民间传说,后人穿凿附会而成。但也有可能意味着善导曾涉足天龙山,与石窟开凿有一定关系。④

综上,我们可以看出以天龙山石窟为中心的石窟群反映出唐代山西佛教因李唐皇族的支持,民间信仰佛教者的增多,发展非常兴盛。

(二)摩崖造像

摩崖造像比开窟造像相对比较容易,因此在山西地区亦非常盛行。现存的山西摩崖造像主要有以下几处。

1. 黎城县佛爷凹摩崖造像

位于长治市黎城县东阳关镇老金蛟村西北约2公里的王帽山。造像分为三区,一区相对独立,位于山坳东侧石岩底部,二区和三区位于山腰一凹形崖壁处,距地面约4米。二区为山坳东壁造像,三区为山坳北壁造像。

2. 横岭摩崖造像

位于寿阳县横岭村北,共36龛,每小龛高30厘米,宽36厘米,横竖各六龛,每龛一佛像,损毁严重。

---

① (宋)赞宁:《大宋僧史略》卷下,《大正藏》第54册,第248页。
② (宋)赞宁:《宋高僧传》卷4,《大正藏》第50册,第725页。
③ (宋)志磐:《佛祖统纪》卷26.《大正藏》第49册,第263页。
④ 李裕群:《天龙山石窟分期研究》,《考古学报》1992年第1期。

3. 北榆村摩崖造像

位于寿阳县北榆村木瓜河畔石崖，共17龛，雕佛像58尊，龛下及侧面刻有题记。

4. 双凤山摩崖造像

位于寿阳县北四十里双凤山，旧称阳摩山，既有东魏造像，亦有唐代开元八年（720年）造像。

5. 汝家庄摩崖造像

位于沁源县县城东北56千米景凤乡汝家庄村东口景凤河东岸崖壁上。壁紧临河床，造像龛距河面2.8米，有4龛。

6. 社科村摩崖造像

位于沁源县景凤乡社科院村西100米阳脑山山底崖面上，造像坐北朝南。造像所在崖面长2.1米，高约5米，共有10龛。

7. 枣林村摩崖造像

位于沁源县交口乡枣林村内。造像分布于东西走向高约6米的崖壁的底部。造像分布区域崖面长4.1米，高1米，下半部埋于土中。造像坐北朝南，东西向分布3龛。

8. 柳湾村摩崖造像

位于沁源县柳湾村西桥头的一处长3米、高1.5米的天然崖壁上，大致分为左右两部分。左部多位圆拱龛，风化严重。右部以一坐佛为中心分布着5龛。

9. 木图村摩崖造像

位于原平市苏龙口乡木图村北1000米处。摩崖造像即雕刻在东山脚下的一块岩石面上。龛口西向，素面圆拱形，高70厘米，宽52厘米，深9厘米。龛内高浮雕佛教造像一铺五尊，造像组合为一佛二弟子二菩萨。

除此之外山西唐代摩崖造像还有如吉县挂甲山摩崖造像、霍州千佛崖造像、乡宁县关王庙南村摩崖造像等。

上述摩崖造像大多都有明确的纪年。佛爷凹摩崖造像有唐永徽四年（653年）、唐龙朔二年（662年）、唐仪凤三年（678年）、后汉乾祐二年（949年）题记；横岭摩崖造像有唐显庆四年（659年）题记；北榆村摩崖造像有总章二年（669年）、咸亨元年（670年）题记；汝家庄摩崖造像有唐乾元三年（760年）题记；社科村摩崖造像有唐中和五年（885年）题记。纪年不明或没有纪年的有响堂寺摩崖造像、柳湾摩崖造像。因此就时间看，主要分布在唐初期和中期，唐代晚期的摩崖造像较少。

就山西现存摩崖造像风格看，总体与龙门石窟相近，但其艺术水平却不能与龙门石窟同日而语，呈现了自身的特点。

一是造像龛方面，向多元化发展。帐形龛已经基本绝迹，圆拱龛继续流行，尖拱龛、方形龛、长方形龛也占有一定比例，还出现了拱形龛。另外，造像的大背屏也直接雕凿于崖面作为一种特殊的形制。这种多元化的造像龛表现出一定的随意性。

二是造像特点方面，佛像肩宽体壮，胸肌发达，面相方圆，耳廓较大，着衣方式略与龙门石窟有区别，多为双领下垂式和袒右式装，但交领式装还存在。造像组合方面，造像多为单躯像、双菩萨像，以地藏菩萨和观音菩萨为多。

三是造像的服饰方面，佛像的衣着为双领下垂式装，佛像多数为螺发。这一点不同于龙门石窟流行的着装服饰。龙门为右侧衣领竖直下垂、左侧衣领下垂至腹、膝后再向右绕的方式。山西地区造像服饰为左侧衣领竖直下垂、右侧衣领下垂后反绕的方式；内着僧祇支也出现了较为罕见的由右肩斜向左下的穿法。

四是从造像题记看，仍然以追求现实性、功利性目的为主。从题记内容看，主要是为亡人而造，目的是"即时离苦"，早成佛道，而为了实现这一目的，民众便选择了观音、地藏及弥勒菩萨的任意组合，表现出较强的民间性。

（三）佛教岩画

岩画指在岩石表层作画，属于一种平面画。2009年4月，长治市文物普查队在襄垣县下良镇圪岔角村村北5公里的化岩角山发现了佛教岩画。现仅存上层岩画。从洞口顶部南侧由北向南依次排列有岩画6幅，除第2幅岩画为释迦说法图外，其余5幅皆为供养人画像，画面人物躯体修长，褒衣博带，双手打拱或合十，面朝释迦图作聆听说法状。每人头侧有黑色条框，但字迹难辨，推测应为供养人的姓名。供养人多为当地上层的士大夫及贵妇形象，有的头戴纱帽，宽衣广袖，有的身着常服，圆领，革带长靴，具有隋、唐时期的服饰风格。1号岩画中上层的供养人形象与山西沁源县贾郭石窟6号窟内的供养人造像颇为相似。由此推断化岩角山岩画应产生于隋至初唐时期。①

创制造像碑也是崇信佛教的基本表现形式之一。山西现存唐代造像碑分布广泛，数量较多，遍及各地，以唐高宗与武则天统治时期最多。造像者除个体外，大多是家族或合邑建造。造像者的身份有官员、僧人以及普通民众，尤其还有不少女性参与其中，可见佛教已经广泛地走入了民间。

从造像题记看民众造像的目的主要有两个：一是祈愿亡者往生净土。如《史晖造像记》云："今佛弟子清信女史晖减削家珍，为亡夫解冯仙早从风烛，敬造石像一区，所愿亡者往生净土。"② 二是为皇帝及家门眷属祈福长寿平安。如《卢金友造像记》云："司马公及郎君娘子等寿天地而俱长，福山河而等固，又乘此善普及众生，回向菩提，证真常乐。"③ 与造像目的息息相关的是造像题材，造像碑中主要为释迦佛、阿弥陀佛、弥勒佛以及观音菩萨、地藏菩萨等佛菩萨为主。民众造单体佛像或者菩萨像的情况也比较普遍，或者安置于家中供养，或者布施寺院供奉。

三 佛教经幢的建造

从理论上看，"幢"首先是佛教道场的严饰之具。梵语"驮缚若"或"计都"；翻成汉语，叫作"宝幢""天幢"。在《法华经第五·分别功德品》和《观无量寿经》等经典都载有供养"幢幡"殊胜之处。若有人向塔寺道场，施"幢"供养，必能获得殊胜果报云云。如唐中印三藏善无畏译《苏悉地羯啰供养法》卷下："次运心供养者，以心运想，水陆诸花，无主所摄，遍满虚空尽十方界，及与人天妙涂香云。烧香灯明幢幡伞盖，种种鼓乐歌舞妓唱，真珠罗网悬诸宝铃，花鬘白拂微妙磬铎，矜羯尼网如意宝树，衣服之云。天诸厨食上妙香美，种种楼阁宝柱庄严，

---

① 崔利民等：《山西襄垣县化岩角山隋唐时期佛教岩画》，《考古》2011年第5期。
② （清）胡聘之：《山右石刻丛编》卷4，山西人民出版社1988年版。
③ （清）胡聘之：《山右石刻丛编》卷5，山西人民出版社1988年版。

天诸严身头冠璎珞。如是等云，行者运心遍满虚空，以至诚心如是供养，最为胜上。"① 可见，"幢"是作为佛教中供养物之一，用来庄严道场。其次，幢具有一定的象征意义即用来代表解脱烦恼，得到觉悟。唐中天竺三藏输波迦罗译《苏悉地羯啰经》卷二《成就诸物相品第二十七》："复次我今说成就物，依是三部真言悉地。所谓真陀摩尼、宝瓶、雨宝、伏藏、轮、雌黄、刀，此等七物。上中之上，能令种种悉地，成就增益福德，乃至成满。法王之法，况余世事，佛部莲华部金刚部，三部真言，皆有如是胜上成就。于三部中，随受持者，具获五通，为上悉地。言七物者，若欲成就真陀摩尼者，法验成已。当作金台，量长一肘，或用银作，庄严精细。台头置摩尼珠，其珠用红颇梨，光净无翳，或好水精，如法圆饰，成此宝者，应念诵作台图样，此样不具载。若欲成就贤瓶法者，庄严其瓶，如受真言品中说，唯不着水置于幢台，次作瓶样，样准印法。"② 该经讲述欲成就真陀摩尼成就需要作幢台，还附有幢台图样，该幢台与经幢结构很相似，很可能是经幢建立的来源之一。

《佛顶尊胜陀罗尼经》被认为不但可以救拔幽冥，还可祈求现实利益，使人永离病苦，延年益寿。佛经曰："若有男子女人，须臾读诵持此陀罗尼者，当知此人所有三恶道苦，破坏消灭无有遗余。诸佛净土及诸天宫，一切菩萨甚深行愿，随意游入悉无障碍。"③ "佛告天帝，若复有人，就于一切畜生耳中，诵是陀罗尼咒唯一遍者，而是畜生耳根，一闻如是陀罗尼故，尽此一形，不复重受禽畜之身，应入地狱，即得免离。"④ 听佛顶尊胜陀罗尼咒可以治病、增寿、消业，"一切地狱之苦，一切鸟兽，乃至有命之类，闻此陀罗尼声，一经于耳，尽此身已，更不复受一切众苦。佛言，若复有人忽遇恶病，众苦逼迫，闻此陀罗尼者，即得永离一切恶病，众苦消灭"⑤。可以超度亡灵，使人往生西方极乐世界，"佛言若人先造一切极重恶业，遂即命终。乘斯恶业，应堕地狱，或堕畜生

---

① （唐）善无畏译：《苏悉地羯罗供养法》卷3，《大正藏》第18册，第702页。
② （唐）输波伽罗译：《苏悉地羯罗经》卷2，《大正藏》第18册，第652页。
③ （唐）义净：《佛说佛顶尊胜陀罗尼经》卷1，《大正藏》第19册，第362页。
④ （唐）地婆诃罗：《最胜佛顶陀罗尼净除业障咒经》卷1，《大正藏》第19册，第361页。
⑤ （唐）义净：《佛说佛顶尊胜陀罗尼经》卷1，《大正藏》第19册，第363页。

阎罗王界，或堕饿鬼，乃至堕大阿鼻地狱，或生水中，或生禽兽异类之身。取其亡者，随身分骨，以土一把，诵此陀罗尼二十一遍，散亡者骨上，即得生天"①。可见，《佛顶尊胜陀罗尼经》宣扬其功能不仅非常广大，而且有所谓"立竿见影"之功德。

《佛顶尊胜陀罗尼经》中宣传的获得功德之法门简单易行。经中宣传如果将其放置在楼顶、家里、墓地或者山上，可以消除恶业。据《佛顶尊胜陀罗尼经》载："佛告天帝，若人能书写此陀罗尼，安高幢上，或安高山，或安楼上，乃至安置窣堵坡中。天帝，若有苾刍、秘刍尼、优婆塞、优婆夷、族姓男、族姓女，于幢等上或见，或与相近，或其影映身，或风吹陀罗尼上幢等上尘落在身上。天帝，彼诸众生所有罪业，应坠恶地道狱、畜生阎罗王界、饿鬼界、阿修罗身恶道之苦，皆悉不受，亦不为罪垢染污。"②凡人接近或见到此陀罗尼，甚至陀罗尼经幢的影子映到身上，乃至幢上的灰尘偶然飘落在人身上，都可以净除一切罪业恶道，而得福报，修行较为简便，对于中下层人民来说更具有吸引力。

经幢是在历史的发展中逐渐演变而来的，特别是为了适应社会信众供养的需要，成为佛教道场中供奉的法物之一，并发挥着世俗与宗教两方面的重要作用。

（一）部分重要经幢简况及分布

《金石萃编》《山右石刻丛编》《三晋石刻大全》以及各地县志等资料中，保存了较为丰富的佛教经幢资料。③

1. 晋城市东大街社区马道巷唐仪凤元年（676年）佛顶尊胜陀罗尼经幢，石灰岩质地，八面形经幢，高70厘米，宽28厘米，厚30厘米，楷体竖书。④

2. 安泽博物馆藏永淳元年（682年）佛顶尊胜陀罗尼经幢，首题"为□敬造佛顶尊胜陀罗尼幢合村供养"。八棱石柱，砂石质，通高197厘米，残为两截，直径48厘米，各边宽22厘米，八面幢文，每面9行，

---

① （唐）佛陀波利译：《佛顶尊胜陀罗尼经》卷1，《大正藏》第19册，第351页。
② （唐）义净：《佛说佛顶尊胜陀罗尼经》卷1，《大正藏》第19册，第363页。
③ 赵改萍：《唐代佛顶尊胜陀罗尼经幢在山西的流布》，《山西档案》2012年第2期。
④ 李玉明：《三晋石刻大全·晋城城区卷》，三晋出版社2012年版，第6页。

每行55字。①

3. 寿阳县平舒村崇福寺陀罗尼经幢，幢八面，高二尺八寸，每面广六寸，九行，行五十五字至六十三字不等。题"大唐神功元年（697年）三月二十八日崇福寺内建立陀罗尼经幢一座，主持僧洪深，门人真元、真义"②。

4. 介休雨水村吉祥寺陀罗尼经幢，幢八面，高四尺二寸，每面广六寸二分，八行，漫漶过甚，字数难稽，正书。开元二十年（732年）六月七日造，题记载，"上为圣神皇帝、皇后、州牧、县宰七代□□师僧□□□□有情、六道众生，同出苦门，离苦解脱，幢主佛弟子□□□□南无佛陀□□□□□□□□□□□□□□□□□□□□当读十二部经一遍□等敬造施者"③。

5. 凤台县（今晋城）杨□仙造陀罗尼经幢，幢高二尺五寸，广四尺六寸，八面刻。先经后记。六行，行字不一。字径六分，正书。唐天宝十有二载（753年）岁次癸巳七月朔庚子十五日甲寅。④

6. 闻喜县王守忠陀罗尼经幢，幢高一尺三寸七分，七面，各广三寸八分。七行，行三十一字至二十九字不等。刻有佛顶尊胜陀罗尼经，永泰元年（765年）十二月□□朔□□守，闻喜县令王守忠敬造。⑤

7. 交城天宁寺陀罗尼经幢，现存经幢6座，皆为唐贞元、元和年间（785—820年）所建，有方形和六角形两种。其中一座设须弥座，上置仰莲座，幢身二层，下层正面雕方形门，门外刻拱形门楣，两侧各雕金刚一尊；二层塔身刻《佛顶尊胜陀罗尼经》，之上为幢顶，由云墩、仰莲、宝珠和宝顶组成。⑥

8. 凤台县（今晋城）泽州刺史皇甫曙造金刚经幢，幢高五尺三寸，八面，面广六寸五分，行字不等，正书。唐开成元年（836年）岁次丙辰

---

① 高剑峰：《三晋石刻大全·安泽县卷》，三晋出版社2011年版，第12页。
② （清）胡聘之：《山右石刻丛编》卷5，山西人民出版社1988年版。
③ （清）胡聘之：《山右石刻丛编》卷6，山西人民出版社1988年版。
④ （清）胡聘之：《山右石刻丛编》卷7，山西人民出版社1988年版。
⑤ （清）胡聘之：《山右石刻丛编》卷7，山西人民出版社1988年版。
⑥ 李彦、张映莹：《〈佛顶尊胜陀罗尼经〉及经幢》，《文物世界》2007年第5期。

五月七日建。①

9. 凤台县（今晋城）王刘赵珍等造陀罗尼经幢，幢高三尺四寸五分，八面，面广六寸五分，经七面，记一面。两截刻，七行，行字不一，正书。唐开成四年（839年）季己未岁五月二日。②

10. 五台山佛光寺陀罗尼经幢，一为唐大中十一年（857年）建造，高3.24米；另一为唐乾符四年（877年）建造，高4.9米。唐大中十一年幢设八角形基座，仅有上枭和束腰，每面镌刻壶门，狮子踞伏其中。基座上是仰覆莲的狮子座，之上立八角形幢身，上刻《陀罗尼咒》。幢身上设八角形宝盖，每面悬璎珞一束。宝盖之上设八角矮柱，四正面各雕佛龛一尊，中置佛像，最上为莲瓣及宝珠。唐乾符四年（877年）经幢设八角形须弥座，束腰部分每面设龛，内有伎乐。幢身平面亦为八角形，上刻《佛顶尊胜陀罗尼经》。幢身上为八角攒尖顶形的屋盖。③

11. 汾阳北廓村陀罗尼经幢。青石质，通高3.2米、底座直径0.9米，经幢平面为八角形，整体由十节石料叠压构成幢座、幢身、幢顶。幢座由八角形基座上托圆形束腰莲花须弥座构成，基座八角有石雕力士支撑。幢身为八棱直柱，分上下两段，两段间由一宝盖间隔，宝盖分两部分，上为八角帏幔宝盖，下为仰莲。幢顶由八角攒尖上嵌莲花宝刹构成。幢身上段八面各有线刻佛像一尊，下段为经幢主体，七面阴刻《佛顶尊胜陀罗尼经》经咒全文七十六句，首署："佛顶尊胜陀罗尼"。末署："乾符肆年（877年）岁次丁酉贰月癸卯朔十五日丁巳建，随州江禹锡书并述记。"一面为题记，上部线刻供养人像，下部阴刻题记："奉为先师临坛律大德文幽建造陀罗尼幢并记，弟子重晖造。"书体楷书，字迹秀丽，遒劲刚健。④

12. 虞乡县（今永济）石佛寺陀罗尼经幢，幢高四尺，八面，每面广五寸。七行，行六十七字至八十七字不等，正书。刻有佛顶尊胜陀罗尼

---

① （清）胡聘之：《山右石刻丛编》卷9，山西人民出版社1988年版。
② （清）胡聘之：《山右石刻丛编》卷9，山西人民出版社1988年版。
③ 梁思成：《记五台山佛光寺的建筑》，《文物参考数据》1953年第5期。
④ 武登云：《三晋石刻大全·汾阳县卷》，三晋出版社2017年版，第139页。

序和经文，唐末碑，具体时间不详。①

13. 晋城崇寿寺经幢，寺内有唐代八角形石幢两座，通高4米，须弥座上雕宝装莲瓣及石狮，幢身刻陀罗尼经，宝盖为缨珞花纹，镂刻精细。②

14. 洪洞县广济寺唐陀罗尼经幢。它由青石砌成，平面呈八角形，四层十五级，高9.4米。③

唐五代时期，载入文献记载的经幢数量应该50通左右，主要分布于山西晋东南、晋南地区，少部分分布于晋中以及五台山等地区。晋东南、晋南地区与长安、洛阳的交通较为便利，这大大地有利于佛教的交流与经幢文化的传播。唐代山西属于河东道，治所在河中府（今永济蒲县）。唐时河东道"东距恒山，西据河，南抵首阳、太行，北边突厥。"④蒲津关地当关内、河东、河南之交会处，地理位置极为重要，严耕望将之称为"河东、河北陆道西入关中之第一锁钥"。⑤张说《蒲津桥赞》曰："河上有三桥，蒲津是其一。隔秦称塞，临晋名关，关西之要冲，河东之辐凑，必由是也。"⑥都足见蒲津关地理之险要，地位之重要。另据日僧圆仁《入唐求法巡礼行记》卷三记载，他在大和二年（828年）由五台入长安，"（八月）十三日……从北舜西门出，侧有蒲津关，到关得勘入，便渡黄河"⑦。可见，唐代晋南在沟通北都太原与西都长安、东都洛阳的文化交流中占有重要地位，这可能是陀罗尼经幢在晋南地区比较流行的地理交通优势。

从时间分布看，唐代经幢建立时间主要在唐玄宗开元、天宝年间，

---

① （清）胡聘之：《山右石刻丛编》卷9，山西人民出版社1988年版。
② 朱希元：《晋东南潞安、平顺、高平和晋城四县的古建筑（续）》，《文物参考数据》1958年第4期。
③ 祁英涛、杜仙洲、陈明达：《两年来山西新发现的古建筑》，《文物参考资料》1954年第11期。
④ 岑仲勉：《隋唐史》，中华书局1982年版，第258页。
⑤ 严耕望：《唐代交通图考》第一卷《京都关内区》，上海古籍出版社2007年版，第99页。
⑥ （唐）张说：《蒲津桥赞》，《全唐文》卷226，中华书局1983年版，第2277页。
⑦ [日] 圆仁著，白化文校：《入唐求法巡礼行记》卷3，花山文艺出版社1992年版，第334页。

之后唐代宗、德宗、文宗、宣宗、懿宗、僖宗、昭宗时期都有建立，并主要集中在唐中晚期。这与中国历史以及密教的历史发展的规律相一致。在唐代，密宗在玄宗的支持下于开元期间兴盛起来。安史之乱以后，外患频仍，藩镇割据，密教进一步在国家政治层面上升为护国安邦、抗敌御辱、消灾解祸、安定民心的一种精神安慰剂。唐代宗于永泰元年（765年）组织不空编译《仁王护国般若经》，加之《佛顶尊胜陀罗尼经》所宣扬其具有超度亡人、破除地狱之苦的种种功德，更加得到了下层民众的信仰和认可，于是内外因素相结合，使得佛顶尊胜陀罗尼经幢在中晚唐被频繁建立。

（二）佛教经幢的特点

1. 树立地点

唐代山西经幢主要以《佛顶尊胜陀罗尼经》经幢为主，也有刊刻《金刚经》等内容的佛教经幢。树立的地点大多集中在寺院，一般多为僧众为某一事情或者为亡者树立，如汾阳北郭村乾符四年（877年）重晖造佛顶尊胜陀罗尼经幢，"奉为先师临坛律大德文幽建造陀罗尼幢"①，此经幢是重晖奉其师父遗命而建立，以表孝诚。经幢兼刊亡者简要生平、功德，因而兼具墓志的作用。有的经幢除刊《佛顶尊胜陀罗尼经》外，还刊刻寺庙修建发展历史以及寺院四至范围以及寺产。如平顺龙门山院后汉乾祐三年（948年）佛顶尊胜陀罗尼经幢，②载述了山主僧悟深等人修建寺庙，创立经幢之经过以及寺院四界。这类经幢则兼具"创修碑志"或"重修碑志"的多重性质，不仅宣扬经幢的所谓功德力，而且记事、记人乃至记载寺院财产，起到记录寺产凭证的作用。

经幢建立缘由之实际状况可能更为复杂，也有民众为某事建幢树立于寺院者，或个人或家族或者合邑共建。一般信众在树立经幢之时，更可能会联系实际状况，将自己的祈愿刊刻于经幢之上，也有可能受到政治等各种因素的影响。如泽州开元寺杨□仙天宝七载（753年）造陀罗尼经幢，"奉神武应道皇帝建立宝幢，皇帝广□善贷，□□告成。天宝七载

---

① 武登云：《三晋石刻大全·汾阳县卷》，三晋出版社2017年版，第139页。
② 申树森：《三晋石刻大全·平顺县卷》，三晋出版社2013年版，第16页。

五月十三日，大赦天下，汴庆惟新。上报圣慈，随时□□待制"①。天宝七载，唐玄宗又加尊号为"开元天宝圣文神武应道皇帝"，并大赦天下。唐代地方军阀势力日益膨胀，两年以后就爆发了安史之乱，可见，唐玄宗此时加尊号，大赦天下，有笼络民心、粉饰太平之意。经幢题记称是"奉圣意建立"，应该不是攀附之辞，而极可能玄宗曾确实下令寺院建立经幢，为国消灾祈福。泽州崇寿寺中院东西两侧，亦各树立一经幢，均刊"开元天宝圣文神武应道皇帝"②。可见，佛教也被作为宣扬天下太平、为皇帝祈福的政治操作工具。再如，太原军招信都厢虞侯郭存实"以天祐拾柒年（919年）庚辰岁暮春之季，无□□巡游到寺，复睹名山。瞻眺境奇，发愿于罗汉楼前建立《佛顶尊陀罗尼尼经》石幢壹只。……伏愿烽烟早息，铁骑罢征，四民乐业，五谷丰登，于□□□□□福两地，骨肉安康，自身职禄日迁，保欢荣于膝下，次愿法男有□□沾□乐□□"③。天祐四年（907年）唐朝灭亡，但此经幢仍用唐朝年号，是因李克用统治山西，不接受后梁统治，仍然崇奉唐朝昭宗的年号。下级军官郭存实应该也是难忘旧朝，因此希望"烽烟早息，铁骑罢征，四民乐业，五谷丰登，骨肉安康"，反映了在动荡战乱的社会背景下，亡国之民希望过上安定生活的美好愿望。

民众亦建幢树立于亡者坟地。如原平娄烦县蒲峪村大中四年（850年）刘士斌等为亡父母敬造佛顶尊胜陀罗尼经幢，④ 就建立于刘士斌亡父母墓地，其目的应是为亡人追荐福佑，祈求所谓离苦得乐，获归净土，消灭罪障。

依据《佛顶尊胜陀罗尼经》的经义，建立经幢的地点应是在高处。"佛告天帝，若人能书写此陀罗尼，安高幢上，或安高山，或安楼上，乃至安窣堵波中。"⑤ 树立在寺院的经幢，或建于山门前，或树立在某一殿堂前，其地点的选择或系请教寺院僧人；或系出于自身的选择，抑或是

---

① 樊秋宝：《泽州碑刻大全》第2册，中华书局2013年版，第185页。
② 樊秋宝：《泽州碑刻大全》第3册，中华书局2013年版，第399页。
③ （清）胡聘之：《山右石刻丛编》卷9，山西人民出版社1988年版。
④ 梁俊杰：《三晋石刻大全·娄烦县卷》，三晋出版社2016年版，第6页。
⑤ （唐）佛陀波利译：《佛顶尊胜陀罗尼经》卷1，《大正藏》第19册，第351页。

二者相互作用的结果。从经幢的幢记与最后题记结合来看，再根据密教的修行仪轨，一般幢的建立都应得到僧人的指导，遵循一定的程序而建。如建立于今晋城的唐开成元年（836年）泽州刺史皇甫曙造金刚经幢。"寺中老僧指点曰：'石即洞中物，其上有字，似《金刚经》语，又疑为或是古僧墓也。'俾出诸土，拂拭而盥洗之。翌日，嘱张刘二广文觅人搨印，审视始详其年月及建碑人姓名。"①

唐代寺院树立经幢应该非常普遍，有的寺院内甚至树立多通经幢。如五台佛光寺经幢有2通，高平定林寺经幢2通、五台山尊胜寺经幢2通、交城天宁寺有6通经幢，各经幢时间不一，地点各异。五台山尊胜寺经幢并不是同时建立的，而是先有人树立一通，后人追随陆续树立，呈现对称的形状。

2. 经幢树立者

唐五代山西佛教经幢建立是统治者的支持、僧人与信众崇信的结果。就建幢人来看，主要有以下几类。

第一是士大夫阶层。如建立于今晋城的唐开成元年（836年）泽州刺史皇甫曙造金刚经幢。"忽闻家人传读是经，一世思尔建立传模，暗记数行及长思之，信有宿习，自弱冠至于今，时念不辍，常愿广宣同志，播于无穷。今刊石建幢，永为供养。"② 泽州刺史皇甫曙从小听家人诵读《金刚经》对其幼小心灵产生影响，在其成年为官后也念诵《金刚经》，并建立经幢。再如永泰元年（765年）闻喜县令王守忠所造经幢也是士大夫官吏崇信之例。这就说明佛教在地方上亦得到上层人士的支持。

第二是僧人。僧人作为寺院的常住，大量的经幢多由僧人建立，如寿阳平舒村崇福寺大唐神功元年（697年）陀罗尼经幢由僧人洪深等建立。

第三是普通信众。如凤台县唐天宝十二载（753年）杨□仙所造陀罗尼经幢、凤台县唐开成四年（839年）王刘赵珍等造陀罗尼经幢等。究其原因主要是佛教宣传《佛顶尊胜陀罗尼经》具有所谓破地狱的功能，这

---

① （清）胡聘之：《山右石刻丛编》卷9，山西人民出版社1988年版。
② （清）胡聘之：《山右石刻丛编》卷9，山西人民出版社1988年版。

种宣说使得信众仿佛找到了一种拯救逝去亲人"离苦得乐"的技术，而且比较简单易行，可感可视，财力投入也在承受范围之内，因而，佛教经幢获得了快速的流行。佛教经幢可谓佛教地狱轮回、因果报应等佛教思想与中国传统家族忠孝观念密切结合的物化表现，是佛教中国化进一步深入的产物。

僧人除专门为寺院立幢外，在其他场合中承担着联系信众或官吏与建立陀罗尼经幢之间的桥梁作用，而普通信众和士大夫官吏则是真正的实施者，或是捐资，或是供养。

3. 形制

关于经幢的性质、形制与来源，刘淑芬已有专文论述。[①] 在此，仅结合山西特殊的地理人文环境分析唐代山西经幢的相关内容。

（1）佛教经幢的高度。山西地区经幢的高度一般介于0.23米和9.4米之间。据笔者初步的观察，唐代中期的山西经幢，结构简单，一般均为单层，装饰亦少，高度大都在2—3米以下；中唐以后，经幢逐渐采取多层的结构，装饰也益趋复杂；下施须弥座，上加华盖，装饰日趋华丽，高度有所增加，在3—4米左右，但也有少数例外者，如山西广济寺陀罗尼经幢高9.4米。

（2）佛教经幢的形制。由下至上，经幢一般可分为幢座、幢身和幢刹三部分。幢座一般由八角形基座上托圆形束腰莲花须弥座构成，基座八角有石雕力士支撑。幢身一般为八棱直柱，分上下两段，两段间由一宝盖间隔，宝盖分两部分，上为八角帏幔宝盖，下为仰莲。幢刹由八角攒尖上嵌莲花宝刹构成。

（3）佛教经幢的构造，可能有好几种方式，刘淑芬教授总结为以下两种：一是榫接法，另外一种则非采榫接法者。[②] 山西经幢的结构与做法大体也是这两种，但以前一种为多，后一种多在北宋以后才出现，如稷山县西社镇仁义村1通经幢，即由青石雕制而成。

---

① 刘淑芬：《灭罪与度亡——佛顶尊胜陀罗尼经幢研究》，上海古籍出版社2008年版，第51—65页。

② 刘淑芬：《灭罪与度亡——佛顶尊胜陀罗尼经幢研究》，上海古籍出版社2008年版，第61页。

4. 佛教经幢镌刻的内容

佛教经幢上镌刻的文字主要是佛经、陀罗尼咒语，另外还有造幢记、造幢者的题名，少数的经幢也有额题。造幢记包括序、铭和赞，主要是叙述造幢缘起，其中多是赞叹《佛顶尊胜陀罗尼经》或其他经典之所谓威力神效，有的也兼述经典东来的传奇。

唐代，《佛顶尊胜陀罗尼经》译本以佛陀波利本最为流行，经幢之上也多刊刻此版本佛经，并依据《经序》，述其缘起、功德及东传中国经过。如唐文宗开成四年（839年），山西凤台县王刘赵珍等所建立的陀罗尼经幢赞文中云："是佛陀波利问大圣于五台，远陟流沙，赉神咒于七载。佛顶尊经者，金果宣□，以重译为五部之真宗，千佛之上道。"① 永济石佛寺经幢《佛顶尊胜陀罗尼经序》亦云："佛顶尊胜陀罗尼经者，婆罗沙门僧佛陀波利，仪凤元年（676年）从西国来，至此土到五台山。次遂五体投地向山顶礼曰：'如来灭后，众圣灵唯有大士文殊师利于此中汲引苍生，教诸菩萨。波利所恨生逢八难，不睹圣容，远陟流沙，故来敬谒。伏念大慈大悲普覆令见尊仪。'……回还西国取《佛顶尊胜陀罗尼经》，至永淳二年（683年）回至西京，具以上事闻奏。大帝遂将其本入内，请日照三藏法师及敕司宾客令杜行顗译此经。"② 原平娄烦县蒲峪村大中四年（850年）刘士斌等为亡父母敬造佛顶尊胜陀罗尼经之幢，③ 除刊《佛顶尊胜陀罗尼经》之外，乾符三年（876年）又刻《续命经》一卷。黎城故县村天祐十三年（916年）佛顶尊胜陀罗尼经幢，除刊刻《佛顶尊胜陀罗尼经》之外，还刊刻了《大悲咒》。④

唐代《佛顶尊胜陀罗尼经》有八个译本，佛陀波利的译本是最为流行的本子。究其原因应与五台山文殊信仰有关。佛陀波利将此经梵本携来前后，就有某些涉及五台山和文殊菩萨的所谓神异事迹，佛陀波利和其译本在此也被神圣化，促进了五台山文殊信仰的形成，同样也推动了

---

① （清）胡聘之：《山右石刻丛编》卷9，山西人民出版社1988年版。
② （清）胡聘之：《山右石刻丛编》卷9，山西人民出版社1988年版。
③ 梁俊杰：《三晋石刻大全·娄烦县卷》，三晋出版社2016年版，第6页。
④ 赵江明：《黎城文化赏识》，黎城县文化研究会内部图书准印证（2008）字第65号，2008年，第26页。

该经的传播和经幢的建立。至宋代,波利本的"陀罗尼经"在社会中也流布甚广,影响深远。如山西闻喜县大宋淳化二年(991年)保宁寺经幢"昔有波利圣者,俄辞西国特礼文殊,获届东都,时当仪凤。斯经再取梵夹,重来慈风,还扇于三京"①。

唐代经幢上除刊刻《佛顶尊胜陀罗尼经》外,也刊刻《金刚般若波罗蜜多经》等经或者佛菩萨像。如开元七年(722年)汾阳居德寺任达等造金刚经幢,②只象征性刊《金刚经》第一品和第三十二品最后一句。唐文宗开成元年(836年)泽州刺史皇甫曙在晋城所建的经幢,在经幢上仅刻《金刚般若波罗蜜多经》,③应称为"金刚经幢"。再如唐昭宗天复三年(907年),李宗大于晋城建造宝林寺(至金朝时改为今名"广福寺")树立一通经幢,刊刻《金刚经》,其额即题作"金刚般若波罗密经幢"。④再如黎城宝太寺奉深等后晋开运三年(946年)造"金刚经幢",亦刊《金刚般若波罗蜜多经》。⑤

山西晋城元泉寺有后晋出帝天福十二年(947年),僧人智辨等人所建立的经幢,上刻《佛说观弥勒菩萨上生兜率天经》⑥,幢额即题作"佛说上生经幢"。黎城霞庄村存一通后晋开运三年(946年)造石幢,八面,线刻七佛,可见石幢上未必都刻经文,可称之为"造像幢"。⑦除此之外还有刊刻《大佛顶陀罗尼经》的经幢,如汾阳小相村灵岩寺咸通四年(863年)造大佛顶陀罗尼经幢,开篇刊"大佛顶如来放光……"⑧

陀罗尼在部派时期已流行,尤其与后来的大乘佛教有关系的大众部中当已很通行。所以大乘佛教一开始就出现了大量的陀罗尼,首先反映在最初形成的大乘经典《般若经》中。在二世纪后半叶由月氏人支娄迦谶汉译的《道行般若经》,也就是最早形成的《般若经》。该经中把明咒

---

① (清)胡聘之:《山右石刻丛编》卷11,山西人民出版社1988年版。
② 梁俊杰:《三晋石刻大全·娄烦县卷》,三晋出版社2017年版,第60页。
③ (清)胡聘之:《山右石刻丛编》卷9,山西人民出版社1988年版。
④ (清)胡聘之:《山右石刻丛编》卷9,山西人民出版社1988年版。
⑤ 赵江明:《黎城文化赏识》,内部图书准印证(2008)字第65号,2008年,第27页。
⑥ 樊秋宝:《泽州碑刻大全》第3册,中华书局2013年版,第458页。
⑦ 赵江明:《黎城文化赏识》,内部图书准印证(2008)字第65号,2008年,第28页。
⑧ 武登云:《三晋石刻大全·汾阳县卷》,三晋出版社2017年版,第1610页。

引入般若中，这导致了后来的陀罗尼同明咒的结合，出现了咒陀罗尼。该经在《功德品》中把般若称为极大祝、极尊祝、无有辈祝、人中之猛祝（祝即咒）。唐代《般若经》中也直接出现了陀罗尼咒。导致这一现象出现的因素是多样的。首先，陀罗尼与明咒在形式上极其相似。它们相对于长篇累牍的"经"而言，比较简单精练，易于诵持、掌握；其次，陀罗尼由记忆术逐渐转变为菩萨的修证法门，而且成为一种必备的能力。陀罗尼的所谓功德被认为极为殊胜和广大，甚至有"神通"的功效，在功能方面与印度人所崇拜的具有"神秘"功能的咒语相当。同时，大乘佛教中的咒语被认为具有"出世间"的功德力，陀罗尼也被认为具有出世间的功德力。由于形式和功能的相似而导致二者在性质上逐渐被混同，功能的相似是二者被混同的最主要的原因。这就说明建立金刚经幢与陀罗尼幢具有同等的功能或功德，因而也得到人们的信奉和认可，出现建立《金刚经》经幢或者刊刻其他经文的经幢的现象。

唐代经幢上所刻的经文以《佛顶尊胜陀罗尼经》为多，其中又以波利本为多，足见该经流传甚广，影响甚大。但经幢之上刊刻其他佛教经文者，也不在少数，尤其是一些密教陀罗尼咒语更为流行。这说明唐代中期以后密教盛行，尤其是其宣说陀罗尼咒之所谓神异功德，实际是针对佛教宣传之地狱思想，提出"解除之法"，因而对帝王及民众产生浓厚的吸引力。

四 民间刻经、诵经、造经活动

唐代佛教更加深入民间，不少信众和组织从事诵经、刻经、造经等活动。如泽州刺史皇甫曙言，"余年在鬌龀，忽闻家人传读是经，一世思尔。建立传模，暗记数行，及长思之，信有宿习。自弱冠至于今，时念不辍。常愿广宣同志，播于无穷，今镌刊石，建幢永为供"[1]。泽州刺史皇甫曙讲述其从小听闻家人念诵《金刚经》，受到家庭熏陶，自己成年后也时念不辍，并建立《金刚经》经幢。这些都说明佛教在民间的影响，尤其观音信仰在民间影响较大。又如《六道集》载，"崔轨乃王之弘婿也。之弘贞观年中，为沁州和川县令。与女适轨。轨于和川会病而卒。卒经数十日。其家

---

[1] （清）胡聘之：《山右石刻丛编》卷9，山西人民出版社1988年版。

忽于夜中闻轨语声，初时倾家惊恐，其后乃以为常。闻语云：轨是女婿，虽不合于妻家立灵，然以苦无所依，但为置立也。妻从其请，朝夕置食，不许置肉。惟令下其素食，恒劝礼佛，不听懈怠。又具说地狱中事云：人一生恒不免杀生及不孝，自余之罪，盖亦小耳。又云：轨虽无罪，然大资福助，为轨数设斋供，并写《法华》《金刚》《般若》《观音》等经各三两部，兼旧功德，如获罗汉。自兹以后，即不复来。王家一依其言，写经设供"①。崔轨以亡灵的身份告诫家人，应为其设斋会并抄写佛经，声称这样可以使其赎罪获福，超脱地狱。很明显，此故事属于佛教"劝善书"，通过神异故事，劝导民众信佛，并从事佛事活动。

又如《法苑珠林》载："唐武德时，河东有练行尼法信，常诵《法华经》，访工书者一人。数倍酬直，特为净室令写此经。一起一浴，然香熏衣。仍于写经之室凿壁通外，加一竹筒，令写经人每欲出息，轻含竹筒吐气壁外。写经七卷，八年乃毕。供养殷重，尽其恭敬。"②河东尼法信出资聘请善于书法者，独辟静室，斋戒沐浴写经，可见其对抄写经典的恭敬和重视。又如"唐贞观年中，有河东董雄，为大理寺丞。少来信敬，蔬食十年。至十四年中，为坐李仙童事，主上大怒，使侍御韦琮鞠问甚急，因禁数十人，大理丞李敬玄、司直王欣同连此坐。雄与同屋囚锁，专念《普门品》，日得三千遍，夜坐诵经，锁忽自解落地"③。大理寺丞董雄被下狱，因诵读《普门品》，而枷锁自落，这种神异故事一方面是在宣传《法华经》之《观世音菩萨普门品》的所谓功德力，另一方面也是《观世音菩萨普门品》本身所宣扬的思想。"若复有人临当被害，称观世音菩萨名者，彼所执刀杖寻段段坏，而得解脱。若三千大千国土，满中夜叉、罗刹，欲来恼人，闻其称观世音菩萨名者，是诸恶鬼，尚不能以恶眼视之，况复加害。设复有人，若有罪、若无罪，杻械、枷锁检系其身，称观世音菩萨名者，皆悉断坏，即得解脱。"④佛教活动不断地渗入老百姓的日常生活中，相应的佛事活动随之展开。又如《太平广记》卷一百零五《报应四·金刚经·杜思

---

① （清）弘赞：《六道集》卷3，《卍续藏》第88册，第144页。
② （唐）道世：《法苑珠林》卷27，《大正藏》第53册，第486页。
③ （唐）道世：《法苑珠林》卷27，《大正藏》第53册，第486页。
④ （姚秦）鸠摩罗什：《妙法莲华经》卷7，《大正藏》第9册，第56页。

讷》载:"唐潞州铜缇县人杜思讷,以持《金刚经》力,疾病得愈。每至持经之日,必睹神光。"①《太平广记》卷一百一十一《报应十·观音经·王琦》载:"唐王琦,太原人也,居荥阳,自童孺不茹荤血。大历初,为衢州司户,性好常持诵《观音经》。自少及长,数患重病,其于念诵,无不差愈。"②《太平广记》卷一百九十载,唐朝绛州法彻禅师于洞中遇见一生癞之人,教他念诵《法华经》。癞人不识字,固执孤僻,禅师一句一句地教,坚持不懈。学到五六卷时,便"疮渐觉愈,一部了,须眉平复,容色如故。经云:'病之良药。'"③癞人念诵《法华经》而疮癞痊愈,这样的故事不免有夸张成分,但其实质上反映了普通民众通过念诵佛经,抄写佛经等活动,希望佛教能给予现实利益乃至美好生活。类似这样的神异灵验传说故事很多,佛教致力于选择通俗易懂、喜闻乐见又与民众生活密切相关的故事传说进行社会宣化,唐代的经变故事、经变画等均应归属于佛教的世俗化宣化,这种活动极大地扩大了佛教在民间的影响力,也反映出唐代山西的佛教氛围非常浓厚。

诵经除个人活动外,往往更多的是以有组织的结社的形式开展活动。如凤台县《龙兴寺造上方阁画法感应记》载:"城隍信士共结法华邑,都有二十八人,各持念《法华经》一品,至一二年后,伦散出邑。今时只有六七人共结其志,供应碳石寺,春冬二税若科兼造上方阁一所,并画法华感应事相及素画弥勒佛即诸方施者,共同崇矣。兼述山寺奇景、古德高僧能事之迹记也。"④民众结社"法华邑",持念《法华经》,人员可能加入和退出都比较自由,因此,原来之二十八人,两年后只剩六七人。这种松散的信仰组织进出自由的状态应该是民间结社组织的常态。这种信仰组织,一方面是诵经,另一方面也组织布施寺院,修缮庙宇等服务于寺庙之世俗之事务。

民间也有一些刻造藏经活动,如长子县《郑惠王石塔记》载,李元懿"陇西狄道人也,曾祖太祖景皇帝,祖元皇帝,父高祖太武皇帝,王

---

① 《太平广记》卷105,中华书局1961年版,第711页。
② 《太平广记》卷111,中华书局1961年版,第769页。
③ 《太平广记》卷190,中华书局1961年版,第747页。
④ (清)胡聘之:《山右石刻丛编》卷9,山西人民出版社1988年版。

即太武皇帝之第十三子。往任潞州日于此山，奉为先圣敬造石舍利塔一所，下并有敕赐舍利骨三七粒，造藏经三千卷。……咸亨四年（673年）十月八日检校功德僧洪满建"①。李元懿虽然为皇族，但在潞州建塔造《大藏经》，似乎并不关涉政治，也可以视为民间活动。

五　佛寺的修建

唐朝山西地区佛寺林立，寺院的主要修建者有以下几类。

第一类是统治者。除武宗外，历代帝王都积极支持佛教寺院的建立。如武德元年（618年），唐高祖诏并州立义兴寺，以旌起义之功。太宗破刘武周于汾州，立弘济寺。破宋金刚于晋州，立慈云寺。

统治者通过佛道教所谓"神异"故事宣扬君权神授思想，也成为影响寺庙兴建的因素。如后周显德五年（958年）《大唐晋州神山县玉兔寺现身罗汉于禅乐庵坐化遗嘱》载："长安二年（702年）春，刑部尚书李景授河东路巡抚使，点检本路诸州公事，与副使王永曙因巡至平阳，命太守钱光演会话之次语。史君曰：'仆昔于万岁通天二年（670年）仲冬之末，充河东路巡抚使。巡至此郡，因睹太守杜承衍示已奏表本，叙话玉兔观罗汉现身，化道首蔡仙灵等，令回观为寺，并杜公自悟宿缘之事。仆闻奇异，亦欲至其灵域焚祝，归依用祈祥福。'"②钱光演讲述，太守杜承衍于万岁通天二年（670年）上奏朝廷，神山县玉兔观有罗汉现身，点化道首蔡仙灵，于是将玉兔观改为玉兔寺，据说罗汉降服十余猛虎云云。长安二年（702年）春，刑部尚书李景等人到玉兔寺再次目睹杨罗汉。又宋乾德三年（965年）《大宋晋州神山县重镌玉兔古寺实录》载："玉兔寺者，元即玉兔观也。乃巨唐高祖神尧帝登号之二载（619年），岁次□□三月三日，平阳西北，即今汾西地也，时有玉兔现化其形。□□□□奉命经过，亲观其兔，徐徐趋之，其兔前去，趋之不获。事讫朝天，具奏□事，帝遣祭之，兔复现形。至其年十月五日，勒令置玉兔观，四时享祭。"③据说，麟德元年（664年）、万岁通天元年（669年）

---

① （清）胡聘之：《山右石刻丛编》卷4，山西人民出版社1988年版。
② （清）胡聘之：《山右石刻丛编》卷10，山西人民出版社1988年版。
③ （清）胡聘之：《山右石刻丛编》卷11，山西人民出版社1988年版。

兔复现化，"□□天二年，岁次丙申，十一月十五日，□观院上有罗汉履空现身，语道首叶仙灵等曰：'此非观地，即过去世人寿二万岁时，有佛出世，名字迦叶，当于其时，白兔寺基。吾于其时为此寺主，由勤进道，今得圣位，即罗汉身。汝等宿庆，得值好时，宜舍观为寺，各求出家。'仙灵等三百余人各悟前因，欲从缁侣"①。清代胡聘之认为《大唐晋州神山县玉兔寺现身罗汉于禅乐庵坐化遗嘱》为伪作，但通过两通碑刻之比较，应更注重其中所述之事，其事情发展脉络颇符合唐代政治发展状况。碑文很可能是对当地流传故事的追述，虽然不一定完全准确，但基本的情况应是符合历史事实的。玉兔寺的建立应是当地人为迎合李唐王朝承太上老君符瑞建立王朝之宣传而奏称玉兔化现，被敕建玉兔观。这个故事颇类似于太上老君于霍山化现帮助唐军，助战宋老生，浮山人吉善行扬言在羊角山见太上老君化现，并言唐朝可享国千年。吉善行受到赏赐，羊角山被改名龙角山，浮山县改为神山县。既然是太上老君"降临"之地，理论上祥瑞就不应该只有一人，只有一次，因而继"太上老君化现"之后"玉兔化现"，就显得故事不再单调乏味，而显得既符合逻辑也意趣自然，成为必然的结果。但武则天时期，武氏与李氏宗族势力政治斗争激烈，各自推崇的所谓"护佑神灵"自然也分为两派，李氏崇道，武氏奉佛，因此万岁通天二年（670年）玉兔观上空之"玉兔化现"则转变为"罗汉化现"，甚至地方官亲往验证，并声称"亲眼所见"，玉兔观被改作玉兔寺，这正是政治势力的此消彼长导致宗教、地方政治与皇权关系变化的真实写照。这也说明从唐代中期罗汉信仰在中国逐渐兴起。

第二类是僧人。介休绵山《大唐汾州抱腹寺碑》载："大德法师智明、律师僧贞、上座玄其、寺主□疑、都□□仙童等，并住持法印……晋州霍邑县令、范阳张晋□伯曜书，捡挍造碑僧思本。开元廿年（732年）岁次壬申十□□□五日乙卯建。"②智明等僧众住持修建抱腹寺。又《寿阳县大乐山重修古楞伽寺碑记》载："元和中僧道明遂见此寺破坏，众人所请为国崇修，及诸功德并造神碑，一所以记之。切维大唐之治天下也，绍尧舜之风，重释迦之教，皇风被于万国，佛法垂于三千，

---

① （清）胡聘之：《山右石刻丛编》卷11，山西人民出版社1988年版。
② （清）胡聘之：《山右石刻丛编》卷6，山西人民出版社1988年版。

其有敬之者福生，修之者果满。……大唐元和六年（811年）岁次辛卯六月甲子朔，太原府寿阳县乐山古楞伽寺住持道□立。"①道明住持重修寿阳县大乐山古楞伽寺，此类情况甚为普遍。

第三类人是普通百姓。太谷《净信寺碑》载："有唐开元二十有八年（740年）秋七月十有三日邑有居士骑杨义……尼法藏、都维那尼贞藏、尼法素、尼惠素、尼慈惠、尼净藏、尼真津、尼真满第一列，尼明照第二列。乡学博士杨致贞、长子辅朝、次子守柱、次子友朋、□□子友进、虞侯果毅杨六仁、男守节、守环、乡望杨懿妻程男智都、乡望杨大贵男万岁、万福，云骑尉杨守珪、杨怀荣，男守直，邑子甘草、邑子相□、杨元爱。"②净信寺的修建是官方、僧人、邑子等共同完成，但邑子则占据了多数，且多以家族为单位，集体出资，僧人则多为比丘尼。

总之，唐代山西作为李唐王朝的龙兴之地，太原被作为"北京"，太宗、高宗、武后都曾巡幸太原等地，并笃信佛教，给山西佛教以极大支持。加之，山西地近唐西都长安和东都洛阳，属于唐代政治中心的辐射区域，具地利之便，有利于山西佛教的发展。五台山文殊信仰影响遍及全国，各地僧人纷至沓来，纷纷到五台山朝圣文殊，追寻所谓"神异"，流传出很多神秘奇幻的故事。山西晋中、晋南、晋东南一带大量新建或重修庙宇，僧人数量倍增。地方官员及普通民众都比较崇奉佛教，使山西佛教发展出现持续兴盛的发展局面。

---

① （清）胡聘之：《山右石刻丛编》卷8，山西人民出版社1988年版。
② （清）胡聘之：《山右石刻丛编》卷6，山西人民出版社1988年版。

第 六 章

五代山西佛教

五代时期共经53年，王朝更迭频繁，社会动荡，战乱不断，民生艰困。唐中和三年（883年）沙陀人李克用在镇压黄巢起义中被任命为河东节度使，盘踞山西，与后梁抗衡，最后灭梁，建立后唐王朝，后被契丹所灭。长兴三年（932年）沙陀人石敬瑭为河东节度使，随后投靠契丹势力建立后晋，割幽云十六州于契丹。沙陀人刘知远亦任河东节度使，从太原起兵，建立后汉王朝。后唐、后晋、后汉统治者皆从太原起兵而建立王朝。刘崇在太原建北汉政权，与后周、宋对峙，宋太平四年（979年）降宋。

第一节 五代诸帝与山西佛教

唐中和三年（883年）沙陀人李克用在镇压黄巢起义中被任命为河东节度使，山西即处于李克用统治之下。开平二年（908年），李克用死，其子李存勖为晋王，灭燕，并与后梁、契丹交战。龙德三年（923年），建立后唐。李存勖即位后，积极支持佛教。《新五代史》卷十四曰："自以出于微贱，踬次得立，以为佛力……惟写佛书，馈赂僧尼，而庄宗由此亦佞佛。有胡僧自于阗来，庄宗率皇后及诸子迎拜之，僧游五台山，遣中使供顿，所至倾动城邑。"① 可见，庄宗对佛教非常尊崇。又《旧五代史·庄宗纪第三》曰："同光元年（923年）春正月丙子，五台山僧献铜鼎三，言于山中石崖间得之。"②《新五代史》卷十四亦载："又有僧诚

---

① 《新五代史》卷14《唐太祖家人传第二》，中华书局1974年标点本，第144页。
② 《旧五代史》卷29《庄宗纪三》，中华书局1976年标点本，第402页。

惠，自言能降龙。尝过镇州，王镕不为之礼，诚惠怒曰：'吾有毒龙五百，当遣一龙揭片石，常山之人皆鱼鳖也。'会明年滹沱大水，坏镇州关城，人皆以为神。庄宗及后率诸子、诸妃拜之，诚惠端坐不起，由是士无贵贱皆拜之，独郭崇韬不拜也。是时，皇太后及皇后交通藩镇，太后称'诰令'，皇后称'教命'，两宫使者旁午于道。许州节度使温韬以后佞佛，因请以私第为佛寺，为后荐福。"① 庄宗时的诸臣士庶在其影响之下，都非常崇信佛教。同光元年（923 年）十月丙戌"是日……又诏除毁朱氏宗庙神主，伪梁二主并降为庶人。天下官名府号及寺观门额，曾经改易者，并复旧名"②。同光二年（924 年）十二月"乙酉，（庄宗）幸龙门佛寺祈雪"③。同光三年（925 年）五月"戊申，幸龙门广化寺佛寺祈雨"④。《佛祖统纪》卷四十二载，同光元年（923 年）帝诞节，庄宗敕僧录慧江、道士程紫霄入内殿谈论，设千僧斋。同光二年（924 年），庄宗又诏兴化寺存奖禅师（义玄弟子）入内殿问法，以弟子礼事之。同年，又敕三圣寺慧然禅师入内殿，咨问禅法，敕谥广济大师。同光三年又敕准骑将史银枪出家，还赐号无学大师。⑤ 可见，在庄宗的影响下，皇后、臣宦贵戚都尊信佛教。庄宗的佞佛之举致使佛教泛滥，僧徒妖众惑人，严重影响了后唐的政治、经济，加之国家连年征战，军费开支颇大。因此，庄宗以后诸帝，对于佛教采取了限制利用的政策。后唐明宗时代，对于佛教有所限制，但并未排斥佛教，如阳城《千峰院碑》载院僧洪密奏请免除田税，天成元年（926 年）十一月下圣旨，奏准蠲免田税，"此赐僧洪密杂斛二百石，绢一百疋"⑥。清泰元年（934 年）"功德使奏，每遇诞节州郡所荐僧尼，当立讲经、禅定、持念、文章议论为四科，试其能否。从之"⑦。至末帝，虽有放宽，但仍以试学业度僧。

后晋高祖石敬瑭"慕黄老之教，乐清净之风"。石敬瑭皇后李氏也尊

---

① 《新五代史》卷 14《唐太祖家人传第二》，中华书局 1974 年标点本，第 144 页。
② 《旧五代史》卷 30《庄宗纪四》，中华书局 1976 年标点本，第 414 页。
③ 《旧五代史》卷 32《庄宗纪六》，中华书局 1976 年标点本，第 444 页。
④ 《旧五代史》卷 32《庄宗纪六》，中华书局 1976 年标点本，第 448 页。
⑤ （宋）志磐：《佛祖统纪》卷 42，《大正藏》第 49 册，第 391 页。
⑥ （清）胡聘之：《山右石刻丛编》卷 19，山西人民出版社 1988 年版。
⑦ （宋）志磐：《佛祖统纪》卷 42，《大正藏》第 49 册，第 391 页。

崇释教,"饭僧数万"。①"(晋李太后)八月疾亟,谓帝曰:'我死,焚其骨送范阳佛寺,无使我为虏地鬼也!'遂卒。帝与皇后、宫人、宦者,东西班,皆被发徒跣,扶舁其柩至赐地,焚其骨,穿地而葬焉。"②后晋还规定国忌日宰臣百僚,至寺行香饭僧。《佛祖统纪》卷四十二载:"天福三年(938年),以杨光远为天下功德使,凡寺院皆属焉。四年,敕国忌宰臣百僚,诣寺行香饭僧,永以为式。汉中沙门可洪,进《大藏经音义》四百八十卷,敕入大藏。开运元年(944年),出帝重贵为高祖资鸿福,敕写《大藏经》,奉安于明圣寺。开运三年(946年),出帝又以鸣钟息苦,造钟济苦为由,为烈祖孝高皇帝脱幽出厄,造钟一口,奉安于清凉寺。"③可见,后晋时期对佛教非常尊崇。

北汉时,统治者也积极支持佛教。李恽撰《大汉英武皇帝新建天龙寺千佛楼之碑铭并序》载:"睿宗皇帝以道□□□□□□□□□出阁,授检校司徒、归义府都督。时年尚幼冲,躬亲官次,寡辞敏德,务简刑清,吏不敢欺,府无留事。尝以公退休暇,与叔季诸王,方驾接畛,礼谒精蓝,一岁之中,□□□数。上独于东序塑观音像一堂,其内幡花盖,供饰之用,靡不严洁,于兹日新,每具斋祷,无不乾乾惕惕,潜发明诚。所志者,延鸿祚于邦家,弭灾氛于区宇……及皇帝践祚,加太师,行太原尹,阶勋爵邑,悉称公台,寻领侍卫亲军事。……至壬申年十二月二十二日,诏有司于大殿改正面造重楼五间,寻遣良冶铸贤劫,自拘留孙如来已降,铁佛千尊。□范金审,像□□容,光相圆明,等无差别……基础柱础,广槛飞甍,丹彩相望,□□□□。巍乎窗扉,下瞰于云端,栋宇勃兴于地表。金炉晓炷,惟闻詹匐之香。玉磬晨鸣,不假莲花之漏。"④北汉统治期间,广修佛寺,大肆崇佛,建筑极尽壮观,其目的是平息战乱,维护其家国政权。

北周控制山西主要在晋南和晋东南一带,而且因与北汉不断发生战争,控制区域时有变化,北周世宗灭佛主要影响山西晋南和晋东南

---

① 《新五代史》卷17《高祖皇后李氏传》,中华书局1974年标点本,第177页。
② 《新五代史》卷17《高祖皇后李氏传》,中华书局1974年标点本,第179页。
③ (宋)志磐:《佛祖统纪》卷42,《大正藏》第49册,第391—392页。
④ (清)胡聘之:《山右石刻丛编》卷10,山西人民出版社1988年版。

地区。

第二节　五代山西佛教僧人与寺院兴建

五代十国时期，由于政治形势比较复杂，后晋以后，雁门关以北地区属于辽国统治，北汉统治时期，主要控制霍山以北、雁门关以南的区域。由于五代时期兵连祸接，政治暴苛，后唐、后晋、北汉的统治者都是沙陀人，皆崇奉佛教，但民众生存艰难，生命朝不保夕，佛教发挥了慰藉民众心灵的作用。

一　主要的佛教僧人

诚慧，俗姓李，蔚州灵丘（山西灵丘县）人，因家近五台山，父母信佛，于二十岁上五台山真容院，受具足戒。《广清凉传》曰："其亲壮而无嗣。闻五台山文殊灵异，躬诣祈请。既还，妻即感娠，后月满生男。乡闾嗟异，咸云圣子。及长，风骨爽秀，神智不群。乃诣台山，依真容院殿主法顺为师。至年二十，登坛受具。"①《宋高僧传》卷二十七《诚惠传》载："武皇与梁太祖日寻干戈，中原未定。武皇中流矢，创痛楚难任（忍），思忆慧师，翘想焚香，痛苦乃息，遥飞雁帛，远达鸡园，命下重峦，迎归丹阙。武皇躬拜，感谢慈悲，便号国师矣。"②后乞归本寺，"九州之珍宝皆来，百寺之楼台普建"。同光元年（923年），庄宗即位，制书并赐紫衣。书云："师鹫岭名流，鸡园上哲。精持护鹅之戒，弘宣住雁之谈。潜括三乘，深明四谛。忍草长新于性苑，意花不染于情田。尽继玄踪，为百姓之甘霖，作空门之标格。朕方兴景运，大阐真风。直旌精行之名，以奉无为之教。崇号广法大师，兼赐紫衣。"③《新五代史》卷十四《皇后刘氏传》亦载："有僧诚惠，自言能降龙。尝过镇州，王镕不为之礼，诚惠怒曰：'吾有毒龙五百，当遣一龙揭片石，常山之人，皆鱼鳖也。会明年滹沱河大水，坏镇州关城，人皆以为神。'庄宗及后率诸

---

① （宋）延一：《广清凉传》卷下，《大正藏》第50册，第1121页。
② （宋）赞宁：《宋高僧传》卷27，《大正藏》第50册，第883页。
③ （宋）延一：《广清凉传》卷下，《大正藏》第50册，第1121页。

子、诸妃拜之,诚惠端坐不起,由是士无贵贱皆拜之。"① 《旧五代史》卷七十一《许寂传》载:"同光时,以方术著者,又有僧诚惠。……自云能役使毒龙,可致风雨,其徒号曰降龙大师。京师旱,庄宗迎至洛下,亲拜之,六宫参礼,士庶瞻仰,谓朝夕可致甘泽。祷祝数日,略无征应。或谓宫以祈雨无验,将加焚燎,诚惠惧而遁去。及卒,赐号法雨大师,塔曰慈云之塔。"②

可止,姓马,范阳大房山高丘人。年十二出家,依悯忠寺法贞律师。年十五依息慈,辞师往真定习学经论。"时大华严寺有仁楚法师讲《因明论》,止执卷服膺三遍,精义入神众推俊迈……迨十九岁,抵五台山求戒。于受前方便,感文殊灵光烛身,已而归宁父母及师,于寺敷演。二十三往并部,习《法华经》《百法论》。景福年中至河池,有请讲因明。后于长安大庄严寺化徒数载,乾宁三年(896年)进诗昭宗,赐紫袈裟,应制内殿。"③ 后归故乡。"时庄宗遣兵出飞狐以围之,历乎年载,百谷涌贵,止顿释忧惧。未几燕陷,刘氏父子俘归晋阳,止避乱中山。节度使王处直素钦名誉,请于开元寺安置,逐月供俸。止著《顿渐教义钞》一卷见行于代。天成三年(928年)戊子,王师问罪,定州陷焉。招讨使王晏休得瀛王冯道书令寻止,既见,以车马送至洛京。河南尹秦王从荣优礼待之,奏署大师号文智焉,于长寿净土院住持。应顺元年(934年)甲午正月二十二日忽微疾作,召弟子助吾往生念弥陀佛,奄然而化。俗年七十五。僧腊五十六。"④ 由释可止于五台山受戒后,至太原习《法华经》《百法论》推测,当时太原应有一些天台宗僧人。

僧统大师,俗姓刘,讳继颙,燕蓟人。幼年遭乱,避于清凉山,礼真容院果胜大师弘准为师。年满受具,诵习无疲。远诣京师听学,后还清凉山。"首戴《大方广佛华严经》,跣足游礼五台。每至一顶,讲菩萨住处品一。终岁以为常,每讲终,设茶药异馔以供,其后对妙吉祥焚香

---

① 《新五代史》卷14《唐太祖家人传第二》,中华书局1974年标点本,第144页。
② 《旧五代史》卷71《王寂传》,中华书局1976年标点本,第945页。
③ (宋)赞宁:《宋高僧传》卷7,《大正藏》第50册,第748页。
④ (宋)赞宁:《宋高僧传》卷7,《大正藏》第50册,第748页。

立愿，游历东京。"① 后晋少帝石重贵在位，赐住大相国寺，讲《华严经》。"将相王侯，归依信受。及解讲，获施财巨万。尽以所直于本寺讲堂四面飞轩之下创立石壁，命工镌勒所讲之经。期月之间，功用造毕，寻请还山，赐赉财施，不可胜计。遂建真容院四面廊庑及华严寺楼阁，凡三千间。不啻设供七百余会，塑山龛罗汉三十二堂。转《金刚经》，并藏经六百万卷，及真言咒偈。刻坛尽迭。逢三八普施温汤，设四众无遮粥会……寻诏授五台山十寺都监，赐师号广演匡圣大师鸿胪卿。"② 北汉时，任五台山管内都僧统，以功授大汉国都僧统检校太师，兼中书令。天会十七年（973年）正月十二日，迁灭于五台山菩萨院。享年七十有三，僧腊三十有二。

匡嗣，俗姓李，太原文水齐凤村人。幼年慕道，不乐世荣，倾仰台山，遂依真容院浩威大师剃度为僧，学习《金刚》《华严》诸经律论。后"杖锡南方，遍参知识，学通内外，博究禅律，传法度人，开众耳目。"③ 天福三年（938年），匡嗣游历湖南，拜谒国主王公。王公施茶盈万，且遣使送至台山，分遍诸寺。天福八年（943年），他又游化于吴越，谒见钱王。遂施台山文殊大士一万圣众的供物香茶、银钵盂、小钵万副、茗茶百笼，分给台山寺坊兰若。后归台山，在真容院徒众的坚请之下，主领僧务。厥后，后晋又命为都纲，典统山门，赐号"超化大师"。④ 匡嗣于五台山居住十五年，兴修佛寺，供奉众僧数过百万，促进了五台山佛教的发展。

光屿法师（895—960年），姓韩，应州金城（今山西省应县东）人。屿幼读儒书，有佐国治民之志。传说因梦中受到神人引导，遂投五台山真容院法威学法。受具足戒后，诵《净名经》等佛典。后诣太原三学院听习经论，钻研义理，涉乎寒燠，学业优异。遂于三学院主讲《维摩》《上生》二经。后返归台山，潜心研究《华严》，弘法化人。天福三年

---

① （宋）延一：《广清凉传》卷下，《大正藏》第50册，第1122页。
② （宋）延一：《广清凉传》卷下，《大正藏》第50册，第1122页。
③ （宋）延一：《广清凉传》卷下，《大正藏》第50册，第1122页。
④ （宋）延一：《广清凉传》卷下，《大正藏》第50册，第1122页。

(938年），后晋高祖石敬瑭敕赐紫衣。明年，又赐峼"通悟大师"之号。① 自后十八年中，光峼大师设斋供僧有百余万人。天会四年（960年）十月逝世。光峼法师在五台山期间，弘扬了《华严经》的思想，扩大了佛教的影响。

大愚禅师，俗姓刘，潞城县人也。《大唐舍利山禅师塔铭记并序》载："自卯岁归空，依年授戒。始让律于东洛，复化道于西周，惠解无伦，敏聪罕类。五言八韵，人间之哲匠词疏，返鹊回鸾，海内之名公笔浅。加以轻清重浊，上惑去疑，达五音之玄门，明四声之妙趣。凡关智艺，世莫能加，著述书篇，流传不少。固得皇都道侣，钦凑如麻；赤县衣冠，敬瞻若市。后因父母倾殁，葬事将终，身披麻纸之衣，志隐溪岩之畔。遂于峡石山洞中，发愿转《大藏经》，□□诸经陀罗尼五十余部，各十万八千遍。又刺血写诸经，共十三卷。并造陀罗尼幢，以报劬劳之德也。……而又因上党重围之后，于高平游历之间，厌处城隍，思居林麓。众仰道德，咸切邀迎。时有僧及俗士王希朋与县镇官僚住下□□，共请于舍利山院。果蒙俞允，栖泊禅庐，□□二年，俄构堂宇。问道橛客，雾集云臻；参学缁徒，摩肩接踵。其名扬华夏，声震王侯。须见皈依，遽闻迎命。于天祐十八年（921年）四月八日，蒙府主令公李郡君，夫人杨氏，专差星使，请至府庭，留在普通院中。贵得一城瞻敬，莫不冬夏来往。禅伯满堂，无非悟道之人，悉是慕檀之士。师乃坚持绝粒，供养专勤。"② 同光元年（923年）九月二十三日圆寂，春秋七十四，僧腊五十五。大愚禅师刺血写经、造陀罗尼幢、在舍利山院构建堂宇等活动，促进了佛教在晋城一带的发展。

二 五代山西佛教寺院兴建

五代时期，山西佛教寺院仍有一定数量的建设，但因为战乱频仍，民不聊生，寺庙规模不及唐朝。

《诸山圣迹志》记载："从此南行五百里至太原，都城周围卅里，大

---

① （宋）赞宁：《宋高僧传》卷28，《大正藏》第50册，第885页。
② 常书铭：《三晋石刻大全·高平市卷》，三晋出版社2011年版，第13页。

寺一十五所，大禅〔院〕十所，小〔禅〕院百余，僧尼二万余人。"① 该《志》反映了五代后唐时期山西太原的佛教情况。《往五台山行记》中曾记述了太原城内大安寺情况，"其寺寺前有五凤楼，九间大殿，九间讲堂，一万斤钟。大悲院有铸金铜大悲菩萨四十二臂，高一丈二尺。修造功德主、大德内殿供奉慧胜大师，赐紫澄漪"。另"有寺主大德赐紫讲《维摩经》及文章怀真"②，弥勒院主内殿供奉净戒大师，赐紫澄漪。"次有经藏院，有大藏五千六百卷并足。文殊院有长讲《维摩经》座主继伦。门楼院有讲《唯识论》《维摩经》，造《药师经抄》座主道枢。"又据敦煌写本《往五台山行记》："又行十里到太原城内大安寺内常住库安下……三月十七日巡游诸寺。在河东城内第一礼大崇福寺，入得寺门，有五层乾元长寿阁；又入大中寺，入得寺门，有大阁，有铁佛一尊。入净明寺，有真身舍利塔。相次城内巡礼皆遍。又于京西北及正西山内有一十所山寺，皆巡礼讫。京西北有开化大阁，兼有石佛一尊，又正西有山，有阁一所，名童子像阁，兼有石佛。"③

山西现存五代佛教建筑还有如平顺石城镇龙门寺大雄宝殿西侧的西配殿，创建于五代后唐同光三年（925年），它是中国仅存的五代悬山顶建筑的唯一实例。大雄宝殿前树五代后汉隐帝乾祐三年（950年）佛顶尊胜陀罗尼经经幢。山西平顺县城西北大云院，创建于五代后晋天福三年（938年），初名仙岩院。天福五年建大佛殿，后周显德元年（954年）建寺外七宝塔。后晋天福五年（940年）建弥陀殿，殿内保存有五代壁画21平方米，东壁绘维摩变相佛教故事，紫殿红楼，流云环绕，富有传奇色彩。八个伎乐人，或伴奏管弦，或舒腰起舞，表现出神姿仙态。扇面墙正面绘观音、势至二菩萨。飞天乘云遨游长空，姿态飘逸。拱眼壁和阑额上保存有五代彩画11平方米。是中国现存寺观中唯一的五代壁画遗作。平遥县城东北二十五里的郝洞村镇国寺，其万佛殿为北汉天会七年（963年）建。

总体来看，五代时期时间比较短暂，王朝频繁更迭，政权极不稳定。

---

① 郑炳林：《敦煌地理文书汇辑校注》，甘肃教育出版社1989年版，第268页。
② 郑炳林：《敦煌地理文书汇辑校注》，甘肃教育出版社1989年版，第312页。
③ 郑炳林：《敦煌地理文书汇辑校注》，甘肃教育出版社1989年版，第310页。

佛教承唐末发展之势，僧人继续修建庙宇，诵习经典，雕造《藏经》，或影响权贵，或于乱世隐居山林，仍然发挥着影响社会的重要作用。

第三节　舍利崇拜与息尘、普静焚身

舍利指尸骨、遗骨之意。供养舍利是古印度早有之习俗，释迦牟尼在世的时代这种风俗已经存在。当释迦姨母大爱道逝世后，释迦主持供养其舍利，《增壹阿含经》卷五十曰："大爱道已取灭度，及五百比丘尼泥洹，我等欲供养舍利……当办五百床，五百坐具，五百瓶酥，五百瓶油，五百舆花，五百裹香，五百车薪，大爱道及五百比丘尼皆取灭度，我等往供养舍利。"① 释迦涅槃后，佛舍利被作为佛仍在世间的象征性圣物与其他象征物如法轮、菩提树、佛足迹等标记一样，成为佛教早期的偶像崇拜物。"敬佛像如佛身，则法身应矣。"② 宗教象征是一种把信仰客体化的符号，它能将普通的、抽象的象征物与所谓神圣联系在一起，并赋予其全新的宗教含义。象征的本体意义虽然是虚幻的，但在信仰者看来是真实的，他反映出崇拜者对神灵的敬畏感、希企感和依赖感。舍利崇拜就是一种具有浓厚象征意义的佛教信仰形式。

一　舍利崇拜的渊源

佛教早期反对偶像崇拜，舍利也是偶像崇拜的表现形式之一，但为适应世俗需要也成为佛教的信仰形式，并对舍利进行了理论上的阐释，《央掘魔罗经》卷二曰："尔时，央掘魔罗复说偈言：佛身无筋骨，云何有舍利？如来离舍利，胜方便法身。如来不思议，未信令信乐，故以巧方便，示现有舍利，方便留舍利，是则诸佛法。"③ 舍利有形有象，与佛教"万法皆空"的思想相互矛盾。因此，佛教宣扬舍利信仰只是一种善巧方便法门。从根本上说，"舍利乃是无量戒、定、慧香之所熏修"④。佛

---

① （东晋）僧伽提婆译：《增壹阿含经》卷50，《大正藏》第2卷，第822页。
② （梁）惠皎：《高僧传》卷13，《大正藏》50卷，第413页。
③ （刘宋）求那跋陀罗译：《央掘魔罗经》卷1，《大正藏》第2卷，第526页。
④ （宋）绍德、慧询译：《菩萨本生鬘论》卷1，《大正藏》第3卷，第332页。

教特别强调"不取相",不执着于相,但完全离相,则等于彻底否定了现实存在,作为宗教组织的佛教也就会脱离现实,很明显是不可能的,不取相只是一种理想的理论状态。现实中,佛教需要通过形象的媒介传播吸引信众,这种"取相"通常被阐释为"方便权宜"之举。

另外,佛教又极力宣传供养舍利的功德和舍利的"神异",《菩萨本生鬘论》卷四曰:"佛言:人于佛灭后,以敬慕心求一舍利,至极微细如芥子许,造塔供养,其量正等一庵摩果。"① 经中宣传,供养舍利就可获得难以想象的果报功德。这种"代价小而回报极高之宣扬"令一切祈求现实利益和追求来世幸福之人为之神往。富贵者祈求能永保富贵,甚至追求来世或更大的尊荣,而贫贱者期盼摆脱贫贱,免遭苦难,修行者渴望离世解脱,等等,这些愿望都被非常坚定的"许诺"可以通过供养舍利实现。因此,这种信仰具有极大的社会鼓动性和号召力。对于普通信众而言,因其宣传之功德巨大,并坚定地承诺满足信众的种种愿望,从而获得了广泛的信仰。

舍利神异故事的渲染,对舍利信仰的强化也起了巨大助推作用。《悲华经》卷七曰:"复为修学大乘诸人,说我舍利所作变化本起因缘:'过去久远有佛世尊号字某甲,般涅槃后,刀兵疾病饥饿劫起,我等尔时于其劫中受诸苦恼,是佛舍利为我等故,作种种神足师子游戏,是故我等即得发阿耨多罗三藐三菩提心,种诸善根,精勤修集于六波罗蜜,如上广说。'"② 关于舍利神异的载述和传说很多,已盛传于印度各地,《大唐西域记》载"伽蓝北有窣堵波,高二百余尺,金刚埿涂,众宝厕饰中,有舍利,时烛灵光"③。"顶骨伽蓝西南有旧王妃伽蓝,中有金铜窣堵波,高百余尺,闻诸士俗曰:其窣堵波中有佛舍利升余,每月十五日其夜便放圆光,烛耀露盘,联辉达曙,其光渐敛入窣堵波。"④ 佛教一方面宣传舍利的功德力和威神力震撼人心,另一方面契合了人们的心理需求,并与印度之社会风尚相契合。

---

① (宋)绍德、慧询译:《菩萨本生鬘论》卷1,《大正藏》第3卷,第343页。
② (北凉)昙无谶译:《悲华经》卷7,《大正藏》第3卷,第212页。
③ (唐)玄奘著,董志翘译注:《大唐西域记》卷1,中华书局2012年版,第69页。
④ (唐)玄奘著,董志翘译注:《大唐西域记》卷1,中华书局2012年版,第94页。

对舍利的崇信有一定的仪式，主要表现为须起塔供养。《长阿含经》卷三曰："阿难，汝欲葬我。……讫收舍利，于四衢道起立塔庙。表刹悬缯。使诸行人皆见佛塔。思慕如来法王道化。生获福利。死得上天。"①"当于尔时，如来舍利起于八塔，第九瓶塔，第十炭塔，第十一生时发塔。"②佛教虽然反对婆罗门的繁文淫祀、祈祷生天、鬼神迷信之类的仪式主义。但事实上，因为佛教实行出家僧团居住和活动的组织形式，势必需要集体生活的规范，这些集体生活规范的表现形式仍然有很多内容都是仪式。法国人类学家涂尔干认为"仪式是在集合群体中产生的行为方式，它们必定要激发、维持或重塑群体中的某些心理状态"③。通过集体仪式强化信仰认同，也是凝聚组织群体认同感的最普遍的手段。每一种宗教，甚至每一个具有一定共同性的组织群体都有自己的仪式。

不仅是释迦牟尼的舍利被供奉供养，其重要弟子灭度之后，也取舍利起塔供养。"迦叶如来全身舍利亦起大塔"④，"阿难从摩竭国向毗舍离欲般涅槃，诸天告阿阇世王即自严驾，将士众追到河上，毗舍离诸梨车闻阿难来，亦复来迎，俱到河上，阿难思惟前则阿阇世王致恨，还则梨车复怨，则于河中央入火光三昧烧身，而般泥洹，分身作二分，一分在一岸边，于是二王各得半身舍利，还归起塔"⑤。

公元前3世纪，阿育王统治时期，弘传佛教的直接承载物主要也是舍利，《杂阿含经》卷二十三曰："阿难当知，于我灭度百年之后，此童子于巴连弗邑统领一方，为转轮王，姓孔雀，名阿育，正法治化，又复广布我舍利，当造八万四千法王之塔，安乐无量众生。……时，王作八万四千金、银、琉璃、颇梨箧，盛佛舍利。"⑥传说在阿育王统治时期，曾在世界各地造八万四千舍利塔，并且是一日而就，这可能存在神话的成分，但可以肯定的是在阿育王时代印度佛教获得极大发展，并积极向

---

① （后秦）佛陀耶舍共竺佛念译：《长阿含经》卷3，《大正藏》第1卷，第20页。
② （后秦）佛陀耶舍共竺佛念译：《长阿含经》卷3，《大正藏》第1卷，第30页。
③ ［法］埃弥儿·涂尔干著：《宗教生活的基本形式》，渠东、汲喆译，上海人民出版社1999年版，第11页。
④ （东晋）法显：《高僧法显传》卷1，《大正藏》第51卷，第861页。
⑤ （东晋）法显：《高僧法显传》卷1，《大正藏》第51卷，第861页。
⑥ （刘宋）求那跋陀罗译：《杂阿含经》卷23，《大正藏》第2卷，第165页。

境外传播。

二　舍利崇拜在中国的兴起

佛教传入中国之后，舍利崇拜随着东来西去高僧的推崇，以及佛教经典的渲染，使其在中国不断受到崇信，从三国开始历代不绝，且崇拜形式多样，涉及范围很广。

至少在三国时期，舍利实物以及舍利崇拜思想已经传入中国，《高僧传》中讲到江南最早的建初寺建立时提到一则故事："（康僧）会曰：如来迁迹忽逾千载，遗骨舍利神曜无方。昔阿育王起塔乃八万四千，夫塔寺之兴以表遗化也。（孙）权以为夸诞，乃谓会曰：若能得舍利，当为造塔。如其虚妄，国有常刑。会请期七日。乃谓其属曰：法之兴废在此一举，今不至诚，后将何及。乃共洁斋静室，以铜瓶加几，烧香礼请。七日期毕，寂然无应。求申二七，亦复如之。权曰：此寔欺诳，将欲加罪。会更请三七，权又特听。会谓法属曰：'宣尼有言曰：文王既没，文不在兹乎。法灵应降而吾等无感，何假王宪，当以誓死为期耳。'三七日暮犹无所见，莫不震惧。既入五更，忽闻瓶中鎗然有声。会自往视果获舍利，明旦呈权。举朝集观，五色光炎，照耀瓶上，权自手执瓶泻于铜盘，舍利所冲盘即破碎。权大肃然，惊起而曰：希有之瑞也。会进而言曰：舍利威神岂直光相而已，乃劫烧之火不能焚，金刚之杵不能碎。权命令试之。会更誓曰：'法云方被苍生仰泽，愿更垂神迹，以广示威灵。'乃置舍利于铁砧磓上，使力者击之。于是砧磓俱陷，舍利无损。权大叹服，即为建塔。以始有佛寺故号建初寺，因名其地为佛陀里，由是江左大法遂兴。"① 这则故事维护佛教、宣扬佛教色彩浓厚，并与佛教盛传江东之历史相结合，应是后世佛教徒粉饰编撰而成，主要是宣扬舍利的所谓"神异"。

中国关于舍利的故事和传说大量出现在东晋以后，如昙摩密多"于长沙寺造立禅阁，翘诚恳恻，祈请舍利。旬有余日，遂感一枚。冲器出

---

① （梁）惠皎：《高僧传》卷13，《大正藏》第50卷，第325页。

声,放光满室。门徒道俗莫不更增勇猛人百其心"①。苻坚遣使送外国金倚像,"有一外国铜像,形制古异。时众不甚恭重,(道)安曰:'像形相致佳,但髻形未称。'令弟子炉治其髻,既而光焰焕炳,耀满一堂。详视髻中,见一舍利。众咸愧服"②。又如昙翼"修复长沙寺,丹诚祈请,遂感舍利,盛以金瓶,置于斋座。翼乃顶礼立誓曰:'若必是金刚余荫,愿放光明。'至乎中夜,有五色光彩从瓶渐出,照满一堂。举众惊嗟,莫不以翼神感"③。

舍利崇拜在东晋以后逐渐盛行,极有可能是受到法显东归后撰写之《佛国记》的影响。《佛国记》中,大量记载了印度各地造塔供养佛顶骨、佛齿等佛舍利的膜拜形式,如在那竭国醯罗城供养佛顶骨,"西行十六由延,便至那竭国界醯罗城,中有佛顶骨精舍,尽以金薄、七宝校饰,国王敬重顶骨"④。在摩竭提国(今印度比哈尔邦的巴特那)有阿育王建的佛舍利塔及建立的石柱,葱岭以东的竭叉国(今喀什)见到有对石制的佛唾及佛齿的供养塔,在中天竺的僧伽施国(今印度北方邦的法鲁巴克德),见到收藏佛发、佛爪的塔等。从《佛国记》的载述可见,5世纪前后的印度,供养礼敬佛的遗骨、遗物、遗迹,已是非常普遍的现象。作为佛教发源地的这种崇拜形式在佛教信仰日益发展的中国势必成为佛教徒争相师法之典范,深刻影响中国佛教向民间化方向的发展。

从较早出现在中国的这些舍利故事可见其时舍利崇奉之特点:其一,舍利的获得主要是通过所谓的"感得",颇富传奇色彩,增加了舍利信仰的神秘性,另外的途径或从西域或者从印度传来,增加了舍利信仰的正统性;其二,舍利故事主要发生在中国僧人身上,少数发生在外国僧人身上,说明源之于印度的这种佛教信仰形式不仅得到了中国僧人的认可,而且已经被作为扩大佛教信仰、争取信众的一种重要宣传手段;其三,舍利信仰均伴随有不可思议的所谓"神异"现象出现,助推了舍利信仰的扩散;其四,百姓信仰倍增,由下而上、由僧而俗直至倾服帝王,帝

---

① (梁)惠皎:《高僧传》卷3,《大正藏》第50卷,第342页。
② (梁)惠皎:《高僧传》卷5,《大正藏》第50卷,第352页。
③ (梁)惠皎:《高僧传》卷5,《大正藏》第50卷,第356页。
④ 章巽:《法显传校注》,中华书局2008年版,第38页。

王崇信又使舍利信仰影响世风。

《高僧传》所载孙权向康僧会索取舍利之事,神异成分浓厚,值得怀疑。中国历史上崇信舍利的皇帝较为可信者当首推梁武帝。梁武帝也揭开了中国帝王崇奉舍利的先河。梁武帝崇佛,对舍利尤为崇信,大同四年(538年)秋七月癸亥,"诏以东冶徒李胤之降如来真形舍利,大赦天下"①。"大同五年(539年),(扶南)复遣使献生犀,又言其国有佛发长一丈二尺,诏遣沙门释云宝随使往迎之。先是三年八月,高祖改造阿育王寺塔,出旧塔下舍利及佛爪发,发青绀色,众僧以手伸之,随手长短放之,则旋屈为蠡形。"② 又梁武帝"欲请一舍利还台供养。至九月五日,又于寺设无碍大会,遣皇太子王侯朝贵等奉迎"③。梁武帝是迎奉供养舍利最早的皇帝,直接成为隋唐时期帝王供养舍利的效仿对象。

三 息尘、普静崇拜舍利与焚身

隋唐时期是中国佛教发展最为兴盛的时期,也是舍利崇拜最为兴盛的时期,法门寺佛指舍利崇拜更是成为这一时期舍利崇拜的代表性历史事件。

隋文帝非常崇信佛教,并通过分送诸州舍利,使佛教大行天下。仁寿元年(601年)六月乙丑"颁舍利于诸州"。④《广弘明集》卷十七亦载:"分道送舍利,往前件诸州起塔,其未注寺者,就有山水寺所,起塔依前山。旧无寺者,于当州内清静寺处建立其塔。所司造样送往当州。"⑤之后,隋文帝又于仁寿二年、四年送舍利到全国110多州分舍利建塔。

唐代帝王崇奉舍利是隋朝的进一步延续和发展,《佛祖统纪》卷五十一载:"唐高宗迎凤翔佛骨入内礼敬,肃宗禁中立道场,礼敬讲赞,代宗铸金像成,率百僚致拜,德宗迎凤翔佛骨入禁中礼敬,宪宗迎佛骨入禁中礼敬,懿宗迎拜佛骨。"⑥ 从太宗贞观五年(631年)开始,经历了高

---

① 《梁书》卷3,中华书局1974年标点本,第82页。
② 《梁书》卷54,中华书局1974年标点本,第790页。
③ 《梁书》卷54,中华书局1974年标点本,第792页。
④ 《隋书》卷2,中华书局1973年标点本,第47页。
⑤ (唐)道宣:《广弘明集》卷17,《大正藏》第52卷,第23页。
⑥ (宋)志磐:《佛祖统纪》卷51,《大正藏》第49卷,第451页。

宗、武则天、中宗、玄宗、肃宗、德宗、宪宗，至懿宗、僖宗，共有九次之多。① 唐懿宗咸通十四年（873年）是唐代最后一次宫廷迎奉佛指真身舍利，《佛祖统纪》卷四十二载："十四年三月，造浮图宝帐彩幡华盖。敕两街往凤翔迎佛骨，三百里间车马不绝，群臣谏者至言，宪宗迎佛骨寻时宴驾。上曰：朕生得见之，死无所恨。四月八日佛骨至，导以禁兵，公私音乐仪卫之盛过于南郊。帝御安福门，降楼迎拜，赐沙门及耆老、曾见元和奉迎者金帛有差。佛骨留禁中三日供养，迎置安国崇化二寺，令士庶得瞻礼，十二月如前礼迎佛骨还凤翔。"② 帝王的推崇，直接导致舍利崇拜之风气愈演愈烈。从三国到隋唐，中国舍利崇拜在帝王的助势以及舍利神异故事的渲染之下，达至极盛。唐代的舍利崇奉以法门寺佛指舍利最为隆盛，与前世相比有几个显著特点：其一，特别强调其是"真身"，而且被认为有明确的历史传承；其二，得到最高统治者——唐皇室的持续崇奉，前后时间长达240多年；其三，佛舍利被赋予护国护民的神秘色彩和神圣职责，且几乎成为国家昌盛的护身符；其四，建立定制，"三十年一开"；其五，迎奉仪式隆盛至极，民众充分参与，使舍利信仰在民间影响深化；其六，隆重的舍利供养活动中逐渐伴随出现狂热行为，如染指、焚身、灼顶等过激的行为。

狂热的舍利信仰以及伴生的过激行为招致韩愈等士大夫的激烈抨击，韩愈批评："百姓微贱于佛，岂合更惜身命，以至灼顶燔指，十百为群，解衣散钱，自朝至莫更相放效，唯恐后时。老幼奔波，弃其生业。若不即加禁遏，更历诸寺，必有断臂脔身以为供养者，伤风败俗，传笑四方。"③ 韩愈反对迎奉佛指舍利所陈述的理由包括认为佛教非中国本有，亦非自古有之，故不足信；认为崇佛不合唐朝祖制等，但提到最重要的一条理由是认为这种狂热的信仰会误导普通民众，伤风败俗。韩愈所言之"灼顶燔指，十百为群，解衣散钱"现象应该是以前几次迎奉中已经出现的情况，"咸通中，佛中指骨舍利反凤翔重真寺。慧从往，爇左手拇

---

① 李发良：《关于唐代诸帝迎奉法门寺佛骨的次数再探讨》，《法门寺博物馆论丛》（第二辑），三秦出版社2009年版。
② （宋）志磐：《佛祖统纪》卷42，《大正藏》第49卷，第389页。
③ （元）念常：《佛祖历代通载》卷15，《大正藏》第49卷，第623页。

指，口诵《法华经》以谢"①。韩愈担心这种自残供佛的风气会愈益炽烈，影响唐王朝统治，而事实也证明，这种自残供佛之风虽然前代已有，但在唐懿宗迎奉中确实超越前代，更加浓烈，并影响了后世。

自残供佛源于印度之苦行，灼肌燃指、刺血书经、断臂烧身在佛教徒看来主要是表明重法克诚的坚定意志以及超乎常人的忍耐力，表达虔诚坚定的信仰。一般民众则认为"苦行"者的"隐忍力"修行境界高深，从而趋之若鹜，视之若神。随着佛教传入中国，最初多见于外国"神僧"之传奇故事中，两晋以后，多有中国僧人效法。《高僧传》卷十二载："释法羽……常欲仰轨药王烧身供养。……羽誓志既重，即服香屑以布缠体，诵舍身品，竟以火自燎，道俗观视莫不悲慕焉。"②又"释慧绍……执烛然薪，入中而坐，诵药王本事品。……绍焚身是元嘉二十八年（451年）"③。大业中，"虎丘有僧亮……于剡县三生像前，鄞山舍利塔前，各然一指，以表慧灯供养"④。隋唐以前的焚身供佛风气应是受到《法华经》中《药王菩萨本事品》药王烧身供佛故事的深刻影响，《正法华经》卷九《药王菩萨品》曰："（药王）立誓愿：'以身为灯，为一切故。'即然其身供养诸佛。"⑤《妙法莲华经》卷六《药王菩萨本事品》曰："我虽以神力供养于佛，不如以身供养。"⑥僧人在焚身之前几乎都要"诵舍身品"或者"药王本事品"，表明药王舍身供佛是其效仿的榜样。

隋唐时之燃指、焚身供佛多出现在供养舍利等大型的佛事活动中，信徒"灼顶燔指"被认为是虔诚信佛的表现，唐末五代以后大规模的宫廷供养舍利活动再未出现，但焚身燃指等活动在僧人中仍较为常见，主要是在诵《法华经》或者《华严经》时，或者目睹胜迹异象时，受到感染而燃指焚身供佛，这与隋唐以前效法药师焚身之举有了明显的变化。

其中有两则山西僧人的事例颇为特别，都与法门寺佛指舍利相关。《宋高僧传》卷二十三载："释息尘，姓杨氏，并州人也。……后唐长兴

---

① （元）昙噩：《新修科分六学僧传》卷20，《卍续藏》第77卷，第250页。
② （梁）惠皎：《高僧传》卷12，《大正藏》第50卷，第404页。
③ （梁）惠皎：《高僧传》卷12，《大正藏》第50卷，第404页。
④ （宋）宗晓：《法华经显应录》卷1，《卍续藏》第78卷，第38页。
⑤ （西晋）竺法护译：《正法华经》卷9，《大正藏》第9卷，第125页。
⑥ （姚秦）鸠摩罗什译：《妙法莲华经》卷9，《大正藏》第9卷，第53页。

二年（931年），众请于大安国寺，后建三学院一所，供待四方听众。时又讲华严新经，传授于崇福寺继晖法师，由是三年不出院门。一字一礼《华严经》，一遍字字礼《大佛名经》，共一百二十卷，复炼一指，前后计然五指。时晋高祖潜跃晋阳，最多钦重。洎乎龙飞尘每入洛京朝觐必延内殿。从容锡赉颇丰。帝赐紫服并懿号。固让方俞。尘闻凤翔府法门寺有佛中指骨节真身，乃辞帝往岐阳瞻礼，睹其希奇，又然一指，尘之双手唯存二指耳。续于天柱寺，就楚伦法师学《俱舍论》，方经数日，微有疾生，至七月二十七日辰时，枕肱而逝。俗年六十三，腊四十四。平常唯衣大布，不蓄盈长。六时礼佛，未曾少缺。陇坻之间闻其示灭，黑白二众具威仪送。焚之得舍利数百粒，弟子以灵骨归于太原，晋祖敕葬于晋水之西山，小塔至今存焉。"[1] 息尘是五代后唐至后晋时代的人物，有很高的学识和道行，也曾燃指供佛，一次是在诵《华严经》《大佛名经》时燃五指，另一次则是在瞻礼法门寺佛指舍利时"睹其希奇，又燃一指"。息尘可能是因感动于圣物而燃指供佛。这条史料带来的更为重要的信息是息尘曾目睹了"佛中指骨节真身"。学者一般认为唐懿宗迎奉舍利之后，佛指舍利就被藏封于地宫之内，而这条史料则说明，极有可能在后唐时代，法门寺地宫之外仍然供奉有"佛指舍利"之所谓影骨。

同时，另外几条史料也是旁证。《周晋州慈云寺长讲维摩经僧普静舍身记》是后周显德二年（955年）由其弟子所立的记载普静舍身事迹碑刻，此碑现存于洪洞广胜寺内，《山右石刻丛编》《三晋石刻大全》中均收录该碑。《宋高僧传》中亦有普静传记。普静，俗姓茹，洪洞县人。出家入寺礼遇惠澄和尚，常颂《维摩经》。后巡游各地，进而西至凤翔，后东达雁沼。年二十七，于龙兴寺讲《净名经》。后往单州，前后二年讲开三遍。名振九衢，誉闻八表，众望请赴陈、蔡、曹、豪、泗洲，讲二十九座，授业学徒三十余人。而后愿游五台山，境径礼七佛。至天福八年癸卯岁（943年）返平阳。"俗接僧迎，若唐三藏西回之日，朝参暮礼如竺法兰东至之秋，到旧日家园，入先师房院，相次城隍蚁凑，法乳雁行，州牧檀悦无不诚重，是感雨寺之众、三学之僧请为后学，肇而讲也，或

---

[1] （宋）赞宁：《宋高僧传》卷23，《大藏经》第50卷，第857页。

化人指喻，常济物行，慈承绍者，多得鲜者。"① 普静在平阳一带弘法，声名远扬，以致俗接僧迎，州牧檀悦无不诚重，产生很大影响。显德二年（955年），巧遇地方官员迎请佛真身舍利入平阳慈云寺，遂发誓"烧身供佛"。"至四月八日真身塔前，合掌束身谛而。……发此愿已便入柴庵，言切切以劝人身巍巍，而踞火是时九天雾惨，百谷云愁，二众痛而心摧，四人悲之眼，□真不思议，寿六十九。"②《宋高僧传》记载与碑记基本相同。

《周晋州慈云寺长讲维摩经僧普静舍身记》是普静弟子在其焚身的当年所立，因此，其中所载述之事较为可信。普静早年外出巡游时曾"西至凤翔"，虽未说明到凤翔之目的，但推测应该与瞻仰佛指舍利有关。普静于天福八年（943年）返回平阳，至显德二年（955年），遇弘农郡太傅杨廷璋"请佛真身入慈云寺"③。普静也与息尘类似，是因目睹"佛真身"，感动于圣物而捐躯供佛，并发愿"舍千身"。《宋高僧传》的载述比较简短，与碑刻基本一致，并未提到弘农郡太傅杨廷璋从何处迎请真身舍利至慈云寺，但在元代昙噩《新修科分六学僧传》之"普静传"中则明确提到"会郡守杨君，迎请凤翔真身塔。"④ 昙噩何以认为杨廷璋迎请之真身舍利是凤翔法门寺真身，由于史料所限，难以考证。显德二年（955年）周世宗开始废佛活动，此时晋州处于后周控制范围内，但因与北汉对峙，实际处于对峙北汉的前线，可能弘农郡太傅杨廷璋为保护佛指舍利而迎请至晋州慈云寺。

唐懿宗最后一次宫廷迎奉佛指舍利之后，再未出现帝王迎奉的情况，但法门寺作为供奉佛指真身舍利之圣地，在唐代以后，已经得到僧俗信徒的广泛认可，不断有信徒瞻礼供养。而在法门寺地宫之外可能仍然供奉有"佛舍利"，因其巨大的社会影响也出现了周边地区之佛教寺庙远赴法门寺迎请舍利之举。可见，唐代由皇宫迎奉佛指舍利之俗在五代以后，民间佛寺参与其中，说明法门寺佛指舍利崇奉就最高统治者而言有所降

---

① （清）胡聘之：《山右石刻丛编》卷10，山西人民出版社1988年版。
② （清）胡聘之：《山右石刻丛编》卷10，山西人民出版社1988年版。
③ 汪学文：《三晋石刻大全·洪洞卷》三晋出版社2008年版，第13页。
④ （元）昙噩：《新修科分六学僧传》卷20，《卍续藏》第77卷，第150页。

温,但其影响在民间仍有余绪。①

总之,五代时期社会动荡,战争频繁,山西处于战乱的核心区域,佛教寺院有兴建或者重修数量较少,主要分布于太原和晋东南上党一带。后唐、后晋、后汉统治者均担任过河东节度使,其治所为太原,作为行政中心,加之统治者崇佛,因而寺庙修建较多。晋东南上党一带地近洛阳和开封,五代时期,洛阳和开封是政治中心,因此受到政治中心影响,佛寺修建也比较多。

---

① 侯慧明:《论舍利崇拜在中国的兴起与风行——兼论法门寺佛指舍利》,《安徽史学》2016年第3期。

第 七 章

北宋山西佛教

宋代山西佛教是从宋太宗太平兴国四年（979年）平定北汉到靖康二年（1127年）北宋灭亡的148年间的佛教。宋太祖于开宝元年兴兵伐北汉，但终因契丹支援而失败。宋太宗即位后，于太平兴国四年（979年）再次对北汉用兵，兵分四路围攻太原，同时为阻击辽军增援北汉，又派兵遣将在太原石岭关部署，率军"以断燕蓟援师"①。最终，太平兴国四年，北宋平北汉，将河东地区纳入自己的统治版图。河东路因其特殊的地理位置，自古以来为兵家必争之地，具有重要的军事战略地位。宋人张确曾言："河东天下根本，安危所系，无河东，岂特秦不可守，汴亦不可都矣。"② 李纲也曾评论说："盖河北、河东者，国之屏蔽也。料理稍就，然后中原可保，而东南可安。"③

这期间，北宋结束了五代十国时期的混乱局面，废除了周世宗的毁佛令，统治者基本采取较为宽松的佛教政策，使得山西佛教一度兴盛，禅宗、密教、华严学等各派重新恢复，伴随着宋代商业和手工业发展，佛教愈加深入民间，进一步民俗化。

第一节 北宋诸帝与山西佛教

宋太祖即位数月，便废除周世宗显德年（954—959年）的废佛令，

---

① （清）顾祖禹：《读史方舆纪要》卷39《山西方舆纪要》，中华书局1955年标点本，第1774页。
② 《宋史》卷446《张确传》，中华书局1977年标点本，第13169页。
③ 《宋史》卷358《李纲传》，中华书局1977年标点本，第11254页。

普度童行八千人。建隆元年（960年）"十二月，诏于杨州城下战地造寺赐额建隆，赐田四顷，命僧道晖主之。初周废佛寺三万三百所，毁镇州大悲像铸钱。世宗亲秉，钺洞其膺，不四年疽溃于膺。帝偕太宗目击其事。因问神僧麻衣，天下何时定？麻曰：'甲子方大定。'仍对以三武废教之祸，帝深然之。及即位，屡建佛寺，岁度八千僧。（辛酉）诏诞圣节，京师及天下命僧升座祝寿为准。（壬戌）诏每年试童行通《莲经》七轴者，给祠部牒披剃。"① 乾德三年（965年），沧州僧道圆游历五天竺，往返十八年，偕于阗使者回到京师，太祖在便殿召见，垂问西土风情。乾德四年（966年），派遣僧人行勤等一百五十七人游西域，"各赐钱三万"②。又令西川转运使沈义伦于益州（今成都）书写金字《金刚经》。乾德五年（967年），又令沙门文胜编修《大藏经随函索隐》六百六十卷。开宝四年（971年），太祖亲征北汉，道经潞州麻衣和尚院，躬祝于佛，誓不滥杀，又命开刻《大藏经》。开宝五年（972年）令僧道并隶功德使，出家求度策试经业，祠部给牒。为了严明法戒，要求僧尼有别，尼寺置坛受戒，由尼大德主之。开宝八年（975年），太祖亲书《金刚经》，常自读诵。③ 宋太祖还敕令在高平县城东南圣佛山东麓建崇明寺。太祖崇佛敬僧，保护佛教，有利于招揽人心，快速恢复社会稳定。

宋太宗刚刚平晋，即召见了五台山鹿泉寺沙门睿见，且询问五台山寺庙兴建情况，赐予许多财物，令建太平兴国寺，诏曰："五台深林大谷，禅侣幽栖，尽蠲税赋。"太平兴国二年（977年），又令中使送与五台山菩萨院金泥书经一藏，"每岁度僧五十人，令事清修"。④ 五年正月，"敕内侍张廷训往代州五台山造金铜文殊万菩萨像，奉安于真容院。诏重修五台十寺，以沙门芳润为十寺僧正。十寺者：真容、华严、寿宁、兴国、竹林、金阁、法华、秘密、灵境、大贤"⑤。河中府沙门法进，请三藏法天译经于蒲津。同年四月，太宗为了加快五台山修建寺庙速度，又

---

① （元）念常：《佛祖历代通载》卷18，《大正藏》第49册，第656页。
② 《宋史》卷2《太祖本纪二》，中华书局1977年标点本，第23页。
③ （宋）志磐：《佛祖统纪》卷43，《大正藏》第49册，第396页。
④ （明）镇澄：《清凉山志》卷5，中国书店1989年版，第128页。
⑤ （宋）志磐：《佛祖统纪》卷43，《大正藏》第49册，第397页。

"遣使蔡廷玉等,诣台山建寺",并"敕河东路有司运给"。① 这就保证了建寺所需。七年,十寺修建完毕,赐鹿泉寺为太平兴国寺。此时,五台山寺庙雕梁画栋,焕然一新。太平兴国八年(983 年),太宗又令"太原、成都铸造铜钟,赐予五台、峨眉,遣挂之日,两山皆有梵僧十余奉迎其钟,声闻百里"②,端拱二年(989 年),太原沙门重达自西天还,往返十年,进佛舍利贝叶梵经,赐紫服住西京广爱寺。③ 北宋山西僧人非常活跃,五台山佛教又渐兴盛。

此后,北宋诸帝多支持佛教。宋真宗曾著《崇释论》,进一步认识到,佛教戒律与儒家学说"迹异而道同",其宗旨都在劝善禁恶,故而应予保护。他说:"不杀则仁矣,不窃则廉矣,不惑则信矣,不妄则正矣,不醉则庄矣。苟能遵此,君子多而小人少。"④ 因此,他对佛教采取保护措施。真宗曾诏"天下诸路皆立戒坛,凡七十二所。京师慈孝寺别立大乘戒坛"⑤。景德四年(1007 年),宋真宗赐内库钱一万贯对五台山寺院再加修葺。据《广清凉传》载,当时全山有佛寺 70 余所,僧尼 5000 人,香火非常旺盛。景德六年(1009 年)八月,兵部侍郎译经润文官赵安仁,奉诏编修《大藏经录》成,凡二十一卷,赐名《大中祥符法宝录》,仍赐御制序云:"自太平兴国以来凡译成经律论四百十三卷,秘书监杨亿光、梵大师惟净等编次,又请以《两朝御制佛乘文集》编入大藏,下诏褒许。"⑥ 八年正月,臣僚言:"每岁上元,车驾诣寺观三十余处,百拜已上。望自今诸殿,令近臣分拜。"上谓王旦曰:"朕祈福中外,虔恭拜起,未尝懈怠,卿等欲申裁减,非朕之意。"⑦ 大中祥符九年(1016 年),又于长子县修建崇庆寺。天禧五年(1021 年),又"诏于并州建资圣禅院,为将士战亡者追福"⑧。天禧元年(1017 年),宰相王旦立遗嘱曰:"吾深

---

① (明)镇澄:《清凉山志》卷5,中国书店1989年版,第128页。
② (宋)志磐:《佛祖统纪》卷43,《大正藏》第49册,第398页。
③ (宋)志磐:《佛祖统纪》卷43,《大正藏》第49册,第400页。
④ (宋)志磐:《佛祖统纪》卷44,《大正藏》第49册,第402页。
⑤ (宋)志磐:《佛祖统纪》卷44,《大正藏》第49册,第404页。
⑥ (宋)志磐:《佛祖统纪》卷44,《大正藏》第49册,第405页。
⑦ (宋)志磐:《佛祖统纪》卷44,《大正藏》第49册,第405页。
⑧ (宋)志磐:《佛祖统纪》卷44,《大正藏》第49册,第406页。

厌劳生,愿来世为僧,宴坐林间,观心为乐,幸为我请大德施戒,剃须发,着三衣火葬,勿以金宝置棺内。"① 宰相王钦若也兼译经润文使,当其出镇钱塘时,又"率僚属诣天竺灵山谒慈云法师遵式,请讲《法华》"。② 可见,佛教在上层统治者的支持下获得快速的发展,修建寺庙、翻译佛经、勘定《藏经》、会通儒佛,呈现兴盛发展态势。

仁宗即位后也积极支持佛教。天圣元年(1023年)即位之时,就"常顶玉冠,上琢观音像"③。天圣五年(1027年)六月甲戌,祈雨于玉清昭应宫、开宝寺。④ 同年,三藏惟净进《大藏经目录》二帙,赐名《天圣释教录》,凡六千一百九十七卷。六年(1028年),御制《三宝赞》以赐宰辅及译经院。⑤ 天圣八年(1030年)冬十月壬辰,奉安太祖御容于太平兴国寺开先殿。⑥ 明道二年(1033年)三月丁亥,祈雨于会灵观、上清宫、景德开宝寺。⑦ 庆历元年(1041年),范仲淹宣抚河东,寓宿保德传舍获故经一卷,名《十六罗汉因果识见颂》,藏经所未录。仲淹遂为之序,此颂文一尊者七首,皆悟本成佛之言。⑧ 庆历三年(1043年)庚辰,祈雨于相国寺、会灵观。⑨ 庆历五年(1045年)二月……辛亥,祈雨于相国天清寺、会灵祥源观。⑩

由于北宋统治者大力支持,出现了寺院遍地、为僧者众的现象。张洞奏:"至和元年(1054年),敕增岁度僧,旧敕诸路三百人度一人,后率百人度一人;又文武官、内臣坟墓,得置寺拨放,近岁滋广。若以勋劳宜假之者,当依古给户守冢,禁毋樵采而已。今祠部帐至三十余万僧,失不裁损,后不胜其弊。"⑪ 于是,朝廷用其言,始三分减一,对僧尼数

---

① (宋)志磐:《佛祖统纪》卷44,《大正藏》第49册,第405页。
② (宋)志磐:《佛祖统纪》卷44,《大正藏》第49册,第406页。
③ (宋)志磐:《佛祖统纪》卷45,《大正藏》第49册,第408页。
④ 《宋史》卷9《仁宗纪一》,中华书局1977年标点本,第183页。
⑤ (宋)志磐:《佛祖统纪》卷45,《大正藏》第49册,第408页。
⑥ 《宋史》卷9《仁宗纪一》,中华书局1977年标点本,第188页。
⑦ 《宋史》卷10《仁宗纪二》,中华书局1977年标点本,第190页。
⑧ (宋)志磐:《佛祖统纪》卷45,《大正藏》第49册,第410页。
⑨ 《宋史》卷11《仁宗纪三》,中华书局1977年标点本,第216页。
⑩ 《宋史》卷11《仁宗纪三》,中华书局1977年标点本,第220页。
⑪ 《宋史》卷299《张洞传》,中华书局1977年标点本,第9933页。

予以限制。至神宗熙宁元年（1068年），天下僧二十二万六百六十人。尼三万四千三十人。① 这与真宗朝时相比已有所减少。

宋徽宗十分崇奉道教，自号"教主道君皇帝"。崇宁五年（1106年）十月，诏曰："有天下者尊事上帝敢有弗虔。而释氏之教，乃以天帝置于鬼神之列，渎神逾分，莫此之甚。有司其除削之。……旧来僧居多设三教像，遂为院额殿名。释迦居中，老君居左，孔圣居右。非所以奉天真与儒教之意，可迎其像归道观学舍以正其名。"② 政和七年（1117年）永嘉道士林灵上奏说："佛教害道久矣，今虽不可灭，宜与改正。以佛刹为宫观，释迦为天尊，菩萨为大士，僧为德士，皆留发顶冠执笏。"诏可。③ 宣和元年（1119年）又下诏，改"佛号为大觉金仙，僧为德士"④。汾阳《香积院涅槃会碑》载："宋宣和年中有当院讲经大德住持任达里、寿圣院惠广，性地夷而净，心月朗而明，福祐厚结于乡邦，身心每存于绥茸，相与诸上善人维那宋剑、张珍、张朝等几三百余人结集涅槃大会，没齿而已。甫及三年，忽改德士，既而俄冠，厥事寝废。"⑤ 这是北宋佛教遭受的唯一重大打击。不久徽宗被金人俘虏，影响范围有限。

终北宋一代，庞大的僧尼数和寺院数远远超出前代。以发展兴盛的唐代而论，僧尼数和人口数比例约为1∶322，而北宋比例最高时曾达1∶43，即使在僧尼人数较少的英宗、神宗、高宗时也达到1∶100人左右。⑥ 不仅如此，且寺院规模和数量也大为增加，这也成为山西佛教发展的宏观环境。

第二节　山西佛教寺院的分布

北宋时期山西统治区域主要在山西中南部地区，雁门关以北北部地区大部被割让辽国，有的地区则处于南北交战和拉锯之区域，战争频繁。

---

① （宋）志磐：《佛祖统纪》卷45，《大正藏》第49册，第414页。
② （宋）志磐：《佛祖统纪》卷46，《大正藏》第49册，第419页。
③ （宋）志磐：《佛祖统纪》卷46，《大正藏》第49册，第419页。
④ 《宋史》卷22《徽宗纪四》，中华书局1977年标点本，第403页。
⑤ （清）胡聘之：《山右石刻丛编》卷19，山西人民出版社1988年版。
⑥ 刘长东：《宋代佛教政策论稿》，巴蜀书社2005年版，第167—172页。

太平兴国四年（979年），北宋平北汉，将河东地区纳入自己的统治版图。平北汉后，北宋政府暂时对辽采取以防御为主的战略，但是辽朝时常发动进攻，与宋军在河东边境和河北边境不断交战。雍熙三年（986年），宋太宗下令北伐，河东路的边境地区再起战火。此后，宋仁宗宝元元年（1038年）十月，西夏建国。宋朝出兵进行平叛。自此，河东路作为沿边地区再次卷入战争。元昊曾"纵兵四掠，刈禾稼，发窖藏"[①]。战乱后的社会重建、神化皇权，以及安抚民众，佛教都发挥了重要作用。

一 寺院的分布及其特点

根据山西地方志，以及佛教传记、碑刻等资料对北宋新建的佛教寺院进行汇总。

表7—1　　　　　　北宋山西新建及重修佛寺汇总

序号	佛寺名	坐落地	建立时间	具体地点	文献来源
1	梵安寺	文水	崇宁二年（1103年）	县南上贤村	乾隆《太原府志》卷48
2	圣安寺	太谷	太平兴国二年（977年）	县东北十五里胡村	
3	光化寺	太谷	咸平二年（999年）	县西南十五里白城村	
4	法安寺	太谷	嘉祐六年（1061年）	县东北五里韩武都	
5	崇果寺	太谷	治平二年（1065年）	县东北八十里佛谷里	
6	天仁寺	太谷	治平二年（1065年）	县北五里上善村	
7	光梵寺	太谷	治平四年（1067年）	县东十里石像村	

① 《续资治通鉴长编》卷133，中华书局2004年标点本，第3163页。

续表

序号	佛寺名	坐落地	建立时间	具体地点	文献来源
8	真寂寺	太谷	大观元年（1107年）	县东北四十里大郭村	
9	大仁寺	太谷	政和二年（1112年）	县城东北二十里	
10	寿宁寺	阳曲	大中祥符间（1008—1016年）	皋署西	
11	报恩寺	阳曲	元丰七年（1084年）	前所街，旧名鸿佑	
12	金刚寺	阳曲	宣和元年（1119年）	城北六十里东张村	
13	双林寺	榆次	天圣二年（1024年）	县西北张村	
14	常乐寺	榆次	嘉祐元年（1056年）	县西南	乾隆《太原府志》卷48
15	兴教寺	榆次	政和三年（1113年）	县东训谷村	
16	兴梵寺	祁县	天圣三年（1025年）	县东二十里西管村	
17	幽仙寺	祁县	宣和二年（1120年）	县东南六十里下帻山	
18	方山寺	徐沟	端拱年（988—989年）	高白镇西	
19	法云寺	徐沟	元符元年（1098年）	梁毕村	
20	永胜寺	徐沟	天圣五年（1027年）	故驿镇西	
21	崇兴寺	徐沟	皇祐三年（1058年）	罗郭都	
22	寿圣寺	徐沟	治平间（1064—1067年）	县东南隅	

续表

序号	佛寺名	坐落地	建立时间	具体地点	文献来源
23	大历寺	徐沟	绍圣间（1094—1097年）	县东南李青村	
24	慈云寺	徐沟	绍圣间（1094—1097年）	梁毕村	
25	净梵寺	徐沟	政和三年（1113年）	清源乡西南	
26	惠众寺	交城	雍熙四年（987年）	县南五里西汾阳村	
27	兴济寺	交城	天圣四年（1026年）	县北九十里	
28	治平寺	交城	庆历二年（1042年）	县北一百里屯兰都	
29	离相寺	交城	大观元年（1107年）	县东南隅	
30	定香寺	交城	大观二年（1108年）	县西南三里	乾隆《太原府志》卷48
31	云际寺	岢岚	天圣年（1023—1031年）	州西山石径盘曲号佳腾地	
32	香严寺	岢岚	元丰间（1078—1085年）	县州城内肃穆街南	
33	宏福寺	岢岚	宣和间（1119—1125年）	居仁街西	
34	大云寺	潞城	建隆元年（960年）	石灰里龙耳山	
35	荐福寺	潞城	太平兴国九年（984年）	东禅村	
36	洪福寺	长治县	太平兴国五年（980年）	城东南四十里李坊村	
37	庆云寺	长治县	天圣三年（1025年）	城南十里苏店	

续表

序号	佛寺名	坐落地	建立时间	具体地点	文献来源
38	香岩寺	长治县	庆历间（1041—1048年）	城南四十里韩店	乾隆《潞城府县志》卷10
39	洪济寺	长治县	熙宁二年（1069年）	城南四十里黎岭村	
40	能仁寺	长子	建隆二年（961年）	县大西门外	
41	崇庆寺	长子	大中祥符九年（1016年）	县东南四十里紫云山	
42	广化寺	长子	治平元年（1064年）	县西三十五里乐阳村	
43	妙觉寺	长子	治平元年（1064年）	县西北十五里碾张村	
44	感应寺	曲沃	嘉祐五年（1060年）	县西关	乾隆《新修曲沃县志》卷15
45	传教寺	曲沃	嘉祐八年（1063年）	县西南四十里	
46	十王院	曲沃	嘉祐年（1056—1063年）	在感应寺东	
47	大悲院	曲沃	治平四年（1067年）	杨贤里	
48	凉马寺	襄汾	嘉祐七年（1062年）重建赐额	县东南二十五里北柴村	
49	寂照寺	洪洞	太平兴国二年（977年）	道觉里	雍正《平阳府志》卷33
50	崇胜院	洪洞	太平兴国六年（981年）赐额	具体位置不详	
51	消粮寺	洪洞	咸平元年（998年）	罗云里	
52	玉泉寺	霍州	宋初建	陶唐峪	

续表

序号	佛寺名	坐落地	建立时间	具体地点	文献来源
53	金田寺	霍州	政和四年（1114年）	杨家庄	
54	灵泉寺	临汾	太平兴国中（976—983年）	城西北十里	
55	普照寺	临汾	元祐中（1086—1093年）	城东十五里	
56	圣寿寺	襄汾	咸平三年（1000年）	县治西南	
57	释迦寺	襄汾	崇宁五年（1072年）	县南故关镇	
58	华严寺	洪洞	建隆三年（962年）	马牧里	
59	容摄寺	洪洞	太平兴国中（976—983年）	永乐里	
60	弥勒寺	洪洞	天圣元年（1023年）	县西南段村	
61	佛殿寺	洪洞	天圣四年（1024年）	县见贤坊	康熙《平阳府志》卷33
62	鹿苑寺	洪洞	治平二年（1065年）	县东南，即福岩寺	
63	寿圣寺	绛县	建隆二年（962年）	赖村里	
64	钟楼寺	绛县	乾德元年（963年）	城内	
65	净梵寺	绛县	嘉祐八年（1063年）	城西北二十里	
66	金仙寺	翼城	仁宗时建，元延祐徙至同亲坊	旧在东门外	
67	寿圣寺	翼城	治平四年（1067年）重修	下交村	
68	天竺寺	翼城	元祐七年（1092年）重修	唐城里	
69	龙兴寺	翼城	靖康二年（1127年）重修	在陵下村	

续表

序号	佛寺名	坐落地	建立时间	具体地点	文献来源
70	广教寺	晋城	宋建,明赐名普定寺。指挥胡景印置《大藏经》一藏。	城中和坊	雍正《泽州府志》卷21
71	崇果寺	高平	太平兴国二年(977年)赐名,	大成街	
72	寿圣寺	阳城	宋初改为泗州院,真宗毁。天禧(1017—1021)间重建,治平四年(1067)赐额。	县西北四十里	
73	龙岩寺	陵川	宋建,金大定间赐额	县西南二十里	
74	古贤寺	陵川	宋建,金大定赐额	县西南七十里	
75	法隆寺	沁水	宋建	在县东关	
76	灵泉寺	沁源	太平兴国四年(979年)	万安山	乾隆《沁州志》卷9
77	天宁寺	沁源	雍熙四年(987年)	州治东福寿街	
78	光明寺	沁源	天圣四年(1026年)	州西乌苏村	
79	洪济寺	沁源	景祐元年(1034年)	州西南陈村	
80	普净禅院	沁源	元祐年(1086—1093年)	州南窑子村	
81	隆福寺	沁源	元祐二年(1087年)	州西南庶纪村	
82	柏林寺	沁源	宋建	州西南龙门山	

续表

序号	佛寺名	坐落地	建立时间	具体地点	文献来源
83	圣寿寺	沁源	皇祐间（1049—1053年）	在通仙街	光绪《沁源县志》卷8
84	石佛寺	沁源	皇祐间（1049—1053年）	县东南	
85	宝觉寺	沁源	嘉祐间（1049—1053年）	县北绵上镇之西	
86	崇圣寺	原平	政和二年（1112年）	在文庙街	乾隆《崞县志》卷4
87	镇大寺	原平	宋建	在堡东南隅	
88	正觉禅院	繁峙	宣和间（1119年）改为神宵宫，五台山真容院请赐今额	滹沱河滨	道光《繁峙县志》卷2
89	净心寺	汾阳	嘉祐八年（1063年）	县治东路北	乾隆《汾州府志》卷24
90	显庆寺	汾阳	宋建	北十里狄武襄茔侧	
91	白云寺	汾阳	政和七年（1117年）	县东三十里杜村	
92	梵业寺	平遥	嘉祐八年（1063年）敕额	南二十里西泉村	
93	显庆寺	平遥	嘉祐八年（1063年）敕显庆寺额	平遥县南岳壁村	
94	圣寿院	平遥	治平四年（1067年）赐额	平遥西北四十里宁固村	

续表

序号	佛寺名	坐落地	建立时间	具体地点	文献来源
95	寿圣寺	平遥	治平四年（1067年）赐额	平遥县西源祠村	乾隆《汾州府志》卷24
96	洪济寺	平遥	绍圣四年（1097年）	平遥达浦村	
97	崇寿寺	介休	大中祥符八年（1015年）	县城东南隅	
98	安化寺	介休	熙宁二年（1069年）	县东五十里张原村	
99	永利寺	介休	大观元年（1107年）	县东三十里坞城西	
100	护国寺	孝义	天禧二年（1018年）	县东十里卢家庄	
101	法性寺	孝义	宣和九年（1127年）	县南十五里南姚村	
102	萧寺	临县	雍熙间（984—987年）	县南二十里殿梁栽	
103	大觉寺（一名香炉寺）	临县	宋建	县南九十里	
104	永庆寺	石楼	太平兴国七年（982年）	县治东崇文坊	
105	洪福院	石楼	庆历间（1041—1048年）	石楼县南关面对翠金山	
106	柳溪寺	离石	嘉祐三年（1058年）	永宁州南七十里	
107	兴隆寺	静乐	熙宁元年（1068年）	州东南三十里义合都桥头村	乾隆《保德州志》卷2
108	大云寺	武乡	治平元年（1064年）	县西故城	民国《武乡县志》卷3

第七章　北宋山西佛教 / 373

续表

序号	佛寺名	坐落地	建立时间	具体地点	文献来源
109	延祚寺	永济	太平兴国二年（977年）	县西十五里孙常镇	乾隆《蒲州府志》卷3
110	开元寺	永济	咸平四年（1001年）	东关熏风巷	
111	八龙寺	永济	大中祥符间（1008—1016年）	县东十五里	
112	金山寺	永济	熙宁七年（1074年）	县东峨眉岭	
113	天宁寺	永济	绍圣中（1094—1097年）	城东门外	
114	下方寺	永济	崇宁元年（1102年）	城东南百里观后村	
115	大雄寺	永济	政和中（1111—1117年）	在南解村	
116	福圣寺	河津	大中祥符间（1008—1016年）	清涧村	光绪《河津县志》卷3
117	觉城寺	河津	天圣中（1023—1031年）	城东里许	
118	宝胜寺	河津	崇宁间（1102—1106年）	在僧楼里	
119	普照寺	河津	宋大观中（1107—1110年）	黄村	
120	黄龙寺	万荣	元祐元年（1086年）	皇甫镇	乾隆《万全县志》卷7
121	槛泉寺	万荣	宣和二年（1120年）	孤山西麓	
122	晋宁寺	平定	嘉祐二年（1057年）	广阳屯	光绪《平定州志》卷3
123	寿圣寺	平定	治平元年（1064年）	州东六十里西回屯	

续表

序号	佛寺名	坐落地	建立时间	具体地点	文献来源
124	寿圣寺	平定	治平四年（1067年）重修	州北一十里白羊屯	光绪《平定州志》卷3
125	寿圣寺	平定	熙宁元年（1068年）	州西二十里平潭镇	
126	崇教寺	平定	熙宁二年（1069年）	县治东北隅	
127	天宁寺	平定	熙宁间（1068—1077年）	在城南营	
128	圣泉寺	平定	元祐六年（1091年）	州西四十里新兴镇	
129	晋宁寺	平定	崇宁二年（1103年）	在狮子山	
130	寿圣寺	平定	宣和五年（1123年）	州北五十里拒城都	
131	资圣禅院	并州	天禧五年（1021年）	诏于并州建资圣禅院，为将士战亡者追福	《佛祖统纪》卷44
132	承天院	并州	天禧元年（1017年）	智嵩，或称唐明传首山心印，至是住并州承天院	《佛祖纲目》卷35
133	昭化院	寿阳	元祐二年（1087年）	二年七月。张商英游五台，中夜于秘魔岩见文殊大士身在金色光中。九月自太原出案寿阳，至方山昭化院	《佛祖统纪》卷46
134	太平寺	汾阳	淳化四年（993年）	西河道俗千余人协心削牍，遣沙门契聪迎请汾阳善昭禅师，住持汾州太平寺太子院	《佛祖历代通载》卷18

续表

序号	佛寺名	坐落地	建立时间	具体地点	文献来源
135	太平兴国寺	五台山	太平兴国间（976—983年）	宋太宗讨平晋地，释睿谏乃躬诣行宫请见。上问台山兴建之由，师奏对称旨，又蒙恩锡甚厚。寻赐额，号太平兴国之寺	《广清凉传》卷下
136	真容院等十寺	五台山	太平兴国五年（980年）	重修五台十寺，以沙门芳润为十寺僧正。十寺者：真容、华严、寿宁、兴国、竹林、金阁、法华、秘密、灵境	《佛祖统纪》卷43

注：（1）所列寺院，主要摘录北宋新建者或者重修者，对于方志未标明年代者，不录。（2）有些寺院，在其他文献中另有记录，本文其他部分也可能使用了此寺院的此类史料，此处主要录出地方志资料以做参考。（3）北部大同等地在五代时被割让辽国，属于燕云十六州范围，辽国设西京，录于辽代部分。

从以上寺院统计来看，兴建与重修时间主要集中于宋太宗天平兴国年间、宋仁宗天圣年间、嘉祐年间、宋英宗治平年间以及宋徽宗崇宁、政和、宣和年间。兴建频率最多者为英宗，在位4年，修建寺庙14座之多。其次则是宋徽宗和宋太宗，宋仁宗因为在位时间最长，因此兴修最多。太宗朝太平兴国三年（978年）三月，"赐天下无名寺额，曰太平兴国，曰乾明。"① 太平兴国五年（980年）正月"敕内侍张廷训，往代州五台山造金铜文殊万菩萨像，奉安于真容院，诏重修五台十寺。以沙门芳润为十寺僧正，十寺者，真容、华严、寿宁、兴国、竹林、金阁、法华、秘密、灵境、大贤"②。

从地理范围看，北宋时期山西新建与重修的寺庙主要集中在晋中地

---

① （宋）志磐：《佛祖统纪》卷43，《大正藏》第49册，第397页。
② （宋）志磐：《佛祖统纪》卷43，《大正藏》第49册，第397页。

区以及晋东南、晋南地区，五台山佛教仍然发展兴盛。

从人口分布看，河东路人口数量最多的地区是太原府、晋州和绛州，这些地区基本上分布在汾河和晋水流域，其他地区仍是地广人稀。这一人口分布直接影响着寺院的发展及信众的分布情况。从自然条件看，汾河等河流流经的流域形成了一些盆地、平原和谷地，这里土壤较为肥沃，适宜农耕生产，而其他地区相对山多田瘠，自然条件更为落后。据北魏郦道元《水经注》卷六载，"汾水出太原汾阳县北管涔山（即今宁武县管涔山雷鸣寺泉），东南过晋阳县东，晋水从县南东流注之……又南过大陵县东，又南过平陶县东，文水从西来流注之……又南入河东界，又南过永安县西，历唐城东，又南过杨县东，西南过高梁邑西，又南过平阳县东，又南过临汾县东，又屈从县南西流，又西过长修县南，又西过皮氏县南，又西至汾阴县北，西注于河"①。因此在汾河流域形成了以太原和临汾为中心的两大盆地，这两地农业发展有良好的条件。平晋县（今太原）县尉陈知白在任时期，曾分晋水，"使民得溉田之利"②。晋祠之水也是周边灌溉之重要水源。范仲淹赞叹说："皆如晋祠下，生民无旱年。"③另外，翼城县翔翱山下的水源也被开发利用，"混混数脉，一泻万斛，流波跳沫，若骙若驰，衍溢灌溉，利尽一川"④。于是，"秔稻之富，流衍四境"⑤，"北登太行入汾曲，正获□穄秋风前"⑥。可见汾河等河流流域的有利生态环境不仅为农业及人口定居提供了条件，也为佛教寺院的发展提供了良好的经济条件。

二 寺院"敕牒"制度

佛教自传入中国后，发展相当迅速，南北朝时，已经有寺庙实行僧

---

① （北魏）郦道元著，陈桥驿校：《水经注校正》，中华书局2013年版，第149页。
② （清）陆耀遹：《金石续编》卷17，《昭化寺政禅师行状》，《宋代石刻文献全编》（第三册），北京图书馆出版社2003年版，第684页。
③ 《范文正公集》卷2《晋祠泉》，四部丛刊初编本，商务印书馆1919年版。
④ （清）胡聘之：《山右石刻丛编》卷17，山西人民出版社1988年版。
⑤ （清）胡聘之：《山右石刻丛编》卷15，山西人民出版社1988年版。
⑥ （宋）梅尧臣：《宛陵先生集》卷56《送谢师厚太博通判汾州》，四部丛刊本，商务印书馆1919年版。

籍制度。至唐朝时，开始设试经度僧制度，经过考试合格的僧尼，由国家管理机构祠部发给度牒，作为合法出家者的凭证。据《佛祖历代通载》载："天宝五载（746年）丙戌五月，制天下度僧尼，并令祠部给牒。"①由此，僧尼以度牒为国家承认之身份凭证。"唐中宗始诏天下试经度僧，是犹汉家以科举取士，最可尚也。我太宗、真仁宗并举试经之科，于兹为盛。未闻货取于山林高尚之士也，自唐肃宗用宰相裴冕之请，以时方用兵，始鬻度牒。"②唐肃宗开始鬻牒以筹集军资，宋代亦延续这一制度。熙宁元年（1068年）"七月司谏钱公辅言，祠部遇岁饥河决，乞鬻度牒，以佐一时之急。自今圣节恩赐，并与裁损，鬻牒自此始"③。

"度牒"制度是国家通过行政手段加强对僧人管理的制度，使僧人接受国家官僚机构的直接管理，从根本上服务于皇权。"敕额"制度则是国家直接对寺院兴建进行管理，"敕额"制度比"度牒"制度更早实行，如汾阳《北辛安村永安禅院碑记并序》载"去武定八年（550年）三月八日，当院石记：'自本州郡主郭翼之所奏，敕赐名为'定国永安禅院'，村众与院主僧弘演，共力修崇堂殿房□，共计六十间梁。'此旧记之所载也"④。唐代应已经实行敕牒，如汾阳王郭子仪奏请建寺之敕牒，"晋州赵城县东南叁拾里，霍山南脚上古育王塔院一所。右河东观察使、司徒、兼中书令汾阳郡王郭子仪奏：臣据朔方左厢兵马使、开府仪同三司、试太常卿、五原郡王李光瓒状称，前件塔接山带水，古迹见存，堪置伽蓝，自愿成立，伏乞奏置一寺，为国崇益福田，仍请以阿育王为额者。臣准状，牒州勘责，得耆寿百姓陈仙童等状，与光瓒所请置寺为广胜。臣伏乞天恩，遂其诚愿。如蒙特命，赐以为额，仍请于当州诸寺选僧，住持洒扫。中书门下牒，河东观察使牒，奉敕宜依，仍赐额为'大历广胜之寺'。牒至，准敕，故牒。大历四年（769年）五月二十七日牒"⑤。汾阳王郭子仪奏请在

---

① 关于度牒制度的开始时间，一般认为起始于唐朝。《唐会要》曰："天宝六年五月制：僧尼令祠部给牒。则僧尼之给牒自唐明皇始也。"《僧史略》则曰："度牒自南北朝有之。"
② （宋）志磐：《佛祖统纪》卷45，《大正藏》第49册，第414页。
③ （宋）志磐：《佛祖统纪》卷45，《大正藏》第49册，第414页。
④ （宋）李自新：《北辛安村永安禅院碑记并序》，《山右石刻丛编》卷11，山西人民出版社1988年版。
⑤ 汪学文：《三晋石刻大全·洪洞县卷》，三晋出版社2008年版，第27页。

古阿育王寺废基之上，重建寺庙，获得奏准，更名为"大历广胜之寺"。

唐代同时也延续"敕额"制度，《泽州硖石山青莲寺新修弥勒佛殿记》载，"此寺（青莲寺）咸通八年（867年）敕赐名额，名标硖石寺号青莲"①。宋朝则全面严格实行"敕牒"制度，其程序基本沿袭唐朝，即由申请人提出申请，所在官府代为陈请，再由帝王颁赐，礼部发文。清代学者叶昌炽的《语石》中记载："符牒，隋以前未有也……唐世符帖存者绝少……宋牒视唐倍蓰……宋初由中书门下给牒，元丰改官制后，由尚书给牒，皆宰执亲押……寺院皆由守臣陈请，方得赐额……凡牒必奉敕宣付，故其文辄云'准敕，故牒'。"② 北宋寺院敕牒颁给申请者之后，寺院常常会将敕牒摹刻于石，公诸世人。一般情况下，还需要制作新赐名之牌匾悬挂，以备查验。

山西佛教敕牒保存较多，分布广泛，如壶关建隆元年（960年）《广慈寺敕牒》，泽州太平兴国三年（978年）《法轮寺敕牒》《福岩院敕牒》《北吉祥院敕牒》，壶关太平兴国八年（983年）《洪济禅院敕牒》，解州嘉祐三年（1058年）《兴化寺敕牒》，平遥县嘉祐八年（1061年）《百福寺敕牒》，潞州治平元年（1064年）《真如院敕牒》，长子治平元年（1064年）《大觉寺敕牒》，洪洞县治平二年（1065年）《鹿苑寺敕牒》，改宝胜寺为鹿苑寺，芮城治平四年（1067年）《太安寿圣寺敕牒》，武乡县治平四年（1067年）《大云寺敕牒》，阳城治平四年（1067年）《寿圣禅院敕牒》，平定熙宁元年（1068年）《寿圣寺敕牒》，泽州天禧四年（1020年）《资圣寺敕牒》，寿阳县崇宁二年（1103年）《昭化禅院敕牒》等。③

敕牒一般会申明寺院僧人、建筑、塑像等寺院僧众以及建筑等寺产，政府赐名，或者依据原来名称，或者赐以新名，如潞州《真如院敕牒》将福仙院赐为真如院，洪洞县《鹿苑寺敕牒》将宝胜寺赐名为鹿苑寺。

敕牒制度的严格实施反映了寺院发展与宋朝政府的密切关系，也就是说寺院的合法存在必须得到朝廷的认可。可见，佛教已完全接受王权的支配，并根据统治者的需要而发挥作用。在这一背景下，北宋山西佛

---

① 樊秋宝：《泽州碑刻大全》第2册，中华书局2013年版，第26页。
② （清）叶昌炽：《语石》卷3，《符牒四则》，商务印书馆1936年版。
③ （清）胡聘之：《山右石刻丛编》卷11—16，山西人民出版社1988年版。

教的发展也与北宋诸位统治者的政策紧密相连。综观山西留存的敕牒，其中以英宗统治时期居多，这应是延续宋仁宗崇佛政策的产物。英宗治平四年（1067年），诏令无敕额有屋宇三十间以上，且有佛像者，皆赐"寿圣"寺额。① 如熙宁元年（1068年）三月二十六日平定县《寿圣寺牒》曰："中书门下牒，平定军奏准都进奏院牒，准中书札子。昨降，下诸路州府军监县镇等，应今月以前诸处无名额寺院、宫观，已盖及三十间以上。见有功德佛像者，委州县捡勘保明闻奏，特与序留系帐拘管，仍并以'寿圣'为额。"② 一般地方长官需到各地督查检括无额寺院，"军司若委平定县尉张备卿、乐平县尉张仲达，躬亲下县，界逐乡村捡觑到无名额寺院共二十三所，并系未降敕日前，僧人住持修盖到佛殿、房廊、屋宇各三十间已上，有功德佛像，见有僧人住持，诣实结罪，保明文状在案，军司官吏保明，并是诣实候敕旨。内乐平县石马村寺一所。僧善德，俗姓李，见今住持。宜特赐寿圣寺为额，牒奉敕如前。宜令平定军翻录黄降付逐寺院，依今来命所定名，额至准敕，故牒"③ 又如宋绍圣三年（1096年）《大宋解州芮城县太安寿圣寺额记》载："治平四年（1067年）春正月，应诸处无名额寺院僧人修盖及三十间者，准存留，仍得陈乞其额。是时，兹院弗葺，几为废地矣。其年中有浮屠，自怀者游礼至屯，爱而不能去曰：'真吾徒所乐之地也。吾居之以老，斯足矣。'倦飞锡之游，因念二梵之福，遇屯盛时，力图名额。于是施方便之力，开善诱之门，悉心募众，以崇修建之功。时得里中好佛之士仪成、张延义、陈怀保、李继明辈四人，相率民钱，崇揭土木，复于旧址，因而屋之三十余间，不日而成。以熙宁二年（1069年）状申而请命焉。至次岁三月，有诏以'寿圣'名其院。"④ 英宗时期，朝廷敕牒寺院多以"寿圣"为名，寺院不足三十间者，则加紧修建达到三十间以上，致使英宗治平后出现修建寺院的小高潮。

"敕牒"制度是对寺庙的管理制度，是国家政权直接决定了寺庙的生

---

① （宋）志磐：《佛祖统纪》卷45，《大正藏》第49册，第414页。
② （清）胡聘之：《山右石刻丛编》卷14，山西人民出版社1988年版。
③ （清）胡聘之：《山右石刻丛编》卷14，山西人民出版社1988年版。
④ （清）胡聘之：《山右石刻丛编》卷14，山西人民出版社1988年版。

存权,从根本上可以控制寺庙的存在与发展。"敕牒"制度实行后,国家政权完全掌控了寺庙的生存与发展,因而再未发生类似"三武一宗"国家最高政权大规模灭佛事件,也说明佛教进入中国之后,与国家政权之间的关系磨合调整已经基本完成。

三 寺院发展特点

宋代寺院的发展规模较大,除了帝王的支持外,也离不开官员、僧人、民众的参与。

宋代朝廷支持以及官员士大夫倾心佛教,促使佛教发展比较迅速。如晋城青莲寺太平兴国三年(978年)《承奉世祖敕赐记》载:"钦奉世祖昭验,除免差税,圣朝臣宰拨赐地土□□□,复耕苗稼,收种粮食日用。"① 碑刻后面主要载述寺院地界四至方位,拥有土地500余亩。景德四年(1007年)僧人法义结社"龙华会"②,新修弥勒佛殿。咸平四年(999年)《泽州牒准硖山青莲寺僧玄依大师署状立本寺常住地土记》再次对青莲寺的地产立碑明示,并得到政府认可。元符二年(1099年)住持鉴峦重立地产碑。③ 崇宁四年(1105年)《福岩净影山场之记》载,福岩寺住持鉴峦赴下寺净影寺参加法会讲经,发现隋代碑记载寺庙山场,于是重新立碑,详记寺庙产业。④ 福严寺原名青莲寺,太平兴国三年(978年)赐额"福严寺",还有下寺净影寺和观音堂。"崇宁间,鉴峦禅师继主其教,以其寺基久远,岁坏月堕,虽补罅苴漏,不胜其弊,乃刻意规划,度越前辈。凿东崖,堙西涧,培薄增卑,以广寺址。由是,供佛有殿,讲法有堂,构宝藏以贮圣经,敞云房以栖法侣。"⑤ 福岩寺住持鉴峦曾大规模修建福严寺,并雕刊《开宝藏》藏于藏经阁。晋城青莲寺泰和六年(1206年)《硖石山福岩院碑》载:"寺有《藏经》五千卷以为悟人之阶,有山田二千亩以给斋粥之费。"⑥ 至元二年(1336年)《福岩

---

① 樊秋宝:《泽州碑刻大全》第2册,中华书局2013年版,第23页。
② 樊秋宝:《泽州碑刻大全》第2册,中华书局2013年版,第27页。
③ 王丽:《三晋石刻大全·泽州县卷》,三晋出版社2012年版,第38页。
④ (清)胡聘之:《山右石刻丛编》卷16,山西人民出版社1988年版。
⑤ 王丽:《三晋石刻大全·泽州县卷》,三晋出版社2012年版,第74页。
⑥ (清)胡聘之:《山右石刻丛编》卷23,山西人民出版社1988年版。

院重修法藏记》载,元统乙亥,住持秀公补葺藏经阁,"僧通□独捐己财,造方匣几七百个,盛圣经余五千卷。其严整也,无风雨之损,其致密也,无虫鼠之伤"①。宋代寺院在朝廷免差税的支持下,成为拥有大量土地的大地主,经济实力雄厚。又如,永济栖岩寺宋咸平二年(999年)《栖岩寺四至记》载"栖岩寺自魏永熙之季,大隋太祖武元皇帝之所敕建,仁寿元年(601年)建舍利塔,命寺主僧明达禅师定其疆界。四至周围约二十余里……至乾祐元年(948年),周高祖与寺主僧洪泰出榜,今后应有房廊屋宇及近寺园林军人百姓,辄不得斫伐一根一条,并拆拽屋宇,便仰本寺收捉,申送本府,当行严断。至显德五年(958年),张太师令主僧希远,并差亲事官节级王延嗣五人竖立标竿,出榜二道,巡林一月。至郭令公出榜,亦差都头李进七人巡林一月,兼贴河东县勒近寺耆长所由巡检,不得采斫林木"②。寺僧对寺产的重视,财产观念强化是中国佛教持续发展的保障,也是佛教中国化的表现。

宋代政府直接参与寺庙的兴建,使得寺庙具有官寺的性质。如太原惠明寺创始于隋朝仁寿之初,"其塔则佛书以为阿育王时造舍利塔八万四千之一也。既坏而光见,诏为之复建。咸平二年(999年)三月壬戌大震电风寺塔灾。六年□朝廷遣内侍王守真等发诸州兵一千三百人修之……大中祥符二年(1009年)诏广堂庐五十有四间,以东封泰山所得芝草十有一本赐之"③。可见,从北宋初太宗诏以复建到神宗朝,惠明寺一直得到朝廷的直接支持,甚至真宗朝直接以军队修建,成为完全的国家工程。王安石变法的参与者吕惠卿知太原府而撰记。胡聘之按言说:"当时君子,视若鬼蜮,而王安石独任之,不疑,且曰:'惠卿之贤,虽前世儒者,未易比也。'"④惠明寺舍利塔的修建中,吕惠卿有所参与。

一些地方名人表彰荣显之碑也被放置于寺庙之中,对于寺庙增加影响也有一定的作用,如皇祐五年(1053年)《平蛮三将题名》是为汾阳名将狄青等人平定侬智高叛乱之后在广西桂林首立纪功碑,后被临摹刻

---

① (清)胡聘之:《山右石刻丛编》卷34,山西人民出版社1988年版。
② (清)胡聘之:《山右石刻丛编》卷11,山西人民出版社1988年版。
③ (清)胡聘之:《山右石刻丛编》卷14,山西人民出版社1988年版。
④ (清)胡聘之:《山右石刻丛编》卷14,山西人民出版社1988年版。

于汾州奉亲显庆之佛寺,碑文后面有僧人宝珍篆额。① 狄青是山西汾阳人,立碑之时狄青仍然在世,其建功立业之题名碑被树立于寺庙之中一方面表达对狄青的敬重,另一方面也可扩大寺庙之影响。

僧众是寺院修建最主要的主持者。北宋建立之后,晋东南及晋南一带因为后周时期受到周世宗灭佛的破坏,很多寺院重修,主要是恢复以前被破坏的建筑。《泽州硖石山青莲寺新修弥勒佛殿记》载青莲寺"有周显德二年(955年),敕下诸州废寺宇之无名……即有当院楼台毁坏,佛像倾摧……即有当院小师法义……遂发良缘,重谋盖造。化求乡邑,历寒暑以不辞,投付资缘,值艰难而不退"②。又《法兴寺新修佛殿碑》云:"逮皇朝建隆之初,有僧曰凝海,缔构复完,余大门。太师令君党为之碑铭,天圣中释法信与麻衣从深,入又辟其基,敞三门于其前。给事中孙公冲刻其辞于石,今继主其事者曰绍荣,以佛殿始作于晋开运二年(945年),距今一百三十余载,垣穿城夷,櫺桷倾圮,且不足以侔崇达之宏,显称四注之周浃,于是募檀施,鸠力役,发于诚心,来身信向,崇檀广宇,撤旧谋新,经之营之,成于不日,其为殿三楹,周以廊腰,砻珉以为柱,伐石以为扉。"③ 住持及一般僧人是寺院修行的主体,因此,寺塔的修建也成为其主要的功德,往往寺院能立碑扬名后世者,多为在营建寺院过程中多有建树者。又凤台县《重建治平院记》曰:"时住持者普□之徒□□□等□□门人,其间卓尔可称者,云速其人。□□十数年间,一新其院,又重建护碑问功□□。初安慈氏罗汉□,其上皆饰以金。次西创五十三佛殿五间,朱漆其帐,以安圣像,度所费仅万缗,自修其二一,出众助□。"④ 凤台县治平院僧人云速克勤克俭,十数年间,持续营建寺庙,塑弥勒罗汉像,并贴金,殿宇施以朱漆,云速弟子崇珪又建观音阁,持续营建,所费甚巨。这说明佛教汇聚社会资源的能力强大,也说明当地民众佛教信仰者众多。雍熙元年(984年)"敕造罗汉像五百

---

① 武登云:《三晋石刻大全·汾阳县卷》,三晋出版社2017年版,第1622页。
② 樊秋宝:《泽州碑刻大全》第2册,中华书局2013年版,第26页。
③ (清)胡聘之:《山右石刻丛编》卷14,山西人民出版社1988年版。
④ (清)胡聘之:《山右石刻丛编》卷16,山西人民出版社1988年版。

十六身，奉安天台寿昌寺"①。政和八年（1118年）晋城《青莲寺罗汉碑记》② 载十六罗汉及五百罗汉名号，更加亲民的罗汉形象大量出现在寺院，说明罗汉信仰在宋代逐渐兴盛，弥勒信仰持续兴盛，且出现罗汉形象，观音信仰进一步民间化，影响更加扩大。

也有僧人出家前没有继承人，将自己财产，全部捐赠寺院。泽州碧落寺开宝八年（975年）《北宋记税碑》载："有毛家豁税户毛吉无嗣，于本寺出家为僧，名感丰。所有本户下四至，税数，具疆界如后者。"③ 古交天圣四年（1026年）《兴济寺碑铭并序》载："先有游人张德宣，为居冬阐，住累经年，见彼增修，遂以悛心誓愿，立此碑铭。其斯人也，后行积善，披剃为僧，久历遐方，无因侑志，伏冀合邑义都维那张美等，代厥报焉。"④

佛教崇拜舍利之风，唐代最盛行，宋代也有僧人崇拜舍利，为供奉舍利而建塔。如猗氏县妙道寺文聪"收集得诸佛灵牙舍利、顶骨指骨等，实真身者或感应者，形色圆明，表秉莹彻。……时有当县豪士乐仕政自办家贿，同助修崇。故于兹院西北隅，以选胜地，深砌地宫，金棺银椁以备葬仪。严置道场，供养柒昼夜满足日，僧俗数千人各持香花，供养瞻礼，雨泪而葬之。仍后建砖塔壹座，广方肆角，高耸九层"⑤。可见宋代仍有舍利信仰，但比较隋唐而言，已经大为降温。

寺院修建过程中，信众积极参与，既有家族整体参与，又有村落、邑社的集体参与。如长治县《宝云寺碑》云："其寺本名华严□□，自隋唐至我皇宋其间仅五七百年，或以兵革交驰，封疆剖房，缁黄避难，因而废焉。先是乾符中，渌水山寺僧明惠大师法讳文举，当时有符公李宾尚书乃空门之大雄者也。闻师有高行，备法驾盛威仪，请居止于延庆。□□所有师之功德基业寻刊于所请之院，迄今存焉。洎师迁化之后，有弟子玄镜将灵骨收舍利起塔于本山，后有门人如俾于天祐十四年（917

---

① （宋）志磐：《佛祖统纪》卷43，《大正藏》第49册，第399页。
② 樊秋宝：《泽州碑刻大全》第2册，中华书局2013年版，第42页。
③ 樊秋宝：《泽州碑刻大全》第2册，中华书局2013年版，第381页。
④ 李文清：《三晋石刻大全·古交县卷》，三晋出版社2012年版，第5页。
⑤ 朱红武：《三晋石刻大全·临猗县卷》，三晋出版社2016年版，第27页。

年）蒙上党县令坚请住此山也,度得小师藏休寺七人,亦祖师之法孙也。宰官王延等乃就延庆禅院特请之,令拔土,俄尔两县之民千人习,万人和,不日而成,其法宇于太平兴国三年（978年）敕赐'宝云寺'之额……景德二季（1005年）,有邑首郭善绪、王善翊等百余人,诣阙乞纳纸墨,赎价购四大部尊经归山,皇上寻许之。又各出家财,别造《经藏》以贮之。又于祥符七季（1014年）,有邑众建造僧堂一座。"① 又如《大宋□州芮城县塔寺创修法堂记》载:"于是僧俗同闻于县,□乞留共主其院事,县大夫悯众恳诚,遂从所请。善士姚拯与其邑众因聆润师谈经义所记,云忉利天帝释本自侧微,因与其徒同修善法堂,遂获此无量之报焉。于是乃选募妙匠,远市良材筑土成基,构木为厦。嘉始于元丰辛酉,而讫于壬戌,总其所费之钱数越一百余万,真足以宣畅贝文,开诱群俗者也。姚拯复与其众将聚赤金以造钟,则寺之再兴,由此而基矣。"② 可见,在长治宝云寺、芮城县塔寺修建过程中除地方官吏参与外,民众也广泛参与,邑首等人组织民众参与寺庙的兴建与藏经,宋代佛教在地方发展中民众参与度非常高。

在寺庙修建中,围绕寺庙之村庄一般均会参与其中。如浮山县《玉兔寺钟楼重修钟楼记》曰:"皇宋绍圣三年（1096年）岁次丙子八月丁酉朔十五日壬申寺主隆师,特启至诚因故之时为新,既大且壮矣。于是善友悦施、卫望、王永智、王永诚等共造胜缘,粥材于重修,力于众费钱一十五万,不日而成。"③ 碑中提及有18个村子的男女信众对玉兔寺钟楼的修建进行了布施,足见民众参与范围涉及寺庙周边几乎所有的村落,从中也可以发现村落中仍以一姓或者几姓为主的家族布施,妇女也参与其中。

宋代也出现社院,即寺院属于某村社民众共同集资修建,民众在建寺中具有主导权,甚至聘请住持也具有主导权,如元祐三年（1088年）《黎城县北刘村明化院杲公塔铭》"因是于当州龙兴寺三圣院挂锡,得当州社院阙主事。村众议云:可计禀性□直,临事有刚者以典是院。乃诣

---

① （清）胡聘之:《山右石刻丛编》卷12,山西人民出版社1988年版。
② （清）胡聘之:《山右石刻丛编》卷14,山西人民出版社1988年版。
③ （清）胡聘之:《山右石刻丛编》卷16,山西人民出版社1988年版。

府下，询诸缁侣，共推呆公可矣。老人王诚等同伏命。至住持一十八年，川原崇仰，如风靡草。"① 社院的出现说明佛教进一步民间化、村社化、世俗化，佛寺逐渐成为民间乡村社会的公产，而非属于僧人之私产，与乡村社会关系更加紧密。

一般寺庙的修建都是由僧人发起，得到地方政府支持，民众积极参与，即政府、僧众、信众三者共同发挥作用。如晋州岳阳县智聚寺"自唐武宗会昌岁，乃经毁废，虽存石像功德，无何乏兰若，缁侣曷以安之？其或□□□，偶岁有旱潦，则于兹必祷而禳谢，凡有致诚，往往有请灵佑之所怙也。于是祥符三年（1010年）中，县邑三□耆宿太原王喜等百□□□议，胜因始谋，其来久矣……经本邑据此申闻，乞系名额，仍兼众请当郡慈云寺纯阳院诵白莲经僧净文严洁住持，为人请福……邑首维那栗美、郇矩、郭晏、王遇、史□，寺主净文等，相与咨谋……而后幸遇县长宰君陆公禹成，往昔丹陛策名，全才委质，视民如子，求瘝劳心，果然录其事，特与主张，塞众心而益固。于是芟蒿莱以树垣墉，削硗垎而为陛级……而后果有清河张明，禀性温恭，立事有节，已知之寺获存留，复生喜舍寺左右地二十余亩，俟将来展构宏壮华丽，亦希于鹫岭、清凉，易象喻规，取诸大壮。"② 智聚寺被民众作为旱潦禳谢之地，实际在功能方面已经偏离佛教之宗旨，官府、邑首、民众共同参与，更加彰显其中国化、民间化特点。《晋州岳阳县智聚寺存留碑铭并序》碑阴刻载三类捐资民众，即附近村庄村民、结社民众、结社女邑众。碑刻还专门列出施舍土地信众，一般为整个家庭施舍，应该是表示比较重要的一种布施。值得注意的是，智聚寺住持是慈云寺纯阳院诵白莲经僧净文，应是诵持《弥勒上生经》，希望往生弥勒净土，这与碑阴之"上生邑众"相印证，证明僧人净文召集民众组成了"上生邑"，这种民间组织极可能是南宋以后白莲教兴起之前期形态。

又如，永济静林山天宁寺"庆历中有僧，号普真者，云游至此，徘徊周览，爱其山川之秀，可以为住锡之地。乃营庵于其侧。乡人知其笃行，相与出力，崇起殿阁，创修砖塔，继而得绛。僧文玉者与普真同其

---

① 王苏陵：《三晋石刻大全·黎城县卷》，三晋出版社2019年版，第30页。
② 曹廷元：《三晋石刻大全·古县卷》，三晋出版社2012年版，第9页。

志，愿誓栖隐于斯地。其徒从之者众，乃度地之势以广一寺之基，日修月葺，讲论有堂，燕息有室。……乃请于官，乞敷奏以十方为名。朝廷从之。至是岁时，设斋大会，环千里之内外，衣冠士女云集辐凑。其盛遂与栖岩、万固之相埒，而为解地之盛。游历三十年而正殿独阙，有沙门洪济者，继为主僧。慨然欲以建立为意，乃告于有力者。郡人试将作监主簿娄应，……增广廊庑至七十余间，凡用工前后踰十年，其费几二万缗。一出于娄氏，至是，一殿之饰，左右上下粲然，罔不完矣。……噫佛法入于中国千有余年，盛于魏梁陈之间，而民之所以奔趋归仰之不暇者，以其徒能笃行。其教于民以谓，顺之则或生天界，逆之则或堕地狱，故斯民悦服而信。深以至罄室之财，以舍之而不吝；杀已之身，以奉之而弗辞，则凡吾之所谓天之祸福、神之吉凶，一皆出于其徒而已；则佛之徒唱其教，亦大矣"①。静林山天宁寺的修建由僧人发起，继而民众积极参与，又得到朝廷许可改为十方丛林，声名鹊起，进而得到拥有大资产的娄氏父子两代人的赞助支持，使寺庙营建成为建筑达七十余间的宏大规模，从中可见寺庙营建发展壮大过程中，统治者、僧人、民众以及豪贵信徒发挥的作用。

宋代寺院建筑兴建中塑像也体现了三教合一的趋势。如英宗治平二年（1065年）《福岩寺碑铭并序》载，天禧（1017—1021年）初大旱，洪洞县邑人张遂等人率众到沁源灵空山先师菩萨五龙池前祈请，"前有大池，可方数亩，傍临万壑，中隐五龙，每逢旱叹之灾，多有风雷之变。遂乃遍鸠黄发，同诣丹崖，既迎宝手之贤，又请鳞鲜之长。自于福地，列构仁祠，庶凭塔庙之崇，永救粢盛之害。既而祸将福倚，志与愿随……坐令凶岁，立变有年，无劳徙市之谋，靡俟焚巫之计。自此连甍受赐无屋，人人愿树于宝林，户户思标于金殿。于是首建菩萨一听，塑灵空真容，又塑太上老君及至圣文宣王一座，巍乎三圣，共在一堂。犹龙之像，峨然似生苦县；叹凤之姿，穆若如降尼丘。爰分鼎足之形，若示法身之化。其次又续盖僧室、行廊、库厨、门屋，内外大小共二十余间，仍请本县慈云寺灌顶院僧智永充本寺住持"②。洪洞福岩寺最初是邑

---

① （清）胡聘之：《山右石刻丛编》卷15，山西人民出版社1988年版。
② 汪学文：《三晋石刻大全·洪洞县卷》，三晋出版社2008年版，第967页。

众因天旱祈雨，远赴邻县之沁源灵空山，祈请据说能降雨祛旱之"灵空山"菩萨，并修建祠庙，后又增饰修建，塑灵空山菩萨、太上老君、文宣王孔子于一堂，推测应是"灵空山"菩萨居中。沁源"灵空山菩萨"传说是唐懿宗第三子李侃，入灵空山修行，被称为"先师菩萨"。考《法苑珠林》卷十四载："唐龙朔三年（663年）春二月，沁州像现，州北六十余里在绵上县界长谷中半崖上有古佛龛，中有三铺石像，中央像常放光明，照烛林谷。村人异之，以事闻州。遂以达上，上乃敕京师大慈恩寺僧玄秀，共使人乘驿往审。登到之时，即见光明……此处山林胜地欝茂，石龛佛像古迹甚多。"① 沁州绵上县即沁源县，"长谷中"应是"灵空山"。可见，在唐代灵空山山崖上佛像古迹甚多，并流传"神异"传说，这样的佛教氛围，为"先师菩萨"的出现提供了有利的人文环境和想象空间。又"灵空山，在沁源县西六十里，上有先师菩萨寺，世传先师菩萨即唐懿宗第三子侃，年十九岁出奔，入此山修道，其马跑地得泉，人因甃为井，名马跪泉，旱涝不干溢。寺前有五龙潭，周广三丈余。世传，古有五龙潜于此，故名。元至正十年（1350年），建五龙神庙于潭上，其水旱祷雨，应西南流经霍州界入于汾河"②。又考，长子县能仁寺"宋建隆二年（962年），因取灵空山先师龙池水，于此祷之，得两土人，乃立先师堂以祀之。端拱二年（989年），赐额灵空圣寿院，后改承天寺，又改今名。元延祐间，重建。国朝洪武间，置僧会司，于内并福昌、古塔、广化、妙觉、资寿、兴谷六寺入焉，永乐中修"③。《旧唐书》卷十九载："李侃检校户部尚书、兼太原尹、北都留守、充河东节度等使。"④《旧唐书》等正史并无李侃出家之记载。此故事应在唐末宋初沁源灵空山一带流传甚广，因此洪洞县、长子县民众，遭遇旱灾，祈祷求雨则会赴灵空山祈求所谓"先师菩萨"。

后洪洞福岩寺规模扩大，延请临汾慈云寺灌顶院僧智永住持庙宇，使此由邑众建立之民间祠庙转变为佛教寺庙。可见，宋代民间祠庙塑像

---

① （唐）道世：《法苑珠林》卷14，《大正藏》第453册，第392页。
② 成化《山西通志》卷2，中华书局1998年版，第70页。
③ 成化《山西通志》卷5，中华书局1998年版，第244页。
④ 《旧唐书》卷19，中华书局1975年标点本，第703页。

时也已经出现将三教之像塑于一堂供奉的情况。

浮山三教罗汉院僧人善应将老子庙改建,增塑佛教罗汉和孔子像,"康定庚辰,本邑新迁,盖无浮图之宇,师谓其人曰:'国家忌辰斋戒焚香,仕宦从何行礼乎?'于是乃及老子庙,而广其垣墉,别构堂室,序兹庙也,罗汉之容,孔子之像,咸在焉。虽有三宝,厥名犹未之显也。庆历癸未,时降睿敕,遂赐名'三教罗汉院',皆师之力也"①。又如洪洞弥勒院"更有尊殿内圣像一躯,三教圣□文殊、普贤、观音、马明、三圣和尚各位安排,前面有佛顶陀罗尼幢一所。今有起首院主僧净泰等相继落发,戒行精严,辞父母育养之恩"②,浮山三教罗汉院、洪洞弥勒院殿宇之中均塑三教像。三教像应该最早出现于佛教寺院之中,据《佛祖统纪》卷四十六载,崇宁五年(1072年)十月"诏曰:有天下者尊事上帝敢有弗虔,而释氏之教,乃以天帝置于鬼神之列,渎神逾分,莫此之甚,有司其除削之。又敕水陆道场内设三清等位,元丰降诏止绝,务在检举施行。旧来僧居多设三教像,遂为院额殿名。释迦居中,老君居左,孔圣居右,非所以奉天真与儒教之意,可迎其像归道观、学舍,以正其名。洛京沙门永道读诏泣曰:域中孔老法天制教,故不违天。佛出世法,天人所师,故不违佛。自古明王奉佛以事上帝者,为知此理也。佛法平等,故其垂教虽圣凡俱会,而君臣尊卑之分莫不自殊,祖宗以来奉法已定,一旦除削,吾恐毁法之祸兆于此矣。"③"旧来僧居多设三教像",说明三教像应是佛教寺院最早设立,其目的是取得与中国神灵并列之地位,甚至可以居中,而列于上位。宋朝廷则通过敕令,禁止佛教将三清神置于法会众神之中,禁止其在佛教寺庙中塑老子及孔子,而须各安其庙,各安其位,同时维护天帝的至上之位置,仍然是强调政治高于宗教,天帝是王朝政治的最高祭祀神灵,不允许其他宗教神灵僭越。

---

① 张金科:《三晋石刻大全·浮山县卷》,三晋出版社2012年版,第600页。
② 汪学文:《三晋石刻大全·洪洞县卷》,三晋出版社2008年版,第21页。
③ (宋)志磐:《佛祖统纪》卷43,《大正藏》第49册,第419页。

第三节　佛教僧人在山西的活动

北宋山西佛教得到太宗、真宗、仁宗、英宗诸帝的扶植利用，又得到张商英、司马光等大臣的维护弘扬，加之很多高僧往来山西进行弘法活动，所以使山西佛教得以恢复与发展。其时，较盛的佛教宗派有禅宗、净土、华严、密教、唯识等。北宋《僧传》中在山西境内活动的高僧明显少于唐代，间接说明山西佛教发展总体上比唐朝有所弱化，这似乎与太原作为北都地位的丧失以及山西北部被辽国占据等因素影响有关。

一　禅宗僧人在山西的活动

禅宗至五代宋时达到极盛，其间善昭、浮山法远、法济等在山西的活动，使禅宗在山西极为兴盛。

汾阳善昭禅师（947—1024年）是北宋临济宗大师。太原人，俗姓俞。因住持汾州大中寺，被称为汾阳善昭，因其禅风峻烈被称为西河狮子。有弟子整理的《汾阳无德禅师语录》《汾阳善昭禅师语录》《汾阳昭禅师语要》等传世，深得后世佛教界推崇，被尊为禅宗后世六祖。

善昭，少即聪颖超群，传说于一切文字常能自然通晓。十四岁时，父母相继去世，遂"孤标异俗，去饰受具"①。从此，策杖远游，历参诸方。其行脚所至，随机叩问，不喜观览。有人讥其无有雅意，善昭叹曰："从上先德行脚，正以圣心未通，驰求决择尔，不缘山水也。"② 历诸方见老宿七十一人，尤喜论曹洞，并得曹洞宗石门彻禅师的赞赏。在参访过程中，善昭"终疑临济儿孙别有奇处"③，便至汝州首山参临济名匠省念禅师。据《五灯会元》载，善昭至省念处，问："百丈卷席，意旨如何？"答："龙袖拂开全体现。"又问："师意如何？"答："象王行处绝狐踪。"善昭于言下大悟，拜起而曰："万古碧潭空界月，再三捞摝始应知。"④ 善

---

① （宋）惟白：《建中靖国续灯录》卷1，《卍续藏》第78册，第646页。
② （元）念常：《佛祖历代通载》卷18，《大正藏》第49册，第661页。
③ （元）念常：《佛祖历代通载》卷18，《大正藏》第49册，第661页。
④ （宋）普济：《五灯会元》卷11，《卍续藏》第80册，第233页。

昭心领神会，妙契祖心。当有人问他："见何道理，便尔自肯？"他答曰："正是我放舍身命处。"从此，嗣法省念，服勤甚久。后辞别首山省念，游历湘衡间，长沙太守张茂宗以四大名刹请善昭择而居之，善昭笑而一宿遁去。又北抵襄沔，止白马山。郡守刘昌言闻之造谒，以见晚为叹，礼请善昭住法洞山、谷隐等。善昭说："我长行粥饭僧，传佛心宗非细职也。"①

淳化四年（993年）首山省念入寂。西河（今山西汾阳市）道俗千余人，特遣沙门契聪迎请。善昭仍闭门高枕，契聪破门而入，曰："佛法大事，靖退小节。风穴（延沼）惧应谶，忧宗旨坠灭，幸而有先师（省念）。先师已弃世，汝有力荷担如来大法者，今何时而欲安眠哉？"②沙门契聪将善昭作为省念的弟子而归入禅宗南宗怀让一系的嫡传。曾参与裁定《景德传灯录》的宋翰林学士杨亿在叙及这一"法统"时说：善昭"受印于汝州南院省念，念出风穴沼（延沼），沼嗣南院颙（慧颙），颙嗣兴化奖（存奖），奖嗣临济玄（义玄），玄嗣黄檗运（希运），运嗣百丈海（怀海），海出马祖（道一），祖出南岳让（怀让），让为曹溪（慧能）嫡子。自曹溪至师，凡十一世。"③可见，善昭禅师身肩重任。加之当时"风穴和尚谓首山曰，不幸临济之道，至吾将坠于地矣。观此一众，虽敏者多，见性者少。吾虽望子之久，犹恐耽著此经，不能放舍"④。因此"师遽起，握聪手曰：非公不闻此语。趋办严，吾行矣！"⑤于是善昭随契聪来到西河，住持汾州（今山西汾阳）太平寺太子禅院，"即至晏坐一榻，足不越阃者三十年"⑥。其开化四方，"天下道俗，慕仰不敢名，同曰汾州"⑦。时护国将军节度使驸马都尉李遵勖与善昭为故交，欲请其住潞州（今山西长治）承天寺，遣使三请而不赴，"使者受罚，复至曰：必欲得师俱往，不然有死而已。禅师笑曰：老病业已不出院，借往当先后

---

① （元）念常：《佛祖历代通载》卷18，《大正藏》第49册，第661页。
② （宋）普济：《五灯会元》卷11，《卍续藏》第80册，第233页。
③ （宋）杨亿：《汾阳无德禅师语录序》卷1，《大正藏》第47册，第595页。
④ （宋）杨亿：《汾阳无德禅师语录序》卷1，《大正藏》第47册，第595页。
⑤ （宋）普济：《五灯会元》卷11，《卍续藏》第80册，第233页。
⑥ （元）念常：《佛祖历代通载》卷18，《大正藏》第49册，第661页。
⑦ （宋）惠洪：《禅林僧宝传》卷3，《卍续藏》第79册，第498页。

之，何必俱耶？使曰：师诺，则先后唯所择。师令馔设，且俶装曰：吾先行矣！停箸而化"①。世寿七十八，僧腊六十五，谥号"无德禅师"，著有《汾阳无德禅师语录》《汾阳禅师语录》《汾阳昭禅师语要》等传世。善昭住持汾阳太子院后，"摄伽梨而登席，挥犀柄以谈空"②，广说宗要，大弘禅法，融会先前行脚参悟各家之宗风，大展机用，接机化人，形成独具特色的禅法。

禅宗僧人在山西各地游历弘法，如晋城开元寺慧觉，"净修有戒律，聚名僧数十人为说法，杂衢巷里，语皆有禅机，建隆元年坐化"③。潞州伏虎禅师④，浮山法远禅师⑤等，大多励精勤苦，幽居山寺，因异行或者所谓"神通"而被载入地方史志。

二　弘传《华严经》《法华经》的僧人

北宋比较流行"华严学"，尤其是其"重重无尽""小大圆融"的哲学思想令很多士大夫倾慕赞赏，因而研习者比较多。《法华经》一直以来在佛教发展中都比较受到重视，尤其是其《普门品》在唐宋以后随着观音信仰的兴盛，被广为崇奉。

净源，《佛祖统纪》卷二十九、《佛祖历代通载》卷十九、《补续高僧传》卷二有载。俗姓杨，字伯长，泉州晋水（今福建晋江县）人。生而敏慧，依东京报慈寺海达法师剃度。其后，负笈参学，往山西五台山真容院，随承迁法师习《华严》。后依横海明覃法师学李通玄的《华严经论》。景祐年间（1034—1038年），净源自北还南，入长水子璇之门，修习《楞严经》《圆觉经》及《大乘起信论》等经论。净源在山西五台山修学《华严》的经历，虽较为短暂，但说明五台山在宋代仍然是华严学重镇。

龙潭祖师，常居石壁寺，夜诵《华严经》，传说有鸠鸽二鸟集左右听

---

① （元）念常：《佛祖历代通载》卷18，《大正藏》第49册，第661页。
② （宋）杨亿：《汾阳无德禅师语录序》卷1，《大正藏》第47册，第595页。
③ 乾隆《凤台县志》卷9，《中国地方志集成》，凤凰出版社2005年版，第184页。
④ 乾隆《潞安府志》卷24，《中国地方志集成》，凤凰出版社2005年版，第421页。
⑤ （元）念常：《佛祖历代通载》卷18，《大正藏》第49册，第655页。

之，一日二鸟堕地死，双生于县北坡底村。荣氏泣不止，师寻至，语其父曰：汝二儿许为吾徒，当令勿泣，父诺。即以手摩其顶曰：我徒勿泣，果止。常从师四十年余，坐化，称"鸠鸽二祖。"① 此故事虽然为神异传说，但其旨在宣扬《华严经》的所谓无上功德力，说明北宋山西交城石壁寺一带有华严宗弘传。

释继伦，姓曹，晋阳人。弱齿决求出家，本师授《法华经》，"日念三纸，时惊宿习，慧察过人，登戒之后，至年二十一。学通《法华经》，义理幽赜。《唯识》《因明》二论一览能讲，由是著述其钞，至今河东盛行。三讲恒一百五十余徒从其道训，又撰《法华钞》三卷。以刘氏据有并汾酷重其道，署号法宝录右街僧事。宽猛相参，无敢违拒"②。开宝二年（969年）圆寂，享年五十一。

三宝，幻有宿根，大中祥符中出家宝山寺，度僧千余人。大会四方，讲《法华经》，妙解真谛，至天圣四年（1026年）七月两手成文，百色如金，端坐圆寂，建塔立石。③

三 弘传唯识学、律学、净土、密教等学派的僧人

自窥基法师将唯识宗思想传入山西以来，虽经武宗灭法，五代更迭，但讲学《唯识》《因明》《百法》诸论的僧人还是相继不绝。唐代，道宣南山律宗大盛，北宋也有僧人以传持南山律为己任，而净土宗作为宗派派系传承不明，但其修行法门在佛教界及世俗社会影响进一步扩大，密教经典在北宋继续传入中国，但因密教发展进入无上瑜伽时期，经文内容多男女双修类内容，新翻译之密教经典，其男女之事情也被大量删除，禁止在民间流传，因此在民间影响仍以唐代密教内容为主，宗派传承不明，其修行法门如各种咒语、仪式深入融会寄寓于禅宗、净土诸派之中，且诸宗融合趋势明显。

成觉，俗姓张，代州人。"方学语，能诵《金刚般若》，父母异之，

---

① 雍正《山西通志》卷159，中华书局2006年版，第4023页。
② （宋）赞宁：《宋高僧传》卷7，《大正藏》第50册，第751页。
③ 乾隆《凤台县志》卷9，凤凰出版社2005年版，第184页。

携送善住院。希公为童子，希公道望赫然，赐号慈懿大师。"① 后依明教大师学习唯识，明教大师即宋齐州开元寺高僧义楚。据《宋高僧传》载："释义楚，俗姓裴氏，祖相州安阳人也。……楚执柯伐木，熏习相资，登此近圆，勤学不懈，敏慧夙成，俱舍一宗造微臻极，遂传讲《圆晖疏》十许遍。后该览《大藏》三遍，乃慨儒家为佛教之文而多谬解，解既谬欤，事多误用。拟《白乐天六帖》，纂释氏义理文章，庶事群品，以类相从，建其门目，总括大纲，计五十部。随事别列四百四十门，始从法王利见部，终师子兽类部，其间物类检括周旋，令供笔之时必无告乏矣。一十年中孜孜罔倦，起晋开运二年（945年）至显德元年（954年）毕。进呈世宗，敕付史馆，赐紫衣仍加号明教大师，以开宝中终于龙兴伽蓝，俗寿七十四，法腊五十四。"② 可见，义楚学识极为渊博，成觉跟随义楚学习后，习佛意志更加坚定。他曾说："学者志于道，持心有三要，曰大，曰专，曰远。大则佛祖得处，我必当得，不为人天小利所牵。专则唯究一事，不为名相所引。远则以证为期，死而后已。具此三心，必能至道。"③ 他一生都致力于此，年八十而终。

惠润和尚，生于太原之平晋，父刘成，母毕氏。《芮城县寿圣寺戒师和尚润公塔铭》载："年二十，礼崇圣寺僧崇海为师。治平四年（1067年），以诵经得度。是年三月，于资圣院受戒，趋西都龙门就真戒大师悟真学习七年，精进勇力。后往蒲州普救寺升座讲说，后学之徒听者以百数。后从开元寺法师因公授大乘戒，是为戒师。元丰初芮城僧文智与邑之信善士姚拯辈请惠润和尚住持寿圣寺，三十年间，寺宇持续营建，殿塔、钟阁、门廪、厨庖、法堂、僧室、廊宇，雕镂绘塑，金碧焜耀。"④ 大观四年（1110年）岁庚寅正月丁巳初无恙而终。惠润和尚弟子众多，在晋南一带颇具影响。

义宗和尚，姓贾，太平县人。《义宗和尚塔记》载："生而相好，幼不昧荤，年十五投本州崇胜院出家，以绍兴元年（1131年）诞圣节中选

---

① （明）明河：《补续高僧传》卷2，《卍续藏》第77册，第380页。
② （宋）赞宁：《宋高僧传》卷7，《大正藏》第50册，第751页。
③ （明）明河：《补续高僧传》卷2，《卍续藏》第77册，第380页。
④ （清）胡聘之：《山右石刻丛编》卷14，山西人民出版社1988年版。

为沙弥,第二年受具足戒。""袭南山之遗风,精毗尼渊义。厥后嗣续传灯飞扬,……以戒律自居,并谓其徒曰:'夫人之生也,其姓元寂。盖七情动于内,□物汨于外,倘非以戒律绳之,是犹猿之轻佻、马之陇戾,而不加之以羁鏁耳,涂炭重苦立可待焉。吾佛于是发慈悲,愿垂戒律制俾其来者,迁善远罪达本复性,是知十地之位,尝不赖此途而升矣,汝曹宜知之。'其党动止有稍不如其律者,必类而沮之。"①义宗和尚借朝廷敕额之机,将大善寺改为十方丛林,并以律治。

元丰（1078—1085年）初正月,义宗率领千余人赴五台山朝礼文殊菩萨,后又造弥勒像,诵《菩萨戒》,于普和寺结上生会,希图上生弥勒内院。"凡讲《法华》《梵网》等经,《四分》等律及临坛度人,授以三皈五戒十善菩萨等戒者不可胜计。"②义宗和尚以弘律为主,同时兼修弥勒净土法门,信众颇多。

北宋密宗无明显的宗派世系传承,只有传承密教经典和密教修行法门者,如河中开元寺重宣,"姓赵氏,虞乡人。河中府开元寺僧,幼颖异,十五礼文澈师为沙弥,二十一依澄晖受具戒,振锡游方,刳心求法,凡读《大藏经》一万余通,诵《佛顶真言》三十万过,秋官二卿寇公准重其行,荐之帝庭。赐紫方袍,以旌其德"③。重宣诵"佛顶真言"三十万遍,极可能也修持其他密法。

净土宗则主要流行弥勒净土,并深入民间,如晋城奉教法师"庆历（1041—1048年）时卓锡松岭寺,缮修堂宇四十间,讲《大乘》《百法》《上生》等经,度僧俗千余人,斋僧二十万,置四大部经,作兜率观。朝夕行之,神语空中曰:'师兜率观,成当舍幻。'誓往生天宫,乃于千峰山盘亭寺侧,誓焚肉身,裹以布蜡,纵火焚之,但见白气冲天,异香馥郁,烟硝尽余,惟舌不坏,若红莲,徒众建塔藏之"④。可见,奉教修行兜率观时还有比较极端的烧身行为,佛教这种修行氛围和倾向,直接影响北宋民间出现白莲教民间信仰组织。

---

① （清）胡聘之:《山右石刻丛编》卷14,山西人民出版社1988年版。
② （清）胡聘之:《山右石刻丛编》卷14,山西人民出版社1988年版。
③ 雍正《山西通志》卷160,中华书局2006年版,第4069页。
④ 乾隆《凤台县志》卷9,《中国地方志集成》,凤凰出版社2005年版,第184页。

北宋佛教僧人以修习禅宗、华严、净土法门者居多，但严格的宗派传承已经很难寻踪。各地留下名号之僧人多以兴修寺院建功佛教者居多，载入方志者则多所谓"神异"传说者。一般的普通僧人则朝钟暮鼓，诵经礼佛，经忏法事，悠悠岁月。

五代宋辽金时期，政权并立，王朝更迭频繁，山西地处战争前沿，很多僧人不可避免地被卷入国家战争之中，一些僧人颇具忠义气节，眷恋故国，反映出僧人也具有浓厚的家国观念，尤其在异族入侵面前更表现出铮铮民族气节。如灵石资寿寺咸平二年（999年）"受公预修经幢"刊刻于天禧五年（1021年），此时北汉已经灭亡42年，但他仍署"大汉"，应是表达对故国的思念之情，亦可见其忠义爱国之心。还有如汾阳小相村灵岩寺"满公大师经幢"题"靖康二年十月初九日"①，而靖康二年四月宋徽宗、宋钦宗已经被金人掳掠北去，汾阳已经归属金国，而经幢仍刊"靖康"年号，无疑也是表达对故国的思恋之情。

僧人中也有在国家危亡之际，挺身抗敌，表现出强烈的民族气节，如五台山僧人真宝，"学道能外死生，靖康之扰，与其徒习武事于山中。钦宗召对便殿，宝感激还山，益聚众习武。州不守，敌众大至。宝悉力拒之不敌，寺舍焚毁。僧徒逃散，酋下令生致真宝。宝至，抗辞无扰。使郡守刘翮，诱劝百方，终不顾。且曰：'吾佛制戒，吾既许宋皇帝以死，岂以力屈，食吾言也，但速杀我。'遂怡然受戮。北人闻者，无不叹异"②。真宝在国家危亡之际，聚众习武抗敌，表现出僧人不畏强暴，忠于国家的民族大义。

宋代僧人在三教合一思想风气习染之下，对父母之孝道尤为重视，如大宋元祐七年（1092年）《慈父慈母李氏百母三兄墓志铭》载："清满援依佛教行孝，思释迦之孝，□夫子之名。佛言：孝顺父母师僧，孝顺志□法孝名乃成。夫子之说，辜其恩不报有三千条罪，□大不孝。所以父母深恩□□难报，掬养情深无过父母，天地有焉载成之功，父母有怀长养育□劳之得，思父母弘恩，欲葬百三任于深堂，百母、三兄、阿嫂

---

① 王堉昌：《汾阳县金石类编》，山西古籍出版社2000年版，第213页。
② （明）明河：《补续高僧传》卷24，《卍续藏》第77册，第522页。

并亦如然。"① 僧人清满为其父母、伯母等亲人所立之墓志,可见其对父母之孝道,对亲人的亲情眷恋。这是唐宋以来国家礼法制度进一步严格化、完善化,客观要求佛教进一步儒家化,向作为国家政治统治思想的儒家靠拢。如《北齐律》中"不孝"被列为"十恶不赦"之条律,儒道一直以"不孝"诟病佛教,迫使佛教在"孝道"方面做出理论阐释和行为戒条的调整。这也是宋代高僧契嵩撰写《孝论》,调和儒佛之原因。契嵩自言,"近著孝论十二章,拟儒《孝经》发明佛意,亦似可观。吾虽不贤其为僧为人,亦可谓志在《原教》而行在《孝论》也"②。《孝论》主要阐发其维护佛教,发扬孝道之思想,特别是注重对佛教徒奉行孝道之教化,并提出具体要求,契合中国社会根深蒂固的孝道伦理,不仅促进了佛教在中国的深入发展,也体现了佛教对中国传统文化以及传统社会的深刻影响。③

第四节 佛教与社会

宋代崇尚文学,士大夫喜欢与禅僧交往,题诗留作于寺院,如宋李珪《元祐丁卯同端氏燕尉检覆逃田因游大云寺》"清静高僧脱俗寰,乱峰深处掩柴关。松杉仿佛青云外,楼殿参差碧汉间。千里林峦吟思阔,一天风月旅情闲。尘氛扰攘徒劳碌,借尔相携息此山。"④ 可见,检覆逃田官吏对于高僧的仰羡之情,对佛寺清净生活的向往,这种情感的认同势必使佛教更容易获得士大夫官僚阶层的支持。

一 名士与佛教

在北宋王朝极力利用和扶持佛教发展的同时,很多高官儒士,如文彦博、司马光、张商英等人也专研佛教义理,或者利用佛教为亡者祈福度亡,表达孝心,对山西佛教的发展发挥了一定的作用。

---

① 申树森:《三晋石刻大全·平顺县卷》,三晋出版社 2013 年版,第 28 页。
② (宋)契嵩《镡津文集》卷 10,《大正藏》第 52 册,第 701 页。
③ 侯慧明:《契嵩对佛教孝道伦理的调适与总结》,《佛学研究》2018 年第 2 期。
④ 田同旭:《沁水历代文存》(一)山西人民出版社 2005 年版,第 528 页。

(一) 文彦博

文彦博 (1006—1097年),字宽夫,汾州介休人,北宋时期政治家。天圣五年 (1027年) 进士及第,神宗年间曾参与王安石变法,因意见不合,被放任地方官。

文彦博信仰佛教,据说是源于寺庙中之偶悟。"守洛阳,日尝致斋往龙安寺瞻礼圣像。忽见像坏堕地,略不加敬,但瞻视而出。旁有僧曰:何不作礼?博曰:像既坏,吾将何礼?僧曰:譬如官路土,人掘以为像。智者知路土,凡人谓像生。后来官,欲行,还将像填路。像本不生灭,路亦无新故。博闻之,有省。"① 寺僧回答颇有禅机,文彦博可能感觉到佛教的理论富有深意。佛教高僧的异行可能对其产生更深刻的影响,"使相镇北京时,与天钵寺重元禅师善。一日元来谒别,博曰:师老矣,复何往。元曰:入灭去。博笑谓其戏语,躬自送之归。与师弟言其道韵深稳,谈笑有味,非常僧也。使人视之,果已坐脱。大惊叹异,时方盛暑,香风袭人,久之阇维,烟色白莹,舍利无数。博亲往临观,执上所赐白瑠璃瓶,置座前祝曰:佛法果灵,愿舍利填吾瓶,言卒,烟自空而降,布入瓶中,烟灭舍利如所愿。博自是慕道益力,恨知之暮"②。重元禅师告诉文彦博,他即将去"入灭"。文彦博以为是戏言,但当重元禅师回去果真"入灭"后,可能使文彦博内心产生很大震动。这个故事多有神异色彩,但从中可见文彦博与高僧交往中被一些奇绝异行所感染应该是在情理之中的,张商英在游历五台山时也声称目睹缤纷"瑞相",由此而深刻影响其思想信仰。

皇祐二年 (1050年)"宰相文彦博兼译经润文使,彦博在京师与净严禅师,结僧俗十万人念佛,为往生净土之愿"③。文彦博结社念佛,归宗净土信仰。他还奏请为其祖坟建立守坟寺院,藏置佛经,为其祖先祈福。《永福寺藏经记》载:"彦博蒙祖祢之余庆,被过亭之严训,遭遇圣时,早登科级,骤叨进用,藩辅逾四十年。历庆中,忝爱立恩,得立家庙四世于西京,又高曾祖坟在汾州灵石、介休二县;父母坟在西京伊阙

---

① (明) 朱时恩:《居士分灯录》卷2,《卍续藏》第86卷,第594页。
② (明) 朱时恩:《居士分灯录》卷2,《卍续藏》第86卷,第594页。
③ (宋) 志磐:《佛祖统纪》卷45,《大正藏》第49册,第412页。

县。皆在有奉坟僧院,各得赐额曰:永福、教忠、积庆,得拔放童行,泽及大臣之家,至优至厚,以至子孙,敢不克荷内。介休空王院、西京资圣院,乃因旧院已各有《藏经》,惟永福、教忠院近,特舍俸赐金帛,各置经一《大藏》,付逐院收掌,逐时看转,以克资荐本院主首知事僧,精严护持,不得少有损失。"① 介休空王院、灵石永福院都藏有《大藏经》,此藏经应为《开宝藏》。马光也曾为其家族祖坟奏请守坟寺院,可见宋代佛教在权贵家族、士大夫阶层已经具有重要影响,尤其是其救度亡灵,破除地狱的所谓功德,获得社会的广泛认可。

(二)司马光

司马光(1019—1086年),字君实,夏县人,北宋著名政治家、史学家。宝元间(1038—1040年)进士,累官端明殿学士,上疏反对青苗法,退居洛阳十五年。哲宗初立,召拜左仆射,罢青苗法。卒赠太师,封温国公,谥文正,生平著述甚多,以《资治通鉴》影响最著。

司马光在政治上反对大兴佛寺。嘉祐七年(1062年)九月,朝廷下令大赦,并敕额天下佛道寺观。十月,司马光上书谏言仁宗:"佛、老之教,无益治世,而聚匿游惰,耗蠹良民,是以国家明著法令,创寺观一间以上者,听人陈告,科违制之罪,仍令毁拆。臣闻:'为上者洗濯其心,一以待民,是以令行禁止而莫敢不从。'今立法禁之于前,而发赦劝之于后,凡国之令,将使民何所从乎?其赦一节,乞更不施行,庶使号令为民所信,而游惰不能为奸也。"② 司马光认为佛教和道教,无益治世,而聚匿游惰,耗蠹良民,应该严格管理,禁止私建寺院。

司马光对待佛教的这种态度也体现在其《资治通鉴》之中。《资治通鉴》多载述唐代佛教奢靡浪费、大兴土木,僧人逃避赋徭,攀附权贵,影响政治之弊端。这种态度应是司马光对佛教之政治作用的基本观点,用以警示帝王采取正确的治国之道,也就是说他是反对佛教的偏弊之处,而非全面否定佛教。如《佛祖统纪》载,皇祐五年(1053年)"诏欧阳修同宋祁、范镇修《唐书》,如高僧玄奘、神秀诸传,及方技传,乃至贞

---

① (宋)文彦博:《永福寺藏经记》,《三晋石刻大全·孝义县卷》,三晋出版社2012年版,第804页。

② (元)熙仲:《历朝释氏资鉴》卷9,《卍续藏》第76册,第222页。

观为战士建寺荐福之文，并削去之。有净因自觉禅师初学于司马光，尝闻其言曰：'永叔不喜佛，《旧唐史》有涉其事者必去之，尝取二本对校，去之者千余条。因曰：驾性命道德之空言者，韩文也。泯治乱成败之实效者，新书也。'范祖禹闻光言，乃更著《唐鉴》，阴补《新书》之阙（欧阳外传）"①。司马光认为欧阳修因不喜欢佛教，所修《新唐书》中佛教之事俱不载，也就无法发挥历史借鉴兴衰，警示成败之作用。因而协助司马光著《资治通鉴》的范祖禹著《唐鉴》，增加了有关佛教的史料，补《新唐书》之不足。因而，司马光载述佛教史料的目的主要是为统治者巩固政权发挥殷鉴作用，着眼点在揭露佛教的弊端，这应该是司马光作为政治家对待佛教与国家关系的政治态度，但绝非其对待佛教之生活态度。

司马光对佛教义理比较熟悉，以佛教比附儒家，会通儒佛，并认为佛教中保留了中国的三代古礼，流露出对佛教的赞赏。《佛祖统纪》载，"司马光尝读《文中子》，谓佛为圣人。乃曰：审如是，则佛之心可见矣。乃作《禅偈》六首，其卒章云：言为百世师，行为天下法。为贤为大圣，是名佛菩萨。暇日游洛阳诸寺，廊庑寂寂，忽声钟伐鼓，至斋堂，见沙门端坐，默默方进匕箸。光欣然谓左右曰：不谓三代礼乐在缁衣中"②。司马光将佛菩萨比附为圣贤之师。司马光非常崇拜同为山西人的大儒王通，而王通对待佛教的态度也认为佛教是圣贤之学，司马光对待佛教的态度可能受到了王通的影响。又如《佛法金汤编》卷十一载，司马光"尝作《解禅偈》，其序曰：文中子以佛为西方圣人，信如文中子之言，则佛之心可知矣。今之言禅者，好为隐语以相迷，大言以相胜，使学者伥伥然益入于迷妄，故予广文中子之言而解之，作《禅偈》六首。若其果然，则虽中国行矣。其一曰：忿怒如烈火，利欲如铦锋。终朝常戚戚，是名阿鼻狱。其二曰：颜回安陋巷，孟轲养浩然。富贵如浮云，是名极乐国。其三曰：孝道通神明，忠信行蛮陌。积善来百祥，是名作因果。其四曰：言为百世师，行为天下法。久久不可掩，是名不坏身。其五曰：仁人之安宅，义人之正路。行之诚且久，是名光明藏。其六曰：道意修

---

① （宋）志磐：《佛祖统纪》卷45，《大正藏》第49册，第412页。
② （宋）志磐：《佛祖统纪》卷45，《大正藏》第49册，第412页。

一身,功德被万物。为贤为大圣,是名佛菩萨。公尝书《心经》以赠僧,复题其后。略曰:退之排佛而称大颠,外形骸以理自胜,要自胸中无滞碍。由是观之,于佛不为无得,而所排者迹耳"①。司马光非常赞同王通佛为圣人的解释,认为是心之相同所致,应是指在社会教化、道德教化、导人向善这方面是相同的。王通也曾提出三教合一思想,对后世影响非常大,尤其宋代契嵩等高僧在阐释三教合一思想时也对王通思想征引阐发。司马光《禅偈》六首实际是以儒家观念解读佛教最重要的名相概念,认为利欲熏心即是阿鼻地狱,应该清俭寡欲;淡泊名利、安贫乐道即是极乐国;孝道忠信、积德行善即是因果;言为师表、行当世范即为不坏身;仁义行诚即为光明藏;集道意功德于一身之圣贤即是佛菩萨。司马光看到寺庙中声钟伐鼓,想到三代之"钟鸣鼎食",感慨在佛教中看到了三代礼乐。由此可见,司马光反对佛教,旨在于警示统治者限制约束佛教之弊端,而非从根本上反对佛教之存在,更没有否定佛教社会教化的功能。

《佛祖历代通载》卷十九亦载,元丰六年(1083年)秀州真如草堂僧清辨兴修佛寺之后,请司马光撰写碑记。司马光询问树立碑记之目的,清辨答言:"肇自今以及于后,相与协力同志,堂圮则扶之,师缺则补之,以至于金石可弊,山渊可平,而讲肆之声不可绝也。"②清辨提出,建立草堂之目的是施行教化讲业,传播正道。司马光对其认识表示赞赏,作《秀水真如华严法堂记》告诫,"佛盖西域之贤者,其为人也,清俭而寡欲,慈惠而爱物。故服弊补之衣,食蔬粝之食,岩居野处,斥妻屏子,所以自奉甚约,而惮于烦人也。虽草木虫鱼,不敢妄杀。盖欲与物并生,而不相害也。凡此之道皆以涓洁其身,不为物累。盖中国于陵子仲、焦先之徒近之矣。圣人之德周,贤者之德遍,周者无不覆。而末流之人犹未免弃本而背原,况其偏者乎。故后世之为佛书者,日远而日讹。莫不侈大其师之言而附益之,以淫怪诬罔之辞,以骇俗人而取世资厚,自丰殖不知厌极。故一衣之费或百金,不若绮纨之为愈也。一饭之直或万钱,不若脍炙之为省也。高堂巨室以自奉养,佛之志岂如是哉!天下事佛者

---

① (明)心泰:《佛法金汤编》卷11,《卍续藏》第87册,第421页。
② (元)念常:《佛祖历代通载》卷19,《大正藏》49册,第670页。

莫不然，而吴人为甚。师之为是堂，将以明佛之道也，是必深思于本原，而勿放荡于末流"①。可见，司马光希望佛教能宣扬善法，对民众进行道德教化，坚决反对佛教末流以淫怪诬罔之辞妖言惑众；紫衣僧人攀附权贵，骄奢放逸，滥取世资，贪财蠹物；寺院大兴土木，劳民伤财，奢靡浪费。

司马光初任门下侍郎，曾乞请于夏县祖坟建寺庙守护坟地，获得允准敕牒。宋元丰八年（1085年）刊《敕赐余庆禅院碑》载："昨蒙恩除门下侍郎。先世坟墓并在陕州夏县，欲乞于侧近创置一僧院，以'余庆禅院'为额。未修盖间，权令本县崇胜寺僧行照管所有，每年剃度行者一名。亦乞依例权度本寺行者，候盖院了日却拨归坟院。伏乞依条例实行。"② 司马光在祖先坟地建立寺院作为守坟院无疑是大家族甚至权贵家族才能为之，佛教借此也可以获得资助与发展，而建道观守坟者则少之又少。由此可见，司马光在思想上并不反对佛教，而在生活中则利用佛教。

总之，司马光所谓反对佛教只是从国家政治治理角度的考虑，是作为国家官吏责任使然，与其生活中对待佛教的态度截然不同。另外，司马光反对佛教的过度发展和骄奢浪费，但对于佛教宣扬善法道德，有助于净化社会风气，襄赞王化统治的方面，他并不反对。

（三）张商英

张商英（1043—1121年），北宋名相，字天觉，号无尽居士，"长身伟然，姿采如峙玉。负气傲侻，豪视一世"③。治平二年（1065年）中进士第，调达州通川县主簿。《佛祖统纪》载："张商英初仕，因入僧寺，见藏经严整。怫然曰：'吾孔圣之教，不如胡人之书耶。'夜坐长思，冯纸阁笔。妻向氏曰：'何不睡去。'商英曰：'吾正此著《无佛论》'。向曰：'既言无佛，何论之有？当著《有佛论》可耳。'商英默而止。后诣同列见佛龛前《维摩诘经》，信手开视有云：'此病非地大，亦不离地大。'倏然会心，因借归细读。向曰：'读此经始可著《无佛论》。'商英

---

① （元）念常：《佛祖历代通载》卷19，《大正藏》49册，第670页。
② 段恩泽：《司马光墓的历史发展脉络探析》，《文物世界》2013年第5期。
③ 《宋史》，中华书局1985年版，第11095页。

闻而大悟。由是深信其道。"① 据此史料，张商英由起初贬抑佛教，到信仰佛教，源于佛教义理深奥，使其折服。此事真伪无从考证，但宋代很多儒者兼通佛教，甚至由儒入佛，确是因为佛教义理之吸引。儒佛相互借鉴，融会贯通在宋代已经成为一种思想文化潮流。

1. 张商英游历五台山

张商英撰《续清凉传》载："元祐丁卯（1087年）二月，梦游五台山金刚窟。平生耳目所不接，想虑所不到，觉而异之。时为开封府推官，□告同舍林邵材中。材中戏曰：'天觉其帅并闻乎。'后五月，商英除河东提点刑狱公事。材中曰：'前梦已验，勉矣行焉。人生事事预定，何可逃也？'八月至部，十一月即诣金刚窟，验所见者皆与梦合。"② 张商英元祐二年（1087年）第一次入山时已经十一月，天气严寒，因此逗留时间很短。

元祐三年（1088年）六月，张商英一行因督查捕盗，再次入山。二十七日，至清凉山，僧正省奇来谒。"即三门见之，坐未定，南台之侧，有白云绵密，如敷白毛。省奇曰：'此祥云也，不易得。'集众僧礼诵，愿早见光相。商英、易公裳，燃香再拜。一拜未起，已见金桥及金色相轮，轮内深绀青色。商英犹疑欲落日之射云成色。既而暝黑，山前霞光，三道直起，则所疑茫然自失矣。"③ 张商英遍游北台、东台、中台、西台、南台，每至一处即发愿祷请，据说目睹诸如圣灯、五色祥云、圆光、火珠、金色相轮、金毛飞狮子、天龙八部、文殊师利菩萨对仗等祥瑞云云。

张商英自称在目睹诸多不可思议之"祥瑞景象"后又祈请"若菩萨以像季之法。付嘱商英护持者。愿愈更示现"④。发大誓愿"期尽此形，学无边佛法。所有邪淫、杀生、妄语、倒见及诸恶念，永灭不生。一念若差，愿在在处处，菩萨鉴护"⑤。可见，张商英在五台山目睹所谓祥瑞之后，自认为是末法时代佛教的护持者，已然成了信仰坚定，而且自感

---

① （宋）志磐：《佛祖统纪》卷45，《大正藏》49册，第415页。
② （宋）张商英：《续清凉传》卷1，《大正藏》第51册，第1127页。
③ （宋）张商英：《续清凉传》卷1，《大正藏》第51册，第1127页。
④ （宋）张商英：《续清凉传》卷1，《大正藏》第51册，第1127页。
⑤ （宋）张商英：《续清凉传》卷1，《大正藏》第51册，第1128页。

责任重大的佛教信徒。

张商英在五台山等地捐资兴崇梵刹，塑造佛像。《续清凉传》载："是日也，商英先至罗睺足迹殿，见其屋宇摧弊，念欲他日完之。其夜足迹殿所见灯尤异，即以钱三万付僧正省奇修建。商英思有以归奉者，即自塑泥像。以十一月出按民兵，八日，资像于菩萨前发愿。……明年夏六月，以并亢旱，诣山祈求雨泽，因安奉罗睺菩萨圣像。丙午，至真容院，具威仪，迎所安罗睺像。"① "商英及汾州西河宰李杰，同谒无业禅师塔，惜其摧腐，相与修完，既而塔放光。"② 又《定襄县新修打地和尚塔院记》载："元祐四年（1089年）六月三日，予行县往谒焉，瞻其容仪如生，而叹其院宇摧陋，谓父老曰：古佛也，缘在若境，胡不少庄严之？对曰：怀是心久矣，官以告我，我之愿也……于是富者输财，壮者输力，巧者输工，发于欢心，出于新敬。"③ 同年五月张商英为潞州紫岩禅院作《潞州紫岩禅院千手千眼大悲殿记》判定千手千眼观音之含义曰："菩萨以爱语同事利生，三十二应随类现形，则千手千眼亦何施乎？然则千手千眼者，无千之千，而非一十百千之千也。千手者，示引迷接物之多也；千眼者，示放光照暗之广也；八万四千者，众生尘劳也。众生尘劳无尽，菩萨慈悲亦无尽。一一尘劳，具一一宝手、华手、香手、普手、无量手，乃至八万四千手；一一尘劳，具一一智眼、法眼、慧眼、天眼、最胜眼，乃至八万四千眼。苟无众，生无尘劳，则一指不存，而况千万臂乎？……智悲会融，则佛之体用全矣。此观世音之所以为大悲也……会上党紫岩寺大悲像殊特端妙，砻巨石以待记者四十年矣。主僧闻商英之判大悲也，合掌讚曰：'善哉，真得佛意！谒官之文，以破俗疑。'乃辩其宗，著之于篇。"④ 可见，张商英对千手千眼观音的解释非常睿智，也非常符合《华严经》圆融无碍的思想。张商英经过四年时间的研究学习，对佛教义理的阐说，已经令紫岩禅院主僧破除疑惑，深为叹服，佛学造

---

① （宋）张商英：《续清凉传》卷1，《大正藏》第51册，第1130页。

② （宋）张商英：《续清凉传》卷1，《大正藏》第51册，第1132页。

③ （宋）张商英：《定襄县新修打地和尚塔院记》，《全宋文》卷2231，第102册，上海辞书出版社2006年版，第185页。

④ （清）胡聘之：《山右石刻丛编》卷15，山西人民出版社1988年版。

诣已经达到很高的水平。

2. 张商英推助李长者信仰的发展

《华严》疏主李长者在宋代名扬天下，备受推崇，主要得益于张商英的宣传。宋代是儒家思想急剧变化的时代，儒者攻读佛经，吸纳融会其思想成为一种社会风尚，特别是华严学受到高度推崇。

张商英去五台山之前于九月途经寿阳方山"于破屋之下散帙之间，得《华严修行决疑论》四卷，疾读数纸，疑情顿释"。张商英在拜读李长者《决疑论》后"顿悟华严宗旨"。① 由此，对李长者顿生敬仰曰："此华严事相，表法之大旨也。至于一字含万法，而普遍一切，其汪洋浩博，非长者孰能判其教，抉其微乎？长者名通玄，或曰唐宗子，又曰沧州人，莫得而详，殆文殊、普贤之幻有也。"② 张商英甚至将李长者看作文殊、普贤之化身。

张商英遭贬官后造访华严学重镇五台山，似乎有借精研华严学而抬高自己在儒生知识分子中名望和地位之目的。张商英为复新寿阳方山寺院，重新恢复崇祀李长者信仰做了很多工作。他向当地僧人了解寺院破落的原因，"僧曰：'长者坐亡于此山久矣，神之所游，缘之所赴。年谷常熟，而物不疵疠。此方之人，乃相与腥膻乎方山之鬼。莫吾长者之敬，院以此贫。"主僧认为是当地人崇信地方鬼灵、民间俗神而使佛教被冷落。之后，张商英"即移县，废鬼祠，置长者像，为民祈福，十月七日治地基。八日白圆光现于山南，于是父老叩头悲泪曰：'不知长者之福吾土也'，请并院新之，施心云起，不唱而和。主僧伻圆来告：'太师曾公子宣闻其事'，谓商英曰：'子盍发明长者之意而记之，使学华严者益生大信。而知所宗。则长者放光。以累子也不虚矣。'"③ 张商英通过废毁民间"淫祀"鬼祠，重置长者塑像，在集贤岭下建立昭化禅院，重振佛教，重树崇信李长者，崇信华严之风。崇宁五年（1106 年）"寿阳县父老于

---

① （宋）张商英《长者龛记》，《三晋石刻大全·寿阳县卷》，三晋出版社 2010 年版，第 38 页。

② （宋）张商英《略释新华严经修行次第决疑论后记》卷 4，《大正藏》，第 36 册，第 1048 页。

③ （宋）张商英《略释新华严经修行次第决疑论后记》卷 4，《大正藏》，第 36 册，第 1048 页。

方山上方灵松岩下金刚泉侧，以石垒为龛，请（政禅）师居龛讲《华严经》"①。昭化禅院作为方山寺的下院，开始有僧人住持并讲习《华严经》，也可看作对李长者华严学的承续。

因张商英的地位与名望，使李长者声名鹊起，名人儒士拜谒不断。如王安石变法的积极执行者曾布于元祐四年（1089年）六月过寿阳，拜谒长者像，"余杭钱景山、乐平潘璟、丹阳邵埙、开封张元淳、长葛李毅、禹城李良臣、舒城李乘偕行。……所睹光相不可胜纪"②。参与王安石变法的杨谟于绍圣二年（1095年）十一月七日至寿阳，访李长者旧居，并留诗一首曰："方山百里路崎岖，按部因寻长者庐。伏虎已归仙女去，陇头新见万松株。"③河东郭时亮于绍圣二年（1095年）十一月十二日谒长者像也题诗曰："李氏当年著佛书，此邦犹记旧居庐。因公寻访松生语，不识何人为守株。"④另外，也因李长者思想广博妙圆，条畅精深，契合时人之思想，使儒士仰慕而远涉拜谒。

张商英的倡导和推助，直接促使地方官僚亦积极参与其中。元符庚辰（1100年）夏五月，寿阳知县郭瑗率领僚属邑众二百余人赴方山建立道场祈雨，"道场方罢，乃获嘉应，雨遂沾足。九月复设道场报谢。是夕日没之后，云雾四合，月色昏暗。瑗同监酒税奉职李发，与比丘僧一十七人，及六村三社邑众等二百余人，同焚香请圣贤之次，忽然空中现五色云，其光灿烂如日之明，现种种相，复合而为圆光。其光五色，复散而为明珠五颗。月乃方见，众星拱之。其珠之色或红或黄，复变而为一金色圆光。良久现长者身，续有两侍者现，后一虎遥其尾而行，众皆瞻礼焉"⑤。这次祈雨活动被认为"非常灵验"，并获得嘉应，随后又"设道场报谢"，众人目睹了天空中的种种"神异之象"，甚至"长者携虎现

---

① （宋）郭瑗：《方山昭化禅院政禅师行状志》，《三晋石刻大全·寿阳县卷》，三晋出版社2010年版，第56页。

② （宋）《曾布题名石碣》，《三晋石刻大全·寿阳县卷》，三晋出版社2010年版，第39页。

③ （宋）《杨谟题李长者旧居诗碣》，《三晋石刻大全·寿阳县卷》，三晋出版社2010年版，第42页。

④ （宋）《郭时亮诗碣》，《三晋石刻大全·寿阳县卷》，三晋出版社2010年版，第43页。

⑤ （宋）郭瑗：《祈雨碑》，《三晋石刻大全·寿阳县卷》，三晋出版社2010年版，第45页。

身"云云。这样的神异故事由寿阳知县郭瑗撰写，并刻碑宣示，无疑对李长者信仰在当地的广泛传播起到极大推助作用。可见，李长者及方山佛寺经过张商英积极宣传之后，影响大增，不仅普通百姓祈福朝礼，而且地方官长也将其作为祈雨之神圣道场，说明李长者及方山佛寺已经进入官方崇祀系统，地位和影响都极大地提升。

李长者在宋代受到的崇祀比以往更加隆盛。宋代文献对李长者的最早载述是乾德五年（967年）慧研作《大方广佛华严经合论序》讲到李长者"夜驱神笔，舒玉齿之祥光；日探幽玄，感天童之给膳"①。但只提及李长者"口吐神光、天童奉食"之故事，载述简略。崇宁元年（1102年）刊《华严论主显教妙严长者》完整载述李长者生平行迹，并增加了新的故事情节和细节，如言李长者"每旦唯食枣十颗，柏叶饼子如匕大者一枚"②。"食枣柏"乃辟谷之术，似在说明李长者隐修苦行之行迹。北宋慧洪《林间录》缘此将李长者称为"枣柏大士"③。《华严论主显教妙严长者》也首次提及李长者身形相貌云："长者身长七尺二寸，广眉朗目，丹唇紫肥，长髯美茂，修臂圆直，发彩绀色，毛端右旋，殊妙之相，靡不具足。首冠桦皮，身披麻衣，长裙博袖，散腰而行，居常跣足，不务将迎，放旷人天。"④李长者被描述为天资挺特、容貌超然、任情随性、洒脱迈俗的世外隐者、苦行神僧的形象，对其敬仰之情溢于言表。李长者之神异形象与神异故事到此时已经基本定型，后世对其传说，几无增饰。

崇宁二年（1103年）李长者被朝廷敕赐"显教妙严李长者……太原府方山昭化禅院……今后每遇圣节，各许进奉功德疏。"⑤李长者被赐尊号，地方官拜谒方山等事件应该与张商英重新进入朝廷直接相关。绍圣（1094—1098年）中张商英被召为右正言、左司谏，崇宁（1102—1106

---

① （宋）慧研《大方广佛华严经合论序》卷1，《卍续藏》，第4册，第5页。
② （宋）《华严论主显教妙严长者》，胡聘之《山右石刻丛编》卷16，山西人民出版社1988年版。
③ （宋）慧洪《林间录》卷1，《卍续藏》，第87册，第247页。
④ （宋）慧洪《林间录》卷1，《卍续藏》，第87册，第247页。
⑤ （宋）《方山昭化禅院牒》，《三晋石刻大全·寿阳县卷》，三晋出版社2010年版，第53页。

年）初为"吏部、刑部侍郎，翰林学士，……寻拜尚书右丞，转左丞"①。寿阳县令郭瑗书《方山昭化禅院政禅师行状志》就直言不讳地讲，"张公大观文在中堂，奉书赐额，并逐年拨放童行一名。……又蒙蔡公元长□密亲书长者洞堂碑额"②。蔡公元长即北宋权臣蔡京。可见，方山昭化禅院已经得到北宋政权最高层的支持。"方山非昔日方山也，松柏林木高大茂盛，不植而生，……僧人粥食，不求余外，游人士庶，不绝于道。"③"人心益坚信向与五台等矣"④。

受到上至中央下至地方政治势力的影响，普通百姓亦受到感召亦参与其中，为李长者立碑崇祀，如《华严论主显教妙严长者》为当地人杨诚、杨世荣、杨世明、赵永超等捐资刊刻，额题"华严论主显教妙严李长者"，碑刻上部摹长者像，口吐白光二道，后有一虎。下刻李长者行迹，⑤ 言其伏虎坐麂、天女捧灯、口吐神光等神话传说，说明对李长者的崇拜已经扩展至社会各阶层。

从现有的材料看，金代方山昭化禅院仍有很大影响，时有高僧游访方山，如金皇统元年（1141）西堂海慧题《神福山显教妙严长者赞》⑥。昭化禅院亦有僧人住持。据金大定三年（1163）《王雷游方山诗碣》末题"方山昭化禅院讲经论沙门普玉立石"⑦，普玉应该是禅院之住僧。王雷另有一首《奉谒无尽居士祠堂》⑧，说明在金代昭化禅院为纪念张商英之功

---

① 《宋史》，中华书局 1985 年标点本，第 11096 页。
② （宋）郭瑗：《方山昭化禅院政禅师行状志》，《三晋石刻大全·寿阳县卷》，三晋出版社 2010 年版，第 56 页。
③ （宋）张商英：《长者龛记》，《三晋石刻大全·寿阳县卷》，三晋出版社 2010 年版，第 38 页。
④ （宋）郭瑗：《方山昭化禅院政禅师行状志》，《三晋石刻大全·寿阳县卷》，三晋出版社 2010 年版，第 56 页。
⑤ （宋）《华严论主显教妙严长者》，胡聘之《山右石刻丛编》卷 16，山西人民出版社 1988 年版。
⑥ （金）西堂海慧：《方山诗碑》，《三晋石刻大全·寿阳县卷》，三晋出版社 2010 年版，第 60 页。
⑦ （金）王雷：《王雷游方山诗碣》，《三晋石刻大全·寿阳县卷》，三晋出版社 2010 年版，第 61 页。
⑧ （金）王雷：《奉谒无尽居士祠堂》，胡聘之《山右石刻丛编》卷 16，山西人民出版社 1988 年版。

绩，专门建有祭祀张商英之祠堂。

北宋时期对李长者的崇祀已经由地方崇祀上升至国家层面，从国家层面又影响至地方官府，进而也影响至地方士绅，乃至延及普通民众。由思想信仰而延伸至政治治理，由于政治权力的直接介入，从而使崇祀活动达至极盛，从中可见政治力量对宗教信仰传播和发展具有重要的引导力和影响力。以张商英为首的高级官僚根据自身的喜好和兴趣，依靠手中的权力扶植或者打击某种宗教进而影响宗教生态的发展，从中亦可反映儒家主导地位下，对佛教的利用与融涉。地方官僚与士绅出于迎奉中央和安抚地方之目的，也加入崇祀行列。对于一般民众而言，在自然状态下，对祖先神灵和民间鬼神的信奉是其核心信仰和信仰基础，但由于受到国家政权、宗教势力、官僚士绅、社会精英的强烈影响，民众宗教信仰的选择就会表现出较为浓厚的随从性，进而由祭拜"方山之鬼"而扩延至崇祀李长者。政治势力的助推、宗教势力的宣扬、神异故事的传播，以及地方胜迹的存在并被不同时代重新认识和发现是决定地方宗教信仰发展和走向的重要因素，政治环境的治乱也深刻影响地方信仰的存续状态。李长者信仰正是在诸多因素的综合推助之下在北宋达至极盛。

宋代大文豪苏轼对五台山佛教也比较关注，《内制集》卷五和卷八还记载有他代宋哲宗起草的关于五台山的三则敕文。元祐二年（1087 年）十一月一日《赐五台山寺十寺僧正省奇等进奉兴龙节功德疏等奖谕敕书》云："清凉之域，仙圣所造，爰因弥月之辰来献后天之祝，永言勤至，良极叹咨"；元祐三年（1088 年）六月十八日《赐五台山十寺僧正省奇以下奖谕敕书》云："敕清凉之峰，仙圣所宅，爰修净供，以庆诞辰。再省恭勤，不忘嘉叹"；元祐四年（1089 年）六月二十五日《赐五台山十寺僧正省奇等奖谕敕书》云："异景灵光，久闻示化，宝祠净供，爰诞庆弥。念此恭勤，至于嘉叹。"[①] 三则敕文发布之时正是苏轼同乡张商英被贬河东赴五台山朝礼之时，虽然苏轼与张商英在朝廷中分属不同政治派别，但二人在佛教信仰上似乎有心灵相通之处，尤其对五台山文殊信仰尤为崇仰。

[①] 张志烈等校注：《苏轼全集校注》，第 15 册，河北人民出版社 2010 年版，第 4236—4252 页。

总之，宋代士大夫与佛教禅僧之密切交往，成为宋代社会中的一大文化景观。宋代士大夫与佛教之所以有密切关系，原因是多方面的，一方面来自社会环境的影响，尤其是儒释道三者思想的融会为士大夫提供了客观文化环境；另一方面士大夫是自身主观上的需要，尤其在自身仕途不畅，遭遇打击之时，更容易亲近佛教，寻求心灵慰藉。潘桂明《宋代居士佛教初探》一文将其归结为"儒门淡薄、收拾不住""官场受挫、遁入空门""与禅僧诗文相酬"等诸方面的原因。① 宋代士大夫与佛教禅僧的密切交往，反映出了宋代佛教世俗化、社会化、民间化的特点，同时也推动了山西佛教的发展。

二 宋代山西佛教塑像和壁画

北宋全国佛寺多达四万余所，仅开封大相国寺内就有八禅、二律、六十四院，宋室南渡后，又在南方广修寺庙，江南的"五山十刹"尤为著名。宋代寺院规模的扩大，促进了我国佛教艺术的发展。

（一）长子县崇庆寺、法兴寺塑像

宋代山西佛教塑像方面，最有典型代表的是长子县崇庆寺和法兴寺内的塑像。

崇庆寺建于宋代，殿内佛坛上留有的铭记"元丰二年（1079年）二月内砌造"，足以说明该寺建造时间。寺内三大士殿塑观音菩萨、文殊菩萨和普贤菩萨像，分别驾麒麟、狮子、白象三兽。民间艺人将中华民族自古相传的吉祥瑞兽麒麟置于其中，改造了佛教的传统造像题材，使佛教更加适合中国本土环境。正如学者指出："由于山西地处民族交融之地的独特地理环境，使得崇庆寺宋代彩塑在汉族传统的基础上，不可避免受到北方少数民族文化及欧亚文化的影响，从而折射在人物形象的塑造上。"②

法兴寺始建于五代后晋开运二年（945年），北宋元丰四年（1081年）重建。据《长子县志》，法兴寺在"宋政和元年（1111年）新塑前

---

① 潘桂明：《宋代居士佛教初探》，《复旦学报》1990年第1期。
② 柯秉飞：《栩栩如生——山西长子崇庆寺宋代彩塑的人格化表现》，《美术研究》2011年第2期。

殿释迦牟尼、阿难、迦叶、护法金刚和十二圆觉菩萨，妆塑一新"①。又有资料显示，左右金刚在重塑的时候，其中左侧一尊胸腔内发现有一主干木条，作为支撑该尊塑像的主要木条，非后人置入。主干木条上书"重修慈林山法兴寺大殿佛像一堂"，此外还有"尊宿僧"师徒五代共计二十八人的名单及画匠、塑匠人名，以及年号"大明正德十四年"。从木条上的字迹来看，"一堂"佛像，应是包括主佛台上的一铺七尊，包括卢舍那佛、阿难、迦叶、文殊菩萨、普贤菩萨与两尊密迹金刚以及十二圆觉在内的整个圆觉殿的全部彩塑。②这一塑像布局应该是华严三圣的一种扩展形式，主要反映《华严经》"重重无尽""圆融无碍"的思想。"十二位菩萨"应为"十二圆觉菩萨"即《华严经》中的十地菩萨加上等觉和妙觉菩萨。

山西宋代保存至今的彩塑比较多，还有如晋城青莲寺前殿彩塑。佛坛上塑卢舍那佛、左右为阿难、迦叶，两隅塑文殊、普贤，坛下两侧各三尊，扇面墙背面塑观音。宋代彩塑形象传神，色彩艳丽，手法细腻，神态表情更趋生活化、世俗化。

(二) 五台山佛光寺宋代壁画

佛光寺位于五台县豆村镇东北佛光山麓。据《清凉山志》载，北魏孝文帝时期（471—499年）创建，唐武宗会昌五年（845年）"灭法"中，佛光寺除祖师塔和周围几座墓塔外，几乎全部被毁。唐宣宗大中十一年（857年）佛光寺又在其旧址上由京都女弟子宁公遇布施重建。东大殿保存有唐宋间壁画，具体为前槽北次间和两稍间拱眼壁外侧三幅，后槽明间、两次间和两稍间拱眼壁外侧五幅，外檐两山前后各四间拱眼壁内侧八幅，后檐南画间拱眼壁一幅，殿内明间佛座后侧束腰处一幅。壁画就在佛光寺主殿东大殿的内槽拱眼壁上和明间佛座背面，保存约61.68平方米。③

东大殿前槽两稍间拱眼壁外侧绘青绿色卷草纹。前槽北次间拱眼壁

---

① 山西省长子县志编纂委员会：《长子县志》，海潮出版社1998年版，第597页。
② 郭秋英：《山西长子县法兴寺圆觉殿彩塑研究》，《山西大学师范学院学报》2001年第3期。
③ 柴泽俊、贺大龙：《山西佛寺壁画》，文物出版社2006年版，第13页。

外侧绘弥陀说法图,南北内槽前后四间拱眼壁外侧画诸菩萨众,北内槽前后拱眼壁外侧绘三排五十八尊菩萨像,后间拱眼壁外侧绘三排五十一尊菩萨像。① 南内槽前间拱眼壁外侧绘四排七十七尊菩萨像。② 后间拱眼壁外侧绘四排七十四尊菩萨像。后槽两稍间拱眼壁外侧画诸菩萨众,后槽北稍间拱眼壁外侧绘四排一百零二尊菩萨像,南稍间拱眼壁外侧绘三排六十五尊菩萨像。③ 上述的菩萨像高33—35厘米,④ 前一排露全身,身姿或正或侧,身与身中间饰以卷曲回旋之团云,赤足立于红色、白色等诸色莲花之上,或直立,或向左右扭胯,显得身形婀娜,多头戴花冠,顶上饰以鲜艳的黄色团花,饰绿色或白色头光,面容舒朗,脸型圆润,鼻直口圆,细眉,双眼微睁,五官端正,慈眉善目,大耳垂肩,袒胸,脖子上三道清晰可见,更彰显了身体之健康丰腴。身着袈裟,肩饰帔帛,衣纹自然飘洒,双手或持物,或结印各不相同,千姿百态。这些菩萨像因为时间久远面部线条不清,因此可能在宋元时期被补绘,出现线条明暗不均现象。特别是部分菩萨被加上了蝌蚪状的小髭须,应是五代到宋代的特点。

东大殿外檐两山前间和后檐南尽间拱眼壁内侧各绘佛像三十七尊和三十八尊佛。佛像跏趺坐,头饰螺发,披红色袈裟,面相丰满,神情端庄,肌肉圆润。

东大殿后槽明间,北次间拱眼壁外侧绘佛像,以外圈八位,内坐两位的形式围坐成圆圈状,并列八个圆圈,圆圈之间填充祥云,每幅共八十位佛。圆光中以绿色为底色,诸佛均结跏趺而坐,顶上为山形螺发,中间似团花状,脸型长方,脸颊微丰,细眉长目,或微睁,或闭,唇上留八字胡须,下颌亦留一小撮胡须,脸或向前,或微侧,身姿抑或正,或侧,神态安详。身着白色或褐色、赭色(已褪色)袈裟,绿色内衬。手势各异,或双手合十,或结说法印,或结与愿印等。整幅图像线条流畅,自然洒脱,色彩搭配柔和,构图紧凑,人物传神。每一圆光右下角

---

① 柴泽俊认为是55尊,经笔者计数为51尊。
② 柴泽俊认为是78尊,经笔者计数为77尊。
③ 笔者未见65尊菩萨像。
④ 柴泽俊、贺大龙:《山西佛寺壁画》,文物出版社2006年版,第14页。

绘正方形墨书榜题，书诸佛名称，起始均冠以"南无"二字。后槽北次间拱眼壁外侧八十尊佛，第一幅榜题题诸佛名称自北向南依次为：南无实智佛、南无阿那毘浮名称佛、南无金光佛、南无大燃灯佛、南无行意佛、南无毘迦摩佛、南无无碍光佛、南无毘摩提阇诃佛、南无□诃跋多佛、南无天声佛；第二幅榜题题诸佛名称为：南无不着步佛、南无天道佛、南无询陀罗难陀□、南无华光佛、南无能现佛、南无天爱佛、南无解脱光佛、南无普光佛、南无求那迦罗□、南无智说佛；第三幅榜题题诸佛名称为：南无提菩光佛、南无莎迦罗佛、南无菩提难提佛、南无摩诃提婆佛、南无深智佛、南无法自在佛、南无大波那般佛、南无心意佛、南无智光明佛、南无不错思惟佛；第四幅榜题题诸佛名称为：南无胜功德佛、南无坐称佛、南无大庄严佛、南无月光佛、南无天光佛、南无清净行佛、南无爱功德佛、南无师子意佛、南无信婆薮那罗佛、南无宝光明佛；第五幅榜题题诸佛名称为：南无快光明佛 南无种种婆□佛、南无月爱佛、南无苏摩刹□佛、南无普观佛、南无不染佛、南无称光胜佛、南无月面佛、南无那伽天佛、南无功德聚佛；第六幅榜题题诸佛名称为：南无功德智佛、南无华胜佛、南无爱世间佛、南无甘露光佛、南无地光佛、南无作功德佛、南无花胜佛、南无求那婆□佛、南无然□□佛、南无普□佛；第七幅榜题题诸佛名称为：南无□□□、南无□□□□、南无□□□□、南无□□□□、南无智□□□、南无功□□□、南无善□□、南无不□□□□□、南无师子□□□、南无功德□□□；第八幅榜题题诸佛名称为：南无妙天佛、南无观行佛、南无天提咤佛、南无电光明佛、南无胜爱佛、南无山□佛、南无华□□、南无胜□□、南无山□□、南无福□□□□。部分漫漶不清。①

考其名称，基本可判定来自《佛说佛名经》"南无实（契丹本有智）佛、南无阿那毘浮多称佛、南无金光佛、南无大然灯佛、南无行意佛、南无毘迦摩佛、南无无碍光佛……"② 佛光寺东大殿拱眼壁所绘诸佛名号应来自《佛说佛名经》，且其版本应与《契丹藏》版本一致，但其用字也不完全一致，多有差异。《佛说佛名经》中世界众多，佛名众多，佛光寺

---

① 笔者释读。
② （元魏）菩提流支译：《佛说佛名经》卷10，《大正藏》第14册，第171页。

选择其佛名应该是有所指向的,此佛名在《佛说佛名经》中被归为北方佛,"舍利弗!汝当至心归命北方佛"①。似乎与五台山位于"北方"而相关。《大方广佛华严经》中《菩萨住处品》云:"东北方有菩萨住处,名清凉山,过去诸菩萨常于中住;彼现有菩萨,名文殊师利,有一万菩萨眷属,常为说法。"②道宣法师修撰之《续高僧传》卷二十亦曰:"又闻五台山者即《华严经》清凉山也,世传文殊师利常所住处,古来诸僧多入祈请,有感见者具蒙示教。"③至迟到唐代,东北方之清凉山被看作文殊菩萨的应化道场,因此,佛光寺东大殿绘千佛,选择北方之佛名,则在情理之中。

后槽明间拱眼壁外侧八十尊佛榜题漫漶严重,但依据其中可辨识的几则,结合《佛说佛名经》,可判断其是自北向南,每十位一组,从"南无东方阿閦佛"开始,《佛说佛名经》卷一载:"南无东方阿閦佛、南无火光佛、南无灵目佛、南无无畏佛、南无不可思议佛、南无灯王佛、南无放光佛、南无光明庄严佛、南无大胜佛、南无成就大事佛、南无实见佛、南无坚王花佛,归命东方如是等无量无边诸佛。南无南方普满佛……归命南方如是等无量无边诸佛。南无西方无量寿佛……命西方如是等无量无边佛。南无北方难胜佛……归命北方如是等无量无边佛。南无东南方治地佛……归命东南方如是等无量无边佛。南无西南方那罗延佛……归命西南方如是等无量无边佛。南无西北方月光面佛……归命西北方如是等无量无边佛。南无东北方寂诸根佛……归命东北方如是等无量无边佛。"④《佛说佛名经》载述东、南、西、北、东南、西南、西北、东北、上、下十方一切诸佛,意味着倡导众人诵持十方一切诸佛之含义。佛教认为,受持、读诵诸佛名者可获得现世安稳,远离诸难,消灭诸罪,远离烦恼,修证菩提,《佛说佛名经》卷一载:"我为汝说,过去、未来、现在诸佛名字。若善男子、善女人,受持、读诵诸佛名者,是人现世安隐,远离诸难,及消灭诸罪,未来当得阿耨多罗三藐三菩提。若善男子、

---

① (元魏)菩提流支译:《佛说佛名经》卷10,《大正藏》第14册,第169页。
② (东晋)佛陀跋陀罗译:《大方广佛华严经》卷29,《大正藏》第9册,第589页。
③ (唐)道宣撰:《续高僧传》卷25,《大正藏》第50册,第592页。
④ (元魏)菩提流支译:《佛说佛名经》卷10,《大正藏》第14册,第114页。

善女人，欲消灭诸罪，当净洗浴，着新净衣，长跪合掌。"①

东大殿后槽末端墨色方框中存题记："佛光庄信佛男弟子刘大知身幻是悟□□□合家□舍……并赤白中门……答国王父母……客之恩……同沾乐……四年五月初……主刘大……男□□次男……"② 诸佛均结跏趺坐，头饰螺髻，面相慈祥，身披袈裟，凝神而坐，应是欲表达千佛赴会的含义。画面所施色彩以青绿为主，为宋代作品。

东大殿后槽明间佛座后侧束腰处在很早以前就被土坯墙封护。1964年罗哲文实地考察时，将其后来补砌的土坯墙拆除，发现唐代壁画一方，高35厘米，宽100厘米，共计0.35平方米。③ 绘天王、力士降魔镇妖，其左侧站立一位头绾高髻，脸上涂红，樱桃小口，面目冷峻，身着宽袍大袖长衣，右手托仙花，左手握长柄香盂，一缕青烟升起。天女北侧天王倒八字眉毛上扬，二目圆睁，似眼珠崩出，鼻孔硕大，两鬓如钢针般胡须飘洒，二门牙外露，气势逼人，头后饰火焰纹头光，披甲戴胄，肩部有肩带，与胸部两侧蓝色胸甲相连，中间各一圆护，肩部着披帛，呈弧形，至上臂饰虎头护臂，是唐代甲胄的特点，正下方是为虎头形护脐，右手握剑，宝剑上竖，左手青筋暴露，凸起众多，彰显力量，五指分开，手摁鬼卒头部，力士坐于两鬼卒之上，二鬼卒均呈爬行地状，以手撑地，左侧棕色，头发卷曲稀疏，二目圆睁，口鼻大张，牙齿外露，右侧人呈黑色，独眼，呈闭嘴状，似乎二鬼卒已经被力士征服。天王右部有力士二人，前者头戴软翅帽，二目圆睁，身着豹皮长衫，身体弯曲前倾，左手牵猴妖脖子上铁链，右后拽着猴子尾巴，猴子呈现可怜状，两只似人手一样的前肢爬在地上。后者力士秃顶，眉毛上扬，上身袒露，戴臂钏、腕钏，筋骨健壮，下身豹皮短裤，手握长杵，呈行走状。力士后面乌龙腾空，降伏一个跌倒在地的妖卒。两幅壁画和弥陀说法图均为唐代一次性绘制完成，并未被后世补绘，线条流畅，形象自然，为唐代上品佳作。唐代重视天王信仰"玄宗东封回敕，车政道往于阗国。摹写天王样，就

---

① （元魏）菩提流支译：《佛说佛名经》卷10，《大正藏》第14册，第114页。
② 笔者释读。
③ 柴泽俊、贺大龙：《山西佛寺壁画》，文物出版社2006年版，第14页。

寺壁画焉。僧智俨募众画西库北壁，三乘入道，位次皆称奇绝"①。唐代之天王像一般为单独像，或者脚踏鬼卒，或者手擒鬼魅，身披甲胄，威武雄壮，显示出其镇妖辟邪的作用，同时唐代赋予天王镇边护国的功能，尤其是崇拜北方毗沙门天王，且受到密教的深刻影响。

（三）高平开化寺壁画

开化寺位于高平东北舍利山腰。"夫舍利山开化寺者，旧曰清凉。若表稠禅，大愚显化，始基之故事。在昔之遗迹，革鼎名号，废兴之岁月，则清源隐士少监王景纯及子潞帅曙，刻石叙之备矣，愚复□言哉！"② 开化寺原名清凉寺，唐代曾有大愚禅师驻锡。

壁画存于大雄宝殿内四壁和拱眼壁内侧，总面积为88.68平方米。③ 北宋大观四年（1110年）《泽州舍利山开化寺修功德记》载："姑以元祐壬申（1092年）正月初吉，绘修佛殿功德，迄于绍圣丙子（1096年）重九，灿然功已。又以崇宁元年（1102年）夏六月五日，直以兹事询予为记。"④ 开化寺于元祐七年（1092年）由住持清实重修大殿完成，丹水进士雍黄中于北宋崇宁元年（1102年）撰碑。大雄宝殿内后檐明间西平柱上有墨书题字两行："丙子六月十五日粉此西壁，画匠郭发记并照壁。"后檐明间西平柱内侧东隅还有墨书一则："丙子十月冬十五下手搞谷立观音，至十一月初六描讫，来春上彩，画匠郭发记。"⑤ 题记与碑刻所载时间可以相互印证。

开化寺大雄宝殿壁画内容是以佛教经变为主。据《泽州舍利山开化寺修功德记》载："其东序曰华严，底壁曰尚生；其西序曰报恩，□壁曰观音。功费数千缗。其间错综，着以善□之因缘，盖亦厥谓与！"⑥ 东壁和北壁画面多已漫漶，部分情节和人物功能也已模糊而不可辨认。从上述碑文中"东序（即东壁）曰华严"可知，此壁所绘为华严经变。华严经变如果据六十《华严》则为七处八会，八十《华严》则为七处九会，

---

① （宋）赞宁等撰：《宋高僧传》卷21，《大正藏》第50册，第875页。
② 赵魁元、常四龙：《高平开化寺》，中国文联出版社2010年版，第43页。
③ 柴泽俊、贺大龙：《山西佛寺壁画》，文物出版社2006年版，第17页。
④ 赵魁元、常四龙：《高平开化寺》，中国文联出版社2010年版，第43页。
⑤ 柴泽俊、贺大龙：《山西佛寺壁画》，文物出版社2006年版，第17页。
⑥ 赵魁元、常四龙：《高平开化寺》，中国文联出版社2010年版，第44页。

增加一普光法堂会。华严经变最早出现于7世纪末，张彦远《历代名画记》就记载洛阳敬爱寺西禅院中绘有华严经变，"敦煌华严经变要晚一些，莫高窟盛唐晚期44窟出现一铺华严经变。而后直到宋代都有绘制，一共有30铺华严经变，包括藏经洞绘画品中的2铺华严经变"①。华严经变的构图形式基本都是由9铺说法图排列成"七处九会"，下绘一大莲华，象征"莲花藏世界"，周围或者下方绘"善财童子五十三参"。

柴泽俊认为，东壁南起第一幅为华严经变中"七处九会"的第五会，即"兜率天宫会"；依次向北第二幅为"普光法堂会"：第三幅为"重会普光法堂"；第四幅为"三重重会普光法堂"。谷东方认为，"第一铺（按：即北起第一，柴泽俊标识为第四）表现了第五会，即兜率天宫法会，该铺为华严经变的开端。由大莲花上赞叹菩萨、赴会神天、说法环境等推测，第二铺（按：即北起第二，柴泽俊标识为第三）表现了第一会，即阿兰若法菩提场法会。由五菩萨坐于莲花之上等象征物等推测，第三铺（按：即北起第三，柴泽俊标识为第二）表现了第九会，即室罗筏国逝多林给孤独园大庄严重阁法会。由'师（狮）子频申三昧'的狮子等情节表明，第四铺（按：即北起第四，柴泽俊标识为第一）佛身依据入法界品绘制，图示修菩萨行，证得佛三昧的内涵，为经变终结"②。

笔者认为，东壁壁画按照碑刻所载为华严经变，但只有四幅，因此不符合华严经变"七处八会"或"七处九会"，单绘四幅更无道理。因此，整个大殿东西壁和北壁都是华严经变。东壁四幅加上西壁三幅北壁两幅则正好为九幅。至于碑刻所言西壁为报恩经变，只是将故事穿插于三幅"华严经变"之间，而"宸壁之尚生"完全可以作为第五会之兜率天宫会，观音会中主题是童子拜观音，应源自《入法界品》。因此，西壁南起第一幅根据主尊背光后绘山峰、树木，主尊头顶出豪光，两侧云气中绘日轮和月轮，宝座下方中间跪一比丘听法，右侧跪五比丘，左侧跪四比丘，主尊周围亦有右五左四九位比丘围绕，判断其应是在菩提树下得道说法，应为第一会"菩提道场会"。西壁南起第二幅为第二会普光法

---

① 王惠民：《华严图像目录研究论著目录》，《敦煌学辑刊》2011年第4期。
② 谷东方：《高平开化寺北宋上生经变和华严经变壁画内容解读》，《焦作师范高等专科学校学报》2015年第3期。

堂会，据经文，普光明殿在菩提树东南三里许之恒河曲内，仍在人间说法，下方跪者为文殊师利菩萨。

西壁南起第三幅为第三会忉利天宫会，下绘一比丘，似乎表示正念天子。

东壁北起第一幅判断为第四会，即夜摩天宫会。释迦如来及文殊、普贤二菩萨皆结跏趺坐于束腰须弥座上，两侧有二弟子及诸胁侍菩萨，上隅两侧有飞天乘云而翔，侧有天王、金刚护持佛法，下有僧众虔诚听讲。

北壁西尽间弥勒上生图可以视为第五会，即兜率天宫会。画面正中绘一佛，具头光、身光，两侧有两大菩萨侍坐，众比丘、天王围绕。值得注意的是画面下方，一穿白衣女子跪地，双手合十，散发，前方一比丘，比丘对面站立一身穿红色官袍、头戴官帽的男子，似乎表明主题是在弥勒面前剃度出家的情景。这一题材，在青龙寺后殿弥勒菩萨壁画中也有同样的表现主题。

东壁北起第二幅判断为第六会，即他化自在天会。释迦如来及文殊、普贤二菩萨皆结跏趺坐于束腰须弥座上，两侧有二弟子及诸胁侍菩萨，上隅两侧有飞天乘云而翔，侧有天王、金刚护持佛法，下有僧众虔诚听讲。

东壁北起第三幅判断为第七会，即二会普光法堂会。宫殿无门窗，殿中放光，与周围树木、花卉、流云交织在一起。殿内置束腰须弥座三坛，佛坐其中，二菩萨分居左右。阿难、迦叶二弟子及胁侍菩萨十二身居两侧。殿后有楼阁，殿顶两隅，飞天凌空；四大天王及护法居殿外左右；殿前置供桌、勾栏、蒲团及狮子；诸菩萨众及帝释、梵王居供器两隅。

东壁北起第四幅判断为第八会，即三会普光法堂会。画面上释迦如来结跏趺坐于束腰须弥座上，背依天空，流云相伴，日月星辰和天宫楼阁位于胸前，诸位菩萨置于腹部膝间。释迦如来上空左右飞天乘风而降，须弥座外侧两隅十大菩萨胁侍，下隅两侧男女供养人各一列。

北壁东尽间为第九会，即室罗筏国逝多林给孤独园大庄严重阁法会。

北壁东尽间观音经变中表现了善财童子拜观音的情节，因此可以归入《华严经》"七处九会"之第九会，即《华严经入法界品》。相对之弥勒上生经变可归为《华严经》"七处九会"之第五会，即兜率天宫会。这样北壁就形成了"九五"对峙的格局，是否暗含九五至尊之意呢？另一种可能就是东西壁配合表达华严经"三身四智"的思想。

大雄宝殿西壁画面有三幅，中间一幅稍大，两边略小。据碑文载述，"西序（即西壁）曰报恩"，每幅中间为说法图，两侧为报恩经变。南部一幅画面上部为四如来，据榜题为"东方世界名上胜佛号喜王如来""北方有世界明自在王佛号微妙声光如来""西方净住世界其佛号日月灯光如来""南方光德世界佛号思惟相如来"。北壁两次间绘有壁画两幅，据碑文所载为"宸壁曰尚生"，"□壁曰观音"。对照画面可见，西次间壁面所绘为鹿女本生和均提童子出家得道经变，东次间壁面所绘为观世音菩萨法会以及男女邑子三十九身。这些经变大都是依据《华严经》和《大方便佛报恩经》而来。画中人物众多，线条细密流畅，色彩瑰丽，构图谨严。佛像则姿容丰美，宝相庄严。在每一会的上方二侧均绘有精美的飞天，衣带轻盈，翩然欲飞。

西壁为《大方便佛报恩经》中的佛本生故事、因缘故事经变。由南侧向北侧，中间三幅说法图周围，围绕故事，并附榜题。据谷东方考证，墨书题记榜题9处，未填写内容榜题52处，"可将场面分为61处，归纳至九种故事图"①，九个故事分别为：阿难颂孝、须阇提太子本生、忍辱太子本生、华色比丘尼因缘、转轮王本生、善友太子本生、大光明王本生、鹿女因缘、提婆达多因缘。

北壁东次间为观音经变，② 表现了观世音菩萨在普陀山成道时举行法会的盛况。画面上描绘了雄伟富丽的二进院落。下方第一院二层殿阁居中；高露台上左右各五位头戴梁冠者手捧宝物，放射光芒，两侧花坛对峙；第二院位居上方，正面居中置三开间敞开式楼阁，楼阁顶两侧，各

---

① 谷东方：《高平开化寺北宋大方便佛报恩经变壁画内容考释》，《故宫博物院院刊》2009年第2期。
② 谷东方：《高平开化寺北宋上生经变和华严经变壁画内容解读》，《焦作师范高等专科学校学报》2015年第3期。柴泽俊认为是观音经变，谷东方将此铺壁画判定为"弥勒上生经变"，笔者认为是观音经变，并可以归入华严经"七处九会"之第九会。

五佛两菩萨一天王乘祥云而至。阁内中央莲花座上为观世音菩萨，具头光身光，头戴宝冠，冠上正中绘化佛，头上升起三道光芒，各化出一佛，居圆光之中。左右分列四位胁侍菩萨。前方左右两侧有二层歇山顶楼阁相对称，各层楼阁正中莲花台上置宝珠物放射光芒。座前台下，左右各六位乐伎各持乐器演奏，两位舞姬身穿红衣白裳，翩然起舞。正前方一童子跪拜观音，头梳双髻。两侧侍女手捧宝物喷出之水（或光）灌注于童子之头顶，似乎表明摩顶或者灌顶之含义。再外侧跪两天王，双手合十，外侧各树立一经幢，放射光芒。经幢顶部疑沥粉贴金，现被铲去。

开化寺佛教经变所宣扬的报恩和因果报应的观念，与儒家所奉行的孝道伦理观念在哲理上是一致的。孝道伦理在中国传统社会具有文化之源、社会之基的重要地位。孝被看作子女与父母关系中必须秉持的一种善行和美德，进而扩展到尊祖敬宗，也包含了传宗接代、光宗耀祖的家族责任，成为人格养成的核心伦理道德，亦成为治国安邦的基本伦理素养。佛教作为一种外来文化，为了在中国发展，自然需要与中国的国情相结合，而儒教的孝悌忠信、礼义廉耻等伦理道德的流传与发展也需要借鉴佛教、道教中受人信奉的某些内容。

壁画的主题思想体现了北宋"倡孝"的时代风气，由孝自然可以推及忠，在北宋内忧外患的国家形势下，"忠孝"对于国家统治的长治久安显得尤为重要。佛教在完成中国化进程中已经完全与中国的核心价值理念保持一致，并表现在佛教的日常生活之中。另外，开化寺壁画也体现了宋代佛教华严思想的流行。

三 佛教经幢的建造

北宋时期山西民众建造佛教经幢的风气非常浓厚，见诸史料所载之经幢也非常丰富。

1. 猗氏县（今山西临猗县）雁塔寺经幢，幢高三尺六寸，八面，面广四寸一分，七行，行七十三字，刻有佛顶尊胜陀罗尼经文和幢记。宋建隆三年（962年）建。

2. 闻喜县（今运城闻喜县）保宁禅院经幢。幢高三尺八寸，八面，每面七行，第八面八行，五十七字至六十三字不等，刻《佛顶尊胜陀罗尼经》。宋开宝七年（974年）建。

3. 闻喜县（今运城闻喜县）保宁禅院经幢。幢高三尺二寸五分，八面，面广五寸。七行，行八十字至六十四字不等，刻有佛顶尊胜陀罗尼经文。宋淳化二年（991年）建。

4. 闻喜县（今运城闻喜县）唐兴寺（后改为保宁寺）经幢。幢高三尺五寸七分，额题第一面，上列三行，行三字，经刻八面，每面广四寸。俱七行，行六十九字至四十四字不等，正书。刻《佛顶尊胜陀罗尼经》。宋天圣六年（1028年）建。

5. 宝云寺经幢。幢八面，高三尺，每面广五寸，四行，行三十字至三十九字不等，正书今在浮山县。刻《佛顶尊胜陀罗尼经》。宋明道二年（1033年）建。①

目前，发现山西各地宋代经幢近50通，主要集中在宋仁宗之前，以晋南、晋东南和晋中一带较多。

宋代佛教经幢一般多为徒弟为亡殁师僧而立，奉报师恩，兼有墓志的性质，可称之为"墓幢"。如晋城青莲寺开宝三年（970年）立"省昱幢"②，即为徒弟会通为殁僧师父省昱建立，刊《佛顶尊胜陀罗尼经》及省昱生平功德。也有信众出资为亡僧建立经幢者，如洪洞万圣寺嘉祐七年（1062年）建经幢，即信徒郭信家族出资为亡僧普臻建立，"幢主郭信持十善戒。在家骨肉，女弟子郭氏二姐八戒，□弟子郭氏二姐，女弟子郭氏五姐贺𢀖，女弟子郭氏八姐，阿□郭信。亡母李氏八戒，女弟子继母卫氏□戒。孤男羽流郭善□、次弟善留、黑□、三见。女弟子大姐、女弟子小姐。男弟子阿舅李尧。女弟子阿□□氏"③。可见，郭信家族均为普臻信徒，因而出资为其建幢，兼而为其家族亲人祈福。

墓幢一般在亡僧圆寂之时建造，也有生前预修者，如灵石资寿寺咸平二年（999年）"受公预修经幢"，"立于父母像前"④，且此经幢为其生前为自己"预修"之幢，非其死后弟子所建，应该是建好之后，先行

---

① （清）胡聘之：《山右石刻丛编》卷11—13，山西人民出版社1988年版。
② 樊秋宝：《泽州碑刻大全》第2册，中华书局2013年版，第21页。
③ 汪学文：《三晋石刻大全·洪洞县卷》，三晋出版社2008年版，第24页。
④ 杨洪：《三晋石刻大全·灵石县卷》，三晋出版社2010年版，第7页。

放置于其父母像前，也有为父母祈福的意义。此类生前预修之墓幢还有如汾阳莲花寺《大汉莲花院主清远预修灵幢颂记》载，僧清远在其65岁时，为自己预修墓幢，刊《佛顶尊胜陀罗尼经》祝愿"迁化之后，不受沉沦之苦，早仍生于极乐"①。世俗之人预作寿冢，僧人亦称为"生藏塔"。很多佛教经幢题记均称造"窣堵波"即"塔"。可见，宋代也将经幢视作"塔"，安置在亡者墓旁。因此，此类经幢称为"墓幢"或者"塔幢"，正发挥了塔安置亡者舍利之原始功能，但其建造更为简单方便。青莲寺元祐四年（1089年）"清□塔幢"刊"往天真言""灭罪真言""往生真言"② 可见，宋代经幢更注重"破地狱"功能。

墓幢也有在僧人圆寂数年后以兹纪念而建造者。如汾阳临泉山圣力禅院僧人殷元于开宝六年（973年）卒，六年后之太平兴国四年（979年）建幢塔，并刊《大宋西河临泉山圣力禅院故先师和尚幢记并序》《佛顶尊胜陀罗尼经》及陀罗尼真言。③ 又如，汾阳广城山兰若寺经幢为亡僧绍臻去世27年后，弟子法琁等人为其建幢塔。④ 再如，新绛白台寺惠琛政和三年（1121年）为去世三年的师父建经幢，并迁葬，而且举办了大型的法会，"建塔迁葬，并印造《上生》《观音》等经一千三百卷，设无遮僧尼□□，回□施□，度门人一十三。"⑤

佛教经幢刊刻经文多以《佛顶尊胜陀罗尼经》为主，也有刊刻其他经文者，灵石资寿寺咸平二年（999年）"受公预修经幢"刊《大威德炽盛光破宿曜消灾祥真言》。或者不刊经文而只刊一则或几则咒语，如泽州青莲寺元丰六年（1083年）"殁故僧重美"经幢，为六面，具有经幢的形制，刊"安土真言"及僧人重美生平，但其题记称"殁故僧重美塔记"⑥。

宋代佛教经幢以僧人建立者为主，也有世俗之人为亡父母建立经幢，如曲沃衡智成政和六年（1124年）为其考妣建立经幢，刊《佛顶尊胜陀

---

① 王堉昌：《汾阳县金石类编》，山西古籍出版社2000年版，第208页。
② 樊秋宝：《泽州碑刻大全》第2册，中华书局2013年版，第35页。
③ 王堉昌：《汾阳县金石类编》，山西古籍出版社2000年版，第206页。
④ 武登云：《三晋石刻大全·汾阳县卷》，三晋出版社2017年版，第1620页。
⑤ 王国杰：《三晋石刻大全·新绛县卷》，三晋出版社2015年版，第27页。
⑥ 樊秋宝：《泽州碑刻大全》第2册，中华书局2013年版，第31页。

罗尼经》,"伏愿乘斯胜上品,超生法界,舍情同登法界"①。民众为亡者建经幢,说明佛教在民间影响进一步深入民众日常生活。从墓葬中出土的墓志铭也能证明宋代佛教已经深入民众日常生活,尤其是民众在丧葬习俗中习染佛教元素非常多,如出土于岚县之胡密墓志铭载:"维庆历六年(1046年)九月二十二日,亡过人胡密不幸早终。伏以千秋永别、万载长辞,孝子伤心,尊者永隔。一归黄泉,再见难期;一经幽窅,重开何日。送魂郊野,孤魂独逝。狐兔作侣,凤鸟为邻。愿魂有灵,还归建宅。今者坟宇,东至青龙,西至白虎,南至朱雀,北至玄武。此亡殁尊灵者,栖心募道,志意真宗,恒持十善之因,仰窥天宫之路。经訒大藏,贮邑四十余春;六事二因,香花供诸佛大会。"②此碑铭兼有买地券功能,同时说明胡密极可能为佛教信徒。

总之,宋代佛教经幢更注重"破地狱"功能,主要为亡者建造,被作为塔幢或者墓幢使用,且深入民间,影响了普通民众的丧葬习俗,说明宋代佛教进一步民间化。

宋代山西佛教获得快速的发展,其原因如宋绍圣三年(1096年)《大宋解州芮城县太安寿圣寺额记》载:"文中子以佛为西方之圣人,自汉明帝其法聿来流,晋宋而益崇,涉齐梁而大盛,率天下而从其教者。唯唯然,无异于持膻而蚁附矣。其故何哉?岂佛氏之法,为能因生民甚欲之情,谕之以死生祸福之事,而导盖其说。以谓早年为孽,晚年向佛,足以消早年之孽,一世积祸,一日向佛,足以涤一世之祸。虽生前祸孽贯盈,逮死不悟,有能为之诵佛书、作佛事,犹可救护于幽冥之间,而转灾为福。况其常自修洁,勤敬不倦所获享者,又可知矣。若然,则人岂得有不从而信奉之,不从而归依之,以永其福报者乎,佛氏其亦善导于人者矣。宜乎象教,炽于天下,几大都小邑暨名山胜境,靡不广辟净土。开设仁祠栋宇之规,□然壮丽,使人因之起恭生信。其有日斋严,其容月给费,其产敬奉僧徒,依凭佛力影随响应,无有稍息之心。如是则有以大法之光扬□□所归仰也。"③南北朝以来佛教发展迅速广泛的解

---

① 武登云:《三晋石刻大全·汾阳县卷》,三晋出版社2011年版,第15页。
② 杜启贵:《三晋石刻大全·朔州市朔城区卷》,三晋出版社2017年版,第47页。
③ (清)胡聘之:《山右石刻丛编》16,山西人民出版社1988年版。

释可以看作民间士人的分析，也可以从中解读民间对佛教的基本认识和态度。其认为佛教发展主要在于佛教善于劝导世人，以死生祸福之类民众急切关心之事，与神秘主义的因果报应、善恶报应、救护幽冥相联系，导人诵佛书、作佛事，故而佛教遍天下。这种观点主要从佛教理论符合民众生活实际的角度进行阐释，可解释佛教在最基层社会得到发展之主要原因，同时与佛教组织、制度比较系统，统治者需要，神秘主义文化与中国传统宗教信仰相通等原因共同促使佛教进一步发展。

第八章

辽代山西佛教

辽金元均为少数民族建立政权，出于统治需要和历史传统对佛教采取积极支持的政策，佛教在这一时期发展迅速。山西在地域上大部分地区属于辽金元统治范围之内。辽金元时期山西境内佛教发展兴盛，尤其佛经刻印在晋南一带尤盛，《赵城金藏》即刊刻于静林山天宁寺，《契丹藏》曾发现于应县释迦塔天宫之中。时至今日，山西境内还保存有大量辽金元时期建筑。山西省现存的辽金元时期佛寺壁画亦居全国首位。

第一节　辽代诸帝与山西佛教

契丹原为鲜卑族的一支，居住于辽水上游的横水（今西拉木伦河）流域，生活方式以游牧为主。《辽史·营卫志》云："大漠之间，多寒多风，畜牧畋渔以食，皮毛以衣，转徙随时，车马为家。"① 作为北方草原游牧民族，在本民族社会生活的发展过程中形成了自身的民族宗教。"辽俗好射麃鹿，每出猎，必祭其神，以祈多获。"② 契丹人的生活受原始巫教影响较深。皇帝即位要举行"柴册礼"，即"积薪为坛，（皇帝）受群臣玉册。礼毕，燔柴，祀天"，③ 行军打仗"不择日，用艾和马粪，于白羊琵琶骨上炙，炙破便出行，不破即不出"④。随着大量汉人北迁至契丹生活区域，使得契丹与其他民族的文化交流不断加强，于是中原的儒、

---

① 《辽史》卷31《营卫志上》，中华书局1974年标点本，第361页。
② 《辽史》卷116《国语解》，中华书局1974年标点本，第1537页。
③ 《辽史》卷116《国语解》，中华书局1974年标点本，第1536页。
④ 《契丹国志》卷27《岁时杂记》，上海古籍出版社1985年标点本，第255页。

佛、道三教在辽地广泛流传。尤其佛教中的因果报应等神秘主义思想与契丹原始巫教提倡的敬天祀地、迷信鬼神等观念与习俗有相通之处，这大大便利了佛教在辽境的传播。

辽太祖称帝后，于辽神策三年（918年）"诏建孔子庙、佛寺、道观"，① 天赞四年（925年）"十一月丁酉，幸安国寺，饭僧，赦京师囚，纵五坊鹰鹘。"② 辽太宗于天显十年（936年）取得幽云十六州之后，以所谓托梦方式将佛教的白衣观音奉为家神，从此契丹辽统治者的信仰转向了佛教。《辽史·地理志》云："永州……兴王寺有白衣观音像。太宗援石晋主中原，自潞州回，入幽州，幸大悲阁，指此像曰：'我梦神人今送石郎为中原帝，即此也。'因移木叶山，建庙，春秋告赛，尊为家神，兴军必告之，乃合符传箭于诸部。"③《辽史·礼志》亦云："太宗幸幽州大悲阁，迁白衣观音像，建庙木叶山，尊为家神。"④ 这年冬十一月丙午，太宗"幸弘福寺为皇后饭僧，见观音画像，乃大圣皇帝、应天皇后及人皇王所施"⑤。会同五年（932年）六月"丁丑，闻皇太后不豫，上驰入侍，汤药必亲尝。仍告太祖庙，幸菩萨堂，饭僧五万人。七月乃愈"⑥。可见，辽太宗耶律德光对佛教非常支持。

辽圣宗在位期间，也积极支持佛教。圣宗统和元年（983年）"从禽于近川，获六鹑。幸甘露等寺。驻跸长泺。"⑦ 统和二年（984年），圣宗在其亡父的忌日，下诏各道行香、饭僧。统和四年（986年）七月，诏令"上京开龙寺建佛事一月，饭僧万人"⑧。统和十年（992年）九月"癸卯，幸五台山金河寺饭僧"⑨。

兴宗继位，更加崇信佛教。不仅亲自受具足戒，还兴建寺塔、举行佛事、荣宠僧人。重熙十年（1041年），"僧有正拜三公、三师兼政事令

---

① 《辽史》卷1《本纪一太祖上》，中华书局1974年标点本，第13页。
② 《辽史》卷2《本纪二太祖下》，中华书局1974年标点本，第13页。
③ 《辽史》卷37《地理志一》，中华书局1974年标点本，第445页。
④ 《辽史》卷49《礼志一》，中华书局1974年标点本，第835页。
⑤ 《辽史》卷3《本纪三·太宗上》，中华书局1974年标点本，第37页。
⑥ 《辽史》卷4《本纪四·太宗下》，中华书局1974年标点本，第52页。
⑦ 《辽史》卷68《巡幸表》，中华书局1974年标点本，第1050页。
⑧ 《辽史》卷11《本纪十一圣宗二》，中华书局1974年标点本，第123页。
⑨ 《辽史》卷13《本纪十三圣宗四》，中华书局1974年标点本，第143页。

者，凡二十人，贵戚望族化之，多舍男女为僧尼。如王纲、姚景熙、冯立辈皆道流中人，曾遇帝于微行，后皆任显官"①。可见，僧人在辽兴宗时的地位之高。重熙十一年（1042年）十二月，"幸延寿寺饭僧"②。重熙十二年八月，"幸庆州诸寺焚香"。③ 重熙十六年，"七月，幸庆州诸寺焚香。十一月，幸兴王寺拜佛"④。

辽道宗亦非常崇佛，他对佛教的支持表现在度僧、建寺以及重视佛教经典刊刻等多个方面。清宁八年（1062年）在西京（今大同）建华严寺，"奉安诸帝石像、铜像。又有天王寺、留守司衙"⑤。咸雍九年（1074年），"七月，幸金河寺"⑥。大安九年（1093年），"夏四月乙卯，兴中府甘露降，遣使祠佛饭僧"⑦。《辽史》卷二十六还记载，他"一岁饭僧三十六万，一日祝发三千"⑧。此外，他还主持完成了《契丹藏》及房山石经的《涅槃经》《华严经》《般若经》《宝积经》四大部的刻经工作，对于佛教经典的传播贡献很大。

辽朝官方虽未有类似北魏开窟造像之活动，却对云冈石窟的佛像及其石窟寺周边进行了有效的维护，采取了诸多措施。兴宗时期"重熙十八年（1049年），母后再修"石窟。"清宁六年（1060年），又委刘转运监修。咸（熙）雍五年（1069年），禁山樵牧，又差军巡守。寿昌五年（1099年），委转运使提点。天庆十年（1120年），赐（石窟寺）额大字。"⑨ 与此同时，西京他处寺院也得到了统治者的支持。如灵丘县的觉山寺，是魏孝文帝为报母恩而建，建成伊始规模宏大。可惜到辽时期由于年久失修，残破不堪，日见窘境。"大安五年（1089年）八月，镇国大王行猎经此，奏请救修"。此外，"赐钱十万缗，于邑开设贾肆，以所

---

① 《契丹国志》卷27《兴宗文成皇帝》，上海古籍出版社1985年标点本，第825页。
② 《辽史》卷68《巡幸表》，中华书局1974年标点本，第1066页。
③ 《辽史》卷68《巡幸表》，中华书局1974年标点本，第1067页。
④ 《辽史》卷68《巡幸表》，中华书局1974年标点本，第1067页。
⑤ 《辽史》卷41《地理志五》，中华书局1974年标点本，第506页。
⑥ 《辽史》卷68《巡幸表》，中华书局1974年标点本，第1072页。
⑦ 《辽史》卷25《本纪二十五道宗五》，中华书局1974年标点本，第301页。
⑧ 《辽史》卷26《本纪二十六道宗六》，中华书局1974年标点本，第314页。
⑨ 曹衍：《大金西京石窟武州山重修大石窟寺》，《全辽金文》，山西古籍出版社2002年版，第1381页。

入子银，日饭缁素。……更赐山田一百四十余顷"①。在政治上享有一定的特权，"复设提点，所颁给印篆，不由府摄"。这些都说明辽统治者对山西佛教的积极支持，尤其西京的特殊地位使得大同地区的佛教再度兴盛。

第二节　辽代山西佛教寺院

辽代山西佛教寺院主要分布在大同地区，时间主要集中于辽圣宗、兴宗和道宗时期，这和辽代帝王积极支持佛教密不可分。

（一）慈云寺

天镇慈云寺旧名法华禅寺，辽开泰八年（1019年）《慈云寺舍利塔记》载沙门绍旼与地方官天成县令刘海川、武骑尉以及诸维那在慈云寺共树无垢净光陀罗尼经幢，以"贺圣主恩"，"欲使众生灭种种罪……宰以立行可模，置言成范"②。慈云寺僧崇雅还主持桑干河桥的修建。崇雅于辽天祐帝大康三年（1077年），除授西京僧录，"因上供去从此桥过，木植朽烂，人畜过往至甚艰难，崇雅与律主大师、法华座主、主簿正字四人共议再盖大桥，三人为首，请崇雅于南七侯村，开坛放戒，不忝皇帝宣赐御制《菩萨提心戒本》两卷付授崇雅，命广流通，遍及未闻，由此戒文，助成大事。于西京宏蔚二州，僧尼二众，化到钱近五百贯。太康九年（1083年）买桥梁枋木柏柱，于河两边出得板石。十年正月内，木植载到桥头，三月二十七日，南七侯院开戒坛，消放天祐皇帝御制《菩提心戒本》，远近村坊律主等，诱劝尽发胜心，受菩萨提心戒。人各思施钱物工价，可及五百贯。择定四月三十日桥北岸，垒垒石仓，三宝冥加，九日夜头明，水移南岸。十日旱滩造住，日施百有余工。四月十九日，北仓了毕，南岸建立石仓，水深难下。二十一日亦头明，水移北岸，滩上造作灵异之事，众人备见。其三石仓用大石板个个眼凿方圆五十，垒垒之时，重重相搀，羽羽相衔。所有石眼上下用其柏柱贯穿，柱

---

① 乾隆《大同府志》卷15，《中国地方志集成》，凤凰出版社2005年版，第299页。
② 光绪《天镇县志》卷3《金石志》，《中国地方志集成》，凤凰出版社2005年版，第477页。

小径五十石,仓近则百千万岁,远则坏劫为期。此桥木植甚,至丰大,并是载木,可得百有余年。木植自后有坏,远近村坊,寺院异众,子孙代代随顺宗祖,各发胜心。盖此桥时,只换木植,石仓无动。其桥四接中间大梁长五十五尺,小径尺五,其余三接栋梁各长三十五尺,……使用自后只买柴木,检括不中。今此大桥工价可及千贯,桥东北石塔里面造玉石文殊像、龙王、土地三圣。文殊菩萨亦明妙吉祥,降五百条毒龙镇压大桥,河南河北邑人月十五,斋食香花,供养三尊苦心求告,无不应愿"①。桑干河大桥的修建过程中,从提出倡议,到发动民众筹措资金,再到具体施工,佛教力量发挥了决定性作用。大桥竣工后,桥边立塔"镇压",塔中塑玉石文殊像、龙王、土地三像,既有佛教神灵也融入了"土地"等中国民间神,体现出佛教的包容性以及愈益民间化的发展趋向。慈云寺僧人崇雅修桥的善举,不仅为桑干河两岸民众正常的生产、生活提供了便利,还通过为民众受戒活动,宣扬了佛教的思想,吸纳了信众,维系了人心,足可证明佛教在当地非常有影响,有利于佛教在民间向纵深发展。

(二)佛宫寺

佛宫寺,又名宝宫寺。佛宫寺以释迦塔而闻名,但关于塔的建造年代,文献记载略有差异,学术界也有不同观点。

一种观点认为是建于北魏太和十五年(491年)。《魏书·高祖纪》记载:"太和十五年(491年)秋八月戊戌,移道坛于桑干之阴,改曰崇虚寺。"②《魏书·释老志》记载孝文帝拓跋宏下诏搬迁道坛的诏书:"夫至道无形,虚寂为主。自有汉以后,置立坛祠,先朝以其至顺可归,用立寺宇。昔京城之内,居舍尚稀。今者里宅栉比,人神猥凑,非所以祗崇至法,清敬神道。可移于都南桑干之阴,岳山之阳,永置其所。给户五十,以供斋祀之用,仍名为崇虚寺。可招诸州隐士,员满九十人。"③北魏太和十五年(491年)建寺的同时,是否建塔值得怀疑。

---

① 光绪《天镇县志》卷3《金石志》,《中国地方志集成》,凤凰出版社2005年版,第478页。
② 《魏书》卷7《高祖纪下》,中华书局1974年标点本,第168页。
③ 《魏书》卷114《释老志》,中华书局1974年标点本,第3055页。

第二种观点认为建于后晋天福年间（936—943年）。成化《山西通志》载："宝宫寺，在应州城内西南隅，晋天福、辽清宁间建，金昌明元祐间修。国朝洪武间再修，置僧正司于内。并法王寺入焉。有木塔五层，额书'释迦塔'，高三十六丈，周围如之。"① "晋天福辽清宁间建"，显然对寺院建造年代记载的非常模糊，似乎说明宝宫寺及释迦塔的历史与"晋天福"和"辽清宁"有瓜葛。《古今图书集成·神异典》卷一百八十载："寺在应州治西南隅，初名宝宫，五代晋天福间建，辽清宁二年（1056年）重建，金明昌四年（1193年）重修，明洪武间置僧正司并王法寺入焉。有木塔五层，额书释迦塔，高三十六丈，周围如之。"② 对"晋天福间建宝宫寺"一说，陈明达认为，"晋天福元年割幽云十六州入辽。因此在割地之后，不会再在应州大兴土木"③。

第三种观点认为建于辽清宁二年（1056年）。明万历年《应州志》载："佛宫寺在州治西，辽清宁二年，田和尚奉敕募建。至金明昌四年（1193年），增修益完。塔曰释迦，道宗皇帝赐额。元延祐二年（1315年），避御讳改宝宫为佛宫。"④《应州志》之《艺文志》有田蕙撰《重修佛宫寺释迦塔记》云："余邦人也，常疑是塔之来久远，当缔造时费将巨万，而难一碑记耶？索之，仅得石一片，上书'辽清宁二年田和尚奉敕募建'数字而已，无他文词。"⑤ 谈迁在其《枣林杂俎》中载："应州治西佛宫寺，辽清宁二年田和尚奉敕立，有释迦塔，高三百六十尺，围半之，六檐八角，上下皆巨木为之，层如楼阁，玲珑宏敞。称寓内浮图第一塔。"⑥《古今图书集成·职方典》载："佛宫寺，初名宝宫寺，在州治西，辽清宁二年，田和尚奉敕募建，至金明昌四年增修益完。塔曰：释迦，道宗皇帝赐额。元延祐二年（1315年），避御讳，敕改宝宫为佛

---

① 成化《山西通志》卷5，《寺观》，中华书局1998年版，第241页。
② （清）陈梦雷：《古今图书集成·神异典》卷180《僧寺部》，中华书局1985年版，第52页。
③ 陈明达编：《应县木塔》，文物出版社1980年版，第20—21页。
④ （明）田蕙纂，王有容校：《应州志》卷6，山西省应县县志办公室点校重印，1984年版，第233页。
⑤ （明）田蕙纂，王有容校：《应州志》卷6，山西省应县县志办公室点校重印，1984年版，第233页。
⑥ （清）谈迁：《枣林杂俎·集义·释迦塔》，中华书局2006年版，第301页。

宫。……塔高三百六十尺，围半之，六檐八角，上下俱架木为之，层如楼阁，玲珑宏敞，宇内浮图，足称第一。"① 陈明达在《佛宫寺释迦塔》一文中，探讨了释迦塔的修建历史，认为"释迦塔是辽代兴宗皇帝耗费了大量人力和物力修建的"。他指出，"释迦塔的建筑形式及斗拱、梁枋、柱额等细部手法，与其他辽代建筑比较，大致都差不多。尤其他的整体结构与蓟县独乐寺相同，并且是宋金建筑中所未曾见过的。由此，已经可以确信它是辽代建筑"②。杜成辉《山西应县木塔建于辽代的又一佐证——元好问的几首吟应县木塔诗》用元好问的两首诗，也间接印证它建于辽代。③ 宝（佛）宫寺的创建时间不同于释迦塔的创建时间，因此不能将二者混淆。宝（佛）宫寺应是辽清宁二年在后晋天福间所建的寺院旧址上重建的。

释迦塔平面呈八角形，共计五层，总高67.31米。塔内现存辽代塑像和壁画。除了各层拱眼壁画，仅底层周围的壁画就达304.65平方米。④ 释迦塔第一层主佛为释迦，内槽前后门额壁板上绘六幅供养人像，大佛周围内槽墙壁上绘有佛像六尊，飞天十二身，内槽外墙壁上部绘迦叶、阿难两弟子，下部绘两护法金刚。大佛宝座下有彩塑力士八尊，彩塑立龙柱八条。释迦塔第二层供奉一佛四菩萨，释迦塔第三层供奉四方佛，释迦塔第四层供奉一佛二菩萨二弟子，释迦塔第五层供奉八大菩萨曼荼罗为密教早期坛城。⑤

释迦塔实际应为舍利塔，极可能是继承了唐代以来"佛法护国""舍利护国"的思想，在辽对宋的前沿阵地建立宝塔，以达到镇国护主、保境安民的目的。

（三）华严寺

大同华严寺，初建于辽，依契丹族崇日习俗，寺宇坐西面东。华严

---

① （清）陈梦雷：《古今图书集成·职方典》卷346《大同府部汇考四·大同府祠庙考》，中华书局1985年版，第52页。

② 陈明达：《佛宫寺释迦塔》，文物出版社1996年版，第28页。

③ 杜成辉：《山西应县木塔建于辽代的又一佐证——元好问的几首吟应县木塔诗》，《北方文物》2005年第2期。

④ 柴泽俊、贺大龙：《山西佛寺壁画》，文物出版社2006年版，第25页。

⑤ 侯慧明：《论密教早期之曼荼罗法》，《世界宗教研究》2011年第3期。

寺始建年代，据寺内现存薄迦教藏殿梁架题记"维重熙七年（1038年）岁次戊寅玖月甲午朔十五日戊申午时建"的记载，可知其建造年代是辽兴宗重熙七年。至于《辽史·地理志》中辽道宗清宁八年（1062年）建华严寺"奉安诸帝石像、铜像"[①]的记载，柴泽俊认为应当是华严寺在清宁八年增建或者兴工告竣题额记事之期，并非其始建时期。寺院"内有南北阁、东西廊，北阁下铜石像数尊，中石神主五：男三女二，铜像神：四男女二。内一铜人，衮冕，帝王之像，垂足而坐。余皆巾帻常服危坐，相传辽帝后像"[②]。可见，华严寺系皇家寺院，得到政府有力扶持。

辽保大二年（1122年）金兵攻占西京大同，华严寺遭兵火毁坏。金天眷三年（1140年），僧人通悟大师等人主持在旧址上兴工重修，现存的大雄宝殿即是此时重修的。金末元初，由于战火不断，社会动荡，华严寺逐渐衰败、荒凉，元武宗至大年间（1308—1311年），惠明大师再次大规模重修，这是华严寺继金天眷三年（1140年）重修后的第二次有记载的大规模修葺。

（四）觉山寺

觉山寺创自北魏孝文帝太和七年（483年）。辽道宗大安年间（1085—1094年），明崇祯三年（1630年）、清康熙二十七年（1688年）、清光绪十二年（1886年）屡有重修，现存殿宇楼阁均为清代所建。现存觉山寺舍利塔为辽大安六年（1090年）建，除了塔身构造可资为证，寺内碑文和塔上墨书也对建塔的时间有明确的记载。舍利塔坐北朝南，平面呈八角形，共十三级，高44.38米。塔由台基、须弥座、仰莲台、塔身、十三层密檐、塔刹构成。台基为方形，边长19.6米，上置须弥座，须弥座平面八角形，周边立面布满狮子、蟠龙、菩萨、乐伎、仙人、力士、花卉和勾栏各种砖雕十分精致。塔身内部为塔心室，由塔壁和塔室中八角塔心柱组成，室内八壁（包括卷门）以及中心塔柱的八面共绘制辽代壁画十六幅。

塔内周围绘满壁画。其空间为内壁与八角形中心柱之间置八角形通道。塔的内壁除了前后间门洞，其余墙壁均绘有壁画，八角形中心柱的

[①] 《辽史》卷41《地理志五》，中华书局1974年标点本，第506页。
[②] 雍正《山西通志》卷169，中华书局2006年版，第4303页。

各个墙面亦绘有壁画。内壁每面墙壁高3米，宽2.4米，计7.2平方米。内壁壁画面积（包括前后门洞两侧壁画）合计57.6平方米。八角形中心柱每侧画面高3米，宽1.44米，计4.32平方米。八角形中心柱的壁画面积为34.56平方米。塔内壁画面积总计92.16平方米，除去中心柱前后两壁和内壁门洞上部经明，清补绘的10.8平方米的壁画，实有辽代壁画81.36平方米。这些辽代壁画均应为辽大安六年（1090年）的作品。① 壁画内容主要有法、报、化三身佛，四菩萨，四大天王，八大明王，飞天，密教氛围浓厚。

除此之外，辽代兴建寺院还有如大同观音堂、天镇栖隐寺、山阴瑞云寺、应县文殊寺、朔州栖岩寺等寺庙规模也比较大。乾统七年（1107年）《辽枕芳园残碑》载："厚垣墉于百堵，严管籥于三扉。居僧七十辈，讲流一十有五。"② 乾统七年《大辽国朔州妙因寺讲经律论比丘尼净迁葬寺特建功德幢记》载："修盖伽蓝之殿堂，完葺十王，粧严九会，重移门宇，再整囷仓。"③

第三节　辽代密教在山西的传播

契丹人建立之辽国非常崇奉佛教，尤其华严学和密教非常兴盛。西京建华严寺，五台山道殿弘传密教，使华严和密教成为辽代之显学。

一　道殿于五台山金河寺弘扬显密圆通思想

道殿，字法幢，俗姓杜，云中（今山西大同一带）人，五台山金河寺僧。出生于道宗时期（1055—1100年）。道殿著《显密圆通成佛心要集》，屡引觉苑《演密钞》，其著作应在觉苑之后。《显密圆通成佛心要集序》的作者陈觉，亦道宗时人，据《辽史·道宗纪》载："三月癸亥，宋主曙殂，子顼嗣位，遣使告哀；即遣右护卫太保萧挞不也、翰林学士陈

---

① 柴泽俊、贺大龙：《山西佛寺壁画》，文物出版社2006年版，第23页。
② 杜启贵：《三晋石刻大全·朔州市朔城区卷》，三晋出版社2017年版，第56页。
③ 杜启贵：《三晋石刻大全·朔州市朔城区卷》，三晋出版社2017年版，第58页。

觉等吊祭。"① 又元如意长老《圣旨特建释迦舍利灵通之塔碑文》云："初旧都通玄关北有永安寺，殿堂废尽，惟塔存焉。观其名额释迦舍利之塔，考其石刻，大辽寿昌二年三月十五日，显密圆通法师道殿之所造也。内有舍利戒珠二十粒，香泥小塔二千，无垢净光等陀罗尼经五部，水晶为轴。"② 可见，道殿于辽寿昌二年（1096 年）仍健在。

关于其生平，史料记载很少。据《显密圆通成佛心要集序》载，道殿出生于一个信佛家庭，家传十善，世禀五常。自幼学习儒释之典，投礼名师，"十五历于学肆，参禅访道，博达多闻。内精五教之宗，外善百家之奥。利名不染，爱恶非交。既而厌处都城，肆志岩壑"③。《显密圆通成佛心要并供佛利生仪后序》载："天然聪辩，性自仁贤，博学则侔罗什之多闻，持明则具佛图之灵异，禅心镜净神游华藏之间，戒体冰清行出尘劳之外。加以霜松洁操，水月虚襟，曲己利人，轻身为法。恒思至理，匿在筌蹄。"④

道殿所在五台山金河寺"在蔚州东南八十里东五台山下，河中碎石如金，故名金河寺，辽统和（983—1012 年）间建。"⑤ 五台山是指东五台山，是河北省蔚县境内东五台山。辽圣宗、道宗都亲临该寺。据《辽史·本纪十三》记载："辽圣宗耶律隆绪统和十年（992 年）九月癸卯，游幸五台山金河寺饭僧。"⑥ 咸雍九年（1073 年）七月，道宗幸金河寺。⑦ 两位辽王均亲临该寺。道殿在金河寺"积累载之勤悴，穷大藏之渊源，撮枢要而诚诵在心，剖义理而若指诸掌。以谓所阅大小之教，不出显密之两途，皆证圣之要津。入真之妙道，觉其文体，则异犹盘盂。自列于方圆，归乎正理"⑧。《后序》亦云："每念生灵懵于修证，由是寻原讨本，采异搜奇，研精甫仅于十旬，析理遂成于一卷，号之曰《显密圆通

---

① 《辽史》卷 22，中华书局 1974 年标点本，第 266 页。
② （元）祥迈：《辨伪录》卷 5，《大正藏》第 23 册，第 780 页。
③ 陈觉：《显密圆通成佛心要集序》卷上，《大正藏》第 46 册，第 989 页。
④ （元）道殿：《显密圆通成佛心要集》卷下，《大正藏》第 46 册，第 1006 页。
⑤ （清）厉鹗：《辽史拾遗》卷 15，中华书局 1985 年标点本，第 309 页。
⑥ 《辽史》卷 13，中华书局 1974 年标点本，第 143 页。
⑦ 《辽史》卷 68，中华书局 1974 年标点本，第 1072 页。
⑧ 陈觉：《显密圆通成佛心要集序》卷上，《大正藏》第 46 册，第 989 页。

成佛心要》，并《供佛利生仪》。"① 《显密圆通成佛心要集》分四部分，上卷为显密心要，下卷为显密双辩和庆遇述怀。以华严为显圆，以诸部陀罗尼为密圆，认为显圆与密圆平等无异，二者可达到显密圆通、平等双修，但其思想中侧重和倾向于密教。他的显密圆通思想对当时及后世影响很大。②

二 密教信仰在山西的流传

大同、朔州一带属于辽境管辖，佛教比较崇奉密教以及华严信仰。尤其唐代以来建立佛教经幢以救度幽冥的习俗在民间仍然比较兴盛。

（一）佛教经幢的建立

表8—1　　　　　辽代山西佛教经幢情况汇总

名称	时间	形制、结构	文献来源
李翊为考妣建陀罗尼经幢	统和十八年（1000年）	先经后记，八面刻，正书	向南：《辽代石刻文编》，河北教育出版社1995年版，第104页
慈云寺无垢净光舍利塔幢	开泰八年（1019年）	石柱高二尺四寸五分，四面，每面广六寸四分	《山右石刻丛编》卷18
净土寺经幢	崇熙九年（1040年）	塔高约10米，五层八角串珠顶，塔身全部石刻，刻有太子游四门，正中刻莲花盆，塔的下身刻陀罗尼经文，并有"（重）熙九年岁次庚辰八月"字样	山西应县净土寺
大同上华严寺普同塔经幢	太康二年（1076年）	高五尺，径尺余，方隅八面，面各有字	向南：《辽代石刻文编》，河北教育出版社1995年版，第382页

---

① （元）道殿：《显密圆通成佛心要集》卷下，《大正藏》第46册，第1006页。
② 吕建福：《中国密教史》，中国社会科学出版社1995年版，第614页。

续表

名称	时间	形制、结构	文献来源
神池 武州经幢	太康五年 （1079年）	高0.77米，宽1.33米，29行，八面刻，正书	向南：《辽代石刻文编》，河北教育出版社1995年版，第385页
怀仁 滋润庙经幢	太康十年 （1084年）	六面，高150厘米，宽21厘米，刊《佛顶尊胜陀罗尼经》	《三晋石刻大全·怀仁县卷》，第8页
大同 下华严寺经幢	寿昌元年 （1095年）	高2.87米，设六角形须弥座，幢身亦为六角，分上下两部分，下刻《佛顶尊胜陀罗尼经》，上部四面分别刻一尖拱龛，龛内分别供四方佛。幢顶为仿木结构的六角攒尖顶	李彦、张映莹：《〈佛顶尊胜陀罗尼经〉及经幢》，《文物世界》2007年第5期
五寨县 古尊胜幢	寿昌二年 （1096年）	在宁武县北四十五里旧寨村路傍古庙中庭前石柱一，上有石炉，柱凡八面刻云：唯寿昌二年二月十五日立佛顶尊幢，其制颇奇古，字皆双行，一中国书，一为西域梵书	乾隆《宁武府志》卷9
平鲁 尼曼罗耶经幢	乾统二年 （1102年）	六棱柱体，高48厘米，宽28厘米。首题"大辽国朔州鄯阳县……"，刊《佛顶心陀罗尼真言》	《三晋石刻大全·朔州平鲁区卷》
朔州 崇福寺经幢	乾统四年 （1104年）	高1.17米，平面八角形，风化严重	李彦、张映莹：《〈佛顶尊胜陀罗尼经〉及经幢》，《文物世界》2007年第5期
兰公 佛顶尊胜陀罗尼经幢	乾统四年 （1104年）	此幢白石，八角形，高1.25米，边长1.5米，直径0.5米	应县木塔鼓楼南端

续表

名称	时间	形制、结构	文献来源
朔州楼灵寺石幢	乾统五年（1105年）	幢高57厘米，宽18厘米，八面刻，已漫漶残破	向南：《辽代石刻文编》，河北教育出版社1995年版，第556页
朔州马泊村龙王庙	乾统六年（1106年）	八面，高96厘米，直径50厘米	《三晋石刻大全·朔州城区卷》，第55页
朔州妙因寺经幢	乾统七年（1107年）	八面，高96厘米，周长123厘米，刊《佛顶尊胜陀罗尼经》	《三晋石刻大全·朔州城区卷》，第58页
朔州李谨建经幢	乾统十年（1110年）	记文后刻《阿閦如来减轻重罪障陀罗尼》经文，书体优美，行楷相间	向南：《辽代石刻文编》，河北教育出版社1995年版，第613页
朔州崇福寺经幢	乾统十年（1110年）	高为1.15米。幢基座保存不完整，幢身为八角，上刻《佛顶尊胜陀罗尼经》，幢设宝珠组成的幢刹	李彦、张映莹：《〈佛顶尊胜陀罗尼经〉及经幢》，《文物世界》2007年第5期
朔州崇福寺经幢	天庆三年（1113年）	高为1.27米，幢基座保存不完整，幢身为八角，上刻《佛顶尊胜陀罗尼经》，幢设宝珠组成的幢刹	李彦、张映莹《〈佛顶尊胜陀罗尼经〉及经幢》，《文物世界》2007年第5期
朔州李省建经幢	天庆三年（1113年）	中间刻有《无垢清净光明陀罗尼》《智炬如来心破地狱真言》	向南：《辽代石刻文编》，河北教育出版社1995年版，第632页
广灵姚疃村经幢	天庆四年（1114年）	八面，高76厘米，大面宽16厘米，小面宽12厘米，宽34厘米，刊"六字增寿陀罗尼"	《三晋石刻大全·广灵卷》，第6页
朔州败虎堡村辽代经幢	天庆八年（1118年）	呈六面柱体形，残高0.18米，对宽0.27米，其余各边长分别为：0.3米、0.075米、0.11米、0.17米、0.16米。此经幢顶、身、基座均不存，正文一共十九行，每行仅存四、五字，残缺严重	《浅述辽代山西地区的佛教和寺院——以朔州辽天庆八年经幢为中心》，《文物世界》2009年第2期

续表

名称	时间	形制、结构	文献来源
辽代经幢（一截）	时间不详	高45厘米，为八棱体，刻有"南无阿弥陀佛"	《天镇县志》，山西人民出版社2009年版
陀罗尼经幢（一截）	时间不详辽代经幢	高39厘米，直径37厘米，面宽16厘米，为八棱体，八面有经文。有一龛，内刻释迦牟尼坐像一尊	《天镇县志》，山西人民出版社2009年版
《大悲心陀罗尼》经幢	无年代，应是辽金物	沙石质，六面体，楷书，有拓本，惜尾部无佳拓。石高60厘米，双面宽23厘米，6行，共14行，每行约23字，凡300余字	《大同新出唐辽金元志石新解》，三晋出版社2012年版
怀仁北窑村塔幢	无具体年代	八面，高60厘米，棱面宽20厘米，刊《佛顶尊胜陀罗尼经》	《三晋石刻大全·怀仁卷》，第7页

辽代统治者笃信佛教，自然影响到一般民众信仰，辽代佛教以密教和华严信仰最兴盛，其中密教陀罗尼经幢的建立为其主要的表现形式之一。

佛陀波利译《佛顶尊胜陀罗尼经》曰："佛告天帝，若人能书写此陀罗尼，安高幢上，或安高山，或安楼上，乃至安置窣堵波中。天帝，若有比丘、比丘尼、优婆塞、优婆夷、族姓男、族姓女，于幢等上或见，或与相近。其影映身，或风吹陀罗尼，上幢等上尘落在身上。天帝，彼诸众生所有罪业，应堕恶道、地狱、畜生、阎罗王界、鬼界、阿修罗身、恶道之苦，皆悉不受，亦不为罪垢染污。"① 《佛顶尊胜陀罗尼经》渲染该经具有无边功德力，同时简单易行，又关系民众切实的生死祸福，对信众产生强烈诱惑。

根据经幢题记，辽代造幢主要表达两个愿望。首先，其认为造经幢

---

① （唐）佛陀波利译：《佛顶尊胜陀罗尼经》卷1，《大正藏》第19册，第351页。

能拔除幽冥之苦,救度亡者。如保宁元年(969年)《重移陀罗尼幢记》谓:"都亭驿使太原王公恕荣,为皇妣自会同九年(946年)舍资,广陈胜事,于兹金地,特建妙幢,在经藏前集功德,□□果报,家道吉昌。既稍备于珍财,乃更□□利益,就奉福寺文殊殿前,又建经幢。"① 又朔州《李翊为考妣建陀罗尼幢记》云:"若乃轻埃霜处,微影覆时,非惟获果于未来,兼亦除殃于过去者,莫若佛顶尊胜陀罗尼矣!伏愿惊禽骇兽,依圣影以获安;孝子顺孙,荐幽灵而勿替。"② 又乾统十年(1110年)《朔州李谨建幢记》云:"大辽朔州陇西郡李公谨为先翁祖母、叔祖、考妣已建高幢一座,刻诸佛密语。及小幢四,中之一即为亡男副知客惟孝、亡新妇秦氏立。诸胜陀罗尼经幢冢首安措。呜呼!惟孝:男黑和、春哥。观夫法幢高树,空增不侍之悲;神咒明刊,愿报罔极之德。"③ 此类经幢一般为世俗之人为亡亲建于墓地,或者置于寺庙之中,甚至根据亡者辈分等级,建立大小不等之经幢,表达浓厚的孝亲报恩,慎终追远之孝道思想,是佛教与中国传统孝道伦理的结合,因此非常盛行。

其次,某些寺院高僧在圆寂之后,门人弟子为回报师恩,也会建造经幢。如天镇慈云寺舍利塔经幢刊《无垢净光陀罗尼经》,"有功德主沙门绍旼,蓟门人也。识量高远,行解淹通,杖锡而来,住持于此。遇前宰公文林郎试大理评事守天成县令武骑尉刘海川宦于兹邑也,德树芳以荫人,学池清而鉴物。乃从异日,实启愿心。旼谓诸英,余贺圣主恩,在人伦数,若不鉴于胜幢,即可建于灵塔。欲使众生灭种种罪"④。

辽代佛教经幢刊刻佛经内容主要有《佛顶尊胜陀罗尼经》《无垢净光陀罗尼经》《智炬如来心破地狱真言》《阿阇如来减轻重罪障陀罗尼经》等。以《佛顶尊胜陀罗尼经》为主,主要为佛陀波利译本。刊刻其他经文者,如刊《无垢净光陀罗尼经》为弥陀山与法藏所译。《宋高僧传》载:"释弥陀山,华言寂友,睹货逻国人也。自幼出家,游诸印度遍学经论,《楞伽》《俱舍》最为穷核。志传像法不恡乡邦,杖锡孤征,来臻诸

---

① 向南:《辽代石刻文编》,河北教育出版社1995年版,第45页。
② 向南:《辽代石刻文编》,河北教育出版社1995年版,第104页。
③ 向南:《辽代石刻文编》,河北教育出版社1995年版,第613页。
④ 光绪《天镇县志》卷3,《中国地方志集成》,凤凰出版社2005年版,第477页。

夏。因与实叉难陀共译《大乘入楞伽经》，又天授中与沙门法藏等译《无垢净光陀罗尼经》一卷。"① 该经所宣扬"若有闻此陀罗尼者，灭五逆罪闭地狱门，除灭悭贪嫉妒罪垢，命短促者皆得延寿，诸吉祥事无不成办"②。《无垢净光陀罗尼经》的盛行也与其宣扬的所谓"破地狱"之功德密切关联。

《佛顶心陀罗尼经》是我国佛教徒所撰的疑伪经之一，故不为历代《大藏经》所收，但在民间有较大的影响，一直流传不衰。③ 乾统二年（1102年）尼曼罗耶经幢刊《佛顶心陀罗尼真言》与宁夏西夏方塔出土汉文佛典《佛顶心陀罗尼经》中真言一致。《智炬如来心破地狱真言》主要作用是拔除地狱之苦。道殿《显密圆通成佛心要集》卷下曰："若救地狱，诵'智炬如来心破地狱真言'一遍。无间地狱碎如微尘，于中受苦众生，悉生极乐世界。若书此陀罗尼，于钟鼓铃铎作声木上等，有诸众生得闻声者，所有十恶五逆等罪，悉皆消灭不堕诸恶趣中。"④

佛教经幢刊刻不同经文及咒语，均宣扬能拔除地狱之苦，祈福于现世，正是这一"破地狱"的思想，为民众提供了所谓"解除地狱"之法，使它们在民间具有很深的影响力。

辽代佛顶尊胜陀罗尼经幢建立时间主要集中在辽圣宗、道宗及天祚帝期间，尤以天祚帝乾统年间和天庆年间为多。这应与辽代后期统治者崇佛政策密切相关。辽兴宗溺于浮屠法，⑤ 亲幸佛寺，皈依佛门。他对待僧人礼遇有加，甚至"僧有正拜三公，三师兼政事者，凡二十人"⑥。道宗咸雍八年（1072年）三月，"有司奏春泰宁江三州三千余人愿为僧尼，受具足戒，许之"⑦。大康四年（1078年）七月"诸路奏饭僧尼三十六万"⑧。天祚朝国势衰落，内外交困，但是佞佛程度仍不减于前朝。天庆

---

① （宋）赞宁：《宋高僧传》卷2，《大正藏》第50册，第719页。
② （唐）弥陀山译：《无垢净光大陀罗尼经》，《大正藏》第19册，第717页。
③ 方广锠：《藏外佛教文献》第7辑，《宁夏西夏方塔出土汉文佛典叙录》，宗教文化出版社2000年版，第395页。
④ （元）道殿：《显密圆通成佛心要集》，《大正藏》第46册，第1005页。
⑤ 《辽史》卷62《刑法志》，中华书局1974年标点本，第943页。
⑥ 《契丹国志》卷27《岁时杂记》，上海古籍出版社1985年标点本，第255页。
⑦ 《辽史》卷23《道宗纪三》，中华书局1974年标点本，第273页。
⑧ 《辽史》卷23《道宗纪三》，中华书局1974年标点本，第281页。

三年（1113年）年正月"诏禁僧尼破戒"①。辽代崇佛尤盛，僧尼庞杂混乱，也给社会带来了一定的危害。

辽代山西地区修建陀罗尼经幢的主体有普通民众和邑社组织以及僧人群体。辽大康五年（1079年）武州宁远县为造经幢组织佛顶邑、螺钹邑等邑社组织，并设邑首、邑长或都首领，"春不妨耕，秋不废获，立其信，道其教。无贫富先后，无贵贱老少，施有定例，纳有其常，贮于库司，补兹寺缺"②。可见，参与民众非常广泛，而且组织较为严密。

（二）密教信仰在寺院以及丧葬习俗中的表现

辽代比较流行华严和密教，华严三圣、七处九会等题材为寺院塑像以及壁画的经常性主题。密教之曼荼罗在寺院中也被绘制表现。如1958年，出土于山西大同的《刘承遂墓志》曰："公然身居俗谛，念契佛家，天庆三年（1113年），充维那，妆印《大藏经》全。四年，请诸师读《大藏经》，其于斋榇之资，皆自供拟。又于王子寺画'毗卢会'，洎暖汤院绘大悲坛及慈氏相，并楼内画观音菩萨相，皆威容庠雅，侍从端凝。公焚课筵僧，不可尽纪。天庆五年八月十二日，忽疾而逝，享年七十有四。公终之次，请王子寺僧录演《菩萨戒经》讲一百日。洎三祥，请诸师德读《大藏经》三遍。其余斋僧，不可胜数。公妻王氏，亦皆吉善，子生二。"③毗卢即为毗卢舍那佛，为佛教之法身佛。毗卢会应为毗卢舍那佛之集会，极可能是指绘画了华严之"七处九会"。大悲坛即指密教之胎藏界曼荼罗，又作大悲胎藏大曼荼罗、大悲曼荼罗、悲生曼荼罗，乃《大日经》所说，谓胎藏界之曼荼罗。

在葬俗上，人们多在葬具或墓室内刻写咒语真言，以求死者灵魂得以超升或解脱。

20世纪50年代朔州三甲村赵靳氏石棺，其棺盖表面刻有铭文，"智□如□心破狱真言……生天真言……灭罪真言……报父母真言"④。1954年在大同北郊卧虎湾发掘的两座辽壁画墓，葬式为火化骨灰葬。棺床朱

---

① 《辽史》卷27《天祚帝纪一》，中华书局1974年标点本，第327页。
② 向南：《辽代石刻文编》，河北教育出版社1995年版，第385页。
③ 向南：《辽代石刻文编》，河北教育出版社1995年版，第676页。
④ 杜启贵：《三晋石刻大全·朔州市朔城区卷》，三晋出版社2017年版，第53页。

绘莲花毯，石棺上书写梵文，1 号墓北壁绘花卉围屏五条，上画帷幔，在帷幔的上部，有梵文墨迹。① 1956 年 10 月在大同西南郊十里铺村东南约 1 里处发掘的三座辽代墓葬，都出土了陀罗尼石棺，9 号石棺上题有汉文"吕孝千妻马氏"，10 号石棺上刻有汉文"吕孝遵妻陈氏"，另有 15 号石棺，三个石棺盖上均刻有梵文陀罗尼。② 1961 年 3 月至 1962 年 7 月在大同北郊约五公里卧虎湾发掘的辽墓中，石棺盖内竖写行书墨迹六行，"……诸法因缘生，我说是因缘。一字法舍利塔记，唵引步噜唵三合。因缘尽故灭，我作如是说。乾统柒年（1107 年）拾月捌日再建，孙僧怀谦、公孝、公义写记。亏壬唵齿临，重孙策哥、庆哥、僧德拱记"③。"诸法因缘生，我说是因缘；因缘尽故灭，我作如是说。"之经文是《佛说造塔功德经》末尾偈语。"唵引步噜唵三合"为一字顶轮王真言。墓中另出土净法界真言碑一块，碑正面刻"智炬如来心破地狱真言"，背面刻"净法界真言"。墓志及葬具上普遍存在的咒语真言，一方面说明密教在民间广为流行，另一方面从题记中所见墓主人之孙辈、重孙辈有人出家为僧，也参与了最后的葬礼，甚至可以推测陀罗尼的刊刻也与他们的专业相关。

总之，我们从大同地区目前发现的辽晚期墓葬出土文物，可以发现，密教在辽代比较兴盛，已经深入民众日常生活之中。

（三）密教曼荼罗信仰在山西的流行

有辽一代，不仅有壁画能反映密教信仰在山西的流行，而且在不少寺院中的密教题材塑像也充分印证了这一点。

目前山西所存五方佛彩塑造像中，应县佛宫寺木塔第三层内有四尊坐佛，分别位于东南西北方向，当为密教金刚界曼荼罗围绕毗卢遮那佛之四方佛，阿閦、宝生、阿弥陀、不空成就四佛，未出现毗卢遮那佛，是以塔本身代表毗卢遮那佛，即佛之法身。

应县佛宫寺木塔五层塑像为一佛八菩萨，为密教题材造像，应为"九位曼荼罗"。一佛八菩萨均为跏趺坐，佛结智拳印为毗卢遮那佛，其

---

① 边成修：《山西大同郊区五座辽墓壁画》，《考古》1960 年第 10 期。
② 边成修、解廷琦、张秉仁：《山西大同市西南郊唐、辽、金墓清理简报》，《考古通讯》1958 年第 6 期。
③ 张秉仁：《山西大同卧虎湾四座辽代壁画墓》，《考古》1963 年第 8 期。

组合应源自《八曼荼罗经》。"逮龙朔三年（663年）冬十月，有天竺三藏厥号那提，挟道间萌来游天府，"翻译《师子庄严王菩萨请问经》又名《八曼荼罗经》载："比丘告曰：'汝欲知此最胜法者，先发是愿：'我欲供养三世诸佛、大菩萨众、声闻、缘觉。'作是语已，道场之处当作方坛，名曼荼罗。广狭随时，其最小者纵广四指、或一搩手，用种种香及以余物，或地上作。方院之内列八圆场，为欲供养八菩萨故。何等为八？观世音菩萨、弥勒菩萨、虚空藏菩萨、普贤菩萨、执金刚主菩萨（按：金刚手）、文殊师利菩萨、止诸障菩萨按（按：除盖障）、地藏菩萨。如是，长者！此八曼荼罗最胜法门，是彼不可思议光明如来所说，我亲受持，今为汝说，应当修学广令流布；用此善根，回向阿耨多罗三藐三菩提。"①《八曼荼罗经》翻译不久就被付诸实践。长安四年（704年），武则天命凤阁侍郎崔玄韦和高僧法藏、纲律师等到法门寺迎奉佛骨，此为唐代第三次迎奉佛指舍利活动。同年，武则天退位，随后驾崩，佛骨滞留洛阳。景龙二年（708年），中宗为法门寺塔题名"大圣真身宝塔"，令法藏等造白石灵帐一铺，与舍利同归法门寺。供养的石函盖上铭文曰："大唐景龙二年岁次戊申二月乙丑朔十五日己卯，应天神龙皇帝、顺天翊皇后各下发入塔，供养舍利。温王、长宁、安乐二公主，郑国、崇国二夫人亦各下发供养。"②白石灵帐帐檐内侧刻铭："大唐景龙二年（708年）戊申二月己卯朔十五日沙门法藏等造白石灵帐一铺，以其舍利入塔，故书记之。"③内壁绘刻有八大菩萨曼荼罗，八大菩萨均呈站立状，榜题南壁势至（右）和观音（左）；东壁文殊（右）和普贤（左）；西壁止诸障（右）和执金刚主（左）；北壁地藏（右）和弥勒（左）。八大菩萨中无虚空藏而以大势至菩萨取代，而止诸障、执金刚主之称谓与《八曼荼罗经》称谓一致，而非其他经典之除盖障、金刚手之称谓，基本可证明法藏等造白石灵帐依据经典是那提翻译《八曼荼罗经》。但在八菩萨排布

---

① （唐）那提译：《师子庄严王菩萨请问经》卷1，《大正藏》第14册，第697页。
② 陕西省考古研究院、法门寺博物馆编著：《法门寺考古发掘报告》，文物出版社2007年版，第45页。
③ 陕西省考古研究院、法门寺博物馆编著：《法门寺考古发掘报告》，文物出版社2007年版，第236页。

顺序方位上则与《八曼荼罗经》完全不一致，这很有可能是《八曼荼罗经》未载菩萨排布具体方位，而具体载述如何排布八大菩萨方位的《佛顶尊胜陀罗尼念诵仪轨法》尚未出现，因此法藏等人则按照自己的理解两位一组地进行了排布，而且认为与观音配合者应该是大势至，二者是阿弥陀佛的胁侍，因此，以大势至菩萨取代了虚空藏菩萨。

　　法门寺安奉四号佛指舍利的绘彩四铺阿育王塔亦绘刻有八大菩萨。此塔无明确纪年，从其雕刻手法被认为属于盛唐之物，① 塔身四面，每面中心设门，门扉两侧各立一尊菩萨。塔身一面门右墨书题记一行"真身道场知香火兼表启比丘常达"，应为正面，此门两尊菩萨题记可以辨识，右（以视者为准）为"观世音菩萨"，左为"弥勒菩萨"，按照顺时针方向，其右侧为"执金□主"和无榜题菩萨，背面为墨书右为"地藏菩萨"和左为"虚空藏菩萨"，其右为"止诸障菩萨"和左侧"普贤菩萨"，推测无榜题菩萨应为文殊菩萨。绘彩四铺阿育王塔八大菩萨与《八曼荼罗经》八大菩萨名号一致，但排布方位也非常混乱，与《八曼荼罗经》和《佛顶尊胜陀罗尼念诵仪轨法》不一致，因此，这很有可能也是因为《八曼荼罗经》未载菩萨排布具体方位，而具体载述如何排布八大菩萨方位的《佛顶尊胜陀罗尼念诵仪轨法》尚未翻译，因此比丘常达等人则按照自己的理解两位一组地进行了排布，与白石灵帐八大菩萨的排布也不一致，这也证明了绘彩四铺阿育王塔应供奉于龙朔三年（663年）那提翻译《八曼荼罗经》之后，不空翻译《佛顶尊胜陀罗尼念诵仪轨法》之前。

　　比《八曼荼罗经》更为详细的经典是《佛顶尊胜陀罗尼念诵仪轨法》，该仪轨法中借鉴并改造了"八曼荼罗"，即在中心安置了毗卢遮那佛。《佛顶尊胜陀罗尼念诵仪轨法》在印度出现的时间应该在7世纪，唐开元年间（713—741年）由不空翻译。

　　《佛顶尊胜陀罗尼念诵仪轨法》规定，修行佛顶尊胜陀罗尼念诵仪轨法时需要"画本尊尊胜陀罗尼像，安于东壁，上持诵者以面对之"。于地面安置洁净道场，这一道场直接借鉴了并改造了"八曼荼罗"，在中心增

---

① 陕西省考古研究院、法门寺博物馆编著：《法门寺考古发掘报告》，文物出版社2007年版，第231页。

加安置了毗卢遮那佛，"中央安毗卢遮那佛位，其九位者，右边安观自在菩萨位，观自在后，安慈氏菩萨位。毗卢遮那佛位后安虚空藏菩萨位，此菩萨左边安普贤菩萨位，毗卢遮那佛位左边安金刚手菩萨位，金刚手菩萨位下安文殊师利菩萨位，毗卢遮那佛前安除盖障菩萨位，除盖障菩萨位右边安地藏菩萨位，是名九位"①。《佛顶尊胜陀罗尼念诵仪轨法》之道场法是将毗卢遮那佛作为中心，将八大菩萨布置成曼荼罗，这一神灵排布顺序与《八曼荼罗经》以观音菩萨开始顺时针排布顺序完全一致，从中可见其比较清晰的继承关系。由此可见，《八曼荼罗经》虽然没有明确八大菩萨的排布顺序，但实际上其经典载述顺序按照顺时针旋转就是其排布顺序，但无论是白石灵帐还是彩绘阿育王塔的排列顺序都与《八曼荼罗经》不一致，而极可能其雕造者按照习惯理解的菩萨组合，进行了两两组合，导致了与经典的差异。

《佛顶尊胜陀罗尼念诵仪轨法》改变了《陀罗尼集经》中以诸佛顶和一般神灵为中心的状况，而以法身佛毗卢遮那佛为中心，同时中台八分。另一部由不空翻译《八大菩萨曼荼罗经》与《佛顶尊胜陀罗尼念诵仪轨法》相比较增加了八大菩萨具体之观想、真言与印契。"观音菩萨赤色身，左手持莲华，右手施愿，头冠中有无量寿如来。……慈氏菩萨金色身，左手执军持，右手施无畏，冠中有窣堵波半跏坐。……虚空藏菩萨左手持宝，安于心上。右手施流出无量宝。……普贤菩萨戴五佛冠，金色身，右手持剑，左手施愿，半跏而坐……金刚手菩萨右手执金刚杵，左手安于胯，戴五佛冠，身青色，半跏而坐……曼殊室利童真菩萨五髻童子形，左手执青莲花，花中有五股金刚杵，右手作施愿，身金色半跏而坐……除盖障菩萨金色身，左手持如意幢，右手施愿，半跏而坐……地藏菩萨头冠璎珞，面貌熙怡寂静，愍念一切有情，左手安脐下拓钵，右手覆掌向下，大指捻头指，作安慰一切有情想。"②其八大菩萨名号与《师子庄严王菩萨请问经》《佛顶尊胜陀罗尼念诵仪轨法》完全一致，其排布位置以观音菩萨开始顺时针排布顺序完全一致，特别是围绕中心的佛排布成为一圆坛。

---

① （唐）不空译：《佛顶尊胜陀罗尼念诵仪轨法》卷1，《大正藏》第19册，第364页。
② （唐）不空译：《八大菩萨曼荼罗经》卷1，《大正藏》第20册，第675页。

应县佛宫寺木塔五层塑像为一佛八菩萨，应是根据《佛顶尊胜陀罗尼念诵仪轨法》塑造之九位曼荼罗，且与法门寺八大菩萨曼荼罗功能一致，都为安置舍利而设置。

佛宫寺木塔一层塑像为释迦佛，配合周围之六佛壁画构成七佛组合，另有天王、明王壁画，二层塑像为一佛二菩萨二胁侍，应为释迦说法造型，三层为密教金刚界四方佛，四层为华严卢舍那佛、文殊菩萨、普贤菩萨以及侍者、驭者组合的华严三圣，五层为九位曼荼罗。这种整体组合类似于法门寺地宫出土装藏舍利的五重、八重宝函，只是将平面的雕刻转变为立体的造像，配合埋藏舍利的木塔。这种组合与辽宁朝阳北塔塔身浮雕四方佛、八大灵塔等造像的功能基本一致，即作为瘗埋舍利之曼荼罗布置。

此外，在大同华严寺薄伽教藏殿前竖立寿昌元年（1095年）佛顶尊胜陀罗尼经幢，六面，二层四面雕刻有东方阿閦佛、南方宝生佛、西方无量寿佛、北方不空成佛，并刊题记。实际也应该是五方佛，中央毗卢遮那佛因为是法身佛，应该是以塔幢本身来象征。

总之，辽代在诸多方面仿效唐朝，尤其佛教信仰方面，密教和华严最为流行，佛教造像身姿雄健挺拔，面容舒朗，颇具盛唐气象，似乎展示出大辽试图一统中原之气势，希图通过佛教取得在文化心理方面对北宋的优势。

第四节　佛教经典的刊印

一　《契丹藏》的刊印

辽人十分重视佛教，在所刊行文献中佛教占有较大比重，尤以《契丹藏》最为著名。对于《契丹藏》的雕印年代，叶恭绰《历代藏经考略》认为是约为兴宗（1031—1045年）迄道宗（1055—1064年）时。阎文儒等的《山西应县佛宫寺释迦塔发现的〈契丹藏〉和辽代刻经》认为，"《契丹藏》是在辽圣宗耶律隆绪统和年间雕印的"[1]。笔者认为《契丹

---

[1] 阎文儒、傅振伦、郑恩淮：《山西应县佛宫寺释迦塔发现的〈契丹藏〉和辽代刻经》，《文物》1982年第6期。

藏》应刊刻于辽圣宗统和（983—1012年）期间，在辽兴宗重熙（1032—1055年）年间进行过重新校勘。

辽圣宗统和初年，燕京崇仁寺沙门希麟所撰《续一切经音义·序》载："有沙门慧琳，一依《开元释教录》，始从《大般若》，终于《护命法》，所音众经，都五千四十八卷、四百八十帙。自《开元录》后，相继翻传经论及《拾遗律传》等。从《大乘理趣六波罗蜜多经》尽读《开元释教录》，总二百六十六卷，二十五帙。前音未载，今续者是也。伏以抄主无碍大师，天生睿智，神授英聪。总讲群经，遍粺章抄，传灯在念，利物为心。见《音义》以未全，虑《捡文》而有阙。"① 无碍大师，据罗炤考证为诠明。据义天（1009—1101年）所著《跋飞山别传议》记载："近者大辽皇帝诏有司，令义学沙门诠晓等再定经录。"② 义天另一著作《新编诸宗教藏总录》卷三录有"《续开元释教录》三卷，诠晓集（旧名诠明）"③。可见，辽圣宗曾诏诠明等"再定经录"。又应县木塔发现的《契丹藏》中，《称赞大乘功德经》卷尾题记云，"燕京圣寿寺……时统和贰拾壹祀（1003年）癸卯岁季春月萱生五叶记。弘业寺释迦佛舍利塔主沙门智云书，穆咸宁、赵守俊、李存让、樊遵四人同雕"④。可以推知《契丹藏》是在辽圣宗统和年间首次刊刻的。

此外，大同华严寺薄伽教藏殿内的金大定二年（1162年）《西京大华严寺重修薄伽藏教记》载："尔及有辽重熙间，复加校证，通制为五百七十九帙，则有太保大师《入藏录》具录之云。今大华严寺，从昔以来，亦有是教典矣。"⑤ 辽兴宗重熙年间，对《大藏经》"复加校证"，制成新版，共五百七十九帙。据《金石萃编》卷一五三《旸台山清水院创造藏经记》载："燕京右街检校太保大卿沙门觉苑"⑥ 之名。觉苑在其《大日经义释演密钞·序》中明确记载："我大辽兴宗御宇，志弘藏教，欲及遐

---

① （宋）希麟：《续一切经音义》卷1，《大正藏》第54册，第934页。
② （宋）宗鉴：《释门正统》卷8，《卍序藏》第75册，第353页。
③ （宋）希麟：《新编诸宗教藏总录》卷3，《大正藏》第55册，第1275页。
④ 阎文儒、傅振伦、郑恩淮：《山西应县佛宫寺释迦塔发现的〈契丹藏〉和辽代刻经》，《文物》1982年第6期。
⑤ 王新英：《全金石刻文辑校》，吉林文史出版社2012年版，第115页。
⑥ （清）王昶：《金石萃编》卷153，中国书店1985年版。

迩，勃尽雕镶，须人详勘。觉苑持承纶旨，悉预校场。"① 觉苑是活跃于兴宗、道宗时期的僧人，被特赐燕京右街检校太保大卿，他曾奉旨参与勘定《大藏经》。因此，他的记载应当更为可信。由《大日经义释演密钞序》与《西京大华严寺重修薄伽藏教记》看，辽兴宗重熙年间对《契丹藏》进行了重新校勘，可能《契丹藏》存有两个版本。② 辽乾统七年（1107年）《辽枕芳园残碑》载辽元帅吴相将枕芳园改为栖岩寺，"加以内環粉壁，图杂花绘，傍列香函，弄《大藏经》"③。朔州栖岩寺所藏《大藏经》也应该是《契丹藏》。

应县佛宫寺木塔所发现的《契丹藏》及单刻佛经以及采药图均为稀世遗珍品。《契丹藏》《开宝藏》可称为佛教《大藏经》之宋辽双璧，均遗存于山西境内，为中华传统文化的保护与传承做出不可磨灭的贡献。

二 《龙龛手鉴》的刊印

释行均于圣宗统和十五年（997年）所编《龙龛手镜》一书，是辽代镌刻的一部重要汉文字典。

行均，燕京人，于五台山金河寺居住五年，编集佛教字典《龙龛手鉴》，统和十五年（997年）撰毕。据沈括《梦溪笔谈》记载："幽州僧行均集佛书中字为切韵训诂，凡一十六万字，分四卷，号《龙龛手镜》。燕僧智光为之序，甚有词辩。契丹重熙二年（1033年）集。契丹书禁甚严，传入中国者法皆死。熙宁中，有人自敌中得之，入傅钦之家，蒲传正帅浙西，取以镂板。其序末旧云：重熙二年五月序。蒲公削去之，观其字音韵次序，皆有理法，后世殆不以其为燕人也。"④ 傅钦之，即傅尧俞（1024—1091年），字钦之，郓州须城（今山东东平）人，《宋史》有传。蒲传正，即蒲宗孟（1028—1093年），字传正，四川阆州新井县人。据《宋史》卷一六载，"（元丰六年八月）辛卯，蒲宗孟罢"。卷三二八《蒲宗孟传》载："御史论其荒于酒色及缮治府舍过制，罢知汝州。逾年，

---

① （辽）觉苑：《大日经义释演密钞序》卷1，《卍续藏》第23册，第527页。
② 罗炤：《再论〈契丹藏〉的雕印年代》，《文物》1988年第8期。
③ 杜启贵：《三晋石刻大全·朔州市朔城区卷》，三晋出版社2017年版，第56页。
④ 胡道静：《梦溪笔谈校证》，上海人民出版社2011年版，第511页。

加资政殿学士，徙亳、杭、郓三州。"① "蒲传正帅浙西"当在元丰七年（1084年）之后。根据沈括记述，《龙龛手镜》为幽州僧行均于辽兴宗重熙二年（1033年）撰集而成，于北宋神宗熙宁年间（1068—1077年）传入汉地，在元丰七年（1084年）之后在汉地始有刊刻流传。《宋史》卷二零二《艺文志》："辽僧行均《龙龛手鉴》四卷。"② 此乃因宋人避宋太祖赵匡胤之祖父赵敬之讳，故将"镜"改为"鉴"。

统和十五年（997年）智光撰《龙龛手鉴·序》曰："寻源讨本，备载于坤苍广苍；叶律谐钟，咸究于韵英韵谱。专门则《字统》《说文》，开牖则《方言》《国语》，字学于是乎昭矣。矧复释氏之教，演于印度，译布支那。转梵从唐，虽匪差于性相；披教悟理，而必正于名言。名言不正，则性相之义差；性相之义差，则修断之路阻矣。……行均上人，字广济，俗姓于氏，派演青齐，云飞燕晋（今河北、山西一带），善于音韵，闲于字书。睹香严之不精，寓金河而载缉。九仞功绩，五变炎凉，具辨宫商，细分喉齿，计二万六千四百三十余字，注一十六万三千一百七十余字，并注总一十八万九千六百一十余字。无劳避席，坐奉师资，讵假担簦，立祛疑滞。……故目之曰《龙龛手鉴》。总四卷，以平、上、去、入为次，随部复用四声列之。又撰《五音图式》附于后，庶力省功倍垂益于无穷者矣。"③ 行均鉴于前人所著音义著作之不足，发心重新撰集。全书"计二万六千四百三十余字，注一十六万三千一百七十余字，并注总一十八万九千六百一十余字"，《四库全书总目提要》亦从此说。《龙龛手镜》辽代原刻已无从得见，中土历代藏经均未收录，但在中原仍产生一定影响，《龙龛手镜》仍不失为佛教为音韵学发展做出的重要贡献。

---

① 《宋史》卷328，中华书局1977年标点本，第10571页。
② 《宋史》卷328，中华书局1977年标点本，第5078页。
③ 潘重规：《龙龛手鉴新编》，中华书局1988年版，第1页。

第 九 章

金代山西佛教

　　金朝的女真族早先信仰萨满教，随着女真族的发展变化和对外往来的频繁，佛教便由女真族的近邻高丽（朝鲜）、渤海（今黑龙江境）等国传到了女真族境内。特别是金朝灭辽和占领宋都汴京以后，女真人受到契丹人和汉人的强烈影响，便接受了辽、宋社会盛行佛教的习俗。随着金先后灭亡辽和北宋，女真人迅速涌入山西地区，最初实行高压政策，引起当地百姓的强烈反抗，部分士大夫则避隐山林遁入空门。金朝统治稳定后，统治者对佛教大力推崇，带来了金代山西佛教的繁荣。

　　金太宗即位之初，他为了利用佛教怀柔汉人，巩固女真王朝的统治地位，遂尊崇佛教，"奉佛尤谨"。天会元年（1123年）十月，上京（今蒙古巴林左旗）庆元寺"僧献佛骨"。① 天会二年，太宗又命僧人善祥于山西应县建立净土寺。天会六年（1128年），僧人圆满于大同普恩寺建大雄宝殿、普贤阁、三圣殿和天王殿。天会十五年还于五台山佛光寺重建了七间木构建筑的文殊殿和五间木构建筑。天会年间还于阳曲建佛堂寺。

　　金熙宗崇佛敬儒，优遇汉僧。当太子济安生病时，诸寺焚香，流涕哀祷。济安死后，还"命工塑其像于储庆寺"②。天眷三年（1140年），僧录通悟重修大同上华严寺的大雄宝殿。皇统三年（1143年），又建朔县崇福寺的阿弥陀殿。

　　金世宗以儒治国，至于佛教，则采取了利用、限制、保护的政策。大定三年（1163年），敕建五台山万岁寺，且请法冲法师居之。大定间还于五台山新建平章寺，重修净名寺。大定六年五月戊申，"世宗幸华严

---

① 《金史》卷3《太宗本纪》，中华书局1975年标点本，第48页。
② 《金史》卷24《地理志上》，中华书局1975年标点本，第551页。

寺，观故辽诸帝铜像，诏主僧谨视之"①。

综上来看，金朝诸帝都对山西佛教给以支持，加之山西重要的政治经济地位，使得佛教在山西发展迅速。

第一节　金代佛教寺院在山西的兴建与分布

金代五京之一的西京位于山西大同，山西地理位置靠近都城开封，是开封北方的重要护卫屏障，山西也是沟通南北京城往来的重要通道，另外，金代中期以后，山西政治稳定，物产丰富，尤其晋南平阳一带出版业发达，具有重要的战略和文化地位。加之，金代帝王持续支持，山西寺院兴建在金代有了快速的增长。

一　金代山西佛教寺院兴建情况

金代诸位帝王支持佛教，优遇名僧，对各大寺院施田、赐钱、特许度僧等种种方式，促使山西佛教寺院具有相当的规模。

表9—1　　　　　　金代山西佛寺新建寺院汇总

序号	佛寺名	坐落地	建立时间	具体地点	文献来源
1	佛堂寺	阳曲	天会间（1123—1135年）	城北六十五里郁利村	乾隆《保德州志》卷2
2	宝峰寺	阳曲	天德间（1149—1153年）	城西百里河下村	
3	弥陀寺	阳曲	大定四年（1164年）	大南门西	
4	观音堂	阳曲	明昌六年（1195年）	城北九十里白村	
5	土堂寺	阳曲	太和五年（1205年）	城西北四十里刘村	

---

① 《金史》卷6《世宗本纪上》，中华书局1975年标点本，第137页。

第九章　金代山西佛教 / 451

续表

序号	佛寺名	坐落地	建立时间	具体地点	文献来源
6	明仙寺	太原	天会二年（1124年）	县西南十里龙山	
7	大云寺	太原	大定间（1161—1189年）	县西北十二里金胜村	
8	六祖寺	太原	大定四年（1164年）	县东十五里	
9	化成寺	榆次	天会十一年（1134年）	县东南杨梁村	
10	慧日寺	榆次	皇统三年（1143年）	县东北赵村	
11	资圣寺	榆次	皇统三年（1143年）	县南王都村	
12	真果寺	榆次	皇统五年（1145年）	南榆城	乾隆《太原府志》卷48
13	延寿寺	榆次	皇统五年（1145年）	县东北	
14	保安寺	榆次	皇统九年（1149年）	县西南	
15	广悟寺	榆次	皇统九年（1149年）	县西南西白村	
16	真宝寺	榆次	天德三年（1151年）	福堂村	
17	菩萨堂	榆次	大定间（1161—1189年）	县北王胡村	
18	圣寿寺	榆次	大定五年（1165年）	龙田村	
19	万寿寺	太谷	天会元年（1123年）	县东北二十五里小常村	
20	常乐寺	太谷	天会十年（1133年）	县东北十五里敦坊都	

续表

序号	佛寺名	坐落地	建立时间	具体地点	文献来源
21	永安寺	太谷	天会十二年（1135年）	县东北三十里信义村	
22	法宁寺	太谷	天会十二年（1134年）	县东四十五里闫村	
23	普向寺	太谷	皇统元年（1141年）	县东北四十里任都	
24	永庆寺	太谷	皇统二年（1142年）	县西南十里洸村	
25	净圆寺	太谷	皇统二年（1142年）	县东北百里佛谷都	
26	大时寺	太谷	皇统三年（1143年）	县西北十里登丰村	
27	安定寺	太谷	皇统四年（1144年）	县东北三十里西庐都	乾隆《太原府志》卷48
28	妙香寺	太谷	皇统七年（1147年）	县东北二十五里小常村	
29	万安寺	太谷	皇统七年（1147年）	在县治后	
30	寿安寺	太谷	皇统八年（1148年）	县东二十五里太白都	
31	圣果寺	太谷	皇统八年（1148年）	县南十里东咸阳村	
32	法云寺	太谷	皇统八年（1148年）	县南十里张村	
33	清凉寺	太谷	皇统九年（1149年）	县南十里侯城村	
34	大智寺	太谷	贞元间（1153—1156年）	县东三十里西卢村	

第九章　金代山西佛教 / 453

续表

序号	佛寺名	坐落地	建立时间	具体地点	文献来源
35	贞圣寺	太谷	正隆二年（1157年）	县东南七十里佛谷村	
36	安静寺	太谷	正隆四年（1159年）	县东北七十里梁平村	
37	慈济寺	太谷	大定二年（1162年）	在县东十里杏林村	
38	定明寺	太谷	大定四年（1164年）	县东北四十里西薄都	
39	梵天寺	太谷	大定五年（1165年）	县南十里东咸都	
40	大时寺	太谷	大定九年（1169年）	县南十里韩武都	
41	观音寺	太谷	大定二十五年（1185年）	县东南	乾隆《太原府志》卷48
42	保胜寺	太谷	大定二十五年（1185年）	县东北三十里西薄都村	
43	资福寺	太谷	大定二十五年（1185年）	县东南	
44	永宁寺	太谷	明昌五年（1194年）	县东三十里回马村	
45	宣梵寺	太谷	承安五年（1200年）	县东南十八里惠安村	
46	妙因寺	祁县	明昌元年（1190年）	县东北三十五里白圭镇	
47	仁济寺	祁县	明昌元年（1190年）	县西五里东冀都	
48	净信寺	祁县	明昌元年（1190年）	县东南七里祁城村	
49	宝善寺	祁县	明昌元年（1190年）	县西南十里荣仁村	

续表

序号	佛寺名	坐落地	建立时间	具体地点	文献来源
50	上生寺	祁县	明昌间（1190—1196年）	县治南	
51	石佛寺	祁县	明昌间（1190—1196年）	城内举善坊	
52	普照寺	祁县	明昌二年（1191年）	县西北八里赵城都	
53	仁王寺	祁县	明昌三年（1192年）	县西北二十里西阳羽村	
54	集胜寺	祁县	明昌五年（1194年）	县西十五里西家南村	
55	胜觉寺	祁县	明昌七年（1196年）	县东南三十五里子洪镇	
56	惠安寺	祁县	承安间（1196—1200年）	县东北十里西六支村	
57	圣师寺	徐沟	天会三年（1125年）	尧城镇	乾隆《太原府志》卷48
58	大通寺	徐沟	皇统二年（1142年）	在清源乡南关升平街后	
59	净真寺	徐沟	皇统四年（1144年）	白石上都大屋村	
60	普照寺	徐沟	大定七年（1167年）	在清源乡南关西街	
61	香岩寺	徐沟	明昌元年（1190年）	马峪山	
62	崇仁寺	徐沟	明昌四年（1193年）	高白镇	
63	圆明寺	交城	皇统元年（1141年）	县东北十三里王山	
64	净居寺	文水	大定间（1161—1189年）	县南二十五里平陶都	

续表

序号	佛寺名	坐落地	建立时间	具体地点	文献来源
65	宝界寺	文水	大定间（1161—1189年）	县东南下曲村	乾隆《太原府志》卷48
66	崇梵寺	岢岚	明昌六年（1195年）	州西七十里幡竿村	
67	圣安寺	岢岚	明昌六年（1195年）	州北九十里	
68	崇梵寺	岚县	明昌六年（1195年）	在州西七十里	
69	龙宫寺	岚县	明昌中（1190—1196年）	在县西北	
70	西古寺	岚县	明昌中（1190—1196年）	县西一里黄签山	
71	寿圣寺	保德	大定十年（1170年）	州东三十里	乾隆《保德州志》卷2
72	金峰寺	静乐	金	州南五十里	
73	乾宁寺	平定	泰和六年（1206年）	州东六十里	光绪《平定州志》卷2
74	正果寺	繁峙	金	县治东北三十里	
75	神灵寺	崞县	泰和五年（1205年）	县东南七十里白鹤山	光绪《代州志》卷7
76	崇福寺	代县	天德二年（1150年）赐额	朔州东门内	
77	龙泉寺	代县	大定二年（1162年）	城东耀山	
78	法王寺	代县	大定四年（1164年）	城西南香峰山	
79	圣寿寺	宁武	金	宁化堡南关	乾隆《宁武县志》卷9

续表

序号	佛寺名	坐落地	建立时间	具体地点	文献来源
80	福胜寺	河曲	大定间（1161—1189年）	寺桥村	同治《河曲县志》卷3
81	天宁寺	河曲	正隆间（1156—1161年）	西沟村	
82	显圣寺	介休	大定元年（1161年）	县东三十五里下梁村	乾隆《汾州府志》卷24
83	广和院	介休	大定六年（1166年）	县西二十二里郭壁村	
84	太子寺	孝义	天会三年（1125年）	县中阳楼东	
85	崇圣寺	孝义	大定十年（1170年）	县南七里吴屯村	
86	广仁寺	孝义	大定十年（1170年）	县南门外	
87	广济寺	孝义	大定十三年（1173年）	县西稍门	
88	普化寺	临县	皇统二年（1142年）	县贤良坊	
89	林峰寺	临县	皇统三年（1143年）	县北四十里庙坪村	
90	慈云寺	临县	大定三年（1167年）重建	东南五十里	
91	正觉寺	临县	泰和三年（1203年）	县西九十里	
92	隆福寺	临县	泰和五年（1205年）	县西北五十里紫金山	
93	洪济寺	潞城	大定元年（1161年）	在县西北常村	康熙《潞城府县志》卷2

续表

序号	佛寺名	坐落地	建立时间	具体地点	文献来源
94	福严寺	壶关	大定二十六年（1186年）洪武间置僧会司	县北二里龙溪山	道光《壶关县志》卷3
95	广福寺	武乡	大定三年（1163年）	县西曹洞村	民国《武乡县志》卷3
96	大云寺	长治	大定九年（1169年）	城南六十里荫城镇	乾隆《长治县志》卷19
97	宝峰寺	长治	大定十九年（1179年）	城东南五十里坡头村	
98	宝福寺	屯留	大定二年（1162年）	县西南二十里杜村	雍正《屯留县志》卷8
99	大觉寺	屯留	大定二年（1162年）	县东南十里宋村	
100	兴源寺	汾西	大定二年（1162年）	县治东	光绪《汾西县志》卷7
101	天义寺	汾西	大定二十九年（1189年）	县西南二十里张堡村	
102	广教寺	临汾	天会中（1123—1135年）	城东，俗呼辛寺	
103	龙岩寺	临汾	大定间（1161—1189年）	城东十里	
104	普济寺	临汾	大定中（1161—1189年）	城北三十里	康熙《平阳府志》卷33
105	妙觉寺	临汾	大定间（1161—1189年）	城东南二十里	
106	清凉寺	临汾	明昌中（1190—1196年）	城北六十里	
107	泗洲寺	临汾	泰和间（1201—1208年）	城西北二十里	

续表

序号	佛寺名	坐落地	建立时间	具体地点	文献来源
108	灵光寺	襄陵	皇统中（1141—1149年）	县东南北梁村	
109	普润寺	襄陵	大定七年（1167年）	县东南安李村	
110	福胜寺	襄陵	大定十一年（1171年）	梁坡村	
111	洪福寺	洪洞	大定二年（1162年）元至元六年修	县东南吉村	
112	法云寺	洪洞	大定十年（1170年）	县西万安里	
113	金胜寺	洪洞	大定二十一年（1182年）	县东蜀村	
114	慈云院	曲沃	大定间（1161—1189年）	亭城村	康熙《平阳府志》卷33
115	香岩院	曲沃	大定间（1161—1189年）	史村	
116	普济院	曲沃	大定二年（1162年）	尉村	
117	清凉院	曲沃	大定二年（1162年）	文吉村	
118	兴国寺	曲沃	大定三年（1163年）	高县	
119	崇庆寺	曲沃	大定二十年（1180年）	高阳村	
120	兴化寺	永和	明昌五年（1194年）	治西南	
121	龙兴寺	蒲县	泰和二年（1202年）明洪武间并兴国、清凉二寺入焉。	县北五里库援村	

续表

序号	佛寺名	坐落地	建立时间	具体地点	文献来源
122	观音寺	安邑	泰和四年（1204年）	县西王曲村	康熙《平阳府志》卷33
123	真如寺	夏县	天眷间（1138—1140年）	在东门外	
124	仁寿寺	猗氏	贞元三年（1155年）	城东北二里峩崛南麓	
125	广福寺	荣河	天会十年（1132年）	城北二十里冯村	
126	铁佛寺	荣河	承安三年（1198年）	城南三十里薛公村	
127	普净寺	太平	金	县南三十里	
128	普照寺	太平	金	县东北二十五里柴寺村	
129	永庆院	太平	明昌三年（1192年）	县东十五里南贾村	光绪《太平县志》卷14
130	香岩寺	霍州	大定三年（1163年）	靳壁村	道光《直隶霍州志》卷17
131	大觉寺	岳阳	大定三年（1163年）	县南二里，先名香岩寺	雍正《岳阳县志》卷3
132	大义寺	浮山	大定二十九年（1189年）	县西南二十里张堡村	光绪《浮山县志》卷30
133	兴国院	翼城	天会间（1135—1137年）	北史村	乾隆《翼城县志》卷24
134	法轮院	翼城	天德二年（1150年）	中卫村	

续表

序号	佛寺名	坐落地	建立时间	具体地点	文献来源
135	延庆院	翼城	大定三年（1163年）	人望村	乾隆《翼城县志》卷24
136	惠济院	翼城	大定四年（1164年）	南史村	
137	法铭寺	新绛	正隆四年（1159年）	城西南苏阳里	民国《新绛县志》卷6
138	超化寺	新绛	大定初（1161—1189年）	城西南榆村	
139	白莲寺	新绛	大定初（1161—1189年）	城西二十里辛堡里	
140	卧云寺	隰县	大定元年（1161年）	州西北三十五里	康熙《隰州志》卷11
141	般若院	石楼	天会十一年（1133年）	西五十里留村	乾隆《汾州府志》卷24
142	清凉寺	沁源	皇统间（1141—1149年）	州西北	乾隆《沁州志》卷9
143	弥陀寺	沁源	大定间（1161—1189年）	州南北里村	
144	福兴寺	沁源	大定二年（1162年）	州西北羊庄	
145	昭庆院	沁源	大定三年（1163年）	州西北王可村	
146	永寿寺	沁源	太和六年（1206年）	州西北乔村	
147	福圣寺	沁水	金	县中村镇蒲弘村	光绪《沁水县志》卷9

续表

序号	佛寺名	坐落地	建立时间	具体地点	文献来源
148	默昭寺	辽州	大定六年（1166年）	西关北	雍正《辽州志》卷4
149	广福寺	永济	天会中（1123—1135年）	县北二十里冯村	乾隆《蒲州府志》卷3
150	紫栢禅院	永济	大定三年（1163年）	县东南十五里王官谷	
151	下生寺	永济	天兴元年（1232年）	四望村	
152	净土寺	应县	天会二年（1123—1135年）	县治东北	乾隆《大同府志》卷15
153	法王寺	应县	大定四年（1164年）	城西南香山峰	
154	永固寺	浑源	大定间（1161—1189年）	城东四十里	
155	福智寺	广灵	贞元三年（1155年）	县东三里	

从以上金代新建以及赐额寺院统计情况分析，佛寺新建时间主要集中于熙宗、世宗及章宗时期。从地理范围看，主要集中在河东南北两路，以河东北路为主，其中太原府最多，占到总数的三分之一多，汾州府为其次，南路中以平阳府为最多。相对而言，西京路及其周围较少，尤其以五台山为核心的佛教圈新建寺庙比较少。这种佛寺新建地域分布不均衡性主要与政治环境以及周边地缘影响有关。

金代佛教寺庙的数量不断增加。从世宗开始，金朝为弥补财政不足而大量发卖寺观名额，一大批无额寺院因此合法化，寺院的数量由此增加。在不断颁赐新寺院名额的同时，大批旧有寺院得到修复和扩大。例如并州之威德院"颇以寺基迫隘为嫌"，大定年间重修，"凡役工五千有奇而寺加广"。① 阳城县海会寺因"旧堂坏壁，暗其丹青；圮桷疏檐，摧以风雨。既卑且隘，欲倒而倾"，遂于大定十年（1170年）重修，"辄毁故以更新，特易小而成大。广其制度，增其基址"②。又潞城云岩山崇庆院"规其狭而广之，改其旧而新之。岁无丰俭，不逾十稔，云堂、中殿、楼阁、门芜，下自厨廪库厩，糜不完具"③。由于不断的赐额和重修，金代佛寺的数量和规模都发生了巨大变化，以并州佛寺为例，"宣政之季，废于兵者凡十之七。曾不百年，瓦砾之场金碧相望，初若未尝毁者"④。另外，佛教的社会影响不断扩大。金代社会历经太祖、太宗、熙宗、海陵四朝的动荡，到世宗、章宗时期已进入稳定发展阶段，这为佛教的兴盛奠定了重要基础，时人谓之"大定之初，天下鸿宁，释教大兴"⑤。"普天率土，被于膏泽。诞布德音，崇重佛教。"⑥ 受到上层统治者的影响以及现实生活的需要，社会大众的佛教信仰高涨，积极参与寺院的兴建。

金代寺院的创修一般由僧人主导，信众参与，协力完成。《潜龙山宝云寺新建佛殿记》云："寺僧法渊起心化缘，苦身劳力，有大檀越李谅宿种善根，奉浮图法，舍施净财，无□怪色，普劝有缘，共成胜事。凡园林墓木斧斤云集，尽得美材，构殿五楹，其高五丈，其深六十有奇，广亦如之。……凡寺之营造，有唱斯应。三门、钟楼、堂厨、庑序咸出于众力，或独建□氏阁，以田施常住。"⑦ 长治县王村宝云寺佛殿为法渊倡导、李谅与众多信众协力修建完成。又太原县《重修天龙山寺铭》曰："时有住持僧希尚率领徒众，备设严仪，躬诣老仙……助材木者，运而无息，危途陷辙，神捧其轮。供斋资者，无有所缺……拾抱而来，修饰如故，不日告成，千佛大殿，复修经藏一所，师堂一座，圣像、经、功德幢具，悉皆备获，霞窗月殿，无不完凑。兼协众力拟成多务。"⑧ 可见，

---

① 《威德院功德记》，《元好问全集》卷35，山西古籍出版社2004年版，第727页。
② 苏瓘：《海会寺重修法堂》，《全辽金文》，山西古籍出版社2002年版，第1613页。
③ （清）胡聘之：《山右石刻丛编》卷23，山西人民出版社1988年版。
④ 《威德院功德记》，《元好问全集》卷35，山西古籍出版社2004年版，第727页。
⑤ （金）张莘夫：《重修法云寺碑》，《金文最》卷71，中华书局1990年版，第1050页。
⑥ （金）李杰：《敕赐福胜院碑》，《金文最》卷68，中华书局1990年版，第988页。
⑦ （清）胡聘之：《山右石刻丛编》卷19，山西人民出版社1988年版。
⑧ （清）胡聘之：《山右石刻丛编》卷19，山西人民出版社1988年版。

天龙山寺的修建也是僧人希尚求助于人们崇奉的所谓神异之"老仙",由"老仙"号召善信捐助,兼协众力而完成。

又大同《华严寺薄伽藏教记》云:"今此大华严寺,从昔以来,亦是有教典矣。至保大末年,伏遇本朝大开正统。天兵一鼓,都城四陷,殿阁楼观,俄而灰之,唯斋堂、厨库、宝塔、经藏、洎守司徒大师影堂存焉。至天眷三年(1140年)闰六月,则有众中之尊者僧录通悟大师、慈济广达大师、通利大德、通义大师、辩慧大德、妙行大师,自首座义普二座德祚等游历于遗址……已而玄先,出己之净财,仍化同居之清众。暨诸外内信心之流,加之援助。乃仍其旧址,而时建九间七间之殿,又构成慈氏、观音、降魔之阁,及会经、钟楼、三门、朵殿。不设期日,巍乎有成。其左右洞房,四面廊庑,尚阙如也。……故僧录大师门人省学者,……于是聚徒兴役,刘楚剪茨。基之有缺者完其缺;地之不平者治以平。"① 省学见药师佛殿藏佛教《大藏经》错杂不全,又与惠志等人协商成立薄伽邑,发挥众力,补全《大藏经》。众人公议,推举颇具声望的华严寺传戒慈慧大师作为邑长。"则于正月元日、七月望辰,升座传演,鸠集邑众;所获施赠,以给其签经之直。然后遍历乎州城、郡邑、乡村、岩谷之间,验其阙目,从而采之。或成帙者,或成卷者;有听赎者,有奉施者。朝寻暮阅,曾不惮其劳;日就月将,益渐盈其数。岁历三周,迄今方就。"② 大同华严寺经过保大之乱、平城易手之后,华严寺建筑仅存斋堂、厨库、宝塔、经藏、大师影堂共五处,金代天眷三年进行重修,僧录大师门人省学等人继修于后。省学等僧人不仅兴修建筑,而且注意保护佛教文化典籍,并通过邑社组织民众。由高僧通过传戒法会等活动吸引信众,发动民众捐资,最终将佛教《大藏经》补修完整。

临县大定十三年(1173年)《慈云院碑》"显京,笃实人也,先出家于石州天宁寺,礼法义为师……诸子仰慕,屡为推许教门职事,坚固道心,精勤佛事,务为修崇,随方异,各建道场,力能成就。至如显京最为上首,致为佛子之因机,慕良田特为莲社。临泉县小上谷村号云家山,有古佛堂一所,当天会七八年间干戈未定,盗贼充斥,屯军把截,焚毁

---

① (清)胡聘之:《山右石刻丛编》卷20,山西人民出版社1988年版。
② (清)胡聘之:《山右石刻丛编》卷20,山西人民出版社1988年版。

殆尽。显京于时尚为净人，诱化善士，重兴佛堂，落发受具之后，复修精舍，铸洪钟、印藏经、度弟子善登，买坟地，雕《圆觉》《上生》《金刚》《般若》《法华》《戒经》等板，并资常住，可度后人，日往月来，修完出力，未尝且止"①。显京诱化善士，重兴佛堂，并铸造洪钟，雕印藏经。大同大定十六年（1176年）《大金西京大普恩寺重修大殿记》云"大金西都普恩寺，自古号为大兰若，辽末以来再罹锋烬，楼阁飞为埃粉，堂殿聚为瓦砾，前日栋宇所仅存者十不三四，骄兵悍卒指为列屯而喧寂顿殊，掠藏俘获，纷然错处，而垢净俄变，残僧去之而饮泣，遗黎过之而增欷，阅历滋久，散亡稍还。于是寺之上首通玄文慧大师圆满者，思童戏于画沙，感宿因于移础，发勇猛心，得不退转，舍衣盂凡二十万，与其徒合谋协力，化所难化……于是辇币委珠金，脱袍鬻裘裳者相系于道，累月逾时，殆无虚日，经始于天会之戊申，落成于皇统之癸亥，凡为大殿暨东西朵殿，罗汉洞，文殊普贤阁及前殿大门左右斜廊，合八十余楹"②。通玄文慧与其徒合谋协力，在信众的积极捐资下将辽末毁于战乱的普恩寺修复一新。

平遥明昌五年（1194年）《汾州平遥县慈相寺修造记》载"宋末兵火焚毁，唯三门、正殿存焉。迨本朝天会年间，有僧宝量、仲英相与起塔于旧址，立法堂于殿后，余稍增葺，未能完备。量、英寻殁，有主僧澄公……遂请前本州僧正和众大德纯赜于塔后建大堂曰普光，取佛堂说法于普光明殿之遗意也。设毗卢遮那佛，壁绘三世佛、八金刚、四菩萨、帝释梵王，堂之右翼置释迦六祖，绘二十八祖，以彰心印所传之自也。左翼置地藏菩萨十王像，以示善德必报，结人善心也。堂之前其友福勋又起两庑，塑佛菩萨五十，阿罗汉五百。楼台伎乐、宝山琪树、珍禽异兽、奇花瑶草，七宝严饰，五彩彰施，烂烂煌煌，耸人瞻视。功□□三二僧继化公皆毕焉。公复于塔内层设圣像，以为妆严。塔前对立二亭，东置土地神像，西覆圣井，仍塑五龙王于井上。法堂之东庑立关将军像，以玉泉山故也。寺旧有铁像菩萨二□，公补为万。殿左起大屋而置焉，增塑慈氏、文殊二菩萨，泊十大论师于其间，其余门廊、厅堂、厨厩、

---

① （清）胡聘之：《山右石刻丛编》卷21，山西人民出版社1988年版。
② （清）胡聘之：《山右石刻丛编》卷21，山西人民出版社1988年版。

楼阁,泊僧徒藏获,佣保马牛之舍,或增旧创新,或支倾补坏,凡一千二百余间。□中像设之仪,器用之具,一□阙者。闲庭隙地,则植以松竹花木,于是僧有经行晏坐之安,人适游礼虔仰之愿。然后作大佛事三昼夜,饭缁素万人,庆其成也。犹以为未足,复命大法师起讲筵三岁斋。嚫无虚日,钟梵无庸声。见者起敬闻者发叹,乡近感化多为佛人矣"。"寺旧枕麓台河,河岸崩溃,岁劳伺护,乃役夫二千,□水远流,遂免其患。东南原有别业数百亩,恒苦远治,乃构屋数十间,就召耕佣,遂为便易。先是无召师有遗□□乐世,鬻以资道。用至公住持,利入百倍,祖田数十顷,仅备喉粮之给。至公经画收亦数倍,其营建之费虽外藉檀信而田药所助□□□焉。"① 平遥县慈相寺僧人前赴后继,持续营修,十五年间修建房屋达1200余间。工程结束之后又大作佛事三昼夜,饭缁素万人,起讲筵三岁斋。可见寺庙规模之宏大,实力之强盛,堪称翘楚。

金代也有由信众首倡,并主导完成佛寺之营修的情况,《龙岩寺碑》云:"皇国开基,修文偃武,海宇讴歌,因此而向善之徒滔滔皆是,众议欲建大殿,以遗址狭隘,难于修完。下有桑田,昔为吾家祖业,至天会九年(1131年)辛亥,先祖父赵卿暨叔礼施为金田,继而我先人慨然而为首,并维那常佑等十有二人,鸠工裒旅,协力同心,伐木疎左右之林,运土塞往来之路,乃命公输设矩,匠石挥斤,椓闻橐橐之声,筑有登登之喜。不逾于岁已,即其功。势极翚飞,威加壮丽。"② 之后,赵氏族人又与僧人普懿商定请买寺额,但赵氏故去,未能如愿。信士常谨继续筹措运作,纠集信众28人,组成邑社,邀请洪福院僧人智远住持寺庙,"同共化人无不喜舍,咸乐其训。及自来居民有徒于异乡者,率皆惠然而来,为之题疏。去岁飞蝗入境,伤害田稚,秋不获者太半,兼运司预借三季租税,咸赴陕西以输军粮,往复区区三千五百余里。比年不登,米硕五千,黎民屡困于饥寒,救死不瞻,兹惟艰哉。则人皆鼓舞,欣不以岁俭官输为辞。至癸未首春,会檀越百余人鸠钱三十万,无一家之或阙,

---

① (清)胡聘之:《山右石刻丛编》卷22,山西人民出版社1988年版。
② (清)胡聘之:《山右石刻丛编》卷20,山西人民出版社1988年版。

致使官中加以形罚则不能也。"① 向军资库输钱三十万，得赐额"龙岩寺"。可见，龙岩寺从最初兴建，到邀请住持，纳买名额，赵氏家族以及后来之常谨以及众多邑社信众发挥了主导性作用，从中可见居士佛教的巨大社会动员力量，甚至在巨大的天灾面前尤能捐资买额，也足见民众信仰热情之高涨。

总之，金代僧人在寺院修建中起倡导作用，而真正支持寺院修建者则是民众，他们有的施钱，有的施土地，捐财出力，从各方面对寺院修建给予积极支持，这些均表明佛教在向民间深入发展的过程中，居士佛教发挥了重要作用。

二 金代山西佛教寺院的敕牒

唐代以降，敕牒制度严格实施，成为佛寺、道观以及民间神庙合法存在的依据。历史上，寺观获得敕额有多种途径。就金代而言，非官方寺观获得敕额的主要渠道是"纳缗投状"，请买名额，呈现了与前朝不同的敕牒制度。

表9—2　　　　　　金代山西佛教寺院敕牒汇总

序号	名称	时间	规模	所处位置	纳钱情况	文献来源
1	普照禅院牒	大定三年（1163年）	壹拾贰间	晋城	已纳讫钱数目	《山右石刻丛编》卷20
2	福智院牒	大定三年（1163年）	观音堂一所	芮城	纳钱一百贯文	《山右石刻丛编》卷20
3	普照禅院牒	大定四年（1164年）	无载	临县	已纳讫合着钱数，折粟七十二石三斗五升，准省钱一百贯文	《山右石刻丛编》卷20

---

① （清）胡聘之：《山右石刻丛编》卷20，山西人民出版社1988年版。

续表

序号	名称	时间	规模	所处位置	纳钱情况	文献来源
4	洪济院牒	大定四年（1164年）	洪济院一所	平定	官鬻寺院额，师入钱一百千，其□建之院，特赐名洪济	《山右石刻丛编》卷20
5	龙岩寺牒	大定三年（1163年）	龙岩寺一所	陵川	经诣本郡军资库输钱三十万，兼经藏堂承买，得赐曰龙岩寺	《山右石刻丛编》卷20
6	慈云院牒	大定三年（1163年）	古佛堂一所	临县	已纳讫合着钱，内见钱五十五贯，粟米二十八石五斗一升，准省钱四十五贯，计钱一百贯文	《山右石刻丛编》卷21
7	龙岩禅院牒	大定四年（1164年）	地四十亩	芮城	住持福诠遍化诸人，又罄其己有，齐钱一百余贯，诣于所□□□官中纳讫，后降到敕牒一道，特赐龙岩之名额	《山右石刻丛编》卷21
8	大云禅院牒	大定三年（1163年）	古佛堂廨院一所	闻喜	已纳讫合着钱数	《山右石刻丛编》卷21
9	福严寺牒	大定三年（1163年）	福严寺一所	壶关	已纳讫合着钱数	《山右石刻丛编》卷22
10	香严禅院牒	大定三年（1163年）	香严禅院一所	赵城	已纳讫合着钱数	《山右石刻丛编》卷23

续表

序号	名称	时间	规模	所处位置	纳钱情况	文献来源
11	大云禅院牒	崇庆元年（1212年）	释迦佛堂一所	沁州	公据今举请到僧善忠住持，缘自来别无名额，今买到空名院额一道	《山右石刻丛编》卷23
12	太阴寺牒	大定二十年（1180年）	佛堂舍三间一十椽	绛县	无载	《三晋石刻大全·绛县卷》第23页
13	建福院牒	大定四年（1164年）	建福院一所	盂县	已纳讫合着钱数	王新英：《全金石刻文辑校》，吉林文史出版社2012年版，第130页

从以上寺院敕牒汇总中可以看出：

第一，上述申买活动的地理范围主要集中在河东南路，尤以河东南路的潞州、泽州、解州、沁州为最盛。时间主要集中在大定初期。

第二，寺院申额的主要渠道是"投状纳缗"申买敕额，且在尚书礼部牒的"申状"部分，均要注明"自来别无名额"。可见申买名额的前提条件是"未系帐的无额寺观"。

第三，寺院纳足钱数是获得敕额的关键所在。大定初，朝廷规定的钱数究竟是多少呢？尽管大多数敕额碑记只云"纳赀"，或"进纳承买"，但仍有一些碑记有钱数，有的是100贯文，有的是300贯文。之所以出现这种差异，主要是由于朝廷出售名额时的等级不同。如芮城福智院和铜鞮县大云院等纳钱申买的敕额名称大多是"某某院"，大云寺、龙岩寺纳钱三百贯后，则授以"某某寺"额。可见，购买院额还是寺额，完全取决于僧众的意愿以及能否缴足相应的钱数。

第四，寺院在纳足钱数时既可交钱，又可纳粟、米以代钱。金代尚书礼部牒中，频繁出现"折纳"、"纳讫合着钱数"等用语，如《集仙观牒》后胡聘之考释说："盖金寺观纳钱赐额，略如今捐例。其纳钱者，如实银捐例；其云折纳粟金者，如同治中米捐折银例。"①

第五，除允许未系帐的非官方寺观通过纳缗申请敕额，金朝还允许无额寺观系籍存留，这一政策与大定新制的实行有关。大定二十年（1180）《太阴寺尚书礼部符》碑云："据新制以后，创造到无名额寺观者，然是尽合断罪，仍令除去。缘其间有已绘塑讫神佛容像者，不忍除毁，特许存留"。可见，该"尚书礼部符"实际上是绛州官府承礼部之令颁给太阴寺的一种"存留凭证"。从凭证中我们可以看出大定新制的内容，一是禁止私创寺观以及相应的惩处措施。"据新制以后创造到无名额寺观者，然是尽合断罪，仍令除去。"二是对新制之前所创建的无额寺观，免其罪罚，并允许存留；三是州府给出保留凭证的具体操作和程序。②"如系自来已有塑绘讫神容像者，从所委官保结，申覆所属州府，令司县并僧道司及州府各分郎附历，仍从各州府排立字号，出给圆签印署合同，公据责任住持人收执照，用使衙寻施行，却据管下随司县申到数目于内。"③

从山西所留存的佛教寺院敕牒看，金朝在禁断无额寺观的同时，事实上采取了让步措施，允许非官方寺院通过"纳缗投状"申请敕额。这种举措不仅满足了僧道建寺度僧的需求，客观上起到了助推佛教发展的作用。

第二节　金代山西佛教经幢及佛寺发展个案

金代山西各地寺庙仍然比较流行建立《佛顶尊胜陀罗尼经》经幢，如闻喜《唐兴寺经幢》、洪洞《奉为文悟大师建立尊胜咒幢》④ 均刊《佛

---

① （清）胡聘之：《山右石刻丛编》卷20，山西人民出版社1988年版。
② 冯大北：《金代官卖寺观名额考》，《史学月刊》2009年第10期。
③ 《太阴寺尚书礼部符》，《三晋石刻大全·绛县卷》，三晋出版社2014年版，第23页。
④ （清）胡聘之：《山右石刻丛编》卷22，山西人民出版社1988年版。

顶尊胜陀罗尼经》，也有如平定刘千墓幢刊心经。① 2011年，山西忻州市南郊一处佛寺遗址重修大殿时挖掘发现了7座经幢，主体与基座分离，质地为清白石灰岩，均为金代遗物。幢石上镌刻有文字、图像，记载了多位高僧与佛寺等多方面的内容。这是研究金代密教的珍贵资料，对于补充史籍之不足具有重要的参考价值。

一 关于陀罗尼经幢的建立

忻州新发现的七通幢石中，五通经幢石均载《佛顶尊胜陀罗尼经》。北宋熙宁十年（1077年）丁巳岁幢石，② 是妙泪圆寂多年后，其弟子为报师恩而迁葬，围塔建幢，此幢也可视为墓幢，主要记智净为其师父妙泪迁葬之事，并旌扬妙泪功德。幢石附刊经名曰："《佛顶尊胜陀罗尼》"，经中标有侧注，未言何人译，与赵城经藏本佛陀波利译《佛顶尊胜陀罗尼经》比勘，文字差别很大，而与高丽藏佛陀波利译《佛顶尊胜陀罗尼经》很接近，但也有同音而汉译用字不同，或多字少字的差别。赵城经藏本佛陀波利译《佛顶尊胜陀罗尼经》与高丽藏佛陀波利译《佛顶尊胜陀罗尼经》文字翻译以及语句差别很大，其中很可能有一部出现了张冠李戴的情况。如果以丁巳岁幢石所刊《佛顶尊胜陀罗尼》比勘，笔者认为，高丽藏《佛顶尊胜陀罗尼经》与幢石经文基本一致，其为佛陀波利译更为可信，而赵城经藏版署名佛陀波利译《佛顶尊胜陀罗尼经》则与高丽本义净译文极为接近，很可能是义净译本之误署佛陀波利之名。

金天德三年（1151年）《故兴化寺米寺主墓幢志铭》主要记兴化寺米寺主善德之德行，并述其弟子行迹，以及再传弟子传承。此幢是善德圆寂17年后，其弟子追悼师恩而建，兼具墓志铭的功能。附刊经名曰"《加句灵验佛顶尊胜陀罗尼》"无侧注，明确该经为"罽宾国三藏法师佛陀波利译"。与《大正藏》载日本续藏经版《佛顶尊胜陀罗尼加字具足本》文句相同，字数相同，只是个别梵音汉译用字不同。《佛顶尊胜陀罗尼加字具足本》载于唐朝议大夫兼侍御史武彻述《加句灵验佛顶尊胜陀

---

① （清）胡聘之：《山右石刻丛编》卷23，山西人民出版社1988年版。
② 经幢内容均为笔者释读。

罗尼记》①，此记是《一切经音义》撰者慧琳"于成都府右经藏中得之，时如意二年三月二十三日。"②如意为武则天年号，如意元年为692年，无如意二年。《宋高僧传》卷五载："释慧琳，姓裴氏，疎勒国人也。始事不空三藏为室洒，内持密藏外究儒流。印度声明、支那诂训，靡不精奥，尝谓翻梵成华。……琳以元和十五年（820年）庚子卒于所住，春秋八十四矣。"③

《加句灵验佛顶尊胜陀罗尼记》是宣扬新本《佛顶尊胜陀罗尼经》之灵验记，文中讲述永泰（765—766年）初，殿中侍御史蒋那诵新本《佛顶尊胜陀罗尼经》，并声称受之于王开士，开士受之于金刚智。开元中，五台山王居士从一老人处得新本；东京王少府从梵僧处得新本；"五台王山人及王开士与王少府，既同业因，各陈其所持本，勘校文句，多少并同，如一本焉，彼此相庆贺。王山人曰：'吾本受之于台山圣公。'王少府曰：'吾本受之于神僧。'王开士曰；'吾本受之于金刚智三藏。'梵夹见存，三人惧然，共勘其本，音旨字数如一。故知众生闻法有时流传教法，亦有时叹真实世间希有，此即是金刚智三藏梵本译出者。令勘佛陀波所利传本，文句大同，多于旧本，九句六十九字，余悉波利。僧惠琳因修大藏目录，收未入藏经六百余卷，并遂略武彻所叙陀罗尼感应神验，亲自勘同，序之卷末"④。文中提到以金刚智译本等后出三本校勘佛陀波所利传本，故事可能有虚构，也未具载新出三种版本经文，但透露出的信息是，后世有人将佛陀波所利传本、金刚智传本等多种版本的《佛顶尊胜陀罗尼经》进行了合校，并形成了具足本。"前后约二百余年，已经八度出，本经则五翻，念诵法即三种差别，唯有善无畏所译是加句尊胜陀罗尼，中加十一句六十六字，仪轨法则乃是瑜伽，与前后所译不同，多于诸本，余七译陀罗尼字数多少相似，慧琳音至此经，遂捡勘译经年岁先后，故书记之，晓彼疑繁之士，贞元十八年（802年）壬子岁记。"⑤

---

① （唐）武彻：《加句灵验佛顶尊胜陀罗尼记》卷1，《大正藏》第19册，第386页。
② （唐）武彻：《加句灵验佛顶尊胜陀罗尼记》卷1，《大正藏》第19册，第386页。
③ （宋）赞宁：《宋高僧传》卷5，《大正藏》第50册，第738页。
④ （唐）武彻：《加句灵验佛顶尊胜陀罗尼记》卷1，《大正藏》第19册，第386页。
⑤ （唐）慧琳：《一切经音义》卷35，《大正藏》第54册，第544页。

"由于陀罗尼的梵音难以汉译完全表达,为了追寻回归梵音的汉译,是陀罗尼系经典一译再译的最基本的原因。"①

考现存之金刚智本比具足本增加了"敬礼毘婆尸如来"等八句,② 内容出入较大,而善无畏本与具足本则几乎完全相同,因此,所谓具足本很可能就是善无畏传本。

大定二十五年(1185年)《忻州兴化寺故尼清信幢铭》主要记兴化寺寺主清信之德行,兼及传法弟子。此幢是清信圆寂13年后,其弟子缅怀师恩而建。幢石附刊经名曰"《佛顶尊胜陀罗尼经》"无侧注,未言译者。与各种译本比勘,其与高丽藏佛陀波所利传本较为接近,但语句也多有出入,经幢文字多于高丽本,如在"驮耶戍驮耶"与"誐誐曩尾秫第邬瑟捉"之间增加了"裟婆羯么曼尾尾奴佛么拏",此句只在高丽本地婆诃罗译《佛顶最胜陀罗尼经》中有,而不见于其他版本《佛顶尊胜陀罗尼经》,但汉译为"萨婆羯摩婆啰拏(引)儞谜嚧跋啰"③。汉译用字基本相同者见于南宋思觉集《如来广孝十种报恩道场仪》曰:"娑婆羯摩,尾尾奴,佛么拏"。④ 侯冲认为,南宋思觉集《如来广孝十种报恩道场仪》的撰述时间不早于南宋孝宗隆兴元年(1163年)。就内容来看,乃引述宗密《佛说盂兰盆经疏》、慈觉《孝行录》(一般记载作《孝友文》或《劝孝文》)和契嵩《孝论》,并摘取经藏而成,集中国古代佛教孝道著述之大成,是研究中国佛教报恩行孝思想的重要资料。⑤

此二版本之《佛顶尊胜陀罗尼经》文句亦不完全一致,幢石刊文多于《如来广孝十种报恩道场仪》。此二版本之《佛顶尊胜陀罗尼经》被使用的时间接近,基本为同一时代。这就说明,加"娑婆羯摩,尾尾奴,佛么拏"句之版本经文在社会上广泛流传。

---

① 刘淑芬:《灭罪与度亡——佛顶尊胜陀罗尼经幢研究》,上海古籍出版社2008年版,第14页。

② 失佚:《佛顶尊胜陀罗尼》卷1,《大正藏》第19册,第385页。

③ (唐)地婆诃罗译:《佛顶最胜陀罗尼经》卷1,《大正藏》第19册,第356页上。

④ (南宋)思觉集、赵文焕、侯冲整理:《如来广孝十种报恩道场仪》卷八,《藏外佛教文献》第八辑,2003年版,第356页上。

⑤ (南宋)思觉集、赵文焕、侯冲整理:《如来广孝十种报恩道场仪》题解,《藏外佛教文献》第八辑,2003年版,第53页上。

明昌二年（1191年）《忻州兴化寺比丘尼明济预建幢铭》主要记兴化寺寺主明济之德行。此幢是明济生前为自己预建。天德三年（1151年）《故兴化寺米寺主墓幢志铭》已经提到"明济诵《法华经》"，因此，到明昌二年时，明济在兴化寺已经40年。幢石附刊经名曰"《佛顶尊胜陀罗尼神咒》"无侧注，未言译者。与各种译本比勘，其与高丽藏佛陀波利所传本较为接近，但语句也多有出入。如同大定二十五年（1185年）《忻州兴化寺故尼清信幢铭》幢石在"驮耶戍驮耶"与"誐誐曩尾秫第邬瑟抳"之间增加了"裟婆羯么曼尾尾奴佛么拏"，但两通幢石经文或多字，或少字之处有18处不同，而同音用字也不完全相同。

明昌五年（1194年）《忻州兴化寺尼法广幢铭》主要记兴化寺女尼法广之德行，兼及传法弟子。此幢是法广圆寂13年后，其弟子为报师恩而建。幢石附刊经名曰"《佛顶尊胜陀罗尼经》"无侧注，未言译者。与各种译本比勘，其与高丽藏杜行顗译本较为接近，但语句有9处不同，或多字少字，或音同而用字不同。

综上，五通幢石除明济建幢是自己为自己预建之外，其余都是弟子为追念师恩而建。另一共同特点是，基本都是师父圆寂多年以后建幢，具有墓志铭的功能，立于墓旁。这一墓地是智净为其师父妙泪迁葬之后的选择的坟茔，距离寺院应该不会很远，甚至就在寺院之内。

受密教影响，墓幢之上普遍刻《佛顶尊胜陀罗尼经》，概因此经自唐代以来被认为"救拔幽显，最不可思议"[①]。但值得注意的是，同一个寺院之中，弟子为师父建立的经幢，经文差别很大。其中，大定二十五年（1185年）、明昌二年（1191年）、明昌五年（1194年）所立幢石，应是同一批石匠所刻，三通幢石最后分别刊"石匠元深、王宪、元春□□□□□□□□□□""明昌二年岁次甲寅四月初八日建石□元□刊""刻石元□、元经、元春、元振"。可见，这三通幢石所载石匠除王宪外，都姓"元"，很可能是同一家族之人。同一寺院，同一批石匠，为同一法脉传承群体所刻同一部经，所刊经文却差别很大。其一，版本不同，五通经幢，至少有佛陀波利传本、具足本、杜行顗译本三种版本，

---

① （唐）佛陀波利译：《佛顶尊胜陀罗尼经》卷1，《大正藏》第19册，第349页。

兼吸收地婆诃罗译本、善无畏译本之内容；其二，即使是相同的佛陀波利所传本幢石，文字也多少不等，梵音汉译用字、侧注、断句也多有不同；其三，经名也不完全相同，或称经，或称咒。这些情况一方面是因为"以汉字传达梵音，即使有注音、侧注的辅助，而因唐、梵音的差异，亦难以从汉译掌握陀罗尼的梵音，因此陀罗尼的受持，通常需要僧人的指点传授。……各师在传授过程中，或也作了改动"。[①] 这是同本在流传中变异的原因之一。另一方面，对于同一寺院，同一批石匠所刊同一部经，出现较大差异，则可能是立幢之僧尼提供之经文本身存在差异，而她们对此并未在意，甚至刊刻哪个版本的经文也不固定，而较为随意；再则，刊刻之石匠，由于不精通密教陀罗尼，刊刻过程中也可能出现疏漏，而立幢者似乎也并未在意。可见，墓幢上刊刻《佛顶尊胜陀罗尼经》只是成了"消除一切罪业""破地狱"的一种象征，只要刻上经文则可，至于版本、经名、经文的具体内容有无差池，则不加深究。密教传持中，陀罗尼作为重要的修行法门，要求严格，"陀罗尼不仅要求回归梵音，同时也要求陀罗尼完整、无有脱漏，才有效力"[②]。因此，金代兴化寺经幢《佛顶尊胜陀罗尼经》经文各异的情况说明，陀罗尼经幢甚至陀罗尼本身已经变成了一种象征性符号，这是密教严格仪式化、程序化修持发展至民间化、大众化的集中体现，也是密教被边缘化的体现。

二 兴化寺历任寺主及其兴建活动

2011年，山西忻州市南郊一处佛教寺院遗址发现7通经幢，文字记载勾勒出金代兴化寺女尼寺庙的百年发展史。

兴化寺是一个女尼寺庙，始建情况不可考。最早一通经幢为丁巳岁幢石。丁巳岁幢石载及智净"本代郡五台县虎铍里人也，俗姓郭

[①] 刘淑芬：《灭罪与度亡——佛顶尊胜陀罗尼经幢研究》上海古籍出版社2008年版，第16页。

[②] 刘淑芬：《灭罪与度亡——佛顶尊胜陀罗尼经幢研究》上海古籍出版社2008年版，第18页。

氏"①。同时提及其弟子"长发善德、善知"。长发即式叉摩那，又名学法女，指沙弥尼之学六法者。另《故兴化寺米寺主墓幢志铭》载"米寺主"即长发善德。因此，丁巳岁幢石立石时间应在《故兴化寺米寺主墓幢志铭》立石之前，故推断为北宋熙宁十年（1077年）。

兴化寺尼众法脉传承过程中，已知第一辈妙泪具体情况不详，只知其传智净、智普等弟子。智净"留乎寺务"，应是充任寺主之类的职事，于北宋熙宁十年（1077年）将其师妙泪迁葬。"竭囊捐赇，别筮胜地，迨乎选得九原岗右胁脉，接西岑，斯则启功负畚荷插，于龠于囊，登登凭凭，不日，围就塔，立葬。"智净之目的是为报妙泪师恩而起塔迁葬，并在塔前立佛顶尊胜陀罗尼经幢。"九原岗"即发现幢石之地，乾隆《忻州志》载："九龙岗在州西，一名九原岗，仞有九。"② 元好问《募修学疏华表》亦曰："覆窥于双鹤连岗，雄镇于九龙，由《天庆观记》吾州跨西岗，而城岗占城之半，是谓九龙之原，《檀弓》志晋大夫之葬，直谓之'九原'。《水经》谓滹沱经九原北流，此其地也。岗势突起，下瞰井邑，故以庙学、道观、佛寺镇之。"③ 智净度弟子善德、善知等。

《故兴化寺米寺主墓幢志铭》载，善德"十九岁具戒"，但丁巳岁幢石提及善德时仍称其为"长发"，表明她是准备受具足戒之学法女，尚未受具足戒。《故兴化寺米寺主墓幢志铭》是善德弟子清严所立，对善德圆寂时间和其寿龄记载应不会有误，故"丁巳岁"时，善德已22岁，因此，《故兴化寺米寺主墓幢志铭》言善德"十九岁具戒"的说法应该是不准确的。善德于宋元祐五年（1090年）充尚座寺主，"遂盖现殿一所，供讲斋僧十余年，所费不可数言也"。天会十二年（1134年）七月圆寂。度弟子清严、清信。

金天会九年（1131年）清严任兴化寺维那，天会十五年（1137年）充尚座，"翻瓦慈氏殿，雕造装饰卢舍那佛、观音、势至一会"。

善德另一弟子是清信，关于其行迹，《故兴化寺米寺主墓幢志铭》和

---

① 经幢内容均为笔者释读，经幢现存忻州南郊九原岗兴化寺遗址。侯慧明：《忻州新发现金代七通"佛顶尊胜陀罗尼经幢"考论》，《博物馆研究》2014年第2期。
② 乾隆《忻州志》卷1，《中国地方志集成》，凤凰出版社2005年版，第15页。
③ 《元好问全集》下册，山西古籍出版社2004年版，第15页。

《忻州新化寺故尼清信幢铭》两通幢石中均有载述，但所记不尽相同，主要是关于生卒年、出家受戒年龄、任尚座寺主时间上载述不一。因《故兴化寺米寺主墓幢志铭》为清严所立，其时，清严、清信仍健在。时间上早于《忻州兴化寺故尼清信幢铭》，故其生年、出家、受戒年龄、任尚座寺主时间问题上采《故兴化寺米寺主墓幢志铭》之说应更为可信。而《忻州兴化寺故尼清信幢铭》的建幢时间距清信卒年较近，故清信之卒年采其说。清信于皇统三年（1143年）任尚座，天德元年（1149年）充寺主，"重修翻瓦门楼一所，兼创建缠腰"。大定十二年（1172年）圆寂，度法明等徒。

清信之后，明确提到担任寺主者是法广弟子惠念，惠念的继任时间据《忻州兴化寺尼法广幢铭》是大定二十一年（1181年），从清信到惠念中间有9年时间中可能是法字辈中某位充任寺主，幢石未明确提及。此间，也未见有修葺之事。法广之师明确提及为真禧，应非该寺主流传承。惠念亦于大定二十一年（1181年）"启盖法堂，瞻仰钦崇"。

大定二十二年（1182年），明济充当三纲寺主。"罄衣钵之资，构建法堂，并其中绘画圣像砌□堦基，金碧光辉，令众瞻仰，为演法之金地也。"度弟子亲姪女义妙等。大定二十五年（1185年），《忻州新化寺故尼清信幢铭》提及明济时称："孙前寺主诵《法华经》尼明济"，证明在大定二十五年（1185年）明济已经卸任寺主，很可能寺院管理已经由"义妙"等"义"字辈接任。

从宋熙宁十年（1077年）到明昌五年（1194年）117年中，兴化寺概历八代，五次较大规模修建扩充，平均20年就有一次较大规模兴建活动。宋金战争以及王朝更迭对该寺没有造成破坏性影响。这一点也可从元好问《忻州天庆观重建功德记》中对天庆观的载述中得到证明，天庆观与兴化寺同处于忻州之九原岗，"宣和末，金兵入郡境，并东城而南，观以不废。承平之久，道化大行，土木之役，岁月不绝"①。这与山西并州情况形成鲜明对比，"并州，唐以来图经所载，佛塔庙处□他郡为尤多。宣、政之季，废于兵者凡十之七"②。入金后，因金廷崇佛政策，"曾

---

① 《元好问全集》下册，山西古籍出版社2004年版，第11页。
② （金）元好问：《遗山集》卷35《威德院功德记》，辽宁人民出版社1995年版。

不百年，瓦砾之场，金碧相望，初若未尝毁者。浮屠氏之力为可见矣"①。忻州兴化寺在入金后也获得了较快的发展。门楼、缠腰殿、慈氏殿、法堂等建筑渐次修缮，陆续周备，徒众星稠，讲学斋僧，佛事严谨。明昌后，兴化寺历史阙如。

三　兴化寺佛教传承

（一）兴化寺尼众非常重视读诵《法华经》

兴化寺尼众以诵持《法华经》为主，一方面是受到社会风气的影响，唐宋以来，《法华经》破权归实，会三归一，宣扬众生皆可成佛思想，被称为经中之王。《妙法莲华经》卷七曰："若有受持、读诵，正忆念，解其义趣，如说修行，当知是人行普贤行，于无量无边诸佛所深种善根，为诸如来手摩其头。若但书写，是人命终，当生忉利天上，是时八万四千天女作众伎乐而来迎之，其人即着七宝冠，于婇女中娱乐快乐；何况受持、读诵，正忆念，解其义趣，如说修行。若有人受持、读诵，解其义趣，是人命终，为千佛授手，令不恐怖，不堕恶趣，即往兜率天上弥勒菩萨所。弥勒菩萨，有三十二相大菩萨众所共围绕，有百千万亿天女眷属，而于中生，有如是等功德利益。是故智者，应当一心自书、若使人书，受持、读诵，正忆念，如说修行。"②唐惠详撰《弘赞法华传》③专门宣扬《法华经》的灵验与功德，如果信奉受持《法华经》被认为可获得神佑、顺遂心愿，发生奇迹，往生兜率。唐代以后，《法华经》在僧俗之中，特别是在士大夫中传播兴盛。景祐元年（1034年）"诏试天下童行诵《法华经》，中选者得度。命参政宋绶、夏竦同监试，有童行，诵经不过，问：'习业几年？'对曰：'十年矣。'二公笑且闵之，约归各取经诵。绶十日，竦七日，不遗一字。"④ 宋绶、夏竦诵《法华经》不遗一字，不免有所夸张，但也足证士大夫阶层对此经应非常熟悉。

金代童行试经规定经典中，《法华经》是最主要的科目之一，"僧童

---

① （金）元好问：《遗山集》卷35《威德院功德记》，辽宁人民出版社1995年版。
② （姚秦）鸠摩罗什译：《妙法莲华经》卷7，《大正藏》第9册，第61页。
③ （唐）惠详撰：《弘赞法华传》卷7，《大正藏》第51册，第74页。
④ （宋）志磐撰：《佛祖统纪》卷45，《大正藏》第49册，第409页。

能读《法华》《心地观》《金光明》《报恩》《华严》等经共五部，计八帙。《华严经》分为四帙，每帙取二卷，卷举四题，读百字为限。尼童试经半部，与僧童同"①。金廷试经度僧的规定，使欲获得度牒者，必须熟悉《法华经》，这可能也是兴化寺尼众幼年入道即开始诵《法华经》的主要原因之一。

再则，兴化寺从善德以来，一直重视持诵《法华经》，可能与其往生弥勒净土信仰有关。《法华经》宣扬其重要功德之一是可往生弥勒净土。有的僧尼除诵《法华经》外，还业《上生经》，也表明其对往生弥勒净土之期许。天会十五年（1137年）清严充尚座，"翻瓦慈氏殿，雕造装饰卢舍那佛、观音、势至一会"。从"翻瓦慈氏殿"，可见，是重修慈氏殿，说明慈氏殿是兴化寺早已有之的建筑，也说明了其信仰的倾向性。兴化寺中无明确纪年的一幢石刻阿弥陀佛图像，说明其也向往西方阿弥陀净土。

（二）试经受戒，传持严格；诵讲风行，学风严谨

兴化寺尼众修行经历基本都是因缘早契，幼年即入佛门，平均年龄不到8岁。经过数年的严格经业学习，试经得度。

试经即系帐童行参加经业考试，合格者取得度牒。唐代为加强对僧侣的管理，防止寺院隐匿人口，"唐中宗始诏天下试经度僧"②。宋代沿袭这一制度，"宋太祖诏沙门殿试经律论义十条，全中者赐紫衣。太宗雍熙诏天下系帐童行并与剃度，今后读经及三百纸，方许系帐。至道诏两浙福建路，每寺三百人，岁度一人，尼百人度一人，诵经百纸。读经五百纸，为合格"③。真宗大中祥符六年（1012年）二月"乙酉，诏：'自今诸寺院童行，令所在官吏试经业，责主首僧保明行止，乃得剃度。如百属试验不公，及主首保明失实者，并寘重罪。'先是，岁放童行剃度，皆游惰不逞之民，靡习经戒，至有为寇盗，犯刑者甚众。故条约之"④。宋仁宗还规定了试经科目，景祐元年（1034年）"诏试天下童行诵《法华

---

① 《金史》卷55，中华书局1975年标点本，第1234页。
② （宋）志磐撰：《佛祖统纪》卷45，《大正藏》第49册，第414页。
③ （宋）志磐撰：《佛祖统纪》卷51，《大正藏》第49册，第452页。
④ 《续资治通鉴长编》卷80，中华书局2004年标点本，第1819页。

经》，中选者得度"①。宋神宗时因财政困难而买卖度牒，熙宁元年（1068年）七月"司谏钱公辅言：祠部遇岁饥河决，乞鬻度牒以佐一时之急。自今圣节恩赐，并与裁损，鬻牒自此始"②。

金太宗攻取黄河以北宋地后，于天会八年（1130年），五月癸卯"禁私度僧尼"③。金代何时开始实行试经度僧，史无详载。刘浦江认为"世宗时（1161—1189年）仿唐宋旧制，实行试经度僧"④。但从忻州兴化寺经幢来看，最迟在金太宗天会十一年（1133年）已经开始实行试经度僧。

《忻州兴化寺故尼清信幢铭》载，清信"至年六岁，父母送在州兴化寺，礼尼善德为师，训□法名清信，□□经典，未尝有辍。功懿礼念，夙夜匪懈。敬侍师长，恭谨靡□。至年十三，买戒受具讫"。清信十三岁时，按《故兴化寺米寺主墓幢志铭》年龄推定，其时为宋徽宗宣和五年（1123年），按《忻州兴化寺故尼清信幢铭》年龄推定其时为金太宗天会十三年（1135年）。参以《忻州兴化寺尼法广幢铭》"法广幼年而意乐空门，和颜而生其善根，年始七岁投兴化寺礼尼真禧出家，持诵如来性海，时克不乏，□怀贞慤之心，长舍四忍之行，□且水月未足，比其清采仙露珠明讵能方其郎润。十有九年，试经中选得戒"。法广十九岁试经，按年龄推定其时为金太宗天会十一年（1133年）。也就是说，金太宗在天会八年（1130年）下令"禁私度僧尼"⑤后，至迟在天会十一年就开始实行试经度僧。至于清信"买戒受具"，是否说明太宗朝已经开始买卖度牒，则因为清信生年记载有两说，也可能是宋徽宗朝之事，加之无其他史料佐证，则难以断定。金章宗时开始买卖度牒，承安二年（1197年）四月尚书省奏："比岁北边调度颇多，请降僧道空名度牒，紫褐师德号以助军储。"⑥

兴化寺尼众除清信是"买戒受具"外，其余皆是由参加经试中选，

---

① （宋）志磐撰：《佛祖统纪》卷45，《大正藏》第49册，第409页。
② （宋）志磐撰：《佛祖统纪》卷45，《大正藏》第49册，第414页。
③ 《金史》卷3，中华书局1975年标点本，第61页。
④ 刘浦江：《辽金的佛教政策及其社会影响》，《佛学研究》1996年总第3期。
⑤ 《金史》卷3，中华书局1975年标点本，第61页。
⑥ 《金史》卷10，中华书局1975年标点本，第241页。

而获得度牒。一般情况，从出家到试经得度，平均经历6年，随即受具足戒，其间精勤诵经，毫无懈怠，如明济"持诵《法华经》不舍昼夜，恒终梵行，如素日以当天。顿悟真如，似红莲而出水。年一十四岁，具戒披剃"。弟子精勤用功也说明师父训诲严格。兴化寺尼众诵读《法华经》成为寺院传持之风，善德"至二十五岁日持《法华经》一部、《梵网经》一卷、《金刚经》一卷至终。虽风雨、事疾，未尝或辍"。师父垂范力行，化人以慈，修身以约；弟子谨守师训，学无怠懈，"悉有礼法"。师徒之间上行下效，使兴化寺形成了严整寺风，百年传承而枝繁叶茂。

诵经是佛教最基本的修行方式，兴化寺尼众多能以虔诚的心态恪守，研习经法，供讲斋僧，佛事严谨，可见金代佛教发展之一斑。这与元代初年形成鲜明对比，《佛祖历代通载》卷二十一载，"万松长老叹曰：'自国朝革命之来，沙门久废讲席，看读殊少，乃同禅教诸老宿请师董其事。'师从容对曰：'诸师当以斯激厉众僧习应试经典，主上必有深意。我观今日沙门，少护戒律，学不尽礼，身远于道。故天龙亡卫而感朝廷励其考试也。三宝加被必不辜圣诏。'"① 万松历经金元两朝，所讲乃蒙古人主中原之初的情况，可见，因兵乱佛教传讲到元朝时已经受到了极大影响。

总之，忻州兴化寺百年的发展历史是金代佛教发展的一个缩影，也是山西佛教发展的一个缩影。

第三节　金代佛教与山西社会

一　僧人传法及结社

金朝为了加强对中原地区的统治，对佛教也尤为尊奉，这也使密教、禅宗、华严等佛教宗派在山西都有发展。

金代密教承辽传统，密教僧人仍有活动。如法冲大师，不知何许人，居五台山，神异莫测。《补续高僧传》载："大定中黄冠萧守真，上奏请与沙门角力。金主许之，师应召入京，止昊天寺。明日于殿庭相试，萧

---

① （元）念常集：《佛祖历代通载》卷21，《大正藏》第49册，第703页。

能饮斗酒自若。谓冲曰：'沙门能饮乎，如弗能则出吾下矣。'师曰：'吾能一饮十斛，不足为难。但吾佛有戒，沙门不得饮酒，请加砒霜鸩毒于中。我与若饮，庶不为犯。若能饮之乎。'萧曰：'请沙门先之。'师手持毒酒，口诵咒，饮之如吸水，饮毕倒器，相示无遗然涓滴，即满盛一器，与萧。萧觳觫不敢受。师曰：'汝出吾下矣。'萧犹大言矜高，师于地画金刚圈咒之。萧不觉投入圈中，汗如雨下，丑态狼藉，尽力求出而不能。上劝师舍之。师曰：'若非帝前，吾以金刚杵碎尔首。'"① 于是金主大加赏叹，赐仪仗送还山，敕建万岁寺居之。法冲善于诵咒，饮鸩酒，画金刚圈与道士斗法，似乎为密教僧人。

又如大汉僧录亦善于密法，姓聂氏。身长九尺，臂力绝人。"削发从佛，持律诵经。有解性，发言不测。若深有得于中者。且能诵咒驱邪。又名破魔和尚。熙宗闻之召见。赐食授殿中将军。固辞曰：臣愿始终事佛，不愿为官，不拜命。为交城县僧录，领袖一方。赐龙凤山河衣，衣宫中所制。命僧录披以化人。因又称大衣禅伯。名振一时。服化者众。"②

山西北部尤其灵丘一带，似乎在辽代以前以弘传律宗为主，通因演秘到达灵丘觉山寺后才将禅宗传入。泰和七年（1207年）《觉山寺殁故行公监寺墓志》载，朔州崇福寺通因演秘大师，"命为本寺之西大觉院宗主，经营八年，仓廪充实，百不缺一。师念□功成不处，古之道也，又念灵州一境，善心淳厚，崇尚吾门，其来久矣。然皆律居，传达磨之真宗，提西来之妙旨意，直截之一门，曾未之有"③。似乎禅宗传入灵丘一带比较晚。

金代民间社会仍然盛行佛教结社活动。信众因佛教信仰结合为社会组织，或者集体诵读某经，或者协力修建寺庙，或者组织寺庙管理。如陵川县正隆四年（1159年）《古贤寺弥勒殿记》载："皇统贞元三年（1155年）冬，闻悟乃躬率先结龙华邑，三十余人随分助其物力，又除自己净财外各人分头教化。檩材飞椽并诸瓦木所向，人无难色，喜舍不吝……又刻殿碑以标表之，使仰瞻弥勒之名者咸生响慕之诚。其瓦木工

---

① （明）明河：《补续高僧传》卷19，《卍续藏》第77册，第503页。
② （明）明河：《补续高僧传》卷24，《卍续藏》第77册，第525页。
③ 高凤：《三晋石刻大全·灵丘县卷》，三晋出版社2010年版，第17页。

匠诸费约千余缗，多办龙华邑众并助缘者良由悟师率唱诱化，人人肯修崇殿宇，精勤六事，冀日想俱往生兜率陀天，奉觐弥勒，当来下生成弥勒佛时，亦得随从于龙华树下三会说法，受无上之记，即知修弥勒殿之功果非浅浅也。"① 龙华邑由信众结社，主要是崇奉弥勒菩萨，在会社的组织下，捐资财物，修建寺庙，希望死后往生所谓弥勒净土。临县《石州定胡县上招贤村普照禅院记》载："本朝大定四年（1164年），有当里久土俗士华严邑樊彦、李厚、贺权、高详、高圮、止俗尘常规，梵刹摘己财产，募众有缘，复能协力所谓妆塑图画，并选当时良匠名手，钱用诸费，固不鲜矣！有心肯构，增益修崇。"② 樊彦、李厚等信众结成华严邑，应该是主要诵读《华严经》，崇奉华严三圣，并捐资增修庙宇。这种佛教结社是唐宋以后民间社会有组织崇奉佛教的一种松散的信仰群体，广泛存在于社会底层。

二 《赵城金藏》的刊刻

《赵城金藏》的首倡者是寔公和尚，其弟子崔法珍、王法师积极参与。在他们的倡导下，山西、陕西民间一些佛教信众纷纷捐资相助。"协力助缘刘法善等五十余人，亦皆断臂燃臂燃指刳眼割肝，至有舍家产、鬻男女者，助修经板胜事，始终三十年之久，方得成就。"③ 历时三十年，《赵城金藏》得以完成。

据赵沨《最初敕赐弘教大师雕藏经板院记》云："潞州长子县崔进之女，名法珍，自幼好道，年十三岁断臂出家。尝发誓愿雕造《藏经》，垂三十年，方克有成。大定十有八年（1178年），始印经一藏进于朝。"④ 又据山西绛县现存元大德元年（1297年）《雕藏经主重修太阴寺碑》记载，《赵城金藏》的刊刻首先由寔公律师发起，"爰有寔公律师菩萨，乃怀州河内县人也。舍于孟州天王院礼师出家，执彗添瓶，罔惮勤劳，笃好经书，年登十五，负笈游学。二十以来，洞晓经旨，内闲五教，外醉

---

① （清）胡聘之：《山右石刻丛编》卷19，山西人民出版社1988年版。
② （清）胡聘之：《山右石刻丛编》卷20，山西人民出版社1988年版。
③ 李际宁：《佛经版本》，江苏古籍出版社2002年版，第110页。
④ 李际宁：《佛经版本》，江苏古籍出版社2002年版，第109—110页。

六经，行洁寒霜，戒圆秋月。一日辞师礼泗洲观音宝塔，到彼火燃左手，感观音真容显现。又闻台山文殊应现，凡圣交迹，再启胜心，步礼五台。至归德府，路逢大宋徽宗御驾，帝问曰：何谓如是礼也？师曰：礼五台文殊菩萨。话契圣心，龙颜大悦，将金果园敕改作普明禅院，更赐金刀剃发，玉剑防身，自天祐之吉，无不利至。于台山恳祷志诚，感文殊菩萨空中显化，得法眼净，见佛摩顶授记曰：汝于晋绛之地大有缘法，雕造《大藏经》板。语门人刘居士曰：诸佛如来，与我授记，汝还见闻否？曰：然。于是居士庆得见闻，踊跃悲喜，断于左臂，以献于佛"①。寔公律师据称是因步礼五台山，得佛授记而雕造《大藏经》。寔公律师是否亲见宋徽宗并得到赏赐，不得而知，但其燃手断臂应当实有其事，其在当时应该已经具有一定的社会影响力。

寔公律师朝礼五台山返回后，"回至潞州长子县崔氏宅中，因化斋饭，有一童女，见师巍巍荡荡，慈悲作室，忍辱为衣，持斋，则一食自资。坐禅乃六时不倦。童女启白父母，求出尘劳。堂亲赧然，不从，童女于隐奥之处，自截左手。父母见其如是，舍令出家，随其师届于太平县。有尉村王氏之子投师出家，亦燃左手，法名慈云。……时人呼为王菩萨。随从于师，趋至金台天宁寺，请师住持。童女、居士左右辅弼，纠集门徒三千余众，同心勠力，于河、解、隰、吉、平水、绛阳，盛行化缘，起数作院，雕造大藏经板，声震天下，如雷霆，如河汉。后旌幢花烛，钹鼓笙箫，迎归舜都城里，说法利生，广施饶益！……至大定十六年（1176年），寔公菩萨忽闻空里有声，云入灭时至，兜率天众，来迎导汝。寔公律师于方丈内焚香端坐，谓门徒曰：人生天地之间，若白驹之过隙，忽然而已。道之将行也与，命也；道之将废也与，命也。我今四大将离，六根欲谢，我终之后，当以未雕大藏经板，补雕圆者。言讫，奄然神逝"②。寔公律师招崔法珍、慈云为弟子，弟子或"截左手"，或"燃左手"。以寔公律师为首的这一佛教师徒群体，以"自残苦行"惊世骇俗，可能由此非同常人之举而获得信众的崇奉，门徒达三千余众。他们在南到永济北达平阳的范围内募化集资，产生很大社会影响。大定十

---

① 杨明珠：《稀世之宝〈赵城金藏〉与解州天宁寺》，《文物世界》2002年第6期。
② 杨明珠：《稀世之宝〈赵城金藏〉与解州天宁寺》，《文物世界》2002年第6期。

六年（1176年）寔公律师圆寂时，《大藏经》尚未雕刻完成。

寔公律师圆寂后，《大藏经》的雕刊任务主要由崔法珍领导完成。"时童女菩萨住持河府广化胜刹，振扬教海，大播宗风。大定十八年（1178年），所雕藏经部帙卷目，总录板数，表奏朝廷，世宗皇帝特降紫泥慈部七十二道，给付行功，以度僧尼，更赐大弘法寺之名额，敕降童女菩萨以为弘教大师。"①《金藏》的雕刻是由静林山天宁寺寔公法师和崔法珍、慈云等人先后主持完成的，并由崔法珍上奏金世宗，得到赐封名号。

金代静林山天宁寺即唐代静林寺，宋代兴化寺。据《续高僧传》卷二十《释昙献》载，昙献"所居谷口素有伽蓝，因此谷名遂题寺目为静林寺也。昌师摄念经行，常志斯所。周武道丧，隳坏仁祠。昌与俗推移而律仪无缺"②。静林寺最迟在北周时期已经存在。据宋元祐三年（1088年）《解州解县静林山兴化寺新修卢舍那佛大殿记》载："静林谷者，亦条山之界而蒲之旧地也。中有古寺，载于图经。唐乾宁中，锡以妙觉之号。汉乾祐初，始属于解。至本朝太平兴国二年，易以今名。历遂寖久，颓垣坏屋，莫之能兴。庆历中有僧，号普真者，云游至此，徘徊周览，爱其山川之秀，可以为驻锡之地。乃营庵于其侧，乡人知其笃行，相与出力，崇起殿阁，创修砖塔。"后僧人文玉也参与修建，并将寺院改为十方住持，"环千里之内外，衣冠士女云集辐辏。其盛遂与栖岩、万固之相埒，而为解地之盛"。后沙门洪济、元杲在郡人将作监主簿娄应的资助下建立大殿，并塑卢舍那像，"增广廊庑至七十余间，凡用工前后踰十年，其费几二万缗"③。又据元至正十二年（1352年）《静林山天宁万寿禅寺重修记》载："杲公祖师初建静林名刹，繇是源远流长，根深枝茂。然而吾佛之教绵亘古，今接物利生，盛行于世矣。前之招提者，在东南隅之二里，曰'兴化寺'，于熙宁戊申而犹重建，后因零替荒废，无人修葺。而法苑萧疎，僧坊沉寂。""从经兵革，咸从毁废，空留晏坐之台，无复经行之处，唯一殿宇之存焉。踵后子继孙传，清风不坠。至元朝上章涒

---

① 杨明珠：《稀世之宝〈赵城金藏〉与解州天宁寺》，《文物世界》2002年第6期。
② （唐）道宣：《续高僧传》卷16，《大正藏》第50册，第598页。
③ （清）胡聘之：《山右石刻丛编》卷15，山西人民出版社1988年版。

滩重兴福地，再立金田佛殿、法堂、僧堂、三门、廪厨、库厅、通过、僧寮、廊庑等，舍复举皆新。风烟如故，为郡人之快睹也。"① 可见，静林山天宁寺最早可追溯至北周，唐代为妙觉寺，宋代太平兴国二年改名兴化寺，宋代经普真等人持续修建，规模宏敞，已经成为解州名刹，金代应该仍然是十方住持寺院，因此，怀州人寔公和尚能顺利在天宁寺刊印《大藏经》。金末毁于兵火，元代又进行了大规模的重建。

从《赵城金藏》跋文年序看，法珍开始由河津出发（皇统九年天德三年日帙经跋），渡黄河西行绕白冰毗沙镇、蒲城（贞元元年至三年缘、因、声帙），返还又入晋南，历太平、解州、夏县、安邑（贞元二十三年唐、虞、宙、皇、罪鸣、食、敢伤、女帙）、翼城（不帙）、猗氏（疑帙）、荣河（密、飞帙）、万泉（切、磨帙）、临汾（馨帙）诸地，南行至芮城（似帙）平陆（见帙），旁涉晋东南的潞州、长子（覆、是、竞、命、禽帙）等地。经跋中也时有出现雕刻大藏经的经资募化筹齐后，由"天宁寺开雕大藏经版会"总其成。② 赵沨《最初敕赐弘教大师雕藏经板院记》还云："至二十年（1180年），进到京师。其所进经板凡一十六万八千一百一十三，计六千九百八十为卷。上命有司选通经沙门导遵等五人校正。至二十三年（1183年），赐法珍紫衣，号弘教大师。其导遵等，亦赐紫衣德号。其同心协力雕经板杨惠温等七十二人，并给戒牒，许礼弘教大师崔法珍为师。仍置经板于大昊天寺，遂流通焉。"③ 崔法珍雕刻《赵诚金藏》一事，明朝万历年间陆光祖《嘉兴藏刻藏缘起》《金史记事本末》《日下旧闻考》《析津志》等有载。《赵城金藏》是以"解州天宁寺开雕大藏经版会"名义雕刻，由天宁寺寔公法师首倡主持，崔法珍、慈云等人协力募化集资。《大藏经》雕刻成后，崔法珍又将《赵城金藏》运往燕京（今北京），三年后，又将经版运往燕京，印刷流通。同时，《金藏》雕印中民众对于此项工作的给予积极支持，"至有舍家产，鬻男女者"，可见金代佛教在山西社会之影响。

---

① （清）胡聘之：《山右石刻丛编》卷38，山西人民出版社1988年版。
② 杨明珠：《稀世之宝〈赵城金藏〉与解州天宁寺》，《文物世界》2002年第6期。
③ 李际宁：《佛经版本》，江苏古籍出版社2002年版，第110页。

三　文人向佛

金代儒释道三教融合的背景下，一些文人与佛教僧人密切来往，元好问就是典型代表。

元好问，字裕之，号遗山，太原秀容（今山西忻州）人，金末元初著名的文学家和历史学家。徐世隆《遗山先生文集序》中说他"周流乎齐、鲁、燕、赵、晋、魏之间几三十年，其迹益穷，其文益富，其声名益大以肆，且性乐易。好奖进后进，春风和气，隐然眉睫间，未尝以行辈自尊，故所在士子，从之如市然，号为泛爱"①。元好问春风和气，气质儒雅，提携后进，平等待人，僧俗人等都与之交往。在其诗文中，就有吟诵寺僧的诗歌四十余首；为寺僧写的碑记疏序等也有近二十篇；与他交往的僧人有记载的也有二十余人，其中著名的有草堂、德山主通、西溪相、清凉净、木庵英、龙兴汴、昭禅师等。如太原昭禅师是临济宗虚明亨禅师的弟子，虚明亨寂灭之后，昭禅师为其作塔，其有偈云："以塔为身，以铃为舌，万仞冈头，横说竖说。"能文善诗，为时贤所称。著作有《太原昭禅师语录》，其序为元好问所作。其《野谷道中怀昭禅师》说："行行汾沁欲分疆，渐喜人声挟两乡。野谷青山空自绕，金城白塔已相望。汤翻豆饼银丝滑，油点茶心雪蕊香。说向阿师应被笑，人生生处果难忘。"②诗中表达了元好问对昭禅师的怀念，反映了二者的交情之深。由此看，元好问与僧人特别是禅僧，有过密切的交往。

元好问于蒙古宪宗四年（1254年）六月至七月间，游览了佛教圣地五台山，写下了二十余首诗文。其中，最著名的是《台山杂咏十六首》。"热恼消除佛作缘，山头冰雪过炎天。法王悲智无穷尽，更看清凉遍大千。""真向华严见化城，翻嫌金屑翳双明。恶恶不可恶恶可，未要云门望太平。""兜罗绵界宝光云，云际同瞻化现身。解脱文殊俱有说，是中知有木强人。""总为毗耶口不开，龙宫华藏顿尘埃。对谈石上维摩在，珍重曼殊更一来。"③这些诗既描写了五台山的自然与人文景观，又反映了元好问似乎对华严思想比较推崇，同时对于文殊智慧赞叹有加。

---

①　（元）徐世隆：《遗山先生文集序》，《文渊阁四库全书》，上海古籍出版社2003年版。
②　施国祁：《元遗山诗集笺注》卷9，人民文学出版社1958年版，第408页。
③　施国祁：《元遗山诗集笺注》卷14，人民文学出版社1958年版，第660页。

四 金代山西重要壁画

金熙宗和金世宗时期新建佛寺建筑最多，朔州崇福寺弥陀殿就是在金熙宗时期建的，而繁峙岩山寺文殊殿为金世宗时期所建。朔州崇福寺弥陀殿和繁峙岩山寺文殊殿保存有金代壁画。

（一）崇福寺金代壁画

朔州崇福寺创建于唐高宗麟德二年（665年）。据《朔州崇福寺重兴碑记》"兹寺之创建，肇自唐高宗麟德二年，敕命鄂国公尉迟敬德始造大雄宝殿五间，东西配殿各五间祀文殊、地藏二菩萨，藏经楼一座后改千佛阁，东西钟、鼓楼各一座，金刚殿五间，山门三间，此其初规，固已极为宏敞矣"①。金刚殿似乎说明从唐代始建之初就有密教因素渗入其中。辽时曾作为林太师衙署，亦称林衙院，辽统和年间改名林衙寺。"金熙宗皇统三年（1143年），崇奉佛法，敕命开国侯翟昭度于大雄宝殿后又建弥陀殿七间，东西禅房各三楹，正南立只园牌坊一座，围以宫墙，而规模更加式廓。"② 大殿中心塑像为阿弥陀佛，四面墙壁绘满壁画，全部面积为524.37平方米。③

壁画除后壁及东壁有部分损坏外，大多保存完好。此殿北壁因清代补葺，画幅大都不存，仅留两尽间和两稍间门楣、门侧部分。东壁坍塌约四分之一。明代时补绘过南壁东尽间上隅和北壁、西尽间局部。

东西两壁现存高大的佛像五尊，原为六尊，东西各三尊，因东壁北部坍塌，一尊残缺。佛像身披袈裟。袒胸露腹，结跏趺坐于仰莲法座上，皆作说法印，高4.35米，其中头高1米。佛像面相圆润微宽，额部略显扁平，肌肉丰满，双目微向下视，庄重慈祥，手印挥洒自如。每尊佛像两侧画胁侍菩萨各一，或正视，或侧身。菩萨花冠高束，面相多呈椭圆形，帔帛伏背，衣裙裹体，飘带垂于周身，体态盈润，装饰艳丽，手指灵活纤巧，或托、或捏、或扶、或抱，自然舒适，清逸娴静。佛和菩萨身后皆有火焰形背光，多绘胡须。两侧佛像背光左右，各画飞天一尊，

---

① 《朔州崇福寺重兴碑记》，碑存于朔州崇福寺内。
② 《朔州崇福寺重兴碑记》，碑存于朔州崇福寺内。
③ 柴泽俊、贺大龙：《山西佛寺壁画》，文物出版社2006年版，第27页。

双手上举，与祥云交织在一起，飞翔于当空，与应县释迦塔、觉山寺舍利塔飞天比较，双脚隐藏于衣带之中，身形缺少健硕之感，线条缺少了灵动、回旋气势，形象较为呆板。

北壁两尽间原绘佛像，东尽间只留一身胁侍菩萨，西尽间佛身上部已经后世补绘。北壁两稍间门板上方画"八宝观"和"十六宝观"，漫漶严重，已经难以辨识。南壁东尽间的画像分上下两列，每列三尊，皆结跏趺坐于仰莲座上。上列三尊为佛形象，无榜题，为明代补绘。下列为金代原作，菩萨形象，榜题分别为地藏王菩萨、除盖障菩萨、妙吉祥菩萨，应为八大菩萨题材。

西尽间南壁绘千手千眼观音菩萨为其重要部众之一。高达4.68米，几乎布满了西尽间南壁的整个墙壁，是中国现存最高大的千手千眼观音菩萨壁画。

1. 崇福寺千手千眼观音之经典依据

崇福寺壁画中，千手千眼观音的姿势为立式。这种姿势在宋代以后较为流行。但在经典中，千手千眼观音多为跏趺坐式。如苏嚩罗译《千光眼观自在菩萨秘密法经》云："庄严大悲体，圆光微妙色。跏趺右押左，妙相眼不及。"① 善无畏译《千手观音造次第法仪轨》，该经所记千手观音，"上首正体身大黄金色，结跏趺坐大宝莲华台上，其华三十二叶，其一一间有诸小叶，以无量百千大摩尼宝为庄严也"②。不空译《摄无碍大悲心大陀罗尼经计一法中出无量义南方满愿补陀落海会五部诸尊等弘誓力方位及威仪形色执持三摩耶幖帜曼荼罗仪轨》，其中所云千手观音"庄严珠妙体，救世圆满光，离热住三昧，跏趺右押左，安住妙宝莲，妙相无伦匹"。③ 其余"千手经"未提及千手观音的姿势。千手千眼观音立式也符合经轨，如《千光眼观自在菩萨秘密法经》云："即从座起告诸大众，大圣世尊所出言语真实不虚。"④ "即从座起"而说法，正表明千

---

① （唐）苏嚩罗译：《千光眼观自在菩萨秘密法经》，《大正藏》第20册，第120页。
② （唐）善无畏译：《千手观音造次第法仪轨》，《大正藏》第20册，第138页。
③ （唐）不空译：《摄无碍大悲心大陀罗尼经计一法中出无量义南方满愿补陀落海会五部诸尊等弘誓力方位及威仪形色执持三摩耶幖帜曼荼罗仪轨》，《大正藏》第20册，第130页。
④ （唐）苏嚩罗译：《千光眼观自在菩萨秘密法经》，《大正藏》第20册，第120页。

手千眼观音亦可为立式。崇福寺千手观音壁画则正好说明了这一点。

崇福寺千手千眼观音共十八面，正中一面，两侧各一面，正中法相端正庄严，五官匀称，脸颊饱满，面容白皙清朗，慈悲平和。耳着宝珰，柳叶弯眉，两眼垂廉平视，额中一眼，鼻正口圆，颇具唐代人物画风。发髻上卷，髻顶绘15面，分六层排列，呈3·5·4·3·2·1·1式，形成一个金字塔形宝冠，头顶有五层，共15个小面孔，脸型或方或圆，脸颊丰润，各面均为三眼，或平视，或俯视，小口施以朱红，表情各异，或像男，或似女。顶上众手托举化佛，为阿弥陀佛，背后着绿色头光，白色身光，身披红色袈裟，绿色法衣。千手千眼观音见于"千手经"中记载的有一面、十一面以及五百面千手观音，以十一面者居多，未有十八面的排列方式。头面的排列形式千手千眼类经典并未提及，而十一面观音经典提及头面排列，所见千手千眼观音头面排列与十一面观音类似，似借鉴十一面观音像而来。而持物亦借鉴了其他密教经典。

观音肩披绿色大法衣，飘带打十字结于肩头，飞洒于两肩之下。项佩八叶莲花璎珞，垂洒胸前。胸前有六臂，拱手作虚心合掌，其下众手托举宝钵，置于红色仰莲之上，钵内一条蛟龙，二目圆睁，张口伸须，卷曲翻腾。钵下众手，除托钵者，多垂于两侧，或仰或覆、仰掌中均着一眼。"就图像学的探讨，无论是数十手或实际千手，其姿态是依人体视觉上最圆满最安定者而设定，以'当胸合之'为起始，而'腹前禅定印'次之，'顶上化佛手'而三，此三双手的手印是千手观音最基本的手印。只有极少数的例外，一般千手大悲像均具之。由此三手印为基准，再衍出其他日月手、金刚手或杨枝手等等，其手的排列方式，恒是放射状，且由内而外，具左右对称，使人视之，有着均衡的美感。"[①]

崇福寺千手千眼观音的手臂数量之多几近千数，是名副其实的千手千眼观音，其几近饱和的艺术表现力，将千手千眼观音的形象表现得淋漓尽致。

观音的千百只手臂以身体为中心向四周重重扩展，第一重显露胳膊、臂钏；第二重多显露戴手镯之手（观音右侧更为明显，左侧则无）；第三

---

① 陈清香：《唐代密教多首多臂观音像探讨》，《中国首届国际密教学术研讨会论文集》，西安，2010年。

重以外其余各重，以手层层环绕观音身体四周。最多处有五重，具数超过900只。千百只手臂层叠交错排列，各种手式依前后部位，有前有后，有上有下，或结印，或持物，每只仰手中各有一眼，或圆睁、或欲合、或竖向，皆作视人之意。千手幻成光轮，似放射的光芒，金碧辉煌，体现了圆融之美。千手的含义是以千手表现护持众生，千眼表示观照世间，象征观世音菩萨普度众生，是慈悲和智慧的象征。

据笔者统计，此千手千眼观音各手共持136物，左右各68物，两两相对。涵盖《千手经》中所载四十手所有的持物，余96物为《千手经》未明确者。部分持物可能来自《千手经》，虽然并非千手千眼观音持物，但是其眷属持物，因而被移植到千手千眼观音身上。如"次摩睺罗伽身，蛇头贵人相。定慧抱笙笛，或以投系鼓。威仪如天众"[1]。崇福寺千手千眼观音壁画中出现乐器笙，可能是移植自千手千眼观音眷属摩睺罗伽的持物。水牛则源自千手千眼观音眷属阎鬘德迦之座。部分持物则源于对《千手经》阐述千手千眼观音功德力的引申理解。如"我若向刀山，刀山自摧折。我若向火汤，火汤自消灭。我若向地狱，地狱自枯竭。我若向饿鬼，饿鬼自饱满。我若向修罗，恶心自调伏。我若向畜生，自得大智慧"[2]。壁画中所绘地狱与鼠、牛、马等畜生应与《千手经》所载观音破地狱、得智慧等思想有关。而其余则是《千手经》四十手持物的合理引申，如由葡萄而引申至水果类的石榴、梨、桃子、枣、草莓等，由海螺而引申至其他乐器，如竽箫、铍等，由莲花引申至菊花等花卉，而兵器如宝剑、金刚杵等则有重复（壁画中有三把宝剑、三把金刚杵），似引申出战靴，其中也有不可识别的器物。

千手千眼观音腰以下着朝霞裙。两侧二人身高不及菩萨二分之一，双手合十，似向菩萨有所祈求。右侧为婆薮天，头束高髻，满脸皱纹，皓发银须，身体微躬，扶杖翘首，一副仙翁的形象。左侧为吉祥天，头戴宝冠，项佩璎珞，绿色天衣披肩，朴素淡雅，神情安详，与千手千眼

---

[1] （唐）不空译：《摄无碍大悲心大陀罗尼经计一法中出无量义南方满愿补陀落海会五部诸尊等弘誓力方位及威仪形色执持三摩耶幖帜曼荼罗仪轨》，《大正藏》第20册，第130页。

[2] （唐）伽梵达摩译：《千手千眼观世音菩萨广大圆满无碍大悲心陀罗尼经》，《大正藏》第20册，第111页。

观音的富丽华贵形成鲜明对比。二仙靠近观音内侧绘四臂夜叉两个。左侧的为象首人面，蜷曲的象鼻自头顶作伸出回卷状，夜叉黑面方脸，浓眉大眼，络腮胡须，肌肉凸起，富有力度，关节突出。前两手作作揖状，后两手一手持金刚杵，一手持绢索。白色肩巾于胸前打结，白色飘带自肩膀绕手腕垂洒而下，双膝跪地，作禀报状。东侧夜叉为猪头黑脸，着大耳铛，双眼突出，络腮胡须，红口紧闭。前两手作揖，后两手举剑。白色肩巾于胸前打结，绿色飘带自肩膀绕手腕垂洒而下，双膝跪地，作怒视状。

崇福寺千手千眼观音可谓其写实的典型，全像视之，充满了华丽富贵的气质。整体表现特点是主次分明、层次清晰，中间主像突出，千手呈左右对称的格局，围绕周身，形若光环，密而不繁。造像在构思和绘画的技巧上，已达到相当的水平，最大限度地表现了千手千眼的姿态，展现了观音的所谓"超人间神秘力量"。

崇福寺千手千眼观音也未能和经典完全吻合，究其原因，笔者认为可从经典和现实两个角度考虑。在般剌蜜帝译《大佛顶如来密因修证了义诸菩萨万行首楞严经》卷六云："世尊，我又获是圆通，修证无上道故，又能善获四不思议无作妙德。一者，由我初获妙妙闻心，心精遗闻，见闻觉知不能分隔，成一圆融清净宝觉。故我能现众多妙容，能说无边秘密神咒。其中或现一首、三首、五首、七首、九首、十一首，如是乃至一百八首，千首万首，八万四千烁迦罗首。二臂、四臂、六臂、八臂、十臂、十二臂，十四、十六、十八、二十、至二十四，如是乃至一百八臂，千臂万臂，八万四千母陀罗臂。二目、三目、四目、九目。如是乃至一百八目，千目万目，八万四千清净宝目。或慈或威。或定或慧。救护众生。得大自在。"① 由此可知，经典中菩萨形象本有变化空间，绘制者可依据经轨，相互参照补充，灵活运用。

从实际状况而言，真正完全依经轨造作的观音像并不多。世传的千手千眼观音，多是二十手、二十六手、四十手、四十二手等，真正写实的具千手者少之又少。在现实的造像或画像中千手、千眼、千臂甚至千

---

① （唐）般剌蜜帝译：《大佛顶如来密因修证了义诸菩萨万行首楞严经》，《大正藏》第19册，第129页。

足往往难以按照实数表现，往往指虚数而以一定数目象征性表现。崇福寺千手千眼观音形象虽然不能完全与某一《千手经》相吻合，但从经典载述内容与壁画绘图内容比较，特别是从千手持物的内容与左右位置，以及相互对应问题等方面考察，无疑崇福寺千手千眼观音极可能主要依据了《千光眼观自在菩萨秘密法经》，并参考了《摄无碍大悲心大陀罗尼经计一法中出无量义南方满愿补陀落海会五部诸尊等弘誓力方位及威仪形色执持三摩耶标帜曼荼罗仪轨》之内容。

2. 崇福寺千手千眼观音出现之原因

崇福寺壁画中出现千手千眼观音是当时历史条件下的产物，其原因是多方面的。从现实角度看，金元时期山西一直是历史上各朝兵家必争之地，燕云地区一直首当其冲，战争给人们带来了深重的灾难，而观世音被认为以"利益安乐一切众生"为宗旨，备受人们崇奉。加之，辽、金时代，佛教密宗一派在五台山、朔州一带相当盛行，并渗透到其他宗派的寺院当中。属于净土宗的崇福寺，在弥陀殿壁画中出现密教千手观音应是理所当然，是当时历史现实的反映。

第一，观音信仰在净土宗与密宗之间的融合，为千手千眼观音的出现提供了前提。在崇福寺弥陀殿中，观音作为西方世界教主阿弥陀佛的上首菩萨，与大势至菩萨一起，是阿弥陀佛身边的胁侍菩萨。在净土信仰体系中，西方观音具有无比美妙的身相和巨大的神力以及接引众生的慈悲情怀。如楼宇烈所言："观世音信仰一般都注重于他的大悲愿，希望从他那里得到强大的救助和庇护，而对于他的修证三昧和教化法门则注意得甚少。"① 观音成为净土宗追求西方极乐世界必不可少的一部分。在密教的曼荼罗中，观音也作为阿弥陀佛的胁侍，显教的观音形象以庄严宏伟相为主，可化现为一般众生的形象；密教的观音形象以怪异为主，在怪异之中现神奇、威风、凶猛、恐怖等不同形象，所以，密教的观音总是以多头、多臂、多手、多眼等奇相出现。且在密教中，观音的种类也复杂多样，除了其本体——圣观音（或正观音）之外，还有千手千眼观音、十一面观音、准胝观音、如意轮观音、不空罥索观音、青颈观音、

---

① 楼宇烈：《〈法华经〉与观世音信仰》，《世界宗教研究》1998年第2期。

香王观音等。密教观音信仰虽然自成一个全新的体系，与显教的观音信仰有重大区别，但在观音信仰的基本精神方面继承了显教观音的基本说教。因而净土宗与密宗之间有着某种天然的联系。

第二，《千手经》中所描述千手观音所具有的特殊吸引力和神秘之处，也是千手观音在崇福寺出现并得以长期流行的原因之一。首先，千手观音的信仰可以上资邦国，息灭灾厄，使得国家安宁。据不空三藏上代宗李豫书中说："金刚顶瑜伽法门，是成佛速疾之路，其修行者必能顿超凡境，达于彼岸。余部真言诸佛方便其徒不一。所译诸大乘经典，皆是上资邦国，息灭灾厄。星辰不愆，风雨慎叙。仰恃佛力，辅成国家。""千手千眼菩萨者，即观世音之变现，伏魔怨之神迹也。"① 其次，千手观音的信仰可以解除个人的种种痛苦，获得种种善相。据唐不空译《千手千眼观世音菩萨大悲心陀罗尼经》中云："若诸人天诵持大悲心咒者，得十五种善生，不受十五种恶死也。其恶死者。一者不令其人饥饿困苦死，二者不为枷禁杖楚死，三者不为怨家雠对死，……诵持大悲神咒者，不被如是十五种恶死也，得十五种善生者。一者所生之处常逢善王，二者常生善国，三者常值好时，……十五者所闻正法悟甚深义。"② 由此可见，千手千眼菩萨被认为有救度一切众生之大用。再次，《千眼千臂观世音菩萨陀罗尼神咒经》中还记载有千手千眼观世音菩萨的二十五手印法，据说这些手印修持法可满足芸芸众生的现实愿望，对于当时的人们来说也具有更大的吸引力。总之，"千手经、轨"中描述出了千手观音所具有的特殊功能，增加了对人们的吸引力，使人们希图通过千手观音满足自身的现实愿望。

第三，金统治者扶持佛教与动乱的社会环境为千手观音的流行和传播提供了条件。金朝在南进中原后，佛教开始大规模传入。金代帝王对佛教都采取了有节制的扶持政策，使金代佛教保持了相当兴盛的局面。金代统治者不仅在内廷供奉佛像，还在各地兴建寺院，布施币帛良田。如金太宗天会二年（1124年），在山西应县建了净土寺。天会六年

---

① （唐）波仑撰：《千眼千臂观世音菩萨陀罗尼神咒经序》，《大正藏》第20册，第83页。
② （唐）不空译：《千手千眼观世音菩萨大悲心陀罗尼经》，《大正藏》第20册，第116页。

(1128年），又扩建了大同普恩寺。天会十五年（1137年），在五台山的佛光寺，兴建了著名的大文殊殿和天王殿。金熙宗天眷三年（1140年），重修了大同上华严寺的大雄宝殿，又于皇统三年（1143年）在朔州兴建了崇福寺的弥陀大殿。可以说金朝统治者扶持佛教发展的这些政策，推动了佛教各宗派在山西的发展，密教自然也在内。据《佛祖历代通载》等记载，皇统年间（1141—1149年）北印度末呎哈啰悉利与其从父弟三磨耶悉利等七人，到五台山礼文殊，后又游灵岩，礼观音像，绕观音像千匝，匝必作礼，礼必尽敬无间。据说日日受稻饭一杯，座有宾客，分与必遍，自食其余。可见，密教在五台山仍有发展。由于朔州据五台山较近，因而五台山的密教也会影响到千手千眼观音的绘制。

（二）繁峙岩山寺文殊殿壁画

岩山寺古名灵岩院，位于繁峙县天岩村。金正隆三年（1158年），建正殿（即水陆殿）五楹，并在殿内绘制水陆壁画，又建文殊殿（南殿），并于金大定七年（1167年）绘制完毕南壁。南殿西壁壁画南侧上部题记曰："首□□□□发诚心益舍净财愿画西壁□诸人名姓如后：□□、赵园、□□、母段氏、霍庙、韩氏、王政、高氏、博德、冯氏、□□、母王氏……大定七年前□□二十八日画了灵严院，普□□画匠王逵，年陆拾捌，并小起王辉、宋琼、福喜、润喜。"① 寺内金正隆三年（1158年）的水陆记碑载："御前承应画匠王逵，同画人王道。"② 文殊殿为金代建筑，壁画是六十八岁的御前承应画匠王逵及王道等人于金大定七年绘制，四壁的面积为134.42平方米。③ 御前承应画匠的头衔说明王逵原在北宋画院中任职，北宋灭亡后，忻州一带归入金朝统治。

文殊殿西墙墙壁高3.45米，长11.2米，上下左右边宽均为0.11米，总面积38.64平方米。西壁佛传壁画可辨认榜题39处，尚有8处留存榜题框，但文字完全漫漶，因壁画下部以及四角部分漫漶严重，因此可能题记比47处更多。榜题为墨线边框，底色有的为绿色、有的应为朱红，但已经褪色为黑底，也有白底色者，可能最初为突出榜题，因此，底色

---

① 柴泽俊、贺大龙：《山西佛寺壁画》，文物出版社2006年版，第31页。
② 柴泽俊、贺大龙：《山西佛寺壁画》，文物出版社2006年版，第31页。
③ 柴泽俊、贺大龙：《山西佛寺壁画》，文物出版社2006年版，第31页。

不一。榜题竖排每行六字，每幅题记12字，如果按照故事发展时间排列依次为：此是青衣买七枝金莲花之处、此是鹿皮仙人补□□□之处、此是二贫人野外持道供佛处、菩萨将内宫入夫人腹内之处、此是护明菩萨夜伴托生之处、摩耶夫人攀无忧树降太子处、周行七步三界称吾独尊之处、地神捧金盆九龙吐水沐浴处、此是生下太子掴鼓报喜之处、此是吉祥生五百童男童女处、此是种种吉祥牛生麒麟之处、此是吉祥猪生五百白□□□、此是种种吉祥鸡生凤凰之处、梵王集群臣朝觐诠名悉达处、此是遣使臣请阿斯仙人之处、□□□□开四十里闻响之处、□□□斯归算□宝各十千处、此是太子背射九重铁鼓之处、此是太子对诸王掷象往空处、此是太子东门见老伤叹之处、此是太子南门见病伤嗟之处、此是太子西门见死伤心之处、此是太子北门逢僧礼拜之处、此是四天王捧马足离宫之处、此是太子离宫寻见马迹之处、此是车□□太子回来问信处、此是太子中年苦行修持之处、此是五居轮寻觅太子不见处、此是泥连河边沐浴成佛之处、此是牧牛女献乳太子食之处、此是优陀耶说佛神通广大处、净梵王礼佛踊身虚□□□处、释迦牟尼佛为梵王现神变处、此是对诸国王、此是□母现佛金兰袈裟之处、此是耶输夫人得信香一瓣处、此是魔王见宫人奏乐送礼处、此是耶输夫人火炕内焚香处、此是君臣四十里外接佛之处。

从壁画故事情节判断主要反映释迦前世因缘到入胎、降生、宫廷生活、出家、修道、成佛、神变之历程，缺少后期之转法轮、涅槃等情节，反映了早期佛传壁画情节简单的特点。如"青衣买七枝金莲花之处、此是鹿皮仙人补□□□之处"为燃灯佛授记情节，在犍陀罗佛教和克孜尔石窟的佛传故事中比较常见，进入中原地区后减少，因此可见其保留了佛教早期佛传壁画的因素。其依据的基本经典应为《过去现在因果经》，如地神捧金盆情节出自《过去现在因果经》卷三："于是地神，持七宝瓶，满中莲花，从地踊出"。[①]《过去现在因果经》主要讲述从释迦前世因缘善慧仙人到度化迦叶、舍利弗、目犍连结束。壁画的主要情节与《过去现在因果经》基本一致，但仍有一些情节并不见于该经，而可能兼

---

① （刘宋）求那跋陀罗译：《过去现在因果经》卷3，《大正藏》第3册，第640页。

采自其他经典，如"此是护明菩萨夜伴托生之处"即出自《佛本行集经》"护明菩萨大士于夜下生，当欲降神入于摩耶夫人胎"①，"此是生下太子捆鼓报喜之处"情节出自《佛本行集经》卷八"时彼大臣取善调马，行疾如风，驾驭宝车，从岚毘尼园门外发，径至于彼迦毘罗城，未见于王，在先挝打欢喜之鼓，尽其身力，而扣击之。"② 九龙吐水出自《普曜经》卷二"九龙在上而下香水"③，"此是□母现佛金兰袈裟之处"出自《贤愚经》卷十二"时佛姨母摩诃波阇波提，佛已出家，手自纺织，预作一端金色之氍，积心系想，唯俟于佛。既得见佛，喜发心髓，即持此氍，奉上如来。"④ 但画师兼采诸经的可能性比较小，而很可能依据了流传于民间的成型画稿，画稿则很可能采自民间佛教仪轨、变文或者是故事、俗讲等内容，一些细节则完全不见于佛教经典，可能依据了社会文化习俗和传说，充分体现了佛教的中国化因素。

画师的主要创造在于佛传故事的整体谋篇布局和构图设计以及场景设置、人物活动等内容的精巧构思安排。

首先，岩山寺壁画布局精巧，规模宏大，中心突出，井然有序。

岩山寺佛传故事既包括释迦的本生故事又包括本行故事，其构图特点是以场景设置为基础，将故事情节精巧安排在各处位置，并不按照时间顺序排列，形成浑然一体的艺术效果，仿佛一卷自然天成的人物山水画卷。岩山寺佛传壁画的最大的特点就是打破故事界格排列的障碍，构成浑然一体之效果。其故事排布完全按照场景排布，场景大致可以分为五部分，即宫殿建筑内部、宫殿建筑前方（即南门外）、宫殿建筑上部山野之地（即西门外）、宫殿建筑后方部分（即北门外）以及宫殿建筑下方（即东门外）。

宫殿建筑是中国特色的高墙壁垒、亭台楼宇式皇宫建筑的真实写照。主建筑置于南北中轴线上，自南而北，分为南门、中殿、后宫、北门四部分，上下中段部分设置东门和西门，分别通过释迦东南西北门分别遇

---

① （隋）阇那崛多译：《佛本行集经》卷7，《大正藏》第3册，第682页。
② （隋）阇那崛多译：《佛本行集经》卷7，《大正藏》第3册，第689页。
③ （西晋）竺法护译：《普曜经》卷2，《大正藏》第3册，第494页。
④ （元魏）慧觉：《贤愚经》卷12，《大正藏》第4册，第434页。

老病死和沙门予以标示，使故事情节和建筑衬景相互依托，浑然合一。

壁画的主体是中下层布置的宫殿建筑，宫殿建筑以写实的手法，自前而后横向排布，观者则可通过类似高空透视的方式从横侧面通览全局。宫殿建筑的上部被设置为云雾缭绕、山峦起伏、水光荡漾、林木错落、天高云远的山野景致，纵深辽远，似乎直接与天际相连，营造了一种虚无缥缈之意境，使画面产生了无限延伸的艺术效果，给观者以无限广阔的想象空间，达到了高超的虚实结合的效果。宫城前方、后方和下方是城郭区域，布置了一些民舍、道路、市场，颇富民间社会之生活气息，反映了皇城之外的民间生活样貌。整个画面将远与近、高与低、虚与实、繁华与素简、玄远与世俗既融为一体，又形成鲜明对比。

整个壁画的中心位置是宫城中心之大殿，其前有宫门、城门，其后有后宫、北城门，使整个画面富有强烈的立体感。释迦故事逐个按照经典载述被描绘在宫殿建筑的各个位置，比如掴鼓报喜安排在前殿，召集群臣、释迦神变、净饭王拜佛等情节排置在中殿，摩耶夫人安寝位于后宫，释迦遇老病死沙门安排在四门，等等，故事情节与场景完美融合，场景自然配合了故事情节。

壁画特别注重突出中心，整幅壁画的中心就是"佛"，因此壁画首先通过大幅的佛形象突出中心。画面中有三幅体量庞大的"佛像"，即位于壁画前部的"普光如来"，位于画面中部的神变"释迦佛"，位于画面后部的菩提树下悟道降魔之"佛"，三佛均衡排布，均有头光、身光，体量明显大于其他人物形象，构成了整幅壁画的中心，而神变之佛又是整幅画面中心之中心，体现了突出展现佛之威神力的思想，同时也通过展现释迦的皇宫生活，表达了释迦"由王而佛"的成佛之路，体现了王逵等画师维护皇权中心、提倡佛法护国的思想，等级分明，井然有序。

其次，情节安排合理，布局巧妙，虚实结合。

佛传故事的情节安排以场景的展开为逻辑顺序，因为壁画位于大殿的西壁，壁画中建筑的方位，正好遵循了中国建筑坐北朝南的传统，壁画上方为西方，下方为东方，左为南方，右为北方，尤其是其南方与北方正与大殿实际的南北方向一致，且由东南西北门释迦分别遇老病死和沙门的故事明确其方位。主要的故事情节都安排在画面的中间和上层部分,体现了画师王逵之匠心独运。

释迦故事情节安排自然合理,如车匿回宫安排在南门附近,因为南门是正门,可能说明车匿将从正门进入宫城去报信,故而引起众人议论围观。将"吉祥生童男女"安排在北城门内城墙脚下,将"牛生麒麟"安排在城外农户家中,将"鸡生凤凰"放在城边,暗示了释迦的出生带来之种种祥瑞也惠及了普通民众的生活,与民众生活息息相关,具有很强烈的现实感和生活感,同时体现了绘画者的美好愿望,给生活在底层的民众以无限的希冀期望之心。将阿私陀仙人居所排在西门外山峦之间,显示其居住环境之清幽,并与天际相连,给人以无限的遐想。

在选取故事遵循经典的同时,在布局展现上则发挥了一定的自由度,并未完全遵循经典的记载,如太子出生等故事经典载述在城东方向,而壁画中则安排在城外的西南方向之云雾缭绕之接近天际之地,似乎表明释迦出生之清静而接近天际。宫殿建筑高墙大门,金碧辉煌、流光溢彩,体现了皇家生活的荣华富贵,具有强烈的写实色彩。据《金史》载,世宗时期,社会出现了"群臣守职,上下相安""家给人足,仓廪有余"的繁荣景象,世宗也因此而被人誉为"小尧舜"。这样的盛世局面激发了人们的向往、崇敬赞叹之心。

再次,部分情节来自中国化佛教仪轨或者中国传统文化,体现了浓厚的中国化倾向和浓烈的时代气息。山水景致,秀丽宜人,一幅歌舞升平景象。如"此是吉祥生五百童男童女处、此是种种吉祥牛生麒麟之处、此是吉祥猪生五百白□□□、此是种种吉祥鸡生凤凰之处"等情节尚不清楚其来源。《过去现在因果经》卷一载:"当尔之时,诸释种姓,亦同一日,生五百男;时王厩中,象生白子;马生白驹;牛羊亦生五色羔犊;如是等类,数各五百。王家青衣,亦生五百苍头。"① 释迦出生之时,有释种生五百男,象生白子,马生白驹,数各五百。这些载述与岩山寺壁画不符。岩山寺壁画中童男童女相对,牛生麒麟,猪生白象,鸡生凤凰之怪异祥瑞体现了浓厚中国文化特色和时代特色。中国在春秋时期就将麒麟视为吉祥之物,将麟、凤、龟、龙谓之四灵。考《大方广佛华严经

---

① (刘宋)求那跋陀罗译:《过去现在因果经》卷1,《大正藏》第3册,第626页。

随疏演义钞》卷二十八载，文殊师利具三十二相，八十种好，则相好同佛。据说文殊师利出生时"生有十桢，无非吉祥。一光明满室，二甘露垂庭，三地踊七珍，四神开伏藏，五鸡生凤子，六猪豚诞龙豚，七马产麒麟，八牛生白泽，九仓变金粟，十象具六牙，由是得立妙吉祥号"①。宋金时代，民间神异灾祥思想浓厚，如"宋太宗太平兴国九年，岚州献牡兽，一角似鹿，无斑文，角端有肉，性驯。诏群臣参验。有散骑常侍徐铉等援引《国史》以为麟，上言曰：案《春秋》曰麐。身而有角者，麟也。《春秋感精符》曰：麟一角者，明海内同一主也。《公羊传》曰：上有圣帝明王，天下太平则麟见。今国海内一统，故仁兽出，实王者之大瑞。宰相宋琪、李昉等同其义，皆奉表称贺。徽宗雍熙二年闰九月，坊州献一角兽，如岚州麟而牡。《瑞应图》云：牡曰麒，牝曰麟。政和五年、重和元年、宣和二年、三年、宁宗庆元三年，俱有牛生麒麟事，详见牛异"②。"政和五年七月，安武军言郡县民范济家牛生麒麟，重和元年三月，陕州言牛生麒麟，宣和二年十月，尚书省言歙州歙县民鲍珙家牛生麒麟，三年五月，梁县民邢喜家牛生麒麟。"③

再如"菩萨将内宫入夫人腹内之处"出自《华严经》，亦可能直接来自民间佛教仪轨，"佛子！摩耶夫人身中，又出诸天宫殿、龙、夜叉、乾闼婆、阿修罗、迦楼罗、紧那罗、摩睺罗伽、及人宫殿，众宝庄严，妙香普熏，无能坏者，出过诸天，为欲供养彼菩萨故，充满此林，是为菩萨第八受生自在"④。又《如来广孝十种报恩道场仪》卷三载："昔日我佛梵王太子，在摩耶腹中显神通，七步现天宫"⑤。"此是太子离宫寻见马迹之处""此是耶输夫人得信香一瓣处"出自《如来广孝十种报恩道场仪》卷三，"天王乘马云中报，城南留下马蹄踪，累劫修行成佛道。南无赞如来，第六号，不恋皇宫去修道，信香一炷付耶输，累劫修行成佛道。

---

① （唐）澄观述：《大方广佛华严经随疏演义钞》卷28，《大正藏》第36册，第213页。
② （南宋）马端临：《文献通考》卷310，中华书局2011年版，第8418页。
③ 《宋史》卷67，中华书局1977年标点本，第1480页。
④ （东晋）佛驮跋陀罗译：《大方广佛华严经》卷55，《大正藏》第9册，第753页。
⑤ 侯冲整理：《如来广孝十种报恩道场仪》卷3，《藏外佛教文献》第8辑，宗教文化出版社2003年版，第140页。

第七号，雀巢冠顶三层邃，芦芽穿膝不曾移，累劫修行成佛"① "此是耶输夫人火炕内焚香处"情节出自《杂宝藏经》《楞严解冤释结道场》，"此是君臣四十里外接佛之处"情节出自《普遍光明清净炽盛如意宝印心无能胜大明王大随求陀罗尼经》等。

  繁峙岩山寺佛传壁画采用通景式宏大构图，以皇宫建筑的方位排布作为展现故事情节的基本线索，打破了传统以时间为序，间隔式构图，故事排布构思精妙，取舍有方，展现了释迦成佛的因果过程，并将释迦佛的神变图置于中心位置，起到了画龙点睛的作用。其中故事情节多体现了时代特点和中国文化特色。释迦故事到成佛截止，不同于一般的故事情节截止到释迦涅槃，其目的也应该是为了表现释迦成佛和住世的重要性，达到了画有尽而意无穷之艺术效果。

  文殊殿东壁壁画除了佛、菩萨，均为佛本生经变，主要是鬼子母本生经变。《杂宝藏经》卷九曰："鬼子母者，是老鬼神王般阇迦妻，有子一万，皆有大力士之力。其最小子，字嫔伽罗，此鬼子母凶妖暴虐，杀人儿子，以自噉食。人民患之，仰告世尊。世尊尔时，即取其子嫔伽罗，盛着钵底。"②鬼子母受三归五戒。从东壁画面上可见，鬼子母宫中宴乐、龙宫赴宴、龙王迎接、郊外游骑、驮行深山、驱妖、戏婴等情节。北壁西稍间上面群峰林立，下面为重檐楼阁，其间人影绰绰。城池下的凉亭中六人被反绑于立柱之上，翘首向上，上方桃形身光之中立一菩萨，似乎反映的是《法华经》中观音救难的主题。北壁西侧窗台墙上描绘五百商人之商船航海遇难的场面，漫漶严重，榜题中能辨识"罗刹"二字。北壁西侧窗台右上角用白描墨线绘楼阁，表现海市蜃楼。北壁东稍间画舍利塔院。画面下部有围墙廊庑，前设门楼、台阶，形成一座壮丽的塔院。塔院当心矗立着八角七级浮图一座。此塔布满了整个东稍间北壁。塔身勾栏、平座、斗拱、瓦顶皆备。各层都安有格扇，顶层为重檐，其上装置塔刹。塔旁有城墙垛口，左侧还有敌楼和白露屋。南壁仅在东稍间存有壁画，其上部为殿阁楼台，中部为释迦牟尼、二弟子和二胁侍菩

---

  ① 侯冲整理：《如来广孝十种报恩道场仪》卷3，《藏外佛教文献》第8辑，宗教文化出版社2003年版，第138页。

  ② （北魏）吉迦夜、昙曜译：《杂宝藏经》卷9，《大正藏》第4册，第492页。

萨,下部为供养人像。因为此壁画面剥蚀过甚,姓氏已模糊不清。

崇福寺、岩山寺壁画绘画题材和风格有很大不同,崇福寺壁画主要体现弥陀净土思想,救世思想比较浓厚,人物体格雄健,艺术风格豪放,多继承辽代艺术风格和审美情趣。岩山寺壁画是北宋宫廷画师王逵所绘,笔法细腻,将宫廷生活、民俗风情、自然山水与佛教故事融为一体,构成一幅艺术造诣登峰造极的青绿山水人物画卷,具有典型的北宋宫廷化风格。

金代山西境内佛寺壁画应该分布非常广泛,大多寺院建成之后,均会在大殿之墙壁彩绘壁画,一方面起到装饰作用,另一方面也是对信众的一种形象化宣化。如明昌五年(1194年)平遥《慈相寺修造记》载:"迨本朝天会年间(1123—1135年)有僧宝量、仲英相与起塔于旧址。……于塔后建大堂曰普光,取佛堂说法于普光明殿之遗意也。堂设毗卢遮那佛,壁绘□□佛、八金刚、四菩萨、帝释梵王,堂之右翼置释迦六祖,绘二十八祖。左翼置地藏菩萨十王像,堂之前起两庑塑菩萨五十、阿罗汉五百。塔前对立二亭,东置土地神像,西覆圣井,仍塑五龙王于井上。法堂之东庑立关将军像。寺旧有铁像菩萨二十,公补以万,殿左起大屋而置焉。增塑慈氏、文殊二菩萨。泊十大论师于期间。"① 宝量、仲英在慈相寺十五年间,修建寺院规模达到一千二百余间,增塑佛像,绘制壁画,足可见金代山西佛教寺院发展之规模。又平定《元融和尚塔记》载:"于被天王堂之南,剪荆棘、除瓦砾,修建精蓝。时见闻者皆舍施,富者助财,壮者出力,巧者献技,师缩衣节食,化导经营,铢积寸累,以迄于成堂宇寮厨,生生具备,严丽深稳,悦可人意。复作三大士像及画药师像,又创置《百法论》并诸《抄记》八十余部,《华严》等诸经五大部。"② 元融和尚修建寺庙并塑观音、文殊、普贤三大士像,绘制药师佛像,并在庙中藏置佛经。

---

① (清)胡聘之:《山右石刻丛编》卷22,山西人民出版社1988年版。
② (清)胡聘之:《山右石刻丛编》卷20,山西人民出版社1988年版。

第 十 章

元代山西佛教

1260年忽必烈在开平（今内蒙古正蓝旗东）即帝位，1271年定都大都（今北京），国号大元。1279年，消灭南宋，统一全国，直到1368年朱元璋攻克大都为止，元朝延续了98年。元朝以藏传佛教为国教，定藏传佛教僧人为国师，僧人地位明显提高，不断被统治者加封封号，佛教发展至极盛局面。所谓"高谈阔论皆以佛氏为宗，以及闾巷党里，梵刹浮图巍巍相望。郡邑之内，不下数百而已。习俗之流，祈福禳灾，洋洋浩浩，世之所化，岂小补哉？"①

第一节 元帝对佛教的尊崇

元朝虽以藏传佛教为国教，但对其他宗教如汉地佛教、儒教、道教，乃至外来的伊斯兰教、基督教等，也不予排斥，而取宽容态度。在统治者的影响下，山西佛教发展呈现了两个态势，一是藏传佛教传入了五台山，获得初步发展。② 二是汉传佛教也在山西得到了发展，佛教中心又集中在五台山，尤其受到蒙古统治者的虔诚崇奉。

早在贵由皇帝时，山西佛教就获得过支持。现存解州芮城清凉寺所存碑文记载："贵由皇帝福荫里，茶罕官人言语。据解州芮城县谷底坡头清凉寺僧了悟，□告本处军马及往来使客人等，强行争占田土，及夺要物色，取索饮食，搔扰不安。为此道与本处军马头目人等，照得皇帝圣

---

① （元）车指南：《福田寺功行记》，《山右石刻丛编》卷33，山西人民出版社1988年版。
② 关于这部分内容，详见赵改萍《山西佛教史（五台山卷）》，中国社会科学出版社2014年版。

旨节该：寺院田土，诸人不得争占，亦不得拆毁房舍，及不得扯拽头匹，安下使客……准此。戊申年九月十五日西京怀仁县南下处行。"① 戊申年为1248年，贵由皇帝即元定宗孛儿只斤贵由。他生于元太祖成吉思汗元年（1206年），卒于元定宗贵由汗三年（1248年），谥简平皇帝。该碑文主要内容是蒙古统治者下令保护寺院财产，禁止搔扰寺院。

元世祖忽必烈亦极崇佛，《元史·释老志》载："释老之教，行乎中国也，千数百年，而其盛衰，每系乎时君之好恶。是故，佛于晋宋梁陈，黄老于汉魏唐宋，而其效可睹矣。元兴，崇尚释氏。而帝师之盛尤不可与古昔同语。"② 世祖曾自持数珠，课诵施食，谓群臣曰："朕以本觉无二真心治天下，如观海东青取天鹅心无二……自有天下，寺院田产二税尽蠲免之，并令缁侣安心办道。"③ 至元元年（1264年）又诏曰："朕眷仰灵峰，大圣所宅。清修之士，冥赞化机。官民人等，不得侵暴。"④ 次年，造经一藏，敕送台山善住院，令僧披阅，为福邦民，十二佛刹，皆为葺新。⑤ 至元九年（1272年）春，世祖又"敕燕王遣使持香幡祠岳渎、后土、五台兴国寺。"⑥ 由于世祖崇佛敬僧，蠲免赋税，将僧人置于百姓之上，遂使徭繁赋重的百姓纷纷遁入空门，"五台僧多匿逃奴及逋赋之民"⑦。世祖又整顿僧尼队伍，"敕西京宣慰司、按察司搜索之命"⑧。至元十六年（1279年）六月，又令"五台山作佛事"。⑨ 至元二十年（1283年）三月，御史台臣上疏曰："平滦造船，五台山造寺伐木，及南城新建寺，凡役四万人，乞罢之。"⑩ 至元二十四年（1287年）命"西僧嘉勒璨旺布博斯噶等作佛事坐静于大殿、寝殿、万寿山、五台山等寺，凡三十

---

① 《贵由皇帝圣旨碑》，碑刻存于芮城西陌镇坡头村清凉寺内。
② 《元史》卷202，中华书局1976年标点本，第4517页。
③ （元）念常：《佛祖历代通载》卷22，《大正藏》49册，第724页。
④ （明）镇澄：《清凉山志》卷5，中国书店1989年版，第128页。
⑤ （明）镇澄：《清凉山志》卷5，中国书店1989年版，第128页。
⑥ 《元史》卷7，中华书局1976年标点本，第140页。
⑦ 《元史》卷10，中华书局1976年标点本，第211页。
⑧ 《元史》卷10，中华书局1976年标点本，第211页。
⑨ 《元史》卷10，中华书局1976年标点本，第214页。
⑩ 《元史》卷12，中华书局1976年标点本，第252页。

三会"①。由是五台山佛教获得较大发展。

元成宗铁木耳在位期间，遵循世祖成宪，崇佛敬僧。元贞元年（1295年）"闰四月，丙午，为皇太后建佛寺于五台山，以前工部尚书鼐济为将作院使，领工部事；燕南河北道肃政廉访使宋德柔为工部尚书，董其役。以大都、保定、真定、平阳、太原、大同、河间、大名、顺德、广平十路，应其所需。"②大德元年（1297年）春正月五台山万圣祐国寺建成。可见，五台山佛事工程之大，资材之巨，规格之高。五台山佛寺成，皇太后亲往祈祝，监察御史李元礼上疏劝谏曰："伏见五台创建寺宇，土木既兴，工匠夫役，不下数万，附近数路州县，供亿烦重，男女废耕织，百物踊贵，民有不聊生者矣。"③又"伏闻太后亲临五台，布施金帛，广资福利，其不可行者有五……伏愿中路回辕，端居深宫，给以养德，静以颐神，上以循先皇后之懿范，次以尽圣天子之孝心，下以慰元元之望。如此则不祈福而福至矣。"④李元礼的劝谏并未能阻止五台山佛寺的修建以及裕圣皇太后前往五台山的朝拜。可见，成宗佞佛并不逊于世祖。

武宗继承富有大业，益加崇敬佛教。大德十一年（1307年）八月"丙午，建佛阁于五台寺"⑤。同年十一月癸亥，又"建佛寺于五台山"。⑥至大元年（1308年）二月甲辰，元武宗令"发军千五百人修五台山佛寺"⑦。同年十一月"癸未，皇太后造寺五台山，摘军六千五百人供其役"⑧。至大二年（1309年）二月，"癸亥，皇太子幸五台佛寺"⑨。至大三年（1310）正月，再次增派军卒工匠"营五台寺，役工匠千四百人、军三千五百人"⑩。从至大元年至三年在五台山参加营建寺院人数达12900

---

① 《元史》卷14，中华书局1976年标点本，第303页。
② 《元史》卷18，中华书局1976年标点本，第392页。
③ 《元史》卷176，中华书局1976年标点本，第4101页。
④ 《元史》卷176，中华书局1976年标点本，第4101页。
⑤ 《元史》卷22，中华书局1976年标点本，第486页。
⑥ 《元史》卷22，中华书局1976年标点本，第489页。
⑦ 《元史》卷22，中华书局1976年标点本，第496页。
⑧ 《元史》卷22，中华书局1976年标点本，第505页。
⑨ 《元史》卷23，中华书局1976年标点本，第510页。
⑩ 《元史》卷23《武宗本纪二》，中华书局1976年标点本，第521页。

人，可见其规模之大。除此之外，元朝统治者也积极保护各地方寺院，如芮城清凉寺《狗儿年令旨碑》载："长生天气力里，皇帝福荫里，爱育黎拔力八达令旨……晋宁路解州芮城县有的清凉寺住持讲主法温、义柔与头众和尚每根底执把着行的令旨与了也。他这的每寺院内房舍里使臣每休安下者，铺马祗应休拿者，仓粮商税休与者，但属寺家的水土、人口、头匹、园林、碾磨、店舍、铺席、解典库、浴堂、山林、果树，他每的不拣什么，诸人休夺要者，休倚气力者。更这和尚倚着有令旨么道，无体例勾当休做者，做呵，它每不怕那甚么。"① 元朝统治者对地方寺院资产详加保护，并严禁侵扰寺院，寺院则利用宽松环境政策经营工商业，积蓄雄厚财产。

元仁宗在位期间，积极倡导儒释并行来实现治国安民。皇庆元年（1312年）三月戊申，"置五台寺济民局，秩从五品"②。延祐三年（1316年）冬十月，又"敕五台灵鹫寺置铁冶提举司"，③ 开采铁矿，经营手工业，为元代五台山佛教的发展奠定了雄厚的经济基础。

英宗于延祐七年（1320年）三月即位后，也积极支持佛教。至治二年（1322年）五月，英宗"车驾幸五台山。六月丁卯朔，车驾至五台山，禁扈从宿卫，毋践民禾"④。英宗朝山拜佛，瞻仰圣容，观礼圣迹。"至王子寺，有感，敕重修葺。是年复建普门寺"⑤。至治三年，又"敕京师万安、庆寿、圣安、普庆四寺、杨子江金山寺、五台万圣佑国寺，作水陆佛事七昼夜"⑥。

元泰定帝对五台山佛教也给予积极支持。泰定二年（1325年）二月，"建殊祥寺于五台山，赐田三百顷"⑦。元廷赏赐给五台山寺院大量的土地，新建、重建寺院还有大圆照寺、普恩寺、铁瓦寺、寿宁寺等。

元文宗也崇佛敬僧，在位期间，仅在五台山就作三次大规模佛事。

---

① 《狗儿年圣旨碑》，碑刻存于芮城西陌镇坡头村清凉寺内。
② 《元史》卷24《仁宗本纪一》，中华书局1976年标点本，第551页。
③ 《元史》卷25《仁宗本纪二》，中华书局1976年标点本，第575页。
④ 《元史》卷28《英宗本纪二》，中华书局1976年标点本，第623页。
⑤ （明）镇澄：《清凉山志》卷5，中国书店1989年版，第129页。
⑥ 《元史》卷28《英宗本纪二》，中华书局1976年标点本，第630页。
⑦ （元）念常：《佛祖历代通载》卷22，《大正藏》49册，第436页。

文宗致和元年（1328年）九月即位，十一月"作佛事于五台寺"。① 至顺元年（1330年）五月二十九日，又"遣使诣五台山作佛事"。次年四月丙午，又"命西僧于五台及雾灵山作佛事各一月，为皇子古噜答剌祈福"②。至顺元年（1333年）忻州《福田寺功行记》载："至元壬辰，福胜下院事致乖劣，败□之僧兄义开，疎狂废□百硕之粟，耕牛亦□逃匿不返，僧众溃乱。"③ 可见寺院僧众良莠不齐，在元代极度崇佛政策之下，一些寺院僧侣行事乖劣。

综上，元代诸帝都对佛教非常崇奉，在山西造塔建寺、赐田开矿、布施金币、大作佛事等，极大促进了山西佛教的兴盛，尤其五台山佛教达到极盛。

第二节　活跃在山西的佛教僧人

元代山西佛教发展一大变化是藏传佛教传入五台山地区，并且发展极为兴盛。由于《山西佛教史（五台山卷）》已对这一时期藏传佛教在五台山的发展做了详细阐述。④ 在此我们仅论述汉传佛教在山西的发展和传播情况。宋代以后佛教以禅宗和净土宗最兴盛，尤保存其所谓法脉传承，而其他宗派则或寓于禅净宗派之中，或者多以"学派经典"传承形式出现，宗派色彩淡化，且各派之兼容亦成为潮流。

一　华严宗僧人在山西的活动

早在北魏时期，五台山已有僧人研习《华严经》。到唐代大历年间，由于澄观国师在五台山的制疏演教，以弘扬贤首宗旨，遂使山西五台山成了研习《华严经》的圣地。虽然经过会昌法难，世宗灭佛，但到了宋辽金时已经复苏。元代真觉国师等佛教僧人在山西活动推动华严宗在山

---

① 《元史》卷32《文宗本纪一》，中华书局1976年标点本，第713页。
② 《元史》卷35《文宗本纪四》，中华书局1976年标点本，第782页。
③ （元）车指南：《福田寺功行记》，《山右石刻丛编》卷33，山西人民出版社1988年版。
④ 赵改萍：《山西佛教史（五台山卷）》，中国社会科学出版社2014年版，第42—65页。

西再度兴盛。

真觉国师（1241—1302年），名文才，字仲华，清水杨氏子，祖籍弘农。真觉国师儒释兼通，其著作有《释贤首疏》《肇论略疏》三卷、《惠灯集》二卷。"皆内据佛经外援儒老，记譬取类，其辞质而不华，简而诣，取其达而已。隐居成纪，筑室树松，将以终老。然以行修乎迩德加乎远，虽自韬晦，其道愈彰。人尊其德不敢名，以'松堂'称之。"① 元世祖特降旨命住持洛阳白马寺。"学者川奔海会，声誉日驰。""成宗建万圣寺于五台，诏求开山第一代住持。时帝师迦罗斯巴荐之。成宗即铸金印署为真觉国师总释源宗兼佑国住持事。真觉国师居于台山万圣佑国寺时，大演清凉之教，弘倡贤首宗旨。大德六年（1302年），将返洛阳，当抵真定时，突然疾作，于九月一日圆寂，葬于五台东山之麓。"

真觉国师有弟子了性、幻堂，也是五台山的高僧。释了性，《佛祖历代通载》《释鉴稽古略续集》等有载。俗姓武，号大林。幼年聪睿，好学不息。"依耆德安公为浮图，既登具，历诸讲席，探颐经论，研精秘奥。始遇真觉国师，启悟初心。既而周游关陕河洛。"② "访诸耆德从而学焉。如柏林潭公、关辅怀公、南阳慈公，皆以贤首之学著称一时，性悉造其门，领其玄旨。"③ "后从真觉至台山，真觉殁北游燕蓟。至大中，太后创寺台山，寺曰'普宁'。""以兹擅天下之胜，住持之寄，非海内之望，莫能胜之，故以命公。公居此山十有余年而殁。"④ 于至治元年（1321年）九月三日寂于普宁寺，塔于竹林之墟。时人谓其"颇负气节"，其时元廷尊崇藏传佛教僧人，"出入骑纵，拟迹王公。其人赤氇峨冠，岸然自居，诸名德辈莫不为之致礼，或磬折而前，抠衣接足，丐其按顶，为之摄受。"了性只长揖而已，人以为其傲。了性辩解，"吾敢慢于人邪？吾闻君子爱人以礼，何可苟屈其节而巽于床自取其辱乎！"⑤ 可见，了性保持

---

① （元）念常：《佛祖历代通载》卷22，《大正藏》49册，第725页。
② （元）念常：《佛祖历代通载》卷22，《大正藏》49册，第733页。
③ （明）如惺：《大明高僧传》卷2，《大正藏》50册，第907页。
④ （元）念常：《佛祖历代通载》卷22，《大正藏》49册，第733页。
⑤ （元）念常：《佛祖历代通载》卷22，《大正藏》49册，第733页。

气节风骨,维护汉传佛教地位之努力。

幻堂(1272—1322年),名宝严,字士威。少年时候,因遭丧乱,偕弟一起出家,学习经论。"少以迈往之气,不乐处俗。与其弟金薙染,从佛求出世之道。每逢名德启讲,必往听而问焉。尝谓学而不思,思而不学,君子所忧。虽通其说,而不通其宗,是学而不思也。岂称达者哉?况文字之学,守株象迹惑于多歧,焉能涉同归之海,造圆顿之奥乎?听其说固辩矣,观其所得则未也,于是既问而学之,以博其趣而益致其思焉,是其所以造诣,盖得之系表,故其讲说深有宗通理味。"①幻堂后嗣真觉国师,传华严思想。当真觉国师诏居白马寺时,他跟随至洛阳。当真觉国师殁后,成宗诏他续居五台山佑国寺。至治二年(1322年)七月,幻堂迁化,葬于东封谷之口,建塔祠之。

元代活跃在山西五台山的华严学人还有正顺等人。正顺,俗姓高,尉州人。生而颖悟,幼喜林泉,志脱垢尘,遂拜五台山寿宁寺用公为师,剃发披缁,依年受具。结庐深林,唯阅《华严》,数盈千部。常作华严观,一夕入观,闻空声曰:"和吞山水,少会风云,即有契入。"常顶戴《华严》,行住无违,世称"华严菩萨"。还于五台山建华严阁,下为海水,出大莲花,毗卢金像坐莲花上。每对佛观,三五日方起。因此,闻于大元皇太后三诏而不赴,授以五路总摄之职,亦固辞不受。元贞二年(1296年),成宗瞻礼五台山,大加礼重。是年,寂于五台山,建塔藏之。②其弟子法忍继师遗志,继续弘扬清凉教义,遂使五台山华严学绵延流长。

二 唯识宗僧人在山西的活动

唯识宗,属于佛教中的大乘有宗。它在中国的创始人为玄奘、窥基。到元代时候,五台山又出现了慈恩宗的高僧弘教大师,绛州有广裕法师。

弘教(1271—1337年),名慧印,俗姓张,关西人。少攻儒典,长

---

① (元)念常:《佛祖历代通载》卷22,《大正藏》49册,第734页。
② (明)镇澄:《清凉山志》卷3,中国书店1989年版,第78页。

业佛书。后从河东普救月公学习,"蒲州府月公,普救寺僧,精于戒律,弘教大师慧印当尝从之学,《圆觉了义》"①。又从洛阳白马寺大慧国师学习华严。随后,又跟随栖岩益公学习《唯识》等论。至元二十八年(1291年),他22岁时从鄢陵五峰信公受大戒。至元三十年(1293年),24岁时嗣法于栖岩益公,并为百僧会上第一讲座,弘扬唯识奥义。同年,又从律师秀公,讲解《四分律》。次年,还从心崖和公学习《因明》诸论。大德二年(1298年),28岁时又从大通验公讲《华严经疏》。大德三年(1299年),结束远游,尽摅所学,居于太行之阿。皇庆元年(1312年),声闻远播,承诏至京师安国寺,为王公缁素讲经,罔不服化。是年归山,仁宗赐予紫衣、香药,并遣旌幢送至五台山万圣佑国寺,以主法席。至治元年(1321年),弘教大师还从帝师受秘密之诀。次年六月,英宗皇帝瞻礼台山,陪驾朝礼五顶。游南台时,英宗命祈嘉应,遂赐钱币、玉文殊像及七宝念珠。英宗回銮时,又陪驾至京,在永福寺校正藏典,而太子等人还从受菩萨戒。事后,还归五台山佑国寺。后来,文宗皇帝诏住承天寺,授司徒一品银印,固辞不受。至元三年(1337年)示寂。②弘教大师习跨诸宗,尤尊唯识,是元代在山西弘扬唯识学的著名高僧。

绛州广裕,稷山人,世家绛之樱山,俗姓郝。幼敏慧,发轫于戒经,决策于众经论,顿辔于唯识、因明。九岁,从显公和尚落发出家。十一岁受具足戒。年二十,众推为座主,讲说法要,人服其精诣。后住寿圣寺,修千佛洞、佛阁、殿堂,大开讲席,听众逾百,檀施云兴。次住华严院、十方仁寿寺,肇建冬夏安居讲堂,又重修佛阁、法堂、僧堂。后移住金仙寺,修大佛阁,造弥勒大像,置《大藏经》及《唯识钞疏》四十部;又修法堂、僧廊、香积、檐、楹、户、牖,金碧辉映,为晋伟观。最后住胜因寺,创建法堂、廊庑三十余间,凡常住所宜有者,无不悉备。又约其同伦为"上生会",祈愿共生所谓"兜率天"。大德十一年(1307年)十月二十九日,迁化于金仙寺,嗣其法者七十余人,名播诸方。③可

---

① 雍正《山西通志》卷160,中华书局2006年版,第4069页。
② (明)镇澄:《清凉山志》,中国书店1989年版,第80页。
③ 王道旺:《〈裕公和尚道行碑〉点注》,《文物季刊》1994年第4期。

见，广裕在翼城金仙寺居住三十余年，既学修唯识，亦持戒律，希求兜率净土，并注重发展佛教救济事业，在此设资戒大会、修建法堂、僧廊、造弥勒大像，在晋南一带形成广泛影响。

三 禅宗僧人在山西的活动

禅宗到唐末五代之际分为五家，即伪仰宗、法眼宗、云门宗、曹洞宗、临济宗。由宋及元，尤以临济宗更为兴盛。

海云，俗姓宋，法名印简，山西岚谷宁远（今山西岚县）人。他的事迹，元念常《佛祖历代通载》、程矩夫《雪楼集》《大蒙古国燕京大庆寿寺西堂海云大禅师碑》（以下简称《海云禅师碑》）、《清凉山志》等文献中有载。《海云禅师碑》记云："自七岁入学，授《孝经》，至首章遽问其师曰：'开者何宗，明者何义？'父母闻而异之，恐儒学非所以为宜，乃携见传戒颜公，祝其发，明年礼中观沼公为师，乃训今名，受以净戒，使修童子行。"① 海云入佛门后便崭露头角，"一日披中观五条衣升座，演其前后所说法语，以示诸同列，见者叱之。海云曰：'不记佛言，三世诸佛所说之法，吾今四十九年不加一字；顾我终不出自胸臆，妄有指陈'。中观闻之，喜曰：'此儿将来释门之龙象也！'遂令入室。"② 金崇庆元年（1212 年），海云十一岁，受金卫绍王恩赐纳具足戒。后随中观寓于岚州广惠寺，并升座演法并竭力接济困苦之众。贞祐三年（1215 年），被金宣宗赐以通玄广惠大师之号。金贞祐五年（1217 年），蒙古大军攻陷宁远，海云与中观被执。成吉思汗得知，遣使于太师国王曰："卿言老长老、小长老，是告天下之人，可好存济，无令欺辱，与免差役。"③ 诏令居兴安之香泉寺，署中观为慈云正觉大禅师，中观不受，以海云为寂照英悟大师。成吉思汗十六年（1221 年），中观示寂后，海云"乃来燕，过于松

---

① （元）王万庆：《大蒙古国燕京大庆寿寺西堂海云大禅师碑》，觉真：《〈法源寺贞元录〉元碑补录》，《北京文物与考古》2004 年第 6 期。
② （元）王万庆：《大蒙古国燕京大庆寿寺西堂海云大禅师碑》，觉真：《〈法源寺贞元录〉元碑补录》，《北京文物与考古》2004 年第 6 期。
③ （元）王万庆：《大蒙古国燕京大庆寿寺西堂海云大禅师碑》，觉真：《〈法源寺贞元录〉元碑补录》，《北京文物与考古》2004 年第 6 期。

辅，夜宿岩下，因击火大悟"①。旋经洺州，复至燕京庆寿寺，住持中和"相与问答，深有所契，遂留之以为记室。寻以向上钁槌，差别机智，种种勘验，师淘汰日久，大机圆应，大用齐彰，透尽临济正宗，绰尔心空"。"中和乃曰：'汝今已到大安乐之地，好善护持'，遂以衣颂付之。"② 至此，海云得到临济宗的衣钵。成吉思汗十七年（1222年）以后，海云游四方，传法授戒。"历燕之庆寿、竹林，易之兴国，兴安之永庆，昌平之开元，真定之临济，云中之龙宫、华严诸大刹。而主永庆者二，庆寿者三。放浪辽海上，手刺血和金泥书大乘三聚戒本，十有六部，布之天下。……凡主大会七度，弟子千余，名王才侯受戒律者百数，士民奔走依向者以千万计。皇太后尤深敬礼，累号燕赵国大禅师、佑圣安国大禅师、光天镇国大士。"③ 蒙元统治者对他表示了很高的敬重。乙巳（1245年），"奉（太宗）六皇后旨，于五台为国祈福"④。辛亥年（1251年），"蒙哥皇帝即位，颁降诏恩，显遇优渥，命师复领天下僧众……给以银章"。⑤ "暮年入清凉，居华严寺。" 又 "命画工于方丈，遍画海水行云"⑥。海云于1257年四月四日圆寂，建塔于大庆寿寺侧，谥号"佛日圆明大师"。赵孟頫《临济正宗之碑》载，蒙哥汗七年（1257年），海云"趣画天风海涛飞云之状于华严西壁，诘朝而逝，年五十六。还葬庆寿之西南隅，赐谥佛日圆明大宗师。诸大弟子分舍利葬秦赵者为塔七"⑦。海云还曾建言军民禁占寺宇；面对团闭之京城建言施舍民众；建言元廷实行仁恕之政，安利众生；劝袭封孔子五十一代，传孔孟之道；论治民之道应以儒道为先。可见海云法师不仅宣扬佛理，而且积极利用其在朝廷中的影响力，劝诫蒙元统治者施行仁政，以民生为本心。海云

---

① （元）念常：《佛祖历代通载》卷21，《大正藏》第49册，第702页。
② （元）王万庆：《大蒙古国燕京大庆寿寺西堂海云大禅师碑》，觉真：《〈法源寺贞元录〉元碑补录》，《北京文物与考古》2004年第6期。
③ （元）王万庆：《大蒙古国燕京大庆寿寺西堂海云大禅师碑》，觉真：《〈法源寺贞元录〉元碑补录》，《北京文物与考古》2004年第6期。
④ （元）念常：《佛祖历代通载》卷21，《大正藏》第49册，第702页。
⑤ （元）念常：《佛祖历代通载》卷21，《大正藏》第49册，第702页。
⑥ （明）镇澄：《清凉山志》卷3，中国书店1989年版，第78页。
⑦ （元）详迈：《西京大华严寺佛日圆照明公和尚碑铭》，《三晋石刻大全·灵丘县卷》，三晋出版社2010年版，第15页。

针对元朝廷以藏传佛教为国教,儒学衰微,弊端丛生的政治状况,提倡以儒治国,又足见其宽广胸怀与政治洞察力。

海云在山西的弟子,最有影响者是慧明法师。慧明,蔚州灵丘(今山西灵丘)人,俗姓李。少年时即从西京崇玄寺崇业大师落发受戒。陶冶数载,幽致大通。后游历四方,遍寻禅匠,"初投冲虚昉公,次依松嵓晖公。……后抵燕之庆寿,参海云老师,一见欣然,便通入室。老师左提右挈,痛下钳锤,棒喝交驰,迅机无滞"。① 乙巳年(1245年)七月,隐居于灵丘之曲回寺,重修寺庙。庚戌(1250年)中,随海云法师至大同华严寺,就任住持。"院门牢落,庭宇荒凉,官物、人匠、车甲、绣女,充牣寺中。至是,并令起之,移居他处。大殿、方丈、厨库、堂寮朽者新之,废者兴之,残者成之,有同创建。本寺《藏教》零落甚多,或写或补,并令周足。金铺佛熠,丹漆门楹,供设俨然,粹容赫焕,香灯璨列,钟鼓一新。非师有大因缘,孰能如是成就也。又于市面创建浴室、药局、榻房及赁住房廊近百余间,以赡僧费。"② 慧明重修大同华严寺。癸丑(1253年)中,太祖之女独谟乾翁主为海云加"佛日圆照"徽号。乙卯(1255年)春,住持燕京庆寿寺,"增完补弊,修葺田园。丈室肃清,门无俗客。今上皇帝及东宫太子,屡于庆寿作大法会,师厌于将迎,退归灵丘之曲回寺"。海云在重修完成燕京庆寿寺后,为躲避纷扰,回到灵丘曲回寺。丁巳(1257年),复还居大同华严寺,开大藏。戊辰(1258年)年,"浑源诸官请师主永□禅寺,既而倦事,还居华严。更衣资补大像,藏经有失而添补无遗,供具排仪广大悉备巨到"。③ 至元七年(1270年)圆寂,嗣袭法道者七人,首曰昭冲,奉旨住大庆寿寺,承海云之道,为僧门总统;次曰义辩,住西京南关崇玄寺;次曰法钟,继住华严,堂构先业。余者各为一方法主。

山西除流行临济宗外,还有曹洞宗流行。福裕禅师为元初著名曹洞

---

① (元)详迈:《西京大华严寺佛日圆照明公和尚碑铭》,《三晋石刻大全·灵丘县卷》,三晋出版社2010年版,第15页。

② (元)详迈:《西京大华严寺佛日圆照明公和尚碑铭》,《三晋石刻大全·灵丘县卷》,三晋出版社2010年版,第15页。

③ (元)《曲回寺碑记》,高凤山:《三晋石刻大全·灵丘县卷》,三晋出版社2010年版,第15页。

宗师。字好问，号雪庭，俗姓张，太原文水人。"五龄解语，日了千言。九岁入学，十行一目，乡里有圣小儿之称。"① 二十一岁，福裕受具足戒。他和双溪广公一起侍奉休林老人七年，学有所成，乃赴燕京，投万松行秀（1166—1246 年）学禅法，计十年之久（1231—1241 年）。乙巳岁（1245 年），忽必烈命福裕往少林寺建资戒大会，戊申年（1248 年），定宗皇帝又下诏，命福裕住持哈喇和林的太平兴国禅寺。未期月，宪宗召诣帐殿，奏对称旨，俾总领释教。庚申（1260 年），忽必烈即祚，"因论辨伪经，驰驿以闻，火其书，仍赐光宗正辨之号，命即故里创建精舍曰'报恩'，给田若物以饭众。时万寿祖席乏人，众请师主之。"② 后分建和林、燕蓟、长安、太原、洛阳诸刹。至元八年（1271 年），诏天下释子大集于京师，福裕嗣法者居三之一。至元十二年（1275 年）秋，福裕禅师圆寂，世寿七十三，葬于少林寺塔林。皇庆元年（1312 年），元仁宗追赠福裕开府仪同三司，追封晋国公。

元代除藏传佛教外，禅宗大盛，山西亦然，还有如蒲州栖岩寺瑞峰禅师为曹洞宗高僧，王公劝请，声名卓著；住持蒲州普救寺的月公和尚为临济宗高僧，举扬宗旨，大阐宗风；住持静林山天宁万寿禅寺的元杲，汾州府圆光禅师等均有很大的影响。他们除修习禅业，弘法传道外，兴旧起废，广建佛殿，开山斩木，置业兴产，在元代宽松的宗教政策下推助佛教获得较大发展。

四 其他僧人在山西的活动

元代有著名的律师真觉大师、实相圆明光教律师等在山西弘法。

信明，字真觉，五台人。依清凉寺正洪长老染削，年十四业讲有声，二十四岁受大戒，述《盂兰》等钞，名振业席。日诵大乘，殊无少息。元主诏入燕京，赐座殿庭，应对称旨，赐号兴国大师，授僧统之职。后从庆寿海云和尚咨决心要，海云以金书《金刚经》及《菩萨戒》授之曰："持此二法，可为人天眼目。"③ 终身持此法，修己治人。"自贵戚以下，

---

① （清）聂先：《续指月录》卷 8，《卍续藏》第 84 册，第 87 页。
② （清）聂先：《续指月录》卷 8，《卍续藏》第 84 册，第 87 页。
③ （明）镇澄：《清凉山志》卷 3，中国书店 1989 年版，第 79 页。

至士庶人，从师受菩萨戒者甚伙，化风被河朔矣。"① 六十九示寂。信明虽为禅僧，亦持菩萨戒，故亦视为律学僧。

实相圆明光教律师（1260—1317年），名法闻，陕西人，七岁出家，从德辉禅师学习佛法。十五岁薙染为僧，二十岁受戒。此后云游汴汝河洛，历诸讲肆，研究教乘。又从大德温公学习《法华》《般若》《唯识》《因明》及《四分律》等。圆明光教律师灼肌燃指，刺血书经，后隐居五台山六年，研读五千卷《大藏经》三遍，是以业进行修，身藏名著。帝师亦怜命其讲说《般若》，指授《因明》之要。后居长安义善寺。"邠岐泾渭四序，讲筵不绝，从而学者盖千数焉。天子闻之，征至阙庭，诏居大原教寺，授荣禄大夫大司徒。未几诏居大普庆寺，加开府仪同三司大司徒银章一品，赐辽世金书戒本，求戒者皆从公而师受焉。"② 王公大臣皆仰慕高风，无不求其受戒弘法，实相圆明光教律师于延祐四年（1317年）三月廿四日跏趺而逝。

总之，元代实行优崇宗教的政策，为山西佛教发展创造了有利时机。山西高僧辈出，既有如海云般影响朝廷政策的禅僧，亦有如广裕和尚在地方上形成较大影响。这一时期，僧人各宗兼修，学修并重，以禅宗尤盛，藏传佛教传入五台。僧人借助国家支持，大建佛寺，广置产业，使佛寺经济实力大增，寺院经济兴盛。

第三节　元代山西佛教寺院的分布与发展

一　元代山西佛教寺院的新建

元代诸位帝王在积极利用佛教支持自身统治的过程中，优遇名僧，对各大寺院施田、赐钱、特许度僧等种种方式，促使山西佛教寺院具有相当的规模。

---

① （明）明河：《补续高僧传》卷17，《卍续藏》第77册，第491页。
② （元）念常：《佛祖历代通载》卷22，《大正藏》第49册，第731页。

表 10—1　　　　　元代山西新建佛寺汇总①

序号	佛寺名	隶属地	建立时间	所处位置	文献来源
1	资福寺	阳曲	至元二年	城西北二十里柴村	
2	清修寺	阳曲	至元间	城北八十里东黄鼠村	
3	隆兴寺	阳曲	元贞二年（1296年）重修	城西北二十五里张村	
4	奉先寺	阳曲	大德甲辰年（1304年）	城西十五里三交村	
5	卿云寺	阳曲	皇庆元年（1312年）	城北九十里辛庄	
6	慧觉寺	阳曲	延祐四年（1317年）	城西北三十里西村	
7	长安寺	阳曲	泰定四年（1327年）	城东北二十里北村	乾隆《太原府志》卷48
8	崇真寺	阳曲	至正间（1341—1368年）	大南门内	
9	德云寺	阳曲	至正七年（1347年）	城南五里	
10	福胜院	阳曲	至正九年（1349年）	城东北七十里蔡村	
11	长兴寺	阳曲	至正十九年（1359年）	城东一百里	
12	天王寺	阳曲	元时	城北四十里范家村	
13	崇圣寺	榆次	至元间	东白村	
14	慧寂寺	榆次	延祐初（1314—1320年）	开白村	

① 元代有两个至元年号，超过6年者，应为前至元。其他无法判断至元的前后，不再标注具体公元纪年。

续表

序号	佛寺名	隶属地	建立时间	所处位置	文献来源
15	清修寺	榆次	延祐初（1314—1320年）	俙朱村	
16	鲁山寺	榆次	至正初（1341—1368年）	卢仙山，本名灵峰寺	
17	永庆寺	太谷	至顺二年（1231年）	县东北信义村	
18	万安寺	太谷	至元十年（1273年）	县南十里	
19	法安寺	太谷	至大二年（1309年）	县东北十五里郭村	
20	净觉寺	太谷	至大三年（1310年）	县南十里侯城村	
21	安禅寺	太谷	延祐三年（1316年）	县西南	乾隆《太原府志》卷48
22	天王寺	太谷	延祐四年（1317年）	县东南	
23	治平寺	太谷	延祐六年（1319年）	县东北四十里东卢都	
24	离相寺	太谷	延祐七年（1320年）	县西街	
25	宝峰寺	太谷	至治元年（1321年）	县东南六十里浮图村	
26	慧明寺	太谷	天历元年（1328年）	县东北十里朝阳都	
27	寿胜寺	太谷	至顺元年（1330年）	县东三十里小白都	
28	清真寺	祁县	至元五年（1268年）	县西五里东冀都	
29	教祖寺	祁县	至元十八年（1281年）	县西南十里荣仁都	

续表

序号	佛寺名	隶属地	建立时间	所处位置	文献来源
30	洪福寺	祁县	大德三年（1299年）	县东南二十五里梁村	
31	普宁寺	祁县	大德八年（1304年）	县西北十里修善村	
32	明觉寺	祁县	延祐间（1314—1320年）	县东北三里会善村	
33	清净寺	祁县	延祐三年（1316年）	县西北五里被谷农村	
34	延寿寺	祁县	延祐三年（1316年）	县东北二十里张庄村	
35	法林寺	祁县	延祐四年（1317年）	县东南十里小韩村	
36	洪济寺	祁县	延祐四年（1317年）	县北三十里北左村	
37	清法寺	祁县	延祐五年（1318年）	县东南中梁都	乾隆《太原府志》卷48
38	福兴寺	祁县	至顺间（1330—1332年）	县北八里农泽村	
39	观音寺	祁县	元	县东北大安南村	
40	三教堂	徐沟	至元六年	高白镇	
41	永兴寺	徐沟	至元二十九年（1292年）	孔村	
42	洪济寺	徐沟	元贞二年（1296年）	南安村	
43	宝严寺	徐沟	元贞二年（1296年）	清源乡南关半坡街	
44	化成寺	徐沟	皇庆元年（1312年）	孟封村	

续表

序号	佛寺名	隶属地	建立时间	所处位置	文献来源
45	宝林寺	徐沟	延祐二年（1315年）	青堆北村	
46	清泉寺	徐沟	至正二十四年（1364年）	故平都隐山	
47	二山寺	徐沟	至正二十八年（1368年）	故平都	
48	永清寺	徐沟	至正二十八年（1368年）	清源乡旧治后	
49	寿隆寺	交城	至元十三年（1276年）	县西四十里西社村	
50	众圣寺	交城	至正十年（1350年）	县西北五十里	
51	百泉寺	交城	至正十三年（1353年）	县北七十里	
52	瑞云寺	交城	至正十三年（1353年）	县西一百二十里	乾隆《太原府志》卷48
53	多宝寺	文水	至元十三年（1276年）	县东二十里	
54	缘庆寺	文水	至元六年（1269年）	县东武安都	
55	东严寺	文水	至正元年（1341年）	县西北土安都	
56	长乐寺	文水	至正四年（1344年）	县东原西都	
57	贺天寺	文水	至正十二年（1352年）	县东高车都	
58	观音寺	文水	至正间（1341—1368年）	县东云周村	
59	庆安寺	兴县	至元十四年（1277年）	在县西北冈	
60	资福寺	兴县	元时	在县西南九十里	

续表

序号	佛寺名	隶属地	建立时间	所处位置	文献来源
61	经堂寺	岢岚	至元六年	在州北百里五寨南	乾隆《太原府志》卷48
62	三教寺	岢岚	元贞二年（1296年）	在州北草城村	
63	崇典寺	岢岚	至正间（1341—1368年）	在州东北四十里康家会	
64	草偃寺	岢岚	至正十六年（1356年）	在州南十里王龙都	
65	慈云寺	平定	大德间（1297—1307年）	县西南一里	光绪《平定州志》卷2
66	三圣寺	平定	大德间（1297—1307年）	县东七十里阜落屯	
67	资福寺	平定	至顺辛未（1331年）	冠山	
68	万安寺	平定	至正间（1341—1368年）	州东北二十里龙庄屯	
69	资福寺	平定	至正二年（1342年）	州南十五里苏屯	
70	圣寿寺	平定	至正十三年（1353年）	在州东鹤亭	
71	兴国寺	辽县	延祐二年（1315年）	高庄村	雍正《辽州志》卷3
72	清凉寺	平顺	延祐四年（1317年）	安善一里	民国《平顺县志》卷10
73	金山寺	壶关	元	县北十五里黄陀村	道光《壶关县志》卷3

续表

序号	佛寺名	隶属地	建立时间	所处位置	文献来源
74	崇胜寺	潞城	至正九年	县西北五十里小韩山	康熙《潞安府志》卷2
75	延庆寺	黎城	延祐六年（1319年）	南关	
76	崇福寺	黎城	延祐七年（1320年）	县北二十里	
77	延禧寺	武乡	至元二年	县东关	民国《武乡县志》卷3
78	南相寺	武乡	泰定二年（1326年）	县东东庄	
79	嘉祥寺	长治	至元十七年（1280年）	城南二十里贾掌村	乾隆《长治县志》卷19
80	际子寺	长治	元统元年（1333年）	城西南北和村	
81	龙泉寺	长治	至正二十八年（1368年）	城南二十里贾村	
82	龙泉寺	屯留	至元五年	县东南三十里北栗村	雍正《屯留县志》卷3
83	兴国寺	屯留	至元五年	县西十五里平村	
84	宝峰寺	屯留	大德二年（1298年）	县东北十五里王村	
85	甘泉寺	屯留	泰定二年（1325年）	县西北百里	
86	明月寺	屯留	泰定二年（1325年）	县西八十里中村	
87	普明寺	屯留	至正五年（1345年）	县东北常村镇	
88	定林寺	屯留	至元丁未（1367年）	县西北十八里余吾镇	
89	兴福寺	长子	大德五年（1301年）	县西九十里横水村	乾隆《长子县志》卷13

续表

序号	佛寺名	隶属地	建立时间	所处位置	文献来源
90	兴国寺	长子	延祐五年（1318年）	县南五十里论庄	乾隆《长子县志》卷13
91	古塔寺	长子	元	县西北十里莫村	
92	甘泉寺	长子	元	县西七十里寺头村	
93	延庆寺	黎城	延祐六年（1319年）	南开厢	康熙《黎城县志》卷2
94	崇福寺	黎城	延祐七年（1320年）	县北二十里	
95	文殊寺	临汾	至元中	城西十里席坊村	康熙《平阳府志》卷33
96	圆明寺	临汾	至元中	城西北十里	
97	广照寺	临汾	至元中	城东北四十五里	
98	普济寺	临汾	至元中	城西南十里	
99	寂照寺	临汾	至元六年	县西程曲	
100	回光寺	临汾	大德元年（1297年）	城西十五里	
101	洪教寺	临汾	大德中（1297—1307年）	城西南三十里	
102	乾明寺	临汾	大德中（1297—1307年）	城西南二十五里	
103	寿圣院	临汾	皇庆元年（1312年）	在城内	
104	觉圆寺	临汾	延祐间（1314—1320年）	水润里	
105	香严院	临汾	延祐五年（1318年）	县南崔村	
106	白莲寺	临汾	至顺初（1330—1332年）	城南十里	
107	奉慈寺	临汾	至正三年（1343年）	城西门外南侧	

续表

序号	佛寺名	隶属地	建立时间	所处位置	文献来源
108	木塔寺	临汾	至正初（1341—1368年）	城东南二十里贾于村	康熙《平阳府志》卷33
109	罗汉寺	临汾	至正间（1341—1368年）	城西北三十里洪堡村	
110	福胜寺	临汾	至正间（1341—1368年）	城北四十里	
111	玉泉寺	临汾	至正间（1341—1368年）	城西南十五里	
112	广禅寺	临汾	元	城北二十里	
113	显应寺	临汾	元	城西北十里	
114	毗卢寺	临汾	元	城西三十里	
115	上生寺	临汾	元	在城西二十里小榆村	
116	普济院	临汾	元	褚牛里	
117	清凉院	临汾	元	南庄	
118	资寿寺	灵石	泰定三年（1326年）	县东苏村	
119	弥陀院	翼城	大德八年（1304年）	涧下村	乾隆《翼城县志卷》24
120	兴福寺	翼城	延祐二年（1315年）	郑庄	
121	净土院	翼城	延祐三年（1316年）	辛安村	
122	兴龙寺	翼城	至治间（1321—1323年）	在济池山	
123	灵岩寺	赵城	至大元年（1308年）	马牧里	乾隆《赵城县志》卷10
124	西安寺	赵城	至正元年（1341年）	柴村	
125	岩泉寺	赵城	至正三年（1343年）	樊村	

续表

序号	佛寺名	隶属地	建立时间	所处位置	文献来源
126	洪教院	沁县	至元八年（1271年）	在州北里水村	乾隆《沁州志》卷9
127	圣寿寺	沁县	至元间	州南待贤村	
128	明心寺	沁县	大德六年（1302年）	州南故县镇	
129	大云禅院	沁县	大德八年（1304年）	州西郭村	
130	福严寺	沁县	皇庆间（1312—1313年）	州西册村	
131	先师寺	沁县	皇庆间（1312—1313年）	在州东次村檀山	
132	白鹿寺	沁县	至治间（1321—1323年）	州西云梦山	
133	末庆寺	沁县	至正间（1341—1368年）	州西假村	
134	寿圣寺	沁县	元	州西尧山村	
135	延禧寺	沁源	至元二年（1265年）	县东关	
136	兴国寺	沁源	至元间	县北河西村	
137	青果寺	沁源	至正间（1341—1368年）	县东北青果山	
138	香炉寺	泽州	元	城南三十里香炉山	雍正《泽州府志》卷21
139	大乘寺	泽州	元	城北板桥村	
140	香烟寺	泽州	元	城南上元社	
141	寿胜寺	泽州	元	城东张庄	

续表

序号	佛寺名	隶属地	建立时间	所处位置	文献来源
142	延福寺	代县	至元二年	州南十五里中解村	光绪《代州志》卷7
143	嘉圣寺	代县	延祐五年（1318年）	州东显旺村	
144	龙牌寺	繁峙	元	在古县西	光绪《繁峙县志》卷2
145	清源寺	繁峙	元	大黄尖下二十里	
146	正觉寺	繁峙	大德八年（1304年）	西关外	道光《繁峙县志》卷2
147	崇福寺	繁峙	元	县治西南七里	
148	经堂寺	宁武	至元六年	城东三十里	乾隆《宁武县志》卷9
149	万佛洞	宁武	至正中（1341—1368年）	城西北二里	
150	寿昌寺	宁武	至正中（1341—1368年）	城内东北隅	
151	吉祥寺	原平	元	南关路	乾隆《崞县志》卷4
152	崇福寺	原平	元	县西南七里中苏村	
153	寿昌寺	偏关	至正间（1341—1368年）	城东北隅	道光《偏关志》卷上
154	宗说寺	河曲	皇庆间（1312—1313年）	翠峰山	同治《河曲县志》卷3
155	普济寺	河曲	至治间（1321—1323年）	水沟村	
156	释迦教寺	河曲	天历间（1328—1330年）	单寨村	
157	禅房寺	河曲	至正间（1341—1368年）	得马水村	
158	崇福寺	河曲	至正间（1341—1368年）	新作村	

续表

序号	佛寺名	隶属地	建立时间	所处位置	文献来源
159	释迦寺	河曲	至正间（1341—1368年）	庄子峁	同治《河曲县志》卷3
160	观音寺	河曲	至正间（1341—1368年）	阳坡泉	
161	禅会寺	河曲	至正间（1341—1368年）	曹井村	
162	宝积寺	保德	大德七年（1303年）	里仁巷，州西南七十步	乾隆《保德州志》卷2
163	花佛寺	保德	至正间（1341—1368年）	州南十五里	
164	承天寺	保德	元	旧钟楼北	
165	龙泉寺	静乐	至正二年（1342年）	州西南六十里静乐都林遮峪村	
166	弥陀寺	静乐	至正十五年（1355年）	州西南三十里静乐都花园	
167	大安寺	应县	皇庆二年（1313年）	州南三十里崔家庄	
168	龙泉寺	应县	泰定二年（1325年）	州东边耀山	
169	慈云庵	应县	皇庆二年（1313年）	州南三十里	
170	观音寺	应县	大德四年（1300年）	龙湾山	乾隆《大同府志》卷15
171	崇国寺	怀仁	至元间	治东北	
172	宝峰寺	浑源	至元十七年（1280年）	城西宝峰寨	
173	永安寺	浑源	延祐三年（1316年）	州治东北	
174	静居寺	浑源	至治三年（1323年）	城南二十里庄上	

续表

序号	佛寺名	隶属地	建立时间	所处位置	文献来源
175	玉泉寺	浑源	元	玉泉山上	乾隆《大同府志》卷15
176	玉泉寺	浑源	元	城西	
177	西禅寺	浑源	元	城西五十里	
178	福智寺	灵丘	元	城东二里	
179	圣佛寺	广灵	至元间	县西南三十里直峪南山	
180	清凉寺	广灵	至元间	白羊山	
181	圣寿寺	广灵	元	县治西北隅	
182	圣泉寺	广灵	元	县西南二十里榆杏山	
183	圆明庵	山阴	至元六年	县西七十里新安乡	康熙《山阴县志》卷16
184	图觉庵	山阴	大德三年（1299年）	县西一里卧龙山	
185	觉道庵	山阴	大德三年（1299年）	县西一里卧龙山	
186	至大教寺	山阴	至大四年（1311年）	县北二里	
187	花茎禅寺	山阴	天历中（1328—1330年）	花茎山	
188	清隐庵	山阴	天历元年（1328年）	县西一百二十一里	
189	灵峰庵	山阴	至顺二年（1333年）	县西七十五里	
190	深云庵	山阴	元统三年（1335年）	县西七十里新安乡	
191	峡山庵	山阴	至正十五年（1355年）	县西南二十里承恩乡	
192	石室庵	山阴	至正二十五年（1365年）	县北二里书锦坊	
193	万春庵	山阴	元	县西南四里上植坊	

续表

序号	佛寺名	隶属地	建立时间	所处位置	文献来源
194	天宁万寿寺	离石	大德四年（1300年）	永宁州东北	乾隆《汾州府志》卷24
195	香岩寺	孝义	大德八年（1304年）	南十七里下栅村	
196	慈圣寺	孝义	大德十年（1306年）	南三里曹村	
197	圣寿寺	石楼	延祐间（1314—1320年）	西三十里	
198	普照寺	离石	泰定四年（1327年）	宁乡县西五十里上锄沟村	
199	金容寺	离石	至正中（1341—1368年）	永宁州西南三十里	
200	石佛寺	离石	至正三年（1343年）	宁乡县西克虎村	
201	古佛寺	介休	至元二年	北里村	乾隆《介休县志》卷3
202	法云寺	永济	泰定元年（1324年）	介山绝顶	乾隆《蒲州府志》卷3
203	延祚寺	永济	至元间	县南七十里宫殿	
204	观音寺	永济	至元二年	县北四十里	
205	石牛寺	解州	至正间（1341—1368年）	县东北三十里赵村	乾隆《解州全志》卷11
206	宏化寺	安邑	元	南门外	乾隆《解州全志》卷11

续表

序号	佛寺名	隶属地	建立时间	所处位置	文献来源
207	上教寺	万荣	延祐二年（1315年）	西坞底	乾隆《万全县志》卷7
208	下生寺	万荣	延祐二年（1315年）	北解村	
209	法王寺	万荣	泰定元年（1324年）	太朝村	
210	法云寺	万荣	泰定元年（1324年）	孤山	
211	云慧寺	万荣	泰定二年（1325年）	乌停村	
212	释迦寺	万荣	至元三年	乌苏村	
213	观音寺	万荣	至元二年	城北四十里	光绪《荣河县志》卷2
214	兴国寺	万荣	至正四年（1344年）	城南十五里	
215	妙道寺	临猗	至元间	县东北	雍正《猗氏县志》卷6
216	洪福寺	绛县	中统二年（1261年）	县东北四十里仓丰庄	乾隆《绛县志》卷12
217	圣水寺	绛县	泰定间（1324—1328年）	县治西南十里杨村	
218	太阳寺	绛县	泰定间（1324—1328年）	县西北二十里岗底庄	
219	永兴禅寺	绛县	泰定间（1324—1328年）	县西北十五里牛村庄	
220	龙泉院	绛县	泰定间（1324—1328年）	县东北三十五里范碧庄	
221	福胜寺	绛县	至正间（1341—1368年）	县西北十里西桥庄	

续表

序号	佛寺名	隶属地	建立时间	所处位置	文献来源
222	妙智寺	平陆	大德间 （1297—1307年）	县东仓窑村	民国《芮城县志》卷12
223	清凉寺	芮城	大德七年 （1303年）	县东北五十里坡头峪底村	乾隆《平陆县志》卷11
224	洪教寺	闻喜	至元间	城北长丰村	乾隆《闻喜县志》卷9
225	嘉庆寺	闻喜	至元三年	城西兰家庄	
226	东普照寺	闻喜	至元十四年 （1277年）	城东阜底村	
227	景福寺	闻喜	延祐二年 （1315年）	城东川口村	
228	慈云寺	闻喜	至顺三年 （1332年）	城东南村	
229	大善寺	稷山	元	在高渠村	乾隆《稷山县志》卷7
230	坦然寺	稷山	皇庆二年 （1313年）	小杜村	
231	兴化寺	河津	至正间 （1341—1368年）	樊村	光绪《河津县志》卷3
232	大悲寺	河津	至正间 （1341—1368年）	平原村	
233	西禅寺	新绛	延祐间 （1314—1320年）	城内	光绪《绛州志》卷3

从以上二百余所寺院统计来看，主要集中于成宗、仁宗、泰定帝及元顺帝时期。从地理范围看，主要集中在以太原为中心的晋中以及晋南地区。这种佛寺地域分布不均衡性主要与政治环境以及周边社会环境影响有关。元世祖忽必烈非常崇佛，成宗、仁宗、顺帝等帝王也大崇佛教，

尤其元统治者信仰藏传佛教，这使得五台山佛教兴盛起来。太原作为连接元大都（今北京）与五台山的重要枢纽，自然受五台山佛教影响而发展。"帝以太原难治，故以德辉为守，至郡，崇学校，表孝节，劝耕桑，立社仓，一权度，凡可以阜民者，无不为之。"① "总管李公由山西两路宣慰使承特□来殿是邦，牒诉之余，讲明典礼，修举百神之祀，如李晋王、狄梁公墓，台骀、狐突、窦鸣犊诸庙悉为完护，以谓王之庙制尤甚委靡，而特为里正之礼也。"② 李德辉主政太原，对于寺庙的恢复也积极支持。

晋南平阳一带自然环境地理比较优越，土地肥沃，气候宜人，农业发达，经济较为富庶，有力地支撑了佛教的发展。当然这一时期重建的寺庙也非常多，从绝对数量上这两地寺庙数量明显居多，且寺庙规模都比较大。

二 佛教寺院经济兴盛

元代佛教在统治者的支持下，还拥有大量的田产、房舍等资产，形成独有的寺院经济。这些寺院田产的来源主要有以下几种。

一是开垦庄田。如垣曲兴国禅寺《重修兴国禅寺演法传灯碑铭》载："皇元龙兴，崇尚浮屠，吾兴国之修又复新矣。厥初我祖师遇公和尚，因受学于海云国师，以禅律精微，遂蒙见知，奉帝师法旨，命释教都总统……今观此寺，佛殿法堂位于中，钟楼三门位于前，方丈精舍在于后，香积在于东，僧斋在其西，伽蓝之祠在其东南，除兴修寺院开垦庄田在其本县东湖等处，有常住地土计三百余亩，又有此等东北二处地土计二百余亩，其仓库、钱粮、法器、什物置买悉备，不可胜数。"③ 因为遇公和尚为海云国师弟子，拥有巨大权力，因而在地方上获得了开垦庄田的权利，以至于土地丰饶，财物不可胜数。

二是信众布施。如闻喜景福院《涑水东镇创建景福院记》载："监税程进者以西溪地三十亩来施……未几，程犹子顺复以东堂地四十亩见施。视之即其所也，遂谋创是院。有汪德全□□复以道南川地四十九亩、裴

---

① （元）戈毂：《重修汾东王庙记》，《山右石刻丛编》卷25，山西人民出版社1988年版。
② （元）戈毂：《重修汾东王庙记》，《山右石刻丛编》卷25，山西人民出版社1988年版。
③ 李修生：《全元文》卷1792，凤凰出版社2004年版，第12页。

村地三十三亩见施，时檀护主忽神公辅国洎万户昭勇公主盟其事。经画之际，倾帑以倡之，□檀越□□云集，木石砖瓦金□蝉联而来。于是，殿堂、廊庑、庖湢、廪厩，凡阿练若所宜有者，无不一备，像以金碧，室以丹腹，建始于大德辛丑（1301年）春，落成于至大辛亥（1321年，）夏，亦十年而大成，会二公复以院后地三顷、南原地三顷，为寺僧粥饭供继。"① 监税程进、蒙古万户忽神公、蒙古万户昭勇公均为蒙元官员之类的政治势力直接捐资佛教大量土地，成为元代佛教发展的最直接动力。再如，高平《十方慈教院施地记》载："今与肯播侄男演之，并商议得，将泊村先祖□使坟□周园旧日坟地土，熟地荒地共计六十余亩，并地内应有桑子四至已里，尽数施与游山十方慈教院，永远为常住。每年所得子粒，将供佛奇僧用度；仍于祖先忌日，请僧众讽咒作供养，并与本家一同上坟茔内及书案山上松柏树木。施与之后，将来子孙不许争夺。如子孙欲立新坟茔于所施地内，任使拣择起建，寺家不得□阻，亦不得将所施土别行买卖与他人。"② 李氏家族其先祖有官至节度使、按察使者，可见其亦官宦之家。经过家族议定，将赡坟地捐给慈教院，并与寺院达成协议，即寺院需要保护其家族坟地，允许李氏后人于坟地中建立新坟。李氏家族捐赠寺院之土地为供僧日常用度，寺僧不得买卖。李氏家族亡人祭日，寺院需要讽咒供养，并请县府见证，出具公据。由此可见，佛教与宗法家族社会在祈福度亡方面达成了一致，使佛教中国化、民间化进一步深入。

三是官府敕赐。如泰定三年，建殊祥寺于五台山，朝廷赐田三百顷。又如，至元九年（1349年）《有元重修西李村洪福禅院碑铭》载："由宋而金而我元四百余载，兴替凡几耳。今既壮观，规制宏丽。正为演法堂，中立大悲殿，前建三门，后敷丈室，香积云堂，库司斋舍，钟楼台高，伽蓝地胜，周围僧房，咸皆有之……寺封之地广袤二十亩，田园蔬圃膏腴之地五顷之余，以为恒业。又檀越数村以被大悲之泽，踵迹而施者岂徒然哉？"③ 洪福禅院的田产为官府所封，规模比较大。又如大德二年

---

① （清）胡聘之：《山右石刻丛编》卷37，山西人民出版社1988年版。
② 常书铭：《三晋石刻大全·高平市卷》，三晋出版社2011年版，第46页。
③ （清）胡聘之：《山右石刻丛编》卷37，山西人民出版社1988年版。

(1298年)《绛州西禅院用公和尚创置产业铭》①载其田产,寺院拥有近300亩旱地,近30亩水地以及稻田,土地丰饶,资产丰厚。

元代山西寺院都不同程度拥有一定数量的田产,他们有的将部分田产出租,甚至有的僧侣还放高利贷,出租店铺,收取租金,经营工矿业等,经济实力达到有史以来之最盛时期。寺院广占土地,出租佃农耕种,的确加重了对农民的盘剥,但从另一个角度看,元代寺院经济作为封建经济的一部分,不会脱离元代社会之外而独立存在。在这里,聚集在寺院中的财富和劳动力并没有从元代这个社会消失掉,充其量也就是一种等量转移,反而起到了积蓄社会财富的作用,遇到天灾或者战争这些特殊的条件时,寺院经济确实起到了平衡社会经济的作用。②

第四节 佛教与山西社会

一 名士与佛教

耶律楚材,字晋卿,别号湛然居士。金灭辽后归金,改称移剌。时京师禅伯甚多,他独重圣安澄和尚,常访以祖道。③"及遭忧患以来,功名之心束之高阁,求祖道愈亟,遂再以前事访请圣安,圣安翻案。不然所见,予甚惑焉。圣安从容谓手云,昔公位居要地,又儒者多不谛听佛书,惟搜摘语录以资谈柄,故予不敢苦加钳锤耳!今揣君子之心,果为本分事以问予,予岂得犹袭前愆,不为苦口乎!予老矣,素不通儒,不能教子。有万松老人者,儒、释兼备,宗说精通,辩才无碍,君可见之。"④耶律楚材参拜万松行秀并作为其嗣法弟子,号湛然居士。耶律楚材任丞相期间,积极维护五台山佛教。当成吉思汗将要西征之际,有司奏曰:"五台等处僧徒,有能咒术、武略及有膂力者,为部兵扈从西征。"楚材止之曰:"释氏之高行者,必守不杀戒,奉慈忍行,故有危身不证鹅

---

① (清)胡聘之:《山右石刻丛编》卷28,山西人民出版社1988年版。
② 孙雄:《圣俗之间——宗教与社会发展互动关系研究》,黑龙江人民出版社2006年版,第103页。
③ (清)聂先:《续指月录》卷8,《卍续藏》第84册,第88页。
④ (清)超永:《五灯全书》卷61,《卍续藏》第82册,第258页。

珠，守死不拔生草者。法王法令拳拳奉行，虽死不犯。用之从兵，岂有宜哉？其不循法律者，必无志行。在彼既违佛旨，在此岂忠王事，故皆不可以从王师也。"①成吉思汗采纳其建议，禁征僧人为部兵。耶律楚材利用佛教尊奉慈悲、禁止杀生等思想，阻止了征集五台山沙门西征的建议。

耶律楚材曾到太原、解州、临汾、五台山等地游历，并有多首诗文留世。如1231年《憩解州邵薛村洪福院》曰："天兵南出武阳东，暂解征鞍憩梵宫。玉像巍巍红叶捧，金容奕奕碧纱笼。三秦繁盛如席卷，两晋风流扫地空。惟有真如元不坏，青山依旧白云中。"② 又《再过晋阳独五台开化二老不远迎》："高冈登陟马玄黄，落日西风过晋阳。道士欢迎捧林果，儒冠远迓挈壶浆。五台强健头如雪，开化轻安鬓未霜。谁会二师深密意，赵州元不下禅床。"③ 这两首诗一方面赞扬蒙元军队获得胜利，另一方面，赞扬佛教的清虚以及僧人的孤傲。

此外，耶律楚材还为山西一些寺院撰文制疏。《太原开化寺革律为禅仍命予为功德主因作疏》云："窃惟昔年开化，今日为禅已，蒙智老拈香，又请湛然作主。寻行数墨，一蠲教院家门，运水搬柴，便有丛林气息。谨疏。"④ 又《万卦山天宁万寿禅寺命予为功德主因作疏》云："惟万卦之古刹，实万松之旧游。有虚己飞书，请湛然作主，勉为提领，良慰殷懃。山色水声，永作道人活计；渔歌樵唱，备传衲子家风。谨疏。"⑤ 又《平阳净名院革律为禅请润公禅师住持疏》曰："窃以不居这那院，好个主人，本无南北心，悉为佛子，谨请怀仁润老来住平阳净名。翡翠帘前，请看木人之舞；琉璃殿上，愿闻布鼓之音。谨疏。"⑥《太原五台寺请予为功德主因作疏》曰："镇三晋之雄藩，有五台之古刹。献花酌水，改律为禅，具疏殷勤，请予领略。谨命休林常祝寿，结个好因缘；为报文

---

① （清）超永：《五灯全书》卷61，《卍续藏》第82册，第258页。
② （元）耶律楚材著，谢方点校：《湛然居士文集》，中华书局1986年版，第146页。
③ （元）耶律楚材著，谢方点校：《湛然居士文集》，中华书局1986年版，第39页。
④ （元）耶律楚材著，谢方点校：《湛然居士文集》，中华书局1986年版，第174页。
⑤ （元）耶律楚材著，谢方点校：《湛然居士文集》，中华书局1986年版，第176页。
⑥ （元）耶律楚材著，谢方点校：《湛然居士文集》，中华书局1986年版，第180页。

殊莫放光，不打遮鼓笛。谨疏。"① 一方面耶律楚材所作之《疏》多为将"律寺"改为"禅寺"，并申获政府许可。另一方面是寺院邀请耶律楚材作为寺院之功德主。耶律楚材作为佛教居士，亦为高官名士。对元初佛教发展影响巨大，其与山西佛教也多有因缘际会。

二 民众与佛教

（一）绘制壁画

元代因佛寺规模宏大，财力雄厚，寺院多塑大像，雕梁画壁，以壮观瞻。如大德八年《太原奉圣寺碑》载，信众疏请大愚智公住持寺庙，收回外地下院，修建寺院，塑造佛像"绘水陆圣像于行廊"②。至顺元年（1333年）忻州《福田寺功行记》载，寺僧智证修复寺院，并绘水陆画一堂。③ 永济棲岩寺至元十一年（1345年）《棲岩寺佛殿佛像记》载，棲岩寺"内塑妆弥陀三大士一堂，俾众瞻仰，复于东左彩绘药师如来，并药叉众。西右彩绘炽盛□如来、□九曜众。后之两壁画文殊、维摩对谈像。后正壁画大悲菩萨。师之用意，非偶然之作，药师者与众除患，令其护安，炽盛光者为众消灾，俾其得乐。维摩寂默，祖意顿彰。文殊赞言，法门不二。大悲者，拯危济溺，拔苦导迷。弥陀示唯心净土，势至劝摄念归真。更有观音当阳漏逗，莺啼燕语，说破家风，鼓响钟鸣，辟开户牖，略提梗概，庶得纪纲"④。可见，元代寺庙大殿绘制水陆画比较流行，另外绘制药师如来、炽盛光如来题材也比较流行，目的是除患护安，消灾得乐，拯危济溺，唯心净土。

山西境内保存了较多的元代佛教壁画，如山西稷山县青龙寺壁画、稷山县兴化寺壁画等。

1. 稷山青龙寺壁画

青龙寺位于运城稷山县马村。青龙寺建于唐，辽金时期毁于战火，元至元二十六年（1289年）、大德七年（1303年）、至正十一年（1351年）

---

① （元）耶律楚材著，谢方点校：《湛然居士文集》，中华书局1986年版，第1180页。
② （清）胡聘之：《山右石刻丛编》卷30，山西人民出版社1988年版。
③ （元）车指南：《福田寺功行记》，《山右石刻丛编》卷33，山西人民出版社1988年版。
④ （清）胡聘之：《山右石刻丛编》卷30，山西人民出版社1988年版。

都曾大修。明嘉靖壬寅年（1542年）《重修青龙寺记》载，"青龙之建非偶然也，龙朔二年（662年）工□□书立，政奉朝廷而建也，所建非□□□备，举东西僧房各三间，佛廊五间，十王罗汉□门各三间，金刚二尊。龙朔□至于余年已深月已矣，年深月久则必祚坏"①。万历三年（1575年）《重修青龙寺记》载"南北殿三座，俱五□三间，东西列串廊五间，东北隅伽蓝殿一间，西北隅护法殿一间，东南隅祖□殿一间，西南隅门楼两座，延及二门，腰殿列转角九间。东罗汉殿三架三间，西十王殿三架三间，中夹天王殿三架三间，山门三架三间，门改坤入，由廊□五间通□而进东院，僧房十数间，厥古制也"②。因岁深月久，当时的寺僧普英号召乡众捐钱捐物集资，"于正殿、南殿、腰殿重葺之殿前创台，周围八丈又砌通道二条，既天王殿、十王殿、罗汉殿山门类以修举，焕然重新"③。

青龙寺各殿现存壁画面积为186.08平方米，其中腰殿的壁画面积为125.19平方米，后殿的壁画面积为60.35平方米，东北垛殿拱眼壁的壁画面积为0.54平方米。④

后殿为主佛殿，壁画主要分布在东西两壁，其主要内容东壁为一佛二弟子二菩萨《佛说法图》，中间绘释迦像，两侧为阿难、迦叶二弟子和文殊、普贤二菩萨；西壁是《弥勒变》，中间绘弥勒像，左右为二大菩萨和众弟子，下方西侧为国王和王妃剃度图，众宫人围侍。拱眼壁处有佛传故事及唐僧取经小幅壁画。

腰殿四壁为"水陆画"，其依据仪轨为《天地冥阳水陆仪》。东壁现存神祇35组，以佛、菩萨及护法神为主，地位较高；西壁现存神祇28组，也以佛、菩萨及护法神为主，与东壁对应，地位最高；南壁现存神祇34组，以十大明王为首；北壁现存神祇11组，地位较低。水陆画主要用于超度亡灵之水陆法会。腰殿扇面墙正面所绘根据残存痕迹判断为水月观音，扇面墙背面绘千手千眼观音，具有浓厚的密教色彩。

从青龙寺壁画所留有的题记看，是出自民间画师之手，但其人物形

---

① 嘉靖二十一年（1542年）《重修青龙寺记》，现存青龙寺内。
② 万历三年（1575年）《重修青龙寺记》，现存青龙寺内。
③ 万历三年（1575年）《重修青龙寺记》，现存青龙寺内。
④ 柴泽俊、贺大龙：《山西佛寺壁画》，文物出版社2006年版，第40页。

象饱满，线条流畅，色彩浓艳，颇具唐代壁画风韵，大像身姿健硕挺拔，又体现了元代风格。

2. 稷山兴化寺元代壁画

兴化寺位于稷山县小宁村，初建于隋朝，元代重修。兴化寺壁画绘制于元代仁宗延祐七年（1320年），壁画的内容为七佛图、弥勒变、八大明王及释迦本行故事。现在寺已毁，仅仅有保存在北京故宫博物院的一幅《七佛说法图》。该壁画为元代著名画师朱好古和张伯渊所作。朱好古是元代禽昌（今襄汾县）人，为元代山西民间画工领袖。他擅长人物与山水画的创作，风格工细精巧。

兴化寺壁画《七佛说法图》采用对称式构图，画有间隔距离相等的七尊坐佛。七佛均结跏趺坐，两侧为两位声闻弟子，左为摩诃迦叶，右为阿难。在迦叶和阿难上方云气缭绕之际有迦陵频迦两身，人首鸟翼凤尾，一捧镜向上，一俯身居中。至于胁侍菩萨身份的辨识，由于图中所示标识不够明显，所以在有关兴化寺《七佛说法图》的研究中，有3种不同的看法。一种认为是文殊和观音，一种谓是文殊和普贤，还有一种则指出是阿僧伽和婆修盘陀。①

兴化寺《弥勒说法图》现藏于加拿大多伦多皇家安大略博物馆，与唐宋弥勒经变有一些不同之处。从内容方面看，该图仅保留弥勒说法和剃度两种场景，简洁明了地表达了《下生经》的核心思想。从构图比例方面看，兴化寺该图结合实际，将前代的典型构图和内容进行了简化，并以平视方式描绘，从而拉进了神与人之间的距离，反映了佛教更加民间化的特征。

3. 洪洞广胜寺壁画

广胜寺位于洪洞县城东北霍泉发源地。此寺分上下两寺，上寺在山巅，下寺在山脚。下寺依山而建，坐北朝南。广胜寺创建较早，据力空《广胜寺志》载，顺治十六年（1659年）《缘起碑》引明永乐年间《重修缘疏》载北周武帝保定三年（563年），游僧正觉在该寺兴建佛塔时，掘得断碑载，"东汉桓帝建和元年（147年）敕建俱卢舍寺"。据说，东汉

---

① 曾嘉宝：《山西兴化寺元代壁画〈弥勒说法图〉》，《文物》1990年第3期。

西域僧慈山，号俱卢舍利，奉敕分慈山舍利建塔云云。① 唐大历四年（769年），郭子仪、李光瓒牒文奏请重建"大历广胜之寺"②，普静于周显德二年（955年）四月初八在广胜寺塔前柴庵焚身。③ 金宣宗贞祐年间毁于兵火，元延祐六年（1319年）《重修明应王殿之碑》记载，"世祖薛禅皇帝御容，佛之舍利，恩赐藏经在焉。不幸大德七年（1303年）八月初六日夜，地震，河东本县尤重，靡有孑遗，书云火炎昆岗，玉石俱焚。"④ 大德九年（1305年）秋筹备重建，"本路万僧都宣差祀香，省会渠长史珪并本县官，将殿即便重盖。县委主簿申公，提调珪与南霍杜玉、胡福渠长鸠工，各量使水村，分计置修造，富有者施财，贫薄者出力，创起正殿木装，始经营之也。时有寺僧，聚提点亦尝施工。继而刘思直塑像结瓦，郭景信造门成趣。至延祐六年（1319年），渠长高仲信募工，殿内砌□造沙壁完备。南霍渠长王显、许亨同心津助，及山之僧妙潜添力赞成其事，焕然为之一新"⑤。现留存殿内神龛上和壁画上还有几处元代题记：一是神龛西侧塑像屏风之后，有"延祐三（年）五月初一日记"。二是戏剧壁画横额末尾有"泰定元年（1324年）四月"。三是板门四周八字墙上画有"泰定元年"字样。四是在殿内南壁两次间上部，除祷语及主持和布施人名外，末尾一行为"时大元岁次甲子泰定元年蕤宾月初一日志笔"⑥。由这些题记看，水神庙明应王殿壁画始于大德九年（1305年）最后完工于泰定元年（1324年），其间耗时大约二十年。

　　广胜寺下寺的元代壁画共有两处，一处原存下寺大雄宝殿，另一处现存水神庙明应王殿。明应王被作为水神立庙祭祀，"每岁三月中旬八日，居民以令节为期，适当群卉含英，彝伦攸叙时也。远而城

---

① 扈石祥：《广胜寺志》，中央民族学院社1988年版，第1页。
② 汪学文：《三晋石刻大全·洪洞县卷》，三晋出版社2008年版，第27页。
③ 汪学文：《三晋石刻大全·洪洞县卷》，三晋出版社2008年版，第13页。
④ （元）王剌哈剌：《重修明应王殿之碑》，《山右石刻丛编》卷31，山西人民出版社1988年版。
⑤ （元）王剌哈剌：《重修明应王殿之碑》，《山右石刻丛编》卷31，山西人民出版社1988年版。
⑥ 柴泽俊、贺大龙：《山西佛寺壁画》，文物出版社2006年版，第72页。

镇，近而村落，贵者以轮蹄，下者以杖屦，挈妻子，舆老赢而至者，可胜既哉！争以酒肴、香纸，聊答神惠。而两渠资助乐艺、牲币、献礼，相与娱乐数日，极其厌饫，而后顾瞻恋恋，犹忘归也。此则习以为常"①。

大雄宝殿东壁绘炽盛光佛佛会图，西壁绘药师佛佛会图，东西山墙上部山口处壁面上绘善财童子五十三参壁画。1928年美国人华尔纳勾引寺僧贞达以及当地李宗钊等人将壁画割卖，现藏于美国堪萨斯纳尔逊—阿特金斯艺术博物馆和美国大都会艺术博物馆。

明应王殿位于广胜下寺的西侧，与广胜寺下寺只一墙之隔。壁画以明应王西壁祈求图与东壁行雨图为主题，北壁东西两侧为尚食图、司宝图，南壁东西两侧为大行散乐忠都秀在此作场图、唐太宗行径图。行雨图位于明应王殿东壁，画面人物众多，穿插有序，飘带飞舞，旌旗高举，自然界的松、竹、山川秀丽，云腾雾绕，整幅画面极富想象力。西壁回宫图篇幅巨大，与东壁的行雨图相互对应，布局疏朗，内容丰富，人物与景物的组合均安排有致。在西壁有下棋图、打球图，东壁有卖鱼图，谐音寓意应是"祈求雨"之意。

西壁上增以佛教因素。明应王上方有西方三圣赴会，即阿弥陀佛、大势至菩萨和观音菩萨。西壁附以"敕建兴唐寺图"是以唐太宗李世民敕建兴唐寺的故事绘制的。史载，隋大业十三年（617年），李渊从太原起兵南下，"大军西上贾胡堡，隋将宋老生率精兵二万屯霍邑，以拒义师。会久雨粮尽，高祖与裴寂议，且还太原，以图后举。太宗曰：'本兴大义以救苍生，当须先入咸阳，号令天下；遇小敌即班师，将恐从义之徒一朝解体。还守太原一城之地，此为贼耳，何以自全！'高祖不纳，促令引发。太宗遂号泣于外，声闻帐中。高祖召问其故，对曰：'今兵以义动，进战则必克，退还则必散。众散于前，敌乘于后，死亡须臾而至，是以悲耳。'高祖乃悟而止"②。李世民在遭遇隋将宋老生的强劲抵抗和阴雨连天、军粮殆尽的情形下权衡利弊及时阻止李渊退兵回并州。这时，

---

① （元）王剌哈剌：《重修明应王殿之碑》，《山右石刻丛编》卷31，山西人民出版社1988年版。

② 《旧唐书》，卷2，中华书局1975年标点本，第10—11页。

有一白发父老为其指路。《旧唐书》载:"丙辰,师次灵石县,营于贾胡堡,隋武牙郎将宋老生屯霍邑,以拒义师。会霖雨积旬,馈运不给,高祖命旋师。太宗切谏,乃止。有白衣老父诣军门曰,'余为霍山神',使谒唐皇帝,曰,'八月雨止,路出霍邑东南,吾当济师。'高祖曰:'此神不欺,赵无恤,岂负我哉!'八月辛巳,高祖引师趋霍邑,斩宋老生,平霍邑。"① 果然,八月雨止,高祖依其所言深入敌后大破隋营,斩杀宋老生,而后便势如破竹,十一月攻拔京城,年底顺利进入长安,自此开创了李唐基业。霍邑之战是唐朝开国的关键一战。唐太宗李世民认为指路者是观音菩萨化身,贞观元年(627年)即皇位后,遂敕建兴唐寺。《兴唐寺妙舫大和尚入院碑记》载:"盖李唐起义师于太原,太宗为秦王时,尝勒兵趋上党破刘武周,路经于霍,山神效灵,所向披靡,遂定霍山之祀典为北方之南岳焉。建寺于山麓,锡嘉名曰'兴唐'。"②《重修兴唐寺落成碑记》载:"考前史,唐太宗为秦王时,勒兵趋上党,破刘武周,路经于此。即位后,敕建是寺,赐名兴唐,酬佛愿也。"③ 太宗李世民在霍山活动频繁,并以霍山为依据在此积聚力量夺取政权,寺名"兴唐"也表明了霍邑对唐朝开国的重要性。到了宋朝,由于对"兴唐"这个词的忌讳,兴唐寺被改为崇胜院,到元朝时又恢复了兴唐寺的名称。由于兴唐寺为皇家敕建,所以当地民众非常重视,于元代时将其以壁画的形式进行绘制,应是当地民众对历史重大事件记忆的传承,也体现了其对霍山的尊崇与敬重,同时也是佛教寺庙利用历史上皇家赐建提高自身地位的一种方式。

总之,洪洞广胜寺下寺之水神庙应在元代已经成为完全之佛教寺庙,于大殿之中绘制大型壁画,东壁是药师佛佛会图,西壁炽盛光佛佛会图,也有善财童子五十三参图。西院之中原有祭祀霍泉水神的明应王殿,东西壁绘制表现祈求水神以及行云布雨之场景。值得注意的是,西壁祈求

---

① 《旧唐书》,卷1,中华书局1975年标点本,第2页。
② 力宏:《兴唐寺妙舫大和尚入院碑记》,《三晋石刻大全·洪洞县卷》,三晋出版社2008年版,第1128页。
③ 阎承宠:《重修兴唐寺落成碑记》,《三晋石刻大全·洪洞县卷》,三晋出版社2008年版,第1052页。

图之南方绘制赐建兴唐寺绘画，水神正上方绘制如来徐徐而来之画像，加入了佛教元素。因为其未出现在水神布雨之时，而出现在祈求之时，其用意应是说明雨神以及佛同时来到祈求之现场，以一种比较隐性的方式增加绘画的佛教因素，同时从佛教出现的位置也表明其地位似乎欲居于水神之上。一方面，水神庙偏于寺庙整体布局之西方，并不在中心区中轴线上，说明其对水神地位的安排，另一方面需要将当地民众非常信奉并生活、生产仰赖之霍泉水神吸纳到佛教的神灵体系之中，增加佛教信众，壮大声势，作为地域神进入佛教信仰体系。佛教的神灵体系是多神体系，吸纳地方神灵进入比较便利，这种安排正说明其绘画是由下寺佛教僧人主导完成的，故而在壁画之中增加佛教因素，表明其被佛教吸纳，甚至处于佛教统领之下，消除其独立性，使其与佛教寺庙整体风格融为一体，不至于使人供奉祭祀祈请时产生其仍处于独立地位之观感，比较高明、不留痕迹、圆满柔和地解决了融合之意，同时也使膜拜者增加了对佛教的敬仰之情，其用意可谓深远，也可将其看作佛教融合并回应影响中国文化的一种方式。实现了佛教信仰与民间信仰的融合，也是佛教中国化的显著表现。

（二）佛教结社

元代山西佛教寺院的修建中，民众是一支重要的力量，他们常常以团体成员共同的身份参与造佛像、建寺院、读诵佛经、举行斋会仪式等。这种团体经常是在僧人指导下，以"邑主"统摄，并设有都维那、维那等职守。在佛教结社中，往往离不开僧尼的指导作用。如至元十七年（1280年）《壶关县内王村大觉院兴修记》载："大觉院前克本县都纲上座僧洪宣谓予曰：本寺自兵荒以来，所存者正殿三间而已，子童年祝发居此者二十余岁，悯其残缺常怀营葺之念，政以力微援寡非可遽为，兼常住旧有田三十余亩，无以自赡，誓为僧众损衣节食，买及两顷，比年绘画，功德三十余轴，买五大部经文，并建油坊一所。又因其故基兴造上僧堂三间，东厨三间，翻盖前僧堂五间，东厨五间，计为室二十余间。……前后营造虽劳心在己，内则法兄弟实为股肱，外则相邻清信檀越多所借力。……本村维那宋整、刘宽、王显、李展、任庆……东归村宋达、宋荣、王园、梁坚、李信……西归村宋信、刘茂、宋全、刘杰……秦庄村陈成……和磴村张赟、张义紫晏北庄孙林、张嵩、宋庆……紫晏南庄秦显、孙显、张德……石门村王朗、王宝、李成、王进……宋保村秦进、王成、王明……靳庄李忠三家村王德顺、马荣、贾进……下内村郎遒、张仪、张佑……五岭庄王宽、郭林、郭明，南白戈张丙，塔底庄宋元、宋信、宋志，东崇贤村程贵，本院僧众提点僧洪潮、副院僧善昶、典座进僧□□僧洪达、库头僧善昌、行童当僧、维那僧□□、院主僧善宾、行童添僧。"① 由此看，大觉院是佛教寺院僧众以及寺院周边近二十个村落诸多信众结成的佛教社邑推动之下才修建而成的，其维那由寺院所在村落信众担任，应是社邑活动的领衔者。

再如翼城广裕和尚结"上生会"，据元延祐七年（1320年）赵孟頫撰《广裕和尚道行记》载，广裕和尚"约其同伦为'上生会'，精修密行，誓生兜术……其住持胜因，陕州、闻喜各建大会，请师为四众受戒阿阇黎。四方请疏，常以百计"②。"住寿圣寺，修千佛洞、佛阁、殿堂，大开讲席，听众逾百，檀施云兴。次住华严院，且营且讲，如住寿圣时。次住十方仁寿寺，肇建，夏安居，讲堂安众百五十；又建冬安居静讲堂，安众五百；重修佛阁、法堂、僧堂，视住寿圣、华严日，益大以肆。于是移住金仙寺，寺大而废久，住持者难其人。师立志弘毅，百废具举。修大佛阁，造弥勒大像，高百尺，广三之一，饰以黄金；置《大藏经》及《唯识钞疏》四十部；又修法堂、僧廊、香积，檐楹户牖，金碧辉映，为晋伟观。寺东临浍，师虑惊涛冲啮，砻石为岸，高丈又寻袤八十步。"③ 广裕和尚具有很大的影响力，通过结社"上生会"，凝聚信众，广建寺院，影响巨大。

社邑的组织首领一般称"纠首"或者"维那"，另外还有大量施舍钱物的普通成员。社邑成员人数众多，有时达几百人，且地域分布也很广，涉及附近的一些村镇。信众参加社邑除个人加入外，比较多的是以家庭为单位，整个家族的成员都参与其中，包括父母及子、侄、媳和孙子、孙女等。这些女性有的是依附于丈夫或儿子参与结社，还有的是以独立

---

① （清）胡聘之：《山右石刻丛编》卷26，山西人民出版社1988年版。
② （清）胡聘之：《山右石刻丛编》卷32，山西人民出版社1988年版。
③ （清）胡聘之：《山右石刻丛编》卷32，山西人民出版社1988年版。

身份参与。如元统三年（1335年）《李长者碑》曰："冀宁路寿阳县太平乡界石村，辛未至乙亥，创建石碑一所，暨皇唐李长者，皇亲枝也，讳通玄，但言沧州人……夫长者堂者，古之殿也。圣像金缕落色，木植遐年朽坏。今有本村维那商议，立成拾匭，特发虔心同生向善之心，皆有报本之情。于至顺二年（1331年）重修，妆銮圣像。"① 该碑阴附有修造之功德主题名，出现"纠首""维那"等称呼，涉及张、阎、王、赵四姓12个家族，一般为一个男家长统领妻妾、儿孙等辈，这些人物中有许多为女性。又如元至顺四年（1333年）《刀村福田院创建正殿碑记》载："里中本院名曰福田，乃在府妙觉之下院也，曾不知何代而草创，枣贞裕兵火殄绝，只有中殿僧房数间而已。至本朝延祐乙卯秋，本院宏□戒师门徒义成等，重修未毕而告逝焉……届泰定丁卯春，本院主持僧等，因里人祈祷于寺前，询众而谋曰：咦！堂殿孑遗，教门荒芜。引斯僧人祈祷之宫，安可坐视荒凉而已矣。……乃命访工师，求匠氏，鸠材集用，经之营之，趣事者恐出诸后。于是上栋下宇，雕绘盘砌，碧瓦丹楹，缘窗朱户，巍巍峨峨，焕然为之一新。越五年春，笃命良史，起塑庄严佛像七尊。又明年春，竟妆銮之，或纯以金丹，或间以朱玉。青碧辉煌，无色备足，文彩焯赫，夺人眼目。"② 可见，刀村福田院前后修建经历六年，且有"里人"支持。该碑阴面为都维那、副维那、次副维那题名，这些题名中也包括为数众多的女性。从参与这时修建寺院的情况看，维那应是指社邑的正首领，而副维那即是社邑的副首领。

　　以佛教信仰为纽带形成的民间社邑组织，如果单纯依托寺院，其活动即可看作佛教社会力量的自由组织活动。但如果其民间社邑寻求独立发展，其首领维那、纠首自封为领导者，形成信仰权威后，其组织性质就容易由佛教而转变为民间宗教。如元代的白莲教即为附佛外教，此教亦以结社形式存在，元代山西也有流行。如至元三十年（1292年）刊《大元国泽州晋城县移风乡招贤馆建福社中上下村重修老师洞记》载："里中有白莲社众人，一日集而议曰：'长老杨歧也。二六时中惟道是念，何暇兴修？吾辈在家佛弟子也。目睹废址，宁不愧于心乎？'由是，同发

---

① 史静怡：《三晋石刻大全·寿阳县卷》，三晋出版社2010年版，第76页。
② 史静怡：《三晋石刻大全·寿阳县卷》，三晋出版社2010年版，第82页。

愿心，夷隆垒凹，诛荆斩棘，不一年，祈福瞻仰之像，罔不完洁。"① 所谓 "白莲社人" 极可能为白莲教。至大元年（1308年），元廷下令 "禁白莲社，毁其祠宇，以其人还隶民籍"②。晋城之 "白莲社人" 为在家佛弟子，应属于 "民籍"，而元廷毁坏白莲社祠宇，令 "其还隶民籍"，说明居住于庙宇中之白莲社人原来是僧籍，禁白莲教后，迫使其还俗，而白莲教可能本来就有大量隶属民籍之社众。

在当时山西城乡非常普遍地存在着大小不等的为进行修塔、造寺、绘画等活动而形成的佛教社邑。这种社邑以其生活空间为依托，即从家庭出发，进而扩大至家族、邻里，再到其所居住的村落等空间。随着这一空间的不断扩大，村落社区中的人们在共同信仰的推动下会增强凝聚力。侯旭东认为，村民在从事造像等活动时用何种方式书写自己的居址和空间方位并非小事。这上面的取舍既记录了他们的生活实际，又反映了他们的态度与好恶，从中不但可以看出民间活动的组织形式、空间范围以及朝廷、官府统治在民间影响的大小，也可以了解百姓对以乡里为载体的官府基层统治的态度。他们对世代生活于其中的实际聚落 "村" 普遍显示出强烈的认同感，相形之下，对带有官方色彩的 "三长" "乡里" 却是漠然乃至漠视。③ 从中足以看出，这种佛教结社组织在民间社会所发挥的重要作用。

（三）佛教参与民间社会活动

在传统中国社会，以农业为立国生民之本。祈雨就成为较为普遍的一种社会活动。祈雨不仅仅是一种应对自然灾害的应急手段，也是一场涵盖社会各阶层的群体性祭神活动。如至元十八年（1281年）《重修玉皇七佛庙记》载："本村都统牛成之甥路仲平，忘形落魄如为神所凭依者，日于其处，凿地运工不以为劳，岁余得巨石高约一丈五尺，广阔如之。其下石室二所，东西相背，左玉皇，右七佛，石像俨然。于是饰以金碧，外则构以檐楹。凡乡民之祈请者，雨旸疾疫无不如愿，神异既著，

---

① （元）德利：《大元国泽州晋城县移风乡招贤馆建福社中上下村重修老师洞记》，碑现存于晋城中东村老师洞院内。

② 《元史》，中华书局1976年标点本，第498页。

③ 侯旭东：《北朝乡里制与村民的生活世界》，《历史研究》2001年第6期。

香火踵来。至于邻邑及他郡仰其威灵蒙其利泽者，皆置为行祠而奉事焉。……国朝至元五年，洺州肥乡县郅公彦明来尹，是邑适以比岁荐罹蝗旱，常于祠下祷请，致膏雨应，祈蝗不为灾，……经营基址，肇立新庙。……上则官长尽规画之，下则乡社之人多所借力。"① 路仲平即高平仙姑庙至元二十一年（1284年）《太上祖师天公玉皇庙碑》中提到之"路福通"②，为马仙姑最早期之弟子，其碑文也记载，民众因于仙姑庙三身像前祷雨灵验，而信徒大增。马仙姑等人则宣传佛教三圣信仰，但又声称"非佛非道"，"其徒数人，皆蓬首衣褐，无讽诵之烦，无衣钵之具，唯效膜拜，朝日于东，夕月于西"③。马仙姑还修炼所谓辟谷之术，为人治病，测算应答人之吉凶祸福。死后被弟子塑像立庙祭祀，信徒云集。由此可见，佛教在参与社会活动中，也无形中被社会所攀附，进而形成附会佛道之民间宗教。

又如延祐六年（1319年）《重修明应王殿之碑》记载："每岁三月中旬八日，居民以令节为期，适当群卉，含英□伦，修叙时也。远而城镇，近而村落，贵者以轮蹄，下者以杖履，挈妻子，舆老羸，而至者可胜既哉！争以酒肴香纸，聊荅神惠而两渠资助乐艺，牲币献礼，相与娱乐数日，极其宴飨，而后顾瞻，恋恋尤忘归也。此则习以为常。"大德七年（1303年）平阳大地震，明应王殿遭到毁坏，大德九年（1305年）重修中，除霍泉两渠渠长领携民众外，"寺僧聚提点亦尝施工。"④ 广胜寺僧众积极参与了明应王殿的重修，极可能此后便由寺僧管理。

（四）补雕《大藏经》

入元后，太宗曾对《金藏》进行补雕。《辩伪录》卷四云："大元启祚，睠意法门，太祖则明诏首班弘护兹道，太宗则试经造寺补雕藏经。"⑤《元史》卷二载："太宗八年（1236年）丙申六月，耶律楚材请立编修所

---

① （清）胡聘之：《山右石刻丛编》卷26，山西人民出版社1988年。
② （元）张克孝：《仙姑祠堂记》，《三晋石刻大全·高平市卷》，三晋出版社2011年版，第56页。
③ （元）张克孝：《仙姑祠堂记》，《三晋石刻大全·高平市卷》，三晋出版社2011年版，第54页。
④ （清）胡聘之：《山右石刻丛编》卷26，山西人民出版社1988年版。
⑤ （元）祥迈：《辩伪录》卷4，《大正藏》第52册，第771页。

于燕京，经籍所于平阳，编集经史。"① 可见，自八年丙申开始补修《大藏经》。耶律楚材《补大藏经版》疏云："十年天下满兵埃，可惜金文半劫灰。欲剖微尘出经卷，随缘须动世间财。"② 耶律楚材认为，完成补版需要依赖民间合力协作。至于补雕工作所在之地，据《佛祖通载》卷二十二载："弘法寺藏经板历年久远，命诸山师德校正讹谬，鼎新严饰，补足以传无穷。"③ 可见，元太宗补经应在元大都弘法寺。

广胜寺现存《赵城金藏》为元世祖中统初年所印，元延祐六年（1319 年）《重修明应王殿之碑》记载，"世祖薛禅皇帝御容，佛之舍利，恩赐藏经在焉。不幸大德七年八月初六日夜，地震，河东本县尤重，靡有孑遗，书云火炎昆岗，玉石俱焚。"④ "恩赐藏经"即为《赵城金藏》。《赵城金藏》宇帙《大般若经卷》四十三尾题外加淡墨长方木记曰："汾西县祖代经方庞家造。"菜帙《放光般若经》卷三末又墨书："赵城县祖代经方庞待诏自造汾洒（西字写误）县主座老待诏，中统三年（1262 年）九月十五日记。"量帙《中阴经》末亦有墨记云："汾西县祖代经方庞家，同共一七代照实代照（中略）。中统三年四月初四日。"⑤ "汾西县祖代经方庞家"是存在于当时的经坊之一，它在《大藏经》的补雕中亦发挥一定作用。

---

① 《元史》卷 2《太宗本纪一》，中华书局 1976 年标点本，第 34 页。
② （元）耶律楚材著，谢方点校：《湛然居士文集》，中华书局 1986 年版，第 148 页。
③ （元）念常：《佛祖历代通载》卷 22，《大正藏》第 49 册，第 724 页。
④ （元）王剌哈剌：《重修明应王殿之碑》，《山右石刻丛编》卷 31，山西人民出版社 1988 年版。
⑤ 蒋唯心：《〈赵城金藏〉雕印始末考》，《大藏经汇编》，台北大乘文化出版社 1977 年版，第 215—270 页。

第十一章

明代山西佛教

元末农民战争异常惨烈，山西因元军将领扩廓帖木儿率领其10万军队驻守京师，后护送元顺帝北遁，因此未受到战争的破坏。山西晋南一带尤其人口比较稠密，因而明初从山西大规模移民全国各地。

明代中晚期蒙古军队不断寇边杀掠，成化九年（1473年）"秋，敌三万骑寇大同，连营五十余里，杀掠人畜数万……敌去辄复来，迄成化末无宁岁"[1]。到孝宗、武宗、世宗前期时，蒙古势力更加猖獗，不断地大肆进入内地骚扰。正德八年（1513年）鞑靼小王子"以五万骑攻大同，趣朔州，掠马邑"[2]。嘉靖二十一年（1542年）夏"入寇，掠朔州，抵广武，由太原南下，沁、汾、襄垣、长子皆被残；复从忻、崞、代而北，屯祁县……俺答独盛，岁数扰延绥诸边"[3]。战乱导致民众大量死亡，佛教僧人通过举行水陆法会，救度幽冥，因此明代山西佛教寺院大殿中多绘制水陆壁画，以供举办水陆法会之用。民间一庠生之言颇能说明佛教发展之状态，"余儒家者流，素不谙佛法，何以问为？试强为之说焉。夫经何为而设也？所以阐佛教以垂诸后世也。……大抵宗之以虚无若空，主之以慈悲清净。且倡之以轮回冥报，为宏阔胜大之言。以□俗虽于世似无大补，亦教人去恶从善之微耳。厥后，披剃空门者，问有漫无所本，抵以幻妄之谈。鼓簧斯世，甚则阳博名高，阴为厚利。决裂败坏，莫知凡止。并其佛家立教之初意，胥失之矣"[4]。佛教被认为宏阔胜大，多幻

---

[1]《明史》卷327《鞑靼传》，中华书局1974年标点本，第8475页。
[2]《明史》卷327《鞑靼传》，中华书局1974年标点本，第8477页。
[3]《明史》卷327《鞑靼传》，中华书局1974年标点本，第8479页。
[4] 史静怡：《三晋石刻大全·寿阳县卷》，三晋出版社2010年版，第152页。

妄之谈，甚至阳博名高，阴为厚利，沦落为一些人的生存之道。

第一节 明代统治者的崇佛

朱元璋因早年当过和尚，对佛教比较了解，即位后对佛教采取了既利用又限制的政策。"帝自践祚后，颇好释氏教，诏征东南戒德僧，数建法会于蒋山，应对称旨者，辄赐金襕袈裟衣，召入禁中，赐坐与讲论。"①洪武元年（1368年）至洪武五年（1372年），朱元璋"连年在蒋山寺启建广荐法会，以超度阵亡将士及死于非命之庶民，并为新王朝祈求福祉"②。他还将"护法"思想付诸实际行动。如组织刊刻《大藏经》；诏天下沙门广泛宣讲《般若波罗蜜多心经》《金刚般若波罗蜜经》《楞伽阿跋多罗宝经》三部大乘经典；诏季潭宗泐率三十余位僧伽远赴西域，搜求佛经，以补圣典之遗佚；制定瑜伽显密法事仪式及诸真言密咒成规，颁行天下，令诸山寺院永远遵守；赐予寺院田地，免征税粮；规定凡买卖寺院田地者，罚籍没家产等。③《释氏稽古略续集》卷二载，"洪武六年，普给天下僧度牒。前代多计僧鬻牒，号免丁钱，诏蠲之"④。明太祖实行免费给牒制度，为佛教的发展提供了极为有利的条件。明太祖对山西佛教也非常尊奉。早在太祖抵达宣州时，就访寻元臣推荐的五台山金璧峰禅师。当明太祖建都南京之后，于洪武三年（1370年），于南京奉天殿召见了璧峰禅师，且留于大天界寺，咨问佛事。太祖对其宠遇优渥，赐予紫衣、金钵及御制十二韵诗，有"玄关悟尽成正觉"之语。⑤洪武三年（1370年）没收华严寺为官产，改大雄宝殿为大有仓，二十四年（1391年）即教藏置僧纲司，复立寺。洪武年间，山西大批寺院得以重建。如太原县净明寺"隋仁寿二年（602年）建，元末毁，明洪武十八年（1385年）重建，并显光寺等入焉"⑥；太原府城慧觉寺"洪武间重

---

① 《明史》卷179，中华书局1974年标点本，第3988页。
② 任宜敏：《中国佛教史》（明代卷），人民出版社2009年版，第3页。
③ 任宜敏：《明代佛教政策析论》，《人文杂志》2008年第4期。
④ （明）幻轮：《释鉴稽古略续集》，《大正藏》第49册，第925页。
⑤ （明）镇澄：《清凉山志》卷3，中国书店1989年版，第81页。
⑥ 雍正《山西通志》卷168，中华书局2008年版，第5页。

建，并宝泉寺入焉"①；平遥县显庆寺"洪武间重建"② 等。

明成祖即位后，积极兴佛。永乐五年（1407 年）二月命西僧上师哈立麻于灵谷寺启建法坛，荐祀先祖，灵谷寺法会后，他"潜心释典，作为佛曲，使宫中歌舞之"③。永乐六年（1408 年），令僧俗人等至五台山修建寺宇。完工之后，即"敕五台十寺为国祝釐"，举行盛大法会。又"以山寒地僻，五谷不生，乞化唯艰，命该县月给僧粮"④。永乐十八年（1420 年），又"遣使赍《歌曲名经》往五台山散施"⑤。这些举措从经济上、文化上扶植了五台山佛教的发展。永乐中期，明成祖重刊洪武年间编集的《大藏经》，此即《明南本大藏经》，亦称《南藏》。该《大藏经》创刻于永乐十年（1412 年）至十五年（1417 年），永乐十七年（1419 年）秋连同《御制佛曲》一起颁行天下。永乐十八年（1420）三月，他颁《御制经序》十三篇、《佛菩萨赞跋》十二篇，为各经之首。与此同时，明成祖又开始筹划再编集一部《大藏经》。同年三月，将《神僧传》等续入《南藏》以后，明成祖"旨刻《大藏经》板二副，南京一藏，六行十七字；北京一藏，五行十五字"⑥。"南京一藏"即《南藏》，而"北京一藏"即是正统五年（1440 年）完成的《明北本大藏经》，简称《北藏》。这些举措都对佛教的弘传起了重要的推动作用。

明英宗正统十年（1445 年）春天，敕造一藏《大藏经》送五台山普恩寺。天顺二年（1458 年）夏天，敕谕护持山西五台山显通寺，诏曰："凡本寺及合山诸寺，不许一应官员军民人等侵扰，以沮坏其教，违者以法罪之。"⑦ 同年夏天，又为新建圆照寺下诏护持，并敕造五部《大藏经》，安于五顶。⑧ 这些活动都促进了五台山佛教的发展。

明宪宗成化七年（1471 年），宪宗即谕五台山都纲司严申卫护，"使

---

① 成化《山西通志》卷 5，中华书局 1998 年版，第 11 页。
② 成化《山西通志》卷 5，中华书局 1998 年版，第 217 页。
③ （明）幻轮：《释鉴稽古略续集》，《大正藏》第 49 册，第 941 页。
④ （明）镇澄：《清凉山志》卷 6，中国书店 1989 年版，第 160 页。
⑤ （明）镇澄：《清凉山志》卷 5，中国书店 1989 年版，第 129 页。
⑥ （明）幻轮：《释氏稽古略续集》卷 3，《大正藏》第 49 册，第 943 页。
⑦ （明）镇澄：《清凉山志》卷 5，中国书店 1989 年版，第 131 页。
⑧ （明）镇澄：《清凉山志》卷 5，中国书店 1989 年版，第 131 页。

修心之徒，安生得所。余不法者，依律治之。毋得挟官虐众，侵陵掊克，以负朕意"①。成化十七年为"圣母祈安，造镀金文殊像，高一丈六寸。并画佛百轴、香金五百两、布帛千疋、念珠万串，遣太监李珍赍送五台山文殊寺，供养散施"②。同年六月，"敕建五台山文殊寺，僧二十名，月给粮六斗，命短竹斑丹禅师焚修，上祝国釐，下祈民福。一应官员军民不许侵暴，以沮其教，违者治之"③。

明孝宗祭告五台山，诏曰："唯此灵山，具闻显迹，爰称内典，景切朕怀。特遣内侍，远申祭告。伏唯至圣，慧鉴衷诚，祚我邦家，永膺多福"④，希求所谓诸佛菩萨护国佑民，为其统治服务。

明神宗认为佛教有助于王道。《清凉山志》卷五载，万历七年（1579年）"为穆考荐福，今上祈储"，敕建了"大塔院寺并护国佑民释迦文佛舍利宝塔"。万历二十六年（1598年），于狮子窝修建了洪福万寿藏经楼阁。次年，又于龙泉寺复建万圣阁。⑤

综上，明代除世宗排佛外，其余帝王都积极支持佛教，这无疑为山西佛教的发展带来良好的机遇，尤其是五台山佛教，在元代大盛之后，仍然维持了兴盛发展的局面。

第二节　活动在山西的佛教僧人

自大唐、两宋而迄元代，十方丛林一直例分为禅院（禅宗寺院）、教院（又称"讲寺"，即天台、贤首、慈恩、净土诸宗寺院之通称）和律院（由律师住持，专门学习和弘扬戒律之寺院）三类。朱元璋将其一变而为禅院、讲院、教院，不仅规定禅院住禅僧，讲院住讲僧，教院住教僧，而且例示禅、讲两派僧人必须止守常住，各遵本宗教派，严禁其从事瑜伽显密法事。赴应世俗之一切佛事，只准许教僧承担。⑥

---

① （明）镇澄：《清凉山志》卷5，中国书店1989年版，第132页。
② （明）镇澄：《清凉山志》卷5，中国书店1989年版，第132页。
③ （明）镇澄：《清凉山志》卷5，中国书店1989年版，第132页。
④ （明）镇澄：《清凉山志》卷5，中国书店1989年版，第133页。
⑤ （明）镇澄：《清凉山志》卷5，中国书店1989年版，第135页。
⑥ 任宜敏：《明代佛教政策析论》，《人文杂志》2008年第4期。

一 禅宗僧人在山西的活动

从总体上看，明代佛教仍以禅宗和净土宗最为流行，思想理论上则甚少创新。明代禅宗只有临济和曹洞两家尚有一定规模，其余三家已被湮没。其家风的特点是"全机大用，棒喝交驰，剑刃上求人，电光中垂手"，实际是强调自悟与顿悟。

壁峰禅师，俗姓石，名宝金，世称金壁峰，乾州永寿（今陕西永寿县）人。六岁出家，依云寂温公披剃受具。初学性相，长而弃之。又参晋云如海真公禅法，后遁入峨眉，苦行参究得悟，复受教于真公认可。真授记莂且嘱曰："昔无用和尚谓我云，座下出三虎一彪，尔其彪耶，然缘在朔方，当大弘吾道也。"① 后北游五台，建灵鹫庵，四方游学僧闻风而至，多至千余人。元至正八年（1348 年）冬，顺帝遣使者召至燕都，甚敬之，命住海印寺，"顺帝遣使者召至燕都，慰劳甚至……冬夕大雪有红光，自禅师室中起上接霄汉，帝惊叹！赐以金纹伽黎衣，遣归。明年，复召见，命建坛祷雨，辄应。赐寂照圆明之号，赐予一以赈饥乏。诏主海印禅寺，禅师力辞，名香法衣之赐，殆无虚日。自丞相而下以至武夫悍将无不以为依皈已。"② 洪武三年（1370 年），明太祖遂将师诏至南京奉天殿，咨问佛法。从此，壁峰禅师就被留住于南京大天界寺，为明太祖弘法度僧，举行各种佛事活动。洪武五年（1372 年）六月四日逝世。明太祖也赐诗慰问，并于五台山为其敕建了普光寺。

孤月净澄禅师，俗姓张，初名清正，燕京河漕（今北京市）人。父母双亡以后，出家于金河寺。初习经教，又修念佛三昧。其师亡后，偶遇五台山寿宁寺僧清善而至五台执僧务，易其名曰净澄。于五台山古华严修习禅观得悟，于北京广恩寺月溪老人获得印可。后又入四川飞雪山独居三年，苦修禅行。复又请印于圆觉法鉴和文福云谷老人，受文福云谷衣钵。天顺改元（1457 年），还五台山。因道声远振，禅行闻于代王，遂于成化年间在五台山华严谷为孤月净澄建普济寺（即今碧山寺）。后圆

---

① （明）明河：《补续高僧传》卷 22，《卍续藏》第 77 册，第 475 页。
② （明）明河：《补续高僧传》卷 22，《卍续藏》第 77 册，第 475 页。

寂于本寺，著《清凉语录》行世。①

紫柏大师（1543—1603年），俗姓沈，字达观，名真可，晚号紫柏，吴江人，十七出家于苏州云岩寺，二十岁受具足戒。二十三岁之后行脚各地，求师问道，五台山被认为是文殊菩萨道场，是他参访的首选目标。据憨山《达观大师塔铭》载，"师游五台，至峭壁空岩，有老宿孤坐。师作礼，因问：'一念未生时如何？'宿竖一指。又问：'既生后如何？'宿展两手。师于言下领旨。寻迹之，失其处"②。紫柏离开五台山后，到达京师，又辗转回到南方，在江浙等地兴复名刹古寺，弘法护教。他在万历十三年至十四年间，重回五台山，在文殊像前问卜刻经之所，最终选定在五台山刻印藏经。"紫柏刺臂血题其柱云：'若不究心，坐禅徒增业苦。如能护念，骂佛犹益真修。'常叹法道陵迟，又念大藏卷帙重多，欲刻《方册》，易以流通，普使见闻，遂与太宰陆光祖，司马冯梦祯，廷尉曾同亨，冏卿瞿汝稷，共商度之，以弟子密藏董其事。"③ 这也与五台山高僧无边法师捐赠住地妙德庵有关。无边，俗姓曹，代州人。"万历戊子（1588年），密藏、幻予二上人入台卜居，藏《方册藏经》。师闻曰：'僧庵乃十方当住，今之人悉私之，吾素以为耻。今幸际此胜因，吾尽将此庵及所有，施之藏公，使《方册大藏》早行阎浮提一日，是吾法之轮一日转也。'于是，悉召山中耆旧为证，且立约云：'徒属以一盂一箸自私者，即摈出。'藏公初尚犹豫，未敢承，既见师意恳至，因听焉。"④ 万历十七年（1589年），《方册藏》正式刻印于五台山紫霞谷妙德庵，紫柏"命弟子密藏开公董其事，以万历己丑，创刻于五台，属弟子如奇纲维之"⑤。"居四年，以冰雪苦寒，复移于径山寂照庵。工既行，密藏以病隐去。"⑥ 此藏

---

① （明）镇澄：《清凉山志》卷3，中国书店1989年版，第83页。
② （明）憨山德清：《达观大师塔铭》，《紫柏尊者全集》卷1，《卍续藏》第73册，第139页。
③ （明）憨山德清：《达观大师塔铭》，《紫柏尊者全集》卷1，《卍续藏》第73册，第140页。
④ （明）明河：《补续高僧传》卷22，《卍续藏》第77册，第516页。
⑤ （明）憨山德清：《达观大师塔铭》，《紫柏尊者全集》卷1，《卍续藏》第73册，第139页。
⑥ （明）憨山德清：《达观大师塔铭》，《紫柏尊者全集》卷1，《卍续藏》第73册，第140页。

经后被称作《径山藏》，亦名《嘉兴藏》。紫柏在五台山主持《方册藏》刻印的活动，为佛典文献广大做出了贡献。

憨山德清（1546—1623年），字澄印，全椒人，姓蔡氏。年十二入报恩寺，礼西林宁公为师"乙亥，礼文殊，结茅五台之龙门。匡山彻空、云栖莲池相继入山，与师语契。辛巳仲冬，慈圣皇太后为神庙，建祈储道场，于五台大塔寺。百有二十二日，师与妙峰，主其事"①。后因憨山德清卷入宫廷权力纷争，遁居牢山，后又被以"私创寺院"之罪名，配戍雷州，圆寂于曹溪。

福登（1540—1612年），别号妙峰，山西平阳人，姓续氏。七岁，父母双亡，十二岁出家。十八岁携钵至蒲州，拜朗公为师。"先是，山阴王建文昌阁于郡之东山，延僧朗公居之。师至，日行乞于市，晚投宿于阁中。适王出游，见之问朗。朗告之故。王曰：当善视此子，他日必成大器。朗遂留为弟子。会地大震，师被压不死。王闻奇之，谓师曰：'子幸免大难，何不痛念生死大事乎。'遂入中条山，闭关习华严观。取棘贴四壁，不设床坐，日夜鹄立棘中，如此三年。稍有开发，乃作偈一首呈山阴。山阴叹曰：此子见处早如是，不折之，他日或狂。因取宫人敝履，割其底洗净封寄之。附一偈曰：'这片臭鞋底，封将寄与你，并不为别事，专打作诗嘴。'师见之，即对佛作礼，以线系于顶上。"②自此以后，三年一言不发，作默照禅。闭关之后，又去见山阴王。山阴王对妙峰禅师说："子虽知本分事，但未闻佛法，恐坠邪见。"③故又指示妙峰禅师去介休绵山听讲《楞严经》，并受具足戒。二十七岁，山阴王又指示妙峰禅师行脚南参，至普陀山礼观音菩萨。山阴庄宪王朱俊栅（1558—1603年），嘉靖三十七年（1558年）袭封，属于明朝代藩一系。明朝建立初期，分封诸子于全国各地，其中封嫡三子朱桐为晋王，洪武十一年（1378年）封豫，二十五年（1392年）改封代，就藩于大同府。永乐二十二年（1424年），朱桂第四子朱逊堪被封为康惠王，就藩山阴（今山

---

① （清）性统：《续灯正统》卷42，《卍续藏》第84册，第648页。
② （明）明河：《补续高僧传》卷22，《卍续藏》第77册，第514页。
③ 《敕建五台山大护国寺圣光寺妙峰登禅师传》，《憨山老人梦游集》卷30，《卍续藏》第73册，第675页。

西省朔州辖县），别城蒲州。嘉靖万历年间，中央放松藩禁，允许宗室出仕，因此朱俊栅能参与朝政。万历二十年（1592年），对动荡不安的西北边境，他向朝廷上奏了八首诗歌以规劝皇帝，"山阴王俊栅奏诗八首，寓规讽之首。代处赛上，诸宗湭经祸乱，其言皆忧深思远，有中朝士大夫所不及者"①。山阴王对妙峰多有提携襄助。隆庆元年（1567年），妙峰禅师又至南都（今南京）天界寺，听先大师和憨山大师讲《法华经》。之后，他又返回中条山，辟谷三年，大有开悟。后随山阴王入京求取《大藏经》，遇到憨山德清，并与憨山一同隐居五台山龙翻石。建言禁止砍伐五台山林木，"呈于抚台高君，奏请禁革，砍伐乃寝焉"②。万历六年（1578年），为报父母恩，妙峰与德清花了三年的时间各写一部《华严经》，妙峰刺舌血写，憨山用刺血泥金书写。在经书将要完成之时，妙峰打算举办120天的无遮大会。此前，慈圣皇太后为了追念先帝和为万历皇帝祈嗣在五台山大兴土木，并在塔院寺建造祈嗣道场。德清为迎合慈圣皇太后，决定将原本要举行的无遮大会改为了祈嗣大会，并对妙峰解释说："吾徒凡所作为，无非为国报本也，宜将一切尽归之，实方外臣子一念之忠耳。"③ 这次法会开始于万历九年（1581）十一月，结束于万历十年（1582年）三月，共120天，整个过程非常隆盛，"结文殊万圣缘于塔院寺。凡一百二十日。九边八省缁白，赴会者路踵相继，法筵之盛前所未有也"④。法会后不久，万历皇帝得子，太后非常高兴，对德清和妙峰予以嘉奖。妙峰与德清在佛界与世俗一时声名大噪。后妙峰禅师至宁武芦芽山，结茅庵居。慈圣皇太后为妙峰在芦芽山建大华严寺，造七重万佛铁塔，内藏紫柏手书《法华经》一部。后慈圣皇太后命妙峰送《大藏经》至云南鸡足山。万历十九年（1591年），妙峰从鸡足山返回蒲州，主持修复了万固寺的万佛殿和唐舍利塔。又于渭河上建十三孔大桥，又建宣府大河桥，均由信众集资。万历二十二年（1594年），万固寺的修复

---

① 《明史》卷117，中华书局1974年标点本，第3584页。

② （明）镇澄：《清凉山志》卷10，《五台山传志八种》第2册，宗教文化出版社2014年版，第283页。

③ 《敕建五台山大护国寺圣光寺妙峰登禅师传》，《憨山老人梦游集》卷30，《卍续藏》第73册，第675页。

④ （明）明河：《补续高僧传》卷22，《卍续藏》第77册，第515页。

竣工。后妙峰返回芦芽山又主持兴工，凿石为窟，建华严道场。又铸三大士铜殿，分别安置各山，铺设五台山石路。后妙峰又奉慈圣皇太后之旨，至阜平县主持兴建了普济大桥，并兴建了接待院。接着又在五台山的东门龙泉关外忍草石兴建御茶庵，赐名惠济院，代皇家舍药施茶。同时又建了七佛殿、藏经阁，颁赐了《龙藏》。随后，又奉慈圣皇太后懿旨在阜平县长寿庄主持兴建了慈佑圆明寺。此外，他还应山西抚台魏允贞之请，主持兴建了崞县（今原平县）要路滹沱河大桥。万历三十六年（1608年），妙峰受晋王之请，主持修复了太原永祚寺，新建一座宣文佛塔。万历四十年（1612年），妙峰法师在洪洞出佛峡建塔。洪洞万圣寺天启六年（1626年）《启建舍利宝塔记》云："万历壬子岁（1612年），用奉盐坛，例运发赵城，偶闻出佛峡建塔，亲诣询因。有古刹岩泉寺，乃丰干、寒山、拾得三圣成道处，所遗舍利，后僧收藏。幸逢敕封护国禅师福登者，募缘建塔，以藏舍利，会山东新城兵枢王象乾、内宦庐公启知慈圣宣仁皇太后赐白金五百两、九丝玻璃瓶一、佛顶骨一、坚固子十八、金瓶银盒二。不期登忽西归，前功被水冲废。迄至天启丙寅年（1626年），登法孙定越，率徒孙明宝等，化缘复建宝塔于原议山顶。用铸铜塔一座，内藏舍利七十粒，又造丰干、寒山、拾得佛像三，净身菩萨、韦驮佛像八，地藏、天使、目连三，《观音经》一；余佛像、佛法，系众善士俱。"① 万历四十年（1612年）夏月，朝廷赐妙峰金佛绣冠、千佛摩衲紫衣。十一月，加真正佛子之号。十二月示寂。年七十三，腊五十一。② 妙峰不仅是明代佛教高僧，也是最杰出的建筑大师，在山西修建佛塔、石窟、塑像、寺院及桥梁，为山西社会发展做出了贡献。

俱空禅师，俗姓王，讳契斌，垣曲人。早年从重兴院无相法师剃染，久而参访。永乐十四年（1416年），登嵩山少林寺，参凝然改禅师，求示心要。正统六年（1441年），俱空禅师出主少林寺，力弘洞上宗旨，对洞山良价祖师所倡之五位君臣说颇有新见。"僧问：'如何是君？'师曰：'谁能窥测九重深。'曰：'如何是臣？'师曰：'万里山河点墨痕。'曰：'如何是君向臣？'师曰：'宝殿光含万化新。'曰：'如

---

① 汪学文：《三晋石刻大全·洪洞县卷》，三晋出版社2008年版，第222页。
② （明）明河：《补续高僧传》卷22，《卍续藏》第77册，第515页。

何是臣奉君？'师曰：'玉阶仙仗龙颜近。'曰：'如何是君臣道合。'师曰：'端拱无为天下平。'"① 景泰三年（1452年）示寂。俱空禅师主张君应渊默少言，少发号司令；臣应该以无我的境界行事，而不居功自傲；君应像珍视宝贝一样看待臣子；臣子应像看待仙人一样敬仰天子；君臣之间相安无事，端拱无为而天下太平。可见俱空禅师思想深邃，虽然遁入空门，但对于世事政治仍建言献策，颇有儒家"处江湖之远则忧其君"之儒家情怀。

二 其他僧人在山西的活动

如馨律师，俗姓杨，字古心，溧阳（今江苏溧阳市）人。嘉靖间，礼摄山栖霞寺素庵节公剃发，精严五德，礼诵尤勤。事师三载，一无所违。其时谈经者多，弘律者鲜，遂慨然曰："佛法住世，功在毗尼。若不精研，难报佛恩。"② 后徒步礼五台山，希图求见文殊受戒。"至半山中，见一婆子捧僧伽梨，问曰：'汝求何事？'曰：'求见文殊菩萨亲受大戒。'婆曰：'持衣来否？'曰：'未'。婆曰：'此衣与汝'。师手接衣。婆标指曰：'那不是文殊么'。才一回顾，婆子不见。菩萨于云中垂手摩师顶曰：'古心比丘，文殊为汝受戒竟。'师于言下顿悟心地法门，视大小乘律，如自胸中流出。遂还金陵，中兴戒法。"③ 如馨律师亲受文殊菩萨戒之故事颇具神异色彩，但其徒步五台山受戒应该真实不虚。万历年间，神宗闻其名，特敕延至五台山，"命司礼内臣张然，代受菩萨戒"④。并敕赐金顶毗卢帽、千佛珠衣、钵盂、锡杖等物和慧云律师之号。后又于金陵、吉林、灵谷、栖霞、甘露、灵隐、天宁等寺庙开坛放戒。万历四十三年（1615年）十一月十四日示寂，"凡今南北律宗，万派千歧，无不出馨之门，实为中兴毗尼之祖"⑤。如馨律师在五台山的传戒，不仅绵延了律宗在山西的传承，而且也为律宗在中国南北

---

① （清）聂先：《续指月录》卷14，《卍续藏》第84册，第970页。
② （明）书玉：《梵网经菩萨戒初津》卷7，《卍续藏》第39册，第159页。
③ ［日］慧坚：《得依释序文缘起》，《卍续藏》第88册，第392页。
④ （明）镇澄：《清凉山志》卷3，中国书店1989年版，第87页。
⑤ （明）老藏丹巴：《清凉山新志》卷4，《五台山传志八种》第3册，宗教文化出版社2014年版，第97页。

地区的弘扬做出了重要贡献。

远清律师,字澄芳,新安(今深圳)人。夙具奇姿,雅怀高素。厌恶尘俗,遍游名胜。初学贤首,精通教观。负笈南来,至止越邦。闻如馨律师说戒于灵隐寺,遂偕法侣抵达灵隐寺,向如馨律师执弟子礼,受菩萨戒,学习大小乘律。远清既得戒,怀宝而归,径造五台山。"精研律部,善达意旨。开遮无碍,尤善属文。尝谓:'古有戒坛,自明以来,岁久封锢,欲兴此举,非叩帝阍,其道末由'。"① 于是,他便具文疏,略述梗概,陈请中兴五台山戒坛,托内宦呈奏。神宗皇帝下令"敕建圣光永明寺(今显通寺),更赐慧云紫衣金帛,恩荣重渥,莫与比数。乃值寇盗,戎马骚动,慧云律师(即如馨)讲演一期,竟而南归。命远清律师继其法席,遂终三载,无违圣谕,法戒大兴"②。远清律师在五台山的传法受戒,使得律宗在山西得以发扬光大。

慧定,俗姓邵,字无尽,号南泉,潞安(今山西长治)人。相貌奇伟,后剃发出家,诣五台山朝礼文殊,遂发愿饭僧十万八千。千日满愿,茎菜粒米,必躬亲之。人服其诚笃,力艺绝人,能兼数十人执作。又言行质直无文,以故竞呼为"莽会首",声震丛林。③ 后至龙泉关旧路岭,结茅聚众以居。时盗贼聚集山林,击伤慧定,奋力与战,几乎丧命,后得到龙泉关兵统相救,立志灭贼。后集合五十二人,最终在官兵配合下,一举歼灭盗贼。从此,安立十方丛林,供十方云水粥饭。以"杂华为定课,兼行一切佛事,或修净业。或习禅观,或阅藏典,历五十余年如同一日"④。万历二年(1574年)正月二十三日圆寂,世寿七十六。

明代山西佛教僧人散居各地山林岩壑、乡郭城镇之间,地方志《仙释篇》中多有载述。他们并非像妙峰之影响朝廷之高僧,盖因其或者有功于民,或者戒行高洁,德表楷模,或言行神异,惊世骇俗,

---

① (明)老藏丹巴:《清凉山新志》卷4,《五台山传志八种》第3册,宗教文化出版社2014年版,第97页。

② (明)镇澄:《清凉山志》卷3,《五台山传志八种》第6册,宗教文化出版社2014年版,第147页。

③ (明)明河:《补续高僧传》卷18,《卍续藏》第77册,第497页。

④ (明)明河:《补续高僧传》卷18,《卍续藏》第77册,第497页。

或者有益于佛教而名留史志。这些僧人中多以惊骇神异之僧为多，民间多以神人视之，由此也能反映一般民众以及儒家士绅对佛教之观感，尤以"神异"为吸引其信仰之关键。总之，僧人的活动主要有以下几方面。

第一，检阅藏经，著书立说。如太原昌海"义金、洪莲称海金莲，三高士，旱祷辄应，隐崛围山，刺血书五大部经百十三卷，校正《华严合论》《五台清凉》《本宗二百问胥楷书》，永乐中诏赴京，纂修《大藏经》，任太原府僧纲司都纲"。太原洪莲"刺血书五大部经文。永乐中，诏选注《大明三藏法数》，校《大藏经》，既成，赐紫衣，恳辞还山"①。太原义金"永乐壬辰，诏赴京，雠校内典并三藏，赐衲衣禅褥，著《胜严集》，校正《水陆仪文》六卷"②。法亮曾行脚至钟山"造《藏经》归，禁足三年，昼夜检诵不辍，作石塔藏之"③。还有宗禅师，"检阅《大藏》一十三载，升座谈论，经旨开诱，道俗传授，宗主凿凿，坐檀龛西向而灭"④。沁州海贵，柏林寺僧，武乡县人。"供奉水陆法会五次，检校《大藏经》。承袭衣钵，积贮颇丰，悉捐之十方。"⑤

第二，修建佛寺、桥梁，保民安境。如达连和尚"尝重修广胜上下两寺，建霍山琉璃塔，平阳高河桥"⑥。又如沧州人董元，系明三品内官，东宫近侍，尚膳监太监。后祝发为僧，"住持黑沙岭观音寺，崇基立刹，建桥修路。九十有三示寂。当流寇扰攘时，假当道兵符逐贼，全城安堵，州人德之"⑦。蒲郡僧明晓，戒行高洁。"卓锡于史村净土寺，预知有兵革，修寺墙屋完固。隆庆元年（1567年）俺答果入寇，肆掠县境，居民避入于此者，凡千百人得保无虞。孝义廉访使梁明翰撰记，以志其德。"⑧

---

① 雍正《山西通志》卷159，中华书局2006年版，第4025页。
② 雍正《山西通志》卷159，中华书局2006年版，第4025页。
③ 光绪《泽州府志》卷40，《中国地方志集成》，凤凰出版社2005年版，第432页。
④ 光绪《永济县志》卷15，《中国地方志集成》，凤凰出版社2005年版，第344页。
⑤ 乾隆《沁州志》卷7，《中国地方志集成》，凤凰出版社2005年版，第237页。
⑥ 雍正《平阳府志》卷26，《中国地方志集成》，凤凰出版社2005年版，第104页。
⑦ 光绪《平定州志》卷8，《中国地方志集成》，凤凰出版社2005年版，第302页。
⑧ 乾隆《介休县志》卷10，《中国地方志集成》，凤凰出版社2005年版，第185页。

第三，祈雨治病，预测吉凶。僧人除弘法外，他们也积极从事一些祈雨、治病等活动。如繁峙腊菩萨，"持斋奉佛，天启七年（1627 年）五月大旱……可急设一几，吾坐其上，旁以大瓮注水，使二人执瓢灌。吾顶待雨，足方止。既而，果大雨"①。阳曲梁魔头，蓬头疯癫，据说能预知吉凶，被晋王召见云云。② 这些地方志中所记载僧人在当地应当具有一定的影响力，他们在佛教修行方面主要是参禅讲学，游历问道，修建寺宇，影响大者被立碑铭记，或建塔旌表，有的甚至将"原身塑像"。③

明代佛教禅僧也积极参与社会活动，扩大影响，如施舍贫困，修桥铺路，逢旱祷雨，延治邪祟，甚至平息盗贼，护境安民，等等。另外其所谓"异行神异"仍然是吸引社会关注的主要方面，佛教僧人的社会影响力进一步扩大。

第三节 佛教寺院的分布

明代诸位帝王在积极利用佛教支持自身统治的过程中，优遇名僧，对各大寺院施田、赐钱、特许度僧，促使山西佛教寺院具有相当的规模，但明代相较于元代辟地新建寺院已经大为减少，一般均为在旧址上重修。

表 11—1　　　　　明代山西新建佛教寺院汇总

序号	佛寺名	隶属地	建立时间	所处位置	文献来源
1	吉祥寺	阳曲	洪武十年（1377 年）	城东北十五里	乾隆《太原府志》卷48
2	三觉寺	阳曲	洪武十二年（1379 年）	城北六十里刘村	

---

① 道光《繁峙县志》卷 5，《中国地方志集成》，凤凰出版社 2005 年版，第 149 页。
② 道光《阳曲县志》卷 16，《中国地方志集成》，凤凰出版社 2005 年版，第 451 页。
③ 乾隆《沁州志》卷 8，《中国地方志集成》，凤凰出版社 2005 年版，第 237 页。

续表

序号	佛寺名	隶属地	建立时间	所处位置	文献来源
3	洪福寺	阳曲	洪武十三年（1380年）	城东北十里辛村	乾隆《太原府志》卷48
4	圆通寺	阳曲	洪武间（1368—1398年）	北关	
5	多佛寺	阳曲	洪武间（1368—1398年）	城北三十五里呼延村崛围山	
6	崇觉寺	阳曲	洪武间（1368—1398年）	城北二十里辛村	
7	善安寺	阳曲	成化二十二年（1486年）	城东门外	
8	永祚寺	阳曲	万历间（1573—1620年）	城东南门外高冈	
9	善法寺	阳曲	崇祯十二年（1639年）	南门外菜园村西	
10	广仁寺	太原	洪武十二年（1379年）	城西三十里西	
11	安善禅寺	太原	成化二十二年（1486年）	城北	
12	千寿寺	太原	万历二十三年（1595年）	北关瓜厂	
13	十方院	太原	崇祯间（1628—1644年）	东关	
14	永康寺	太谷	正统二年（1437年）	县南门外	
15	福缘寺	太谷	弘治七年（1494年）	凤凰山顶	
16	善音寺	祁县	宣德间（1426—1435年）	城内举善坊	

续表

序号	佛寺名	隶属地	建立时间	所处位置	文献来源
17	隆兴寺	祁县	成化二十二年（1486年）	县南三里郭村	
18	慈智寺	祁县	正德六年（1511年）	县东北七里王村	
19	悟真寺	祁县	嘉靖八年（1529年）	县东北二十五里上真都	
20	三教寺	祁县	崇祯间（1628—1644年）	县治北门外	
21	净会寺	徐沟	宣德间（1426—1435年）	县南二十里	
22	真空寺	徐沟	景泰间（1450—1456年）	东楚王村	
23	洪福寺	徐沟	景泰间（1450—1456年）	县东	乾隆《太原府志》卷48
24	福兴寺	徐沟	景泰间（1450—1456年）	县西南高花村	
25	福寿寺	徐沟	正德间（1506—1521年）	县东史家社	
26	白雀寺	徐沟	天顺间（1457—1464年）	县西北内道村	
27	大觉寺	徐沟	天顺间（1457—1464年）	县南北内道村	
28	净修阁	徐沟	成化二年（1466年）	高白镇	
29	宝梵寺	徐沟	成化十一年（1475年）	东于村	
30	玉泉寺	徐沟	正德间（1506—1521年）	县东北	
31	真空寺	徐沟	嘉靖间（1522—1566年）	县西南隅	

续表

序号	佛寺名	隶属地	建立时间	所处位置	文献来源
32	净土庵	徐沟	万历二十三年（1595年）	清源乡南关东北隅	
33	法华寺	徐沟	万历二十七年（1599年）	清源乡西北隅	
34	圆澄寺	徐沟	万历三十二年（1604年）	县西部村	
35	千佛洞	徐沟	万历三十四年（1606年）	县东关外	
36	金山寺	交城	宣德九年（1434年）	县西九十里	
37	东圣寺	交城	正统元年（1436年）	县北一百七十里	
38	永兴寺	交城	正统元年（1436年）	县北百五十里场地沟村	
39	奉圣寺	交城	正统元年（1436年）	县北百三十里白草沟	乾隆《太原府志》卷48
40	洪山寺	交城	正统八年（1443年）	县北一百里	
41	平善寺	交城	景泰元年（1450年）	县北九十里高升村	
42	僧会寺	交城	天顺七年（1463年）	县北百十里马兰村	
43	离院寺	交城	成化二年（1466年）	县北百四十里关头村	
44	千佛寺	交城	成化三年（1467年）	县北一百里故交村	
45	鹤林寺	交城	成化十四年（1478年）	县北九十里北社村	
46	圣寿寺	交城	弘治元年（1488年）	县北一百二十里卢峪口村	

续表

序号	佛寺名	隶属地	建立时间	所处位置	文献来源
47	石佛寺	交城	弘治元年（1488年）	县北二十五里马家庄	
48	寿龙寺	交城	弘治二年（1489年）	县西北四十里沙沟村	
49	寿宁寺	交城	正德元年（1506年）	县西北四十里曲村	
50	北禅寺	交城	正德二年（1507年）	县北百七十里龙发寨	
51	顺云寺	交城	正德二年（1507年）	县北一百五十里孔河都羊坡村	
52	桃园寺	交城	嘉靖二年（1523年）	县北一百里双村	
53	演教寺	交城	嘉靖三年（1524年）	县北九十里交口村	
54	老树寺	交城	嘉靖八年（1529年）	县北二百里	乾隆《太原府志》卷48
55	甘宁寺	交城	嘉靖四十一年（1562年）	县北八十里西治村	
56	麻衣寺	文水	洪武十八年（1385年）	县南赵家庄	
57	洪净寺	文水	洪武间（1368—1398年）	县东南南仁都	
58	净土寺	文水	永乐间（1403—1424年）	县西北北榆都	
59	崇武寺	文水	永乐间（1403—1424年）	县东北武午村	
60	曾雄寺	文水	永乐间（1403—1424年）	县东三十里	
61	陀佛寺	文水	天顺间（1457—1464年）	县南下祠都	

第十一章　明代山西佛教 / 563

续表

序号	佛寺名	隶属地	建立时间	所处位置	文献来源
62	洪福寺	文水	洪熙元年（1425年）	县东三十里	
63	正念寺	文水	宣德间（1426—1435年）	城贵信坊街	
64	安禅寺	文水	宣德间（1426—1435年）	县东南隅	
65	保安寺	文水	宣德间（1426—1435年）	县东南青安都	
66	瑞祥寺	文水	宣德间（1426—1435年）	县东永忠都	
67	兴道寺	文水	宣德间（1426—1435年）	县东南齐南都	
68	净心寺	文水	正统间（1436—1449年）	县西南马西都	
69	护国寺	文水	正统间（1436—1449年）	县南十里	乾隆《太原府志》卷48
70	崇圣寺	文水	正统六年（1441年）	县西土唐村	
71	曲圣寺	文水	正统八年（1443年）	县南义武都	
72	释迦寺	文水	正统十二年（1447年）	县东农吴都	
73	铁佛寺	文水	正统十三年（1448年）	县南桥头	
74	广报寺	文水	景泰间（1450—1456年）	县东南冀周村	
75	华严寺	文水	景泰间（1450—1456年）	县东南宜韩都	
76	妙音寺	文水	景泰五年（1454年）	县东南仁智都	

续表

序号	佛寺名	隶属地	建立时间	所处位置	文献来源
77	能仁寺	文水	天顺间（1457—1464年）	县南武度都	
78	白衣庵	寿阳	明	方山寺东	
79	清岩寺	寿阳	嘉靖间（1522—1566年）	县北三十里陈家河村	
80	静献寺	寿阳	万历二十三年（1595年）	二十五里枣林村	
81	龙泉寺	寿阳	天启间（1621—1627年）	县西五十里五峰山	
82	千佛寺	河曲	弘治间（1488—1505年）	店子嘴	
83	观音阁	河曲	嘉靖间（1522—1566年）	旧县治西	
84	大觉寺	河曲	天启四年（1624年）	西城内	乾隆《太原府志》卷48
85	寿宁寺	兴县	正德间（1506—1521年）	县西四十里曲里村	
86	兴祥寺	岚县	嘉靖间（1522—1566年）	城北一里西山麓	
87	华严寺	岚县	万历间（1573—1620年）	兰芽山	
88	小天涧寺	岚县	万历间（1573—1620年）	兰芽山	
89	秀峰寺	岚县	万历间（1573—1620年）	兰芽山	
90	妙明寺	介休	弘治间（1488—1505年）	张兰镇小寺巷	
91	净土寺	介休	嘉靖四十五年（1566年）	史村	
92	净明寺	介休	万历四十一年（1613年）	田家堡	

续表

序号	佛寺名	隶属地	建立时间	所处位置	文献来源
93	崇仁寺	汾阳	成化五年（1469年）	县东三十里韩家桥	道光《汾阳县志》卷9
94	圣寿寺	平定	正统四年（1439年）	州东北董寨邨	乾隆《平定州志》卷3
95	法云寺	平定	正统四年（1439年）	州西一百里广阳邨	
96	圣寿寺	平定	正德九年（1514年）	州东北盘石邨	
97	寿圣寺	平定	万历二十二年（1594年）	测鱼邨	
98	法华寺	临汾	景泰间（1450—1456年）	城东三十里	康熙《平阳府志》卷33
99	冲天寺	临汾	成化间（1465—1487年）	城西北三十里	
100	敷化寺	临汾	弘治间（1488—1505年）	城东北三十里柴李村	
101	西木塔寺	临汾	正德元年（1506年）	城西南三十里潭底村	
102	宝峰寺	临汾	正德二年（1507年）	城东三十里	
103	通云寺	临汾	正德二年（1507年）	城西十里	
104	福胜寺	临汾	正德五年（1510年）	城东十五里	
105	大佛寺	临汾	万历二十年（1592年）	城东关外五里樊家庄	
106	弥陀寺	襄汾	明	县南十里	
107	慈氏院	襄汾	正统十四年（1449年）	一说在县西南	

续表

序号	佛寺名	隶属地	建立时间	所处位置	文献来源
108	大云寺	洪洞	景泰间（1450—1456年）	县西北	康熙《平阳府志》卷33
109	安福寺	赵城	洪武五年（1372年）	小胡麻里	乾隆《赵城县志》卷10
110	大宁寺	曲沃	成化间（1465—1487年）	凤城	乾隆《新修曲沃县志》卷15
111	福昌院	曲沃	正德间（1506—1521年）	下马里	
112	富冢院	曲沃	嘉靖间（1522—1566年）	下郁庄	
113	普恩禅院	曲沃	嘉靖十三年（1534年）	西马庄	
114	慈恩下院	曲沃	嘉靖十八年（1539年）	东枣壁	
115	兴德寺	曲沃	隆庆间（1567—1572年）	东韩村	
116	云泽院	曲沃	万历间（1573—1620年）	杨村	
117	林泉院	曲沃	万历间（1573—1620年）	西明德	
118	雁塔寺	霍州	嘉靖四十二年（1563年）	州南山巅	道光《直隶霍州志》卷17
119	净土寺	永济	隆庆间（1567—1572年）	县东三十里	光绪《永济县志》卷12
120	嘉祥寺	河津	正统间（1436—1449年）	方平村	光绪《河津县志》卷3

续表

序号	佛寺名	隶属地	建立时间	所处位置	文献来源
121	龙泉寺	河津	万历间（1573—1620年）	连伯村	光绪《河津县志》卷3
122	崇福寺	芮城	成化十二年（1476年）	县东北七里冯村	民国《芮城县志》卷12
123	延庆寺	芮城	正德九年（1514年）	城外西南隅	
124	云盖寺	平陆	万历间（1573—1620年）	县北天井山下	乾隆《平陆县志》卷11
125	功德寺	闻喜	万历间（1573—1620年）	城南门外	乾隆《闻喜县志》卷9
126	志公寺	闻喜	万历间（1573—1620年）	城南邱村	
127	香山寺	闻喜	万历三十二年（1604年）	城东南官庄岭	
128	普利寺	新绛	天顺间（1457—1464年）	城内府君庙	光绪《绛州志》卷3
129	巨烛禅院	新绛	万历三十年（1602年）	西关	
130	善庆寺	新绛	万历三十四年（1606年）	西关	
131	福田寺	绛县	成化间（1465—1487年）	县东北三十里南樊庄	乾隆《绛县志》卷12
132	宝泉寺	绛县	嘉靖间（1522—1566年）	县东二十里槐泉庄	
133	兴国寺	绛县	嘉靖间（1522—1566年）	县治西南隅	
134	青杨寺	垣曲	洪武二年（1369年）	柳庄	光绪《垣曲县志》卷2

续表

序号	佛寺名	隶属地	建立时间	所处位置	文献来源
135	栢岩寺	垣曲	弘治十八年 （1505年）	上涧村	光绪 《垣曲县志》 卷2
136	仁寿庵	平顺	嘉靖间 （1522—1566年）	窦峪村东	民国 《平顺县志》 卷10
137	嘉祐寺	沁县	天顺三年 （1459年）	州南古城村	乾隆 《沁州志》 卷9
138	宝泉寺	沁县	天顺八年 （1464年）	州北朝仁村	
139	崇兴寺	沁县	天顺八年 （1464年）	州东北清修村	
140	兴福寺	沁县	弘治十八年 （1505年）	州西烟立村	
141	龙珠寺	沁县	嘉靖三十四年 （1555年）	州北牛侍村	
142	末庆禅院	沁县	万历间 （1573—1620年）	州北郭外	
143	香岩寺	沁县	万历五年 （1577年）	州南安仁村	
144	香岩寺	沁县	万历二十五年 （1597年）	州北西汤村	
145	广生禅院	沁县	万历三十七年 （1609年）	州南郭外	
146	白衣 菩萨庵	沁县	崇祯十四年 （1641年）	西郭外一里	
147	寂照寺	沁源	景泰间 （1450—1456年）	县西马生村	雍正 《沁源县志》 卷8
148	聚圣庵	沁源	万历间 （1573—1620年）	县北绵山镇	

续表

序号	佛寺名	隶属地	建立时间	所处位置	文献来源
149	龙兴禅院	沁源	万历二十四年（1596年）	县东南隅	雍正《沁源县志》卷8
150	极乐庵	沁源	万历四十五年（1617年）	北关外	
151	普济寺	沁源	崇祯十年（1637年）	县南山神庙东	
152	胜因寺	晋城	正统间（1436—1449年）	城南二里	雍正《泽州府志》卷21
153	白马寺	晋城	明	城北十五里司马山	
154	延庆庵	晋城	明	城南关	
155	慧济寺	原平	正德间（1506—1521年）	县五十里桃园村	乾隆《崞县县志》卷4
156	弥陀寺	原平	万历间（1573—1620年）	县西门内	
157	延庆寺	宁武	明	府署东山麓	乾隆《宁武县志》卷9
158	寿昌寺	宁武	嘉靖间（1522—1566年）	城内东北	
159	峰台寺	宁武	万历间（1573—1620年）	城南五里	
160	兴华寺	宁武	万历二十二年（1594年）	本堡西南街	
161	药师殿	偏关	弘治五年（1492年）	城东	道光《偏关县志》卷上
162	月空寺	偏关	嘉靖间（1522—1566年）	老营堡	
163	广仁寺	保德	崇祯间（1628—1644年）	南关	乾隆《保德州志》卷2
164	新寺	大同	明	城东北	乾隆《大同府志》卷15

续表

序号	佛寺名	隶属地	建立时间	所处位置	文献来源
165	北寺	大同	明	城东北，名通光寺	
166	水月寺	大同	明	南门外	
167	柳港寺	大同	正统间 （1436—1449年）	城东门外王河桥南	
168	朝阳寺	大同	弘治十八年 （1505年）	府治西	
169	七佛寺	大同	万历间 （1573—1620年）	城东南隅	
170	兴国寺	大同	万历二十三年 （1595年）	南郭外	
171	极乐寺	大同	万历二十九年 （1601年）	城南关	
172	普兴寺	大同	崇祯三年 （1630年）修	城内东北隅	乾隆 《大同府志》 卷15
173	永福寺	阳高	明	城东南隅	
174	华严寺	阳高	明	西寺城	
175	广宁寺	阳高	明	城西北隅	
176	云台寺	天镇	明	城西北隅	
177	显化寺	天镇	宣德间 （1426—1435年）	城东南八里四里山	
178	柳家寺	天镇	成化间 （1465—1487年）	城东南五十里	
179	慈恩禅寺	天镇	正德间 （1506—1521年）	县东北永嘉堡	
180	下生院	应县	宣德间 （1426—1435年）	东贾庄村	
181	永安寺	应县	嘉靖间 （1522—1566年）	下社村	

续表

序号	佛寺名	隶属地	建立时间	所处位置	文献来源
182	双髻庵	山阴	明	县西南七十里温泉乡上村	康熙《山阴县志》卷16
183	盘峰庵	山阴	洪武二年（1369年）	县西南七十里温泉乡	
184	六度庵	山阴	万历间（1573—1620年）	县西北三十里巫山乡	
185	万窠庵	山阴	万历间（1573—1620年）	县西北四十里齐贤里	

山西寺院的新建时间，主要集中于洪武、正统、成化、正德以及万历、嘉靖时期，尤以万历和嘉靖时期为多。按照南炳文《明史》中的断代，我们将明代划分为三个阶段：即洪武元年（1368年）至正统十三年（1448年）为明朝初年；正统十四年（1449年）至万历九年（1581年）为明中期，万历十年（1582年）至崇祯十七年（1644年）则为明朝晚期。①

山西寺院的新建时间主要在明中后期。从地理范围看，主要集中在以太原为中心的晋中地区和晋南地区。太原自南北朝以来就是山西之政治中心，因而具有政治的优势。晋南是山西农业发达地区，"汾平浍涝环绕境内，而资其利者什不二三，农人刀耕火种，不遗余力"②。晋南地区的商业贸易也比较发达，"平阳泽潞豪商大贾甲天下，非数十万不称富"③。

第四节 佛教与山西社会

佛教的发展往往离不开民众的推动和支持，民众或单独进行，或者

---

① 南炳文、汤刚：《明史》，上海人民出版社1985年版，第206页。
② 雍正《平阳府志》卷13，《中国地方志集成》，凤凰出版社2005年版，第270页。
③ （明）王士性：《广志绎》卷3，中华书局2006年版，第246页。

组织结社捐资修佛寺、兴建佛塔、绘制壁画等，一方面满足了心理方面的需要，另一方面在信仰组织内部获得认同，并发挥了稳定社会的作用。

一 民众修建寺塔、金妆佛像

明代山西佛教寺院的修建中，以重修情况居多，形成了以僧人作为主体，达官贵族、儒家义士及普通民众等参与其中的多维结构，共同推动着山西佛教的发展。

第一，寺院兴建过程中村社发挥重要作用，其中寺主发挥主导作用。如黄章里新店村石佛禅寺为道璘领携僧众协力而成，但村社也发挥了重要作用。景泰元年（1450年）《辽州黄章里新店村重修石佛禅寺记》载："自我朝继统以来，缺僧以修其寺，泛人以踵其迹。是以本村乡老人等，以为其寺建于古，不可不继于今也。故于景泰纪元之初，所请普照僧道璘以居是寺焉。道璘之居是寺也，不饮不荤，而化缘于四方，四方者未尝妄费，皆致力于佛前也；尽心费力，而所得于檀越者，未尝轻用□动作于圣前也。今于景泰乙亥岁，重塑圣像。"① 村寺原已经无僧居住，由村社延请僧人住持，村民成为寺院的实际掌控者。又如盂县明万历二十三年（1595年）《重修石角寺碑记》载："村一里许，北山之坎有石角古刹……虽以弘治元年（1488年）重修，扫除无僧，日就倾颓，仅留遗址。土人邢茂先等谋再修之，而宁乡□□□□贤适寓其上。遂与□财纠工，圮坏者完葺之，朴陋者增□之，□佛殿然□馈，贲圣像以金装，图两壁以水陆，大会右翼夏房二楹，东西竖禅房各三楹，前建门楼，树之松柏。"② 石角寺本已经无僧人，由当地士人倡修。

寺庙修建多由村社某一个或者几个较大家族捐资修建。如盂县成化二十年（1484年）《重建普济寺记》载："盂之县治西北乡百里许，有圣佑都侯庄村，古刹一所，名曰普济寺。建自胡元至正之初，后历兵燹之余，殿宇颓毁，基址荒芜。功德主赵公文简有慊于心，与其子曰托者，

---

① 王兵：《三晋石刻大全·左权县卷》，三晋出版社2010年版，第25页。
② 李晶明：《三晋石刻大全·盂县卷》，三晋出版社2010年版，第117页。

谋诸乡耆趣事经营，捐财鸠工，重建佛殿五间七架。中塑佛像三尊，香花护法，侍卫森然，左列汉关王，右列伽蓝神。殿东盖禅堂一所，西廊构方丈三间，屏之以周垣，御之以重门……功德主侯庄赵文简、男赵托、孙男赵仲旺、赵仲明、赵鸶、侄男赵清、男赵仲广、赵福海、男赵祥、赵福聚、男赵定。"① 普济寺的修建主要是赵文简及其子孙完成，属于家族捐资。

又弘治元年（1488年）《寿阳县乌金山开花寺碑记》载："自古以迄，我国朝太祖高皇帝即位洪基以来，内而京师，外而侯甸，寺之敕修而宗崇之耶，隆矣。况凡民匪，可不宗崇之耶？故王公讳志刚，产于寿阳西安里蔡庄之区，虽未剪发为僧，其立心端正实迈乎僧矣。于是议诸众曰：'昔我先辈等，因唐王李长者菩萨起于华严之寺，歇马于蔡庄之北，大有灵感，而先辈建寺为乌金山开花寺。至今栋梁垣墉，举皆颠仆，望之若荒芜之地，而非堪神之居也。我等既为寺主，宁忍亵神？诚当协其心力，重修可也。'是时，众人依王公纵举，于以伐东山之木，以为栋梁之材，吊西河之水，而为塑画之供。未阅月之间，前后之殿宇，朗然有更新之美；东西之两廊，昭然睹危峻之华，而王公大有功于寺矣。不期俄然寓疾，命由天止。特钟鼓楼台未备，无复有补完之者也。幸王公有子讳本安，于斯适当我朝华夷一统之日，用贤使能之时，而本安才德可以修政立事，荐为邑掾之职，常怀续父修理开花寺之功，未暇为也。方今六载之满，始得遂意。于是不辞涂泥薪水之劳，拽石跋山之苦，经营数日，俾向之未备者，有以大备，昔之未成者，有以大成。"② 开花寺由王志刚先辈创建，重修则以寺主王志刚与其子王本安组织实施，前后两代人接续完成，周边村落民众也积极参与，寺庙僧人也助缘其间，但主导者是民间的"寺主"居士家族群体。所谓"寺主"可能是指拥有对寺庙土地的所有权乃至部分的寺庙管理权，包括延请住持居址、修建寺庙等事务权力者。最初某一家族主导舍地捐资修建庙宇，延请僧人居址，其家族则成为寺主，而一般的参与捐助者则仍然是功德主。碑文后刊知县、县丞、主簿、儒学教谕、典史、训导等县府官员应是挂名，或者表

---

① 李晶明：《三晋石刻大全·盂县卷》，三晋出版社2010年版，第65页。
② 史静怡：《三晋石刻大全·寿阳县卷》，三晋出版社2010年版，第93页。

示支持。僧会司则是寺院的直接管理者，当也属于挂名。碑阴所载之功德主则为寺院的实际捐资者，其中纠首为组织者，助缘人等为参与者，每一尊佛像都有具体的捐资施主，均以家族的形式捐施，也有僧人捐施者。

又灵石县正德五年（1510年）《重建观音堂碑记》载："盖从今有山西平阳府霍州灵石县街北里西河底村杨英、杨胜、马奴先于大德大元年（1297年）间建立，至于弘治五年（1492年）十二月日重建。香老起意，旧香老杨意，许晓，现香老许全、马宁、杨锐、杨通并集众社人等，甲子马宁、马彪、马智□、马守谦、马守连、马守完、马仲成、马仲仁、马仲才、马伦、马得用、马仲友、马得才、马乔乔；甲子杨铎、杨庆、杨敬、杨恭、杨聚才、杨玉、杨美、杨付、杨烦、杨福、杨琦、杨山、杨代胜、杨仲仁、薛雄、胡文现；甲子许友、许仲珉、许仲禅、许仲海、许仲意、许仲山、许仲花、许仲云、许仲增。施钱人王宗、张祥、杨深、张虎、张子经、任通、郭希宗、梁文、文子；施钱女善人马宅杨妙善、董宅刘妙秀、杨宅薛妙连、许宅杨氏、王宅许氏、马宅任氏、杨宅任氏、许宅刘氏、许宅李氏。"①"甲子"作为当时村级管理的一种组织，一方面在寺院的修建中依然发挥其作用，另一方面以血缘为纽带、以地域为基础的宗族环境在农村佛教发展中发挥了重要影响。

又如嘉靖十九年（1540年）《重建芦芽山起修说法台顶佛殿记》载："山西晋府宁化王府人，施财修因功德主信士宋词同缘信文李氏，女宗阆一婿侄守谦；施财修因功德主信士宋乐同缘信文高氏、侄男宋朝选孟氏孙宋铉、宋二奇，女宋二姐婿张苏，宋三姐婿韩静、宋四姐男宋朝时。"②芦芽山说法台顶佛殿的修建得到了善男信女的施舍，均以家族为单位捐资，女性也参与其中。

明代以后，村社中多无僧寺院，庙产变为村社公产。村社民众为重振寺院而延请僧人住持，但实际村社已经成为寺院的实际掌控者，这也为庙产兴学以及将寺院作为村社公共事务常设地提供了便利。

第二，地方权贵参与建寺，寺庙规模宏大，塑绘结合，富丽堂皇。

---

① 杨洪：《三晋石刻大全·灵石县卷》，三晋出版社2010年版，第31页。
② 任宁虎：《三晋石刻大全·宁武县卷》，三晋出版社2010年版，第24页。

如天顺三年（1459年）《重修栢山禅寺碑文并偈颂》载："正统乙丑，本县人、致仕官给事中刘鼒，舍财修盖，塑画未周。至十四年己巳，兵乱拆毁。有比丘净照、□□、净明、道通等募缘，运心重建，遂就此院。草衣木食，废寝忘食，不出户庭，诵经晏坐。期满年月，始遇本县居士王仕贤等，据十方施主□，□来稽首，咸舍珍财，塑释迦文佛一尊，阿难、迦叶护法等神；悬塑观音八难、地藏十王、六大祖师、十八罗汉、四金刚、二伽蓝；钟鼓楼各一所；山门、僧舍渐次落成。"① 给事中刘鼒曾经是官员，财力比较富足，致仕之后资助佛教，后寺庙在居士王仕贤等施主捐资下继续修建，房宇林立，塑像满殿。

又如万历二十五年（1597年）《重修曲回寺记》载："夫曲回寺者，在县治以南，古刹胜地也。创建不知其始，重修洪武，再修成化，以至于嘉靖、隆庆、增修补葺者，历历明镜已。奈何回禄造物，火于万历十四年（1586年）正月，内殿宇廊庑，盖皆灰烬；绘塑佛像，靡有子遗。古刹道场，荒然一丘墟矣。游人过客，靡不徘徊瞻顾而兴嗟也。适本村善人钟喜、钟继戎辈，暨僧人明霞等曰：杜君廷耐有善念，会众恳伊发心再造之，庶古刹可复，香火可供，僧衲可集者。由是，廷耐遂□首加□，矢心□□。历数年……寺事既竣，钟君继戎、喜舍陆地十亩，以为护寺香火养赡之资。杜君廷耐，遂请僧众两堂，以答天神施财功德之报。"② 明初以来，曲回寺屡废屡修，碑阴中提及知县、典史、祭官、监生、儒学生员、内官太监以及镇守边地之武官守备灵丘城都指挥、茨沟营参将、中军、百户等。缙绅士大夫参与了寺院的修建。又崇祯三年（1630年）《再修觉山寺碑记》云："邑侯黄公邀大同令王公、守戍谢公，共相游，尝四顾□□，□□动□□□□之思，公即捐金首倡，土木毕兴，勉成漏因，兼开护寺地粮，不数月而工竣，佛舍、僧居无一不饬。"③ 邑侯黄公作为官员，捐金首倡，带动了其他人的参与，使得工程在数月就完成。这些地方官员参与寺庙修建，使得寺庙规模扩大。

又正德十三年（1518年）《朔郡下木角新建无极寺记》载："弘治乙

---

① 高凤山：《三晋石刻大全·灵丘县卷》，三晋出版社2010年版，第40页。
② 高凤山：《三晋石刻大全·灵丘县卷》，三晋出版社2010年版，第72页。
③ 高凤山：《三晋石刻大全·灵丘县卷》，三晋出版社2010年版，第245页。

卯，大同府应州天王寺僧道善……剪荆棘，除草莱，结庵以居之。或闭关习静，数月不出。居人重其持戒精修，操行勤苦，争相供奉，弟子之授礼者，相近筑室以居。古谭于诵习之暇，见左右荒田草木盛茂，与其徒竭力垦□，积日累月，遂底成熟，足以供香火之需。正德辛未，乡耆支显辈意以为居人于岁时欲奉香火，病其去庵颇远，相率同乡之善士，相迎择善地为寺，其迎古谭来主其事，以为兴建之举。于之鸠工市材，建正殿三楹，内肖佛像，东西建伽蓝堂、地藏堂□一楹。僧房、斋厨悉□，缭以□垣，三门未立，盖托符竣工。既落成，乃□云□启请潞城王府金青太，书其额曰无极寺。"① 无极寺方圆四十亩，修造用银一千两，可见其规模宏大，耗费甚巨。其地业有 80 亩，均为善信从民人手中购得。无极寺的修建是僧人主事、众人支持而成。

此外，明代寺庙规模宏大，寺庙经济发达，如明嘉靖四年（1525 年）《千佛洞皇图永固帝道遐昌碑记》载："纪开治买常住地土买到李忠寺对面南坡地一块，不计亩数，受要价银二两五钱，随带官粮五升。又买新地梁连头三块，受价银七两五钱，随带官粮壹石五升。"② 此碑后面附有各寺庙住持及门徒，有 16 座寺院，说明寺院经济兴盛，但其土地也需要向国家纳税。施主施舍土地于寺庙随带官粮赋税，寺院寺产之土地亦得纳税。

明代寺庙规制齐整，规模宏阔，大殿中一般均塑像绘画。如成化五年（1469 年）《榼山大云寺记》载："今建东、西法堂各十间，斋楼五间，慈氏、经阁二所各六间，则又诸佛品经在焉。七佛殿五间，添甍易栋，因故基而增新之也。僧房百十间，因旧而新之，而亦多创建之者。近东南而建伽蓝殿三间，近西南而建牛王殿，以至钟楼三间，咸次第营缮之。度有余材，而又左右建库庾十二间，庖厨五间，以储日用之需。化募建塔一躯，高若千丈，以为一寺之镇。内外偕作，百废具举，其视初之制三倍矣。……肆今教最盛，俗最尚，较儒老二家，趋而信之者，盖三之二。自都邑达州郡，构结梵宇者，亦十之六，而精蓝胜刹，居天

---

① 周亮：《三晋石刻大全·朔州市平鲁区卷》，三晋出版社 2012 年版，第 21 页。
② 任宁虎：《三晋石刻大全·宁武县卷》，三晋出版社 2010 年版，第 22 页。

下于乎亦盛矣!"① 樾山大云寺建东、西法堂各十间,斋楼五间,慈氏阁、藏经阁各六间,七佛殿五间,僧房百十间,伽蓝殿三间,牛王殿、钟楼三间,库庚十二间,庖厨五间,建塔一座,整个寺庙建筑规模比往昔扩张三倍。

又如成化十五年（1479年）《大明冀南路沁水县龙泉院重修碑记》载:"本寺住持本万一峰和尚……增大其规,建正殿三间,妆塑佛像,左右墙壁,绘以诸天;南殿三间,妆塑释迦、补陀诸像;前殿三间,妆以四卫士像;左右廊庑,建僧楼三十间,禅堂三间,正殿后建危楼五间,上藏经书,壁绘八十四龛,妆十冥府;三门外建危楼数寻,悬巨钟以司晨昏;又引泉流于殿前,锺水为池,以便绠汲;且发清趋上,环植松竹诸木,其色苍然,其声璆然;又于涌泉上建龙王殿三间,妆以龙神,于是百所弗规者皆具焉。"② 沁水县龙泉院建筑非常齐整,有正殿塑佛像绘诸天,南殿塑释迦和观音,前殿应为天王殿,塑四大天王,并建廊庑、僧楼、禅堂,正殿后建藏经阁,上藏经书,绘释迦应化事迹图八十四龛,塑十殿阎王。山门外又建钟楼,并于泉水之上建龙王殿,塑龙王像。可见,龙泉院建筑规模宏大,辉煌夺目。

又《重修大云寺记》载:"沁水县治东九十里有樾山,上有大云禅寺……成化十有六年（1480年）庚子,比丘全彰……诸僧戒行拔萃,同行协力,起造画堂二十有四间,壁绘《释氏源流》;大悲殿五间,内大士诸天像;斋堂六间,厨库各三间,钟楼一所,东西三门二所。"③《释氏源流》由明代皇家寺院报恩寺僧官释宝成整理编撰而成,讲述释迦牟尼生平事迹及佛教传入东土后与本土文化的争鸣、融合和历代高僧的事迹。在此基础上出现《释氏源流应化事迹》先图后文。大殿壁画应该是《释氏源流应化事迹》,观音殿绘观音和诸天像。正德四年（1509年）《辽州重修福圣寺记》云:"其寺始于大德年,有僧祖潮启建。至顺四年（1336年）,福林重修……弘治十二年（1499年）于佛殿后启盖□一躯,绘天地冥阳四府神仪若干轴。弘治十八年（1505年）,本寺住持果顺偕本州在

---

① 田同旭、马艳:《沁水历代文存》,山西人民出版社2005年版,第307页。
② 车国梁:《三晋石刻大全·沁水县卷》,三晋出版社2012年版,第25页。
③ 车国梁:《三晋石刻大全·沁水县卷》,三晋出版社2012年版,第563页。

城善士郝能同结善缘，于前殿内塑十二圆觉菩萨，共十八罗汉一堂，塑妆圆满，金碧辉煌。各殿供器、香鼎、钟楼、铙钹一应器皿，无不完全也。"① 辽州福圣寺佛殿之后应是水陆殿，根据《天地冥阳水陆仪》绘制水陆壁画，在前殿中塑十二圆觉和十八罗汉塑像。

又盂县嘉靖十一年（1532年）《重修建福寺碑记》载："门徒德林、德玉、德全同建南殿三间，塑四圣天王，东西两廊二十间，地藏、大至、药师佛、十地菩萨、伽蓝、护法戻舍又室□王椆梁，五彩装饰，金碧□光；门□丹珠即进，工匠巧□□□，焕然一新。"② 又盂县嘉靖十八年（1539年）《乡邑崇绘龛图记》载："盂北百里许，聚落宋庄，宝刹乡邑，乃前朝之所建……吾师翁道公太和尚前来挈理，创置田园顷有余亩。复崇精舍，更展伽蓝于坎之级，获斯古迹。……于嘉靖己亥之秋，用乃励募化檀，殿之两壁错采圣图。始之以护明托化，终至以经塔泥洹，通成八十有四龛矣。厥乃如来原终显化之道，不日而成□尔。"③ 道太及其弟子福祥、福用持续修缮寺庙，并绘制《释迦应化事迹图》八十四龛。又盂县嘉靖十九年（1540年）《重修圣寿寺记》："迄及我朝大明正统四年（1439年）岁次乙未，新修前后二殿，东西两廊，正殿内塑当阳佛圣，傍列十地菩萨，壁画八十四龛。延于嘉靖二年（1523年）有村耆父老席□，李玺等各舍己资，输工命□，于之东廊绘塑二元圆通，于之西庑补妆十八罗相焉，俱以严肃焕丽，逼夺人目。迄今嘉靖十九年庚子之秋，仍有乡老刘的胤施牛一只，砌补台基；善士刘庆发心妆彩龙像，绘画殿宇"④ 圣寿寺正殿塑佛像及十地菩萨，壁画仍是《释迦应化事迹图》八十有四龛。

明代山西民间新建或重修之寺庙，建筑一般均设天王殿、钟楼、鼓楼、东西廊房，设地藏殿、观音殿、伽蓝殿、祖师殿等，正殿一般仍然为大雄宝殿，塑佛像绘《释迦应化事迹图》，一般为八十四幅。观音殿绘观音救难以及诸天像，地藏殿绘十王朝地藏图，水陆殿中绘制水陆壁画。

---

① 王兵：《三晋石刻大全·左权县卷》，三晋出版社2010年版，第48页。
② 李晶明：《三晋石刻大全·盂县卷》，三晋出版社2010年版，第87页。
③ 李晶明：《三晋石刻大全·盂县卷》，三晋出版社2010年版，第89页。
④ 李晶明：《三晋石刻大全·盂县卷》，三晋出版社2010年版，第90页。

大殿中也有绘阿弥陀佛四十八愿等题材壁画。元代以前弥勒净土题材、西方净土题材、华严题材以及维摩诘题材有所减少，佛传故事画、水陆画大量增加。正殿后建藏经楼，建筑内部塑绘结合，金碧辉煌。

山西留存至今的明代佛教雕塑，如隰县小西天大雄宝殿、洪洞县广胜上寺毗卢殿、广胜上寺地藏殿、仙洞沟碧岩寺观音阁、平遥双林寺、太原崇善寺、襄汾普净寺等。山西现存明代佛传壁画如太原多福寺、榆社福祥寺、武乡大云院等，现存明代水陆壁画如繁峙公主寺、文殊寺、寿阳普光寺、盂县永清寺等。

第三，民间神灵大量进入寺院，或被共同奉祀，或者单独建殿奉祀。如沁源县青果寒泉禅寺是住持志远筹集众僧会同纠首等并十方信士修建而成。据弘治六年（1493年）《重建青果寒泉禅寺记》载："维我今朝圣主，历继明君，设立僧司，大彰梵刹，每以祝延圣寿，亦乃护国邦民。因造沁邑名山寒泉圣景，青果禅寺住持僧人志远……筹集众僧，会同纠首□□□袁等，并十方信士，阖境檀那，或施金银头畜，或施布帛丝绸，或运工，或运力，或施物，或施财，共舍家资，同成好事。因见本寺殿堂疏漏，僧舍倾颓，发心重建正殿三间、南殿三间、地藏殿三间、南化廊三间、东西僧房六间、关王庙一间、伽蓝庙一间、盖海庙一间、玉龙庙一间、钟鼓楼二座。前后具备，上下周圆。"① 青果寒泉禅寺重修时建有关王庙、盖海庙、玉龙庙皆为民间信仰殿宇。

又正德五年（1510年）左权《重建甘露寺记》："沙门通海自幼命刻父母，以故托出家……殿内先塑绘毗卢佛、四大士菩萨、二佛弟子，共七尊叙龛……有师伯路普聪于弘治庚申，与海同缘铸钟一课，起钟楼一间，妆彩以毕。又睹龛内古佛，地藏十王，共会护法，神堂古有……从正德丙寅发心命工，钟楼上起塑阿弥陀佛、观音、势至二护法神，中殿内塑蚕王、药王二大士，伽蓝、关王共会，又造护法龙王，并圣僧二躯，共计塑像一十五尊。□丝图满，壁画十方佛、四大天王，木材造桌，铺地修□。"② 通海等僧众修建甘露寺中殿中塑蚕王、药王、伽蓝、关王，又造护法龙王，并圣僧二躯，共计塑像一十五尊。其中蚕王、药王、关

---

① 杜天云：《三晋石刻大全·沁源县卷》，三晋出版社2011年版，第26页。
② 王兵：《三晋石刻大全·左权县卷》，三晋出版社2010年版，第49页。

王、龙王均为民间信仰神灵,"圣僧二躯"可能是寒山、拾得和合二仙。

又孟县隆庆四年（1570年）《葺补殿宇铸造圣像碑记》载:"夫工巧务者,绘塑金妆,使人□敬,祈福求祥也。若夫本寺系古刹,至元三年（1337年）重修,我朝正统九年（1444年）补修,后又弘治八年（1495年）葺补续。有住持长老觉铛,之号镜宗,乃进公社巨室张门子也。幼而习读儒书,长而精通经典,名满太原,德贯孟阳也……犹是东廊铸主位佛像并十二圆觉、关王、二郎等神,西庑造十王朝地藏兼六曹官典,遂以金妆,巍然可观,焕然可睹也。"① "祈福求祥"的现实利益是其重塑佛像的目的,关王、二郎则是民间神灵。民间神灵大量进入佛教寺庙中被奉祀是佛教适应民众需求而趋向于中国化的表现。

第四,佛教占据民间庙宇,僧人住持民间庙宇的情况大量出现。如正德五年（1510年）《重修岐山寺庙碑》载:"斯庙乃岐山涌泉公神也……居民不忍泯其功,立庙貌四时祭祀以祈报,凡旱潦为灾,祷之辄应……张芹、潘家滇、郭义、安公、上峪、悬崖、水磨滩、阎王峪皆立行祠祭祀……僧榆次人曹明缘者,善持法戒,誓修庙宇。"② 普通民众张芹、潘家滇、郭义等因"凡旱潦为灾,祷之辄应"而修建庙宇,供奉岐山涌泉公神。可见,民众因祈雨之现实生活所需而修建庙宇,供奉者为雨神,显然为民间信仰庙宇,本来与佛教没有关涉,但因为由僧人居止寺庙,使寺庙具有了一定的佛教庙宇性质。僧人也举行一定的仪式帮助民众祈雨,供奉雨神,通过这种途径实现与民众生活的休戚与共。

又孟县董家沟三像寺下院观音堂的修建中得到了龙王庙的支持。万历四年（1576年）《董家沟新建三像寺下院观音堂碑记》:"明嘉靖年以来,师祖通公,协同□□施主胡纲,纠首董文焕,第施建其楚箕铺之址,竖构一间,□塑落伽观自在,善凿弘颠断,皆誓救妙主王之父也。左右文殊、普贤,上悬三□身佛音大难十二□觉,后刻伽蓝阁圣关之周,寒悬残岁代往已金光□垩。隆庆三年（1569年）主持僧性禄,睹□□容危卒,觊觎村庄信善人等,后□金妆辉煌,业彩焕然一新。"③ 在此可见,

---

① 李晶明:《三晋石刻大全·孟县卷》,三晋出版社2010年版,第103页。
② 史静怡:《三晋石刻大全·寿阳县卷》,三晋出版社2010年版,第104页。
③ 李晶明:《三晋石刻大全·孟县卷》,三晋出版社2010年版,第745页。

佛教与民间信仰的融合。

第五，寺庙修建中，往往周边寺庙都会出资以示支持，说明佛教寺院之间的联合态势。如灵丘县曲回寺修建中得到香云寺、禅庵寺、大云寺、五台山普济禅寺、镇泉寺、峪峰寺、隆兴寺近200名僧众的支持。嘉靖七年（1528年）《重修曲回寺碑记》曰："成化二十一年（1485年）乙巳，本寺僧道玄，安诚发心，循其旧制，而为经营之举。起盖正殿五间，塑佛三尊，规模宏大，□复回之隘小也。奈何功虽兴而未就，意已萌而未成，一旦逝矣。越弘治十八年（1505年）乙丑，住持德鉴，金佛像，绘墙壁；又统督阖寺众僧，同心竭力，运条石，包砌台阶，俾工□鲜明，焕然一新。正德三年（1508年）戊辰，僧德兴因殿前隙地一区，修盖天王殿三间，相连伽蓝祖师殿二间，稍东钟楼一座，悬铁钟一口，稍西禅堂五间，今以僧住，逾岁一周而落成。至嘉靖六年（1527年）丁亥，德鉴法徒圆宗，补葺众殿废坏之余……修造山门。因殿东西闲旷，盖廊房各五间。历数年之，屡迁易，众僧殷勤，寺始完矣。……本寺、香云寺、禅庵寺、大云寺、五台山普济禅寺、镇泉寺、峪峰寺、隆兴寺。"① 曲回寺从成化二十一年（1485年）至嘉靖六年（1527年）间，僧人不断主持修建寺院，各地寺庙僧众近200名参与其事，使得曲回寺不断壮大，保持了历史的延续和发展。

又盂县惠福寺的修建得到了兴龙寺、兰惹寺、弥勒寺等寺僧众的支持。嘉靖十二年（1533年）《重修惠福寺记》载："国朝成化间，住持僧义选、义宽于正殿复塑佛、菩萨、左右护法，两壁绘以水陆之神，南殿壁绘菩萨并十地选，更塑天王四神，宽于西为廊以翼之，东廊因□□修之，而伽蓝两室之□□文居□。弘治间，本村义民郭贤，因村之西路艰于往来，□买地五亩而通之，行者至今称便。复虑□□沟渠，恐□者有阻，□于渠东立观音堂，□僧以为行者卫。"② 资助寺院修建者除本寺僧众外，还有兰惹寺、兴龙寺、释迦寺、建福寺、弥勒寺、龙君寺、本真寺、延寿寺等12座寺庙以及崞阳郡道人、僧会司护印等僧道的支持。

又朔州清泉寺观音殿的重修中有朔州崇福寺、兴县洪福寺、悬空寺、开庆寺、石佛寺等寺僧众的支持。成化十五年（1479年）清泉寺《重修

---

① 高凤山：《三晋石刻大全·灵丘县卷》，三晋出版社2010年版，第50页。
② 李晶明：《三晋石刻大全·盂县卷》，三晋出版社2010年版，第88页。

观音殿记》云:"成化丁酉岁,释子志万因游是,屡窥觑残石,皆砦见存,发心重建……修建正殿,东西廊庑,塑绘□□菩萨圣像,钟楼三间,金□交辉,焕然一新焉。"①捐建功德主除志万及其门徒外,还包括重教寺、崇福寺、崇兴寺、观音寺、千佛寺、石佛寺、开庆寺、悬空寺、毗卢寺、福延寺以及外地兴县洪福寺、岢岚州僧正司以及众多守边将官僧俗人等近八十人。

又灵丘县月翻寺的修建中得到了黑石寺、应仙寺、石胡寺等寺僧众的支持。嘉靖二十九年(1550年)《灵丘县月翻寺碑记》云:"月翻寺者,古溏川之盛境也。……宣德九年间,适有信僧净宝,乃修心养性之有年者也。一旦睹其形盛之可掬,嗟其修造之未及,遂慨然有意于是寺。由是垦路途,平山壑,剪荆棘,拔柞桦,因自然之盛景,洪嘉丽之规模。其福地之广饶,东至寒陀岭,南至山羊沟岭,西至王成庄口,北至小月翻沟岭。然后,月翻之肇建,实草创于斯焉。继而去修造之既远,昔日之肇建残缺□坏,十丧其七八寻,仅存尺寸,而境物全非故矣。景泰五年(1454年),踵前僧之作为,复再造焉。于是,添残补缺,兴弊缀坏,视净宝肇建之初,尤焕然益新矣。自今以始,迨弘治之改元,星霜屡变,已一世有余。景泰间重修之功,至此,但见鸟鼠之穿墉凿穴,风雨之飘摇潇洒,复磨荡倾颓,而狼狈太甚矣。幸而遗址尚在,于是,禅僧德聪与法孙明瑄同心协力,为募缘之举,而土木重兴,殿宇森列。"②捐建功德主有月翻寺僧众及黑石寺、应仙寺、石胡寺僧众百余人。

明代寺庙修建多是在旧址上重修,社会各阶层均有参与。一方面村社之中的庙宇修建,寺主、纠首等村社佛教信仰者发挥的作用越来越大,甚至超过了寺院的僧人。另一方面家族式的信仰群体在寺院修建中也发挥了重要作用。很多寺院规模宏大,山门、天王殿、钟鼓楼、祖师殿、伽蓝殿、大雄宝殿、藏经阁等建筑一应俱全,进而如关公、马王、牛王、二郎神、蚕王等民间信仰也大量进入庙宇之中,说明佛教中国化也更加深入。

第六,修建佛塔。佛教寺院早期主要建筑为塔,后逐渐让位于大雄

---

① 周亮:《三晋石刻大全·朔州市平鲁区卷》,三晋出版社2012年版,第11页。
② 高凤山:《三晋石刻大全·灵丘县卷》,三晋出版社2010年版,第54页。

宝殿。塔的修建在明代多为僧人的坟塔，而其他的诸如舍利塔、功德塔也有建立，但因需要较高的技术，因此各地建造较少。如洪洞万圣寺天启六年（1626年）《启建舍利宝塔记》云："万历壬子岁，用奉盐坛，例运发赵城，偶闻出佛峡建塔，亲诣询因。有古刹岩泉寺，乃丰干、寒山、拾得三圣成道处，所遗舍利，后僧收藏。幸逢敕封护国禅师福登者，募缘建塔，以藏舍利，会山东新城兵枢王象乾、内宦庐公启知慈圣宣仁皇太后赐白金五百两、九丝玻璃瓶一、佛顶骨一、坚固子十八、金瓶银盒二。不期登忽西归，前功被水冲废。迄至天启丙寅年，登法孙定越，率徒孙明宝等，化缘复建宝塔于原议山顶。用铸铜塔一座，内藏舍利七十粒，又造丰干、寒山、拾得佛像三，净身菩萨、韦驮佛像八，地藏、天使、目连三，《观音经》一；余佛像、佛法，系众善士俱。"① 万历间妙峰禅师募缘建塔，以藏舍利，后塔被水冲毁，于是其法孙定越，率徒孙明宝等化缘复建宝塔于出佛峡山顶，且铸铜塔一座。

又明万历十九年（1591年）《重修休粮宝塔碑记》云："尝闻至圣圆寂，舍利存世，育王与诚造塔，永作人天津济，详夫始自唐朝。代病禅师者……遂登太行，游至尧都涧邑……大历年入寂而灭，建塔，岁深倾颓。兹者，隐衲了明……命匠兴理，唤呼一新。"② 代病禅师是唐代高僧，大历元年创建休粮寺，后被尊为休粮菩萨。休粮寺僧众出于对祖师的尊敬而重修代病禅师舍利塔。

又乡宁县关王庙乡东沟村灵岩寺多宝灵塔。天顺元年（1457年）重修，《吉州乡宁县姑射山多宝灵岩禅寺重修宝塔记》载："窃以释迦如来降迹西乾，托质玉宫，不乐欲乐，径往灵山，六年苦行，功成行满……马头山之西北，有山曰姑射，峰峦气色，松柏参天，古有石洞乃多宝如来之应世也。内盛多宝绀容，圆通圣质。每逢天旱，四方往来祈祷圣水，即降甘霖，有斯灵应。兹有当代住持斌公律师……不数载而殿阁廊庑天王殿佛像焕然一新，唯缺宝塔。……正统十四年（1449年）发心修建，自馨衣盂，兼化檀那，功德圆成，往来观瞻，无不获益。"③ 民众因祈雨

---

① 汪学文：《三晋石刻大全·洪洞县卷》，三晋出版社2008年版，第222页。
② 汪学文：《三晋石刻大全·洪洞县卷》，三晋出版社2008年版，第177页。
③ 杜银安：《三晋石刻大全·乡宁县卷》，三晋出版社2014年版，第37页。

之需求而出资兴建寺院，并重修佛塔。

综上，寺院僧众主要出于宗教目的，或藏舍利，或纪念祖师而建塔，一般民众则主要出于祈求现实利益而参与其中。

二　举行法会

水陆法会，又称水陆道场或悲济会，是汉传佛教中盛大且隆重的法会。它起源于南北朝梁武帝时期，到唐代，密教给予影响，直至宋元，明成熟定型。"或保庆平安而不设水陆，则人以为不善；追资尊长而不设水陆，则人以为不孝；济拔卑幼而不设水陆，则人以为不慈。由是，富者独力营办，贫者共财修设。"①宋代杨锷认为，水陆法会根源于阿难施食救面然鬼王故事，由梁武帝在天监四年（505年）二月十五日创设于金山寺，陈隋两朝其文湮没，至唐代有西京法海寺英禅师从大觉寺吴僧义济处得其仪文，遂在山北寺修设道场。②阿难施食救面然鬼王故事最早出于唐实叉难陀译《佛说救面然饿鬼陀罗尼神咒经》。因此，认为水陆法会由梁武帝创制应是杨锷等人的附会，但梁武帝曾于（大同）四年，"幸同泰寺设盂兰盆斋。"③盂兰盆斋源于《佛说盂兰盆经》目连救母的故事。该经宣传，通过施食"佛及僧"就可增福现世父母，救度已亡七世父母。目连救母与阿难救面然鬼王故事非常相似，都是宣扬佛教的施舍与救苦精神。但目连救母的施食对象主要是"佛及僧"，实际上主要是供养僧侣，而阿难救面然鬼王施食的对象主要是"饿鬼"，但实际上也是供养僧侣。目连救母主要体现的是一种佛教的孝道思想，而阿难救面然鬼王将救度的范围由至亲的父母扩展至一切"倒悬之众"，体现了佛教的慈悲救苦精神。

阿难救面然鬼王故事在密教经典中被进一步改造。《瑜伽集要救阿难陀罗尼焰口轨仪经》卷一曰："佛告阿难：汝今受持此陀罗尼法，令汝福德寿命增长，饿鬼生天及生净土，受人天身。能令施主转障消灾。延年益寿，现招胜福，当证菩提。发广大心，普为有情，积劫已来多生父母，

---

① （宋）宗晓编：《施食通览》卷1，《卍续藏经》第57册，第114页。
② （宋）杨锷：《水陆大斋灵迹记》《卍续藏经》第57册，第113页。
③ （宋）志磐：《佛祖统纪》卷54，《大正藏》第49册，第351页。

列宿天曹，幽司地府，焰摩鬼界，蚰微蠢动，一切含灵，普设无遮广大供养，悉来赴会。乘佛威光，洗涤身田，获斯胜利，受人天乐。唯愿诸佛，般若，菩萨，金刚天等及诸业道无量圣贤，以无缘慈证我所行。"① 水陆法会深受密教曼荼罗仪式主义的影响，在行法程序、坛场设置、神灵排布、咒语使用等方面都深受影响。密教曼荼罗创制之后，一旦修法完成，就必须毁坏，而唐代以后的水陆道场在仪式完成之后，则部分保留了陈设，甚至为水陆法会专门兴建水陆殿，殿中塑像绘画作为永久陈设，或者开凿水陆题材的石窟。水陆法会在宋代以后，非常盛行，"神宗数以闻三州阵亡骸骨，令经略司遣官葬祭之，仍于桂州佛寺设水陆道场，供僧千人，交贼蹂践之地，及避贼失业者，与免今年二税"②。宋徽宗时"诏释氏水陆道场，内设三清等位"③。宋徽宗"敕水陆道场内设三清等位"④，使大量道教神灵渗入佛教道场。明代水陆法会也很盛行，"洪武三年，郡守戍将，举水陆大会"⑤。

在明代的山西，不少地方都举行水陆法会。如寿阳县万历十一年（1583年）五月三日举行盂兰水陆会。万历十一年《朝阳阁盂兰水陆会碑记》载："于其中又有盂兰会者，奉先思孝，为亲祈福，寿□隐谴也。会肇于五月三日□享（阙）□□载事实刊碑，以记始末乎。……粤自佛教入中国以来，玉宇琼楼，鼎于宫阙。虽深山绝城（阙）室会高台，厂坛丰腆，仪物其会不一，近于礼者兹会也。盖先人父母之恩德，谓之罔极，言无尽（阙）者不顾其养，常人之不孝者，因□有迁送死亡追远。"⑥ 此碑将盂兰盆节与水陆法会并称，时间在五月三日举行，目的是奉先思孝、为亲祈福。又，灵石县资寿寺正德十一年（1516年）《建水陆殿碑记》云："此寺治东十五里，名资寿，泰定三年（1326年）重修。前有水田百余亩，寺惟兴盛。至永乐年间，却为赋税消乏（村社侵夺寺田），里甲分析其田，寺莫支。吾之众难虽有之聚散，倏忽而不常于此十

---

① （唐）不空译：《瑜伽集要救阿难陀罗尼焰口轨仪经》卷1，《大正藏》第21第469页。
② 《续资治通鉴长编》卷273，中华书局2004年标点本，第6690页。
③ （宋）志磐：《佛祖统纪》卷54，《大正藏》第49册，第471页。
④ （宋）志磐：《佛祖统纪》卷46，《大正藏》第49册，第419页。
⑤ （明）明河：《补续高僧传》卷15，《卍续藏经》第77册，第479页。
⑥ 史静怡：《三晋石刻大全·寿阳县卷》，三晋出版社2010年版，第138页。

余年矣。有僧名智厚，号空庵，本村人也，孝义县为僧，乡人保复本寺为长老。二县争夺，门徒益众，其有闻誉若是。顾本村每祈祷禳灾，旷野张挂水陆，几被风雨所阻而不得终其事，僧俗徒遭长叹。遂提调门人圆果，同义官翟守完等各出金帛，营造水陆殿三间，落成于成化十六年（1480年）。但殿内未及塑画，而空庵命回造化矣。圆果慨然复愿终其事，一旦命工掘土，忽得先师原埋银八两。领门人明宽即日赴京买金，明年而浑金佛像。再逾年而壁画水陆，至此师徒事功殆两尽矣。"① "本村每祈祷禳灾，旷野张挂水陆"，说明民众中流行做水陆法会的风俗，而其目的是祈祷禳灾。因此，水陆法会在明代应该已经非常社会化，被一般民众接受并广泛举办，并非只在佛教寺庙举行，但僧人应该是其主持者，也不能排除民间化的一些民间阴阳师之类的神职人员在民众中举办类似法会。只因风雨所阻而不得终其事，故修建水陆殿三间，并将悬挂之水陆画，改为绘制于墙壁之上。由此可见，水陆壁画乃可能是卷轴水陆画之变体。圆果还集资帮助当地修筑堤坝，防止水患，帮助修建三官庙，等等。

又寿阳县崇福寺僧人性存与本郡乡耆王永辅、郑诚、张天祥、冀鸣鹭等绘彩水陆画。据万历十二年（1584年）《启建重修梵刹绘彩冥阳三番设会表行记》载："兹有阳邑兑方三十里村曰平舒，寺曰崇福……斯有德僧讳性存字大安，乃太平西安南燕州赵氏之仲子也。……是以克心有进，苦志不移，写饰乎冥阳绀像，绘彩乎水陆殊容。上融四圣，下统六凡，画帧功勋而备矣。……本郡乡耆王公永辅、郑公诚、张公天祥、冀公鸣鹭等，是诸公者，乃群中之杰出也。博输己贿，大辟胸才。提领乎三会之纲，掌握乎万人之纪，极立乎慈氏之宫，竖立乎龙华之树。实昏衢之良导，真欲浪之桥津。举其因者，大安之心也；成其功者，诸公之力也。……募缘释子性存彩画水陆十王共八十六尊。"② 释子性存绘水陆十王共八十六尊，联合布施寺庙涉及十二座，僧众众多，民众涉及二十余村落数百民众。

明代各地寺庙举行水陆法会最为频繁，成为寺庙与民众联络最常见的活动形式，一方面寺庙通过水陆法会获得布施和收入，维持生计，另

---

① 杨洪：《三晋石刻大全·灵石县卷》，三晋出版社2010年版，第35页。
② 史静怡：《三晋石刻大全·寿阳县卷》，三晋出版社2010年版，第142页。

一方面，一般民众则通过水陆法会祈祷禳灾。

三　刻经印经，建造经幢

佛教经典作为佛教赖以存在的根基，除了僧人积极翻译、刻经、印经外，民众也积极参与其中。如正德八年（1513年）《续造藏经文纪》载："旧石羁置，往自大金大安改元。其经之卷目、水陆绘画与文篆之隐显，更代兵燹或煨烬或分裂，使游于斯者局蹐摩视之，不得何其否邪？迨及当今，国家兴隆，皇穆风清，势可有为时，便修饰殿宇之规宠，且丽廊庑之制新，又鲜列之真珉于左，倚欤美矣！但斯裂寘也，□之者怅然。逝僧道明，善于谋造，敏于力行，心欲续之，经营不暇，不克就耳。正德丙寅年中，继僧妙瑾九城路氏裔，师弟妙□，□□□氏子，相与胶漆禅居，一皆披剃，师之成云也。其操心忠厚，立志有为。彩绘千佛水陆二堂，计轴伯什。延及正德庚□年，奋然募□金，钧□之重，赍之南京，请置《般若》《华严》诸经一大藏，计千伯余卷。周年沿途，不辞艰辛之苦，经岁顶负，不惮跋涉之劳，□于□众寓目□之三月。"① 僧人及民众不仅彩绘水陆图画，还从南京购置《般若》《华严》诸经近千余卷，使得寺院设施更加完善。

又嘉靖年间临汾西河王于海云寺助印《大藏经》，《重刻海云寺大明西河王碑记》载："有僧五代祖上永下湛，发心印请大藏经，于寺建砖殿三楹，安置于内，启予其助，乃作记，禀达洪洞大柱国韩老大人质庵同助其经，临汾西磐协助共成之。事后果遂其心，印经入此寺。"② 又如万历二十六年（1598年）《昭化寺造经说》载："方山昭化寺，乃唐李长者注经处也。形势高耸，规模阔大。东接孟阳，北望台山。灵松异卉，凿石清流。自乡进士柱峰岳公禁山后，山林益茂，诚一方之胜□，□内之奇观也。其间僧众，无虑半百有奇，匪特经义茫然，即求其所谓佛氏之遗编，抑且寥寥也。伯祖张公朝荣，目为铁典焉。奈时值石洞役兴，施粟五十石，□甫告成，不幸仙逝，其事遂寝。丁酉岁，僧人性琁、昌来，

---

① 王兵：《三晋石刻大全·左权县卷》，三晋出版社2010年版，第50页。
② 王天然：《三晋石刻大全·临汾尧都区卷》，三晋出版社2010年版，第154页。

约堂伯张鸣莺以继父志。伯即捐资，纠同贾杰、王思保等，请华严寺经，共二百九十八卷，经柜二顶，共银三十七两，置于下寺正殿之左。"① 方山昭化寺为李通玄注经处。张朝荣首倡，其子张鸣莺，纠同贾杰、王思保等，请华严寺经，以此方便于僧人的修行。在请经活动中，除僧人外，还有普通民众的参与。

此外，民众还绣绶幡，印造经藏。如，嘉靖二十三年（1544年）《奉令谕马头山清居禅寺送幡输经记》载："宁化城迤南三十五里许，有山名马头，寺曰清居。累代修崇，几经兵燹，隆替未记。我朝国主晋恭王遣使持符，遍履名山，凡有古刹，重兴起建。……回奏立为香火院……由是寺僧晨昏梵呗，午夜□□精崇。或腊笃幕禅，耕耘为务，演教为生，历代传宗，逆相绍继耳。兹知上人号'大觉'，俗姓李氏，乃晋阳人也。……嘉靖癸卯夏，化庆成府辅国将军表筑夫人陈氏，男奉国将军知鸠、知□，善士孔梅、蒋月、莫钦、田子虎、孔朝运、刘恩、张廷瑞博输己资等，绣伟大绶幡，印选梵经，奉赍庆成斋，旨令门徒明讲同众善送归清居禅寺以为堂位，永永之记。"② 宁化城民众在绣大绶幡、印选梵经活动中，除众多男施主外，还有化庆成府辅国将军表筑夫人陈氏为代表的众多女施主参加。

经幢的建造在唐宋时期非常盛行，明代帝王亦支持陀罗尼经幢的建造。明成祖《御制佛顶尊胜总持经咒序》云："朕惟如来演大乘教，开方便门。千经万法，无非为济度群生，使不沦业报。《佛顶尊胜总持经咒》者，广大慈悲，甚深希有。"③ 山西仍有不少民众建造经幢，如蒲县明正德十三年（1518年）白衣洞经幢、翼城县明万历十年（1582年）天竺寺经幢等，幢文均刻《佛顶尊胜陀罗尼经》。

又如洪洞县三庙祖经幢，记录了明洪武年间大槐树移民的事件。洪武二十六年（1393年）《洪洞县三庙祖经幢》载："时大明国洪武二十五年（1392年），平阳太原□府抽丁，每一户四而一丁，一户抽三丁至五丁

---

① 史静怡：《三晋石刻大全·寿阳县卷》，三晋出版社2010年版，第152页。
② 任宁虎：《三晋石刻大全·宁武县卷》，三晋出版社2010年版，第25页。
③ 《御制佛顶尊胜总持经咒序》，《大正藏》第19册，第349页。

者有之。一丁官钞一百五十贯,买牛只,种籽,盘费差大同屯种事耳。"①据《明太祖实录》规定是"四丁抽一"。这类经幢立于庙中,以祈福禳灾为主要目的,对历史事件的记载是附带之功能。

四 三教合一

明代统治者以儒学治国的同时,积极支持和利用佛教与道教,不仅积极修建佛寺、道观,还大力尊崇僧人与道士,举行佛道法事,形成了儒释道三教合一深入融合的局面。

明代云栖祩宏、紫柏真可、憨山德清和藕益智旭四大高僧积极提倡三教合一。《憨山老人梦游集》中说:"若以三界唯心,万法唯识而观,不独三教本来一理,无有一事一法。不从此心之所建立,若以平等法界而观,不独三圣本来一体,无有一人一物,不是毗卢遮那海印三昧威神所现。"②"三教圣人,本来一理。"③ 随着三教合一思想的传播,民间神灵祠庙被佛教僧人住持,如万历九年(1581年)《曲沃县下陈村重修皇帝庙碑》载"看庙僧人宗胜"④。又如蒲县东岳庙明洪武十八年(1385年)的重修中有"道士闻义、刘思岩"⑤ 参与,但主体是僧人。又如洪洞县明代清源义庵禅师"时方修理北阁并三贤洞"⑥。佛教僧人修理民间祠庙。另外,从民间人士对儒佛关系的认识,亦可见一斑,正德十一年(1516年)《建水陆殿碑记》载:"寺何谓而兴也,佛者因吾精舍由所兴也……及梁武帝尚释氏,寺观遍天下,是时儒者精舍或少立矣,即寺观以讲学,至今天下同然……士而藏修于此者,讲读之暇,惟殿阶游观而已……余也曾潜读数年于此,与明宽者久为交好。"⑦ 一些读书人早年在寺院清净环境中读书求取功名,从而对佛教产生好感。佛教僧人住持黄帝庙、东岳庙等民间信仰庙宇或者组织对民间祠庙进行重修,大有三教

---

① 汪学文:《三晋石刻大全·洪洞县卷》,三晋出版社2008年版,第103页。
② (明)通炯:《憨山老人梦游集》卷33,《卍续藏》第77册,第1456页。
③ (明)通炯:《憨山老人梦游集》卷33,《卍续藏》第77册,第1456页。
④ 雷涛:《三晋石刻大全·曲沃县卷》,三晋出版社2011年版,第58页。
⑤ 王东全:《三晋石刻大全·蒲县卷》,三晋出版社2011年版,第19页。
⑥ 汪学文:《三晋石刻大全·洪洞县卷》,三晋出版社2008年版,第125页。
⑦ 杨洪:《三晋石刻大全·灵石县卷》,三晋出版社2010年版,第35页。

庙宇合于佛教一统之势。

三教合一是明代社会思想文化领域的一种趋势,不仅促进了三者之间的交流与融合,并影响了当时传统艺术的创作。在实践中,民众对三者神灵的塑造,是基于其现实利益的需求,而不太在意他们之间的区别。此外,我们从以上山西地区三教合一情形来看,佛教在与儒、道的较量中,占有主导地位,也深刻影响了儒道思想理论和实践活动。如山西洪洞净石宫玄天上帝八十一化的壁画故事就受到佛教本行故事的深刻影响。① 这也说明佛教发展之势力已深入根植于民间。对此,镰田茂雄《简明中国佛教史》中说:"明清以后的近代佛教虽被人们认为是中国佛教的衰落期,但中国人所接收的某些教义已经深入人心,化为血肉,佛教已不再是外来宗教,而是自己固有的宗教了……通过对观音的信仰、念佛会、放生会、受戒会、素食等实践活动,使佛教深深地渗透到人民之中,而且佛教还满足了人民'有求必应'这个现世利益,佛教信仰同道教和民间信仰很协调,与人民生活密切联系起来了。"②

---

① 侯慧明:《净石宫玄天上帝应化图初探》,《世界宗教研究》2015年第6期。
② [日]镰田茂雄:《简明中国佛教史》,郑彭年译,上海译文出版社1986年版,第289页。

第十二章

清代山西佛教

清朝作为中国历史上最后一个封建王朝，从清朝入关到1912年中华民国成立，清帝退位，历经268年。清代山西佛教深入民众生活，与儒道及民间信仰进一步融合，已经全面渗入底层社会，与中国传统文化深度融合，在义理方面鲜有创新。

第一节 清代山西佛教发展的社会环境

一 清代佛教政策

清代历史上诸位皇帝多敬信佛教、恩宠法苑、优礼高僧。清廷为了加强对蒙藏地区的统治，又特别崇奉藏传佛教。这样的佛教政策深刻地影响了山西佛教发展的格局，使得五台山成为全国唯一一处汉藏并存的佛教圣地。因藏传佛教政策已有专门论述。① 这里只对汉传佛教政策作阐述。

第一，护持佛教。顺治十四年（1657年）秋，特诏京师海会寺憨璞性聪禅师于万善殿宣讲佛法，赐紫衣袈裟、银印、敕书及"明觉禅师"尊号。后又诏玉林通琇、木陈道忞、茆溪行森等晋京，延入宫中问道。顺治十五年（1658年）遣使迎僧通琇及其徒行森至京，供养西苑。十六年（1659年）谕："尔禅师通琇临济嫡传，笑岩近裔，心源明洁，行解孤高，故于戊戌之秋，特遣皇华之使聘来京阙，卓锡上林。朕于听览之余，亲询释梵之奥，实获我心，深契予志，洵法门之龙象，禅

---

① 赵改萍：《山西佛教史（五台山卷）》，中国社会科学出版社2014年版，第110—119页。

院之珠林者也。恭绎纶音，尊崇备至。余如玄水杲、道忞、憨璞聪等，皆承召对，不令称臣致拜。都门宗风自此大振。"① 十七年（1660年）十二月，晋封玉林通琇禅师为"大觉普济能仁国师"，复敕设皇坛，谕玉林通琇为1500员僧伽授菩萨戒。

康熙皇帝也如此，令京畿之地敕建定慧、广通、显应、聚福等寺院；② 于内廷刊刻《大方广圆觉修多罗了义经》《金刚般若波罗蜜经》《大佛顶如来密因修证了义诸菩萨万行首楞严经》《维摩诘经》《妙法莲华经》《入楞伽经》《仁王护国般若波罗蜜多经》等二十二部大乘经典；遇山林学道之士，优礼有加；为皇太后六旬祝寿，进佛像三尊，御制万寿如意、万寿无疆赋等。康熙三十七年（1698年）他六下江南，五上清凉，所到之处，无不幸寺礼佛、御书寺额碑文、题词赋诗。③ 这些都表现出康熙帝对佛教的护持。

雍正在位期间，仍相继创构数十刹佛寺；将藩邸改赐为"雍和宫"，供番僧居住、诵经；又命开皇坛传戒，于内廷启建禅七法会；五城斋僧道万众，还于直隶、山东、河南、江苏、安徽、江西、浙江等十省广斋僧道十万众；敕庄亲王允禄率僧俗70余人，开藏经馆，刊刻《大藏经》；甚至以颁发谕旨形式，结束宗派之诤。

乾隆登基之后，于乾隆三年（1738年）十二月完成《大藏经》经版雕刻，刊印百部，分赐天下寺院；相继于圆明园、承德避暑山庄、畅春园创建安佑宫、永佑寺、恩慕寺等寺院；后又六次朝礼五台山，拜谒金容，建醮讲经，制碑题额，修葺寺宇；六下江南，几乎无刹不幸，敬僧礼佛，吟诗题词，处处表现的是对佛教的支持与尊崇。④

之后的仁宗皇帝、宣宗皇帝、文宗皇帝均对佛法僧三宝有所尊崇。他们之所以重视和利用佛教，目的旨在江山能衍祚亿载、永命无疆。"朕以圣王之法治天下，而于法王之法叐承先训，深契净因，故推演至义，

---

① 周叔迦编撰，苏晋仁、程恭让整理：《清代佛教史料辑稿》，新文丰出版公司2000年版，第62—63页。
② 雍正《畿辅通志》卷51《寺观》，影印文渊阁《四库全书》，第50册，上海古籍出版社2003年版，第156页。
③ 任宜敏：《中国佛教史》（清代），人民出版社2015年版，第9页。
④ 任宜敏：《中国佛教史》（清代），人民出版社2015年版，第1116页。

为大众津筏。凡欲万善同归，永资福佑云尔。"① 可见，利用佛教之目的与以往所有专制统治者一样。

第二，整肃佛教。清统治者在利用佛教的过程中，也加强了对佛教的管理和整肃。具体表现为两方面：一是对寺院的管理与整肃，禁止新建寺院。康熙五十年（1711年）十一月，左都御史赵申乔奏称："直隶各省寺庙常窝藏来历不明之人，行不法之事，嗣后请除原有寺庙之外，不许创建；将见在寺庙居住僧道查明来历，令按季呈报甘结，不准容留外来可疑之人；如事发，将该管官员照例处分。"康熙帝据此敕谕："直省创建寺庙多占据百姓田庐，既成之后，愚民又为僧道日用纠集银钱，购买田地给予，以致民田渐少。且游民充为僧道，藏匿逃亡罪犯，行事不法，实扰乱地方。向原行禁止，因日久渐弛，着各督抚暨地方官，除原有寺庙外，其创建增造，永行禁止。"又覆准："直隶各省严饬地方官，概不许创造寺庙。该僧道官不时稽察，取具甘结呈报，并不得容留外来可疑之人。如有故违致生事端者，依律治罪。"②乾隆帝也曾下令："凡寺观庵院，除现在处所（先年额设）外，不许私自创建增置，违者杖一百，僧道还俗，发边远充军；尼僧女冠，入官为奴。"③这样的政策规定在实际执行中并不是很严格，"前年以民间喜建寺庙，而旧时寺庙倾圮者多，特谕止许修葺旧寺旧庙。近闻旧址重修者绝少，间有新建寺庙者。地方官并不将朕谕旨宣布开导，此亦奉行不谨、怠忽从事之一端。并谕令直省督抚知之。"④ "京师近地寺庙，旧者倾圮如故，而新建者仍复有之。"⑤清初统治者，禁止新建寺庙，但允许重修旧庙，但在民间仍然有少量新建情况。

---

① （清）爱新觉罗弘历：《御制法雷寺碑文》，崔正森、王志超：《五台山碑文选注》，北岳文艺出版社1995年版，第112页。

② 《大清会典事例·礼部·方伎》卷501，周叔迦编撰，苏晋仁、程恭让整理《清代佛教史料辑稿》，新文丰出版公司2000年版，第225页。

③ 《大清会典事例·刑部·户律户役》卷752，转引自周叔迦编撰，苏晋仁、程恭让整理《清代佛教史料辑稿》，新文丰出版公司2000年版，第200页。

④ 《清高宗实录》卷38，乾隆二年三月己亥，《清实录》第9册，中华书局1985年版，第695页。

⑤ 《清高宗实录》卷186，乾隆八年三月辛酉，《清实录》第11册，中华书局1985年版，第400页。

二是严格对僧人度牒的管理。如康熙十三年（1674年）规定："京城内外寺院庵庙宫观祠宇，不许容留无度牒僧、道及闲杂人等居住歇宿。"十五年（1676年）题准："凡僧尼道士不领度牒私自出家者，杖八十，为民；有将逃亡事故度牒顶名冒替者，笞四十，度牒入官。该管僧、道官皆革职还俗。"① 乾隆即位后加强了对僧人度牒的管理，规定："每庙给门牌悬挂，同民户查点"；"在籍僧道，则完全按照保甲例制，逐名造册，颁给印牌，以稽其出入"②。这样，僧人的管理益加严密，寺院僧人被严格控制，以防其从事不法之事。

第三，倡导三教合一。顺治帝亲政后，于顺治十三年（1656年）十一月，谕示礼部："朕惟治天下必先正人心，正人心必先黜邪术。儒、释、道三教并垂，皆使人为善去恶、反邪归正，遵王法而免祸患。"③ 康熙帝也强调三教合一，一体并重。"能仁之量，等于好生；佛道之成，关乎民隐。将使般若之门随方而启，仁寿之域举世咸登。"④"佛氏之教，息心净业，以独善其身。而文殊所愿，在饶益众生。布施以广仁义，持戒以守信，忍辱以为谦，精进以施敬，禅定以守静，智慧以通理。"⑤"粤稽三教之名，始于晋魏，后世拘泥崇儒之虚名，遂有意诋黜二氏，朕思老子与孔子同时，问礼之意，犹龙之褒，载在史册，非与孔子有异教也。佛生西域，先孔子数十年，倘使释迦、孔子接迹同方，自必交相敬礼。盖五典、九经、三物、六行、治天下之大纲小纪，固始自二帝三王，而集成于我至圣，然必解脱诸相，而后此心方能达万事万物之性理，此则其必然者。后世或以日月星比三教，谓某为日，谓某为月，谓某为星，

---

① 乾隆《钦定大清会典则例》，影印文渊阁《四库全书》第622册，台湾商务印书馆1983年版，第886页。

② 《清高宗实录》卷820，乾隆三十三年十月戊辰，中华书局1985年版，第1137页；《皇朝通志》卷85，转引自周叔迦编撰，苏晋仁、程恭让整理《清代佛教史料辑稿》，新文丰出版公司2000年版，第171页。

③ 《大清会典事例·都察院·五城》，转引自周叔迦编撰，苏晋仁、程恭让整理《清代佛教史料辑稿》，新文丰出版公司2000年版，第120页。

④ （清）爱新觉罗玄烨：《重修天竺碑》，转引自周叔迦编撰，苏晋仁、程恭让整理《清代佛教史料辑稿》，新文丰出版公司2000年版，第63页。

⑤ （清）爱新觉罗玄烨：《御制南台普济寺碑文》，转引自崔正森、王志超《五台山碑文选注》，北岳文艺出版社1995年版，第62页。

朕意不必如此作拘拟之见，但于日月星之本同一光处，喻三教之异用而同体可也。"① 雍正主张不要区分三教之等级地位，而应重视其作用的发挥，都具有教化民众的相同本质。乾隆也反复强调儒释道三教并行不悖、释道且有补于王道教化等观点，"儒释同理、殊途同归，梵宗儒理、本无二致等思想，在在护持佛教"②。

综上，清代前期的佛教政策基本沿袭明代，采取利用与限制结合的佛教政策。嘉庆以后，由于农民起义爆发，社会极其动荡，禁令有所放松，佛教进一步深入民间。这些因素也给山西佛教的发展带来了重要的影响，清前期，在统治者对佛教采取保护政策之时，山西掀起了大规模重修寺院的风潮。然而，受政治"大气候"的影响，山西佛教自嘉庆以后亦有兴修发展，并进一步与民间信仰合流。

二 清代山西的社会环境

清代，随着人们对水利的重视，在不断发展水利建设中，山西农业水平有所发展，手工业得到了长足的进步，晋商的发展推动了山西经济发展。但就山西社会而言，依然存在诸多矛盾，农民生活遇到不少危机。

第一，土地与人口矛盾突出。清代实行摊丁入亩之后，人口快速增长。山地占山西土地的绝大多数，素有八分山地二分田之称。因此，农业生产条件较为恶劣，这就使得农民收获歉薄。如灵丘"丰岁亩不满二斗，稍歉则籽粒半失"③。武乡"丰岁上腴亩仅一䎃"④。兴县"纵遇丰年，平坡所收每亩不过二斗，山坡不过一斗"⑤。晋南之平阳、蒲州、解州、绛州四地"向因地窄人稠，非遇大有之年，粮食多不足用"，所恃以

---

① （清）爱新觉罗胤禛：《御选语录》卷12《上谕附录》，中国社会科学出版社2004年版，第616页。
② 任宜敏：《中国佛教史》（清代），人民出版社2015年版，第16页。
③ 康熙《灵丘县志》卷1《风俗》，《中国地方志集成》，凤凰出版社2005年版，第88页。
④ 乾隆《武乡县志》卷2《风俗》，《中国地方志集成》，凤凰出版社2005年版，第132页。
⑤ 乾隆《兴县志》卷9《户口》，《中国地方志集成》，凤凰出版社2005年版，第43页。

接济者，全在陕省。①

当山西人口迅速增长时，人多地少的矛盾便非常突出。对此，一方面统治者把垦荒作为缓解人口压力的主要手段；另一方面民众为了摆脱这种生存危机，往往外出经商，或去"走西口"，一些人致富后布施寺庙。"河邑尊信神道，虽自奉常约，而布施于庙颇不吝惜……河邑人耕商塞外草地，春夏出口，岁暮而归，但能经营力作，皆足糊口养家，本境地瘠民贫，仰食于口外者，无虑数千人。"②光绪《五台新志》载"晋俗以商贾为重要，非弃本而逐末，土狭人满，田不足于耕也……五台幅员至六七百里，可耕之土不过十之二三。"③可见，"土狭人满"是导致山西人外出经商的重要原因。乾隆《介休县志》也有"土狭人满，每挟资走四方"④的记载。《平定县志》载："国朝百余年来，休养生息，户口日繁，计土地所出，岁莫能给，力农之外多陶冶沙铁等器以自食，他若贸易于燕、赵、齐、鲁间者几十之五。"⑤又《浮山县志》记载："浮邑土瘠民贫，兼以人密地稀，田亩岁入仅资口食，一切国课交际均从地出，催科日挠，民不聊生，迨自明俎今，兵革偃息，盗贼藏匿，道路以通，商贾以兴，往来糊口于齐、鲁、燕、赵、宋、卫、中山间者十之五六，人民渐有起色。"⑥《曲沃县志》载，"利之所在，趋之若鹜，服贾而走四方者，踵相接焉，则固土狭人满，恒产不瞻之所致也。"⑦《新绛县志》载："城市之民无寸田，多贸易，盈难而虚速。乡民务耕织，悬崖畸径，

---

① 石麟：《奏为请通陕省之商贩以裕民食事》，乾隆元年正月初三日，中国第一历史档案馆馆藏朱批奏折（档号04-01-35-1102-021）。
② 同治《河曲县志》卷2《风俗》，《中国地方志集成》，凤凰出版社2005年版，第164页。
③ 光绪《五台新志》卷2《生计》，《中国地方志集成》，凤凰出版社2005年版，第80页。
④ 乾隆《介休县志》卷4《风俗》，《中国地方志集成》，凤凰出版社2005年版，第64页。
⑤ 光绪《平定州志》卷5《食货·风土》，《中国地方志集成》，凤凰出版社2005年版，第168页。
⑥ 同治《浮山县志》卷27《风俗》，《中国地方志集成》，凤凰出版社2005年版，第193页。
⑦ 乾隆《新修曲沃县志》卷23《风俗》，《中国地方志集成》，凤凰出版社2005年版，第121页。

苟可种，无闲旷。抱布贸易，殆无虚日，土狭而瘠使然也。"① 民国《闻喜县志》卷六"生业"称："邑最富庶在清道光初，至咸同而富稍减矣。非富以农，富以商也……男子十三四万竭地力不足糊口，远服贾者二三万人，岁入赡家金至四五十万。"② 上述例子充分说明山西社会生产环境较为落后，且"土狭人满"或"地瘠民贫"无法满足民众生活需要，迫使民众外出谋生，经营商业，但并未因生活艰难困苦而影响其佛教信仰。

第二，自然灾害频繁。清代山西历史上旱、涝、风、雹等自然灾害频繁。如顺治八年（1651年），晋南、晋东南地区遭遇雹灾，户部尚书巴哈纳详记了灾情，"据平阳府灵石县申称，天雨冰雹，大如核桃，一概田禾，尽行打毁；潞安府属长治县申称，天雨冰雹，大如鸡子；潞安一望赤地，万户悲号；长子县申称，冰雹连天，大若如拳，小者如鸡子，不惟苗皆成泥，即房屋亦皆打毁，遍野啼号，秋成无收，钱粮奚出？屯留县申称，冰雹连□，大如升□，小如碗拳，树枝尽落，飞鸟皆毙，举目全是赤地，四郊尽作冰山，一茎不存，颗粒不收。"③ 又如，民国《临县志》卷三《大事谱》云："康熙三十六年（1697年），大旱，斗米七钱余，民饥相食。南城外掘男女坑，日填饿殍，时瘟疫大作。"④ 再如，《天镇县志》载"乾隆三年（1738年）十一月二十四日酉时，地震有声。六年、七年岁，大熟。十年春，无雨，岁大旱。知县方凤领帑银二万七千两修理县城，以工代赈。十二年，西南乡大雨雹。十五年夏四月，大旱，五月，雨雹。十六年，岁大有。十八年，边墙蚂蚱"⑤。山西大部分地区十年九旱，加之其他自然灾害，严重影响了人们的正常生活，也对农业、手工业及商业等方面造成了很大影响。面对如此频繁和严重的自然灾害，民众常常把佛教作为精神支柱，以寻求精神的慰藉和消灾避难，希望获

---

① 民国《新绛县志》卷3《礼俗略》引旧志，《中国地方志集成》，凤凰出版社2005年版，第439页。

② 民国《闻喜县志》卷6《生业》，《中国地方志集成》，凤凰出版社2005年版，第402页。

③ 巴哈纳：《题为山西长灵等地冰雹异常禾稼尽伤事》，顺治八年（1651）二月十一，中国第一历史档案馆馆藏奏折（档号1961-12）。

④ 民国《临县志》卷3，台北成文出版社1969年版，第68页。

⑤ 民国《天镇县志》卷4，台北成文出版社1969年版，第557页。

得神灵的庇护。

第三，民间信仰盛行。山西地形地貌复杂，"地狭土瘠"的生存环境及频繁的自然灾害，使得民间信仰在山西非常盛行。据光绪《山西通志·秩祀略》云："地乏水利，专恃雨泽，故民间奉祀龙神最虔，岁时祈祷，遍及井泉，灵境所昭，加封赐额，自前代已然。凡从民志，重农功也。"① 人们生存主要依赖农业，大部分土地是靠天雨灌溉，因而民众最常举行的祭神仪式就是祈雨于龙王，因而在山西民间几乎村村都有龙王庙。又如，康熙《保德州志》卷二《形势》载："龙神庙在南郭关帝庙之东，一在静乐都五十里龙池之旁，一在义合都三十里，元至正十年（1350年）修，一在铲燠，一在康家湾，一在下园头，一在王家滩，一在右佛寺旁，一在关家沟渠，一在石㟏铺南，一在新畦村，一在东沟徐家垴四乡。尚多，难以备载。"② 仅此保德州一州就有至少12座龙王庙。又云："文殊菩萨庙，每旱祈雨，立应。圣母庙，在县东二十五里，遇旱祈雨辄应。"③ "保郡弹丸一邑，而寺观之设，星罗棋布。论者谓边俗好佛，丧葬专用浮屠实使之然。然考其创始于金十之二三，于元十之七八，明虽间有，大率更新而已……呜呼！上有所好，下必有甚。"④ 寿阳西洛阎家坪村乾隆三十一年（1766年）《重修戏楼碑记》也是在龙王庙中修建戏楼，"尝闻作庙所以栖神，而栖神□神必思祈报，此戏楼之所由此建也。兹村居于寿邑南里一都□□□□至城甚远，里迹不弘，而先世□神明念重充广德。旧龙三官大帝护国大王神圣庙前创立吹□□舞之亭，□□□□而□□□恭□历年既远，渐及倾圮。村众阎住持继志□□□议重建□旧址。"⑤ 龙王庙位于阎家坪村西，有僧人福元住持，村东南角还有财神庙，为村中侯姓家族集资修建，其他姓氏极少。除关乎农业生产的龙王外，其他与民众生活、生产息息相关之民间信仰神灵也异常繁多。民间神灵体系非常庞杂，不仅有祖先神、英雄神、山川神，还有佛道教

---

① 光绪《山西通志》，中华书局1998年版，第5078页。
② 康熙《保德州志》卷2，《中国地方志集成》，台北成文出版社1978年版，第181页。
③ 康熙《保德州志》卷2，《中国地方志集成》，台北成文出版社1978年版，第183页。
④ 康熙《保德州志》卷2，《中国地方志集成》，台北成文出版社1978年版，第185页。
⑤ 碑存寿阳县西洛镇阎家坪村，碑高169厘米，宽74厘米，沙石质，下部风化严重。

之神灵，等等，遍布于乡郭村镇之间。

第二节　清代山西佛教宗派及僧人

满族统治者占据中原后，一方面利用汉传佛教维护自身统治，而另一方面由于自身民族与蒙古族习俗相似，因此尊奉藏传佛教，优礼藏传佛教僧人。因此在清朝统治期间，汉藏佛教并行发展，这一政策也使山西出现汉藏并行的格局。由于藏传佛教内容已有专门论述，① 故而本节主要阐述这一时期活跃在山西的汉传佛教僧人。

一　禅宗僧人在山西的活动

禅宗自唐代以来一直是山西最主要的佛教宗派。清代，茚溪行森、清一古念在山西有弘法活动。

茚溪行森，俗姓黎，号茚溪，又号慈翁，博罗（今广东）人。二十七岁出家，从宗宝独公披剃。后参雪峤信，信许入室，呼为岭南长子。顺治四年（1647年），雪峤信圆寂。茚溪行森又参大觉普济能仁国师玉林通琇。顺治十五年（1658年），世祖召玉林通琇入京，琇令行森主报恩寺法席。不久，玉林还山，行森奉命留京师。世祖宠遇极隆，屡降恩旨，欲加封号。行森以父子不敢受封，奉辞甚力。既而请谒五台山，宿显通寺。"寺前遇一老婆子，手提竹篮，口嚼石子，若仙若神，与语，深明宗旨，呼森为大通佛。"自五台回，乞归龙溪，世祖赐名所居寺院曰"圆照"，御书以赐。康熙十六年（1677年）圆寂，世寿六十四，僧腊三十有六。其著作有《茚溪森禅师语录》一卷。雍正十一年（1733年），追谥其"明道正觉禅师"，且将其平生言行还收入雍正皇帝所辑的《御选语录》之中，并御制赞曰："一人首出，八表升平。爰有龙象，僧中之英。十虚融摄，正眼洞明。日光月华，水绿青山。"②

清一禅师，俗姓舒，名古念，号幻影，湖北钟祥人。"幼时家贫，佣

---

① 赵改萍：《山西佛教史（五台山卷）》，中国社会科学出版社2014年版，第110—170页。
② （明）释镇澄：《清凉山志》，中国书店1989年版，第101页。

作养母。弱冠，父母俱逝；遂为僧。后行脚至天目；遇广福禅师，留心参究，寝食俱废，如是六十日，未能有悟；一日，宴坐，闻击香板声；身心豁然。起而证之师，遂蒙印可。于是远游金山、九华，结茅五台六年；后游京师，居龙泉寺。"① 陈兵、邓子美著《二十世纪中国佛教》载："清一出家后参天目山广福和尚有悟，在该寺参修多年，得印可。后赴五台山秘魔岩等处潜修，晚年居北京广济寺，皈依者千余人。"② 清一禅师在五台山期间，适福州鼓山耀灵禅师承曹洞法脉朝拜文殊菩萨道场五台山，二人相互交流佛法，清一获得曹洞系禅法要旨。

性仁，号慈泉，沁水蒲泓里人。俗姓张，父守福，母高氏，以万历二十九年（1601年）辛丑二月二十四戌时诞生。"性不茹荤，且多病，病垂危者数，遇化缘比丘抵家门，辄随与俱去，父母辄提抱而归以为常。年五岁，疫病且笃，父母不获已，祝发于福胜寺修德本师之门。"③ 性仁因多病而被送到寺院之中，并皈依了福胜寺修德法师。"年十八矣，第精研书写，解会音乐，每出应佛事，侪偶咸逊谢不及。独香林大师见而愍之曰：'仁有此心力，何不移之禅宗经教也'于是汗下，若久寐初醒。"④ 性仁在寺庙之中由忙于斋供佛事活动到禅修经教应该是从"教僧"转而为"禅僧"。天启丁卯（1627年），闻高平仙井里大师、叶巅大师开讲妙法，趋听一周，豁然知"禅机经义共贯同源，非二门也。及归，极力修证，不敢暇逸"。崇祯壬申（1632年），值流寇盘踞山刹，遂避地阳城润城镇之无梁殿者六年。后归寺刹，悯兵燹之后，孤冤无度，发心讽《法华经》百期，放施食百坛。壬午（1642年），朝礼五台山，于清凉寺度生和尚受具戒。后又参少林二十七代心悦和尚，升堂入室，嗣法机缘。顺治甲申（1644年），居阳城之海会寺。时妙宗大师提唱宗旨，与比丘众二百人参阐公案，大畅宗风，自是正讲《般若经》于鹫峰禅院，又讲于开福寺，副讲于《法华经》于云峰寺，证戒坛，度弟子百有余众。既归本刹，广集禅侣，讽《大方广佛华严经》，提倡从容，朔望诵律。

---

① 蒋维乔：《中国佛教史》，上海古籍出版社2004年版，第308页。
② 陈兵、邓子美：《二十世纪中国佛教》，民族出版社2000年版，第278页。
③ 车国梁：《三晋石刻大全·沁水县卷》，三晋出版社2012年版，第139页。
④ 车国梁：《三晋石刻大全·沁水县卷》，三晋出版社2012年版，第139页。

性仁又募缘修葺寺庙，首建观音殿，次及钟楼、山门爰立，又于天王殿内安金佛，及二菩萨法像，又创塔院一区，左右伽蓝护法，中间浮屠耸出，与天王殿相对。又成佛殿一院，殿西静室一院，东西堂房各三楹。康熙甲辰（1664年），弟子玄洞以诬受刑，又遭盗累，复于阳城卫侍御护法华园，焚修五稔。后玄洞返刹，又募修东楼房二，各三楹，高楼三级。①

撰写碑记之时性仁已经七十三岁，他注重自身修行，持诵"金刚药师往生咒"千万数，兼阅《法华》《涅槃》诸经殆遍，还为众弟子宣讲《般若经》《法华经》等，证戒坛，度弟子，募缘修葺庙宇。虽阅历刀兵、瘟疫、饥馑、盗贼，又受官诬罔，陷身牢狱，但性情志向未尝少堕，尤能以利生为务，清净为业。可见，明末清初社会动荡之际，一般佛教僧人之颠沛之人生际遇与豁达之生活态度。

清代佛教衰落也主要表现在乏有义理高深、戒行精严之高僧大德，佛教义理创新几乎停滞。山西各地寺庙以禅寺为主，僧众多以吃斋念佛，举办法事，清净修行，诵经念咒为日常之生活。缺少在僧俗两界有广泛影响、通达内外之高僧。在寺院碑记以及方志文献中留名僧众多是修葺寺院，或者精通禅理，或者修桥济药、祈雨禳灾以社会功德感人者，或者以"异术"惊人，影响限于一时一地之小范围内者居多。

二　其他僧人在山西的活动

清代佛教僧人也注重戒律修持，重视律学的学习。如在《新续高僧传》的《明律篇》中，就记载了清代律师64位，其中有正传48人，附见有16人，这足以说明当时律学受到重视。在这支队伍中有些僧人曾到五台山传法。如书祯律师，俗姓王，字静观，禄丰（今云南省禄丰市）人。年少出家，从翠峰西林寺心田剃发，学习佛法。既而游方参学，南循黔楚、汉黄、豫章，终至金陵。崇祯十七年（1644年），他从长乾报恩寺如攀律师弟子三昧寂光律师受具足戒。从此，依止宝华山。康熙十八年（1679年）示寂。"真州荐绅迎主五台，冬春传戒，夏则安居。学者

---

① 车国梁：《三晋石刻大全·沁水县卷》，三晋出版社2012年版，第139页。

从之，如云赴壑，得戒者千有余人。复建五楹大殿，鸟革翚飞，新立三圣法像，圆满庄严。由此道风丕播遐迩。"① 书祯律师在五台山大传法戒，形成一定影响。

清代，华严学延续明代莲池袾宏以来的发展，有柏亭续法、达天通理等，传承华严宗旨，其中达天通理就曾至五台山弘扬华严要旨。

达天通理，俗姓赵，字达天，直隶冀州新河（今河北省新河县）人。生性端慧，不乐世俗，"年二十四，行化京师，开讲《华严》于西山遗光寺，天下道俗，无不景仰。因阅清凉《大疏》，识台山为菩萨住处，遂发心往礼，止万缘庵。讲《报恩经》，为台山供养"②。乾隆四十五年（1780年）秋，高宗七十寿庆时入京，与六世班禅额尔德尼谈论佛法大义，深受班禅称赞，以赠师香帛、曼答诸物。不久，敕封为"阐教禅师"。乾隆四十七年（1782年）示寂，世寿八十二。其著作有《楞严指掌疏》十一卷、《楞严经悬示》一卷、《法华指掌疏》七卷、《法华经科文》一卷、《法华经悬示》一卷、《法华经事义》一卷、《普门品别行疏》一卷、《圆觉新义疏》四卷、《金刚新眼》二卷、《五教仪增注》五卷。③通理法师在五台山弘扬华严要旨，并注重培养僧徒，他的接法弟子隆法心兴及五世慈云普德继续在五台山弘扬华严思想，他们推动着华严学在山西的延续和发展。

自东晋慧远大师创建莲社、弘扬净土以来，历代大德僧人相承不绝。有清一代，法灯延续相传，师匠接踵而出。在山西，也有传承净土者，如正会、了法师、忍生等。

正会，俗姓刘，字道光，永宁人，生而直朴持重，志趣高超。年十二入离石安国寺，及长，从能隐法师听讲《楞严》开悟。顺治七年（1650年），依广济寺玉光老人披剃。顺治十八年（1661年）朝礼五台山五台。"独至幽胜处，自为禅悦。时逢暮春，涧整草绿，举袖拂草，藉茵而坐，忽见圆光摄身，遂以台山僧名，自此益加精进。发愤行般舟三昧，

---

① （民国）喻谦：《新续高僧传》卷29，《高僧传合集》，上海古籍出版社1991年版，第868页。
② （明）释镇澄：《清凉山志》卷3，中国书店1989年版，第105页。
③ 崔正森：《五台山佛教史》（下），山西人民出版社2000年版，第740页。

声声念阿弥陀佛，决心回向西方。欲与佛陀齐肩。"① 从此，入住广济寺。正会法师正是在五台山期间实现了思想上的转变，他确立了禅净兼修的修行方法，并且在京师弘法期间将其播扬光大。

清代，山西佛教僧人以修行禅净为主，兼修华严、法华、律学，而多数僧人一般文化水平比较低。碑记以及方志留名之僧人如果属于寺庙之碑记则多为修建庙宇之功；如果为方志之记载，则多载其"立功、立德、立言、立神"四项内容，如阳曲兴福寺僧通境，"酷嗜医术，活人甚多"②。太原店头村观音庙尼僧如云"募金重修院宇，颇称壮丽，晚年善治疾，不以药饵，微微抚呵，顿失所苦"③。太平县善惠寺圆行和尚，于佛寺旁边建造房屋，"为义学，兼明医理，以所获资延塾师，凡村中贫不能学者皆就傅焉"④。河曲海潮庵璞山上人，修缮庙宇，"刻苦自奉，善教人因果之说，随事开诱，众僧既恪守戒律，邑人无贤愚皆敬礼之，檀越云集"⑤。沁州永庆寺性休，善诗文，工草隶，著有《铜鞭语录》。⑥ 河曲映元上人，熟谙经典，尤精六壬数学，据说言多奇中，"同治七年（1868年），回逆掩至，上人袈裟跏趺，坐以待之。贼问之，不答。吓之，不动。刺之，微微而笑，遂遇害……夫守正不阿，矢志不屈，此士大夫之所难，而缁流得之，亟志之以风世焉"⑦。僧人因行医济世，或者办学育人，或者高节抗敌，或者苦行神异，民众认为其精神可嘉而记之。

第三节　山西佛教寺院的分布及管理

一　山西佛教寺院的分布

清代诸位帝王在积极利用佛教过程中，尊崇藏传佛教，优礼禅僧，倡导三教合一，加强对寺僧度牒制度管理等，促使山西佛教寺院林立，

---

① 崔正森：《五台山佛教史》（下），山西人民出版社2000年版，第741页。
② 道光《阳曲县志》卷16，《中国地方志集成》，凤凰出版社2005年版，第452页。
③ 道光《太原县志》卷10，《中国地方志集成》，凤凰出版社2005年版，第608页。
④ 光绪《太平县志》卷11，《中国地方志集成》，凤凰出版社2005年版，第335页。
⑤ 同治《河曲县志》卷4，《中国地方志集成》，凤凰出版社2005年版，第138页。
⑥ 乾隆《沁州志》卷7，《中国地方志集成》，凤凰出版社2005年版，第237页。
⑦ 同治《河曲县志》卷4，《中国地方志集成》，凤凰出版社2005年版，第139页。

达到历史顶峰。明代成化年间沁水本地人谈及大云寺盛况时说"余谓佛之生也,远中国三万里,其没也,距今三千年。其教之兴,传自汉明,笃信萧氏,酷嗜姚秦。及唐元代二宗之间,遂盛行遍海内,大炽于中土矣。肆今教最盛,俗最尚。较之儒、老二家,趋而信之者,盖三之二。自都邑达州郡,构结梵宇者,亦十之六,而精蓝胜刹,居天下于乎亦盛矣"①。虽然他讲的是明代成化年间的情况,但清代因为统治者浓厚的崇佛政治氛围,寺庙重修远超前代,无论城镇都市之街道里巷,抑或乡村里社之山林田地之间庙宇可谓鳞次栉比,达到历史之最盛。

按佛寺分布密集度将山西各府州分为三等。第一等为佛寺分布密集区,包括以五台山为中心的忻州地区,以太原为中心的晋中地区;第二等为佛寺分布次密集区,包括平阳府、蒲州府之晋南地区;第三等为佛寺分布一般密集区,包括大同府、潞州府、泽州府等。潞州、泽州地区庙宇绝对数量比较庞大但以民间信仰庙宇为主,佛寺比例相对于其他地区比较小。五台山地区佛教庙宇最为集中,以大同为中心的晋北地区佛教庙宇绝对数量比较少。

各地寺庙以禅宗者居多。如同治元年(1862年)《创修香林禅院碑记》载:"惠恕上人,香岩寺僧也,与其徒惠峻创修香林禅院,光德公叙之详矣。工始于咸丰三年(1853年),至八年而宝珞庄严,金碧焕发。上下五六年间,庀材鸠工,夙夜不遑,独惠峻胞兄李拴佑与之分其勤劳耳;大众扰攘,富者未尝助以财,强者未尝助以力焉。咸丰十年(1860年),师即恒化,惠峻每睹寺外庄田并禅堂器具等事,谓师于此意之者深也。虽一瓶一钵,和尚家风,然有室足以诵经,有田足以给食,不逾于贫无锥立沿门乞贷也哉!居斯院者,以庄田赡伊蒲之资,以器具供清醮之用,坏者修之,缺者补之,随时振兴,禅灯永续矣。"② 又如清光绪三年(1877年)《重修延庆寺乐善不倦碑记》载:"宁郡延庆寺,古刹也……前碑叙明,后开堂传戒,继代相传,有了愈禅长,别号希寒者,整藏修楼碑,留地亩以成常住养瞻之举,碑石破矣。慧法师明录禅长,别韦号乐道者,传戒之后,即仍序了愈禅长所序之破碑复勒于陀殿内。……慧

---

① 《樠山大云寺记》,《沁水历代文存》,山西人民出版社2005年版,第307页。
② 车国梁:《三晋石刻大全·沁水县卷》,三晋出版社2012年版,第385页。

静思此意,遂募诸檀那,于咸丰七年(1857年),重修宝藏楼,工竣之后,碑石详注。慧遂于咸丰九年(1859年),开堂传戒,清规遵百丈之经,悟道化七心之妄,慎其举恐有俣也。于十一年大修,中殿告竣。同治元年(1862年),兴龙华会设保安道场,随传二坛戒法,愿众咸正九根、同修十行,庶乎合郡之古刹长明,吉祥永著焉。"① 清代主要以禅宗寺庙为主,其他宗派多成为寓宗,保留修行法门,宗派特色淡化,师徒授受类似于父子传承的子孙庙占据主导。

二 山西佛教寺院发展中多方社会力量的参与

清统治者崇信佛教,虽然未像元代统治者一样将藏传佛教作为国教,但仍将佛教作为满族全民信仰,并采取了宽松的佛教政策。"上有所好,下必甚焉",地方权贵乃至一般民众在宽松的崇佛氛围之下,积极支持佛教的发展。

寺院修建一般情况是高僧募建,众人参与其中。如沁水白云寺于雍正三年(1725年)被火焚烧后,合寺僧人公举化缘长老募建,使得殿宇重建。雍正十三年(1735年)《重修白云寺正殿碑记》载:"雍正三年,在寺僧人有经事于他乡,不知火从何来,竟将神庙俱焚,仅存法房而已。窃思神与人一理也,庙已一火焚为赤土,无神所栖,未必不择地而去。幸至雍正八年,合寺僧人公举化缘长老,四方善士,各家出心捐输□□,筹□费尽心,而今工果方能完备。殿宇重建,神像复新。"② 惠炳各方募缘将香岩寺中院修葺一新。乾隆四十年(1775年)香岩寺《中院碑记》载:"和尚惠炳……募缘成千佛殿,并左右东西禅房。未得圆周,轮转不行,炳怀郁郁,如系一石。经数年而积诚感通,引起募缘……原此之故,而乃于庚寅年,兴修中院大殿、南殿、钟鼓二楼;继修东西庭房六间,左右禅居一十二间。至乙未年,过往通衢,乃获悉备无绽,而臻焕然叶然圆满果足之庆,永为方隅中福庇也。"③ 又芦芽山云际寺各处佛殿禅堂圮塌,法珍法师巡游至此,公议募化维修。同治五年(1866年)《芦芽

---

① 任宁虎:《三晋石刻大全·宁武县卷》,三晋出版社2012年版,第149页。
② 车国梁:《三晋石刻大全·沁水县卷》,三晋出版社2012年版,第184页。
③ 车国梁:《三晋石刻大全·沁水县卷》,三晋出版社2012年版,第242页。

山云际寺碑记》曰："芦芽山佛殿寺重修，彩饰碑志十余处，建石表坊……至今各处佛殿禅堂圮塌，圣像寡全，不可尽述。常有法珍法师游山至此，目睹者心伤，仰□□□祖普救万民，恩泽无疆，不忍坐视，竭请绅士夏王某，以及众护法等公议募化，择土精工重修，粉饰金桩。"①又，天龙山圣寿寺住持僧转募四方，补葺大佛殿、过殿，重修客掌院、过庭钟楼、山门、弥勒佛洞、东西戒堂、墙壁、规矩山门、小山门、左墙垣等，使得寺院旧貌换新颜。僧人修葺寺院的例子举不胜举，僧人募建寺院仍然是最主要的寺院修建途径。

地方官员积极支持庙宇的修建，如寿阳罗汉寺正殿大梁上"时大清顺治□年□□□□□春吉日知寿阳县事高象枢、借银功德主周选、庞国林，纠首李节、赵三光、李义□运庞裕祥□志林，僧人如信仝建"。②据《山西通志》载："高象枢，奉天辽阳人，贡士，顺治五年任。邓起琳，辽阳沈阳人，贡士，顺治十一年任寿阳县知县"③，亦参与了罗汉寺的修建，罗汉寺大殿保存了顺治年间的佛传壁画。④又如，康熙十三年（1674年）《重修锡胤圣母庙记》载："康熙戊申春，我太守南夫子莅任，治民事神极其诚敬，凡庙宇、台榭可以延风气、裨民生者，靡不力圆更新，以祈福祐。故于高田山玄帝庙则修之，于锦屏山晋文公祠则修之，于淇北沟龙王庙则修之。"⑤地方官员在寺庙修建中也成为捐资者，如康熙十二年（1673年）《重修敕建广胜下寺碑记》载："赵邑东南距城三四十里，古有广胜寺，创建安于盛唐开元年间，越廿余年，可汾阳王之请而赐额焉。上有阿育宝塔，下有霍泉胜水，南北奇柏数里，枝皆南向。盖地广而景胜也，广衍胜因，寓其中矣。本一寺而分之为两，有上寺、下寺之名。其上寺幽深闲静，人迹罕到，四方参禅习静之僧多往焉。下寺近明应王之水利本地，恶喧喜寂之僧咸避焉。故上寺绀殿宏敞，视昔不啻加倍，而下寺则落落然，仍是旧时规模也。且以年深日久，渐次摧残

---

① 任宁虎：《三晋石刻大全·宁武县卷》，三晋出版社2012年版，第143页。
② 笔者释读。
③ 雍正《山西通志》卷82，中华书局2006年版，第2090页。
④ 侯慧明、赵改萍、田宏亮：《山西寿阳罗汉寺佛传壁画考》，《世界宗教文化》2019年第4期。
⑤ 冯吉平：《三晋石刻大全·吉县卷》，三晋出版社2017年版，第143页。

至今，而倾圮特甚。寺僧广思等，谨募十方大力贤善长者各输资财，起工修理。"① 广胜寺上寺的重修由寺僧广思首倡募化，地方官亦参与其中。碑文后提及平阳府督粮厅署赵城县事于仲魁施银拾两、赵城县知县袁鼎先施银拾两、本县乡绅士庶共与施银伍拾两等。又如道光十二年（1840年）《重修三泉寺碑记》载："州治东八十里许有阪上村，村之东水清山有三泉寺一所，内塑古佛三尊。寺则古寺，泉则灵泉，祭风祝雨，多会于此。先人之补葺不知几几矣。自雍正二年（1724年）修理之后，迄于今百有余年，风雨剥落，梁木俱坏，鸟鼠穿啄，墙垣尽倾，□观者不胜凄怆之悲，且谓其事神不谨，而趋事弗敏也。岁次庚子正月，有吾侄焦淑，一日慨然有重修之志，遂商酌于予，予不禁欢欣鼓舞。于是请功德主伯兄焦得禄，复请纠首十人赵应贵等，为同心之助，又请天门寺住持僧绪从师为募缘之佐。于三月内起工修造，平道路，设禅堂，建正殿，立山门，美其轮奂，涂以丹腠。不数月而庙貌辉煌，焕然一新矣。"② 碑后功德主焦得禄施钱拾仟文，另有辽州十八盘巡检司陈□捐银伍两。

庙宇修建中，也有地方驻军参与其中，如清同治十二年（1873年）《重修留村观音庙碑记》载："壶口之东，循山面北二里许，有小祠巍然，奉天王像……同治庚午，提督合肥张公树屏奉天子命，率淮师三千人，来屯壶口上下游，扼西氛之潜渡。部将守备李君延芳，以士百人，分驻此隘，营于山之麓。祠适当其巅，朝夕炮声震撼，愈敧侧矣。公来防之明年，指挥既定，分布周详，乃于讲武之暇，本武侯屯田之法，不使兵之就于疲玩也。捐之购木石，命士卒荷畚锸，凡工作之所以利于民者无不为。阅三年，计葺庙七，营桥三，辟崎岖之路百有五十余里为康庄，可通车骑。而斧斤椎凿，犹无已时，不惜财、不惮力也。"③ 淮军李延芳可谓治军有方，用兵之暇，指挥军兵葺庙营桥，惠泽地方。

清代村社佛寺修建中，地方士绅发挥重要作用。乡绅是一个特殊的阶层，能得到乡人的敬重，具有相当的权威。他们似官非官的社会性质赋予其在官吏与民众间发挥着极其重要的沟通作用，是建寺的一支重要

---

① 汪学文：《三晋石刻大全·洪洞县卷》，三晋出版社2008年版，第256页。
② 王兵：《三晋石刻大全·左权县卷》，三晋出版社2010年版，第213页。
③ 许小根等：《壶口志》，山西人民出版社2004年版，第626页。

力量。如洪洞柴村乾隆十五年（1750年）《会完工竣序碑》载："斯庙之建，始于金元，越明抵清，历年久远，不无垣颓瓦解之虞。初议修者，有生员贾晖、贾曦；督工管理者，生员张仪房也。其所费资财，出之大□公余，迄今正殿得以无恙也。但东西地势宽敞，祇各立祠宇二间；东北隅旧窑圮毁，遗址仅存；西北东南榛莽荒秽；庙之前后左右未免多缺略不备之憾。乾隆三年（1738年）新正之暇，住持玄枢烹茗会众，议补葺而完全之，遂联会二十有三人。每岁所得布施金，除请会邀会以至谢会一切费用之外，胥为土木工价之资。其宵旰经营而督理者，监生高丕康，视公若□己，始终罔懈，最为勤苦。至时□□金之宏□□亦任重任也。他如分膺职事之人，与住持玄枢，亦各尽其才，各效其职，同心协力，共勷厥事，所以数年来，□者渐□，缺者渐补。东西祠宇增成十间，塑像妆金。东南建楼房，与西南之客房相对而成偶也。又于西北隅建土地祠，东北修砖窑院四面，方正已无缺略。而尚觉殿前之旧坛狭甚也，更引站台数尺。坛之两旁陋甚也，各饰廊庑三间。"① 洪洞柴村寺院的修建过程中，生员贾晖、贾曦、张仪房、监生高丕康等均参与其中，这些人可归入乡绅一类，是修建庙宇的积极组织者，发挥号召领导作用，同时也借助联会、请会、邀会等民间组织形式。

商业票号的参与成为时代之新变化。商人地主作为社会中比较活跃的一种力量，虽然有一定经济基础，但政治地位不高。很多商人发家后，积极支持佛教寺院的修建。如乾隆三十九年（1774年）《重修大佛殿观音殿碑记》载："越数岁，至庚寅，余掌碧峰书院。因忆旧游，承便往观，而规制乃大不侔矣。佛殿移建山巅，砌石级于旧址，层叠而上，前复护以雕栏，镂以绮疏，嵌空玲珑，极经营之巧，而院亦不拓而自广矣。重建观音殿正殿三楹，左右二楹，宏敞豁亮，赫然改观。后于殿背穿门，下砌石□，上列朱楹，有飞阁凌空之势。凭栏远眺，叠嶂拱翠，梅杏环流，城郭田园，朗然在目，不禁飘飘作天外想。"② 该殿的修建功德主既有官员如候选儒学训导、敕封登仕郎县主簿，也有乡绅如监生、生员以及商号的参与，如丰泰号、泰日盛、泰长兴、兴玉号、瑞兴号、成兴号、义

---

① 汪学文：《三晋石刻大全·洪洞县卷》，三晋出版社2008年版，第364页。
② 车国梁：《三晋石刻大全·沁水县卷》，三晋出版社2012年版，第240页。

兴号、正兴号、德胜号、西协号、人和号、顺兴号、文顺号、逢源号等。

又乾隆五十八年（1788年）《重修凌云阁并绘水陆轴碑记》载："余村震位，地势空间，旧建庆云阁。鸟革翚飞，高耸云汉。迎旭日，障居民，岂□前人□□□造开百世之伟观者与？阁上祀文昌帝君，魁星孚佑人文。阁前祀三官大帝，泽润生民。后建乐楼，承祭者用以集优侑馨，且资苫壮，屏不祥，三圣祠峙其旁焉。第多历年所，风雨漂摇□日□□□水陆佛像耗□□甚，村众与主持僧宗福议欲重修，奈二事兼举工大，村小独力难成。方皇皇焉，未敢擅举也。适值乾隆御宇之丙午岁丰□□□□区者乐善□□有云集响应之势。第见游北京者有人，商西口者有人，且贸易多伦诺尔、乌兰哈达并东口者实繁。有徒咸竭力募化集□□□成裘。得四□□□村众亦奋然兴起，各破悭囊。虽轮财有多寡，而好善无区别，约计白金二百……厚其墙垣，涂其丹臒，更庄严圣像，增置门屏，而三圣祠之重新，水陆轴之绘□□，数月而工竣。"① 寿阳凌云阁本奉祀文昌帝君，并祀三官大帝，但其殿中绘水陆画，并由僧人住持，三教合一特色明显。凌云阁重修中得到寿阳在外地经商之人的大力支持，其中有远赴北京、西口、多伦诺尔、乌兰哈达的商人。

又如嘉庆二十五年（1820年）沁水《福胜寺补修记》："邑之西南蒲泓村，寺名福胜，创始于宋治平年之初，及万历二年（1573年），吾四世祖朝先公与师公尚忠，协众整旧，募僧焚修，于今勿替二百余年矣。后屡有兴作，不悉碑记，盖略也。时嘉庆十七年（1812年），主持僧明铣、明典，以风剥日蚀，瓦木糜烂黑腐，适为鼠雀之宅，又近南东西二角多隙地，山门塌毁，欲为补修计。因行脚历兖、豫，涉荆、湘。托钵归来，资苦无多，乃复附近山村沿门化缘，得金粟若干。于是鸠匠庀材，瓷甓之需不日而具，缺者补，腐者新。东南角起阁四楹，祀文昌，西南角起阁如东楹，祀药王。"② 碑后附有施钱商号：天福号、万青号、永信号、复兴号、盛兴号、生生号、太和兴号、广聚号、石井号、和兴号、三益号、公顺号、和盛号、阳邑恒茂号、济源县恒盛典、中盛典、恒兴典。

又如咸丰九年（1859）《补修佛堂记》载："新庄为治南大邨，聚卢

---

① 史静怡：《三晋石刻大全·寿阳县卷》，三晋出版社2010年版，第332页。
② 车国梁：《三晋石刻大全·沁水县卷》，三晋出版社2012年版，第305页。

而居者，不下数百户。邨东北隅有佛堂一所，古刹也。正殿前后两重，后殿如来，前殿观音大士。两角两庑栖神不一，而要以佛为主。二十年前，余曾游历其中，摩挲碑碣，未有祥言之者，创建不知何时。四围象城列垣，周遭环合，高矗数丈，更不知何故，或明季避兵于中，未可知也。惜瓦堕垣颓，荒芜满目。不惟佛面无光，抑亦古迹就废，余也顾而伤之。今年春，友人携余来游，见其焕然一新，无复昔年之荒芜矣。……余曰'斯举凡以重古迹也。抑又思禅室宏敞，士君子得讲孝讲悌于其中，排纷解难于内。将人心以正，风俗以醇，则裨益于世。教者，更复不少，岂特古迹能延云尔哉！'"① 碑文提及众多商号，如永和发捐钱二千文，永和西店、永兴南店、天和玉、荣盛号、复成正、郭荣盛、复庆恒、和公兴、中兴号、长春隆、德和号、玉盛馆、协盛同、天国玉、陕西德瑞生、山西绛州德义号、协义号，各捐钱一千文，这些商号及捐资情况，表明商人积极参与寺庙修建。寺庙在乡村的功能也发生了变化，由僧人修行之地变化为村社公共活动空间，成为士君子讲孝悌教化之所，成村社排纷解难之所，成为正人心醇风俗以裨益世俗之所。

明清时期，晋商沟通南北，走西口到内蒙古、外蒙地区贩卖茶叶、食盐，再贩运皮货至内地销售，并经营钱庄票号，成为中华大地的金融巨子。晋商在发家致富之后回乡修建宅院、购置地产的同时也积极热心公益，修建寺院也成为其展示成功与荣耀的重要活动。

三 寺田与寺产

一般来说，佛教寺院的寺产经济包括僧人自己的私有经济及整个寺院的集体经济。私有经济属于僧人所有，诸如佛寺的住持和上层管理者的年俸银、口粮及帝王亲敕的物品，等等。寺院的集体经济包括佛寺的亭台楼阁、寺田及各种庙会或诵经活动的资金收入等动产及不动产。寺庙之中的财产主要是田地和房屋，但也包括庙宇中公用的一些财物，如康熙十三年（1674年）《娘娘庙记事清单碣》载庙宇财物，"二位娘娘宫中公备物件开后：樱轿壹乘，黄伞贰柄，高招旗贰杆，五色旗拾杆，大

---

① 常书铭：《三晋石刻大全·高平市卷》，三晋出版社2011年版，第679页。

铜锣捌面，每面重伍斤拾贰两。小铜锣四面，每面重贰斤六两。戏锣贰面，共重壹斤肆两。鼓贰面，供桌叁张，单桌壹张，条桌六张，布门帘贰挂，苇席拾只，大小碗壹百叁拾个，铁匙拾张，杓子拾个，瓷盎贰個，瓦盎捌个，筷五十八双，竹灯笼壹对。顺治五年（1648年）卷棚前栽柏树四株。康熙九年（1670年）献殿前栽柏树二株。"① 可见，此庙之中之财物主要是用于祭祀仪式的器物，这也说明村社之中于庙内活动主要是祭祀活动。

（一）寺田与寺产的来源

第一，官方赐予。清代帝王支持佛教，往往会进行赏赐，这其中自然包含土地等财产。如乾隆四十六年（1781年）春，驾幸五台山，亲幸普乐院，复赐御笔额联，赏银一万两。②

第二，继承旧有。如乾隆三十年（1765年）《龙华寺志石序》载："龙华寺历朝古寺也，自隋至我清，修补不一，劳力费财，不胜屈指。然碑铭俱载，犹可计算而知。及稽寺中，山木树株地亩粮石名目胥无据而□详。若此者，无志石故也。所以，今岁□先僧福□地九亩□义和村人互控县案，幸遇署理王公明断，将百余年以□之地□复归寺中，而几费踌躇也。因会约寺□，以立志石，将寺中一切所有之事物逐一名于其上，以补前人所未及备者，更启后人。据志以知寺中山木树株、地粮名□有若干，且使僧众不得变易，俗人亦不得擅买伯赖。盖以寺所凭依而恒昌者，惟资此耳！……正殿五间，东小院关帝，西小院志公，寺院僧舍东西窑七眼，窑楼各三间，中殿三间，左右钟鼓楼，两廊东西共二十四间。山门高楼三层一座。大悲殿三间，东西门道。子孙圣母庙三间，下带空基一块后用。真武□师庙各一间。西坡大松树一株。北坡大松树一株。对面松山地□照□，各种山木永不□伐寺公事备用。寺僧五门舍宅，各□各业，内有空基，各随宅用，俱属寺管，不得自便转移。即有□地，所分树株许自□□，或寺僧用，不可转用，更不得□□。"③ 龙华寺旧有田产遭到民人攘夺，经官府评断重新归入寺院。故而寺院通过志石对寺

---

① 汪学文：《三晋石刻大全·洪洞县卷》，三晋出版社2008年版，第257页。
② 崔正森：《五台山碑文选注》，《普乐院碑记》，北岳文艺出版社1995年版，第375页。
③ 杜天云：《三晋石刻大全·沁源县卷》，三晋出版社2011年版，第74页。

产详细记录，并说明用途，以期作为寺产之记录凭证。寺产对于佛寺生存至关重要，清代以来多有村民争夺寺产，往往寺院处于弱势地位而导致寺产被侵夺，使得寺院衰落。

又如宁武道光十五年（1835年）《染峪龙泉洞寺光裕碑》载："宁郡染峪洞，距城七里，亦名'龙泉洞'殿宇崇高，显然龙泉寺焉，详载《府志》。屡勒庙碑，爰修自大明成化十年（1474年），都指挥官姓邓名亨者始终其事，输地九十二垧，以为寺中香火费用计。及后寺中失落地契，而交差交粮执照尚存，交京斗官梁豆三斗，交官差银五分，其中地亩有不真处，恐年远难稽。有龙宫□邓斌、双墙村白尔贞、糜查嘴张朝相、住僧海如详访年老乡民，细加丈尺地亩，考证真切，刊立碑石，庶乎年久有稽，以成不朽之券。"① 龙泉洞寺早在明成化年间都指挥官邓名亨输地九十二垧，但地契失落，于是住僧海如依据交差交粮执照，访年老乡民，细加丈尺地亩，确定了寺院的田产。

第三，寺僧购置。寺院僧众直接出资购置田地、房产出租，以获得固定的收入，作为寺院公产，用作寺中香火养赡之资。如清乾隆四十年（1775年）《朔州林衙寺重修碑记》载："至我朝接二师之嫡派，厥维僧正茂林禅师，实能克继禅学，自是之后，稍稍及于陵夷，而圆明禅师者，茂林禅师之孙，玉轩禅师之徒也。念宗风之弗振，欲佛教之重光，苦行三十余年，艰辛备尝，手□拮据，勤力募化三百余金，又将自已齿积银三百两施出，竭力经营，已逾十稔，甫能于寺之内外，灿然一新，金碧辉煌，观者夺目，起皈依念，生欢喜心，固已于佛有光矣。而又赎回前僧典出东西马道，禅房数院，其东西界虽与民舍相连，并无民间出路及流水葛藤，以整清规。更于山门两旁盖造香房木店及铺屋凡三所，俾永作寺中香火养赡之资，再置到马邑八里墩涧南地五十亩，随带在里粮银五钱四分，朔州东关接宫亭地二十亩，随带团里粮银一钱三分，并永属本寺管业，此其用心良苦，成功岂不甚巨哉。是州牧灵郡朱公特举圆明为朔州僧正，申名礼部，颁给札付钤印，禅林咸庆掌教得人。"② 朔州林衙寺即崇福寺，圆明禅师勤力募化三百余金，又将自己齿积银三百两施

---

① 任宁虎：《三晋石刻大全·宁武县卷》，三晋出版社2012年版，第92页。
② 杜启贵：《三晋石刻大全·朔州市朔城区卷》，三晋出版社2017年版，第343页。

出，竭力重修林衙寺，并赎回前僧典出之东西马道和禅房，又于山门旁盖造香房木店及铺屋作为店面，购置田地。林衙寺不仅规模宏大，且拥有田地、临街商铺等资产，有固定的收入来源。

一些寺院利用已有资产，出租或者典卖获得经营收入。如五台山显通寺乾隆五十一年（1786年）《永垂不朽》载："余于十月望前一日，因引缉捕务，来台山寓显通寺。都纲司桓庆、住持僧海宫、大众向余言曰：显通寺于乾隆二十三年佛殿毁于火，二十四年三月兴工，将大教场、胡家营香火庄产三处典与台麓寺，受价八百两。至四十三年十月，转典与殊像寺，受价一千二十两。今于五十一年十月初二日，殊像寺住持僧通存同执事僧源木，将前庄产二处，不索原价，立约舍回本寺，永远供众僧。……庄产二处，计地租四十二石。……乾隆四十二年，余悯台怀六里承交蘑菇之累，创议捐资生息，设官殿经理之。"①"庄产二处，计地租四十二石""捐资生息，设官殿经理"表明显通寺田产拥有经营性收入。

一些寺院在筹资购置资产时也采用由寺院住持倡议，组织信众集体出资解决某一需要资费的具体问题。如太原市古交县雍正七年（1729年）《重修禅室碑序》载："又兼住持僧人道就诚意耿耿，于雍正七年内同张志礼、张志□、□胡荣等用价银拾柒两伍钱，买到李玉元四家足□壹□之地，计地肆拾肆塥，随粮□十一□。又买到张志广地二垧，随粮□□□，合以为庙□□用。"② 住持僧人道就集合信众为寺院购置田地。又如，洪洞县广胜下寺住持募集诸檀越僧众，共人一百三十余位。每位各出资银壹两二钱，共同出资置买地亩供举办水陆法会。乾隆七年（1738年）《广胜下寺合会出资置买地亩永供水陆序》载："于乾隆七年正月间，住持同定，从和尚之议，募诸檀越僧众，共人一百三十余位。每位各出资银壹两二钱，共计银壹佰陆拾两，置买水地十亩，每年所得祖籽以备祀典。众人永不再出资银，俾世世子孙相继不绝。"③ 寺院购置之田地属于寺院公产，一般拥有政府认可之地契，并交纳赋税。

第四，信众捐赠。寺院发展过程中殿宇房屋、田地山林除统治者因

---

① 崔正森：《五台山碑文选注》，北岳文艺出版社1995年版，第378页。
② 李文清：《三晋石刻大全·古交县卷》，三晋出版社2012年版，第68页。
③ 汪学文：《三晋石刻大全·洪洞县卷》，三晋出版社2008年版，第359页。

特殊原因赐予之外，大多数皆来源于信众的捐赠。如乾隆元年（1736年）《定林寺种松碑记》载："镇西北有古寺，号定林，其地系七佛山之南支也……寺中殿宇敞，除诸天高居外，以及方丈台阁、曲院回廊，亦破悠闲有致。四方游客登临，乐为题咏，洇米镇之巨观哉！……因谋诸本社，即□社内余金，觅工栽树。奈定林左右松最少。近者数十里，远者且百余里，往来移植，资费颇多，仅栽一百一十株，而社内金尽，事以中止矣。本寺僧因松少，亦续栽八十株以益之。赵子意犹弗惬，复自捐金栽松一百七十株有奇。外复栽白皮松五十株、栢树十株。亦闻有未成者，现今存活三百五十株有奇。寺之前后无不周匝，且灌溉殷懃，嘱寺僧时为防护，勿令樵夫、牧童稍有摧折。数年间小松已满山谷矣。"① 定林寺僧众在寺院周边开山造林，与周边民众配合栽种树木，成为寺院的资产。

又如大同县县尉李祖周购地捐赠寺院，"大同县县尉李少府名祖周，广东嘉应州□□仁寿里世家子也。……少府从而告予曰：'此地原出于不意缘，是年修观音堂之费，住持僧德义□其师智□命，合议将本寺原占龙屏山、保丰山二处共计地四十二亩觅售，余念地为观音堂之地，何可令首者失其所有也。爰捐俸银二十四两□还为观音堂管业，当日契载带地原粮银六钱，书明四至。□时踏看四至号塅，因得此穴。……遂封茔于龙屏山下。其余地亩所出租粟，悉归僧人自收，粮亦僧人自纳。但此意不可令人知，恐以余为沽名邀誉也。'"② 大同县县尉李祖周将僧人欲出售之土地赎回，赠予寺院，租粟悉归僧人自收，粮亦僧人自纳。

太学生高斌至晚年颇好佛事，喜施舍，临终之际将土地捐赠寺庙，作为寺院灯油之资费。《塔下灯油地亩记》载："戊子秋七月，太学高公讳斌字□诚法名园中者，染病甚笃，自忖难愈，举平生所欲为而为者，皆次第为之，至于无所不为，爰招广胜上寺住持僧法汴而嘱之曰：'余幼年亦读书人也，未曾为他岐所惑，至晚颇好佛事，喜施舍。每余长春寒冬之暇，游山林，思镇静，偕一二知己，瞻塔拜佛，说因果读般若。其所以留心于山寺□林者，指不胜屈，独于上寺塔垣尤为之注念。

---

① 常书铭：《三晋石刻大全·高平市卷》，三晋出版社2011年版，第319页。
② 许德合：《三晋石刻大全·大同南郊区卷》，三晋出版社2014年版，第142页。

昔余念垣墙倾□，竭力修整之，使□者□峻立矣；念佛像□封，尽力以壮丽之，使旧者重新□矣。愁佛灯有无糜定，为了余心也。余有山下道觉村水地拾亩，价银四十二两，每年所□除封银外，可以□灯油于不绝，了余心于未了。师虽年幼，亦老成衣钵，可久远行之，勿为他事侵蚀，俾余同人及子侄辈过而问之，而知余之素心喜施舍，不徒好佛事而已也。'"①

清代很多寺庙民间化，寺庙成为村社公产，寺庙之中只有塑像是佛教神灵，没有僧人住持，只有看庙人。遇到节日举行祭祀活动则由"香首"组织，遇到重修庙宇则由"纠首"或者"经理"组织。这类人并不固定，一般由村社中热心公益、具有一定号召力的人临时担任，也有曾获得功名之乡绅担任者，均为自愿，号召民众捐资。除个人或者家族捐赠寺院地产外，也有社众共同捐资的情况。如嘉庆二十二年（1817年）《三圣寺买田幛》云："冶□西北十里许山名古计黑山寺。众乡老议定施与本寺僧众，任意永远开种，买地主同安。南至庙岭，西至道，北至史家沟，东至洪沙岭，四至分明。"② 村社乡老共同商定将田地捐赠三圣寺。又如，道光二十三年（1843年）《卖房契约》载："立卖房约人□天银，今将自己西房叁间……情愿出卖与龙神社管业，言明作买价大钱贰拾肆千整。其钱交足，恐口无凭，故立于石以为证……全社人许连元、路青云、王万仓、张金泰、乔生成、程太保、侯攀桂、武玉基。"③ 村社中许连元等人组织的龙神社共同出资购买房产归入观音庙。

（二）寺田与寺产之纷争

明清以来，一方面寺院土地、房屋、山林树木等资产遭到侵夺引起纠纷之情况屡有发生，寺院往往会寻求官府断案解决，另一方面也有村社控告寺僧变卖寺产之情况。

清代对于寺庙财产的纷争明显增多，如乾隆六年（1741年）《清居禅寺除害重修碑记》载："迨及本朝乾隆五年间，有不法之徒李文龙等冒争山厂，告赴宁武府魏公案下，蒙批：知县施公，会同宁化巡检司王，

---

① 汪学文：《三晋石刻大全·洪洞县卷》，三晋出版社2008年版，第371页。
② 李宏如：《五台山佛教》（繁峙金石篇），内蒙古人民出版社2005年版，第650页。
③ 王兵：《三晋石刻大全·左权县卷》，三晋出版社2010年版，第223页。

亲指查勘。蒙二公之明勘，得庙树与刁徒文龙等并无干涉。详结立案，永绝争端。寺僧寂材，效法师祖如春之德，孤守其寺，将官断本山木植变卖，得价复为修补，因而增其旧制，创建天王殿，装修大雄殿，东西殿，前北岳，后龙王，左观音，右石佛。以及僧厨禅室，煌煌悉备，金光灿烂，使墨士骚人游览其地，不胜欣赏，此莫非传□□于后者乎？今兹一概功成，住持僧人寂材谋诸各村施主等以为后完继美，重修之义不可泯没，又恐狼疾之辈，再起争□，永为勒石，永垂不朽。"① 寺院所在地村民与寺院争产，寺院在弱势之下将村民控告到官府，由官府断案。此案断结山厂林木归寺庙所有，寺僧寂材将官断本山木植变卖维修了寺院。

　　寺庙归于某村，是村落地位与荣誉之象征，故而诸村争夺。道光二十一年（1841年）《赵城知县断龙泉寺土地案之碑》载："青天杨太爷断案审得，龙泉寺以李村龙眼泉得名，而寺在许村，与李村相距七八里。考之邑《志》所载，唐武德三年（620年）建，而不言创自何人。查寺中碑志，最先者唯崇祯七年（1634年）一碑，内载藏公和尚植柏树数株，李村人刘氏骡因岁久树枯，变价买地，以供香火；又一碑无年月，内载成化年鉴公和尚创建，门人藏晓于正德二年（1507年）重修，崇祯七年藏公和尚置地数亩各等语。历□碑记，均无言及该寺地基有李村人施舍凭据。其后，乾隆十年（1735年）至道光三年（1823年），僧人法恒，法聪暨现在住僧界长□缘募化，皆有碑志，是该寺乃□□自创自修，寺中之地与□亦僧人自买自种，与李村人本无干涉。即先年刘氏骡出售柏树、置买地亩，系代寺中筹划香火生息起见，不作据为己有。后人何德藉为口实，妄生窥觎！据李村李吞云等声称'该寺地粮现在李村完纳'。夫粮必随地，而寺不能随粮，寺□所置田地有在李村者，其地粮自隶于李村。如田地有在许村者，其地粮亦隶于许村，不得谓'粮在何村寺即属何村'也。李吞云等又称'□等为该寺香首业已多年'。夫香首名目乃经手办祭之人，非寺中山主可比。如谓'香首系李村之人，寺即为李村之寺'，查许村现亦有为该寺香首，则该寺奚能专为李村？李吞云等又称'寺中屡次兴修，伊村曾有布施钱文'。夫布施俗所谓积德也，不拘何地

---

① 任宁虎：《三晋石刻大全·宁武县卷》，三晋出版社2012年版，第39页。

何人皆可施舍，查阅各碑所列布施姓名不下数百，非独李村一里，何得因布施而即□为寺主，殊非情理。今李吞云等以僧人界长私卖寺中柏树具控。此项柏树既系僧人自栽，伐卖应听僧人自便。且查讯僧人界长，据称伐卖柏树事在道光七年，所得树价归还借贷修寺之需，并无不合当。经断：'令该寺惟许、李两村所施田地，不准施主变卖，亦不准寺僧出售；其余僧置该寺田地、数株一并着寺僧自行经管，两村人不得混争；两村人各有香首，仍照旧各办各祭；其地粮向在李村完纳者，仍归李村里总征收；向在许村完纳者，仍归许村里总征收，亦不得互相轇轕；该寺坐落许村地方如遇命盗事件，系许村乡约经管，不与李村人相干；至该寺僧人如有不守清规，着两村香首公议禀官究治；该香首□不得私自扫诬，以昭公允而杜争端；所有□印碑文十纸同两造各结，附卷备查。此判。'"①赵城知县断龙泉寺土地案起因于李村人李吞云状告寺僧界长私卖寺中柏树，并提出"该寺地粮现在李村完纳""李村人任该寺香首""李村人修庙布施"，因而主张龙泉寺归李村所有，被知县逐条驳回。知县断结，肯定寺院归属许村、李村共有；许村、李村捐施土地不准买卖，其余土地、树木自行经营，两村人不得争夺；香首各办各祭；两村里总各征地粮；寺中遇命盗事件，系许村乡约经管；至该寺僧人如有不守清规，两村香首公议禀官究治等。可见，县府一方面维护寺庙对地产的所有权，同时也肯定村社对寺庙的监督权，同时维护政府的寺庙地产征收赋税、维持秩序的权力，地方政权对寺庙的管理控制加强，寺庙自主发展的权力减弱。

寺院中僧人不守清规，借人钱债，质押香火公产被控告到官府。赵城县郑知县查处广胜寺掌院僧人盗卖寺物、私自抵押寺产一事，判定僧人等俱宜各守清规修真养性，不得妄为，并判定质押契约无效，寺中公产仍然归属寺院。清同治三年（1864年）《重整寺规碑》载："合寺僧人知悉：照得广胜上寺居县属巽方，建于山顶，上有飞虹宝塔，下有出水宝泉，庙宇辉煌，佛神灵应。该处地址交界洪洞，流水融融，历届两邑，分基引沾，源源顺畅，豪无争竞，皆仗神明普佑，阖闾感荷。是以千百

---

① 汪学文：《三晋石刻大全·洪洞县卷》，三晋出版社2008年版，第493页。

年以来，神前香火不断，置立公产，全赖本寺僧人遵照旧规，晨昏供献。兹因去年掌院僧人悟有，不守清规，将神前器物私盗当卖，滥费花销，并有借人钱债，质押香火、公产、朱契五张，被合寺僧人查知，因乱古规，恐乱香火，联名控案，经本县讯明，断令悟有不应借债，私押神产朱契，钱主亦不应图利执当，均属咎有应得。嗣因悟有未能将原契抽回，着向各钱主照契抄呈。谕令现掌院之修崧，即以存案抄契为凭，如钱主日后各有愿将原契送还寺中者作为布施，即著刊附碑记，以表其善愿之诚，倘有以契图索者，作为废纸论，立案可查。仍谕修崧，遵照断案在寺立碑，以垂之远。第该寺僧地多，恐后有效悟有所行者，合再另行给谕，为此谕。仰合寺僧人及诸色人等知悉。尔僧人等俱宜各守清规修真养性，不得妄为，仍效悟有在寺还规借债，质押公产契据、当卖神前器物。诸色人等亦不得效尤图利，私质神产朱契。自谕之后，倘有不肖仍蹈前辙，一经发觉，除照前立案办理外，定以故违，重究不贷。本县为神香火常存起见，各宜凛遵勿违。特谕"① 寺中僧众盗卖公产，违反佛教戒律，本应由寺院自行处理，但因涉及质押财产非寺院所能处理，因而控告到官府解决。

村社中人假公济私，侵占庙产，致使寺庙冷落。如阳城同治十年（1871年）《菩萨阁改造补修金妆记》载："兹阁之创始几三百年矣。前人欲积金改造，倡办者业及百载，迭次积至千金，卒皆抛散。总因经理涉私，徒贻乡众齿冷。追同治六年，并置公产势将蚀净。有林张公目击心悸，急邀舍弟文灼至阁，于神前设誓协办。遂置旧欠者不究，短租者让断，惟将荒田十亩归会，轻租另佃，每年得租数斗，百法营运，时日不懈。又着族弟文煐，登记存贮。不四年间竟积至百余千。意在多积增造，不意文煐物故，林翁亦衰病不健。恐文灼一人难理，不得已鸠工庀材，姑为改双梯，开正门，加重格，补屋宇。飞金碾玉，内外改观。虽曰功小，然首事仅二人，历年止四载，上以盖前人羞，下又为将来劝。以视夫假公肥己，败于垂成，不畏神鉴者，其为贤不肖何如也？"② 经理人假公肥己导致菩萨阁庙产被据为己有，在社众重新组织下，使庙产得

---

① 汪学文：《三晋石刻大全·洪洞县卷》，三晋出版社2008年版，第547页。
② 卫伟林：《三晋石刻大全·阳城县卷》，三晋出版社2012年版，第469页。

以保存。时人亦认为庙产为公产，假公济私是一种羞耻行为，立碑的功能也在于告诫"不畏神鉴者"。

为了保护寺院田产，寺院也往往会进行寺规的制定与重整。如宁武县光绪二十一年（1895年）《重修清居禅寺好善乐施禁山碑记序》载："宁化阳堡马头山清居禅寺，八大寺之一也。其地形状如马头，山清水秀，栖居极乐，真禅林胜境。而寺之所谓焉，溯厥留传芦芽之裔。追稽建立大明之代。其初固庆王之香火院也。后虽被兵燹。而犹易替者，大抵佛教之不特有佑于民，亦且有助于国耳。迄及我朝，归为民社。累代修理，前碑煌煌，无容详叙。第山高风猛，地窪水潮，补修不勘。庙貌易受风吹之倾，圣像难遮雨漏之淋。去年二月初旬，住持续祥，会同寺属之村，恭议修补，众皆悦之。即时资财，祇计三百金之余。奈工程浩大，则微力寡，难众克举。因而伏祈四君子，以及乐善不倦者，幸仗义疏财，又助百金之多，而始举盛事焉。殿宇廊庑，钟鼓二楼，墙围垣址，以及各庙与禅室，俱以依旧经营，惟南楼地基高废，改造四檩之庭，自三月兴工。至九月告竣，虽未能如前代之林，亦可遗后日之继也，恐没人善，因而勒石刻名，以彰好善乐施之心，续祥又为我寺工程甚大，寺属之村贫乏，协同寺主，将本寺山厂阳背坡满林禁止，无故不许轻伐变卖，以待后日与工需。无论住持、寺主，自禁之后，如有冒犯不遵者，言官判断，故与乐施之碑并垂云尔。"① 碑中提及"迄及我朝，归为民社"应该是指寺庙的所有权归属于村社，并有"寺主"应该是寺庙所在土地的所有者。规定寺庙山厂之林木禁止砍伐变卖，用于日后寺庙必须之修缮。碑后捐资者涉及多个村社，因此寺庙应该归属于几个村之公产。

一方面寺庙之碑志具有民间契约性质，有一定法律效力，遇到民人争夺寺产，可以作为寺院维护自身权益之凭据，另一方面也是对寺僧恪守清规戒律的警示。清代寺院与民众因寺产而引发之纠纷明显增多，一方面说明佛教资产丰饶，与民田、民产交错，因而容易产生纷争，另一方面，寺僧盗卖寺产，质押寺产以及民人借机侵夺，说明佛教已经呈现衰落之态势。

---

① 任宁虎：《三晋石刻大全·宁武县卷》，三晋出版社2010年版，第165页。

第四节　佛教与山西社会

一　印经造塔

佛教的发展离不开民众的支持和信仰，普通民众除了积极捐资修建寺院外，他们还参与了佛教的其他活动，表现出极大的热情和虔诚。

自佛教传入中国后，就开始了佛经的翻译、疏解等活动，民间也盛行写经、刻经、印造佛经作为所谓修行功德之表现。如皇宫内太监周之岐回乡葬父之际，造访方山昭化禅寺发心印造《梁皇宝忏》六部、《孔雀尊经》六部、《三昧水忏》四部。康熙三十二年（1693年）《寿阳方山古刹昭化禅寺造经碑记》载："我寿□□方山，自古封为昭化禅寺……昔唐朝有李长者，乃皇枝也，自苍州而来，择是山以修炼，遂得道果。竟感天仙供馔，白虎驮经。至夜以气代烛，手著《华严论》八十一卷，后即羽化于斯所，遂为一方保障之神。迄今岁祀不绝焉。自兹而后，沙门之教，浸浸乎其日盛矣！延及明末时众僧四散，山神无主，其废弛有不可胜言者。今幸皇清□宇，万物咸宁，至于僧等沾恩较他尤胜。时有皇宫内太监周公之岐，现升乾清宫总管。于前丙寅岁，因父仙逝，自京师来兹寿邑，千里奔丧，可谓大孝。山僧幸遇，与谈方山盛景，并诸神历履。自朝至晚，公乃倾耳而听，诚为乐善不倦者矣。临别候，公曰：僧之所言真实之理也。僧曰：山人所重，在于经像，现今经卷残缺，老僧不能无憾焉。公乃慨然应允，愿造佛法胜典，自此旋归京都，特捐本俸百金，发心印造《□皇□忏》六部、《孔雀尊经》六部、《三昧水□》四部，宝珠一盘。遣送方山。"① 乾清宫总管太监周之岐回乡奔丧之际，捐资方山昭化禅寺印造佛教经典，且均为具有度亡消障性质的忏仪经典，可见其目的非常明确就是为其亡父度亡祈福。这也说明清代佛教通过忏仪法会为民众度亡祈福，实现与民众生活的深度关联。

又如临汾光绪十三年（1887年）《补修华严经碑记》载："净土寺藏经数百年矣，使当兵燹之日，人皆知有此经，并知如此多经，鲜有不一

---

① 史静怡：《三晋石刻大全·寿阳县卷》，三晋出版社2010年版，第227页。

毁而尽者,是经之隐以待时可知也。然非有石君太守足以创其谋,蜀僧光照足以肩其任,石珊参军足以成始而成终,犹未必即显也。是经之待时亦即待人可知已。乙酉冬,予下车伊始,闻寺中经卷如林,蔚然巨观,而明藏《华严经》犹精致无比,心窃艳之。次年春,光照以一函呈阅,字里行间金光灿烂,纸又前明大内中物。迨观全部,知少一函,四十六至五十凡五册。光照乞为补全,予初难之,恐无此材质也,继又惜之,恐终于阙残也。乃函嘱儿辈,由都中购得古锦若干,泥金若干,磁青宫纸若干,托友并率二子各恭书一册,如式装潢,卷末跋数语志之。今春诹吉送归原档,成完璧焉。"① 临汾净土寺所藏《大藏经》为明代慈圣皇太后所赐。光照乃临汾净土寺僧人,他发现该寺所藏《华严经》少一函,光照乞为补全。此部《大藏经》毁于 20 世纪 80 年代,所藏水陆画部分保存于临汾市博物馆。

  佛教认为,建造佛塔可积累功德,佛教信众为历朝历代的高僧大德们修建了无数的舍利墓塔。如嘉庆二十二年(1817 年)《兴龙山德崇禅师建塔碑记》就记载了德崇禅师的功德和业绩,"兴龙山德崇禅师,生前苦修,恪守清规,严持法戒,实有不愧释迦沙门之称者。而其所尤著,又纠合众智,鸠庀兴工,历五十余年……正宜修建宝塔,以彰善行而秉不朽者也。奈其徒西池心壮力绵,难以创举,因思藉力好善,募资檀越,庶积腋因以成裘,累土可以为山。仁人君子,慷慨善人,倘蒙惠施以襄善事而匡不逮,则德崇禅师之久而弥芳,远而弥彰"②。又如,赵城县慈云寺代病禅师舍利塔因祷雨灵应,民众集资重修。乾隆九年(1744 年)《重修休粮菩萨塔碣》云:"今大清乾隆八年,合邑祷雨即应,历有成效。昨岁,直□□亢旱,邑宰忧之,绅士而谋所以祷雨之方,驻防郝君以休粮菩萨请,因不惮暑烦,偕耆庶王□等,步行拜祷,越三日而时雨降。绅士□咸谋所以酬神,比耆民王璇曰:'休粮山旧有残塔一座,乃菩萨入灭处也,□远倾圮,曷不修之!'而住持成枚亦以为请,于是邑之人士欣然乐从。"③ 洪洞休粮山邑宰耆庶代民祈雨,步行拜祷,三日后得降雨,被

---

① 王映臻:《临汾佛教史料集》,中国文史出版社 2011 年版,第 250 页。
② 常书铭:《三晋石刻大全·高平市卷》,三晋出版社 2011 年版,第 504 页。
③ 汪学文:《三晋石刻大全·洪洞县卷》,三晋出版社 2008 年版,第 354 页。

认为酬神有应,故而邑众集资重修舍利塔。可见,地方统治者通过祈雨彰显体恤民心的仁政,佛教祖师、佛教圣迹被作为可消灾除障之神圣力量加以崇奉,说明佛教进一步被民间社会作为社会治理之助力工具加以利用。

二 观音信仰的民间化

唐宋以来,随着观音的女性化,其信仰在民间得到普遍的传播。清代山西的诸多村落都建有观音殿、观音堂、观音阁之类的建筑。最早在宋金时代观音庙应该已经独立建庙,如道光十年(1831年)《观音庙重修碑记》载:"此村自金朝大定以来,创修观音庙一所,建立已久,重修业经数次,载在碑志,历历可纪,诚吾乡一胜地也。"① 观音成为佛教最为流行、在民间影响最大、中国化程度最高的佛教神灵。

清代村社中庙宇林立,供奉神灵非常庞杂。如道光十九年(1839年)《圪垛村整修观音神堂碑记》载:"圪垛村旧有观音菩萨神堂、三官大帝神堂、玄天上帝、二郎真君、关圣帝君神殿、眼观菩萨、子孙圣母神庙、五岳帝君神堂、龙王神殿、土地神祠,由来久矣。"② 观音与关帝信仰最为流行,"观音、关帝之神之在天下,如水之行于地中,无所往而不在也。人之崇奉之者,即牧竖樵童、妇人女子,处幽崖北户之中,一思观音即如在心头,一念关帝即如在眼中。故尊事者愈多,其所最信者,观音菩萨、关圣帝君也。"③ "观音大士庙宇遍天下,而世之白叟黄童妇人女子莫不尊敬而崇奉之者,盖以有求必获而无感不灵也。"④ "盖闻观音者,乃南海珞珈山之灵神也,或云劝善于西京,或云慈航普渡,或云宏慈锡胤,以故庙宇遍天下,金身满乾坤,甚至家家供养,户户虔诚。"⑤ 观音崇祀在各地非常普遍,如灵石县,康熙二年(1662年),灵石县南关镇金旺村重修观音楼。⑥ 康熙八年(1668年),灵石县南关村重修观音庙。⑦

---

① 史静怡:《三晋石刻大全·寿阳县卷》,三晋出版社2010年版,第419页。
② 杨洪:《三晋石刻大全·灵石县卷》,三晋出版社2010年版,第390页。
③ 武有平:《三晋石刻大全·方山县卷》,三晋出版社2015年版,第147页。
④ 王丽:《三晋石刻大全·晋城泽州县卷》,三晋出版社2012年版,第406页。
⑤ 武登云:《三晋石刻大全·汾阳县卷》,三晋出版社2017年版,第602页。
⑥ 杨洪:《三晋石刻大全·灵石县卷》,三晋出版社2010年版,第80页。
⑦ 杨洪:《三晋石刻大全·灵石县卷》,三晋出版社2010年版,第81页。

康熙四十四年（1705年），灵石县静升镇草桥村重修观音堂。① 雍正十一年（1733年），灵石县翠峰镇夏庄村重修观音庙。② 乾隆十一年（1746年），灵石县静升镇核桃凹村重修观音庙。③ 乾隆二十八年（1763年），灵石县夏门镇梁家疙瘩村重修观音庙。④ 嘉庆六年（1796年），灵石县夏门镇西河底村重修观音堂。⑤ 嘉庆十年（1800年），灵石县翠峰镇苗旺村移建菩萨庙，等等。⑥

崇祀观音主要因为佛教宣传之观音具有广大的功德力，佛经中阐述了观音的诸多救济功能。据《法华经·普门品》曰："若有持是观世音菩萨名者，设入大火，火不能烧。由是菩萨威神力故。若为大水所漂，称其名号，即得浅处。若有百千万亿众生，为求金、银、琉璃、砗磲、玛瑙、珊瑚、琥珀、真珠等宝，入于大海，假使黑风吹其船舫，飘堕罗刹鬼国，其中若有，乃至一人，称观世音菩萨名者，是诸人等皆得解脱罗刹之难。以是因缘，名观世音。若复有人临当被害，称观世音菩萨名者，彼所执刀杖寻段段坏，而得解脱。若三千大千国土，满中夜叉、罗刹，欲来恼人，闻其称观世音菩萨名者，是诸恶鬼，尚不能以恶眼视之，况复加害。设复有人，若有罪、若无罪，杻械、枷锁检系其身，称观世音菩萨名者，皆悉断坏，即得解脱。若三千大千国土，满中怨贼，有一商主，将诸商人，赍持重宝、经过险路。其中一人作是唱言：'诸善男子！勿得恐怖，汝等应当一心称观世音菩萨名号。是菩萨能以无畏施于众生，汝等若称名者，于此怨贼当得解脱。'众商人闻，俱发声言：'南无观世音菩萨。'称其名故，即得解脱。若有众生多于淫欲，常念恭敬观世音菩萨，便得离欲。若多嗔恚，常念恭敬观世音菩萨，便得离嗔。若多愚痴，常念恭敬观世音菩萨，便得离痴。"⑦ 可见，观音菩萨被宣传为能救苦救难，消除风、水、火、罗刹、刀杖、恶鬼、枷锁、怨贼灾祸以及满足民

---

① 杨洪：《三晋石刻大全·灵石县卷》，三晋出版社2010年版，第94页。
② 杨洪：《三晋石刻大全·灵石县卷》，三晋出版社2010年版，第110页。
③ 杨洪：《三晋石刻大全·灵石县卷》，三晋出版社2010年版，第131页。
④ 杨洪：《三晋石刻大全·灵石县卷》，三晋出版社2010年版，第151页。
⑤ 杨洪：《三晋石刻大全·灵石县卷》，三晋出版社2010年版，第245页。
⑥ 杨洪：《三晋石刻大全·灵石县卷》，三晋出版社2010年版，第254页。
⑦ （后秦）鸠摩罗什：《妙法莲华经》卷7，《大正藏》第9册，第56页。

众求男求女的心愿。现实社会中，观世音菩萨救苦救难的形象被广泛接受。如雍正九年（1731年）《新建观音堂碑记》载："自古圣贤豪杰之有功于世者，功在一乡，则一乡祀之，功在一国，则一国祀之，功在天下，则天下祀之矣。功不同其祀不同也。从未有以菩提济世，以慈悲心救人，如观音大士也。大士圣人也，人视远惟明，而大士明无弗见，圣人听德惟聪，而大士聪无弗□。众生受诸苦恼，大士观其声音，皆得鲜脱，有如是等大威神力，故名观音大士。且大士神人也，□千大千人，有百千万亿众，即现百千万□□□□之说法，此盖以慈悲为心，以宝筏渡世，故又□□慈航大士。至于寻声救苦，念彼观音力，而火坑□成□，□□不能□，盗贼不能侵，枷锁得寸烈，□□□□□不胜屈，则又神乎！其神者所谓圣，而不可知者，其大□□□□□遍□宙内，无论学士大夫，□□乡达，虔心瞻仰，即愚夫愚妇，闻大士之名，亦莫不致其诚敬焉。"①中国自古传统，凡有功于民者即崇祀之，观音被崇祀、中国传统祖先崇祀和圣贤崇祀的区别何在？此文一方面认为观音有洞察一切苦难、拯救一切苦难的所谓"大威神力"；另一方面认为观音可"变化说法"，"寻声救苦"，非常迅速灵验。实际上均是从神秘主义角度出发，宣说观音的所谓"神秘与灵验"，契合了民众在苦难中亟须获得救助的心理需求。但这种认识只是一般的从佛教宣说角度的传统认识，而民间对观音的认识态度与社会因素关系更为紧密。

（一）观音庙的存在形式

清代观音庙存在形式第一种情况是附属于佛教寺院之中，作为寺院之配祀建筑存在，如康熙三十一年（1692年）《重修开化寺观音阁记》载："距县城三十里有舍利山，山建开化寺，盖后唐武平二年创也。其耸峙者惟观音板阁，为大愚禅师卓锡处。"②后唐并无武平年号，盖北齐武平二年（571年）。又光绪元年（1875年）《重修华严寺观音殿碑》载："盖闻云郡东廓外，旧有华严古寺，内建观音罗汉之殿……本寺住持僧同禄、同庆，徒无疆，徒孙学成。"③

---

① 武登云：《三晋石刻大全·汾阳县卷》，三晋出版社2017年版，第524页。
② 常书铭：《三晋石刻大全·高平市卷》，三晋出版社2011年版，第504页。
③ 许德合：《三晋石刻大全·大同南郊区卷》，三晋出版社2014年版，第181页。

第二种情况是单独以"观音"命名之寺庙，且有僧人居止。如灵石康熙四十四年（1705年）《草桥村重修观音堂碑记》载："幸有住持僧讳通微，号显真者，实系资寿寺法眷，愿出己财，乡人愿效己力，两意相投。将正殿卷棚以及殿后上下土窑，并周固增壁、门槛、照壁俱焕然之一新。"① 草桥村观音堂由僧人重修。又如，大同康熙五十二年（1713年）《重修观音堂门记》载述观音堂由僧人明贵及徒净过住持。② 又晋城雍正十二年（1734年）《濩泽南关明道厢崔家巷创修观音堂碑记》载："适有住持比丘尼名真性，字天然，遂发善愿，独力募化，创建三大士殿、两角殿、东西两庑、对楼、山门……所有信女施财输粟，恋慕礼敬，诸檀越未登记载。倘勒男而遗女，留上而忽下，颂大而缺小，勤始而倦终，其于生成之理，天地之道，殊大有玷也。住持天然遂告于余，镌立记碑，上列布施女眷，不没人善，兼谢己责。此诚统阴阳、兼动静、合上下、贯始终，能济乎物，无损于己，为无忝于太极之理也。至最有为、耐勤苦、得人心、坚操守，天然其可少乎哉？"③ 这两种情况的观音殿或者观音庙均由僧人住持，性质上属于佛教寺庙。

第三种情况是观音庙单独建庙，但已经完全民间化，没有僧人住持，只有看庙人或者处于无人看守状态，只在民众需要时来祭祀，或者节日时由香首组织祭祀，破败时，由纠首组织重修，无论是看庙人、香首还是纠首都是村社中在家的普通民众或者回乡的乡绅充任，而非出家之僧人。这类观音庙也被称作娘娘庙、奶奶庙或者圣母庙，其崇奉主尊神灵均为观音。也有民间祠庙中附属建立观音殿。这类的观音庙均属于民间信仰，观音已经被完全等同于民间神灵。如高平顺治八年（1651年）《□□□□□粉诸神碑记》中载述观音庙有住持王真松、秦常松。④ 所谓的"住持"实则并非僧人，而是在家之人，也就相当于民间庙宇中一般的看庙人。

民间祠庙中建观音殿的情况也比较普遍，如高平嘉庆六年（1801年）

---

① 杨洪：《三晋石刻大全·灵石县卷》，三晋出版社2010年版，第94页。
② 许德合：《三晋石刻大全·大同南郊区卷》，三晋出版社2014年版，第117页。
③ 李永红：《三晋石刻大全·晋城市城区卷》，三晋出版社2012年版，第179页。
④ 常书铭：《三晋石刻大全·高平市卷》，三晋出版社2011年版，第232页。

《重修关帝庙创建大士阁记》载:"北苏庄之南,有圣帝关夫子庙,不知创自何时……复于院之东南创修大士三楹,以临通衢,其外则西房五楹,为憩息之所。北建舞楼三楹,下设门以通神道,而西翼以楼,东翼以阁,开偏门焉。庙貌虽狭隘,每当春秋祈赛,歌舞娱神,村中父老子弟长跽荐□,肃然生敬,于以颂扬忠烈,兴起颓风,胥于是乎系之……惟圣帝祠宇偏九州……而精忠大义,实足以弥宇宙而贯古今……观音大士相传保赤子而渡群迷,建阁祝禋,亦神道设教之意也。"①清代村社中大量建立观音庙,或者在民间祠庙中建观音殿,均视观音为慈悲济度之民间神灵,并且多与关帝并祀。

(二)修建观音庙的原因

清代村社中观音庙非常普遍,从庙宇碑志载述之原因分析,是基于对观音的崇奉,《法华经·观世音菩萨普门品》中详尽地描述,佛告无尽意菩萨:"善男子,若有无量百千万亿众生受诸苦恼,闻是观世音菩萨,一心称名,观世音菩萨即时观其音声,皆得解脱。"②"观音菩萨云者,盖以遍观大千世界,寻声救苦,而为大慈大悲至善之极称也已,无处不有斯堂焉。"③"观音菩萨赐福赦罪,延生解厄,种种救济不可枚举。而又地介山河,风气攸关,洵胜地也。"④"凡人祈福保安,有求辄应,捷于影响。"⑤佛教经典和寺观碑志从观音之各方面所谓"功德力"宣说,主要基于敬神祀神"报功德"的目的,"凡庙之设,必有功于社稷,有德于民生者,然后建为坛垲,世世崇祀,以昭报德报功至意"⑥。建庙祀神的目的最终又落实于对民众的所谓御灾捍患,赐福予祥等现实利益,与中国传统祖先崇拜、圣贤崇拜之歌功颂德慎终追远具有同样的文化意义。

民众修庙的原因主要为祈福消灾,"有因作善而建者,有因祈祷而建者,有因补风邀脉而建者。建虽不同,其为见像作福则一也"⑦。求福之

---

① 常书铭:《三晋石刻大全·高平市卷》,三晋出版社2011年版,第445页。
② (后秦)鸠摩罗什:《妙法莲华经》卷7,《大正藏》第9册,第56页。
③ 雷涛:《三晋石刻大全·曲沃县卷》,三晋出版社2011年版,第121页。
④ 杨洪:《三晋石刻大全·灵石县卷》,三晋出版社2010年版,第110页。
⑤ 李永红:《三晋石刻大全·晋城市城区卷》,三晋出版社2012年版,第190页。
⑥ 贾圪堆:《三晋石刻大全·长治县卷》,三晋出版社2012年版,第148页。
⑦ 雷涛:《三晋石刻大全·曲沃县卷》,三晋出版社2011年版,第121页。

主要内容之一是求嗣,《法华经·观世音菩萨普门品》云:"若有女人,设欲求男,礼拜供养观世音菩萨,便生福德智慧之男。设欲求女,便生端正有相之女,宿植德本,众人爱敬。"① 康熙三十七年(1698年)《建白衣三圣阁碑记》载:"夫人生而愿有子,有子而贵,贵而且寿。斯亦不可必得之数矣。惟其不可必得也,于是而供'白衣'焉,曰此'送子观音'也;于是而事文昌焉,曰此'桂箓神司'也;于是而礼张仙焉,曰此'延祐大圣'也。似几几乎可以有子而贵而寿矣。无如,今之事三圣所在皆然。"② 又康熙三十八年(1690年)《重修观音堂百子阁记事》载:"本巷观音堂制始久矣,内有百子阁,每祷必应。"③ 又道光十三年(1833年)《东坡村观音庙道光石碣》曰:"尝闻:行善者佛法有感,积德者神祇有应。佛法者仁人求之,神圣者上庶敬之。求之者,默佑享年子旺;敬之者,庇及万福无疆。"④ 道光二十五年(1845年)《重修观音阁碑记》曰:"昔读庾信《经藏碑》,言如来说法,万万恒沙,菩萨转轮,生生世界,是大生广生,本西方圣人之心也,惟视人心所感何如耳。吾村为沁南北通衢□□,旧有观音大士祠一方,俱赖以庇,而求嗣者尤无不响应。"⑤ 道光二十八年(1848年)《湾里村白衣大士阁碑记》载:"古者祈嗣于先禖,以郊天日祀之故。又曰:郊禖变媒言媒神之也。至月令,有太牢祀高禖之文,则以元鸟至为期。盖昔高辛氏与世妃简狄出祀郊禖,而生契。其日元鸟适至,故诗曰:天命元鸟,降而生商。后遂不以郊,而以是日变郊,言高尊之也。大抵皆克禋克祀,以弗无子之意也。天子如此,庶人可知矣。近世祈嗣于子孙圣母,或即高禖之遗风与。然白衣大士亦司钟毓之祥,则又作圣母之匹休也。高禖之祀远矣,圣母之祀繁矣,大士之祀亦鸟可阙哉。"⑥ 可见,中国民众将子孙繁盛,家族兴旺作为人生之福,甚为期盼。历史发展过程中将祈求高禖之神与子孙圣母、白衣大士信仰融合,赋予了观音"送子"的功能。

---

① (后秦)鸠摩罗什:《妙法莲华经》卷7,《大正藏》第9册,第57页。
② 赵栓庆:《三晋石刻大全·襄垣县卷》,三晋出版社2015年版,第763页。
③ 李永红:《三晋石刻大全·晋城市城区卷》,三晋出版社2012年版,第144页。
④ 武有平:《三晋石刻大全·方山县卷》,三晋出版社2015年版,第200页。
⑤ 车国梁:《三晋石刻大全·沁水县卷》,三晋出版社2012年版,第352页。
⑥ 曹廷元:《三晋石刻大全·古县卷》,三晋出版社2012年版,第418页。

修建子孙圣母庙主要目的是祈求子嗣，但一些乡绅的观点却具有严重的贬低妇女的思想。乾隆四十一年（1776年）《重修圣母庙记》载："稽古神圣多矣，□庙以祀之者，即有无庙而不祀者。独子孙圣母明禋几遍寰区，其意亦可以微会矣。盖天下易晓者男子，而最难化者妇人，往往有心存嫉妒而忍绝夫之嗣者，□□祷祀以求厥后焉，正所以渎我神灵也。是知古老建此，殆欲一方妇女，仰体好生之德，俯施□□□恩，所谓太姒嗣徽音，则百斯男者，非此意也耶？则其关于世道人心者，岂浅鲜也哉！"① 碑后署"后学梁继丰撰"，梁继丰具体身份不清楚，应是乡间文人。梁继丰认为，妇女"难化"，"心存嫉妒而忍绝夫之嗣"，因此，各地大量修建子孙圣母庙以教化妇女学习太姒祀嗣，为男子绵延香火。梁继丰之歧视妇女，贬低妇女的思想应该并非个案，反映了清代乡村社会中妇女地位低微，绵延香火被认为是妇女最主要的作用。

御灾捍患亦是观音庙修建之目的，乾隆三十九年（1774年）《新建白衣庵序》载："三十七年大旱，总理住持率众祈祷于兹，未三日而大雨如注。凡祈雨者，甘霖立沛。求问者，即现祥麟。于是众发善念，恳缘募化，创建白衣大士神庙一所。"② 道光十年（1830年）《白衣洞碑序》载："盖闻灵邑东南乡八十里许石膏山上、中、下三岩，道路崎岖，上下连绵，可观胜境，真此方福地。白衣菩萨洞、龙王洞，若遇旱涝祈祷取雨，有求即应。"③ 咸丰元年（1851年）《重建玉皇阁观音堂人祖殿碑记》载："道光三十年（1850年）春三月岁大旱，阁村数人谒庙祷雨，许愿重塑金身。幸而三日雨足，秋遂大熟。十月间祷雨人会合牌人众公议，首事人等赴疃广募，欣然乐输。"④ 山西各地以山地为多，农业收成主要依赖天雨，因此，拔旱祷雨成为民众经常性活动，观音也被民间赋予降雨的职能。祷雨如能应验就会被认为灵验，民众则会竭尽全力重修庙宇，重塑金身，并立碑以志。

民众在日常生活中遇到最多的困难是疾病，观音被认为可消灾治病，

---

① 汪学文：《三晋石刻大全·洪洞县卷》，三晋出版社2008年版，第402页。
② 曹廷元：《三晋石刻大全·古县卷》，三晋出版社2012年版，第57页。
③ 杨洪：《三晋石刻大全·灵石县卷》，三晋出版社2010年版，第353页。
④ 杜银安：《三晋石刻大全·乡宁县卷》，三晋出版社2014年版，第206页。

"观音大士，威灵莫测，广施药饵，普救众生，有求必应"①。乾隆二十五年（1760年）《新立三圣庙碑记》曰："闻之，菩萨之称所以普济群生也。夫菩萨之普济群生，固未易测要，其广嗣裔则莫如白衣菩萨焉，消目疾则无若眼光菩萨焉，祛痘灾则莫老痘母菩萨焉。"② 乾隆五十六年（1791年）《重修关帝庙观音堂碑记》曰："盖以我观音之神虽居南海紫竹之中，而微显阐幽，随处现形，杨柳枝能疗宇内之疾苦，净缸水可济两间之农人，至于有求必应，无微不显，神之为灵昭昭也。"③ 光绪十年（1884年）《观音菩萨堂重修碑记》载："高石河村中旧观音菩萨堂，村之望也。然基址狭隘，垣墉卑陋，昔人时欲修葺，奈点金乏术，善心往往终止。于同治年间，菩萨施药瘳病，远近求者无不立愈。由于香火之赀，日积月累，由少而渐多焉。"④ 观音塑像一手托净瓶，一手持柳枝。民众认为柳枝可以治病，水可以润物滋生，都是民众对于观音形象和职能最直接的观感体会之理解。

遇到瘟疫、地震等自然灾害之时，人们迫切寻求精神庇护，有人则借助菩萨之名舍药。如道光年间《重修白衣大士庙并妆神像记》载："余庄西门外坤地旧有白衣大士庙，地势虽云狭隘，恩泽实自洋溢，然岂仅托诸空言哉？尝见有乞求子孙者无不应验，祈免害难者无不庇荫。非特如是，而且于道光丁酉暮春，舍药以济活人。当时四方来者实繁有徒，接踵至者不一而足。盖无论乎遐迩，无论乎长幼，大抵一诚无伪，有祷即应。"⑤ 这些舍药之人极可能为民间之神婆巫医，在暮春发生瘟疫之时，以观音显灵的名义舍药，吸引大量民众拜祷，一定意义上发挥了精神安慰的作用，同时也可能导致神秘主义迷雾扩散，进而伤害民众身体健康，乃至民众资财受骗。

严重的自然灾害和疾病、瘟疫很容易引起民众的极度恐慌和焦虑，进而促使民间的神秘主义思想高涨。光绪八年（1882年）《重修观音阁

---

① 冯吉平：《三晋石刻大全·吉县卷》，三晋出版社2017年版，第315页。
② 赵栓庆：《三晋石刻大全·襄垣县卷》，三晋出版社2015年版，第233页。
③ 杜红涛：《三晋石刻大全·孝义县卷》，三晋出版社2012年版，第238页。
④ 王苏陵：《三晋石刻大全·黎城卷》，三晋出版社2019年版，第347页。
⑤ 雷涛：《三晋石刻大全·曲沃县卷》，三晋出版社2011年版，第265页。

碑记》载:"村人久欲重修,不幸光绪三年(1877年)忽遭大旱,越一年戊寅,斗米值钱贰仟,田产不值半价。村人救死而恐不赡,奚暇治此事哉?至庚辰又遭冰雹,意者天灾之流行,未必非神庙不修以致此。村人于是公议重修,但□饥馑之余,赀财不足,余因出借钱伍拾余仟,以襄是事。"① 民众认为天灾流行,绵延不断,可能是不修庙宇所致,因此积极修补寺庙。又如光绪三十三年(1907年)《重修观音堂碑记》"尝闻庙宇之举废,关乎一村之兴衰。况乎人所赖福庇者神明也,神明赖栖身者殿宇也,则夫庙貌之嵯峨峥嵘,不但足矣。"② 民众将庙宇的存废与村落的兴衰相互联系,也反映了村社社会思想层面神秘主义思想广泛存在。

村社修庙似乎只是着眼于庙宇,而并不十分强调观音庙,主要是起到所谓补风水、壮观瞻的作用,"自来庙堂之建也岂无由哉,一以托神庇,一以补风气"③。顺治二年(1645年)《创建观音堂碑记》载:"创建圆通之境,永镇风水之界,作善降祥,行恶有殃,人之好善,以庄立社,是正论也。垂觉后人,现前看得正南偏东山峰欠缺,补立庙宇永求吉利也。立堂高耸,山岗俊雅,神必享之。"④ 咸丰二年(1852年)《创修西阁碑记》载:"人之所以补偏而救弊者至矣哉,不独事有缺陷能挽回而补救,即地气生成亦有任其维持而调护者。许庄村之东南与北,周围茂密,无或少亏,惟西独见其缺,缺者而可不思所以补之乎?乾隆岁次乙亥年间,传闻村中父老谋及此事,欲建一阁以补风气之不足……阁之上前列观音,后列佛祖。列观音者何?盖以观音者指迷之士,因迷渡迷,而其迷之也终必悔。列佛祖何?抑以佛祖者西方之圣,以西补西,而其补之也不易位。况观音之所行慈也,慈一人而无异众人,慈众人而亦如一人,故自脱尘后而尊奉者广。佛之言觉也,愚者觉而智,昧者觉而明,故自入中国而爱敬者多,此阁上列神之意也。"⑤ 清代村社中多建庙宇或者高塔以"补风水""镇风气",多由民间之阴阳先生指导为之,至于建

---

① 冯锦昌:《三晋石刻大全·和顺县卷》,三晋出版社2012年版,第183页。
② 车国梁:《三晋石刻大全·沁水县卷》,三晋出版社2012年版,第417页。
③ 杨洪:《三晋石刻大全·灵石县卷》,三晋出版社2010年版,第94页。
④ 王立新:《三晋石刻大全·陵川县卷》,三晋出版社2013年版,第93页。
⑤ 常书铭:《三晋石刻大全·高平市卷》,三晋出版社2011年版,第644页。

何主神的庙宇，实际比较随意，即使有解释，也比较牵强，如认为佛来自西方，适合补西方风水云云。又如宣统元年（1909年）《桃钮村改建庙碑记》曰："盖天地之道曰阴阳，阴阳和而万物生。余桃钮村一里首村也，在昔富而且和，乃自道光年间日渐衰弱，识者以谓阴阳不和之故。兹于宣统元年（1909年）邀风鉴牛先生桂元者细为审度，以谓村南离宫旧建观音庙与村相克不和。考之旧碑，系嘉庆年间由村沟改建于离方，离为村乾山绝命破军星，故庙克村。盖庙者，天星也，上应天上之星辰，下司人间之福禄，以村西佛庙为吉方。于是公议移神于此以趋吉，拆毁旧庙而去凶，则神得凭依，人蒙庇护。总论桃钮村艮宫发脉，乾山高大方正，兑方堡寨巍然高峻，而诸圣神庙悉座坤兑之间，是吉星全备，视震巽离克方皆低小降伏矣。夫风水之道自古尚矣，今牛先生深明阴阳奥理，直断吉凶，应若指掌，如先生者近世希矣。"① 改建庙宇的原因是风水先生认为庙宇与村庄"相克"，导致村庄阴阳不调，需要改建庙宇，改变风水，使得村庄和谐富裕。

观音庙的建立和续修因为一些个人突发事件而建立或者重修。因所谓"通神"而建庙。顺治二年（1645年）《鼎建观音阁碑记》载："夫吾安知观世音也哉？但见人之险阻忧患，靡不举手合掌念'南无观世音菩萨'，乃知观世音慈航普渡者也。况遇人之为善，有不慈航而普渡之乎？州西冯家垣刘孝之子刘仕禄父子好善，诸不尽悉，大抵以不忍之心、行不忍之事，不过尽其为人，即其通神者也！一日仕禄兀坐，恍惚观世音告语曰：'子善人也，吾渡子，渡子以渡人，子曷为我安之。'仕禄遂卜地鸠工。"② 刘仕禄因所谓"恍惚"间认为是观音告语而建庙。

因所谓"显灵"事件而建庙。同治元年（1862年）《观音大士菩萨显化救苦石志》："咸丰十一年（1861年）冬十二月望后十日，村人任丕显由泉镇晚归，风尘迷漫，路少行人。行东郊，遇一道者，星月朦胧，不辨男女。恍见身衣黄服，头挽蓝巾，接踵扳谈，言来年瘟疫大行，村民有难，惟有制一红伞，日树中街，乃可保安，此为盛举尔。其竭力语

---

① 杨洪：《三晋石刻大全·灵石县卷》，三晋出版社2010年版，第581页。
② 高继平：《三晋石刻大全·柳林县卷》，三晋出版社2013年版，第73页。

次，及庙俟迷所在。斯时也，显犹漠然置之。延次春正初七日，显因旧愿，设供神前，入庙拜瞻，恍觉大士巾服形容，宛如昨昔之相遇于道者然。显忽惊悟，觉大士现身说法，指迷救苦者，即在是也。意将遵法制伞，但恨空手无资。我辈闻风惠惠，愿共襄成，未及一月，四方布施者不期云集，伞由是以成。迨本年瘟疫蜂起，传染各乡，独我村安堵如故，即邻村之凡在布施者，均获安祥。"① 任丕显因遇到道者预言"来年瘟疫"，并认为道者即观音庙中"观音"，于是为观音庙制作伞盖，并保护村社未遭瘟疫云云。

因所谓"梦兆"而建庙。乾隆四十一年（1776年）《重修观音堂序》"杨学闻自热河归，□动善念，在□边化银二十余两，以作重修费用。乃银虽有若干，而董事者无其人也。延至七八年，忽一夜，杨宗瑷梦神人警告，方纠集百禄、接乾、绍周等□厥工，□□□欢，欲□从事。于是拨官银一十九两，更上银十三两有奇，自八月动工，十月告竣"②。杨宗瑷因梦"神人警告"，纠集众人捐资修庙。又如，咸丰六年（1856年）《创建观音堂序》载："尝思大而化之谓圣，圣而不可知之谓神。神之化人，人所不知，而今亦有知者焉。余自道光廿五年（1845年）六月间，偶得腹疼之疾，年年有犯，延至咸丰元年（1851年）八月，贱躯瘦弱难堪，自觉不能久于人世矣。不意直至十月卅日晚，睡梦中见吾二伯母身着青衣，左手捧水盃，右手捧药数十丸，向余曰：'尔病欲愈，可服此药。'余遂服之，伯母又在余背捶七下，忽然惊醒，乃是一梦，大约时有三更。心中暗想，此必神人之化我也。余于次早，沐手焚香祝神。若有化余之心，余病愈之日，愿与神建庙立祠。由是病势渐痊，再未有犯。故二年十月间，鸠集村众，共议此事，人人乐从。"③ 成作梅因梦中得药，大病痊愈，认为是神人化之而修庙。

奉母亲命而重修庙宇。嘉庆二十五年（1820年）《改建观音庵并新立文昌碑阁记》载："是庵创自何代无可查考，惟稽旧殿栋记为蔚声远，明府之高祖于国朝顺治丁酉秋季重修，且蔚氏居故州，人称蔚家

---

① 武登云：《三晋石刻大全·汾阳县卷》，三晋出版社2017年版，第929页。
② 王国杰：《三晋石刻大全·新绛县卷》，三晋出版社2015年版，第168页。
③ 杜银安：《三晋石刻大全·乡宁县卷》，三晋出版社2014年版，第212页。

庵。所供大士俗名送子观音，座下塑许多婴儿像，凡艰于嗣者以线系之，谓之拴子，犹古祝意也。其间环配罗汉，上列山形，救苦悬空，层云□载，佛光普照，洵属巨观。屈指百六十余年，春风暑雨，庵渐倾颓，声远当庠生时，其封母王太孺人口谕之曰：'汝将来如宦成后，须捐廉重修此庵，□□于适门后，曾恭谒大士前，以线系其怀抱塑像儿，逾年即产汝，竟肖似其像，佛可谓有灵焉。'声远心领而弗敢忘也久矣。迨至己卯春，声远至直隶元城以读礼回籍，追思太孺人治命，先出千金须材鸠工，大兴土木。"① 王孺人祈嗣观音庙，以线拴观音怀抱塑像儿，来年得子蔚声远，长相肖似塑像儿云云。王孺人告诫蔚声远得官后要修庙"报恩"。

这些修建观音庙的个案均是因个人原因而起意修建，所有的个案都包含了浓厚的神秘主义传奇故事色彩，都有核心人物，其故事在当时应该是由核心人物讲述而流传。其中刘仕禄"恍惚通神"，似乎目的在于神化自我的同时，利于集资修庙。任丕显"路遇神人"故事，似乎主要是为鼓舞人心集资修庙。杨宗瑗梦"神人警告"则是更为简单直接的鼓舞民众修建庙宇的一种方法。这三人个案可以归为一类，即为发动鼓舞民众集资修建庙宇，利用神秘主义的故事进行宣说。成作梅因病愈修庙故事中也包含了梦中"伯母赐药"的神秘故事，也客观上增加了民众的惊奇、仿效心理，可以发挥鼓励民众积极参与修建庙宇的作用。蔚声远的修庙则完全是基于个人所谓传奇经历的个人行为，认为其生命是母亲祈嗣，观音赐予，后来之官运顺达也认为是观音护佑，因此尊奉母亲之命，修建观音庙，观音庙也成为蔚氏家族的家庙。

（三）观音庙中神灵的组合

观音庙中所供奉神灵除观音外，多塑绘供奉与民众生产生活密切相关之民间神灵。

第一，观音庙中以三大士为主，配合其他佛教神灵，如诸天、地狱十王、罗汉、十大明王等。顺治二年（1645年）《重修观音堂碑记》载："内塑南海观世音三大士尊，并两傍圆□诸天十王罗汉神像。一堂五彩，

---

① 杜启贵：《三晋石刻大全·朔州市朔城区卷》，三晋出版社2017年版，第429页。

金碧鲜明，焕然一新，圣像巍□，庙貌增彩，自是神灵□祐一方。"① 顺治八年（1651年）《重修观音堂大殿记》载："大同西距十五里虾蟆湾，旧有观音菩萨及十大明王像。叩之，土人云：像自秦之万佛洞飞来，缘此地妖孽为害，随响而至，祟即寝灭。斯非千万镱化身以声闻大觉者乎？"② 康熙三十九年（1700年）《孔家坡创建三大士堂记》载："创建三大士堂告予。遂登其堂，见其中则观音，左则文殊，右则普贤，金碧辉煌，射人眼目，是名庄严……始则村人各出谷麦，收积营运，终则量募上下村落，聊助涓滴，以成厥事。"③ 乾隆三十七年（1772年）《静升村增修眼光菩萨庙碑记》载："唐《六典》有萨宝府，掌胡神祠，菩萨之名传自昔矣。考之佛书，菩提萨口言'觉有情也'，从简称菩萨，有异名无异神也。静升村有三大士殿，今名眼光菩萨庙，是眼光之为灵昭昭也。顾观里人瞻拜之时，敬眼光亦必敬观音，敬白衣亦如敬眼光，则谓之三大士殿也。"④ 嘉庆八年（1803年）《重修观音庙碑记》载："汾郡东曹家庄有坐离向坎之古庙。屈指诸神观音正坐居中，左为文殊菩萨，右为普贤菩萨侍坐圣像，西塑玄天上帝、妙道真君，东塑梓潼帝君、灵佑大帝。两傍悬塑，又为十八罗汉。上下左右，固皆惠我无疆之神也。"⑤ 光绪十八年（1892年）《重修观音庙并龙天庙碑记》载："下黄彩之村南，旧有大士殿一座，可谓保障一方，灵庇一村者也……其制南殿三楹，内祀大士，旁祀罗汉、阎君，东西殿各三楹，东祀佛，西祀龙王，山门一间，东西禅房各一楹，而村北龙天庙亦从此光焕焉。"⑥ 三大士塑像观音居中，左为文殊菩萨，右为普贤菩萨，多数情况会配祀罗汉，但也有配祀密教明王、地狱十王，甚至玄天上帝、妙道真君，梓潼帝君、灵佑大帝等道教神灵。

第二，观音庙中主尊为观音菩萨，配祀则为各类民间神灵，或塑于一殿，或分治各殿。以三尊像设立，主尊为观音，左右配祀其他神灵的

---

① 常书铭：《三晋石刻大全·高平市卷》，三晋出版社2011年版，第230页。
② 许德合：《三晋石刻大全·大同南郊区卷》，三晋出版社2014年版，第109页。
③ 车国梁：《三晋石刻大全·沁水县卷》，三晋出版社2012年版，第153页。
④ 杨洪：《三晋石刻大全·灵石县卷》，三晋出版社2010年版，第171页。
⑤ 武登云：《三晋石刻大全·汾阳县卷》，三晋出版社2017年版，第711页。
⑥ 王琳玉：《三晋石刻大全·晋中市榆次区卷》，三晋出版社2012年版，第340页。

情况，如观音、马王、药圣组合，乾隆八年（1743年）十一月立，《人和庄重修观音堂记》载："庄以南建观音堂壹座，居离向坎，中祀菩萨，旁里马王、药圣。"① 观音、白衣菩萨、眼光菩萨组合，如乾隆十五年（1750年）《观音三神庙碑记》载："考县志载，《白衣三圣阁记》作者力破世俗邀福、诌神之陋，而专取洁白、光明、悲愍数义——归之于人心，谓人心自有真神焉……余取《白衣三圣阁旧记》示之曰：白衣之洁白□犹也；观音仍取悲愍之义耳；眼光仍取光明之义耳。——求之人心，人心果自有真神焉。苟于真神失之不蓁，无所祷乎？"② 民众对菩萨的理解也比较随意，有时将观音与白衣混为一尊，有时又分为两尊。白衣菩萨、眼光菩萨、痘母菩萨组合，如乾隆二十五年（1760年）《新立三圣庙碑记》载："闻之，菩萨之称所以普济群生也。夫菩萨之普济群生，固未易测要，其广嗣裔则莫如白衣菩萨焉，消目疾则无若眼光菩萨焉，祛痘灾则莫老痘母菩萨焉。夫三圣菩萨之普济群生也。兹者磁窑头村之居民感三圣菩萨知之大德，集众□□，遂于灵应堂之西而建立庙貌焉。"③ 白衣菩萨主要掌广嗣；眼光菩萨掌消目疾；痘母菩萨掌祛痘灾，所谓"三圣"称谓比较模糊，具体菩萨组合较为随意。观音、伯王、马王组合，如嘉庆十四年（1809年）《重修观音堂碑》载："兹茨林村有古庙一所，中观音堂，左伯王、右马王，历年久远，原不无倾颓催崩之端矣，而生长斯土者，整旧如新，内外但见其玲珑焉。"④ 道光二十八年（1848年）《夹道村增修庙碑记》载："尝思昔有作庙之功德，斯谓酬神之恩。前人有创建之功，后人岂无补葺之志。即如十八年二层院中祀观音菩萨，两傍崇祀伯王老爷、马王、牛王老爷，诸神各安其位。"⑤ 光绪三十二年（1906年）《观音堂重修碑记》载："历观通都大邑，凡人烟聚会之处，无不建立庙宇，崇奉祀典者非直为观美也，亦以福善祸恶报应之不爽耳。西祁村震地旧有观音堂壹所，左药王右马王牛王。"⑥ 观音、文昌、财神组合，

---

① 朱红武：《三晋石刻大全·临猗县卷》，三晋出版社2016年版，第99页。
② 赵栓庆：《三晋石刻大全·襄垣县卷》，三晋出版社2015年版，第221页。
③ 赵栓庆：《三晋石刻大全·襄垣县卷》，三晋出版社2015年版，第233页。
④ 杜银安：《三晋石刻大全·乡宁县卷》，三晋出版社2014年版，第164页。
⑤ 杜红涛：《三晋石刻大全·孝义县卷》，三晋出版社2012年版，第416页。
⑥ 朱红武：《三晋石刻大全·临猗县卷》，三晋出版社2016年版，第229页。

如嘉庆二十四年（1819年）《修建白衣大士文昌财神庙记》载："东西之间分两侧为三楹，中塑白衣大士像，左文昌右财神，其果有伦纪而当□□。余同未敢□言，然祈神保佑之心，则一也。夫白衣大士，俗所谓送子观音也。自兹以后，神其祐之子孙可以无替，列之□无之嗣矣。而既多男子其为士而读书者，则祈文昌祐之。其为农、为工、为贾而求丰其衣食者，则祈财神祐之。"① 道光二十八年（1848年）《重建菩萨真武阁碑记》载："赵氏，辽之大族也。其先有居马厩村之西偏者，爰建神阁以奉白衣菩萨、真武大帝之祠。"② 庙宇中与观音配祀之民间神灵均与民众生活息息相关，或者负责保护民众子嗣繁盛，或者保护民众身体健康，或者保护民众财产六畜兴旺，其神灵组合则比较随意，并无一定的规律，似乎完全按照民众喜好和需要塑造。

民间在重修或者遇到特殊情况下，会改变庙宇的位置以及神灵的组合。如乾隆二十七年（1762年）《移修观音庙创建关圣祠献殿戏楼碑叙》载："邑西归正都五甲赵家庄村，旧有观音堂一楹，而其中护法关夫子与焉。但世远年湮，风雨摧残，栋宇剥落，墙垣倾颓。有村人目击心伤，公议重修，胥谓观音堂可移，于故址上空地修砖窑一孔，改入二郎、岳公作护法；再增河伯、土地作保障；又云关圣祠宜另建。"③ 观音庙以观音为主尊，原来是以关帝为护法，后改二郎神、岳飞为护法，增河伯、土地配祀。又如，乾隆三十五年（1770年）《灵邑核桃窊村重修白衣庵土地祠碑记》"核桃窊有白衣庵、土地祠者，所以护村社保康宁也。曩时东西相隅，白衣在东，土地在西。戊辰岁，阖村人等大兴土木于白衣庵，新添东西廊房六间，乐楼一座，规制洪壹，真足壮靓瞻矣。乙丑春，暖融地开，正殿乐楼倾坏，阖村又欲修葺。移庵于西，与土地合为一祠，求信于神前者三，而神无转移之意。愈曰：神既不欲迁，神像未可轻动，但移两廊乐楼而已。"④ 民众欲合观音与土地于一祠，但"求信于神前者三，而神无转移之意"故未果。

---

① 朱红武：《三晋石刻大全·临猗县卷》，三晋出版社2016年版，第141页。
② 王兵：《三晋石刻大全·左权县卷》，三晋出版社2010年版，第231页。
③ 高继平：《三晋石刻大全·柳林县卷》，三晋出版社2013年版，第155页。
④ 杨洪：《三晋石刻大全·灵石县卷》，三晋出版社2010年版，第168页。

第三，观音变化为"娘娘""圣母""老母"与其他神灵组合。如乾隆三十三年（1768年）《重修娘娘庙碑记》载："尝闻子孙圣母禀坤德以好生，肇人纪以立极；赐我后昆，善男祈无不应；保我赤子，信女祷无不遂。且商山之法力，能解生人毒痛；土地之灵佑，可超亡人英魂，是灵圣之为德也，其盛矣乎！"① 嘉庆八年（1803年）《创建白衣大士堂碑记》载："尝谓修桥补路、扶颠拯危、印造经文、创修庙宇，皆属人闻之善事也。此地路北墙口有小庙一所，以奉白衣大士，于其祭也久矣……天上麒麟往送人间为居，彼也戴其德……古今来佑启后人之一圣母焉，夫是以通都太邑，乡区里巷往往设立庙宇而崇奉之，岂徒有于斯地。"② 道光二十四年（1844年）《重修观音楼碑记》载："盖闻神之为灵昭昭矣，无在而无乎不在，无有而无乎不有，求之则应、感之则通，凡神类皆然也。惟我观音菩萨为无甚，观音者，南海一大士也，救人之难，济人之急，就地现身，随处设法。布慈云于两间，洒法雨于乾坤，岂非神之至灵、尤人之所依以命者哉？故自都会郡县以及乡里小邑、无不设庙奉享，称为'老母'焉。"③"圣母"本为道教中神灵，有认为是"女娲"者，有认为是"碧霞元君"，等等，但因为"送子"的职能，在民间与观音有混同的趋势。

第四，观音被配祀于民间祠庙中。如康熙十年（1671年）《重修轩辕黄帝庙记》载："圣人之生也，能靖天下之难，能成天下之务，一时服其教，万世畏其神。羲农以前无论，已如公孙轩辕……乃仿当年追慕不已之意，亦立庙，面左偏附五谷神，右偏附白衣菩萨，迤西火星子孙、龙王圣母，而戏楼其南屏也。"④ 曲沃县轩辕黄帝庙中附白衣菩萨作为配祀。又如，嘉庆三年（1798年）《重修陶唐峪尧祠碑记》"霍州城东四十里曰陶唐谷，古传为帝尧避暑处，因名焉……立砖窑三孔，其中窑观音、文殊、普贤；其东窑关帝、祖师；其西窑龙王、山神、土地。"⑤ 霍州尧

---

① 汪学文：《三晋石刻大全·洪洞县卷》，三晋出版社2008年版，第391页。
② 张培莲：《三晋石刻大全·运城市盐湖区卷》，三晋出版社2010年版，第322页。
③ 高继平：《三晋石刻大全·柳林县卷》，三晋出版社2013年版，第268页。
④ 雷涛：《三晋石刻大全·曲沃县卷》，三晋出版社2011年版，第103页。
⑤ 段新莲：《三晋石刻大全·霍州市卷》，三晋出版社2014年版，第177页。

祠专门设一窑洞塑三大士。可见，清代民间信仰庙宇以及道教庙宇中增设观音作为配祀的情况也比较普遍。

第五，特殊原因的配祀。因遭遇大的自然灾害之特殊原因而将瘟神列为祭祀对象。如光绪二十五年（1899年）《创建白衣庙碑》载："光绪三年（1877年），其岁大旱，斗粟五两，以致民有饥色，途有饿殍，弛亲□子，各护其身。斯时邑有善士李凤翔、□□荣等，欲妥神庇，出银六两有余，□□□数间，后至□年，村人口喜曰：'微赀而得巨室，工可兴矣。'资财虽微，□□尚庶余物出售，将原赀□□□金□□足费用弃，有村中乐施□□银五十两有奇，虽未从画栋垩壁，□可安妥神灵。于是，□设白衣堂，左人神，右瘟神，共享其祀。"① 光绪三年山西遭遇大旱，饿殍遍野，之后多地又暴发大规模瘟疫，因此临猗县白衣庙中将瘟神配祀观音，包含了祈求祛除瘟疫的愿望。

因县官之德政，深得民心，民众为其塑像，配祀观音。康熙五年（1666年）《新建观音庙记》载："庙何为而建也？曰：报汪侯也。报汪侯而配观音，何也？以侯之谦退不居，绛人情切莫展，即以侯与观音，两者合之而为一，神明之宰也。绛邑土瘠民贫，差烦赋困久矣。自侯之莅兹土也，轸荛救敝，而民物安阜；洒惠飞甘，而遐迩悦服；赋额全登，而盗贼潜息。盖七年如一日焉。念东关为治城屏翰，绸缪尤挚，而关人戴德尤深。壬寅秋，侯感白衣之梦，继而以巡更马踬城下，侯幸无恙。遂捐俸，命关人建白衣大士殿一所，而殿西新辟一区。关人又进正厅三楹，将肖侯像于其中。侯闻而力止，仍命塑南海观音像。众父老曰：'贤侯之德，高厚难酬。所自尽者，早晚一瓣香耳。今若此，其何以安？'不得已，如配享，列位侯主于神左……宜乎绛人之以观音与侯俎豆一堂也。为语绛人曰：'今公在绛，岁时伏腊，勿拜观音而拜侯。侯在而观音在也。指日迁擢，不复炙侯，而见观音则亦不必炙侯也。观音在而侯在也，所谓神明之宰，合而一之也。'"② 绛县长官因实行德政，轻徭薄赋，民众将其塑像配祀观音，主要出于报德之目的。

观音与其他神灵共同奉祀，以何神灵配祀，比较随意，主要出于民

---

① 朱红武：《三晋石刻大全·临猗县卷》，三晋出版社2016年版，第227页。
② 王雅安：《三晋石刻大全·绛县卷》，三晋出版社2014年版，第741页。

众的需求。另一方面因为民众文化水平比较低，对于立什么塑像并没有章法可循。如咸丰四年（1854年）《霍□村补葺观音堂碑记》载："是村观音堂位居乾方，由来旧矣。惜乎无碑记可考，未知始于何代……择兴工之日，将东西佐以砖窑四孔，又将堂檐新为改换，不觉焕然一新，庶乎可告工成矣。乃堪舆之家又言，乾位宜高，于是于窑之上建殿宇三间，东西配以钟鼓二楼。或言宜位护国佛，或言宜塑三教像，终未果决，亦力有未殚。"① 可见村民对于塑什么像，展开争论，并无充足的理由，完全出于自我的理解。

民众可能会根据实际需要和观感而改变庙宇之神灵配置，如嘉庆六年（1801年）《重修观音堂碑记》"吾村旧有观音堂，而以二郎神、圣帝君并列三座，殊属不伦，岂待智者而知哉。揆厥由来，创建于元大德元年，重修于明弘治伍年，沿袭既久焉不察。又且墙垣倾颓，栋宇敝漏，夫人心之凄怆，神明之怨恫彰焉。爰议捐金，协力募化而更张之用，兴土木监工整理。不意方云经始，而已修忽落成矣。谨请帝君于村西庙供奉，二郎神于东岳庙供奉，特奉观音菩萨于本庙。各安正位，无作神羞。至改厅房三间为正窑一孔，院下衬窑一孔，非局省费，谋永固也。规模仍从旧贯，气象业已更新"② 文中未言塑像配置"不伦"之原因，似乎是认为二郎神和关帝不应作为观音之配祀，而应该单独建庙供奉，因而改建。

总之，与观音组合的神灵非常丰富，种类繁多。这些神灵均有现实意义，即有助于民众现实生活的精神期盼，体现出民间信仰的浓厚生活化色彩和功利性目的。同时将观音置于中间位置，也说明民间认可其地位较高、管理之事务更加重要。观音与民间神灵混同为一，也表明其深度中国化，且其主要的功能是解决民众现实需求，而非佛教之注重来世之目的。

（四）庙宇修建的资金来源

明清以来村社庙宇的修建，一般由社首组织联会，共同集资。如乾隆十二年（1747年）《重修观音阁碑记》载："今有社首尉修仁、王玫二

---

① 杨洪：《三晋石刻大全·灵石县卷》，三晋出版社2010年版，第466页。
② 杨洪：《三晋石刻大全·灵石县卷》，三晋出版社2010年版，第245页。

人同心协力，率领阖村各姓人等，凡木石砖瓦，输诚恐后，毫无怠慢，况本年岁荒，每一家做工五日，管饭三日，各出己财，以全善事。"① 乾隆十八年（1753年）《创修观音堂碑序》载："有信士刘发财愿施地基，喜捐资财，志期创建佛堂，因与村人公议同修。纠首孙平富、郭太安等各发善心，挨门营工，同心协力，以襄圣事，募化四方，聚袤集粟，而堂宇焕然聿新，圣像蔚然可睹焉。"② 乾隆十九年（1754年）《重修观音堂碑记》载："州北四十里许有骆驼烟，其村西南有观音堂一境……今春，爰有香首李福旺等，会领村众，各捐己资，同心协力，共襄厥事。"③ 乾隆三十一年（1766年）《观音庙重修碑记》载"上靳安村古有观音庙一座，前人创建，以妥神灵。奈历年既久，而损坏者实多□。乾隆壬午，总管香首欲绩前美，以扩其庚大，苦资财无出，公联百人一会，约得三百余金，于是卜日兴工，遂创建修理"④。乾隆三十四年（1769年）《补修观音堂碑志》载："举阖村维首公议，各出赀财，以地亩捐钱，按人口做工，将庙策补，而神像峥嵘，庙貌重新也。又创建廊房五间，戏楼三楹……住持洪聚同立。"⑤ 乾隆五十三（1788年）年《上乐平村重修观音堂碑记》载："上乐平村西北隅古有观音堂壹座，所以杜风脉而保障一方者也。迄于今世远年湮，庙貌疏漏，墙垣塌毁，神重甚觉其无光矣。首事人等不忍坐视其敝，因而会同阁社联成百人摇会，积金若干。于是谨詹良辰吉日兴工修理"⑥，光绪十四年（1888年）《补修成汤庙文昌阁白衣阁记》载："村旧有成汤庙、文昌阁、白衣阁，自创建以来，兴废不知凡几。今予诸社首特输，其意兴工补葺……焚香拜祝，盟诸神以为约；各执一役；无退悔，无中止。财用按田亩取之，土工按家户拨之，车辆按牲畜派之，工巨费繁则募化四方。向义者闻风乐输，岂非勇于从义、乐于从善者耶！"⑦ 光绪二十四年（1898年）《重修三大士庙碑记》载：

---

① 车国梁：《三晋石刻大全·沁水县卷》，三晋出版社2012年版，第203页。
② 王兵：《三晋石刻大全·左权县卷》，三晋出版社2010年版，第145页。
③ 王兵：《三晋石刻大全·左权县卷》，三晋出版社2010年版，第146页。
④ 汪学文：《三晋石刻大全·洪洞县卷》，三晋出版社2008年版，第132页。
⑤ 王立新：《三晋石刻大全·陵川县卷》，三晋出版社2013年版，第139页。
⑥ 汪学文：《三晋石刻大全·洪洞县卷》，三晋出版社2008年版，第160页。
⑦ 常书铭：《三晋石刻大全·高平市卷》，三晋出版社2011年版，第752页。

"村之南建有是庙，年已久矣……于是按亩收钱，基址屋宇重新建造。虽未能大其观瞻，而以敝易新，自无倾覆之患也。每逢社事，人烟丛集，事者常欲东禅房外廓广第宅，以便作事。"① 光绪三十一年（1905年）《补修炎帝庙古佛堂观音堂山神上地庙碑记》载："吾村旧有炎帝大庙壹所，以及村中古佛、观音、山神、土地诸神庙宇……幸而近二年，合村平顺，年景丰亨，村人积粟稍有盈余。社首等趁时共议，按地亩公摊，一亩至五亩作社半分，六亩至十亩作社壹分；每分摊钱伍串。陆合共六十零半分，统共收钱叁百叁拾余串文，犹不足用。始造缘布一册，邀请东沟陈堆山、陈国钧，善为募化。"② 庙宇修建过程中除发动村社民众集资或者按照人口、地亩均摊，也会向在外地经商者、做官者募捐。

明清时期，商业比较发达，一些商人热心公共事务，也热衷于"敬神求财"，因此积极捐资修庙。如道光年间《观音堂重修碑记》载述，观音堂的修建还得到当地众多合盛和号、万和生号、兴盛德号、永兴公号、新兴穆号、茂春□□、恒升昌号、广盛和号、德盛永号、义盛隆号、晋盛合号、义与号及山陕馆、昌兴文号、永丰元号、永兴泰号商人的支助。③

庙宇的修建成为村社的公共事务，因此除众人集资外，社首有权使用公产助修，同时在使用公产时也会出现一些特殊情况。如嘉庆二十一年（1816年）《重修观音堂碑记》"既而纠首等以社中借贷甚多，欲卖傅户茔中之树以还借贷。村中傅元杰以树木者助坟茔之精脉也，去则坟茔报坏，留期精脉倍深，维愿施银拾两以留树木。纠首大悦，将树木独任元杰培养成材，永不许村中砍伐强卖。倘有吹败枯死，社中公用可也。纠首窃念功德浩大，欲示不忘，无如经费甚繁，赀财有限，勒碑刻铭之事意欲作而势不能。迄于今老幼商议，见傅元杰一生好善，力能有为，同心举荐，复作箴铭。元杰闻之其喜洋洋，慨然施银八两整。庶几村中功德可传四方，施舍不掩，同心协力。"④ 傅户坟茔中之树木应该属于公

---

① 常书铭：《三晋石刻大全·高平市卷》，三晋出版社2011年版，第763页。
② 常书铭：《三晋石刻大全·高平市卷》，三晋出版社2011年版，第769页。
③ 张培莲：《三晋石刻大全·运城市盐湖区卷》，三晋出版社2010年版，第366页。
④ 杜红涛：《三晋石刻大全·孝义县卷》，三晋出版社2012年版，第316页。

产，因此纠首欲卖树还债。傅元杰为保护祖坟树木愿意出资修庙。

又如，同治十年（1871年）《菩萨阁改造补修金妆记》"兹阁之创始几三百年矣。前人欲积金改造，倡办者业及百载，迭次积至千金，卒皆抛散。总因经理涉私，徒贻乡众齿冷。迨同治六年，并置公产势将蚀净。有林张公目击心悸，急邀舍弟文灼至阁，于神前设势协办。遂置旧欠者不究，短租者让断，惟将荒田十亩归会，轻租另佃，每年得租数斗，百法营运，时日不懈。又着族弟文煐，登记存贮。不四年间竟积至百余千。意在多积增造，不意文煐物故，林翁亦衰病不健。恐文灼一人难理，不得已鸠工庀材，姑为改双梯，开正门，加重格，补屋宇。飞金碾玉，内外改观。虽曰功小，然首事仅二人，历年止四载，上以盖前人羞，下又为将来劝。以视夫假公肥己，败于垂成，不畏神鉴者，其为贤不肖何如也？"①村社民众自发联合组织会社属于民间组织，制度松散，主要靠信誉和自觉，缺少监督机制，因此遇到贪污营私公产者往往束手无策，会社组织失去民众信任，导致庙宇修建工程无法完成。

修庙过程中，一般由社首组织联会，民众积极参与，一方面是为所谓的"敬神求福"，修庙被认为是善事，捐资被认为是善举。乐于善事被认为又与福气结合在一起，施舍被认为是行善、积德，能招致福气。另一方面是因民风淳朴，好义使然而热心公共事务。民众即使生活条件极为艰苦，仍然捐资，甚至村社直接均摊到每家每户出工出钱或者按照地亩均摊，民众亦欣然接受。除本村社均摊外，也会募化于周边村落庙社以及民人，捐助财物有银钱、土地、树木等。有的庙宇修建需要数年甚至十数年的资财积累，前赴后继，持续营建。可见，修庙事务已经成为村社之公共事务，民众热心参与，发挥了凝聚人心的作用。

（五）观音庙开展之活动

作为民间信仰庙宇之观音庙与佛教寺庙之日常活动已经有天壤之别，观音庙变成了村社民众为主体的民间活动。庙宇的日常活动主要是个人祭祀祈求活动和集体祭祀活动，个人祭祀祈求活动比较随意，根据不同的需求随时祭祀祈求，集体的祭祀活动一般在各种节日期间进行。如康

---

① 卫伟林：《三晋石刻大全·阳城县卷》，三晋出版社2012年版，第469页。

熙四十八年（1709年）《创建乐楼记》载："本堡观音堂，其建立已有年矣。每遇□期，大戏三场，原以报慈悲之德于无穷，而□福善之泽于万一也。而历年设席棚以为歌舞之所，偶遇风雨，席棚摧残，神事弗□□□，非所以妥神灵也。于是，善士毛春□等九合同等，各轮己贵，采买木石等物，建立乐楼，焕然可观，卓然永□。其绸缪为已至矣，然年年戏资□□□□□□还之课也。又有善士□，今将年近六甲而乏嗣，祈祷期年，而果生一子，施银叁两。□议合堡□□□运□□合堡□钱十又有余，每值圣诞，费利存本，永为渊源，不竭之□。"① 又，乾隆二十一年（1756年）《续建佛菩萨庙记》载："吾乡创建三王庙宇哉，始基之矣；犹未也，其正殿窑上仍自阙如，而其地固甚高敞也。说者谓：证善果，超彼岸，有如来天尊焉；滋生息，育婴孩，有白衣大士焉；晓慧珠，照圆明，有眼光圣母焉。由是佥发善心，议续建此庙，复联成议会，积金数百，鸠工庀材。无梁窑上建立殿宇三间，中塑佛菩萨三神，以示尊也。至于东西窑上并列瓦房十厦，报赛之期妇女多停站有地，示有别也。且房后开门则出入甚便。"② 乾隆四十二年（1777年）《创建万舞楼碑记》载"邺之北有陂，陂之上有观音小庵，灵应如响，凡坠岸覆车，呵护屡验，以故里社岁时侑享，神人胥悦，称盛事焉。但年来演乐，或题'过云'，或题'秦镜'，率皆一时卒办，覆芦架木，迄鲜定所。又况风急雨骤，乐未终阙，不免移易，大半多就于村内圣母庙之'听和楼'，岂称为观音庵之意与？"③ 庙宇之中每逢节日即演戏敬神，这种活动显然与佛教追求的清净修行大相径庭。这类节日既有中国传统的春祈秋报之类的时令节日，也有佛教类节日，如乾隆五十六年（1791年）《创修拜殿记》"阁之始建无碑记可考，每岁仲春十有九日相传为菩萨圣诞，乡之人于兹祈福焉。远近男女，香火相属走道路，如是者三日而后止"④。道光十一年（1831年）《观音庙设醮放烟火记》"爰于道光九年，新议每年二月十九日，附近居民随人口施舍，每口施钱五文，建醮超度，晚献烟火，率

---

① 张培莲：《三晋石刻大全·运城市盐湖区卷》，三晋出版社2010年版，第579页。
② 汪学文：《三晋石刻大全·洪洞县卷》，三晋出版社2008年版，第122页。
③ 高青山：《三晋石刻大全·侯马市卷》，三晋出版社2011年版，第98页。
④ 卫伟林：《三晋石刻大全·阳城县卷》，三晋出版社2012年版，第334页。

以为常。而人心禽然,未必非大士默佑其衷也"①。庙宇的活动也无形中将中国传统节日和佛教节日融合化,不仅于同一场所举办活动,而且具体内容既有佛教因素如斋醮活动,也有中国传统元素如放烟火、演戏等活动。举办活动时男女分区活动,仍然受到儒家男女授受不亲思想的影响。

节日集体祭祀神灵主要礼仪是中国传统的祭祀礼法,完全不同于佛教。如嘉庆五年(1795年)《观音堂重修碑记》:"州南百里前柴城村有观音堂一座由来久矣……必于每月朔望日及分至启闭,一应时节轮立社宰,洁治牲醴,致社稷神主于观音堂前,少长咸集,□诚祭祀设宴,礼毕享胙。"②"致社稷神主于观音堂前,少长咸集,祭祀设宴,礼毕享胙",用血食祭祀,可见,观音庙成为乡村春祈秋报祭祀的场所,使得观音的性质完全转变为中国民间神灵。

清代观音庙绝大多数已经民间化,春祈秋报或者诞辰节日祝贺,常以歌舞祭祀、酒肉敬神,完全脱离佛教之教义和戒律。与佛教寺庙相比,不再提及往生极乐类愿望,以及为父母超生类愿望。

(六)观音庙的影响与作用

观音庙被认为具有教人向善,教化人心之作用。建庙或者修庙被作为敬神的表现,进而和行善联系在一起。康熙二十四年(1685年)《创建观音堂碑记》载:"念观世音菩萨,因敬生悟,一人善而人人□□,人人善而方皆善,则家家户户,返朴而返淳,子子孙孙,改恶而从善,皆□□念不生。何人非孝弟,非礼之事不作,何人非贤良,由是人尚俭约,而风淳俗美,自然岁登大有,家给而人足,协气□□庭□昭□府修而三□治,诚盛世之风,三古之化也。何莫非菩萨威灵之所感,人心善念之所致也哉!"③民众希望通过"神道设教"实现家家为善,人人为善,风俗淳美,家给人足之盛世。乾隆十三年(1748年)《创建观音堂关帝行宫碑记》载:"尝思立国以建社,固所以为民,而瑞气聚绕,亦有以补风气也……随之众神焚香有人,参拜有人。晨钟暮鼓,馨声一击,即动居

---

① 高继平:《三晋石刻大全·柳林县卷》,三晋出版社2013年版,第242页。
② 王兵:《三晋石刻大全·左权县卷》,三晋出版社2010年版,第172页。
③ 武登云:《三晋石刻大全·汾阳县卷》,三晋出版社2017年版,第450页。

民之敬思，钟音一鸣，即防居民之邪念。岂但如何接风，如何补气，而敬思之动于朝夕，邪念之惕于旦暮。神威显赫，民心已善，风气铺接有大于此哉。"① 晨钟暮鼓的声音发挥导人向善心去邪念得教化作用。乾隆二十八年（1763年）《移修观音庙碑记》载："观音大士为善神，以能引人于善，而人感其善，而乐奉之也。于人之善者，爱之慕之，必引而进之，以底于善而后已；于人之不善者，怜之悯之，亦必引而进之，去其不善以底于善而后已。"② 道光年间《观音堂重修碑记》亦曰："夫观音本救难者也，亦救善人之在难者耳。所谓善人者，心存忠厚，务专本业，偶罹无妄之灾，谓神有不拨之苦海，济之慈航者乎！或谓神之普济善人，不专一乡一里，而一乡一里之蒙福庇者，要亦随祷而即应焉。不必延望南海，远求西天矣。"③ 同治十三年（1874年）《重修关帝庙观音堂碑记》载："夫求福莫大于为善，为善不外乎敬神。创修庙宇，敬神之彰明较著者也。顾创修不难其事而难其人，不难其人而难其心，心发于念之既诚，事成于心之必果。不辞劳瘁而弗替赞襄，昔人固见开创之惟艰，今人亦觉踵修之不易。"④ 祈求福报明显具有趋利的动机，为善则是一种朴素的道德要求，将为善与祈福确立为因果关系，无疑是中国固有之"积善之家，必有余庆；积不善之家，必有余殃"思想的延续。在此，则将"敬神"引入此因果关系之中，敬神成为"为善"的表现和途径，进而也就成为"祈福"的途径，这一逻辑的信仰根基实际上是"为善"之儒家根本社会伦理道德。也就是说，民众进行社会活动的内在驱动力在于"求福"，外在的实现途径是"为善"，"敬神"是"为善"的途径之一，而非全部社会生活内容，也非最高标准的社会生活内容。"敬神"被置于"为善"之最高社会道德要求和标准之下，也就意味着"人道至上"而非"神道至上"，使宗教信仰始终从属于社会伦理道德，自然而然也从属于政治之下，使中国社会始终保持了世俗道德至上的人文主义传统。

民间修庙的社会意义在于充分利用人性趋利避害的特点，因势利导

---

① 杨洪：《三晋石刻大全·灵石县卷》，三晋出版社2010年版，第133页。
② 李树生：《三晋石刻大全·武乡县卷》，三晋出版社2013年版，第615页。
③ 张培莲：《三晋石刻大全·运城市盐湖区卷》，三晋出版社2010年版，第366页。
④ 武登云：《三晋石刻大全·汾阳县卷》，三晋出版社2017年版，第958页。

地将人性引向具有道德价值意义的趋善避恶,将人性导向对真、善、美的追求。可见,清代社会借观音之所谓德能,尽力弘扬良善,强调观音是善神,旨在救善人,而对"不善人"亦不抛弃,而采取"怜之悯之"的呵护态度,并提出"善人"的标准是"心存忠厚,务专本业",体现了中国民间信仰的基本功能和特点。

从村社的角度,乡绅等特别关注庙宇本身以及修庙集体活动之"神道设教"的社会教化功能。民众认为,庙宇的修建也是非常重要的弘扬"公义"、进行道德教化的途径。康熙三十五年(1696年)《创建白衣堂记》载:"庄之人岁时伏腊,少长咸集,崇祀兴让恒于斯,教孝教悌恒于斯,敦仁厚而讲信义,其所关系人心风俗者,不尤巨哉!"① 嘉庆五年(1795年)《观音堂重修碑记》:"州南百里前柴城村有观音堂一座由来久矣……必于每月朔望日及分至启闭,一应时节轮立社宰,洁治牲醴,致社稷神主于观音堂前,少长咸集,□诚祭祀设宴,礼毕享胙。序长幼,别尊卑,隆礼让,敦信义,毋凌越,毋傲慢,毋苟简,毋谈非法,毋崇非道。如此则神喜而人安,风清而俗美,不待神明援救镇安之功,则里中自无苦难之人,永保安康之福矣!"② 嘉庆二十四年(1819年)《唐家堡村观音庙碑记》载:"唐家堡之观音庙由来尚矣,庙貌甚狭,而推其立庙之意,有三重焉,春秋享祀祈神佑也,堡人以时会聚议邨事也,俊髦子弟尝于其中诵诗书习礼让育人材也,所谓堡之胜迹非与?"③ 汾阳唐家堡将庙宇作为村民春祀秋报之地,作为聚会议事的公共场所,作为子弟学习育才的场所,这三种功能都具有"公义"性质,无疑可以发挥凝聚民心、鼓舞公义的作用。又如,咸丰九年(1859年)《创建观音堂碑记》载:"乡村而营建祠宇,非徒美观瞻,求福利之谓。其谓春祈秋报,率同侪而敦孝弟,讲和睦,作其趋善之心耳。况圣人神道设教,将以济政刑之不及。而入庙思敬,愚鲁且观感而兴,若徒视为僧道栖托之所,朋辈游谈之□,陋矣!昔夫子语子路云:'未能事人,焉能事鬼?'人果外不愧君,内不愧亲,不愧于朋友,不愧于妻子,百神佑之,锡以多福。脱

---

① 王雅安:《三晋石刻大全·绛县卷》,三晋出版社2014年版,第181页。
② 王兵:《三晋石刻大全·左权县卷》,三晋出版社2010年版,第172页。
③ 武登云:《三晋石刻大全·汾阳县卷》,三晋出版社2017年版,第1823页。

自返多愧，而崇其庙貌，焕以丹青，洁三牲之礼，隆百拜之仪，是谓媚神，神将吐之。今泉则头村，于道光元年间，村人许近、许九锡等创建观音殿三楹，左右配殿各二楹。一祀高禖，一祀三峻。东西厢房各四楹，前建大门，规模闳敞。"① 这些民间底层文人认为观音庙主要发挥"敦孝弟，讲和睦"的社会教化功能，而且强调儒家仁厚信义孝悌良善的伦理，其主导思想仍然是强调道德教化之人文精神，反对媚神之迷信主义、神道主义。观音庙被作为集体议论公共事务的地方，寺庙实现神圣与世俗的转换，成为民众公共活动议事场所。

修庙之组织者、出资者、参与者一般均会被刻碑留名纪念，同时其修庙行为也被作为现实品评人物的标准之一，也作为标示民众在村社中身份地位的标准之一。如乾隆二十五年（1760年）《南大村修葺观音阁碑记》载："吾邑南大村者，即古大义村也。敦伦睦族，比户可风，负□横经，人文蔚起。斯固道之长留，要皆神功之默佑也。其村之中有观音大士阁者，时年久远，金碧之剥落可虞，风雨飘摇，栋宇之倾颓堪虑，而社首焕然都公、心源赵公等有志更新，殚力募化。殷勤总理，谁惜鸠工庀材之劳；踊跃输资，群欣集腋成裘之美。丹臒施矣，共日星以齐辉；基址屹然，与苞桑而并固。业一朝以兴工，未经年而告竣。吾知人心既萃，神庥集焉，将和风甘雨，永降丰年，物阜人安，长蒙庇佑矣。"② 乾隆二十八年（1763年）《重修观音庙碑记》载："梁家圪塔村有大士庙正殿三楹，左右庙窑各一孔。内古杨一株，大数围，由来旧矣。康熙十一年（1672年），齐俊梁公等补修后，风雨剥蚀，殿宇残落。雍正年间，有之法裴公、文杰梁公并成功创业。公思重为整饬，缘疏募化，谨得百金。事未及举，遂相继仙游。及今三十余载，殿老瓦飞，墙圮窑倾，瞻拜者靡不触目心伤也。壬午岁，裴公令嗣大勇、梁公令嗣可贵，既思妥神，复念承先，因于十月献戏之期，同父老公议集事，众皆欣然乐输。"③ 众多的修庙参与者均会被留名纪念，并称赞其乐善好施之美德，这也成为民众积极参与修庙事务之社会驱动力。

---

① 常书铭：《三晋石刻大全·高平市卷》，三晋出版社2011年版，第676页。
② 车国梁：《三晋石刻大全·沁水县卷》，三晋出版社2012年版，第214页。
③ 杨洪：《三晋石刻大全·灵石县卷》，三晋出版社2010年版，第151页。

观音庙发挥社会教化功能的同时，民众也会在庙中议事共同订立村规民约，规范与庙宇相关的事务和一些涉及民众共同利益的村社公共事务。如乾隆五十一年（1786年）《重修观音庙碑记》载："溯所由来，固缘年深日久，风雨所颓。抑向者保护不周，或寄放□物，或停宿杂人，以及堆柴集□，渐致如此。今始重新爰建，公议自□之后永杜前弊。如不遵者，罚例如左：一、堆集柴□一、寄放乱物一、停宿杂人一、损坏公物。"① 民众约定禁止扰乱庙宇环境，维护庙宇的整洁。又如，乾隆五十二年（1787年）载：《壶关县西邢家掌村新建大士宫碑记》载："睹博干法，官禁严□。然山庄野僻，□或偷肆，今合村公议永远禁止，凡属本村居址地界内，如有抹牌、掷骰、斗宝、叠口、处陆、象棋等件输赢银钱者，即罚献戏三本，不遵者许约保送□□□凭究处。"②《白衣堂永禁牧羊碑记》载："尝闻宗庙之禋，凡有事情，阖社公议知悉。所因村中永禁桑麦荁地，而马牛羊勿践踏，秋事未毕，禁止。不许入地所放也。或有人视之，拉至庙内公议定罚，决不容情，倘有人违抗不遵□□者，送官究处，因此勒石刻碑为记。一议：庙内不许堆柴草，如违者罚油拾勣，社首轮流照管，周而复始"③ 庙宇成为村社公产和公共活动空间，村社之公共事务都在此举行，订立公约禁止民人赌博、禁止马牛羊勿践踏桑麦，保护庙宇公产。观音庙在村社中确实发挥了团结邻里、和睦族群、教化人心、安定村社的积极作用。

修庙也会无形中增加民众的经济负担。"里之有社，本古人蜡飨遗意。后世踵事增华，相沿成例，陈锦铺，设珍玩，穷水陆，徘优伎。预其事者，中人之产，鲜不因以破家，虽输公之息，无以逾此，识者忧之。惜民贤令维风乡献，未尝不时一念及，及其如习俗移人，未能尽革。间或雨旸愆时，旱潦一见，愚夫妇咸致咎于祈报未诚，飨赛有缺，井里皆然，坚不可破。士大夫谓帝以六事责躬桑林，遗泽千百年，犹在人耳目间，崇报之恩，何可旷也？曷思帝之泽在民昧，其为泽者适以病民，民其思在帝侈，其为报者殊难格帝。惟度力而行，量能而止，无忝帝德，

---

① 武登云：《三晋石刻大全·汾阳县卷》，三晋出版社2017年版，第658页。
② 张平和：《三晋石刻大全·壶关县卷》，三晋出版社2014年版，第142页。
③ 常书铭：《三晋石刻大全·高平市卷》，三晋出版社2011年版，第799页。

无滋民累,庶不失歌衢击壤之庥。是在留心风教者,有因时维救之思焉。"① 有识之士也认识到修庙以及各种敬神活动耗费民财,增加民众负担,但民众一旦遇到水旱灾害又会归因于未能虔诚敬神,这种思想根深蒂固,使得民众捐资敬神乐此不疲。民间有识之士希望民众"度力而行,量能而止",不应敬神而严重影响现实生活。

三 三教合一

清朝统治者将儒、释、道三家作为维护其统治的重要思想工具,三者各有特点,发挥着不同的社会作用,以儒治国,以佛治心,以道治身。三教合一思想在民间实现了真正的融合和实践。

(一) 神灵共奉

民间社会中,三教庙宇神灵相互配祀,组合比较随意。佛寺之中大量供奉儒道以及民间神灵。如左权县拐儿镇岔山村青云寺乾隆四十一年(1776年)《重修青云寺碑记》云:"旧正殿古佛三尊,旁列观音、大悲、文殊、普贤,而新塑孟阑、白衣为六座,对面则增达摩一尊,而杨、孙、张、王师亦附焉;旧玉皇楼新改为过庭殿,而又塑文昌、关圣二尊;旧靠娲皇、子孙、九江、眼光、天仙而新增灵官、太尉二殿。"② 青云寺除佛教神灵外,供奉众多道教和民间信仰神灵。道光九年(1829年)《重修青莲寺玄帝殿碑记》载:"青莲为凤邑第一大观,南面珏山双峰并峙,上有玄武金殿,年年上巳节前,善男信女四方云集,香烟之盛拟武当焉。寺之西院玄武殿□即珏山之后宫也。近因风风雨雨,倾圮日甚,人人恻然,彼此以目。有鸣凤班者,行戏四十余年矣。每岁仲春念六日,合班进香,信宿寺中,或供灯,或献帐,率以为常。班众议曰:'金像森严,殿宇就倾,此亟事也。吾辈不□以小善废大功。'于是集资□兼募化;立志重修,不五年而工程告竣。"③ 青莲寺与玄武殿并存,并得到了鸣凤班众人的资助。

寿阳冷泉寺内既有观音,又有关帝、圣母、真武大帝、纯阳,体现

---

① 卫伟林:《三晋石刻大全·阳城县卷》,三晋出版社2012年版,第172页。
② 史静怡:《三晋石刻大全·左权县卷》,三晋出版社2010年版,第156页。
③ 王丽:《三晋石刻大全·泽州县卷》,三晋出版社2012年版,第618页。

三教合一的特点。光绪十年（1884年）《重修冷泉寺碑记》载："此处旧有古庙，未传创自何时。明万历十四年（1586年），重修大佛殿。正德六年（1511年），重修圣母庙、观音庙、关帝庙。乾隆二十五年（1760年），重修关王殿、七佛殿。乾隆四十年（1775年）重修鼓观钟楼。今修真武庙、大王殿、纯阳洞，既随时以并建乐亭，禅院亦循序而渐成。"①建福寺内有佛、菩萨塑像，也有二郎神、圣母、关公等民间信仰和道教的神祇人物。光绪十八年（1892年）《重修建福寺碑记》载："距孟城三十里白土坡村有建福寺，自何代不可考，宋元时均有碑记。正殿奉释迦佛像，韦吕二神分左右祀；东殿为菩萨；西殿为阎罗，又二郎、伽蓝；南有天王、金刚殿，神殿后有观音阁正对大殿，内供圣母、火神众神像；西院正有关圣帝君殿。村人虔奉香火祈福惠于斯，禳灾歉于斯。"②

民间祠庙中儒道佛三教神灵皆供奉。如嘉庆三年《重修陶唐峪尧祠碑记》："霍州城东四十里曰陶唐谷，古传为帝尧避暑处，因名焉……谷之南数里有圪塔村，信士张尔珠者，顿起善心，发愿立庙。遂脱己囊以为领袖，有乐输者随之，数年告成。立砖窑三孔，其中窑观音、文殊、普贤；其东窑关帝、祖师；其西窑龙王、山神、土地。"③ 又高平苏庄村关帝庙中建立起观音大阁，"北苏庄之南，有圣帝关夫子庙，不知创自何时……庙貌虽狭隘，每当春秋祈赛，歌舞娱神，村中父老子弟长跽荐□，肃然生敬，于以颂扬忠烈，兴起颓风，胥于是乎系之……宜乎千六百年，家家虔奉一关帝，人人虔奉一关帝也。余当东至曲阜，恭谒孔林，西过解梁，敬瞻圣迹。窃叹至圣先师，为生民未所有……观音大士相传保赤子而渡群迷，建阁祝禋，亦神道设教之意也"④。同治十三年（1874年）《军营坊村重建双峰重阳塔碑记》："自唐韦公及第雁塔题名后，登临者众皆效之，时有蒋相则朱书之。……曾于嘉庆二十年（1815年）间，创修土塔一座，上供奎光神像。迄今花甲将周，风雨飘零，势离永久。爰就当初土基用砖包围，加高三丈二尺有奇，更换笔端。又建五方新塔一座，

---

① 史静怡：《三晋石刻大全·寿阳县卷》，三晋出版社2010年版，第707页。
② 李晶明：《三晋石刻大全·孟县卷》，三晋出版社2010年版，第478页。
③ 汪学文：《三晋石刻大全·洪洞县卷》，三晋出版社2008年版，第177页。
④ 常书铭：《三晋石刻大全·高平市卷》，三晋出版社2011年版，第445页。

位置当年。文笔计高二丈三尺有奇,并取木火通明之义。面南新塑孚佑帝君,面北增塑观音菩萨,劝化善士普济同人……后之来者,其能一心向善,立品修德,孝悌忠信,各务本业,愤志读书,修其天爵,时来运转,地灵人杰。"① "奎星"是中国古代天文学中二十八宿之一。东汉纬书《孝经援神契》中有"奎主文章"之说,后世附会为神,建奎星阁并塑神像以崇祀之,视为主文章兴衰之神,科举考试则奉为主中式之神,并改"奎星"为"魁星"。面南新塑孚佑帝君即为吕洞宾,面北增塑观音菩萨,体现了三教合一的特点。

在功利性信仰的驱使下,民间修建了大量的以"三教"命名的庙宇,仅晋东南现存三教堂就有近30座。三教堂名称各异,不同的地域有不同的称呼,如灵石县"三教庙,一在文殊原,一在东西村,一在口镇村,一在苏溪村"②。崞县"云阳观,又名三教庙"③。石楼县"三教观,县东四十五里罗村"④。民众似乎认为,神灵越多越全,"威神力"越大,三教神灵皆供奉,可获得最大的保证。如咸丰七年(1857年)《重修三教庙碑记》载:"由是捐窑三孔,□□七间,其中真武祖师其左三大士佛,其右观音菩萨,庙南三教东南钟楼一座,西南山门一间,又有村南乐楼一座,一切神功圣像俱重新金妆。"⑤ 雍正四年(1726年)古交市阁上乡西仙洞《重修西仙洞三教寺碑记》载:"山西太原府交城县河北都西仙洞,离城一百八十余里,旧有寺院,古迹尚存,至成化二十二年(1486年)失记无考……至雍正四年(1726年)修整殿宇,塑画神像,正殿、山门、钟鼓楼、乐殿、禅堂焕然聿新。内有七郎老爷敕封镇国至圣真君,唐封君师李靖之神。每逢大旱,乡人处心祈祝,莫不灵应。"⑥ 此三教寺除供奉佛教塑像外,还供奉七郎老爷敕封镇国至圣真君与唐封君师李靖

---

① 杨洪:《三晋石刻大全·灵石县卷》,三晋出版社2010年版,第519页。
② 嘉庆《灵石县志》,卷10《寺观》,《中国地方志集成》,凤凰出版社2005年版,第163页。
③ 光绪《崞县志》,卷2《建置》,《中国地方志集成》,凤凰出版社2005年版,第372页。
④ 雍正《石娄县志》卷2《寺观》,《中国地方志集成》,凤凰出版社2005年版,第518页。
⑤ 李宁莲:《三晋石刻大全·大宁县卷》,三晋出版社2014年版,第57页。
⑥ 李文清:《三晋石刻大全·古交县卷》,三晋出版社2012年版,第55页。

之神。从唐代开始，李靖逐渐被神化为道教的神灵，具有了呼风唤雨的功能，成为人们供奉的神灵之一。杨七郎是《杨家将》中的传奇英雄人物，也被民众神化供奉。

三教虽有不同，但神灵共奉一室，体现了民间信仰的自发性、无序性、包容性、多变性，同时也体现了其思想的融合性。"是以鬼神之事，圣人曰敬而远之。又曰祭而如在。远之者，以有我之心性也，在之者，以我之心性，即至人之心性也，此三教之一而非一，三而非三也，佛可立地而成，仙可当人而俱，人人皆可为尧舜，个个心中有仲尼。"① 可见，民间人士对三教合一的理解也将"一"归结为"人之心性"。"观音能广是心，故能慈悲所救，无远弗届，使人能心观音之心，以充其不忍之心。则一体万物儒之所谓'仁'，即释之所谓"慈悲"。慈悲而救人即惠迪而得吉。苦难之厄，必且无之。虽有时奉祀，何营仆仆祈祷，向观音以求救哉！"② 对于三教思想的汇通来自民间最普通、最基层的知识分子，充分说明三教合一思想已经深入底层，为一般民众理解并接受。基层知识分子用民众最容易理解的道理和语言表述和宣传。"不过，民间社会的'三教并祀'并非出于对'三教合一'学术思想的体悟与精解，更多的是出于中国民间传统'杂神崇拜'的功利性需求。"③

（二）演戏、赛社等日常活动之趋同

民众按照自己的意愿在佛寺、道观、民间祠庙内修建了舞楼，三教在世俗化、娱乐化、民俗化方向上"趋同合一"。"有意思的是，天下孔庙、文庙始终不准营造戏台，道教宫观之于戏台可有可无，佛寺则大半以上排斥戏台建筑，然而三位教主一旦坐在一起'联合办公'，反倒非建戏台、开设剧场不可。其实这是民众的意愿与安排。"④ 一般而言，佛教以清静为本，寺院中不可以修建戏台。但佛寺中大量乐楼、舞楼的修建，恰恰反映出佛教的中国化以及与民间信仰的融合。如佛教寺庙创建舞楼，

---

① 李而洵：《新建三教阁》，光绪《祁县志》卷12，《中国地方志集成》，凤凰出版社2005年版，第505页。
② 朱红武：《三晋石刻大全·临猗县卷》，三晋出版社2016年版，第355页。
③ 刘晓东：《"三教合一"思潮与"三一教"——晚明士人学术社团宗教化转向的社会考察》，《东北师大学报》2002年第1期。
④ 冯俊杰：《山西神庙剧场考》，中华书局2006年版，第554页。

乾隆二年（1737年）《定林寺创建舞楼记》载："寺庙旧无舞楼，浴佛日则砌台演剧。住持恒厌其烦苦，而力未逮也。适善信居士牛朔、王乘轩等，有五台进香社余银，爰发善念，创建舞楼。住持海山，因出其米粟，搜其工料，以偿其不足，而成其善举焉。"① 乾隆五十三年（1788年）《重修乌金山开花寺戏台碑记》载："爰是住持僧宗琏，与村众纠首（阙）蕊而酿密人已父襄盛事内外各破坚囊，同心协力之际，尚犹虑缺者不能（阙）以于乾隆五十一年（1786年）券石窑三眼，至五十二年（1787年）而戏台之功，乃得仰观厥成焉。"② 可见，佛教寺庙修建舞楼在节日期间演剧，节日既有佛教节日，也有中国传统节日。在舞楼的修建中，僧人也会参与其中，反映出佛教在主动融入中国传统文化的进程进一步加深。

佛教寺院也举行村赛社活动，甚至扮演儒家书院之角色。光绪十三年（1887年）《补修观音坡神殿禅舍书院碑记》载："羊头据三县之中，盘踞数十里……山上旧建佛寺一院，每年三月十八，村人赛会，其上士女往来，摩肩联袂，几有地隘难容之势。至康熙、乾隆年间，迭次修理，廓其旧制。遂于佛殿左右，增修禅舍两院，前面楼阁高耸，后院曲径通幽。依山作壁，引泉为池，松柏滋盛，苍翠成阴，已足揽□山之胜矣。道光初年，村人郭振郊等，又于寺东辟地三弓，创建书院一所，延四方学者诵读其中。盛夏之时，骚人词客，游观于此，琴韵书声，时相唱和。"③ 此寺之中不仅举行赛社活动，而且设立书院，供四方学者诵读其中。

道教宫观亦创建舞楼，如嘉庆四年（1799年）《三清庵创建舞楼碑记》载："窃闻建庵立寺，择地势、审山形、辨吉凶、丈短长，亦巨事矣。"④ 此时的三清庵是否仍然有道士居止不得而知，也可能已经无人居止，变成了村社公产。

更多的是民间祠庙创建舞楼，如乾隆三十六年（1771年）《李雅庄

---

① 常书铭：《三晋石刻大全·高平市卷》，三晋出版社2011年版，第322页。
② 史静怡：《三晋石刻大全·寿阳县卷》，三晋出版社2010年版，第330页。
③ 常书铭：《三晋石刻大全·高平市卷》，三晋出版社2011年版，第747页。
④ 常书铭：《三晋石刻大全·高平市卷》，三晋出版社2011年版，第438页。

村观音庙建造乐楼碑记》载："我李家庄古有佛祖观音庙一座，历年风调雨顺，民安物阜，猗欤休哉，甚盛地也。然乐楼缺少，既不便于献戏，更非所以壮大观也，后之人咸皆以此为虑。因于三十五年会集村之香老长者共相议论，众皆曰：'善但村小力弱，资财不足，因请百人摇会，拔稍布施。于是同心协力，建造乐楼，以便献戏以壮大观，不日久而功告成矣。'① 道光元年（1821年）太原晋祠《白衣庵建乐台记》云："白衣庵在晋祠镇南门外沙河之南门外，沙河之南，位坎向离，取水火既济之义，左临孔道，右带清流。门前□□□，南□内古括齐芳，规模虽不宏敞，幽闲雅洁称盛境焉。每年二月十九日会期，献戏并无乐台，□庵不过数武，正南仅有石砌台基一块，爰议修建乐台，为一劳永逸之事。遂于嘉靖二十二年白工造□□□座菲薄不克藏事。道光元年二月十七日演戏挑彩，邀请四方君子乐善好施共襄盛事。"②"演戏挑彩"旨在酬谢神灵，"每年二月十九日会期"演戏已成常态。

同治三年（1865年）沁水县《杏南村创建大庙舞楼东西庭碑记》载："杏南村大庙，旧在河北，与梁庄为一社，继因祈报之时，往往值杏水涨发，阻隔难通，致误神事。乃于道光元年（1821年）为两社，至本村每逢祭期，樽祖失陈，拜奠无地，长老辈目击心忾，即村中卜择吉地，创建庙宇……鸠工庀材，按家做工，先修神殿七间，以妥灵爽。及十一年，公举社首李君宗冉、宗模、春贵、春昌，修南舞楼七间。又于二十二年，公举社首李君春艳、德福，修四庭五间。至三十年，公举社首宗校、春秀、德福，修东庭五间。"③ 同治五年（1866年）高平《补修殿宇以及创修看楼碑记》载："自道光年间，村中父老屡欲重新整理，奈工程浩大，经营维艰。故三十余年仅创修看楼十余间，大工未得毕举，由是益信前人创始之难也。越明年癸亥，诸公因复聚众筹划，以期有成。一时果无不同心协力，乃造万善同归之籍。远近捐银，又兼以维首数次巡秋，共积资财，甲子春始大举工焉。凡殿宇、墙垣则补葺之；梁柱、木

---

① 汪学文：《三晋石刻大全·洪洞县卷》，三晋出版社2008年版，第141页。
② 碑存太原晋祠镇白衣庵。
③ 车国梁：《三晋石刻大全·沁水县卷》，三晋出版社2012年版，第389页。

植则彩书之。不三四年间，而内外焕然一新。"① 可见，看楼规模之大。高平还存有很多关于舞楼的碑刻记载，同治十一年（1873年）《补修关帝庙兼创歌舞楼碑记》②、光绪八年（1882年）《创修舞楼暨耳楼碑记》③等。这些文献表明清代舞楼的创建已经遍及三教之庙宇。

山西佛教寺院、道教宫观、民间祠庙中不少建有舞楼、看楼之类的建筑，建立这些建筑的主要功能是为所谓"酬神演戏"，表明佛教进一步适应民众需求而民俗化、娱乐化，与道教、民间信仰在参与社会活动的形式方面进一步趋同。代表儒家文化之文庙不建戏台，严守礼法，保持了所谓的"威严正统"之形象，但显然有脱离民众的趋向。与之形成鲜明对比者是佛教寺院中设立书院，部分取代了文庙的功能，使佛寺更具亲民化、生活化。

（三）僧人住持民间庙宇

如雍正三年（1725年）《马鞍山重修狐大夫庙碑记》载："交之□□□□许有马鞍山，峰峦秀丽，耸□云霄，夏秋之间奇花异草香气袭人，洵邑中□□之首。□时，狐大夫与其子毛，偃葬于其巅。乡人□大夫之贤，立庙于山。□□□□大夫□灵爽，福佑民生者有年。祠前一井，水极甘□，时值亢旱，祷于大夫，取水□点，即甘霖立沛。自本邑以及邻村，咸颂大夫之功德不□。宋大观二年（1108年）赐忠惠庙，宣和五年（1123年）封利应侯，有明迄清屡为修葺。自康熙甲寅岁（1674年），□士伟等重修起建，增益廊庑与山门、乐楼，无不□然俱备。至丁卯岁，翰照明等复□□修。至辛丑岁，忽为回禄□，殿宇神像为之一烬，远迩祈祷者，俱失所依。纠首□□瑾等谋欲兴复，偕□立通明，纠合常苏、郝□、张、李、赵氏等三十二人，持册遍募。□中素敬大夫之灵，莫□乐输恐后。于是鸠工庀材，重新修□。"④ 狐突，春秋时期晋国的大夫，为晋文公重耳执政立下了不可磨灭的功绩。晋惠公十四年（前637年），惠公死后，他的儿子立为晋怀公。为了巩固政治地位，削弱重耳的影响，

---

① 常书铭：《三晋石刻大全·高平市卷》，三晋出版社2011年版，第698页。
② 常书铭：《三晋石刻大全·高平市卷》，三晋出版社2011年版，第711页。
③ 常书铭：《三晋石刻大全·高平市卷》，三晋出版社2011年版，第735页。
④ 李文清：《三晋石刻大全·古交县卷》，三晋出版社2012年版，第53页。

下令要求与重耳出逃在外的人回国，不回来者诛杀全家。由于狐突不召他的儿子回国，被怀公拘捕，且因拒绝晋怀公的要求而遭到杀害。重耳归国后，即位为晋文公，感念狐突的忠诚，将其隆重安葬。传说狐突被安葬在古交马鞍山山顶，并封为"狐突山"。宋徽宗大观二年（1108年），赐额狐突祠为"忠惠"，宣和五年（1124年），又加封狐突为"护国利应侯"，光绪四年（1878年）又加封"灵弼"二字。狐突被百姓供奉为司雨神，统治者的加封又加速了其神化的进程。佛教吸收乡贤之神以祀之，对于抚慰笼络本地民众信仰有重要作用。《碑记》后提到住持僧普玉、普惠、普辉、普金，门徒□昌、□明、□德，法孙心□、心□，重法孙圆启，这说明狐大夫庙此时已经被僧人住持，成为佛教庙宇。

又如，古交北社村利应侯祠康熙四十六年（1707年）《重修利应侯碑记》载："考夫狐神，乃周朝春秋时晋国之大夫也。其在生之时，□君忠，立身正，教子方，故死而为神也灵。敕封忠惠利应侯，立祠于本邑之马鞍山。后因祷雨有灵，泽润生民，是以在此建庙，以为祷祀之地，此所以屯兰都、北舍村□有斯庙。其创建无考，以□当日无庙与钟楼。至三十一年，僧人普林同议，众善人等募化，新修乐殿以为报赛之所。又见殿宇圣像□□□变，倾坏不堪，意欲重修，事末举而不禄。于是合村为住持无人，公立诸状，渭河北□古交镇首邑千佛寺照祥长徒普定住持，乃至北舍，见庙宇倾坏，不忍坐视，□是会茶，公议重修。合屯老少咸集，无不心愿，僧人普定并纠首、阖屯人等，同心协力，各处募化，不备风雨之劳。不出一二年，而殿宇、钟楼、僧舍涣然改观。"① 乾隆四十一年（1776年）《新建狐神庙碑记》载："粤稽狐神，生前为晋大夫，没后封利应侯。耿耿丹心，同壮山河之色；恢恢忠气，并争日月之光。交邑北门外神庙辉煌，马鞍山仙洞灵应，四方之民，亢旱祈祷，共沐庇庥之德，均沾雨露之恩，屯兰都北舍村创建狐神庙由来旧矣，乡人求风求雨多有灵感，其受福宁有涯乎？住持原阐仰瞻庙宇，既虑崖之褊狭，又虞风雨之飘摇，欲拆古庙移于社内。无基，阖村住持公议，恳乞马在仓施地基十奉，杜洪相施地基一奉，一半受价银叁两。僧人欣然曰：先

---

① 李文清：《三晋石刻大全·古交县卷》，三晋出版社2012年版，第39页。

有建庙之基，可行募化之事矣。乃沐卜吉日，公议纠首。先化本村施主，后募化十方善士，无不慨然乐输，约计其数，共有数百金。由是鸠工庀财，共襄盛事。正面大殿三间，西面禅林社房，东面墙垣以及南面乐台、山门、钟楼，无不焕然聿新。"① 碑文后皆载"修造住持僧"说明在利应侯祠前后两次的修建中僧人普林、普定，后之住持僧源闸、源德等发挥了主导的作用。僧人主持修建民间信仰神灵庙宇，充分表明佛教势力进一步扩展，佛教进一步深入民间，取得了民间祠庙专职神职人员的地位，进一步扩大了信众。

再如，古交郝家庄村龙王庙修建中亦由僧人主导。康熙五十六年（1717年）《创建龙王庙碑记》载："今晋阳五台乡大船都郝家庄村观音堂住持僧福明，于康熙四十四年（1705年）太簇月望五日，会请本村纠首人等，募化资财，创建龙王庙三楹，乐楼一座，彩绘五龙圣像一堂。夫龙神者，乃天地司雨之神也，所求必应，所祷必灵，诚一方之福泽也。至五十五年，本村善友康万复会本村纠首人等，各以地亩施财助工，观音院新建东禅堂一座，并山门、钟楼、内外院墙，不一载而工程以完，焕然聿新。"② 可见，龙王庙的修建也是由僧人福明联合本村纠首人等，募化资财，创建而成。

此外，一些民间祠庙由僧人任住持，如顺治九年（1652年）《重修池神庙碑记》载："斯池也，非其神焉，何以令古今帝王宝民生赖如此乎？然而建庙，盖自唐度支韩滉请诏始也。……至伏魔大帝者，解池南常平村人也。宋大中时，蚩尤崇池，邑人祷帝，忽风雷暝晦，空中有金甲铁骑声，久之天晴日朗，池水如故而盐复生，人争感而与池庙并祠垂祀焉。由来宋封公，元尊王，明正其位曰'两池之神'岁时致祭……幸大清启运，我皇上神明天纵，百度维新，崇祀河岳，化美有虞。乃以经国重计，简余按其事，余即衔命不遑，驰境受事。……为之徘徊回顾，殿宇渗缺不完，柱石残朽几颓，楼阁腐坏、屏墙倾纪，荆棘土壤之形，殊觉悸怖于心，乃正与司属言曰：'朝廷命使臣理财惠民者也。民安财裕，惟神是赖'……运司遂不惮纠商举事，而商人亦争乐为之，不募民

---

① 李文清：《三晋石刻大全·古交县卷》，三晋出版社2012年版，第87页。
② 李文清：《三晋石刻大全·古交县卷》，三晋出版社2012年版，第47页。

财、不勤民工、不苛派商贾、不藉助州县。阅七余月而渗者完、朽者易、腐者新、倾者扶。三殿各祠以及廊门台楼阁屏垣俱焕然改观……可异者有祠庙从无住持，复于庙后创僧舍一所，佛殿庭房十七间，选僧住奉，且晚香火有人，庶赫赫神宇不至积荆草，壤泥沙也。"① "选僧住奉"就说明盐池神庙重修后被盐运司官员延聘僧人住持，以供奉香火，管理庙宇。由此可见，似乎"敬神之责"在地方官的心目中僧人成为首选，其他如道教以及儒家被边缘化，由此可见三教在清代民间发展之态势大有三教归于佛教之趋势。

又如，晋城五龙河西村五龙宫由诸社首重修，庙宇由僧人住持。顺治十七年（1660年）《重创建五龙宫碑记》载："适顺治十二祀（1665年）夏月丙夜，龙自殿内升腾破壁冲霄而去。里人悟曰：'龙寄养于池中，自殿内起，岂非池水塞塞，无可栖止，托象以寄意与？'……于是重整大殿，悉易旧规，严丽壮稳，巍巍巨观也。创拜殿三楹，其宏厥与大殿称。昔之龙池圆其制，今乃更而方矣，较前规益为深扩。旧舞楼撤去，大门之上建舞楼，亦甚雄伟壮崎，门增三，其效古尊君之制，以尊神与！且东西殿亦各创香亭三楹，东西南廊房已俱补完，凡四十余间……大殿内古像龙王尊居乎中，女官侍神列其六，梁壁悬五龙像，今龙王上立五座，旁设女官六，侍神八，龙仍旧稍易其处，东西两壁妆塑龙王出入行雨二队，龙宫海藏，风伯雨师诸神计八十四尊，其余廊房塑群祀诸神像……住持僧：照玉，徒普仁、普禄、普义。"② 可见，大殿主神是龙王，这并不影响佛教僧人的居止住持，佛教僧人对民间神灵容纳供奉，与其佛教信仰可谓实现了圆融无碍。

盂县大王庙古称藏山庙，祭祀晋国大夫赵武，又称"大王神""藏山大王"。顺治十七年（1660年）《增修大王神祠碑记》载其住持法信，徒圆栋、圆桓。③ 大王庙也由佛教僧人住持。康熙九年（1670年）《重修炎帝庙并各祠殿碑记》载："稽古圣人，继天立极各有造于世，而丰功伟绩利赖无穷，莫有逾于炎帝之农事开先者矣……吾沁有上、中、下三庙，

---

① 张培莲：《三晋石刻大全·运城市盐湖区卷》，三晋出版社2010年版，第213页。
② 李玉明：《三晋石刻大全·晋城城区卷》，三晋出版社2012年版，第99页。
③ 李晶明：《三晋石刻大全·盂县卷》，三晋出版社2010年版，第166页。

在换马者为上，在县治东关者为下，而余乡则其中也。奉敕建立，其来远矣。而创兴之始杳不可考。重修则于至元之年，及余之身三百余载，不独风雨倾圮，彩泽弗耀，而根基墙壁俱系乱石土坯，目击其状者，皆有狭小前人之意，更新之举，每议不果。岁值戊申六、七月之间，雨泽愆期，乡人向余而言曰：'今者，旱魃为虐，亢旸滋甚，远近居民之祷雨者几遍山川，□祷而弗应，秋成其无望乎。'吾侪士民曷不就本庙而虔告焉。爰同耆众斋肃从事。不崇朝而滂沱沾足。越旬日，复祷复应，又越旬日亦然。自夏徂秋，祷者三而应者三。余曰：天下有感而遂通，如此其速者乎。庙焉，神之所栖。重新之议，不决于畴昔者不可不断之于此日也。佥曰唯唯。因量力捐资，鸠工庀材，墙壁栋宇，一槩更易。而蚕神、药王二殿并舞楼相继补葺……本庙住持经理僧人普修。"①康熙二十八年（1689年）《成汤庙亿源里增修什物碑记》载："里之有社，本古人蜡飨遗意。后世踵事增华，相沿成例，陈锦铺、设珍玩，穷水陆，徘优伎。预其事者，中人之产，鲜不因以破家，虽输公之息，无以逾此，识者忧之。惜民贤令维风乡献，未尝不时一念及，及其如习俗移人，未能尽革。间或雨旸愆时，旱潦一见，愚夫妇咸致咎于祈报未诚，飨赛有缺，井里皆然，坚不可破。士大夫谓帝以六事责躬桑林，遗泽千百年，犹在人耳目间，崇报之恩，何可旷也？曷思帝之泽在民昧，其为泽者适以病民，民其思在帝侈，其为报者殊难格帝。惟度力而行，量能而止，无忝帝德，无滋民累，庶不失歌幽击壤之床。是在留心风教者，有因时维救之思焉。今岁成汤庙例应化源里迎神换水，适上台及邑大夫有禁，其事暂寝。二三社首相与谋曰：'取水之举，事关祈报，应在雨泽，何可废而不举？迩来仪仗残缺，缘旧相仍，岁耗民财，究于社典之需，一无所补，今虽能罢迎飨之举，曷若以其所费之资，制为什物，使后之迎飨者壮美观瞻，可经数十年之用，不犹愈于耗而无成者乎？'佥曰：'可与为耗而无成，不若治为美观也。'遂欣然以事焉。诸袍伞旗帜，计其所费，共数银四十两有奇。……住持僧本源。"② 以上可见，狐突庙、龙王庙、舜帝庙、成汤庙、藏山庙等民间信仰庙宇都由僧人来住持，这说明在民众的

---

① 常书铭：《三晋石刻大全·高平市卷》，三晋出版社2011年版，第250页。
② 卫伟林：《三晋石刻大全·阳城县卷》，三晋出版社2012年版，第172页。

心中他们具有相同的职能，也说明佛教对民间信仰全面吸纳，佛教组织发展态势居于明显优势地位。

总之，清代晚期佛教发展，仍然有少数佛寺的创建，但大多数为重修，一般由社首组织当地民众积极参与其中，商人以及商号捐资也非常活跃，也不乏僧人首倡而民众响应之情况。从财力、物力、人力之支援则以民众为主力，也有少数情况是僧人经过多年募化集资。晚清时期，多数寺院之中已经无僧看守，而有僧人之寺院也有很多成为村社公产。僧人逐步失去处理寺院财产的权力。因寺院中人数比较少，甚至传承延续都非常困难，因此到民国初年，很多寺庙之中无僧看守。

清代道教以及民间信仰之俗神庙由僧人居止住持的情况大量增加。这一方面说明三教合流已经完全深入民间，另一方面也说明佛教僧人的门派身份弱化，僧人因生活所需抑或村民因生活所需而延请僧人住持庙宇。僧人则并不在意所居止庙宇为何庙宇，所供奉神灵为何神灵，只要是民众认为必要的神灵，僧人则接纳并供奉上香。官员、乡绅、民众在修建庙宇延请神职人员管理庙宇时更多的是延请僧人，也反映了僧人在三教民间发展中明显处于优势地位。

清代以来新修或者重修之庙宇所塑造的神灵也能说明三教合一的发展态势。寺院之中大量增加了非佛教的民间信仰神灵，或者是儒道类神灵，而此类神灵具有强烈的区域色彩，在当地很有影响，进而被佛教作为增列对象。

佛教寺院或者民间庙宇增建舞楼，进而由寺外而迁移至寺内，甚至建于大雄宝殿之对面，完全是吸收民间信仰的一种设置。这种情况在民间逐渐增多，但毕竟寺院原为清净修行之场所，增设舞楼完全是佛教中国化、民间化、生活化、娱乐化、世俗化的一种表现，实际也是修行佛教、宗派佛教衰落的一种表现。但这种情况在大的寺庙丛林中较少，而多存在于山野村社庙宇之中，存在于非宗派传承，非严格修行的寺院之中。我们可以称之为"亚寺"或者"俗寺"，成为一种非正规的、非正统的佛教寺院，这类寺院的存在形式更接近于民间信仰。

参考文献

一 古籍文献

《大正新修大藏经》，新文丰出版公司影印大正原版，1983年修订版。

（梁）慧皎著，汤用彤校注，汤一玄整理：《高僧传》，中华书局1992年版。

（清）胡聘之：《山右石刻丛编》，山西人民出版社2005年版。

（清）王昶辑：《金史萃编》，中国书店1985年版。

任继愈主编：《中华大藏经》，中华书局1982年版。

［日］圆仁撰，顾承甫、何泉达点校：《入唐求法巡礼行记》，上海古籍出版社1986年版。

（宋）司马光编著：《资治通鉴》，中华书局1976年版。

（宋）赞宁撰，范祥雍点校：《宋高僧传》，中华书局1987年版。

（唐）道宣著，郭绍林点校：《续高僧传》，中华书局2014年版。

（唐）玄奘著，季羡林等校注：《大唐西域记校注》，中华书局1985年版。

《卍续藏经》，新文丰出版公司影印藏经书院1983年版。

五台山佛教协会"清凉文化丛书"编辑委员会编：《五台山传志八种》，宗教文化出版社2015年版。

张继禹主编：《中华道藏》，华夏出版社2005年版。

《中国地方志集成》，台北成文出版社1978年版。

二 现代著作

陈兵：《佛教禅学与东方文明》，上海人民出版社1992年版。

崔正森：《五台山佛教史》，山西人民出版社2000年版。

杜继文：《佛教史》，中国社会科学出版社1991年版。

法门寺博物馆编：《法门寺博物馆论丛》，三秦出版社2008年版。

方广锠：《藏外佛教文献》，中国社科文献出版社1995年版。

方立天：《中国佛教哲学要义》，中国人民大学出版社2002年版。

洪修平主编：《中国思想学术史（隋唐卷）》，广西师范大学出版社2008年版。

侯冲：《云南与巴蜀佛教论稿》，宗教文化出版社2006年版。

黄夏年主编：《民国佛教期刊文献集成》，全国图书馆文献缩微复制中心2006年版。

黄心川：《印度哲学史》，商务印书馆1989年版。

赖永海：《中国佛性论》，上海人民出版社1988年版。

李利安：《观音信仰的渊源与传播》，宗教文化出版社2008年版。

李翎：《佛教与图像论稿》，文物出版社2011年版。

刘泽民：《三晋石刻大全》，三晋出版社2009年版。

吕建福：《中国密教史》，中国社会科学出版社1995年版。

牟钟鉴、张践：《中国宗教通史》，社会科学文献出版社2000年版。

任继愈：《中国佛教史》，中国社会科学出版社1985年版。

［日］大村西崖：《密教发达志》，《世界佛学名著译丛》第72册，华宇出版社1986年版。

山西省考古研究所：《山西碑碣》，山西人民出版社1997年版。

圣凯：《中国佛教忏法研究》，宗教文化出版社2004年版。

史景怡：《寿阳碑碣》，山西古籍出版社2007年版。

汤用彤：《汉魏两晋南北朝佛教史》，北京大学出版社1997年版。

汤用彤：《隋唐佛教史稿》，中华书局1982年版。

王大高：《河东百通名碑赏析》，山西人民出版社2002年版。

萧登福：《道教术仪与密教典籍》，新文丰出版公司1993年版。

徐梵澄：《徐梵澄集》，中国社会科学出版社2001年版。

严耀中：《汉传密教》，雪林出版社1999年版。

张正明：《明清山西碑刻资料选》，山西经济出版社2009年版。

张总：《地藏信仰研究》，宗教文化出版社2003年版。

三 译著

［德］费尔巴哈：《宗教的本质》，王太庆译，人民出版社1953年版。

［荷兰］许里和：《佛教征服中国》，李四龙等译，江苏人民出版社1998年版。

［日］井上专靖：《日本佛教史纲》，杨曾文译，商务印书馆1999年版。

［日］平川彰：《印度佛教史》，庄崑木译，商周出版社2002年版。

［日］宇井伯寿：《中印佛教思想史》，释印海译，《世界佛学名著译丛》第31册，华宇出版社1986年版。

《五十奥义书》，徐梵澄译，中国社会科学出版社1984年版。

［英］查尔斯·埃利奥特：《印度教与佛教史纲》（第一卷），李荣熙译，商务印书馆1982年版。

［英］A. K. 渥德尔：《印度佛教史》，王世安译，商务印书馆2000年版。